智能网联汽车·机器学习系列

汽车安全与自动驾驶

信号处理和机器学习基础

[德]迈克尔·博世(Michael Botsch) 沃尔夫冈·乌特希克(Wolfgang Utschick) 著

林雯娴 熊伟波 李雨童 译

Fahrzeugsicherheit und automatisiertes Fahren

Methoden der Signalverarbeitung und des maschinellen Lernens

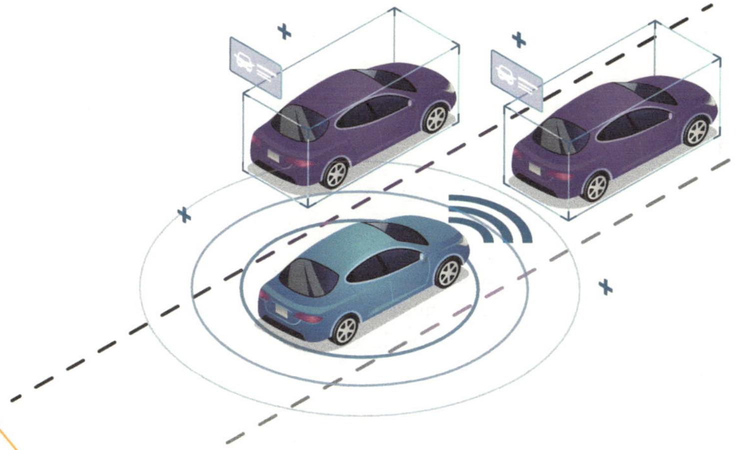

U0399953

机械工业出版社
CHINA MACHINE PRESS

本书涵盖了在整体车辆安全和自动驾驶领域中需要用到的信号处理和机器学习方法，以信号处理相关算法为基础，引入了对应的车辆模型、轨迹算法和行车中的统计信号处理方法，并着重介绍了机器学习及其在该领域的应用。为了能自行设计并实现车辆控制中的自动干预算法，本书提供了相关的数学基础知识。各个重点内容将形象地通过习题与解题示例来阐明。对于有编程需求的习题，本书还提供了相应的 MATLAB® 脚本。

本书可供汽车领域的工程师阅读参考，也可作为高等院校车辆工程、电气工程、机电工程和计算机科学专业师生的教学参考书。

图书在版编目（CIP）数据

汽车安全与自动驾驶：信号处理和机器学习基础 /（德）迈克尔·博世，（德）沃尔夫冈·乌特希克著；林雯娴，熊伟波，李雨童译．—北京：机械工业出版社，2022.8

（智能网联汽车·机器学习系列）

ISBN 978-7-111-71809-3

Ⅰ.①汽…　Ⅱ.①迈… ②沃… ③林… ④熊… ⑤李…　Ⅲ.①汽车驾驶－自动驾驶系统－信号处理－算法　Ⅳ.① U463.61

中国版本图书馆 CIP 数据核字（2022）第 189479 号

机械工业出版社（北京市百万庄大街 22 号　邮政编码 100037）

策划编辑：何士娟　　　　　责任编辑：何士娟

责任校对：肖　琳　王明欣　责任印制：李　昂

北京捷迅佳彩印刷有限公司印刷

2023 年 3 月第 1 版第 1 次印刷

169mm × 239mm · 23.75 印张 · 2 插页 · 450 千字

标准书号：ISBN 978-7-111-71809-3

定价：239.00 元

电话服务	网络服务
客服电话：010-88361066	机　工　官　网：www.cmpbook.com
010-88379833	机　工　官　博：weibo.com/cmp1952
010-68326294	金　　书　　网：www.golden-book.com
封底无防伪标均为盗版	机工教育服务网：www.cmpedu.com

前 言

本书介绍了车辆整体安全和自动驾驶领域中需要用到的信号处理和机器学习方法，参考了英戈尔施塔特工业技术大学和慕尼黑工业大学所开设的诸多课程，如车辆安全中的信号处理、传感器技术与信号处理、集成安全与辅助系统、信号处理的数学方法、凸优化、统计信号处理和信号处理与机器学习等课程。

第 1 章简要介绍了关于自动驾驶和整车安全的几个方面。第 2 章回顾并深化了对信号处理与相关数学基础的认识，这对于理解和设计有关自动驾驶和车辆安全的算法至关重要。第 3 章引入了适用于驾驶行为建模的车辆模型，该模型将成为车辆轨迹预测与控制的基础。第 4 章基于该车辆模型提出了用于车辆状态估计和环境感知的信号处理方法，该方法展现了传感器数据融合和追踪方法的核心内容。在第 5 章中，信号处理被扩展到纯基于数据的方法，即机器学习方法。鉴于安全自动驾驶的复杂性，机器学习将会是实现汽车工程创新的关键方法。

本书在每一章的末尾都提供有习题并附有详细解答，旨在为读者进行深入研究时提供支持。对于有编程需求的习题，可参考 https://www.fahrzeugsicherheitundautomatisiertesfahren.de 内容，该网站还提供了相关的 MATLAB 代码。

本书可供高等院校中车辆工程、电气工程、机电工程和计算机科学专业的本科生和研究生，以及想要大致了解安全自动驾驶和信号处理的工程师阅读参考。

感谢编辑 Julia Stepp 女士的全力帮助，Andreas Gaul 教授和 Anja Zupfer 教授的校正工作以及研究助理 Amit Chaulwar、Friedrich Kruber、Marcus Mller、Parthasarathy Nadarajan、Eduardo Sanchez Morales 和 JonasWurst 对于在 5.7 节中写到的机器学习在安全自动驾驶的应用方面的联合研究工作。还要特别感谢我们的家人 Anja、Hannah、Steffi 和 Viktoria，感谢他们充满爱意的鼎力支持。

Michael Botsch, Wolfgang Utschick

目 录

第 1 章 自动驾驶与车辆安全导论

自动驾驶及其所必需的车辆安全技术将对未来的交通出行产生决定性的影响。本章简要介绍了这些发展带来的挑战以及在安全自动驾驶中信号处理的重要性。

学习目标

- 根据汽车的功能和自动化程度将自动驾驶分为五个等级。
- 了解人们可以从自动驾驶中获得的好处。
- 了解自动驾驶法律和道德框架的基本内容。
- 了解与交通安全相关的重要术语，尤其是车辆整体安全。
- 借助事故统计数据来证明改善车辆整体安全系统的必要性。
- 理解自动驾驶车辆功能和车辆整体安全背后的技术复杂性。
- 理解信号处理对于实现自动驾驶的车辆功能和车辆整体安全的重要性。

1.1 自动驾驶

数字化、电气化和城市化是出行的三个大趋势。这三个领域相互关联，相互影响，而汽车对这些领域都有着重要的影响。在未来，汽车的发展趋势是智能化、网联化、电动化。目前汽车行业已经在研究解决方案，以使驾驶任务能够越来越多地在没有驾驶员干预的情况下得以完成，而自动驾驶无疑是未来出行的主要话题之一。自动驾驶和其最高等级的自主驾驶使得除驾驶以外的其他活动在行驶过程中成为可能，并帮助驾驶能力有限的人们也能够驾驶车辆出行。此外，自动驾驶在提高安全性和交通效率方面都具有巨大的潜力。由于大约 90% 的导致死亡或重伤的交通事故可以归咎于人为失误，因此自动化和网联化驾驶有望显著减少道路事故造成的损失和伤害。在交通效率方面，道路利用率可以通过更好地协调运输来优化，而这对未来的预测也将是必要的：根据文献 [VBW17]，德国联邦运输部预计 2030 年的客运量将增长 13%，货运量将增长 38%。

虽然接下来的各章将重点介绍自动驾驶领域内信号处理的各个方面，但本章节会先简要介绍与自动驾驶等级以及法律和道德框架相关的信息，来实现在一个大背景下对自动驾驶的分门别类。

自动驾驶等级

从手动驾驶到自主驾驶的转变并不是突然发生的，而是分为五个等级[SAE14, Bun15]。这些等级如图 1.1 所示，描述了对系统和驾驶员的要求。

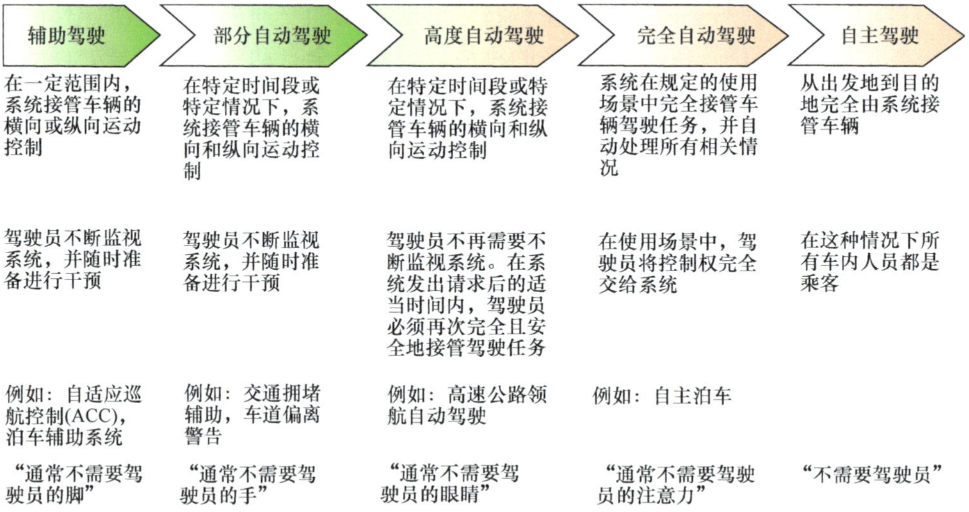

辅助驾驶
在一定范围内，系统接管车辆的横向或纵向运动控制
驾驶员不断监视系统，并随时准备进行干预
例如：自适应巡航控制(ACC)，泊车辅助系统
“通常不需要驾驶员的脚”
部分自动驾驶
在特定时间段或特定情况下，系统接管车辆的横向和纵向运动控制
驾驶员不断监视系统，并随时准备进行干预
例如：交通拥堵辅助，车道偏离警告
“通常不需要驾驶员的手”
高度自动驾驶
在特定时间段或特定情况下，系统接管车辆的横向和纵向运动控制
驾驶员不再需要不断监视系统。在系统发出请求后的适当时间内，驾驶员必须再次完全且安全地接管驾驶任务
例如：高速公路领航自动驾驶
“通常不需要驾驶员的眼睛”
完全自动驾驶
系统在规定的使用场景中完全接管车辆驾驶任务，并自动处理所有相关情况
在使用场景中，驾驶员将控制权完全交给系统
例如：自主泊车
“通常不需要驾驶员的注意力”
自主驾驶
从出发地到目的地完全由系统接管车辆
在这种情况下所有车内人员都是乘客
“不需要驾驶员”

图 1.1　自动驾驶等级

如今，德国道路上的大多数车辆都属于第 1 级别，即辅助驾驶，车辆具有诸如巡航定速、停车辅助或自适应巡航控制（ACC）之类的功能，并且要求驾驶员将手放在方向盘上，以便可以随时根据路况控制车辆。这些系统通常具有局限性，例如它们仅在一定速度以上才可运行，而在恶劣的天气条件下则不能使用。对于这个级别可用这句话形容：“开车往往不再用脚”。

自 2015 年左右开始，部分车辆实现了第 2 级别的自动化，即部分自动驾驶，这些车辆可以在某些情况下自动驾驶，例如在高速公路上沿着轨迹行驶，同时自动调节与前方车辆的距离或在交通拥堵时完全自主驾驶。但是，即使在这种自动化水平下，驾驶员也必须持续监视系统并随时准备进行干预。这类车包括奥迪 Q7（2015）、宝马 7 系（2015）、梅赛德斯 E 级（2016）和特斯拉 Model S（2014）等车型。对于这个级别可用这句话形容：“开车往往不再用手”。

在第 3 级别，即高度自动驾驶，车辆会在特定情况下，例如在高速公路上行驶的一定时间范围内完全接管驾驶任务，其中包括超车等复杂操作。驾驶员不再需要不断监视车辆。他只需要在系统发出要求后的适当时间内控制车辆即可，以应对施工现场或驶离高速公路之类的非常复杂的驾驶任务。法律和技术上的障碍使得第3级别自动化的汽车尚未投放市场。但可以预料的是，这将很快成为现实。对于这个级别可用这句话形容："开车往往不再用眼"。

在第4级别，即完全自动驾驶，车辆在规定的使用场景中完全掌握了驾驶任务，驾驶员可以在这些使用场景中完全移交控制权。这个级别的车辆不仅能在高速公路上自主驾驶，在乡村和大部分城市道路上也可以自主驾驶。除此之外，泊车入位也完全可以在没有驾驶员的情况下进行，即所谓的"自主泊车"。无论从技术还是从法律和道德的角度来看，要达到此级别的跃迁都是很大的，但它可以让驾驶员利用驾驶时间去从事完全不同的活动。而这种自动化水平何时能够成为街头日常生活的一部分还是很难预测的。从近年来自动驾驶的发展情况推断，可能需要大约10年的时间。对于这个级别可用这句话形容："开车往往不再需要注意力"。

在第5级别即自主驾驶，车辆将接管所有情况下的驾驶任务，而驾驶员只是一名乘客。这个目标可能永远不会实现，因为无论是安装在车内还是车外的所有传感器都有其局限性。尽管如此，未来也可以达到接近于这个目标的水平，并且将这种车辆的自动化程度归类于第5级别。相应地，这一技术何时会成为街头日常生活的一部分也是很难预测的。要实现这种技术的一个特殊挑战是所谓的"混合交通"，即具有不同自动化程度的车辆在同一条道路上行驶，并且在许多交通场景中，要想实现所有交通参与者和基础设施之间的协同是不可能的。对于这个级别可用这句话形容："开车往往不再需要驾驶员"。

值得一提的是，在公共客运领域，由于固定路线以及可以安装比乘用车更多数量的传感器，高度自动化公交车已经在世界各地的公共场所进行了测试。例如，自2017年以来在巴特比恩巴赫和2019年以来在柏林的试验运行中，高度自动化的公交车已经可以在没有驾驶员的情况下按固定路线运送乘客。这些公交车具有特殊许可，允许在随行人员的监督下、在预定的车道上低速行驶。这些公交车的自动化程度虽然没有达到第5级别，但是它们为增加人们对无人驾驶的信心做出了宝贵的贡献。

自动驾驶的法律问题

自动驾驶必须遵守相关的法律框架。在这方面，存在着与技术进步相对应的一些交通法规和许可法规方面的问题。1968年的《维也纳公约》[Uni68]是国家交通法规的国际法律基础，在其原始版本中，要求每辆车必须始终由控制该车的驾驶员驾驶㊀。

为了应对技术进步，联合国于 2014 年对《维也纳公约》进行了修改，允许一些可以影响车辆驾驶的系统投入使用，而这些系统必须能够随时被驾驶员推翻或关闭 [Uni14]。㊁

使法律框架适用于实现自动驾驶的技术可能性是大趋势。在美国加利福尼亚州，自动驾驶功能已于 2015 年获准在道路交通中进行测试，只要驾驶员能够随时控制自动驾驶的汽车。之后，加利福尼亚机动车辆管理局制定了相应的法规，允许对无人驾驶汽车进行测试 [Cal17]。2018 年，加利福尼亚公共设施委员会批准了一些工业公司在试点实验中使用自动驾驶汽车运送乘客 [Cal18]。其中允许车辆中没有驾驶员，但在操作过程中必须保证车辆与“远程操作员”之间的通信连接。日本、英国或瑞典等其他国家也在逐步改变法律框架 [MGLW15]。

在德国，联邦议院于 2017 年 3 月通过了《道路交通法》㊂（StVG），针对具有高度自动和全自动驾驶功能的汽车进行了修订 [Deu17]。其中，《道路交通法》的补充是，在某些特定的情况下，车辆驾驶员可以将车辆控制权移交给技术系统。新修订的法规还规定了发生事故时的责任问题：“要求车辆所有者承担无过错责任时，由车辆所有者的责任保险商以及车辆制造商的保险商来明确最终承担事故费用的一方”，其中每个车辆都必须记录“用于车辆控制的自动化系统何时打开、何时未打开，以及何时请求车辆驾驶员接管车辆控制”，以确保“车辆驾驶员不能将所有责任归结于自动化系统的故障”。预计随后还将在《道路交通法规》（StVO）中进行相应的调整，从而使驾驶员不再需要时刻掌控车辆（《道路交通法规》，第 3 节第 1 款）。预计《车辆登记条例》也会发生变化。根据第 3 节第 1 款，德国的机动车需要进行认证，以验证车辆是否符合所批准的类型。在欧洲，2007 年欧洲议会和理事会的 2007/46/EC 指令对于车辆型式批准做出了相应的规定。欧盟（EU）是“关于轮式车辆、以及可安装于和 / 或用于轮式车辆的设备和配件采用统一技术规范以及对根据此类规范所做批准进行相互承认的条件的协定”㊃的签署国之一。因此，ECE 汽车标准法规对于欧盟国家的汽车

㊀ 第 8 条第 1 款：“每辆行驶的车辆或车辆组合均应配备驾驶员”；第 8 条第 5 款：“每个驾驶员应始终能够控制所驾驶的车辆或引导其驾驭的动物”；第 13 条第 1 款：“每名车辆驾驶员必须在任何情况下都能控制所驾驶的车辆，并在任何时候都能够执行他所需的所有操纵。在调整车辆速度时应始终注意各种情况，特别是地势、道路状况、车辆的状态和车辆负载、天气状况以及交通密度，以便能够在前方视线所及的范围内以及任何可见障碍物之前停车。遇到情况需要时，驾驶员应当减速，必要时应当停车，尤其是在视线不佳时。”

㊁ 第Ⅴ章第 A 部分：“影响车辆行驶路线的系统……当此类系统可被驾驶员推翻或关闭时，应被视为符合本条第 5 款和第 13 条第 1 款的规定。”

㊂ 《道路交通法》是规范道路交通的联邦法律。连同《车辆登记条例》（FZV）、《道路交通法规》（StVO）和《道路交通许可条例》（StVZO）一起，确定了德国大部分的道路交通规则。

㊃ 通常将此协定规定简化为“ECE 法规”或“UN / ECE 法规”。

型式批准起着重要作用。其中值得一提的是在 ECE 法规 UN-R79 及其 2018 年的修订版本中，规定了在哪些条件下允许哪些自主操纵转向 [Uni18]。

自动驾驶的道德问题

除了法律方面的问题外，自动驾驶还引发了在道路交通中尚未出现的道德问题，特别是在涉及自动车辆的事故方面。在 2017 年夏季，由德国联邦交通和数字基础设施部成立的自动驾驶道德委员会提交了一份报告，其中应提及以下要点 [Bun17]：

- 如果系统导致的事故少于人类驾驶员所造成的事故（风险正均衡），则自动化和网联化驾驶是合乎道德的。
- 财产损失先于人身伤害：在危险情况下，保护人的生命始终是重中之重。
- 在事故不可避免的情况下，不允许基于个人特征（年龄、性别、身体体质或精神体质）对人进行区别对待。
- 在每种驾驶情况下，都必须明确规定和显示谁负责驾驶任务：人还是计算机。而开车的主体都必须被记录和保存（特别是为了澄清可能的责任问题），并且明确显示谁负责驾驶任务：人还是计算机。
- 原则上，驾驶员必须能够自行决定其车辆数据的传输和使用（数据主权）。

1.2 整车安全与事故统计

本节的目标是介绍车辆安全中的重要概念，并借助事故统计数据来说明研发汽车安全系统的动机。

IEC 61508 标准将“安全”定义为“避免不可接受的风险”。该安全标准将一个事件 $\mathscr{H}_i$ 的风险 $R(\mathscr{H}_i)$ 定义为其发生的概率 $P(\mathscr{H}_i)$ 与其危害程度 $K(\mathscr{H}_i)$ 的乘积：

$$R(\mathscr{H}_i)=P(\mathscr{H}_i)K(\mathscr{H}_i) \tag{1.1}$$

而一个系统的整体风险 R_{sys} 则是各个事件的风险之和：

$$R_{sys}=\sum_i R(\mathscr{H}_i) \tag{1.2}$$

即是危害程度的期望值。就算是成熟的技术系统，也总会有剩余风险存在，但是只要该风险相比现存的风险都低，就可以被社会所接受 [LPP10]。用于定义“安全”的可容忍风险 R_{tol} 通常是无法被量化的，它在很大程度上取决于我们所考虑的系统。这里要理解“系统安全性”与“危险”这个概念是反义互补的，即高安全性意味着低风险而高危险度意味着高风险，那么一个系统的安全性便可以通过以下两种方式提高：降低危害事件发生的概率，或是降低对应的危害程度。

图 1.2 说明了一个系统中“安全”和“危险”与风险值 R_{sys} 的关系。

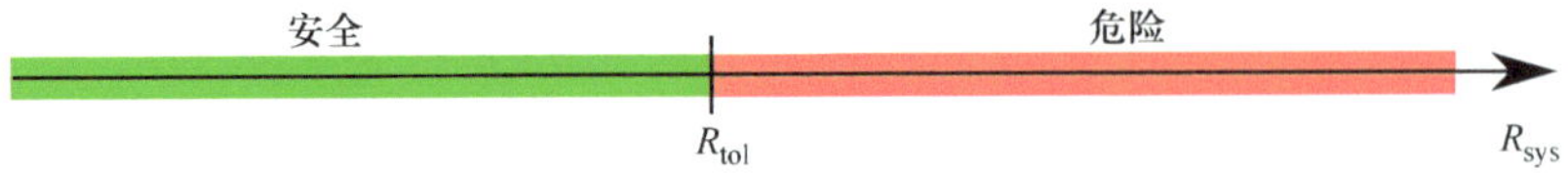

图 1.2 “安全”和“危险”与风险值 R_{sys} 的关联

如果将这套“安全”概念应用在道路安全上，则可以说避免交通事故的目的就是“降低危害事件发生概率”，而减轻事故伤害的目的则是“降低危害程度”。为了提高道路安全，可以从道路安全的各个方面入手实施相应措施，这些方面如图 1.3 所示。在下文中，车辆安全的概念将会得到更详尽的解释。

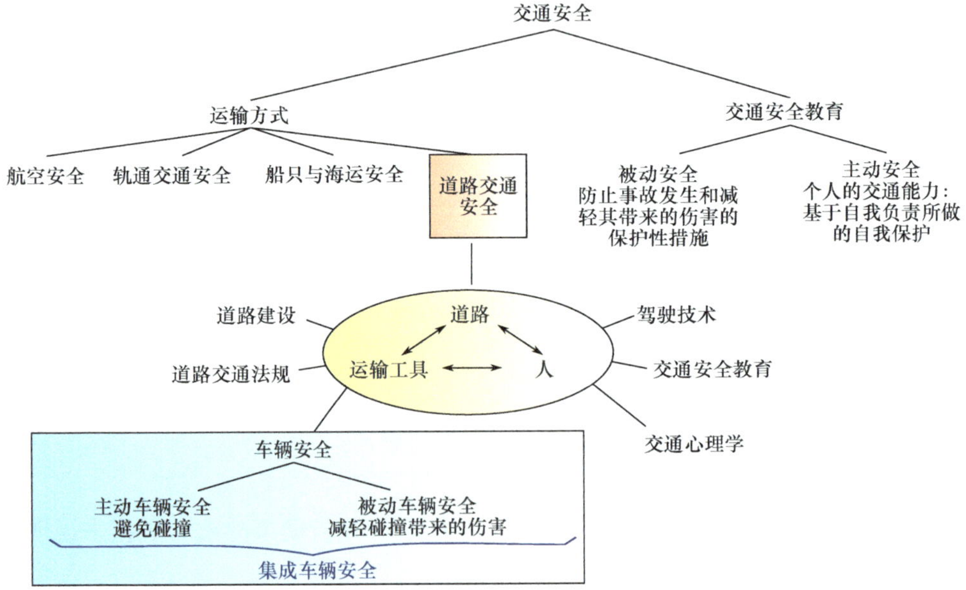

图 1.3 交通安全概览

车辆安全是道路安全的一部分，是“环境 - 车辆 - 人”系统中的一个方面，它可以被细分成被动车辆安全和主动车辆安全。被动车辆安全囊括了所有在车辆上采取的旨在尽可能减轻不可避免的事故伤害的措施，例如安全带、安全气囊、儿童座椅、车头和驾驶舱结构、碰撞时吸收能量的转向轴、车辆内部各种吸能元件、翻车时车顶的稳固性、防滚架、带有头枕的改善型座椅等。主动车辆安全则包括所有在车辆上采取的旨在防止事故发生的措施，比如说前方碰撞警告（FCW）、盲点检测（BSD）、防抱死制动系统（ABS）或电子稳定控制系统（ESC）这一类的驾驶辅助系统，但最重要的措施是对纵向动态的自主干预，如自主紧急制动（AEB）或是未来将要普及的车辆横向动态自主干预。

与被动车辆安全系统和完全自主干预的车辆控制相比，目前大多数的主动车辆安全系统都是控制系统，而人类则在其中作为控制器发挥着重要的作用。

所有在紧急交通路况下会发出警告的系统都旨在让驾驶员本人及时意识到危险，并自行采取适当的措施以避免事故发生。这里就必须要考虑到由物理条件（如轮胎和道路之间可能的力传递）所限制的客观安全性和驾驶员自身的主观安全性：车辆主动安全的措施必须使车辆的客观安全性高于主观安全性。如果做不到这点，就可能会出现“风险补偿”，也就是说当驾驶员在意识到额外的客观安全性的情况下，如果其驾驶行为变得更加冒险，那么这些安全措施的效果就被抵消，甚至是得不偿失[WMN02]。

为了能综合考虑车辆的被动安全和主动安全，这里引入了**车辆整体安全**这一概念。图 1.4 从主动安全和被动安全的整体角度出发，结合旨在加强对所有道路交通参与者的保护措施和救援手段，形象地展示了车辆整体安全这一概念。对应图中碰撞前、碰撞时和碰撞后的时间段，我们也经常会对应使用“**碰撞前（Pre-Crash）**”、“**碰撞时（In-Crash）**”和“**碰撞后（Post-Crash）**”这样的说法。图 1.4 还显示出在每个场景下危害事件发生的概率，即**碰撞概率**。它是随时间而变的，即对于每个时间点 t_i，式（1.1）中的概率 $P(\mathscr{H}_i)$ 的值会发生变化，因此对应的风险 $R(\mathscr{H}_i)$ 也会变。从图中还可以看出，在碰撞发生之前，碰撞概率的值已经达到了 1，也就是说，从车辆动力学的角度来看，这一事故的发生已经不可能避免。遇到这种情况时，为了还能提高车辆的安全性，就有必要采取被动安全措施来降低危害程度，即**事故严重性**。

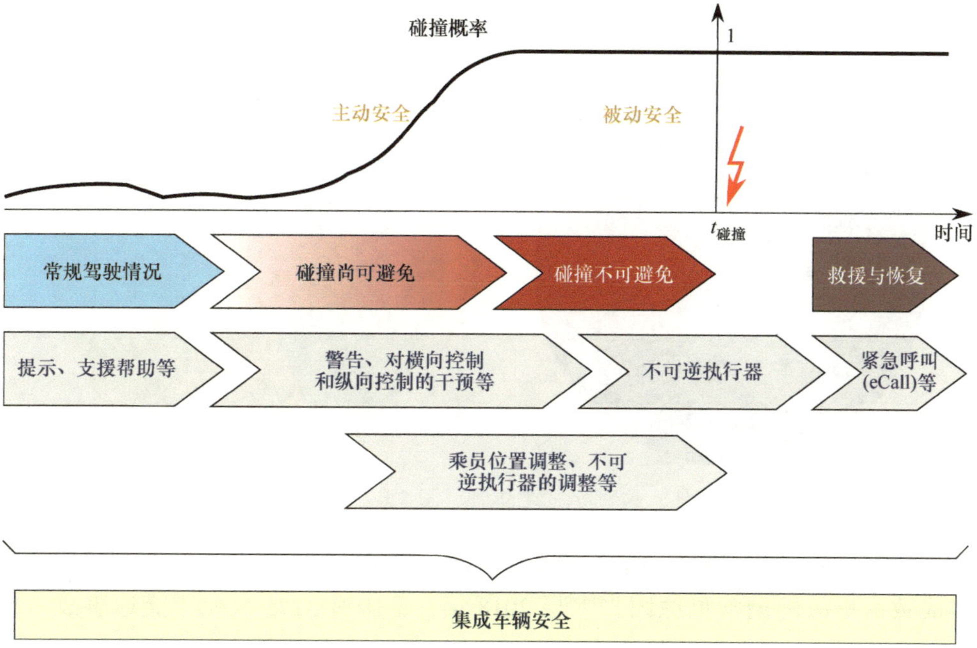

图 1.4　集成方法：整体下的车辆安全考量

文献 [Kra88] 得出了主动安全和被动安全的衡量标准，并在文献 [KFL+13] 中介绍了其在 1953~2011 年的变化情况。主动安全的衡量标准是现存车辆数量和事故车辆数量的比值，而被动安全的衡量标准是警方收到报告的事故数量和事故经济损失的比值，单位是事故 / 百万欧元。基于被动安全的衡量标准可以注意到如下事实，即致命事故的经济成本在所有损失中的占比基本稳定在 18%，重伤事故所致的经济损失占到 52%，而轻伤事故的经济损失则在 30% 左右 [KFL+13]。据联邦公路研究所估计，2017 年德国交通事故所造成的经济损失总额约为 340 亿欧元，超过了国内生产总值的 1%。

在德国，联邦统计局负责收集、整理和分析与经济、社会和环境相关的统计信息。此外，其每个年度及每个月度都会公开用于评估当前事故趋势的多方面数据。其公开的时间段足以让我们进行长期的评估比较与分析，以下统计数据均来自德国联邦统计局㊀。

2018 年，在造成人身伤害的交通事故中最常见的原因是驾驶员的不当行为，占 88.7%，其次是一般原因（天气、路况、野生动物上路）占 7.3%，行人错误占 3.1%，技术缺陷占 0.9%[Deu19a]。这些分类占比如图 1.5 所示。其中在 2018 年统计的驾驶员的不当行为可以归纳为酒后驾驶（3.6%），超速驾驶（11.4%），未保持安全车距（13.9%），无视先行权规定（14.3%），转弯、掉头、倒车、出入机动车道时发生（16%），其他原因（40.8%）。这些不当行为分类在 2018 年的占比如图 1.6 所示。

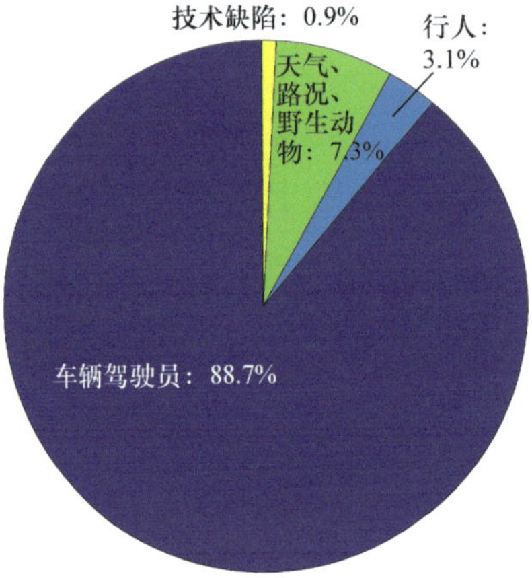

图 1.5　2018 年造成人员伤亡的事故的致因

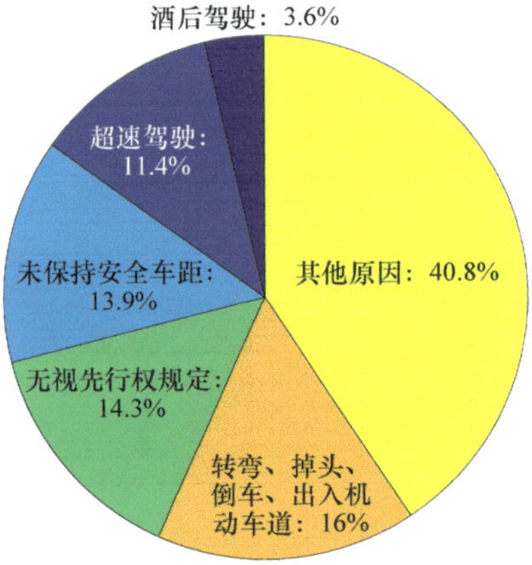

图 1.6　2018 年驾驶员不当行为统计

然而从危害程度来看的话，就会发现超速驾驶、道路使用不当和酒后驾驶是造成致命事故的最常见原因 [Deu19b]。2018 年，德国有 3275 人死于交通事故（平

㊀ 自 2006 年 1 月 1 日起，使用德国联邦统计局的统计数据无需相关许可和费用。

均每天约有 9 人死亡），67967 人在事故中重伤，而德国警方总记录有 260 万余起道路交通事故[Deu19b]。同年欧洲有 25100 人死于交通事故（平均每天约 69 人死亡）[Kom19]，全世界约有 135 万人死于道路交通事故（平均每天约 3700 人死亡）[WHO18]。图 1.7 显示了自 1950 年以来德国死于交通事故的人数和变化[DES16, Sta17]。可以看出，自 1970 年以来，尽管注册的乘用车数量增长了两倍多，但是道路交通中的死亡人数却降至原来的 1/6。这一积极发展的主要原因是：

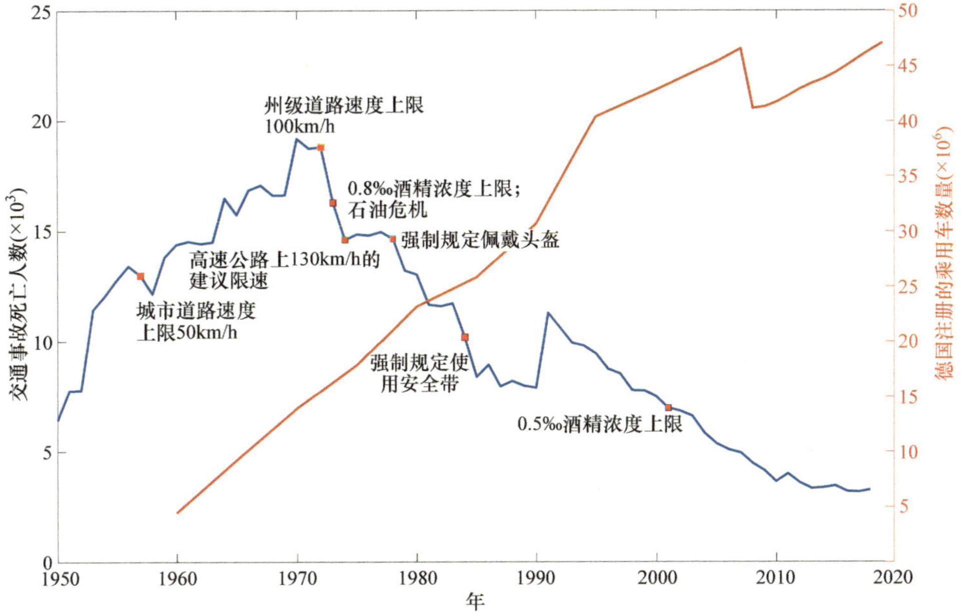

图 1.7 德国交通事故死亡人数与登记注册的乘用车数量

- 交通法律规定，比如引入系安全带和佩戴头盔的义务或是降低血液中酒精浓度的上限。
- 车辆技术水平的提高。
- 基础设施的改进。例如更好的道路设计，将受保护和不受保护的交通参与者分开（行人区、自行车道）。
- 更好的交通安全普及。
- 更好的医疗急救。

尽管有这种积极的趋势，但德国每天仍有约 9 人死于道路交通事故，而这给人带来的痛苦更是无法估量。通过避免车辆驾驶员的错误，车辆安全系统可以大大提高道路安全性。仅对事故中的制动行为进行的分析表明，大多数驾驶员在发生碰撞之前无法充分制动[PS16]。只有约 1% 的驾驶员以 8~10m/s^2 的减速度制动，约 22% 的驾驶员以 6~8m/s^2 的减速度制动，16% 的驾驶员以 4~6m/s^2

的减速度制动，约 10% 的驾驶员以 2~4m/s^2 的减速度制动，而 51% 的驾驶员以少于 2m/s^2 的减速度制动，如图 1.8 所示。

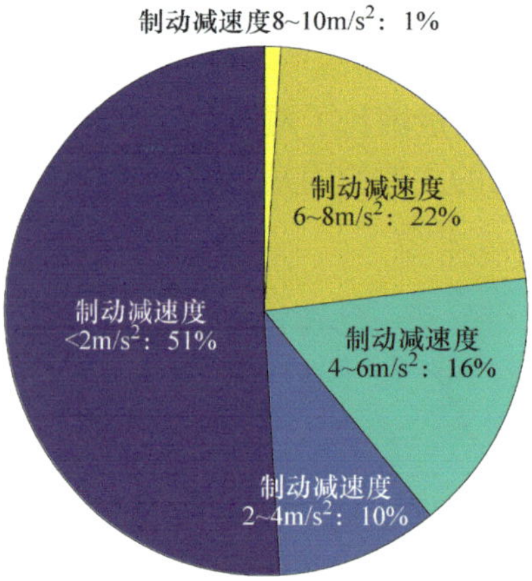

图 1.8　事故中的制动行为

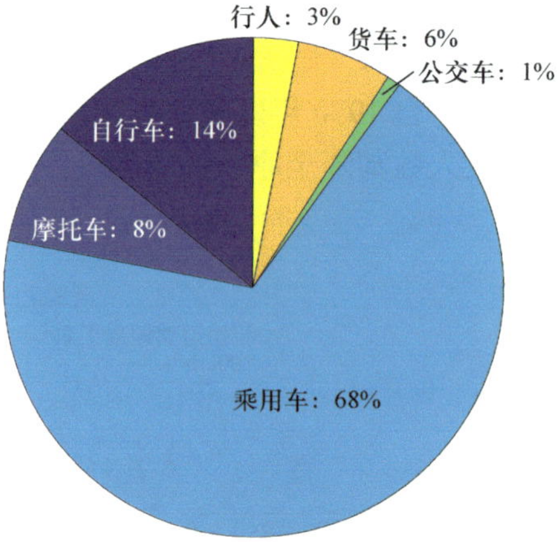

图 1.9　2018 年发生人身伤害事故的主要原因

通过在汽车中实施事故预防措施在主动安全方面的潜力也可以看出，涉及人身伤害事故的主要原因是乘用车（68%）。图 1.9 显示了 2018 年德国人身伤害事故主要原因的统计数据。文献 [FKB + 15] 的研究显示，通过低速自主紧急制动，可以减少 38% 的追尾事故。美国公路安全保险协会（IIHS）得出了类似的评估结果，即通过引入自动紧急制动可将追尾事故减少 40%[Nat17]。在美国国家公路交通安全管理局（NHTSA）的出版物中还可以看到横向动态自主干预功能的潜力：在特斯拉车辆中引入“自动转向”功能后，激发安全气囊展开的事故数量在这些车辆中减少了近 40%。

欧盟也在《欧盟交通运输白皮书》[Eur11] 中承诺实施所谓的“零死亡愿景”（BTV12），其目标是使道路和运输工具安全，以至于尽管有人为失误，但不会导致威胁生命的伤害发生。主动和被动安全技术系统也为实现“零死亡愿景”做出了重要贡献。表 1.1 [Aut08, Wik19] 显示了过去几十年来提升车辆安全的重要事件。

表 1.1　提升车辆安全的重要事件

年份	提升车辆安全的重要事件
1903	安全带的发明
1904	带胎面充气轮胎的引入
1908	推出首款汽车照明装置
1922	承载式车身的引入
1949	第一个仿真人的发展

（续）

年份	提升车辆安全的重要事件
1952	吸能缓冲区的引入
1959	引入三点式安全带
1957	市区时速限制为 50 km / h
1972	乡村道路上的时速限制为 100 km / h
1973	确定酒精浓度 0.8‰的限值（直到 1998 年）
	在所有新车的前排座椅上引入三点式安全带
	引入系安全带义务 - 如果有安全带
1974	确定联邦高速公路上的建议时速 130 km / h
1976	引入摩托车手的头盔义务
1978	新车后排座椅必须配备安全带
1980	驾驶员安全气囊的出现
1985	推出电子防抱死制动系统（ABS）
	乘客安全气囊的出现
1991	引入重型商用车的强制性 ABS
1994	引入驾驶员和前排乘员侧安全气囊
1995	引入电子稳定程序（ESP）
1996	推出首款制动辅助系统（BAS）
	建立欧洲 NCAP，以独立于制造商评估碰撞结果
1998	引入酒精浓度 0.5‰的限制
	引入自适应巡航控制
2005	引入被动行人保护措施
2009	在所有新型乘用车和轻型商用车上强制安装制动辅助装置（在拉动制动器时提供制动辅助）
2011	强制安装汽车 ESP
2014	欧洲 NCAP 为自动紧急制动（乘用车）分配点数
2015	新的重型商用车（CV）必须配备预见性紧急制动和车道偏离警告系统
2016	欧洲 NCAP 为自动紧急制动（行人）分配积分
2018	所有获得欧盟型式认证的新车型都必须配备 eCall 自动紧急呼叫系统
	所有车辆总重≥ 3.5t 的新型商用车都必须配备紧急制动系统
2019	欧洲理事会通过了有关车辆安全的新规则。这些规则规定，从 2022 年开始，所有新设计的车辆（包括货车、公共汽车和送货车）必须配备以下安全功能：智能速度助手；用来安装对酒精敏感的防盗锁的装置；驾驶员嗜睡检测和注意力预警系统；先进的注意力分散检测；紧急制动灯；倒车检测系统；事故数据存储器；精确的胎压监测。轿车和货车还配备：紧急制动辅助系统；车道偏离警告系统；扩大了头部撞击保护区域，以减少对未受保护的交通参与者（例如行人和骑自行车者）的潜在伤害

1.3 关键增值：电子元件与信号处理

本节一方面是强调汽车价值链由于1.1节所述的移动性的“大趋势”而处于变化中，这些部件中的电子元器件和信号处理起着关键作用；另一方面，该子章旨在概述当前实现车辆安全和自动驾驶车辆功能所需的电子元件和信号处理算法的复杂性。

虽然汽车在20世纪80年代之前主要以机械系统为主，但汽车中的电子产品自那以后一直呈上升趋势。没有电子部件和在其中实现的信号处理，就无法在车辆中提升附加值。在20世纪50年代，电子元件仅限于交流发电机、电池、灯具、指示器、点火系统和汽车收音机，40根铜缆足以满足整车需求，到了21世纪初，高级汽车已经拥有80多个控制单元，需要约4km的铜缆以连接这些单元。如果不将控制单元引入汽车内，确保舒适性和安全性的大部分车辆功能是无法实现的，例如无法调节ESP、驾驶员辅助系统及安全气囊等。控制单元是嵌入式系统，通常负责车辆子系统的控制或调节。它们根据输入处理输出（EVA）原则工作，并且至少由一个微控制器，存储器（SRAM、EEPROM、闪存），输入（电源、模拟和数字输入）和输出（用于执行器的驱动器，模拟和数字输出）组成。控制单元通过总线（CAN、FlexRay、LIN、LVDS、MOST等）在车辆中相互连接，以确保各个子系统之间的信号流。输入信号通常来自传感器或其他控制设备，信号处理在微处理器上进行，输出信号直接进入执行器以对其进行控制，或进入其他控制设备。随着车辆控制单元的引入，软件的比例不断增加，随之而来的是对在移动领域创造价值的方法和过程的要求。预测显示基于软件的车辆功能的研究与开发支出（R&D支出）的复杂性[VDI04，Ric09]被证明是正确的，并且可以预料，在从内部通信到跨界通信的过渡中R&D支出将再次增加。为了说明这种复杂性，以下部分使用高级汽车的两个示例来介绍实现驾驶辅助和主动安全系统所需的电子组件。

于2013年投放市场的梅赛德斯S级轿车为了实现诸如带转向辅助系统的自适应巡航控制、自适应前照灯、自助泊车、夜视、鸟瞰、行人检测、防撞、碰撞预警、车道保持和交通监控等车辆功能，集成了以下预见性传感器（译注：也称环境传感器）[How13，TP13]：前部2个近距离雷达（范围80m，探测角度80°），前部1个远距离雷达（范围200m，探测角度18°），具有中程检测功能（范围60m，探测角度60°），后部2个短距离雷达（范围30m，孔径角80°），后部1个多模雷达（范围30m，孔径角80°或80m和16°），风窗玻璃后方的立体摄像机（范围500m，包括50m的3D功能，可视角度45°），12个超声波传感器（前4个，后4个，前后保险杠侧方各2个）以及前后左右共4个摄像头作为360°摄像系统（散热器格栅前部1个，后部牌照架上方1个，在侧后视镜壳体的左侧和右侧各 1 个；垂直可视角度约为 130°，水平可视角度接近 180°）。

以一个简单的单色摄像机为例，其分辨率为 640×480 像素，每像素 8bit 色深，帧率为 25Hz，则其数据速率为 60Mbit/s，那么很明显，环境传感器数据的处理在硬件和所需算法方面都是一个重大挑战。

因此，奥迪 A8 引入了驾驶辅助中央控制单元，该单元于 2017 年投放市场，以简化自动驾驶功能的系统架构。这样就可以根据传感器数据连续计算出各种环境的综合图像，以用于各种辅助功能。它由四个强大的处理器 [Aud17b] 组成：Nvidia Tegra K1、Mobileye EyeQ3、Altera Cyclone V 和 Infineon Aurix。Nvidia Tegra K1 处理器主要负责处理 360° 视角的相机数据，而前置相机的图像处理则是在 Mobileye EyeQ3 处理器中进行，传感器数据在 Altera Cyclone V 处理器上进行预处理和融合，然后在 Infineon Aurix 处理器上进行一些车辆自动驾驶功能的决策。驾驶辅助中央控制单元中组合了以下环境传感器，以形成中央环境模型 [Aud17c]：1 台激光扫描仪（前）、1 台前置摄像头（在风窗玻璃后）、1 台远程雷达（前）、1 台红外摄像头（前部）、4 个中程雷达（在车辆的拐角处）、12 个超声波传感器（前部、后部和侧面）、用于 360° 摄像系统的 4 个摄像头（前部、后部和侧面）和 1 个驾驶员监测传感器（在内部）。如果您查看 Audi A8 的驾驶辅助系统，除了传感器 [Aud17a] 以外，以下控制单元还具备联网功能：安全计算机、ESP 控制单元、转向控制单元、发动机控制单元、变速器控制单元、车身计算机、网关、电子底盘平台、组合仪表和 MMI。

可以看出，复杂的传感器、信号处理和执行器可以将车辆转变为可以自动干预车辆动力学参数的“机器人汽车”。下一章介绍的算法将根据 EVA 原理分配给“处理”步骤。这涉及处理传感器数据、估计和分类功能算法中所需的变量，这些功能用于调节或控制执行器以及功能算法中的决策（图 1.10）。

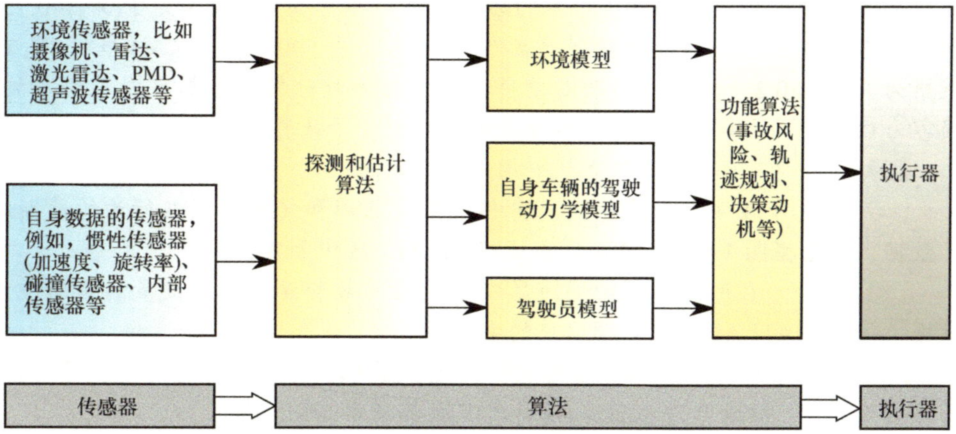

图 1.10　系统总览

图 1.10 中框图的各个模块中使用了不同的信号处理方法。一方面，放大、A/D 转换或低通滤波等基本信号处理步骤必须在“传感器”类别中执行，另一方面也要采用机器学习方法进行例如对原始数据中的对象进行分类等复杂步骤。在图 1.10 中的“算法”类别中，通常使用估计方法从观察（跟踪）中确定车辆环境中物体的状况，或计算自车和驾驶员的状况。此处使用的大部分方法可以用统计过滤进行总结。“功能算法”模块通常包含信号处理算法，这些算法对车辆的行为做出决策。预测和估计算法需要对交通状况进行解释，因此这里相对比较复杂，例如在关键交通状况中计划回避操作并做出正确的操作。基于数据的方法，即机器学习，正变得越来越重要，特别是对于基于预测性传感器的车辆功能而言，由于车辆环境中可能的对象和事件的复杂性，不再可能进行完整的规范，因此基于数据的方法，即机器学习，正变得越来越重要。机器学习不仅用于从原始传感器数据中对对象进行分类，而且还被视为车辆功能算法中的决策步骤的关键技术，以使车辆能够在高度复杂的情况下做出适当的反应。

1.4 习题

【习题 1.1】列出人们希望从自动驾驶中获得的四个优势。

【习题 1.2】你会把下列车辆功能归入哪种自动化水平？巡航控制、自适应巡航控制（ACC）、自动紧急制动（AEB）、代客泊车和交通拥堵引导（TJP）。

【习题 1.3】列举自动化和互联车辆交通的三个道德规则。

【习题 1.4】在此任务中，考虑了一种事故情况，其中假设没有人身伤害，只有财产损失。应在两辆车即将发生碰撞之前大约 700ms 计算总体风险。以下数值是针对特殊的交通情况得出的：如果碰撞双方继续以相同的方式行驶而不制动，则双方车辆会发生伤害严重的碰撞。这个事件 $\mathscr{H}_1$ 的概率是 $P(\mathscr{H}_1)=0.75$，代价是 60000 欧元。如果碰撞双方都制动，伤害是 30000 欧元。该事件 $\mathscr{H}_2$ 的概率为 $P(\mathscr{H}_2)=0.2$。但是，如果驾驶员同时制动和避让转向，则可以避免事故，损害为 0 欧元。该事件 $\mathscr{H}_3$ 的概率为 $P(\mathscr{H}_3)=0.05$。请计算总风险。

【习题 1.5】“车辆整体安全”一词是什么意思？

【习题 1.6】在网上搜索德国人身伤害事故原因和驾驶员不当行为的最新统计数据，并根据图 1.5 和图 1.6 的表述在 MATLAB 中创建饼图。

【习题 1.7】在网上找到德国道路交通死亡人数和注册汽车数量的最新统计数据，并在 MATLAB 中创建图 1.7 的更新图。

【习题 1.8】一个 1280×800 像素的彩色摄像机，每一种颜色（红、绿、蓝）的像素为 8bit，帧速率为 30Hz，请计算其数据速率（Mbit/s）。

【习题 1.9】列出自动驾驶和车辆整体安全的车辆功能所需的五个信号处理步骤。

第2章 信号处理基础

信号处理是工程学和应用数学中处理及分析信号的一块领域。信号通常代表一个物理量，但在本书中，它们应该被一般地理解为带有自变量（例如时间或位置）的函数。在信号处理中特别频繁使用的数学领域是：线性代数、积分和微积分，概率论和随机过程，统计（估计和决策理论），优化和数值。

本章旨在简要总结一些“信号处理工具”。事实上，重点只是在后续章节所需的范围内使用这些工具。这意味着以下处理的数学向量空间仅限于具有给定度量、范数和内积的有限维向量空间，因此没有提及一般信号处理中必不可少的功能分析方面，在使用拉格朗日乘数进行优化的部分中，没有讨论凸分析的高级主题，也没有讨论对偶理论的各个方面，并且只教授了概率论和随机过程的最重要的基础知识。

学习目标

- 温习线性代数的基本知识。
- 了解如何使用拉格朗日乘数解决有约束条件的优化问题，并能应用这些知识。
- 温习概率论基础知识。
- 温习线性系统的基本知识。
- 学会将线性时不变系统的时间连续状态表示离散化。
- 温习在频域中滤波信号的基本知识。
- 可以使用重温的以及新学的基础知识来解决问题。

2.1 线性代数

在这一小节中，将简要重复线性代数的一些基础知识。可以在文献 [TB97] 中找到对线性代数领域的详细介绍。

2.1.1 定义与符号

实数集用 $\mathbb{R}$ 表示，自然数集用 $\mathbb{N}$ 表示，复数集用 $\mathbb{C}$ 表示。

$M\times N$ 矩阵 $\boldsymbol{A}$ 是一个二维数组

$$\boldsymbol{A}=\begin{bmatrix} a_{11} & \cdots & a_{1N} \\ \vdots & \ddots & \vdots \\ a_{M1} & \cdots & a_{MN} \end{bmatrix} \tag{2.1}$$

而一个 N 维向量 $\boldsymbol{x}$ 是一个一维数组

$$\boldsymbol{x}=\begin{bmatrix} x_1 \\ \vdots \\ x_N \end{bmatrix} \tag{2.2}$$

其中，在下文中假设矩阵 $\boldsymbol{A}$ 和向量 $\boldsymbol{x}$ 的元素属于实数集。本书仅使用列向量，而行向量将借助列向量来表示。在整本书中，矩阵用粗体大写字母书写，向量用粗体小写字母书写。

$M\times N$ 矩阵 $\boldsymbol{A}$ 的转置为 $N\times M$ 矩阵 $\boldsymbol{A}^{\mathrm{T}}$

$$\boldsymbol{A}^{\mathrm{T}}=\begin{bmatrix} a_{11} & \cdots & a_{M1} \\ \vdots & \ddots & \vdots \\ a_{1N} & \cdots & a_{MN} \end{bmatrix} \tag{2.3}$$

一个方阵被称为对称或斜对称：

$$\boldsymbol{A}=\boldsymbol{A}^{\mathrm{T}} \quad 或者 \quad \boldsymbol{A}=-\boldsymbol{A}^{\mathrm{T}} \tag{2.4}$$

行列式是将方阵映射到标量的特殊函数。除了 $\det\{\boldsymbol{A}\}$，符号 $|\boldsymbol{A}|$ 经常用于矩阵 $\boldsymbol{A}$ 的行列式。对于 2×2 矩阵，行列式是

$$\det\{\boldsymbol{A}\}=\begin{vmatrix} a_{11} & a_{12} \\ a_{21} & a_{22} \end{vmatrix}=a_{11}a_{22}-a_{21}a_{12} \tag{2.5}$$

使用拉普拉斯展开定理，$N\times N$ 矩阵的行列式可以沿列或行展开：

$$\det\{\boldsymbol{A}\}=\sum_{i=1}^{N}(-1)^{i+j}a_{ij}\det\left\{\boldsymbol{A}^{(ij)}\right\} \ 或者\ \det\{\boldsymbol{A}\}=\sum_{j=1}^{N}(-1)^{i+j}a_{ij}\det\left\{\boldsymbol{A}^{(ij)}\right\} \tag{2.6}$$

式中，$\boldsymbol{A}^{(ij)}$ 是删除第 i 行第 j 列得到的 $\boldsymbol{A}$ 的（$N-1$）×（$N-1$）个子矩阵。对于具有实系数的方阵，还可以找到行列式的几何解释。矩阵 $\boldsymbol{A}$ 的行列式的数值表示通过线性变换 $\boldsymbol{A}$ 的影响后面积或体积所乘的比例系数，行列式的符号表示是否保持方向。例如，一个行列式为 −2 的二维矩阵将有限区域的原始空间映射到其大小的两倍并改变其定向。

$N\times N$ 方阵 $\boldsymbol{A}$ 的逆矩阵是 $N\times N$ 矩阵 $\boldsymbol{A}^{-1}$，它使得

$$\boldsymbol{A}^{-1}\boldsymbol{A}=\boldsymbol{A}\boldsymbol{A}^{-1}=\boldsymbol{I}_N \tag{2.7}$$

式中，$\boldsymbol{I}_N$ 表示 $N\times N$ 维单位矩阵（对角线上为1，否则为0）。二次矩阵的逆仅当其列式 i=1，…，N（或行）线性无关时才存在，即从

$$\sum_{i=1}^{N}\alpha_i\boldsymbol{a}_i=\boldsymbol{0}\ \text{得出}\ \alpha_i=0\text{，其中}\ i=1,\ \cdots,\ N \tag{2.8}$$

方阵 $\boldsymbol{A}$ 的逆可以通过高斯消除法或一般公式获得

$$\boldsymbol{A}^{-1}=\frac{1}{\det\{\boldsymbol{A}\}}\operatorname{adj}\{\boldsymbol{A}\} \tag{2.9}$$

式中，矩阵 $\operatorname{adj}\{\boldsymbol{A}\}$ 由 $\boldsymbol{A}$ 的余因子组成，$\det\{\boldsymbol{A}\}$ 是 $\boldsymbol{A}$ 的行列式。$\boldsymbol{A}$ 的第（i，j）个余因子，即 $\operatorname{adj}\{\boldsymbol{A}\}$ 的第 i 行第 j 列中的项是 $\boldsymbol{A}^{(ij)}$ 的行列式，即没有第 i 行第 j 列的矩阵 $\boldsymbol{A}$ 乘以（-1）$^{i+j}$。

如式（2.8）所述，线性无关等价于 $\boldsymbol{A}$ 的行列式不为零。可逆矩阵也称为非奇异矩阵或正则矩阵。如果方阵没有逆矩阵，则称为奇异矩阵。

矩阵的秩是线性无关的行数或列数。

因为一个 $M\times N$ 的矩阵 $\boldsymbol{A}$ 代表了一个从 $\mathbb{R}^N$ 到 $\mathbb{R}^M$ 的线性映射，所以矩阵 $\boldsymbol{A}$ 的像表示的是 $\mathbb{R}^M$ 的子空间，它是由 $\boldsymbol{A}$ 的线性独立列所生成的。映射到 $\mathbb{R}^M$ 中零向量的 $\mathbb{R}^N$ 向量子空间称为矩阵 $\boldsymbol{A}$ 的核。

欧几里得空间中两个 N 维向量 $\boldsymbol{x}$ 和 $\boldsymbol{y}$ 的内积或点积

$$\langle\boldsymbol{x},\boldsymbol{y}\rangle=\boldsymbol{x}^{\mathrm{T}}\boldsymbol{y}=\sum_{i=1}^{N}x_iy_i \tag{2.10}$$

如果两个向量的内积为0，则 $\boldsymbol{x}$ 和 $\boldsymbol{y}$ 是正交的，即

$$\langle\boldsymbol{x},\boldsymbol{y}\rangle=\boldsymbol{x}^{\mathrm{T}}\boldsymbol{y}=0 \tag{2.11}$$

向量 $\boldsymbol{x}$ 的 $\mathscr{L}_2$ 范数或2范数的二次方是 $\boldsymbol{x}$ 与自身的内积

$$\langle\boldsymbol{x},\boldsymbol{x}\rangle=\|\boldsymbol{x}\|_2^2 \tag{2.12}$$

$\mathscr{L}_2$ 标准 $\|\boldsymbol{x}\|_2$ 表示向量 $\boldsymbol{x}$ 的长度，也称为向量 $\boldsymbol{x}$ 的欧几里得范数。如果向量的长度为1，即 $\|\boldsymbol{x}\|_2=1$，则称为归一化。

如果两个向量 $\boldsymbol{x}$ 和 $\boldsymbol{y}$ 是正交归一的，则它们称为正交向量。

使用对称正定矩阵 $\boldsymbol{W}$ 获得向量 $\boldsymbol{x}$ 的加权欧几里得范数

$$\|\boldsymbol{x}\|_W=\sqrt{\boldsymbol{x}^{\mathrm{T}}\boldsymbol{W}\boldsymbol{x}} \tag{2.13}$$

两个 N 维向量 $\boldsymbol{x}$ 和 $\boldsymbol{y}$ 之间的角度 $0\leqslant\theta\leqslant\pi$ 定义为

$$\cos(\theta)=\frac{\boldsymbol{x}^{\mathrm{T}}\boldsymbol{y}}{\|\boldsymbol{x}\|_2\|\boldsymbol{y}\|_2} \tag{2.14}$$

借助式（2.11）可以看出 $\cos(\theta)=0$ 适用于正交向量。

两个向量 $\boldsymbol{x}$，$\boldsymbol{y}$ 的并矢张量矩阵

$$\boldsymbol{C}=\boldsymbol{x}\boldsymbol{y}^{\mathrm{T}} \tag{2.15}$$

和向量的外积

$$\boldsymbol{c}=\boldsymbol{x}\times\boldsymbol{y}=[x_2y_3-x_3y_2, x_3y_1-x_1y_3, x_1y_2-x_2y_1]^{\mathrm{T}} \tag{2.16}$$

$N\times N$ 矩阵的迹是其对角线元素的总和

$$\operatorname{tr}\{\boldsymbol{A}\}=\sum_{i=1}^{N}a_{ii}=\operatorname{tr}\{\boldsymbol{A}^{\mathrm{T}}\} \tag{2.17}$$

如果方阵 $\boldsymbol{A}$ 的幂之一是零矩阵，则称其为幂零矩阵

$$\boldsymbol{A}^{n}=\boldsymbol{0}\ （对于\ n\in\mathbb{N}） \tag{2.18}$$

方阵 $\boldsymbol{A}$ 的平方根通常是非唯一矩阵 $\boldsymbol{A}^{\frac{1}{2}}$，因此

$$\boldsymbol{A}^{\frac{1}{2}}\boldsymbol{A}^{\frac{1}{2}}=\boldsymbol{A} \tag{2.19}$$

向量 $\boldsymbol{x}$ 的二次型被定义为标量函数

$$q=\sum_{i=1}^{N}\sum_{j=1}^{N}a_{ij}x_ix_j \tag{2.20}$$

式中，$a_{ij}=a_{ji}$。二次型也可以表示为 $q=\boldsymbol{x}^{\mathrm{T}}\boldsymbol{A}\boldsymbol{x}$，其中 $\boldsymbol{A}$ 是对称的 $N\times N$ 矩阵，$\boldsymbol{x}=[x_1,\cdots,x_N]^{\mathrm{T}}$。矩阵 $\boldsymbol{A}$ 是正半定的，如果

$$\boldsymbol{x}^{\mathrm{T}}\boldsymbol{A}\boldsymbol{x}\geqslant 0 \tag{2.21}$$

对于所有 $\boldsymbol{x}\neq 0$。如果应用大于号而不是大于或等于号，则 $\boldsymbol{A}$ 是正定的。

一个方阵 $\boldsymbol{A}$ 是正定的当且仅当它的对称部分

$$\boldsymbol{A}_{\mathrm{S}}=\frac{1}{2}(\boldsymbol{A}+\boldsymbol{A}^{\mathrm{T}}) \tag{2.22}$$

是正定的。这同样适用于术语“半正定”“负定”和“负半定”。当且仅当所有特征值都大于零时，一个对称的方阵 $\boldsymbol{A}$ 是正定的。它是半正定的当且仅当它的特征值大于等于零；如果所有特征值都小于零，则为负定；如果所有特征值都小于或等于零，则为负半定。如果特征值既是正的又是负的，则矩阵是不定的。

对角矩阵是 $a_{ij}=0$ 的方阵，对于 $i\neq j$

$$\boldsymbol{A}=\begin{bmatrix} a_{11} & 0 & \cdots & 0 \\ 0 & a_{22} & \cdots & 0 \\ \vdots & \vdots & \ddots & \vdots \\ 0 & 0 & \cdots & a_{NN} \end{bmatrix} \tag{2.23}$$

对角矩阵的逆矩阵是通过对角线的各个元素求逆得到的。

对角线矩阵的一般化是分块对角矩阵

$$\boldsymbol{A}=\begin{bmatrix}\boldsymbol{A}_{11} & \mathbf{0} & \cdots & \mathbf{0}\\ \mathbf{0} & \boldsymbol{A}_{22} & \cdots & \mathbf{0}\\ \vdots & \vdots & \ddots & \vdots\\ \mathbf{0} & \mathbf{0} & \cdots & \boldsymbol{A}_{kk}\end{bmatrix} \tag{2.24}$$

其中所有 $\boldsymbol{A}_{ii}$ 都是正方形的，但它们的维数不必相同。如果所有 $\boldsymbol{A}_{ii}$ 都是非奇异的，则块对角矩阵的逆矩阵为

$$\boldsymbol{A}^{-1}=\begin{bmatrix}\boldsymbol{A}_{11}^{-1} & \mathbf{0} & \cdots & \mathbf{0}\\ \mathbf{0} & \boldsymbol{A}_{22}^{-1} & \cdots & \mathbf{0}\\ \vdots & \vdots & \ddots & \vdots\\ \mathbf{0} & \mathbf{0} & \cdots & \boldsymbol{A}_{kk}^{-1}\end{bmatrix} \tag{2.25}$$

和行列式是：

$$\det\{\boldsymbol{A}\}=\prod_{i=1}^{k}\det\{\boldsymbol{A}_{ii}\} \tag{2.26}$$

一个方阵 $\boldsymbol{A}$ 称为正交矩阵，如果

$$\boldsymbol{A}^{-1}=\boldsymbol{A}^{\mathrm{T}} \tag{2.27}$$

如果矩阵 $\boldsymbol{A}=[a_1, \cdots, a_N]$ 是正交的，则其列（和行）是正交的，即

$$\langle \boldsymbol{a}_i,\boldsymbol{a}_j\rangle=\boldsymbol{a}_i^{\mathrm{T}}\boldsymbol{a}_j=\begin{cases}0 & 当 i\neq j\\ 1 & 当 i=j\end{cases} \tag{2.28}$$

2.1.2 线性代数常见运算规则

矩阵的加法或是与标量的乘积都是逐个元素执行的，即在具有三个 $M\times N$ 矩阵 $\boldsymbol{A}$、$\boldsymbol{B}$ 和 $\boldsymbol{C}$ 的等式中

$$\boldsymbol{C}=\alpha\boldsymbol{A}+\beta\boldsymbol{B} \tag{2.29}$$

$\boldsymbol{C}$ 中第 i 行第 j 列中所填入的值可以如是计算

$$c_{ij}=\alpha a_{ij}+\beta b_{ij} \tag{2.30}$$

$M\times N$ 的矩阵 $\boldsymbol{A}$ 与 $N\times P$ 的矩阵 $\boldsymbol{B}$ 的乘积得到 $M\times P$ 的矩阵 $\boldsymbol{C}$，其第 i 行第 j 列的项可以计算为

$$c_{ij}=\sum_{k=1}^{N}a_{ik}b_{kj} \tag{2.31}$$

这里要注意，矩阵乘法是不可交换的。

$M\times N$ 矩阵 $\boldsymbol{A}$ 与 $Q\times P$ 矩阵 $\boldsymbol{B}$ 之间的克罗内克积给出 $MQ\times NP$ 矩阵 $\boldsymbol{C}$

$$\boldsymbol{C}=\boldsymbol{A}\otimes\boldsymbol{B}=\begin{bmatrix} a_{11}\boldsymbol{B} & a_{12}\boldsymbol{B} & \cdots & a_{1N}\boldsymbol{B} \\ a_{21}\boldsymbol{B} & a_{22}\boldsymbol{B} & \cdots & a_{2N}\boldsymbol{B} \\ \vdots & \vdots & \ddots & \vdots \\ a_{M1}\boldsymbol{B} & a_{M2}\boldsymbol{B} & \cdots & a_{MN}\boldsymbol{B} \end{bmatrix} \quad (2.32)$$

在处理 $N\times N$ 矩阵 $\boldsymbol{A}$ 和 $\boldsymbol{B}$ 时，一些有用的运算规则是

$$(\boldsymbol{AB})^{\mathrm{T}}=\boldsymbol{B}^{\mathrm{T}}\boldsymbol{A}^{\mathrm{T}} \quad (2.33)$$

$$(\boldsymbol{A}^{\mathrm{T}})^{-1}=(\boldsymbol{A}^{-1})^{\mathrm{T}} \quad (2.34)$$

$$(\boldsymbol{AB})^{-1}=\boldsymbol{B}^{-1}\boldsymbol{A}^{-1} \quad (2.35)$$

$$\det\{\boldsymbol{A}^{\mathrm{T}}\}=\det\{\boldsymbol{A}\} \quad (2.36)$$

$$\det\{\alpha\boldsymbol{A}\}=\alpha^{N}\det\{\boldsymbol{A}\} \quad (2.37)$$

$$\det\{\boldsymbol{AB}\}=\det\{\boldsymbol{A}\}\det\{\boldsymbol{B}\} \quad (2.38)$$

$$\det\left\{\boldsymbol{A}^{-1}\right\}=\frac{1}{\det\left\{\boldsymbol{A}\right\}} \quad (2.39)$$

$$\mathrm{tr}\{\boldsymbol{AB}\}=\mathrm{tr}\{\boldsymbol{BA}\}. \quad (2.40)$$

对于维度合适的矩阵，有

$$\mathrm{tr}\{\boldsymbol{ABC}\}=\mathrm{tr}\{\boldsymbol{BCA}\}=\mathrm{tr}\{\boldsymbol{CAB}\} \quad (2.41)$$

即迹算子对于其参数的循环排列是不变的。

$N\times N$ 分块矩阵的逆可以用各个分区的逆表示。如果 P_{11} 是一个 $N_1\times N_1$ 矩阵，P_{12} 是一个 $N_1\times N_2$ 矩阵，P_{21} 是一个 $N_2\times N_1$，P_{22} 是一个 $N_2\times N_2$ 矩阵，其中 $N_1+N_2=N$，则得到

$$\begin{bmatrix} \boldsymbol{P}_{11} & \boldsymbol{P}_{12} \\ \boldsymbol{P}_{21} & \boldsymbol{P}_{22} \end{bmatrix}^{-1}=\begin{bmatrix} \boldsymbol{V}_{11} & \boldsymbol{V}_{12} \\ \boldsymbol{V}_{21} & \boldsymbol{V}_{22} \end{bmatrix} \quad (2.42)$$

其中，

$$\boldsymbol{V}_{11}=\boldsymbol{P}_{11}^{-1}+\boldsymbol{P}_{11}^{-1}\boldsymbol{P}_{12}\boldsymbol{V}_{22}\boldsymbol{P}_{21}\boldsymbol{P}_{11}^{-1}=(\boldsymbol{P}_{11}-\boldsymbol{P}_{12}\boldsymbol{P}_{22}^{-1}\boldsymbol{P}_{21})^{-1} \quad (2.43)$$

$$\boldsymbol{V}_{12}=-\boldsymbol{P}_{11}^{-1}\boldsymbol{P}_{12}\boldsymbol{V}_{22}=-\boldsymbol{V}_{11}\boldsymbol{P}_{12}\boldsymbol{P}_{22}^{-1} \quad (2.44)$$

$$\boldsymbol{V}_{21}=-\boldsymbol{V}_{22}\boldsymbol{P}_{21}\boldsymbol{P}_{11}^{-1}=-\boldsymbol{P}_{22}^{-1}\boldsymbol{P}_{21}\boldsymbol{V}_{11} \quad (2.45)$$

$$V_{22} = P_{22}^{-1} + P_{22}^{-1} P_{21} V_{11} P_{12} P_{22}^{-1} = (P_{22} - P_{21} P_{11}^{-1})^{-1} P_{12} \tag{2.46}$$

矩阵求逆引理指出，

$$(A + BCB^{\mathrm{T}})^{-1} = A^{-1} - A^{-1} B (B^{\mathrm{T}} A^{-1} B + C^{-1}) B^{\mathrm{T}} A^{-1} \tag{2.47}$$

通过相乘得到单位矩阵可以很容易地证明矩阵求逆引理 (2.47）和式（2.43）~式（2.46）。式（2.43）~式（2.46）是子章节 2.3.4 中条件高斯随机变量的概率密度的推导和子章 4.1 中卡尔曼滤波推导的矩阵反转引理所必需的。

可逆 $N\times N$ 矩阵 $\boldsymbol{A}$、可逆 $M\times M$ 矩阵 $\boldsymbol{B}$ 和两个 $N\times M$ 矩阵 $\boldsymbol{C}$ 和 $\boldsymbol{D}$ 的矩阵行列式引理如下：

$$\det\{CBD^{\mathrm{T}} + A\} = \det\{D^{\mathrm{T}} A^{-1} C + B^{-1}\} \det\{A\} \det\{B\} \tag{2.48}$$

柯西 - 施瓦茨不等式对两个向量的内积及其 $\mathscr{L}_2$ 范数进行了陈述

$$|\langle \boldsymbol{x}, \boldsymbol{y} \rangle| \leqslant \| \boldsymbol{x} \|_2 \| \boldsymbol{y} \|_2 \tag{2.49}$$

向量的三角不等式断言两个向量之和的范数

$$\| \boldsymbol{x} + \boldsymbol{y} \|_2 \leqslant \| \boldsymbol{x} \|_2 + \| \boldsymbol{y} \|_2 \tag{2.50}$$

如果以下条件适用于 $\mathbb{R}^N$ 上的任意向量 x、y 和 z

$$d(\boldsymbol{x}, \boldsymbol{y}) = d(\boldsymbol{y}, \boldsymbol{x}) \tag{2.51}$$

$$d(\boldsymbol{x}, \boldsymbol{y}) \geqslant 0 \tag{2.52}$$

$$d(\boldsymbol{x}, \boldsymbol{y}) = 0 \quad 只有当\ \boldsymbol{x} = \boldsymbol{y}\ 时 \tag{2.53}$$

$$d(\boldsymbol{x}, \boldsymbol{y}) + d(\boldsymbol{y}, \boldsymbol{z}) \geqslant d(\boldsymbol{x}, \boldsymbol{z}) \tag{2.54}$$

则称映射 $d : \mathbb{R}^N \times \mathbb{R}^N \to \mathbb{R}$ 为 $\mathbb{R}^N$ 上的度量。上面的最后一个条件是度量空间的三角不等式。

$\boldsymbol{x}$ 到 $\boldsymbol{y}$ 的正交投影计算为

$$\Pi_y(\boldsymbol{x}) = \frac{\langle \boldsymbol{x}, \boldsymbol{y} \rangle}{\| \boldsymbol{y} \|_2^2} \boldsymbol{y} \tag{2.55}$$

相应地，向量 $\boldsymbol{x} - \Pi_y(\boldsymbol{x})$ 与 $\boldsymbol{y}$ 正交

$$\langle (\boldsymbol{x} - \Pi_y(\boldsymbol{x})), \boldsymbol{y} \rangle = 0 \tag{2.56}$$

正交投影可用于以推导出最佳线性统计滤波器（见习题 5.4）。

用于某些机器学习算法推导的算子是 vec 拉直算子。这一个算子，通过将矩阵的列排列在另一列之下，将 $M\times N$ 矩阵 $\boldsymbol{A}$ 转换为维度为 MN 的向量

$$\boldsymbol{a} = \mathrm{vec}\{\boldsymbol{A}\} = [a_{11}, a_{21}, \cdots, a_{M1}, a_{12}, a_{22}, \cdots, a_{M2}, \cdots, a_{1N}, a_{2N}, a_{MN}]^{\mathrm{T}} \tag{2.57}$$

考虑到标量、向量和矩阵一般化为张量，也可以为张量引入 vec 算子。与矩阵不同，高阶张量可以将多个向量作为参数，并且它们对这些向量中的每一个都表现出线性映射。例如，如果考虑到张量 $\mathring{\boldsymbol{T}}\in\mathbb{R}^{K\times M\times N}$，就可以通过 vec 算子得到列向量

$$\boldsymbol{t}=\mathrm{vec}\{\mathring{\boldsymbol{T}}\}=[t_{111}, t_{211}, \cdots, t_{K11}, t_{121}, \cdots, t_{KMN}]^{\mathrm{T}}\in\mathbb{R}^{KMN} \tag{2.58}$$

2.1.3 向量与矩阵求导

N 维向量 x 的梯度或 Nabla 算子定义为

$$\nabla_{\boldsymbol{x}}=\left[\frac{\partial}{\partial x_1},\cdots,\frac{\partial}{\partial x_N}\right]^{\mathrm{T}} \tag{2.59}$$

M 维向量值函数 $f(x)$ 的梯度为

$$\frac{\partial \boldsymbol{f}(\boldsymbol{x})}{\partial \boldsymbol{x}}=\nabla_{\boldsymbol{x}}\boldsymbol{f}(\boldsymbol{x})^{\mathrm{T}}=\begin{bmatrix}\dfrac{\partial}{\partial x_1}\\ \vdots\\ \dfrac{\partial}{\partial x_N}\end{bmatrix}[f_1(\boldsymbol{x}),\cdots,f_M(\boldsymbol{x})]=\begin{bmatrix}\dfrac{\partial f_1(\boldsymbol{x})}{\partial x_1} & \cdots & \dfrac{\partial f_M(\boldsymbol{x})}{\partial x_1}\\ \vdots & \ddots & \vdots\\ \dfrac{\partial f_1(\boldsymbol{x})}{\partial x_N} & \cdots & \dfrac{\partial f_M(\boldsymbol{x})}{\partial x_N}\end{bmatrix} \tag{2.60}$$

雅可比矩阵是这个矩阵的转置，即

$$\boldsymbol{J}=\frac{\partial \boldsymbol{f}(\boldsymbol{x})}{\partial \boldsymbol{x}^{\mathrm{T}}}=\left(\frac{\partial \boldsymbol{f}(\boldsymbol{x})}{\partial \boldsymbol{x}}\right)^{\mathrm{T}}=\left(\nabla_{\boldsymbol{x}}\boldsymbol{f}(\boldsymbol{x})^{\mathrm{T}}\right)^{\mathrm{T}}=\begin{bmatrix}\dfrac{\partial f_1(\boldsymbol{x})}{\partial x_1} & \cdots & \dfrac{\partial f_1(\boldsymbol{x})}{\partial x_N}\\ \vdots & \ddots & \vdots\\ \dfrac{\partial f_M(\boldsymbol{x})}{\partial x_1} & \cdots & \dfrac{\partial f_M(\boldsymbol{x})}{\partial x_N}\end{bmatrix} \tag{2.61}$$

标量值函数 $g(x)$ 的黑森矩阵为

$$\boldsymbol{H}=\frac{\partial^2 g(\boldsymbol{x})}{\partial \boldsymbol{x}\partial \boldsymbol{x}^{\mathrm{T}}}=\nabla_{\boldsymbol{x}}\nabla_{\boldsymbol{x}}^{\mathrm{T}}g(\boldsymbol{x})=\begin{bmatrix}\dfrac{\partial^2 g(\boldsymbol{x})}{\partial x_1\partial x_1} & \cdots & \dfrac{\partial^2 g(\boldsymbol{x})}{\partial x_1\partial x_N}\\ \vdots & \ddots & \vdots\\ \dfrac{\partial^2 g(\boldsymbol{x})}{\partial x_N\partial x_1} & \cdots & \dfrac{\partial^2 g(\boldsymbol{x})}{\partial x_N\partial x_N}\end{bmatrix} \tag{2.62}$$

黑森矩阵是对称的 $N\times N$ 矩阵。

标量值函数 $g(x)$ 围绕点 x_0 的泰勒级数展开为：

$$g(\boldsymbol{x})=g(\boldsymbol{x}_0)+\underbrace{\left.\frac{\partial g(\boldsymbol{x})}{\partial \boldsymbol{x}^{\mathrm{T}}}\right|_{x=x_0}}_{J}(\boldsymbol{x}-\boldsymbol{x}_0)+\frac{1}{2!}(\boldsymbol{x}-\boldsymbol{x}_0)^{\mathrm{T}}\underbrace{\left.\frac{\partial^2 g(\boldsymbol{x})}{\partial \boldsymbol{x}\partial \boldsymbol{x}^{\mathrm{T}}}\right|_{x=x_0}}_{H}(\boldsymbol{x}-\boldsymbol{x}_0)+O(\|\boldsymbol{x}-\boldsymbol{x}_0\|^3) \tag{2.63}$$

公式中使用了朗道符号 O（·）来表达余项的增速不会显著快于 $\|\boldsymbol{x}-\boldsymbol{x}_0\|$。通过逐项求导可得出下列对向量求导的规则

$$\frac{\partial(\boldsymbol{A}\boldsymbol{x})}{\partial \boldsymbol{x}}=\boldsymbol{A} \tag{2.64}$$

$$\frac{\partial(\boldsymbol{y}^{\mathrm{T}}\boldsymbol{x})}{\partial \boldsymbol{x}}=\frac{\partial(\boldsymbol{x}^{\mathrm{T}}\boldsymbol{y})}{\partial \boldsymbol{x}}=\boldsymbol{y} \tag{2.65}$$

$$\frac{\partial(\boldsymbol{x}^{\mathrm{T}}\boldsymbol{A}\boldsymbol{x})}{\partial \boldsymbol{x}}=(\boldsymbol{A}+\boldsymbol{A}^{\mathrm{T}})\boldsymbol{x}\text{且若 }\boldsymbol{A}\text{ 是对称的则}\frac{\partial(\boldsymbol{x}^{\mathrm{T}}\boldsymbol{A}\boldsymbol{x})}{\partial \boldsymbol{x}}=2\boldsymbol{A}\boldsymbol{x} \tag{2.66}$$

考虑 M 维的向量值函数 $\boldsymbol{f}(\boldsymbol{x})$、$\boldsymbol{h}(\boldsymbol{x})$ 以及一个 $M\times M$ 的矩阵 $\boldsymbol{A}$，则有如下对 N 维向量 $\boldsymbol{x}$ 求导的公式成立

$$\frac{\partial(\boldsymbol{f}(\boldsymbol{x})^{\mathrm{T}}\boldsymbol{h}(\boldsymbol{x}))}{\partial \boldsymbol{x}}=(\nabla_x \boldsymbol{f}(\boldsymbol{x})^{\mathrm{T}})\boldsymbol{h}(\boldsymbol{x})+(\nabla_x \boldsymbol{h}(\boldsymbol{x})^{\mathrm{T}})\boldsymbol{f}(\boldsymbol{x}) \tag{2.67}$$

$$\frac{\partial(\boldsymbol{f}(\boldsymbol{x})^{\mathrm{T}}\boldsymbol{A}\boldsymbol{f}(\boldsymbol{x}))}{\partial \boldsymbol{x}}=2(\nabla_x \boldsymbol{f}(\boldsymbol{x})^{\mathrm{T}})\boldsymbol{A}\boldsymbol{f}(\boldsymbol{x}) \tag{2.68}$$

对于一个变量是 $M\times N$ 的矩阵 $\boldsymbol{A}$ 的标量函数，其梯度算子是 $M\times N$ 的矩阵

$$\frac{\partial g(\boldsymbol{A})}{\partial \boldsymbol{A}}=\begin{bmatrix}\dfrac{\partial g(\boldsymbol{A})}{\partial a_{11}} & \cdots & \dfrac{\partial g(\boldsymbol{A})}{\partial a_{1N}}\\ \vdots & & \vdots\\ \dfrac{\partial g(\boldsymbol{A})}{\partial a_{M1}} & \cdots & \dfrac{\partial g(\boldsymbol{A})}{\partial a_{MN}}\end{bmatrix} \tag{2.69}$$

如果 $M\times N$ 矩阵 $\boldsymbol{A}$ 和 $N\times P$ 矩阵 $\boldsymbol{B}$ 的乘积的迹对 $\boldsymbol{A}$ 求导，可得到

$$\frac{\partial \mathrm{tr}\{\boldsymbol{A}\boldsymbol{B}\}}{\partial \boldsymbol{A}}=\boldsymbol{B}^{\mathrm{T}} \tag{2.70}$$

考虑一个输入 $\mathring{\boldsymbol{X}}\in\mathbb{R}^{K\times M\times N}$ 和输出 $\mathring{\boldsymbol{Y}}=\mathring{\boldsymbol{f}}(\mathring{\boldsymbol{x}})\in\mathbb{R}^{K\times M\times N}$ 均是张量的一个函数 f，则该函数的一阶导数的分量可以通过拉直算子 vec 和雅可比矩阵来表示。

一阶导数的计算在解决优化问题中起着核心作用，因此在机器学习方法中也至关重要。例如 (2.71) 所示的求导公式会在神经网络的训练过程中（见第 5.2 章）被使用。

$$\frac{\partial \text{vec}\left\{\mathring{\boldsymbol{f}}(\mathring{\boldsymbol{x}})\right\}}{\partial\left(\text{vec}\left\{\mathring{\boldsymbol{X}}\right\}\right)^{\mathrm{T}}}=\begin{bmatrix} \frac{\partial y_{111}}{\partial x_{111}} & \frac{\partial y_{111}}{\partial x_{211}} & \cdots & \frac{\partial y_{111}}{\partial x_{K11}} & \frac{\partial y_{111}}{\partial x_{121}} & \cdots & \frac{\partial y_{111}}{\partial x_{KMN}} \\ \frac{\partial y_{211}}{\partial x_{111}} & \frac{\partial y_{211}}{\partial x_{211}} & \cdots & \frac{\partial y_{211}}{\partial x_{K11}} & \frac{\partial y_{211}}{\partial x_{121}} & \cdots & \frac{\partial y_{211}}{\partial x_{KMN}} \\ \vdots & \vdots & \cdots & \vdots & \vdots & \cdots & \vdots \\ \frac{\partial y_{L11}}{\partial x_{111}} & \frac{\partial y_{L11}}{\partial x_{211}} & \cdots & \frac{\partial y_{L11}}{\partial x_{K11}} & \frac{\partial y_{L11}}{\partial x_{121}} & \cdots & \frac{\partial y_{L11}}{\partial x_{KMN}} \\ \frac{\partial y_{121}}{\partial x_{111}} & \frac{\partial y_{121}}{\partial x_{211}} & \cdots & \frac{\partial y_{121}}{\partial x_{K11}} & \frac{\partial y_{121}}{\partial x_{121}} & \cdots & \frac{\partial y_{121}}{\partial x_{KMN}} \\ \vdots & \vdots & \cdots & \vdots & \vdots & \cdots & \vdots \\ \frac{\partial y_{LPQ}}{\partial x_{111}} & \frac{\partial y_{LPQ}}{\partial x_{211}} & \cdots & \frac{\partial y_{LPQ}}{\partial x_{K11}} & \frac{\partial y_{LPQ}}{\partial x_{121}} & \cdots & \frac{\partial y_{LPQ}}{\partial x_{KMN}} \end{bmatrix} \in \mathbb{R}^{LPQ\times KMN} \quad (2.71)$$

接下来我们将简要从几何的解释入手。考虑有一个 N 维空间中的曲面，它通过方程 $g(x_1, x_2, \cdots, x_N)=0$ 来隐式表达，那么梯度向量 $\nabla_x g(\boldsymbol{x})=\left[\frac{\partial g(\boldsymbol{x})}{\partial x_1},\frac{\partial g(\boldsymbol{x})}{\partial x_2},\cdots,\frac{\partial g(\boldsymbol{x})}{\partial x_N}\right]^{\mathrm{T}}$ 则是过曲面上的点 $[x_1, x_2, \cdots, x_N]^{\mathrm{T}}$ 的法线，即该法线是垂直于曲面在点 $[x_1, x_2, \cdots, x_N]^{\mathrm{T}}$ 上切平面的向量。

另一方面，如果考虑曲面的显式表达为 $x_N = h(x_1, x_2, \cdots, x_{N-1})$，那么一个法线则能用下式表达

$$\boldsymbol{n}=\left[\frac{\partial h(x_1,x_2,\cdots,x_{N-1})}{\partial x_1},\frac{\partial h(x_1,x_2,\cdots,x_{N-1})}{\partial x_2},\cdots,\frac{\partial h(x_1,x_2,\cdots,x_{N-1})}{\partial x_{N-1}},-1\right]^{\mathrm{T}}\in\mathbb{R}^N \quad (2.72)$$

因为可以写出 $g(x_1, x_2, \cdots, x_N)=h(x_1, x_2, \cdots, x_{N-1})-x_N$，即曲面的隐式表达，而其梯度向量正是法线。过点 $\boldsymbol{x}_0=[x_{1,0}, x_{2,0}, \cdots, x_{N,0}]^{\mathrm{T}}$ 法线为 $\boldsymbol{n}=[n_1, n_2, \cdots, n_N]^{\mathrm{T}}$ 的平面方程是

$$\boldsymbol{n}^{\mathrm{T}}(\boldsymbol{x}-\boldsymbol{x}_0)=n_1(x_1-x_{1,0})+n_2(x_2-x_{2,0})+\cdots+n_3(x_3-x_{3,0})=0 \quad (2.73)$$

可以看出，$N-1$ 维空间中的梯度向量 $\left[\frac{\partial h(x_1,x_2,\cdots,x_{N-1})}{\partial x_1},\frac{\partial h(x_1,x_2,\cdots,x_{N-1})}{\partial x_2},\cdots,\frac{\partial h(x_1,x_2,\cdots,x_{N-1})}{\partial x_{N-1}}\right]^{\mathrm{T}}$ 是朝着 $x_N = h(x_1, x_2, \cdots, x_{N-1})$ 坡度最陡的方向的。

2.1.4 特征值和奇异值分解，矩阵范数

一个 $N\times N$ 方阵 $\boldsymbol{A}$ 的特征向量是一个 $N\times 1$ 的向量 $\boldsymbol{v}$，其满足方程

$$\boldsymbol{A}\boldsymbol{v}=\lambda\boldsymbol{v} \quad (2.74)$$

这里λ是对应于特征向量$\boldsymbol{v}$的特征值，它也可以是复数[㊀]。这里我们假设特征向量是被规范化了的，即 $\boldsymbol{v}^{\mathrm{T}}\boldsymbol{v}=1$。我们可以得出以下结论：

1）如果 $\boldsymbol{A}$ 是对称的，则始终可以找到 N 个不相关的特征向量，即便它们通常都不是唯一确定的。一个例子是单位矩阵，对于该矩阵而言，所有（范数为 1）的向量都是对应特征值 1 的特征向量。

2）如果 $\boldsymbol{A}$ 是实对称的矩阵，则其所有对应不同特征值的特征向量是正交的。将这些特征向量归一化，则可得到标准正交的特征向量。其可以写作 $\boldsymbol{v}_i^{\mathrm{T}}\boldsymbol{v}_j=\delta_{ij}$，这里 δ_{ij} 表示的是克罗内克德尔塔符号，它的定义是

$$\delta_{ij}=\begin{cases}1, & i=j\\0, & i\neq j\end{cases} \tag{2.75}$$

3）如果 $\boldsymbol{A}$ 是对称且（半）正定的，则其特征值均为正（非负）。

将所有特征值写进对角矩阵 $\boldsymbol{\Lambda}$，特征向量写进矩阵 $\boldsymbol{V}$，则式（2.74）也可写作

$$\boldsymbol{AV}=\boldsymbol{V\Lambda} \tag{2.76}$$

从式（2.38）、式（2.39）和式（2.76）中可得出行列式

$$\det\{\boldsymbol{A}\}=\det\{\boldsymbol{V}\}\det\{\boldsymbol{\Lambda}\}\det\{\boldsymbol{V}^{-1}\}=\det\{\boldsymbol{\Lambda}\}=\prod_{i=1}^{N}\lambda_i \tag{2.77}$$

如果 $\boldsymbol{A}$ 是实对称的矩阵，则 $\boldsymbol{V}$ 只能是正交矩阵。$\boldsymbol{V}$ 的逆矩阵则是矩阵 $\boldsymbol{V}^{\mathrm{T}}$，从式（2.76）可以得到

$$\boldsymbol{A}=\boldsymbol{V\Lambda V}^{\mathrm{T}}=\sum_{i=1}^{N}\frac{1}{\lambda_i}\boldsymbol{v}_i\boldsymbol{v}_i^{\mathrm{T}} \tag{2.78}$$

这里逆矩阵可以如此计算：

$$\boldsymbol{A}^{-1}=\boldsymbol{V}^{\mathrm{T},-1}\boldsymbol{\Lambda}^{-1}\boldsymbol{V}^{-1}=\boldsymbol{V\Lambda}^{-1}\boldsymbol{V}^{\mathrm{T}}=\sum_{i=1}^{N}\frac{1}{\lambda_i}\boldsymbol{v}_i\boldsymbol{v}_i^{\mathrm{T}} \tag{2.79}$$

特征值则是特征多项式 $p(\lambda)$ 的零点

$$p(\lambda)=\det\{\lambda\boldsymbol{I}_N-\boldsymbol{A}\} \tag{2.80}$$

其原因在于特征值的定义是 $\boldsymbol{Av}=\lambda\boldsymbol{v}$。从这可以得出 $(\lambda\boldsymbol{I}_N-\boldsymbol{A})\boldsymbol{v}=0$，即存在一个事实，矩阵 $(\lambda\boldsymbol{I}_N-\boldsymbol{A})$ 的列向量通过矩阵与 $\boldsymbol{v}$ 的相乘作用得到的线性组合是零向量。这种情况当且仅当 $(\lambda\boldsymbol{I}_N-\boldsymbol{A})$ 的列向量是线性相关时，或者换一个说法就是当 $(\lambda\boldsymbol{I}_N-\boldsymbol{A})$ 是奇异矩阵时成立。在这种情况下就有 $\det\{\lambda\boldsymbol{I}_N-\boldsymbol{A}\}=0$ 成立，也就对应特征多项式零点的找寻。

特征值分解只适用于方阵，对于 $M\times N$ 的矩阵 $\boldsymbol{A}$ 我们可以将其分解为三个特殊的表征了其线性变换的矩阵的乘积。

㊀ 泛函分析中算子的谱的概念是特征值分解的推广。泛函分析里每个线性算子 $\boldsymbol{A}$ 都对应一个谱，它由所有使得 $\boldsymbol{A}-\lambda\boldsymbol{I}$ 不可逆的λ组成。所有特征值的集合被称作谱。因此特征值分解有时也被称为谱分解。

$$A = U\Sigma V^{\mathrm{T}} \tag{2.81}$$

这类分解被称作奇异值分解，当 U 是一个 $M \times M$ 的正交矩阵，V 是一个 $N \times N$ 的正交矩阵且 Σ 是一个 $M \times N$ 的分块对角矩阵时

$$\Sigma = \begin{bmatrix} \sigma_1 & & & \vdots & \\ & \ddots & \cdots & 0 & \cdots \\ & & \sigma_r & \vdots & \\ & \vdots & & \vdots & \\ \cdots & 0 & \cdots & \cdots\ 0 & \cdots \\ & \vdots & & \vdots & \end{bmatrix}, \sigma_i > 0, i = 1, \cdots, r \tag{2.82}$$

式中，矩阵 A 的秩为 r，Σ 对角线上正的元素被称作奇异值。这些奇异值按 $\sigma_1 \geqslant \sigma_2 \geqslant \cdots \geqslant \sigma_r$ 的顺序被排列在 Σ 的左上角。U 中对应非零奇异值的列向量被称作左奇异向量，而 V 中相对应的列则被称作右奇异向量。右奇异向量 v_1 通过矩阵 A 被映射到 $\sigma_1 u_1$（被拉伸 / 压缩的左奇异向量 u_1），右奇异向量 v_2 被映射到 $\sigma_1 u_2$ 等。等价的，对于 i=1, …, r，$A^{\mathrm{T}} u_i = \sigma_i v_i$ 也成立。

我们可以用奇异值分解对作用于向量 x 上的线性变换 A 进行如下解释：首先向量 x 被表示在由 V 的列向量所张成的标准正交基上（可能只有旋转变化），而后得到的向量的分量再被对应奇异值加权，最后该向量则被表示在由 U 的列向量所张成的基上（可能也只有旋转变化）。

通过对矩阵 $A^{\mathrm{T}}A = V\Sigma^2V^{\mathrm{T}}$ 进行特征值分解得到非零特征值 $\sigma_1^2, \cdots, \sigma_r^2$。这些特征值即是 A 的奇异值的平方，特征值对应的特征向量则是右奇异向量 $v_1, \cdots, v_r$。对于 AA^{T} 进行奇异值分解同样会得到 A 的奇异值的二次方，而对应的特征向量则是左奇异向量 $u_1, \cdots, u_r$。

矩阵 A 的谱范数正对应着其最大的奇异值

$$\| A \|_2 = \sigma_1 \tag{2.83}$$

奇异值分解可以用于找到一个最适合逼近 A 的低秩矩阵。由于我们可以将矩阵 A 写作一系列秩为 1 的矩阵之和

$$A = \sum_{i=1}^{r} \sigma_i u_i v_i^{\mathrm{T}} \tag{2.84}$$

并且这些奇异值是之前按照从大到小的顺序填入 Σ 的，这里我们可以引入一个矩阵 A_l，其中 $l<r$

$$A_l = \sum_{i=1}^{l} \sigma_i u_i v_i^{\mathrm{T}} \tag{2.85}$$

该矩阵是 A 的最佳 l 秩逼近，即其实现了 $A-A_l$ 的谱范数的最小化。这个结论（Schmidt-Mirsky 定理）是从谱范数的定义以及 Σ 中的奇异值排序所得出的。

与谱范数相关的矩阵 $\boldsymbol{A}$ 的条件数在数值计算中起到了重要作用，其定义是

$$\kappa(\boldsymbol{A}) = \|\boldsymbol{A}\|_2 \|\boldsymbol{A}^{-1}\|_2 \tag{2.86}$$

即定义为最大奇异值除以最小奇异值的结果。大的条件数表明该矩阵几乎接近于一个奇异矩阵，这种情况下我们将其称作病态条件。

对于 $M \times N$ 的矩阵而言，除了矩阵的谱范数，弗罗贝尼乌斯范数也常常被用到

$$\|\boldsymbol{A}\|_{\mathrm{F}} = \sqrt{\sum_{i=1}^{M}\sum_{j=1}^{N}\left|a_{ij}\right|^2} \tag{2.87}$$

它是所有矩阵元素 a_{ij} 值的二次方之和的根。弗罗贝尼乌斯范数也可以通过矩阵 $\boldsymbol{A}^{\mathrm{T}}\boldsymbol{A}$ 的迹来获得，这里有

$$\mathrm{tr}\left\{\boldsymbol{A}^{\mathrm{T}}\boldsymbol{A}\right\} = \sum_{i=1}^{M}\sum_{j=1}^{N}\left|a_{ij}\right|^2 = \|\boldsymbol{A}\|_{\mathrm{F}}^2 \tag{2.88}$$

结合式（2.88）和奇异值分解 $\boldsymbol{A} = \boldsymbol{U\Sigma V}^{\mathrm{T}}$ 可得出下列关系

$$\|\boldsymbol{A}\|_{\mathrm{F}}^2 = \mathrm{tr}\left\{\boldsymbol{A}^{\mathrm{T}}\boldsymbol{A}\right\} = \mathrm{tr}\left\{\boldsymbol{V\Sigma U}^{\mathrm{T}}\boldsymbol{U\Sigma V}^{\mathrm{T}}\right\} = \mathrm{tr}\left\{\boldsymbol{V\Sigma}^2\boldsymbol{V}^{\mathrm{T}}\right\} = \mathrm{tr}\left\{\boldsymbol{\Sigma}^2\right\} = \sum_{i=1}^{r}\sigma_i^2 \tag{2.89}$$

式中，r 是 $\boldsymbol{A}$ 的秩。

矩阵的 *p*- 范数具体是：

- 对于 p=1：各个列向量元素绝对值之和的最大值

$$\|\boldsymbol{A}\|_1 = \max_{1\leqslant j\leqslant N}\left\{\sum_{i=1}^{M}\left|a_{ij}\right|\right\} \tag{2.90}$$

- 对于 p=2：谱范数，见式（2.83）
- 对于 $p \to \infty$：各个行向量元素绝对值之和的最大值

$$\|\boldsymbol{A}\|_\infty = \max_{1\leqslant i\leqslant M}\left\{\sum_{j=1}^{N}\left|a_{ij}\right|\right\} \tag{2.91}$$

2.2 用拉格朗日乘数求解优化问题

拉格朗日乘数法是一种用于求解带约束条件的最优化问题的方法。对于一个多元函数，在满足约束条件的前提下找到其极值的问题即是最优化问题。本小节将简要地回顾一下相关的基础知识。关于最优化的数学理论的详细介绍，读者可参考别的专著，例如文献 [BV04] 或是 [BSS13]。

2.2.1 带等式约束条件的最优化问题

本小节将探讨在约束 $g(\boldsymbol{x})=0$ 的条件下对函数 $f(\boldsymbol{x})$ 求解最大值的问题。考虑 $\boldsymbol{x}$ 是 N 维向量，则等式约束条件 $g(\boldsymbol{x})=0$ 在一个 N 维空间中可表示为一个（$N-1$）维的超曲面。例如对于约束条件 $\boldsymbol{w}^{\mathrm{T}}\boldsymbol{x}+\boldsymbol{t}=\boldsymbol{0}$，所有满足该约束方程的点 $\boldsymbol{x}$ 形成了一个超平面。当 $N=2$ 时 $g(\boldsymbol{x})=0$ 则定义了一条曲线，如图 2.1 所示，我们可在该二维空间中通过几何关系来解释拉格朗日乘数法。优化问题要求在曲线 $g(x_1, x_2)=0$ 上找到一个点 $\boldsymbol{x}=[x_1, x_2]^{\mathrm{T}}$，使得 $f(x_1, x_2)$ 取得最大值。从图 2.1 对不同的 c 的取值 $(c_1<c_2<c_3)$ 绘制出的相应的 $f(x_1, x_2)=c$ 等高线可以看出，问题要求的点即为点 $\boldsymbol{x}_Z$。

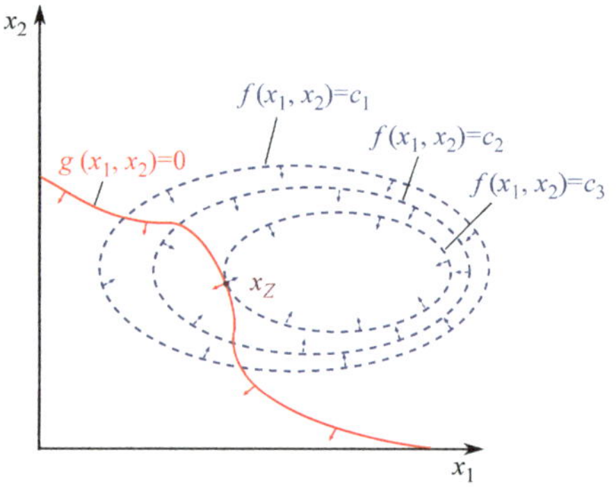

图 2.1 对于等式约束条件的拉格朗日乘数法的几何表示

约束条件的梯度向量 $\nabla_{\boldsymbol{x}} g(\boldsymbol{x})$ 是正交于由 $g(\boldsymbol{x})=0$ 所定义的 $(N-1)$ 维的超曲面的。图 2.1 中表现为红箭头所代表的梯度 $\nabla_{\boldsymbol{x}} g(x_1, x_2)$ 垂直于红色曲线 $g(x_1, x_2)=0$。$\nabla_{\boldsymbol{x}} g(x)$ 与超曲面 $g(\boldsymbol{x})=0$ 的正交性可以通过选取超曲面 $g(\boldsymbol{x})=0$ 上的一点 $\boldsymbol{x}_0$ 并围绕其在超曲面上的邻点 $\boldsymbol{x}_0+\boldsymbol{\varepsilon}$ 对函数 g 进行泰勒展开来证明。对应式（2.63）可得

$$g(\boldsymbol{x}_0+\boldsymbol{\varepsilon}) \approx g(\boldsymbol{x}_0)+(\nabla_{\boldsymbol{x}} g(\boldsymbol{x})|_{\boldsymbol{x}=\boldsymbol{x}_0})^{\mathrm{T}} \boldsymbol{\varepsilon}=g(\boldsymbol{x}_0)+\boldsymbol{\varepsilon}^{\mathrm{T}}(\nabla_{\boldsymbol{x}} g(\boldsymbol{x})|_{\boldsymbol{x}=\boldsymbol{x}_0}) \tag{2.92}$$

因为点 $\boldsymbol{x}_0$ 和 $\boldsymbol{x}_0+\boldsymbol{\varepsilon}$ 均在 $g(\boldsymbol{x})=0$ 所定义的超曲面上，所以有 $g(\boldsymbol{x}_0)=0$，且 $g(\boldsymbol{x}_0+\boldsymbol{\varepsilon})=0$，结合式（2.92）可得

$$\boldsymbol{\varepsilon}^{\mathrm{T}}(\nabla_{\boldsymbol{x}} g(\boldsymbol{x})|_{\boldsymbol{x}=\boldsymbol{x}_0}) \approx 0 \tag{2.93}$$

当 $\|\boldsymbol{\varepsilon}\|$ 趋近于零时，$\boldsymbol{\varepsilon}^{\mathrm{T}}(\nabla_{\boldsymbol{x}} g(\boldsymbol{x})|_{\boldsymbol{x}=\boldsymbol{x}_0})=0$ 等式成立，并且由于此时 $\boldsymbol{\varepsilon}$ 的方向与超曲面 $g(\boldsymbol{x})=0$ 是相切的，由公式 2.11 可得 $(\nabla_{\boldsymbol{x}} g(\boldsymbol{x})|_{\boldsymbol{x}=\boldsymbol{x}_0})$ 是垂直于该超曲面的。因而图 2.1 中的红箭头处处是垂直于曲线 $g(x_1, x_2)=0$ 的。

现在要在约束条件 $g(\boldsymbol{x})=0$ 所定义的超曲面上寻得一个点使得 $f(\boldsymbol{x})$ 取得最大值，则在该点的梯度向量 $\nabla_{\boldsymbol{x}} f(\boldsymbol{x})$ 也须与约束的超曲面正交。在图 2.1 中这意味着在要求的点 $\boldsymbol{x}_Z$ 上蓝箭头也是垂直于红色曲线 $g(x_1, x_2)=0$ 的。这是因为梯度向量始终会指向坡度最大的方向，且假如 $\nabla_{\boldsymbol{x}} f(\boldsymbol{x})$ 与超曲面不是正交的，则 $f(\boldsymbol{x})$ 的值仍可通过点 $\boldsymbol{x}$ 在该超曲面上的移动来获得增量。

因此对于点 $\boldsymbol{x}_Z$ 上的梯度向量 $\nabla_{\boldsymbol{x}} f(\boldsymbol{x})$ 和 $\nabla_{\boldsymbol{x}} g(\boldsymbol{x})$ 而言，二者所指的方向须是相同或是相反。为此需要在该点上设一个参数 λ 使得

$$\nabla_{\boldsymbol{x}} f(x_Z)+\lambda \nabla_{\boldsymbol{x}} g(x_Z)=0 \tag{2.94}$$

式中，λ 也被称为拉格朗日乘数，拉格朗日乘数可正可负。

为了找到点 $\boldsymbol{x}_Z$ 使得 $f(\boldsymbol{x})$ 取得最大值，且该点能满足约束条件 $g(\boldsymbol{x})=0$，可以引入拉格朗日函数

$$L(\boldsymbol{x}, \lambda)=f(\boldsymbol{x})+\lambda g(\boldsymbol{x}) \tag{2.95}$$

令 $L(\boldsymbol{x}, \lambda)$ 对 $\boldsymbol{x}$ 的导数为零，即 $\nabla_{x} L(\boldsymbol{x}, \lambda)=0$，则得到公式（2.94）；令 $L(\boldsymbol{x}, \lambda)$ 对 λ 的导数为零，即 $\dfrac{\partial L(\boldsymbol{x},\lambda)}{\partial \lambda}=0$，则得到约束条件 $g(\boldsymbol{x})=0$。因此可以通过求 $L(\boldsymbol{x}, \lambda)$ 上的驻点来求解出符合要求的点 $\boldsymbol{x}_Z$ 和乘数 λ。由式

$$\nabla_{x} L(\boldsymbol{x}, \lambda)=0 \text{ 和} \frac{\partial L(\boldsymbol{x},\lambda)}{\partial \lambda}=0 \tag{2.96}$$

可得 N+1 个方程，通过该方程组即可求解 $\boldsymbol{x}_Z$ 和 λ。如果只需要 $\boldsymbol{x}_Z$ 的解，则可从方程组中用消元法将 λ 消除，而无需求解 λ 的值。

例如有一套用 $\boldsymbol{Ax}=\boldsymbol{b}$ 描述的欠定方程系统，一个常面临的优化问题是要在约束 $\boldsymbol{Ax}=\boldsymbol{b}$ 的条件下求向量 $\boldsymbol{x}$ 并使其欧几里得范数取得最小值，这也可表示为

$$\arg\min_{\boldsymbol{x}}(\boldsymbol{x}^{\mathrm{T}}\boldsymbol{x}), \text{且 } \boldsymbol{Ax}=\boldsymbol{b} \tag{2.97}$$

其对应的拉格朗日函数为

$$L(\boldsymbol{x}, \lambda)=\boldsymbol{x}^{\mathrm{T}}\boldsymbol{x}+\lambda^{\mathrm{T}}(\boldsymbol{Ax}-\boldsymbol{b}) \tag{2.98}$$

结合式（2.96）可得

$$\nabla_{x} L(\boldsymbol{x}, \lambda)=2\boldsymbol{x}+\boldsymbol{A}^{\mathrm{T}}\lambda=\boldsymbol{0} \text{ 和} \tag{2.99}$$

$$\nabla_{\lambda} L(\boldsymbol{x}, \lambda)=\boldsymbol{Ax}-\boldsymbol{b}=\boldsymbol{0} \tag{2.100}$$

从式（2.99）可得 $\boldsymbol{x}=-\boldsymbol{A}^{\mathrm{T}}\boldsymbol{\lambda}/2$，将其代入式（2.100）中，则有

$$\lambda=-2(\boldsymbol{AA}^{\mathrm{T}})^{-1}\boldsymbol{b} \tag{2.101}$$

由之最终可得解

$$\boldsymbol{x}=\boldsymbol{A}^{\mathrm{T}}(\boldsymbol{AA}^{\mathrm{T}})^{-1}\boldsymbol{b} \tag{2.102}$$

该矩阵 $\boldsymbol{A}^{\mathrm{T}}(\boldsymbol{AA}^{\mathrm{T}})^{-1}$ 被称作摩尔 - 彭若斯广义逆矩阵。

2.2.2 带不等式约束条件的优化问题

该优化问题是要在满足不等式约束条件 $g(\boldsymbol{x}) \geqslant 0$ 的前提下，找到函数 $f(\boldsymbol{x})$ 的最大值。图 2.2 形象地展示了优化问题在矢量 $\boldsymbol{x}$ 的维度 N 值为 2 时的情况。如图所示，这里我们需要分清两种情况，它们取决于点 $\boldsymbol{x}_Z$ 的位置，即其是在 $g(\boldsymbol{x}) \geqslant 0$ 的区域内，还是在 $g(\boldsymbol{x})=0$ 的超平面上。

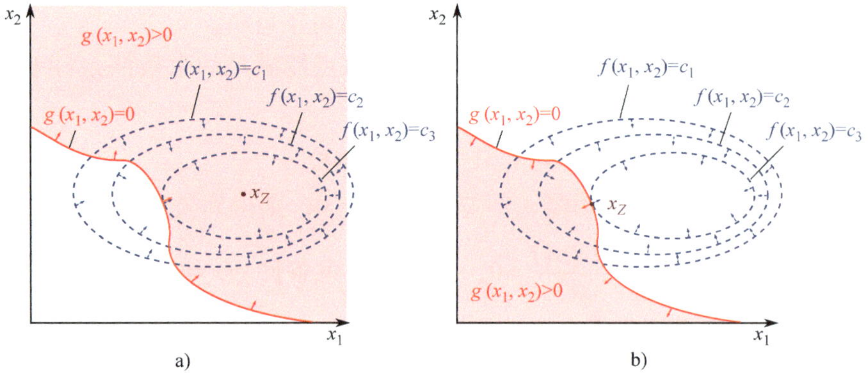

图 2.2　不等式约束条件下拉格朗日乘数法的几何表示

a) $\boldsymbol{x}_Z$ 在 $g(\boldsymbol{x}) \geqslant 0$ 的区域内　b) $\boldsymbol{x}_Z$ 在 $g(\boldsymbol{x}) = 0$ 的超平面上

对于第一类情况（如图 2.2a 所示），我们也将之称为无效约束条件，因为这里约束条件并没有发挥约束的作用，点 $\boldsymbol{x}_Z$ 这时候可以直接通过 $\nabla_{\boldsymbol{x}} f(\boldsymbol{x})=\boldsymbol{0}$ 来求解。这就相当于在求解式（2.95）中拉格朗日函数在 $\lambda=0$ 时的驻点。

对于第二类情况（如图 2.2b 所示），即点 $\boldsymbol{x}_Z$ 位于超平面 $g(\boldsymbol{x})=0$ 上时，我们也会说，约束条件被激活了。这里情况就和小节 2.2.1 中所描述的带等式约束条件的优化问题是类似的，问题相当于求解式（2.95）中拉格朗日函数在 $\lambda \neq 0$ 时的一个驻点。然而，和带等式约束的优化不同，这里 λ 的正负号是有其意义的。$f(\boldsymbol{x})$ 的最大值只有在梯度 $\nabla_{\boldsymbol{x}} f(\boldsymbol{x})$ 的指向与 $g(\boldsymbol{x}) \geqslant 0$ 的区域所在方向相反时才能取得，如图 2.2 右侧所示的那样。这里蓝色箭头表示了函数 $f(\boldsymbol{x})$ 在各个点的梯度向量。在这个第二类的情况中，有 $\nabla_{\boldsymbol{x}} f(\boldsymbol{x}) = -\lambda \nabla_{\boldsymbol{x}} g(\boldsymbol{x})$，$\lambda>0$。

对于上述两种情况而言，均有 $\lambda g(\boldsymbol{x}_Z)=0$。因为在第一种中 $\lambda=0$，而在第二种中，点 $\boldsymbol{x}_Z$ 位于超平面 $g(\boldsymbol{x})=0$ 上。这里我们同样借助式（2.95）中的拉格朗日函数 $L(\boldsymbol{x}, \lambda)=f(\boldsymbol{x})+\lambda g(\boldsymbol{x})$，则对于一个极小值点 $\boldsymbol{x}_Z$ 而言，可以说存在一个 λ^* 满足如下条件

$$\nabla_{\boldsymbol{x}} L(\boldsymbol{x}_Z, \lambda^*) = \boldsymbol{0} \tag{2.103}$$

$$g(\boldsymbol{x}_Z) \geqslant 0 \tag{2.104}$$

$$\lambda^* \geqslant 0 \tag{2.105}$$

$$\lambda^* g(\boldsymbol{x}_Z)=0 \tag{2.106}$$

这些条件被合称为卡鲁什 - 库恩 - 塔克（KKT）条件，其非常有用，因为借助这些条件我们便可找到求解 $\boldsymbol{x}$ 时所需的 λ^* 的值。

如果想在不等式约束条件 $g(\boldsymbol{x}) \geqslant 0$ 下对 $f(\boldsymbol{x})$ 最小化（而非最大化）的话，那就会对图 2.2 的所示做出假设，即 $c_3<c_2<c_1$，这样所有蓝色箭头则应该指向与原图相反的方向。如果约束条件有效，则梯度 $\nabla_{\boldsymbol{x}} f(\boldsymbol{x})$ 和 $\nabla_{\boldsymbol{x}} g(\boldsymbol{x})$ 指向的是相同的

方向，这样就有 $\nabla_x f(\boldsymbol{x}) = \lambda \nabla_x g(\boldsymbol{x})$，$\lambda>0$，使得对应的拉格朗日函数为

$$L(\boldsymbol{x}, \lambda)=f(\boldsymbol{x})-\lambda g(\boldsymbol{x}) \tag{2.107}$$

于是问题就变成了求式（2.107）中关于 $\boldsymbol{x}$ 和 λ 的拉格朗日函数的驻点，这里，$\lambda \geqslant 0$。

如果想把拉格朗日乘数法推广至带有多个等式约束与不等式约束条件的优化问题上的话，也可靠上述的想法来实现。如果问题是对函数 $f(\boldsymbol{x})$ 最大化，并存在等式约束条件 $g_k(\boldsymbol{x})=0$ 当 $k = 1,\cdots, K$ 和不等式约束条件 $h_m(\boldsymbol{x}) \geqslant 0$ 当 $m=1,\cdots, M$，那么我们就要引入拉格朗日乘数 $\boldsymbol{\lambda}=[\lambda_1, \cdots, \lambda_K]^{\mathrm{T}}$ 和 $\boldsymbol{\mu}=[\mu_1, \cdots, \mu_M]^{\mathrm{T}}$ 并在 $\mu_m \geqslant 0$ 和 $\mu_m h_m(\boldsymbol{x}) = 0$ 的条件下求解自变量为 $\boldsymbol{x}, \boldsymbol{\lambda}$ 和 $\boldsymbol{\mu}$ 的拉格朗日函数的驻点。

$$L(\boldsymbol{x},\boldsymbol{\lambda},\boldsymbol{\mu}) = f(\boldsymbol{x}) + \sum_{k=1}^{K} \lambda_k g_k(\boldsymbol{x}) + \sum_{m=1}^{M} \mu_m h_m(\boldsymbol{x}) \tag{2.108}$$

2.3 概率论

随机学涉及随机性的研究和建模，它由**概率论**和**统计学**两个子领域组成。概率论侧重于固定出一套对随机性的建模理论，而统计学则侧重处理随机事件的观察结果并描述其基础模型。

在本节中，我们将简要回顾概率论的一些基础知识。对随机性这个领域的详细介绍读者可参见文献 [PP02] 或 [SW11]。

2.3.1 概率空间和随机变量

概率论研究的出发点是带有随机结果的试验（**随机试验**）。所有可能的结果都被囊括在**样本空间** Ω 之中。集合 Ω 的一个子集是一个事件，当随机试验的结果位于该子集之内时，我们便说该事件出现了。

为了给事件指定其发生的概率，我们把事件放入集合 Ω 上的一个 **σ- 代数**——$\mathbb{F}$ 中，$\mathbb{F}$ 这里也被称作**事件域**。如果样本空间是可数的，则其 σ- 代数是集类 $\mathbb{F}$，这里的 $\mathbb{F} \subset \mathscr{P}(\Omega)$，$\mathscr{P}(\Omega)$ 是 Ω 的幂集（即包含所有 Ω 的子集的类），也就是说集类 $\mathbb{F}$ 一个包含样本空间 Ω 子集的集合，并满足下列条件：

a）$\Omega \in \mathbb{F}$

b）如果对事件 A 存在 $A \in \mathbb{F}$，则对其互补事件也存在 $\overline{A} \in \mathbb{F}$。所以空集 $\varnothing$ 也总是 $\mathbb{F}$ 的一个元素

c）如果 $A_1, A_2, \cdots \in \mathbb{F}$，则 $\bigcup_{n \in \mathbb{N}} A_n \in \mathbb{F}$ 也成立。

对于任一离散样本空间 Ω，最小的 σ- 代数是 $\{0, \Omega\}$，而最大的 σ- 代数则是其幂集 $\mathscr{P}(\Omega)$。对于不可数的样本空间而言，σ- 代数依旧是样本空间 Ω 的一个子集类。

而概率则是通过从 σ- 代数到区间 [0, 1] 的映射结果 P。三元组 $(\Omega, \mathbb{F}, P)$ 被称作概率空间。图 2.3 试用一例展示了一个概率空间。P 是概率测度，其必须满足柯尔莫果洛夫公理：

a）对于任一位于 $\mathbb{F}$ 中的事件 A，都有 $0 \leqslant P(A) \leqslant 1$。

b）$P(\Omega) = 1$

c）如果事件 A 和 B 两两不相交，即 $A \cap B = \varnothing$，则 A 和 B 的并的概率就是这两个事件自身的概率之和：$P(A \cup B) = P(A) + P(B)$。

一个随机变量是一个给随机试验各个结果指定数值的函数。借助随机变量我们可以建立起这样的模型，即函数的值是和偶然因素相关联的。随机变量的取值也被称作**实现值**。虽然随机试验的结果可能会显得非常不直观，但随机变量的取值通常是直观明晰的。通过随机变量可从样本集合 Ω 得到观察空间 $\mathbb{X}$。比如说对于色盲而言图 2.3 中所示的随机试验的结果是不可观的，但如果有随机变量将“红”“绿”“黄”分别映射到 1、2、3 上，则这些取值在色盲看来也是一目了然的。

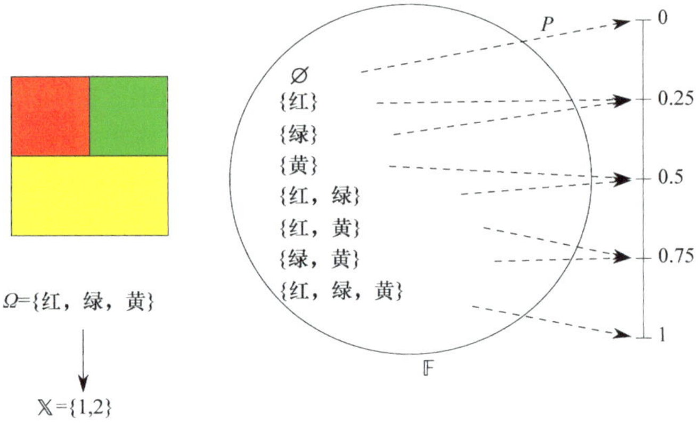

图 2.3　概率空间 $(\Omega, \mathbb{F}, P)$ 以及将 Ω 映射到 $\mathbb{X}$ 上的随机变量 x

在图 2.3 的示例中使用随机变量

$$\boldsymbol{x}: \Omega \rightarrow \mathbb{X}, \omega \mapsto x, \quad \text{且} \quad x=\begin{cases}1 & \text{如果}\omega=\text{红} \quad \text{或者} \quad \omega=\text{绿} \\ 2 & \text{如果}\omega=\text{黄}\end{cases} \tag{2.109}$$

则可得到观察空间中的各个元素的概率

$$\begin{aligned} &P(\boldsymbol{x}=1)=P(\omega \in \Omega \quad \text{且} \quad \boldsymbol{x}(\omega)=1)=0.5 \quad \text{以及} \\ &P(\boldsymbol{x}=2)=P(\omega \in \Omega \quad \text{且} \quad \boldsymbol{x}(\omega)=1)=0.5 \end{aligned} \tag{2.110}$$

图 2.3 也展示了随机变量 x 的映射。

为事件集合中的元素一对一指定了到自然数集元素的映射，其实现值 $\boldsymbol{x}(\omega)\in\{x_1, x_2, \cdots\}$ 是可数的随机变量，被称作离散型随机变量。这种变量会通过概率 $P(\boldsymbol{x}=x_i)$ 来描述。$P(\boldsymbol{x}=x_i)$ 常常从简写作 $P(x_i)$。

实现值不可数的随机变量叫作连续型随机变量。这类变量会通过概率密度函数 (Probability Density Function) 来描述，即

$$p(\boldsymbol{x}=\boldsymbol{x})=\lim_{\mathrm{d}x\to 0}\frac{P\left(x-\frac{1}{2}\mathrm{d}x\leqslant \boldsymbol{x}\leqslant x+\frac{1}{2}\mathrm{d}x\right)}{\mathrm{d}x} \tag{2.111}$$

一个取值为连续向量值的随机变量，其由 N 个标量随机变量组成，其概率密度函数为

$$p(\boldsymbol{x}=x)=\lim_{\mathrm{d}x_1\to 0,\cdots,\mathrm{d}x_N\to 0}\frac{P\left(\left\{x_1-\frac{\mathrm{d}x_1}{2}\leqslant \boldsymbol{x}_1\leqslant x_1+\frac{\mathrm{d}x_1}{2}\right\}\cap,\cdots,\cap\left\{x_N-\frac{\mathrm{d}x_N}{2}\leqslant \boldsymbol{x}_N\leqslant x_N+\frac{\mathrm{d}x_N}{2}\right\}\right)}{\mathrm{d}x_1,\cdots,\mathrm{d}x_N} \tag{2.112}$$

取向量值的随机变量也被称为**多变量**，而标量值随机变量则被称为**单变量**。函数

$$p(\boldsymbol{x}\leqslant \boldsymbol{x})=\int_{\tilde{x}_1=-\infty}^{x_1}\int_{\tilde{x}_2=-\infty}^{x_2}\cdots\int_{\tilde{x}_N=-\infty}^{x_N}p(\boldsymbol{x}=\tilde{x})\mathrm{d}\tilde{x}_1,\cdots,\mathrm{d}\tilde{x}_N \tag{2.113}$$

被称作随机变量 $\boldsymbol{x}$ 在 $\boldsymbol{x}=[x_1,x_2,\cdots,x_N]^{\mathrm{T}}$ 时的分布函数。

一个单随机变量 $\boldsymbol{x}$ 的期望值或是说一阶矩是

$$\mathrm{E}_{\boldsymbol{x}}\{\boldsymbol{x}\}=\int_{-\infty}^{\infty}xp(\boldsymbol{x}=x)\mathrm{d}x \tag{2.114}$$

一个 $\boldsymbol{x}$ 的函数 f 的期望值则是

$$\mathrm{E}_{\boldsymbol{x}}\{f(\boldsymbol{x})\}=\int_{-\infty}^{\infty}f(x)p(\boldsymbol{x}=x)\mathrm{d}x \tag{2.115}$$

单随机变量 $\boldsymbol{x}$ 的 n 阶矩被定义为

$$\mathrm{E}_{\boldsymbol{x}}\{\boldsymbol{x}^n\}=\int_{-\infty}^{\infty}x^n p(\boldsymbol{x}=x)\mathrm{d}x \tag{2.116}$$

二阶矩也被称作方差

$$\mathrm{Var}_{\boldsymbol{x}}\{\boldsymbol{x}\}=\mathrm{E}_{\boldsymbol{x}}\left\{(\boldsymbol{x}-\mathrm{E}_{\boldsymbol{x}}\{\boldsymbol{x}\})^2\right\}=\int_{-\infty}^{\infty}(\boldsymbol{x}-\mathrm{E}_{\boldsymbol{x}}\{\boldsymbol{x}\})^2\,\mathrm{p}(\boldsymbol{x}=x)\mathrm{d}x=\mathrm{E}_{\boldsymbol{x}}\{\boldsymbol{x}^2\}-\left(\mathrm{E}_{\boldsymbol{x}}\{\boldsymbol{x}\}\right)^2 \tag{2.117}$$

方差的平方根被描述为随机变量 $\boldsymbol{x}$ 的标准差。

对于多变量随机变量我们如下计算它的期望值

$$\mathrm{E}_{\boldsymbol{x}}\{\boldsymbol{x}\}=\int_{-\infty}^{\infty}\cdots\int_{-\infty}^{\infty}x\mathrm{p}(\boldsymbol{x}=x)\mathrm{d}x_1\cdots\mathrm{d}x_N \tag{2.118}$$

且这里由协方差矩阵来取代方差

$$\boldsymbol{C}_{\boldsymbol{xx}}=\mathrm{E}_{\boldsymbol{x}}\left\{(\boldsymbol{x}-\mathrm{E}_{\boldsymbol{x}}\{\boldsymbol{x}\})(\boldsymbol{x}-\mathrm{E}_{\boldsymbol{x}}\{\boldsymbol{x}\})^{\mathrm{T}}\right\} \tag{2.119}$$

协方差矩阵的对角元素即是 $\boldsymbol{x}$ 中包含的随机变量们的方差，而对角外的元素则是 $\boldsymbol{x}$ 各个标量随机变量之间的协方差

$$(\boldsymbol{C}_{\boldsymbol{xx}})_{ii}=\mathrm{Var}_{xi}\{\boldsymbol{x}_i\} \tag{2.120}$$

$$(\boldsymbol{C}_{\boldsymbol{xx}})_{ij}=\int_{-\infty}^{\infty}\int_{-\infty}^{\infty}(x_i-\mathrm{E}_{xi}\{\boldsymbol{x}_i\})(x_j-\mathrm{E}_{xi}\{\boldsymbol{x}_i\})\mathrm{p}(\boldsymbol{x}_i=x_i,\boldsymbol{x}_j=x_j)\mathrm{d}x_i\mathrm{d}x_j \tag{2.121}$$

如果有随机变量 $\boldsymbol{x}_i$ 和 $\boldsymbol{x}_j$，则它们的协方差 $\sigma^2_{\boldsymbol{x}_i\boldsymbol{x}_j}$ 也是通过式（2.121）来计算的。可以引入零均值随机变量的期望值作为 $\boldsymbol{x}$ 和 $\boldsymbol{y}$ 这两个随机变量的内积。在这种情况下式（2.10）表达为：

$$\langle\boldsymbol{x},\boldsymbol{y}\rangle=\mathrm{E}_{xy}\left\{\left(\boldsymbol{x}-\mathrm{E}_x\{\boldsymbol{x}\}\right)\left(\boldsymbol{y}-\mathrm{E}_y\{\boldsymbol{y}\}\right)\right\} \tag{2.122}$$

两个随机变量 $\boldsymbol{x}$ 和 $\boldsymbol{y}$ 之间的**相关系数**因此可以定义为：

$$\rho(\boldsymbol{x},\boldsymbol{y})=\frac{\langle\boldsymbol{x},\boldsymbol{y}\rangle}{\sqrt{\langle\boldsymbol{x},\boldsymbol{x}\rangle\langle\boldsymbol{y},\boldsymbol{y}\rangle}}=\frac{\sigma^2_{xy}}{\sqrt{\mathrm{Var}_x\{\boldsymbol{x}\}\mathrm{Var}_y\{\boldsymbol{y}\}}} \tag{2.123}$$

从柯西 - 施瓦茨不等式中可得：

$$|\rho(\boldsymbol{x},\boldsymbol{y})|\leqslant 1 \tag{2.124}$$

如果若干个随机变量的联合概率密度函数是由单个随机变量概率密度函数的乘积得出的，则它们是独立的，即

$$p(\boldsymbol{x}_1=x_1,\cdots,\boldsymbol{x}_N=x_N)=\prod_{i=1}^{N}p(\boldsymbol{x}_i=x_i) \tag{2.125}$$

而当若干个随机变量符合式（2.125）且它们的概率密度函数相同时，它们则被称为独立同分布。

估计量被用于根据样本数据确定参数的估计值。如果估计量的期望值等于要估计的参数的真实值，则称该估计量为无偏估计。当有一组实现 $\boldsymbol{x}_1, \cdots, \boldsymbol{x}_m$ 被建模为相同个数的独立同分布随机变量 $\boldsymbol{x}_1, \cdots, \boldsymbol{x}_m$ 的实现时，式（2.114）中期望值的无偏估计量和式（2.119）中协方差矩阵的无偏估计量为：

$$\hat{\boldsymbol{\mu}}_x = \frac{1}{M}\sum_{m=1}^{M}\boldsymbol{x}_m \quad 或者 \quad \hat{\boldsymbol{C}}_{\boldsymbol{xx}} = \frac{1}{M-1}\sum_{k=1}^{M}(\boldsymbol{x}_m - \hat{\boldsymbol{\mu}}_{\boldsymbol{x}})(\boldsymbol{x}_m - \hat{\boldsymbol{\mu}}_{\boldsymbol{x}})^{\mathrm{T}} \tag{2.126}$$

全概率定理表明，随机变量 $\boldsymbol{x}$ 的概率密度函数是由与另一个随机变量 $\boldsymbol{y} = [y_1,\cdots,y_m]^{\mathrm{T}}$ 的联合概率密度函数通过边缘化（即关于 $\boldsymbol{y}$ 的积分）产生的：

$$p(\boldsymbol{x} = x) = \int_{-\infty}^{\infty}\cdots\int_{-\infty}^{\infty} p(\boldsymbol{x} = x, \boldsymbol{y} = y)\mathrm{d}y_1\cdots\mathrm{d}y_M \tag{2.127}$$

随机变量 $\boldsymbol{x}$ 根据概率 P 分布。如果 Q 是同一事件空间上的概率，那么将两个概率密度函数 $p(\boldsymbol{x}=x)$ 和 $q(\boldsymbol{x}=x)$ 相互比较将可能很重要。对此通常使用**相对熵**。它是一个用来描述两个概率密度函数间差异的合适的度量：

$$\mathrm{KL}(p\,\|\,q) = \int_{-\infty}^{\infty}\cdots\int_{-\infty}^{\infty} p(\boldsymbol{x} = x)\ln\left(\frac{p(\boldsymbol{x} = x)}{q(\boldsymbol{x} = x)}\right)\mathrm{d}x_1\cdots\mathrm{d}x_N \tag{2.128}$$

相对熵有以下一些性质：

- 它是不可交换的，即 $\mathrm{KL}(p\|q) \neq \mathrm{KL}(q\|p)$。
- 它总是大于或等于零 $\mathrm{KL}(p\|q) \geqslant 0$。
- 如果 $\mathrm{KL}(p\|q)=0$，那么 $p=q$。

如果随机变量 $\boldsymbol{x}$ 是取值范围为 $\mathbb{X}$ 的离散随机变量，那么两个概率 $P(\boldsymbol{x} = x)$ 和 $Q(\boldsymbol{x} = x)$ 的相对熵为：

$$\mathrm{KL}(P\,\|\,Q) = \sum_{x\in\mathbb{X}} P(\boldsymbol{x} = x)\ln\left(\frac{P(\boldsymbol{x} = x)}{Q(\boldsymbol{x} = x)}\right) \tag{2.129}$$

2.3.2 条件概率和贝叶斯定理

在给定另一个随机变量 $\boldsymbol{y}$ 实现的条件下，随机变量 $\boldsymbol{x}$ 的条件概率密度为：

$$p(\boldsymbol{x} = x \mid \boldsymbol{y} = y) = \frac{p(\boldsymbol{x} = x, \boldsymbol{y} = y)}{p(\boldsymbol{y} = y)} \tag{2.130}$$

条件期望定义为：

$$E_{x|y}\{\boldsymbol{x} \mid \boldsymbol{y} = y\} = \int_{\mathbb{X}} x p(\boldsymbol{x} = x \mid \boldsymbol{y} = y)\mathrm{d}x \tag{2.131}$$

式中，$\mathbb{X}$ 代表随机变量 $\boldsymbol{x}$ 的取值范围。而$E_{\boldsymbol{x}|\boldsymbol{y}}\{\boldsymbol{x}|\boldsymbol{y}\}$关于 $\boldsymbol{y}$ 的期望值可以通过式（2.127）和式（2.130）得出：

$$\begin{aligned}E_{\boldsymbol{y}}\{E_{\boldsymbol{x}|\boldsymbol{y}}\{\boldsymbol{x}=x\mid\boldsymbol{y}=y\}\}&=\int_{\mathbb{Y}}\left(\int_{\mathbb{X}}xp(\boldsymbol{x}=x\mid\boldsymbol{y}=y)\mathrm{d}x\right)p(\boldsymbol{y}=y)\mathrm{d}y\\&=\int_{\mathbb{X}}x\left(\int_{\mathbb{Y}}p(\boldsymbol{x}=x,\boldsymbol{y}=y)\mathrm{d}y\right)\mathrm{d}x=\int_{\mathbb{X}}xp(\boldsymbol{x}=x)\mathrm{d}x=E_{\boldsymbol{x}}\{\boldsymbol{x}\}\end{aligned}\tag{2.132}$$

式中，$\mathbb{Y}$ 代表随机变量 $\boldsymbol{y}$ 的取值范围。

通过式（2.130）可以将贝叶斯定理写为：

$$p(\boldsymbol{x}=x\mid\boldsymbol{y}=y)=\frac{p(\boldsymbol{y}=y\mid\boldsymbol{x}=x)p(\boldsymbol{x}=x)}{p(\boldsymbol{y}=y)}=\frac{p(\boldsymbol{y}=y\mid\boldsymbol{x}=x)p(\boldsymbol{x}=x)}{\int p(\boldsymbol{y}=y\mid\boldsymbol{x}=x)p(\boldsymbol{x}=x)\mathrm{d}x}\tag{2.133}$$

根据条件概率密度函数的这种表示法可以得出：在给定测量值 y 的条件下，状态向量 x 的后验概率密度函数 $p(\boldsymbol{x}=x|\boldsymbol{y}=y)$ 一方面来自于表示状态向量初始假设的先验概率密度函数 $p(\boldsymbol{x}=x)$，另一方面来自于测量数据中的信息内容，即条件概率密度函数 $p(\boldsymbol{y}=y|\boldsymbol{x}=x)$。等式（2.133）中的分母是单纯用于归一化的因子。在技术系统中，当存在 $\boldsymbol{y}$ 的一个或多个实现，即测量值时，人们通常对状态向量 $\boldsymbol{x}$ 感兴趣。将在接下来的章节中介绍的估计量通常使用后验概率密度并且根据相应的标准从中生成所寻找的状态向量 $\boldsymbol{x}$ 的值。例如，其中一个标准就是选择具有最大后验概率密度的状态向量。

如果 $\boldsymbol{x}$ 是一个连续随机变量，$\boldsymbol{y}$ 是一个离散随机变量，则联合概率密度函数可以类似于式（2.130）表示为：

$$p(\boldsymbol{x}=x,\boldsymbol{y}=y)=p(\boldsymbol{x}=x|\boldsymbol{y}=y)P(\boldsymbol{y}=y)=P(\boldsymbol{y}=y|\boldsymbol{x}=x)p(\boldsymbol{x}=x)\tag{2.134}$$

2.3.3 信息论概述

下面将介绍信息论中的一些概念。之后的 5.6.3 小节中将需要这些概念。

对于一个离散随机变量 $\boldsymbol{x}$，与该随机变量的实现 x 相关的信息量定义为：

$$I(x)=\log_2\left(\frac{1}{P(\boldsymbol{x}=x)}\right)\tag{2.135}$$

x 越不可能实现，它的信息量就越高。随机变量的平均信息量称为熵：

$$H(\boldsymbol{x})=E_{\boldsymbol{x}}\{I(\boldsymbol{x})\}=\sum_{\mathbb{X}}I(x)P(\boldsymbol{x}=x)=-\sum_{\mathbb{X}}P(\boldsymbol{x}=x)\log_2(P(\boldsymbol{x}=x))\tag{2.136}$$

其中 $\mathbb{X}$ 是随机变量 $\boldsymbol{x}$ 的观察空间。

当随机变量 $\boldsymbol{y}$ 已知有实现 y 时，可以用 $H(\boldsymbol{x}|\boldsymbol{y}=y)$ 来表示 $\boldsymbol{x}$ 随机变量的熵，

即平均信息量，而条件熵则为所有可能实现的 $\boldsymbol{y}$ 的熵，即 $H(\boldsymbol{x} \mid \boldsymbol{y}=y)$ 的加权和：

$$H(\boldsymbol{x} \mid \boldsymbol{y})=\sum_{\mathbb{Y}} P(\boldsymbol{y}=y) H(\boldsymbol{x} \mid \boldsymbol{y}=y)=-\sum_{\mathbb{Y}} P(\boldsymbol{y}=y) \sum_{\mathbb{X}} P(\boldsymbol{x}=x \mid \boldsymbol{y}=y) \log_2(P(\boldsymbol{x}=x \mid \boldsymbol{y}=y)$$

$$=-\sum_{\mathbb{X},\mathbb{Y}} P(\boldsymbol{x}=x, \boldsymbol{y}=y) \log_2\left(P(\boldsymbol{x}=x \mid \boldsymbol{y}=y)\right)=-E_{\boldsymbol{x},\boldsymbol{y}}\left\{\log_2\left(P(\boldsymbol{x}=x \mid \boldsymbol{y}=y)\right)\right\} \tag{2.137}$$

其中 $\mathbb{Y}$ 是随机变量 $\boldsymbol{y}$ 的观察空间。这个条件熵是随机变量 $\boldsymbol{x}$ 值在已知随机变量 $\boldsymbol{y}$ 的结果后，仍然存在的“不确定性”的度量。条件熵 $H(\boldsymbol{x}|\boldsymbol{y})$ 的取值范围介于零和 $H(\boldsymbol{x})$ 之间。当 $H(\boldsymbol{x}|\boldsymbol{y})=0$ 时，$\boldsymbol{x}$ 可以由 $\boldsymbol{y}$ 的函数确定。如果 $H(\boldsymbol{x}|\boldsymbol{y})=H(\boldsymbol{x})$，则 $\boldsymbol{x}$ 和 $\boldsymbol{y}$ 是统计上独立的随机变量。

互信息被引入作为两个随机变量 $\boldsymbol{x}$ 和 $\boldsymbol{y}$ 之间统计上相关“强度”的度量：

$$I(\boldsymbol{x};\boldsymbol{y})=H(\boldsymbol{x})-H(\boldsymbol{x}|\boldsymbol{y})=H(\boldsymbol{y})-H(\boldsymbol{y}|\boldsymbol{x}) \tag{2.138}$$

相应地根据条件熵的解释，当互信息为零时，随机变量 $\boldsymbol{x}$ 和 $\boldsymbol{y}$ 在统计上是独立的。而当一个随机变量可以被另一个随机变量用函数计算出来时，互信息是最大的。

在连续随机变量的情况下用微分熵代替熵。其原因在于，对于具有概率密度函数 $p(\boldsymbol{x}=x)$ 的连续随机变量 $\boldsymbol{x}$，某个实现 x 的概率 $P(\boldsymbol{x}=x)$ 等于零：

$$P(\boldsymbol{x}=x)=\lim_{\varepsilon \to 0} \varepsilon p(\boldsymbol{x}=x)=0 \tag{2.139}$$

因此每一个实现都拥有无限大的信息量。基于时间离散随机变量的定义，引入了微分熵：

$$h(\boldsymbol{x})=-\int_{\mathbb{X}} p(\boldsymbol{x}=x) \log_2\left(p(\boldsymbol{x}=x)\right) \mathrm{d}x \tag{2.140}$$

与离散随机变量相似，对于连续随机变量也定义了条件微分熵和互信息，其中用积分公式代替了求和公式。

2.3.4 高斯随机变量

独立随机变量相加生成的随机变量的概率密度函数是由原始概率密度函数的卷积产生的。随着随机变量数量的增加，生成的概率密度函数越来越接近于高斯概率密度函数（**中心极限定理**）。由于这个原因，高斯随机变量是最重要的随机变量之一，因此噪声信号通常被建模为高斯分布。

对于期望值为

$$\boldsymbol{\mu}_{\boldsymbol{x}}=E_{\boldsymbol{x}}\{\boldsymbol{x}\} \tag{2.141}$$

协方差矩阵为

$$C_{xx}=E_x\{(x-\mu_x)(x-\mu_x)^{\mathrm{T}}\} \tag{2.142}$$

的高斯随机变量 $x\in\mathbb{R}^N$，其概率密度函数为

$$p(x=x)=\frac{1}{\left(\det\{2\pi C_{xx}\}\right)^{\frac{1}{2}}}\mathrm{e}^{-\frac{1}{2}(x-\mu_x)^{\mathrm{T}}C_{xx}^{-1}(x-\mu_x)} \tag{2.143}$$

为此经常使用以下符号标记：

$$x\sim\mathcal{N}(\mu_x, C_{xx}) \tag{2.144}$$

高斯随机变量的一个重要特性是它们的线性特征，即两个高斯随机变量的和也还是高斯的。将两个高斯随机变量的和定义为 z，即：

$$z=x+y \tag{2.145}$$

其中 $x\sim\mathcal{N}(\mu_x, C_{xx})$，$y\sim\mathcal{N}(\mu_y, C_{yy})$，那么

$$z\sim\mathcal{N}(\mu_{x+y}, C_{xx}+C_{yy}+C_{xy}+C_{yx}) \tag{2.146}$$

鉴于后验概率密度 $p(x=x|y=y)$ 对于从测量值 y 推断相关状态向量的重要性，条件期望值 $E_{x|y}\{x|y\}$ 和条件协方差也起着重要作用：

$$C_{x|y}=E_{x|y}\{(x-\mu_x)(x-\mu_x)^{\mathrm{T}}|\,y=y\} \tag{2.147}$$

$$=\int_{-\infty}^{\infty}\cdots\int_{-\infty}^{\infty}(x-\mu_x)(x-\mu_x)^{\mathrm{T}}p(x=x\,|\,y=y)\mathrm{d}x_1\cdots\mathrm{d}x_N \tag{2.148}$$

特别是当 x 和 y 都是高斯分布时，即：

$$x\sim\mathcal{N}(\mu_x, C_{xx})\text{ 和 }y\sim\mathcal{N}(\mu_y, C_{yy}) \tag{2.149}$$

可以确定 $E_{x|y}\{x|y=y\}$ 和 $C_{x|y}$ 的简单表达式为：

$$E_{x|y}\{x|y=y\}=\mu_x+C_{xy}C_{yy}^{-1}(y-\mu_y) \tag{2.150}$$

以及

$$C_{x|y}=C_{xx}-C_{xy}C_{yy}^{-1}C_{yx} \tag{2.151}$$

由于该结果对于估算量设计的重要性，应将式（2.150）和式（2.151）做出以下推导。两个高斯随机变量 x 和 y 组合成一个向量 u，使得 $p(x=x|y=y)=p(u=u)$：

$$u=\begin{bmatrix}x\\y\end{bmatrix}, u\sim\mathcal{N}(\mu_u, C_{uu})=\mathcal{N}\left(\begin{bmatrix}\mu_x\\\mu_y\end{bmatrix},\begin{bmatrix}C_{xx} & C_{xy}\\C_{yx} & C_{yy}\end{bmatrix}\right) \tag{2.152}$$

而后验概率密度 $p(x=x|y=y)$ 用式（2.130）表示为：

$$p(\boldsymbol{X}=\boldsymbol{x}\mid\boldsymbol{Y}=\boldsymbol{y})=\frac{(\det\{2\pi\boldsymbol{C}_{uu}\})^{-\frac{1}{2}}\mathrm{e}^{-\frac{1}{2}(\boldsymbol{u}-\boldsymbol{\mu}_u)^{\mathrm{T}}\boldsymbol{C}_{uu}^{-1}(\boldsymbol{u}-\boldsymbol{\mu}_u)}}{(\det\{2\pi\boldsymbol{C}_{yy}\})^{-\frac{1}{2}}\mathrm{e}^{-\frac{1}{2}(\boldsymbol{y}-\boldsymbol{\mu}_y)^{\mathrm{T}}\boldsymbol{C}_{yy}^{-1}(\boldsymbol{y}-\boldsymbol{\mu}_y)}}$$
$$=\frac{(\det\{2\pi\boldsymbol{C}_{uu}\})^{-\frac{1}{2}}}{(\det\{2\pi\boldsymbol{C}_{yy}\})^{-\frac{1}{2}}}\mathrm{e}^{-\frac{1}{2}\left[(\boldsymbol{u}-\boldsymbol{\mu}_u)^{\mathrm{T}}\boldsymbol{C}_{uu}^{-1}(\boldsymbol{u}-\boldsymbol{\mu}_u)-(\boldsymbol{y}-\boldsymbol{\mu}_y)^{\mathrm{T}}\boldsymbol{C}_{yy}^{-1}(\boldsymbol{y}-\boldsymbol{\mu}_y)\right]} \tag{2.153}$$

指数中的方括号部分可以转换成二次多项式：

$$q=\begin{bmatrix}\boldsymbol{x}-\boldsymbol{\mu}_x\\ \boldsymbol{y}-\boldsymbol{\mu}_y\end{bmatrix}^{\mathrm{T}}\begin{bmatrix}\boldsymbol{C}_{xx} & \boldsymbol{C}_{xy}\\ \boldsymbol{C}_{yx} & \boldsymbol{C}_{yy}\end{bmatrix}^{-1}\begin{bmatrix}\boldsymbol{x}-\boldsymbol{\mu}_x\\ \boldsymbol{y}-\boldsymbol{\mu}_y\end{bmatrix}-(\boldsymbol{y}-\boldsymbol{\mu}_y)^{\mathrm{T}}\boldsymbol{C}_{yy}^{-1}(\boldsymbol{y}-\boldsymbol{\mu}_y)$$
$$=\begin{bmatrix}\boldsymbol{x}-\boldsymbol{\mu}_x\\ \boldsymbol{y}-\boldsymbol{\mu}_y\end{bmatrix}^{\mathrm{T}}\begin{bmatrix}\boldsymbol{V}_{11} & \boldsymbol{V}_{12}\\ \boldsymbol{V}_{21} & \boldsymbol{V}_{22}\end{bmatrix}\begin{bmatrix}\boldsymbol{x}-\boldsymbol{\mu}_x\\ \boldsymbol{y}-\boldsymbol{\mu}_y\end{bmatrix}-(\boldsymbol{y}-\boldsymbol{\mu}_y)^{\mathrm{T}}\boldsymbol{C}_{yy}^{-1}(\boldsymbol{y}-\boldsymbol{\mu}_y) \tag{2.154}$$
$$=(\boldsymbol{x}-\boldsymbol{\mu}_x)^{\mathrm{T}}\boldsymbol{V}_{11}(\boldsymbol{x}-\boldsymbol{\mu}_x)+(\boldsymbol{x}-\boldsymbol{\mu}_x)^{\mathrm{T}}\boldsymbol{V}_{12}(\boldsymbol{y}-\boldsymbol{\mu}_y)+(\boldsymbol{y}-\boldsymbol{\mu}_y)^{\mathrm{T}}\boldsymbol{V}_{21}(\boldsymbol{x}-\boldsymbol{\mu}_x)$$
$$+(\boldsymbol{y}-\boldsymbol{\mu}_y)^{\mathrm{T}}\boldsymbol{V}_{22}(\boldsymbol{y}-\boldsymbol{\mu}_y)-(\boldsymbol{y}-\boldsymbol{\mu}_y)^{\mathrm{T}}\boldsymbol{C}_{yy}^{-1}(\boldsymbol{y}-\boldsymbol{\mu}_y)$$

考虑到$\boldsymbol{V}_{11}^{\mathrm{T}}=\boldsymbol{V}_{11}$，$\boldsymbol{V}_{22}^{\mathrm{T}}=\boldsymbol{V}_{22}$，$\boldsymbol{V}_{12}^{\mathrm{T}}=\boldsymbol{V}_{21}$，式（2.154）可以被巧妙地改写为：

$$q=\left((\boldsymbol{x}-\boldsymbol{\mu}_x)+\boldsymbol{V}_{11}^{-1}\boldsymbol{V}_{12}(\boldsymbol{y}-\boldsymbol{\mu}_y)\right)^{\mathrm{T}}\boldsymbol{V}_{11}\left((\boldsymbol{x}-\boldsymbol{\mu}_x)+\boldsymbol{V}_{11}^{-1}\boldsymbol{V}_{12}(\boldsymbol{y}-\boldsymbol{\mu}_y)\right)$$
$$+(\boldsymbol{y}-\boldsymbol{\mu}_y)^{\mathrm{T}}(\boldsymbol{V}_{22}-\boldsymbol{V}_{21}\boldsymbol{V}_{11}^{-1}\boldsymbol{V}_{12})(\boldsymbol{y}-\boldsymbol{\mu}_y)-(\boldsymbol{y}-\boldsymbol{\mu}_y)^{\mathrm{T}}\boldsymbol{C}_{yy}^{-1}(\boldsymbol{y}-\boldsymbol{\mu}_y) \tag{2.155}$$

通过式（2.43）~式（2.46）可以得到：

$$\boldsymbol{C}_{yy}^{-1}=\boldsymbol{V}_{22}-\boldsymbol{V}_{21}\boldsymbol{V}_{11}^{-1}\boldsymbol{V}_{12} \tag{2.156}$$

因此，

$$q=\left((\boldsymbol{x}-\boldsymbol{\mu}_x)+\boldsymbol{V}_{11}^{-1}\boldsymbol{V}_{12}(\boldsymbol{y}-\boldsymbol{\mu}_y)\right)^{\mathrm{T}}\boldsymbol{V}_{11}\left((\boldsymbol{x}-\boldsymbol{\mu}_x)+\boldsymbol{V}_{11}^{-1}\boldsymbol{V}_{12}(\boldsymbol{y}-\boldsymbol{\mu}_y)\right) \tag{2.157}$$

再次通过式（2.43）~式（2.46）得到$\boldsymbol{x}$和$\boldsymbol{y}$的协方差，则有：

$$\boldsymbol{V}_{11}^{-1}\boldsymbol{V}_{12}=-\boldsymbol{C}_{xy}\boldsymbol{C}_{yy}^{-1} \tag{2.158}$$

$$\boldsymbol{V}_{11}=(\boldsymbol{C}_{xx}-\boldsymbol{C}_{xy}\boldsymbol{C}_{yy}^{-1}\boldsymbol{C}_{yx})^{-1} \tag{2.159}$$

因此式（2.153）中的后验概率密度可以表达为：

$$p(\boldsymbol{X}=\boldsymbol{x}\mid\boldsymbol{Y}=\boldsymbol{y})=\frac{(\det\{2\pi\boldsymbol{C}_{uu}\})^{-\frac{1}{2}}}{(\det\{2\pi\boldsymbol{C}_{yy}\})^{-\frac{1}{2}}}$$
$$\cdot\mathrm{e}^{-\frac{1}{2}\left[\left((\boldsymbol{x}-\boldsymbol{\mu}_x)-\boldsymbol{C}_{xy}\boldsymbol{C}_{yy}^{-1}(\boldsymbol{y}-\boldsymbol{\mu}_y)\right)^{\mathrm{T}}\left(\boldsymbol{C}_{xx}-\boldsymbol{C}_{xy}\boldsymbol{C}_{yy}^{-1}\boldsymbol{C}_{yx}\right)^{-1}\left((\boldsymbol{x}-\boldsymbol{\mu}_x)-\boldsymbol{C}_{xy}\boldsymbol{C}_{yy}^{-1}(\boldsymbol{y}-\boldsymbol{\mu}_y)\right)\right]} \tag{2.160}$$

如您所见，这是一个条件期望来自于式 (2.150) 和协方差矩阵来自于式 (2.151) 的高斯分布。条件期望线性依赖于测量值 $\boldsymbol{y}$，而这里的条件协方差则根本不依赖于当前测量值。

2.3.5 随机变量的变换

通过随机变量 $\boldsymbol{x}$ 的双射函数，即一一对应函数 f 使得随机变量 $\boldsymbol{y}=f(\boldsymbol{x})$，并且 $\boldsymbol{x}=f^{-1}(\boldsymbol{y})$。如果 $\boldsymbol{x}$ 和 $\boldsymbol{y}$ 是离散随机变量，那么随机变量 $\boldsymbol{y}$ 概率的变换则很简单，因为有以下公式适用于这种情况：

$$P(\boldsymbol{y}=y)=P(\boldsymbol{x}=f^{-1}(y)) \tag{2.161}$$

相反对于连续随机变量而言，这个结论通常是不正确的：

$$p(\boldsymbol{y}=y)\neq p(\boldsymbol{x}=f^{-1}(y)) \tag{2.162}$$

首先，对单变量的情况进行解释，然后转换到多变量的情况。通过图 2.4 左边可以观察到，对于离散随机变量映射是从点到点进行的，并且该映射不会改变点的大小，因此式（2.161）适用于离散随机变量。相反，观察图 2.4 右边，并且考虑到连续随机变量的概率是由式（2.111）通过概率密度函数积分得到的，即：

$$P(y<\boldsymbol{y}\leqslant y+\mathrm{d}y)=\int_{y}^{y+\mathrm{d}y}p(\boldsymbol{y}=y)\mathrm{d}y \quad \text{以及} \quad P(x<\boldsymbol{x}\leqslant x+\mathrm{d}x)=\int_{x}^{x+\mathrm{d}x}p(\boldsymbol{x}=x)\mathrm{d}x \tag{2.163}$$

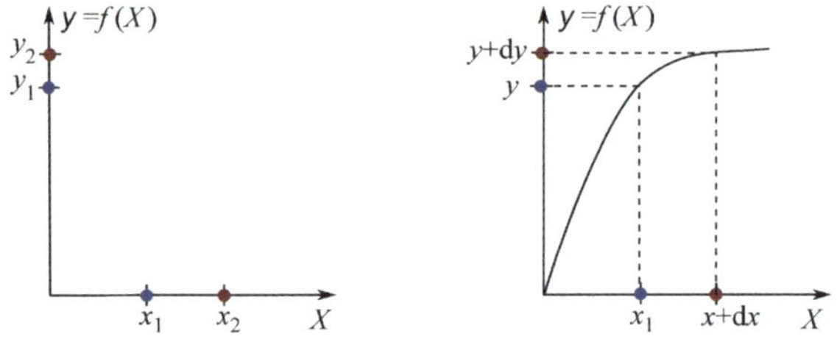

图 2.4 通过函数 f 将随机变量 x 变换为随机变量 y

则可以看到，函数 f 导致了积分区间 $[x, x+\mathrm{d}x]$ 和 $[y, y+\mathrm{d}y]$ 的长度不同。当 $\mathrm{d}x$ 很小的时候，区间 $[x+\mathrm{d}x]$ 内的概率等于 $p(\boldsymbol{x}=x)\mathrm{d}x$。概率密度函数 $p(\boldsymbol{y}=y)$ 由随机变量 x 在区间 $[x, x+\mathrm{d}x]$ 内的概率除以区间 $[y, y+\mathrm{d}y]$ 的长度得出，即 $|f(x+\mathrm{d}x)-f(x)|$。因为 $f(x)$ 是可微分的，所以当 $\mathrm{d}x$ 很小的时候，$f(x+\mathrm{d}x)$ 可以通过 $f(x)+f'(x)\mathrm{d}x$ 近似计算得出，其中 $f'(x)$ 表示 $f(x)$ 对 x 的导数。因此可以得到区间 $[y, y+\mathrm{d}y]$ 的长度为：

$$|f(x+\mathrm{d}x)-f(x)|=|f'(x)|\mathrm{d}x \tag{2.164}$$

从而得到：

$$p(\mathsf{y}=y)=\frac{p(\boldsymbol{x}=x)\mathrm{d}x}{|f'(x)|\mathrm{d}x} \quad 或者 \quad p(\mathsf{y}=y)=\frac{p\left(\mathsf{x}=f^{-1}(y)\right)}{|f'(f^{-1}(y))|} \tag{2.165}$$

将这些考虑都转换到多元随机变量，则可以得到：

$$p(\mathsf{y}=y)=\frac{p\left(\boldsymbol{x}=\boldsymbol{f}^{-1}(\boldsymbol{y})\right)}{\det\left\{\boldsymbol{J}\left(\boldsymbol{f}^{-1}(\boldsymbol{y})\right)\right\}} \tag{2.166}$$

式中，$\boldsymbol{J}(\boldsymbol{f}^{-1}(\boldsymbol{y}))$ 是式（2.61）中的雅可比矩阵，它是由 $\boldsymbol{y}=\boldsymbol{f}(\boldsymbol{x})$ 对 $\boldsymbol{x}$ 的各个分量进行求导，然后在 $\boldsymbol{x}=\boldsymbol{f}^{-1}(\boldsymbol{y})$ 处进行计算而得出的。

2.3.6 随机过程

已知一个概率空间 $(\Omega,\mathbb{F},\mathrm{P})$ 和一个指标集 $\mathbb{T}$，其通常表示为所观察时间点的集合，即 $\mathbb{T}=\mathbb{R}_+$ 或者 $\mathbb{T}=\mathbb{N}_0$。而随机过程是一个映射：

$$\boldsymbol{x}(\vartheta,\omega):\mathbb{T}\times\Omega\rightarrow\mathbb{X}, \quad (\vartheta,\omega)\mapsto\boldsymbol{x}(\vartheta,\omega) \tag{2.167}$$

式中，$\vartheta\in\mathbb{T}$。通过随机过程将 $\mathbb{T}$ 的函数 $\boldsymbol{x}_\omega(\vartheta)$ 分配给随机试验的结果 ω。而当 ϑ 固定时，例如 $\vartheta=t$ 时，$\boldsymbol{x}(t,\omega)$ 则是一个随机变量。这个随机变量通常仅用 $\boldsymbol{x}(t)$ 表示。如果 $\mathbb{T}$ 是可数的，例如 $\mathbb{T}=\mathbb{N}_0$，则称之为**离散时间随机过程**，否则称之为**连续时间随机过程**。如果 $\mathbb{X}$ 是有限的或者可数的，那么该离散过程则为**离散值随机过程**。而当 $\mathbb{X}=\mathbb{R}^N$ 时，则该离散过程是**实值离散过程**。

在下文中，指标集 $\mathbb{T}$ 将展示所观察的时间点的集合，即 ϑ 和 t 是时间变量。

连续时间、实值的随机过程

连续时间、实值的随机过程 $\boldsymbol{x}(\vartheta,\omega)$ 的期望值是一个时间函数并且在时刻 t 定义为：

$$E_{\boldsymbol{x}}(t)=E_{\boldsymbol{x}(t)}\{\boldsymbol{x}(t)\}=\int_{-\infty}^{\infty}\boldsymbol{x}p\left(\boldsymbol{x}(t)=\boldsymbol{x}\right)\mathrm{d}\boldsymbol{x} \quad \in\mathbb{R}^N \tag{2.168}$$

随机过程 $\boldsymbol{x}(\vartheta,\omega)$ 的自相关是两个时刻 t_1 和 t_2 的函数。它被定义为两个随机变量 $\boldsymbol{x}(t_1)$ 和 $\boldsymbol{x}(t_2)$ 的并矢张量的期望值：

$$\begin{aligned}\boldsymbol{R}_{\boldsymbol{x}(t_1)\boldsymbol{x}(t_2)}&=\boldsymbol{R}_{\boldsymbol{xx}}(t_1,t_2)=E_{\boldsymbol{x}(t_1)\boldsymbol{x}(t_2)}\left\{\boldsymbol{x}(t_1)\boldsymbol{x}(t_2)^{\mathrm{T}}\right\}\\&=\int_{-\infty}^{\infty}\int_{-\infty}^{\infty}\boldsymbol{x}_1\boldsymbol{x}_2^{\mathrm{T}}p\left(\boldsymbol{x}(t_1)=\boldsymbol{x}_1,\boldsymbol{x}(t_2)=\boldsymbol{x}_2\right)\mathrm{d}\boldsymbol{x}_1\mathrm{d}\boldsymbol{x}_2 \quad \in\mathbb{R}^{N\times N}\end{aligned} \tag{2.169}$$

对于两个时刻 t_1 和 t_2 的随机过程 $\boldsymbol{x}(\vartheta,\omega)$ 的自协方差是零均值随机变量 $\boldsymbol{x}(t_1)$ 和 $\boldsymbol{x}(t_2)$ 的并矢张量的期望值：

$$\begin{aligned}\boldsymbol{C}_{\boldsymbol{x}(t_1)\boldsymbol{x}(t_2)}&=\boldsymbol{C}_{\boldsymbol{xx}}(t_1,t_2)\\&=E_{\boldsymbol{x}(t_1)\boldsymbol{x}(t_2)}\left\{\left(\boldsymbol{x}(t_1)-E_{\boldsymbol{x}(t_1)}\{\boldsymbol{x}(t_1)\}\right)\left(\boldsymbol{x}(t_2)-E_{\boldsymbol{x}(t_2)}\{\boldsymbol{x}(t_2)\}\right)^{\mathrm{T}}\right\}\quad\in\mathbb{R}^{N\times N}\end{aligned}\tag{2.170}$$

如果随机过程中随机变量的任何联合概率密度函数与时间轴零点的选择无关，则随机过程称为强平稳过程，即：

$$p(\boldsymbol{x}(t_1)=\boldsymbol{x}_1,\cdots,\boldsymbol{x}(t_k)=\boldsymbol{x}_k)=p(\boldsymbol{x}(t_1+\Delta t)=\boldsymbol{x}_1,\cdots,\boldsymbol{x}(t_k+\Delta t)=\boldsymbol{x}_k)\tag{2.171}$$

该公式对于任意 k，$\boldsymbol{x}_1,\cdots,\boldsymbol{x}_k$，$t_1,\cdots,t_k$ 和 Δt 都成立。

如果一阶矩和二阶矩和时间轴零点的选择无关，则随机过程称为**弱平稳**过程，即，以下公式必须适用于任意 t_1 和 t_2：

$$E_{\boldsymbol{x}(t_1)}\{\boldsymbol{x}(t_1)\}=E_{\boldsymbol{x}(t_2)}\{\boldsymbol{x}(t_2)\}\tag{2.172}$$

$$\boldsymbol{R}_{\boldsymbol{xx}}(t_1t_2)=\boldsymbol{R}_{\boldsymbol{xx}}(t_2-t_1,0)=\boldsymbol{R}_{\boldsymbol{xx}}(\tau,0)=\boldsymbol{R}_{\boldsymbol{xx}}(\tau)\tag{2.173}$$

式中 $\tau=t_2-t_1$。在弱平稳过程自相关只取决于 τ，因此对于 $\boldsymbol{R}_{\boldsymbol{xx}}(\tau)$ 可以使用傅里叶变换。其结果称为功率谱密度 $\boldsymbol{S}(f)$，其中，对于频率 f，矩阵 $\boldsymbol{S}(f)$ 中第 (k,ℓ) 个元素的值可以通过以下公式计算得出：

$$\left(\boldsymbol{S}(f)\right)_{k,\ell}=\int_{-\infty}^{\infty}\left[\boldsymbol{R}_{\boldsymbol{xx}}(\tau)\right]_{k,\ell}\mathrm{e}^{-2\pi jf\tau}\mathrm{d}\tau\qquad\in\mathbb{C}\tag{2.174}$$

当式（2.174）中 $k=\ell$ 时，可称为自功率谱。在这种情况下 $(\boldsymbol{S}(f))_{k,k}\in\mathbb{R}$，因为自相关 $[\boldsymbol{R}_{\boldsymbol{xx}}(\tau)]_{k,k}=E_{x_k(t_1)x_k(t_1+\tau)}\{x_k(t_1)x_k(t_1+\tau)\}$ 是关于 τ 的对称函数。如果 $k\neq\ell$，则称之为互功率谱。在这种情况下，$(\boldsymbol{S}(f))_{k,\ell}\in\mathbb{C}$，因为自相关 $[\boldsymbol{R}_{\boldsymbol{xx}}(\tau)]_{k,\ell}=E_{\boldsymbol{x}_k(t_1)\boldsymbol{x}_\ell(t_1+\tau)}\{\boldsymbol{x}_k(t_1)\boldsymbol{x}_\ell(t_1+\tau)\}$ 是关于 τ 的不对称函数。

如果“时间平均值等于集合平均值”，则随机过程是遍历的。显然，遍历性意味着状态空间 $\mathbb{X}$ 随着时间被完全填充，例如可以通过随机过程在 t_1 时刻进行近似计算，或者通过单个时间序列进行近似计算来获得相同的随机变量 $\boldsymbol{x}(t_1)$ 的概率密度函数的估计。以下公式适用于所有时刻 t_i：

$$E_{\boldsymbol{x}(t_i)}\{\boldsymbol{x}(t_i)\}=\lim_{T\to\infty}\frac{1}{2T}\int_{-T}^{T}\boldsymbol{x}(\tau)\mathrm{d}\tau\tag{2.175}$$

白噪声

当随机过程的自相关对于不同的时刻都为零时，具有 $\boldsymbol{\eta}(t)\in\mathbb{R}^N$ 的随机过程 $\boldsymbol{\eta}(\upsilon,\omega)$ 被称为白噪声：

$$\boldsymbol{R}_{\boldsymbol{\eta\eta}}(t_1,t_2)=\boldsymbol{R}_{\boldsymbol{\eta}(t_1)\boldsymbol{\eta}(t_2)}\delta(t_2-t_1),\quad\in\mathbb{R}^{N\times N}\tag{2.176}$$

式中，δ 是狄拉克 $\boldsymbol{\delta}$ 函数。狄拉克 δ 函数可以被表示为函数列的极限值。例如，当$\epsilon \to 0$ 时，狄拉克序列

$$\delta_\epsilon(a) = \frac{1}{\sqrt{2\pi\epsilon}} \mathrm{e}^{-\frac{a^2}{2\epsilon}} \tag{2.177}$$

近似于狄拉克 δ 函数。

我们可以将狄拉克 δ 函数直观地想象为一个无限高和无限窄的函数，其中在横坐标上方的区域面积为 1。

另外，如果随机过程是平稳的，那么可以得到

$$\boldsymbol{R}_{\boldsymbol{\eta\eta}}(t_1,t_2) = \boldsymbol{R}_{\boldsymbol{\eta\eta}}(t_1,t_1+\tau) = \boldsymbol{R}_{\boldsymbol{\eta\eta}}(\tau) = \boldsymbol{Q}\delta(\tau), \quad \in \mathbb{R}^{N\times N} \tag{2.178}$$

式中 $t_2=t_1+\tau$，$\boldsymbol{Q}\in\mathbb{R}^{N\times N}$，即功率谱密度在整个频谱范围内具有恒定值。因此，这种随机过程也被称为“白色”。这是因为白光在所有频率下都具有相同的功率密度。

马尔可夫随机过程

$\boldsymbol{x}(t)\in\mathbb{R}^N$ 时，马尔可夫随机过程 $\boldsymbol{x}(\vartheta, \omega)$ 由以下性质定义：

$$p\left(\boldsymbol{X}(t) = \boldsymbol{x}(t) | \boldsymbol{X}_{t_0:t_i} = \boldsymbol{x}_{t_0:t_i}\right) = p\left(\boldsymbol{X}(t) = \boldsymbol{x}(t) \mid \boldsymbol{X}(t_i) = \boldsymbol{x}(t_i)\right) \tag{2.179}$$

式中 $\boldsymbol{x}_{t_0:t_i}$ 表示从 t_0 到 t_i 随机过程的随机变量，即随机过程从 t_0 到 t_i 的片段。在马尔可夫随机过程中，截至 t_i 时刻的过去，完全由状态向量 $\boldsymbol{x}(t_i)$ 在 t_i 时刻的值来描述。

对于输入为白噪声 $\boldsymbol{\eta}(\vartheta, \omega)$ 且 $\boldsymbol{\eta}(t)\in\mathbb{R}^N$ 的动态系统，可以描述为：

$$\dot{\boldsymbol{X}}(t) = \boldsymbol{f}\left(t, \boldsymbol{X}(t), \boldsymbol{\eta}(t)\right), \quad \boldsymbol{X}(t_0) = \boldsymbol{x}_0 \tag{2.180}$$

由此可得出：

$$\begin{aligned}\boldsymbol{X}(t) &= \boldsymbol{x}_0 + \int_{t_0}^{t} \boldsymbol{f}\left(\tau, \boldsymbol{X}(\tau), \boldsymbol{\eta}(\tau)\right)\mathrm{d}\tau = \boldsymbol{x}_0 + \int_{t_0}^{t_i} \boldsymbol{f}\left(\tau, \boldsymbol{X}(\tau), \boldsymbol{\eta}(\tau)\right)\mathrm{d}\tau + \int_{t_i}^{t} \boldsymbol{f}\left(\tau, \boldsymbol{X}(\tau), \boldsymbol{\eta}(\tau)\right)\mathrm{d}\tau \\ &= \boldsymbol{X}\left(t_i\right) + \int_{t_i}^{t} \boldsymbol{f}\left(\tau, \boldsymbol{X}(\tau), \boldsymbol{\eta}(\tau)\right)\mathrm{d}\tau \end{aligned} \tag{2.181}$$

式（2.181）中的第二项与 t_i 之前的过程的值无关，因为噪声是不相关的。所以要由 $\boldsymbol{x}(t_i)$ 得到 $\boldsymbol{x}(t)$，与 t_i 之前发生了什么无关，式（2.179）也因此得到满足。

综上所述，由式（2.180）描述并由白噪声激励的动态系统的状态向量是一个马尔可夫随机过程。这强调了马尔可夫随机过程的重要性，因为式 (2.180) 不仅描述了线性系统还描述了非线性系统。其中至关重要的是，驱动的随机过程，

即噪声，是白色的。

离散时间的、实值的随机过程

$\vartheta \in \mathbb{T}=\mathbb{N}_0$ 的离散时间的、实值的随机过程 $\boldsymbol{x}(\vartheta, \omega)$ 接下来将用 $\boldsymbol{x}(m, \omega)$ 表示，以强调它是一个随机变量序列，其指数代表时间：

$$\boldsymbol{x}(m, \omega)=\boldsymbol{x}[0], \boldsymbol{x}[1], \boldsymbol{x}[2], \cdots, \text{且 } \boldsymbol{x}[n] \in \mathbb{R}^N \tag{2.182}$$

类似于式（2.176）将以下随机过程称之为离散时间白噪声过程：

$$\boldsymbol{\eta}(m, \omega)=\boldsymbol{\eta}[0], \boldsymbol{\eta}[1], \boldsymbol{\eta}[2], \cdots, \text{且 } \boldsymbol{\eta}[n] \in \mathbb{R}^N \tag{2.183}$$

当其元素 $\boldsymbol{\eta}[n]$ 之间是不相关时，即：

$$\boldsymbol{R}_{\eta\eta}[n_1, n_2]=\mathrm{E}_{\eta[n_1]\eta[n_2]}\{\boldsymbol{\eta}[n_1]\boldsymbol{\eta}[n_2]^{\mathrm{T}}\}=\boldsymbol{R}_{\eta[n_1]\eta[n_2]}\delta[n_2-n_1] \quad \in \mathbb{R}^{N \times N} \tag{2.184}$$

如果白噪声是静止的，则

$$\boldsymbol{R}_{\eta\eta}[n_1, n_2]=\boldsymbol{Q}\delta[n] \quad \in \mathbb{R}^{N \times N} \quad \text{其中} n=n_2-n_1 \text{ 以及} \boldsymbol{Q} \in \mathbb{R}^{N \times N} \tag{2.185}$$

类似于式（2.180），在时间离散随机过程中产生马尔可夫性质，如果

$$p(\boldsymbol{x}[n]=x[n] | \boldsymbol{x}[0]=x[0], \cdots, \boldsymbol{x}[\ell]=x[\ell])=p(\boldsymbol{x}[n]=x[n] | \boldsymbol{x}[\ell]=x[\ell]) \tag{2.186}$$

对于所有 $n>\ell$ 满足。

考虑一个时间离散动态系统，可以通过以下方式描述

$$\boldsymbol{x}[n+1]=\boldsymbol{f}(n, \boldsymbol{x}[n], \boldsymbol{\eta}[n])=\boldsymbol{f}_n(\boldsymbol{x}[n], \boldsymbol{\eta}[n]) \tag{2.187}$$

由此，如果 $\boldsymbol{\eta}(m, \omega)$ 是白噪声过程，则 $\boldsymbol{x}(m, \omega)$ 是马尔可夫随机过程。原因是在式（2.187）中，元素 $\boldsymbol{x}[0], \cdots, \boldsymbol{x}[n-1]$ 的随机过程不发生，$\boldsymbol{\eta}[n]$ 与随机变量 $\boldsymbol{\eta}[0], \cdots, \boldsymbol{\eta}[n-1]$ 和 $\boldsymbol{x}[0], \cdots, \boldsymbol{x}[n-1]$ 在时间指数 n 之前是不相关的，因此，公式（2.186）得到满足。

如果它是一个线性动力学模型，可以用

$$\boldsymbol{x}[n+1]=\boldsymbol{A}[n]\boldsymbol{x}[n]+\boldsymbol{\eta}[n] \tag{2.188}$$

描述，那么 $\boldsymbol{x}(m, \omega)$ 是一个离散的高斯 - 马尔可夫随机过程，如果 $\boldsymbol{\eta}(m, \omega)$ 是一个高斯白噪声过程，即 $\boldsymbol{\eta}[n] \sim \mathcal{N}(\boldsymbol{\mu}_\eta, \boldsymbol{C}_{\eta\eta})$。$\boldsymbol{x}[n+1]$ 也是高斯分布的原因是，高斯随机变量的总和再次产生高斯随机变量。

概率密度函数的简化符号

从现在开始，在本书中，为了简化符号[㊀]，概率密度 $p(\boldsymbol{y}=y)$ 将表示为 $p(y)$，条件期望值 $E_{x|y}\{\boldsymbol{x}|\boldsymbol{y}=y\}$ 表示为 $E_{x|y}\{\boldsymbol{x}\}$。

㊀ 这样做是希望到目前为止所使用的详细符号已经足以巩固随机变量和实现的概念。

2.4 线性系统

在这一小节中，将重复线性系统的一些基本原理及其状态表示的离散化。可以在文献 [OS13] 或 [Hes18] 中找到有关此主题的深入内容。

2.4.1 连续时间系统

连续时间确定性线性系统的状态表示为

$$\dot{\boldsymbol{x}}(t)=\boldsymbol{A}(t)\boldsymbol{x}(t)+\boldsymbol{B}(t)\boldsymbol{u}(t) \quad 其中 \quad \boldsymbol{x}(t_0)=\boldsymbol{x}_0,\ t \geqslant t_0 \tag{2.189}$$

其中 $\boldsymbol{x}(t)$ 是 $N\times 1$ 向量，$\boldsymbol{u}(t)$ 是 $M\times 1$ 向量，$\boldsymbol{A}(t)$ 是 $N\times N$ 矩阵，$\boldsymbol{B}(t)$ 是 $N\times M$ 矩阵。这里，$\boldsymbol{x}(t)$ 称为状态向量，$\boldsymbol{A}(t)$ 是系统或转移矩阵，$\boldsymbol{B}(t)$ 是输入矩阵，$\boldsymbol{u}(t)$ 是输入向量。方程 (2.189) 称为线性时间连续确定性系统的状态方程。

线性连续时间确定性系统的输出方程为

$$\boldsymbol{y}(t)=\boldsymbol{C}(t)\boldsymbol{x}(t)+\boldsymbol{D}(t)\boldsymbol{u}(t) \tag{2.190}$$

其中 $\boldsymbol{y}(t)$ 是 $K\times 1$ 向量，$\boldsymbol{C}(t)$ 是 $K\times N$ 矩阵，$\boldsymbol{D}(t)$ 是 $K\times M$ 矩阵。向量 $\boldsymbol{y}(t)$ 称为输出或测量向量，$\boldsymbol{C}(t)$ 称为输出或测量矩阵，$\boldsymbol{D}(t)$ 称为前馈矩阵。

在有噪声的线性时间连续动态系统的情况下，状态方程和输出方程为

$$\dot{\boldsymbol{x}}(t)=\boldsymbol{A}(t)\boldsymbol{x}(t)+\boldsymbol{B}(t)\boldsymbol{u}(t)+\boldsymbol{G}(t)\boldsymbol{\eta}_{\mathrm{S}}(t), \quad 其中\ \boldsymbol{x}(t_0)=\boldsymbol{x}_0,\ t \geqslant t_0 \tag{2.191}$$

$$\boldsymbol{y}(t)=\boldsymbol{C}(t)\boldsymbol{x}(t)+\boldsymbol{D}(t)\boldsymbol{u}(t)+\boldsymbol{\eta}_{\mathrm{M}}(t) \tag{2.192}$$

其中 $\boldsymbol{G}(t)\boldsymbol{\eta}_{\mathrm{S}}(t)$ 是 $N\times 1$ 且 $\boldsymbol{\eta}_{\mathrm{M}}(t)$ 是 $K\times 1$ 向量。$\boldsymbol{\eta}_{\mathrm{S}}(t)$ 是指系统噪声，它是由建模不准确引起的，而 $\boldsymbol{\eta}_{\mathrm{M}}(t)$ 是指测量噪声，它是在测量过程中产生的。由于噪声向量，系统不再是确定性的，即它包含随机元素。

如果式（2.189）和式（2.190）中的矩阵与时间无关，即 $\boldsymbol{A}(t)=\boldsymbol{A}$，$\boldsymbol{B}(t)=\boldsymbol{B}$，$\boldsymbol{C}(t)=\boldsymbol{C}$ 和 $\boldsymbol{D}(t)=\boldsymbol{D}$，则线性时间连续系统是时不变的。

一个时间连续系统是完全可控的，如果对于状态空间中的任何点 $x(t)$，有一个输入函数 $u(\tau)$ 具有 $\tau\in[t_0, t]$，它将系统从任何初始状态 $x(t_0)$ 到这一点 $x(t)$ 导致。在线性时不变系统的情况下，完全可控性的条件可以表述为可控性矩阵

$$\boldsymbol{S}_{\mathrm{C}}=[\boldsymbol{B} \quad \boldsymbol{AB} \quad \boldsymbol{A}^2\boldsymbol{B}\cdots\boldsymbol{A}^{(N-1)}\boldsymbol{B}] \tag{2.193}$$

必须具有满秩。

如果在时间 t 可以完全且唯一地从输出 $y(\tau)$ 和输入 $u(\tau)$ 恢复其初始状态 $x(t_0)$，则时间连续系统是完全可观测的，其中 $\tau\in[t_0, t]$。在线性时不变系统的情况下，完全可观测性的条件可以这样表述，即可观察性矩阵

$$\boldsymbol{S}_{\mathrm{B}}=\begin{bmatrix}\boldsymbol{C}\\ \boldsymbol{C}\boldsymbol{A}\\ \vdots\\ \boldsymbol{C}\boldsymbol{A}^{(N-1)}\end{bmatrix} \tag{2.194}$$

必须具有满秩。

2.4.2 离散时间系统

离散确定性线性系统的状态表示是

$$\boldsymbol{x}[n+1]=\boldsymbol{A}[n]\boldsymbol{x}[n]+\boldsymbol{B}[n]\boldsymbol{u}[n],\quad \text{其中 } \boldsymbol{x}[n_0]=\boldsymbol{x}_0,\ n\geqslant n_0 \tag{2.195}$$

式中 $\boldsymbol{x}[n]$ 是 $N\times1$ 向量，$\boldsymbol{u}[n]$ 是 $M\times1$ 向量，$\boldsymbol{A}[n]$ 是 $N\times N$ 矩阵，$\boldsymbol{B}[n]$ 是 $N\times M$ 矩阵。这里调用 $\boldsymbol{x}[n]$ 状态向量、$\boldsymbol{A}[n]$ 系统或转移矩阵、$\boldsymbol{B}[n]$ 输入矩阵和 $\boldsymbol{u}[n]$ 输入变量向量。式（2.195）称为线性时间离散系统的状态方程。

线性离散时间系统的输出方程为

$$\boldsymbol{y}[n]=\boldsymbol{C}[n]\boldsymbol{x}[n]+\boldsymbol{D}[n]\boldsymbol{u}[n] \tag{2.196}$$

式中 $\boldsymbol{y}[n]$ 是一个 $K\times1$ 向量，$\boldsymbol{C}[n]$ 是一个 $K\times N$ 矩阵。$\boldsymbol{y}[n]$ 称为输出变量或测量向量，$\boldsymbol{C}[n]$ 称为输出或测量矩阵。

如果是有噪声的时间离散线性动态系统，则状态方程和输出方程为：

$$\boldsymbol{x}[n+1]=\boldsymbol{A}[n]\boldsymbol{x}[n]+\boldsymbol{B}[n]\boldsymbol{u}[n]+\boldsymbol{G}[n]\boldsymbol{\eta}_{\mathrm{S}}[n],\quad \text{其中 } \boldsymbol{x}[n_0]=\boldsymbol{x}_0,\ n\geqslant n_0 \tag{2.197}$$

$$\boldsymbol{y}[n]=\boldsymbol{C}[n]\boldsymbol{x}[n]+\boldsymbol{D}[n]\boldsymbol{u}[n]+\boldsymbol{\eta}_{\mathrm{M}}[n] \tag{2.198}$$

其中 $\boldsymbol{G}[n]\boldsymbol{\eta}_{\mathrm{S}}[n]$ 是 $N\times1$ 并且 $\boldsymbol{\eta}_{\mathrm{M}}[n]$ 是 $K\times1$ 向量。与时间连续系统类似，$\boldsymbol{\eta}_{\mathrm{S}}[n]$ 称为系统噪声矢量，$\boldsymbol{\eta}_{\mathrm{M}}[n]$ 称为测量噪声矢量。

如果式（2.195）和式（2.196）中的矩阵与时间无关，即 $\boldsymbol{A}[n]=\boldsymbol{A}$，$\boldsymbol{B}[n]=\boldsymbol{B}$，$\boldsymbol{C}[n]=\boldsymbol{C}\boldsymbol{D}[n]=\boldsymbol{D}$ 和 $\boldsymbol{G}[n]=\boldsymbol{G}$，则线性时间离散系统是时不变的。

与时间连续情况类似，时间离散线性系统的可控性和可观测性也随之而来。

2.4.3 离散化

起点是线性时不变系统的时间连续状态表示

$$\dot{\boldsymbol{x}}(t)=\boldsymbol{A}\boldsymbol{x}(t)+\boldsymbol{B}\boldsymbol{u}(t) \tag{2.199}$$

$$\boldsymbol{y}(t)=\boldsymbol{C}\boldsymbol{x}(t)+\boldsymbol{D}\boldsymbol{u}(t) \tag{2.200}$$

目的是获得系统的时间离散状态表示：

$$\boldsymbol{x}[n+1]=\hat{\boldsymbol{A}}\boldsymbol{x}[n]+\hat{\boldsymbol{B}}\boldsymbol{u}[n] \tag{2.201}$$

$$\boldsymbol{y}[n]=\hat{\boldsymbol{C}}\boldsymbol{x}[n]+\hat{\boldsymbol{D}}\boldsymbol{u}[n] \tag{2.202}$$

为了从时间连续到时间离散，微分方程$\dot{\boldsymbol{x}}(t)=\boldsymbol{A}\boldsymbol{x}(t)+\boldsymbol{B}\boldsymbol{u}(t)$必须转换为差分方程$\boldsymbol{x}[n+1]=\hat{\boldsymbol{A}}\boldsymbol{x}[n]+\hat{\boldsymbol{B}}\boldsymbol{u}[n]$。为此，$\boldsymbol{x}[n+1]=\boldsymbol{x}(t_{n+1})$必须用$\boldsymbol{x}[n]=\boldsymbol{x}(t_n)$和$\boldsymbol{u}[n]=\boldsymbol{u}(t_n)$表示。这是从通过数值积分对非线性时间连续系统的一般描述开始的。

$$\dot{\boldsymbol{x}}(t)=\boldsymbol{f}(\boldsymbol{x}(t),\boldsymbol{u}(t)) \tag{2.203}$$

$$\boldsymbol{y}(t)=\boldsymbol{h}(\boldsymbol{x}(t),\boldsymbol{u}(t)) \tag{2.204}$$

数值积分

起点是方程

$$\dot{\boldsymbol{x}}(t)=\boldsymbol{f}(\boldsymbol{x}(t),\ \boldsymbol{u}(t)) \tag{2.205}$$

式中$\boldsymbol{f}(\boldsymbol{x}(t),\ \boldsymbol{u}(t))$在一般情况下是非线性向量值函数。由此，应该通过数值积分找到$\boldsymbol{x}[n+1]=\boldsymbol{x}(t_{n+1})$与$\boldsymbol{x}[n]=\boldsymbol{x}(t_n)$和$\boldsymbol{u}[n]=\boldsymbol{u}(t_n)$的关系式。将式（2.205）从$t_n$积分到$t_{n+1}$，其中$T=t_{n+1}-t_n$，得到

$$\boldsymbol{x}(t_{n+1})=\boldsymbol{x}(t_n)+\int_{nT}^{(n+1)T}\boldsymbol{f}\left(\boldsymbol{x}(\tau),\ \boldsymbol{u}(\tau)\right)\mathrm{d}\tau \tag{2.206}$$

用线性时不变系统的方程（2.199）

$$\dot{\boldsymbol{x}}(t)=\boldsymbol{f}\left(\boldsymbol{x}(t),\ \boldsymbol{u}(t)\right)=\boldsymbol{A}\boldsymbol{x}(t)+\boldsymbol{B}\boldsymbol{u}(t) \tag{2.207}$$

得到

$$\boldsymbol{x}(t_{n+1})=\boldsymbol{x}(t_n)+\int_{nT}^{(n+1)T}\left(\boldsymbol{A}\boldsymbol{x}(\tau)+\boldsymbol{B}\boldsymbol{u}(\tau)\right)\mathrm{d}\tau \tag{2.208}$$

图 2.5 显示了近似方程（2.208）中积分的三种可能方法：**显式欧拉法**、**隐式欧拉法**和**梯形法则**。这些将在下面更详细地讨论。

显式欧拉法（前向欧拉法）

显式欧拉方法近似方程（2.208）如下

$$\boldsymbol{x}(t_{n+1})=\boldsymbol{x}(t_n)+T\boldsymbol{f}(\boldsymbol{x}(t_n),\boldsymbol{u}(t_n)) \tag{2.209}$$

或者

$$\boldsymbol{x}[n+1]=\boldsymbol{x}[n]+T\boldsymbol{f}(\boldsymbol{x}[n],\ \boldsymbol{u}[n])=\boldsymbol{x}[n]+T\boldsymbol{A}\boldsymbol{x}[n]+T\boldsymbol{B}\boldsymbol{u}[n]$$

$$=\underbrace{(\boldsymbol{I}_N+T\boldsymbol{A})}_{\hat{\boldsymbol{A}}}\boldsymbol{x}[n]+\underbrace{T\boldsymbol{B}}_{\hat{\boldsymbol{B}}}\boldsymbol{u}[n] \tag{2.210}$$

输出和前馈矩阵不会更改，因为式（2.200）满足

$$y(t_n)=Cx(t_n)+Du(t_n),\ \text{或者}\ y[n]=\underbrace{C}_{\hat{C}}x[n]+\underbrace{D}_{\hat{D}}u[n] \tag{2.211}$$

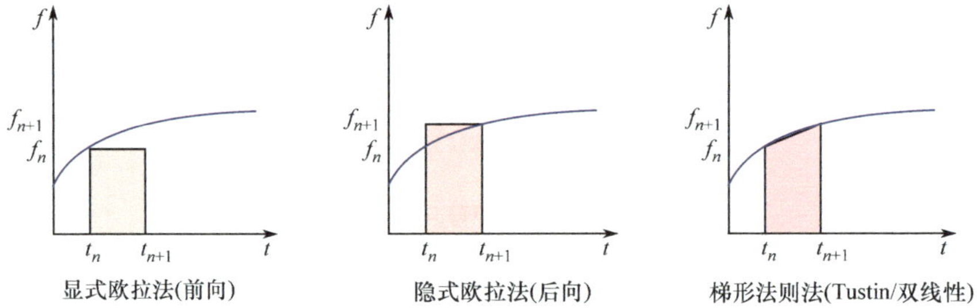

图 2.5　可行的数值积分方法

所以，最后得到：

$$\hat{A}=I_N+TA;\ \ \hat{B}=TB;\ \ \hat{C}=C;\ \ \hat{D}=D \tag{2.212}$$

如果步长不够小，则显式欧拉方法中近似解和解析解之间的误差可能会变大。显式欧拉方法不是 A 稳定的。A 稳定性是解决初始值问题的重要属性。对于 A 稳定性的定义，考虑测试方程

$$\dot{y}(t)=\lambda y(t),\ y(0)=1,\ \text{对于}\ \lambda\in\mathbb{C},\ \text{其中}\ \mathrm{Re}\{\lambda\}<0 \tag{2.213}$$

如果$\lim\limits_{n\to\infty}|y[n]|=0$，则可以说解决这个初始值问题的数值方法是绝对稳定的。考虑一种数值方法

$$y[n+1]=R(z)y[n],\ \ \text{那么}\ z=\lambda T \tag{2.214}$$

式中 $R(z)$ 称为稳定函数，则稳定区域 $\mathscr{A}$ 定义为

$$\mathscr{A}=\left\{T\lambda\in\mathbb{C}:\lim_{n\to\infty}|y[n]|=0\right\}=\{z\in\mathbb{C}:|R(z)|<1\} \tag{2.215}$$

因此，解析解和数值解的渐近行为是相同的。如果选择任何步长 T，稳定区域 $\mathscr{A}$ 包含复数的左半平面，则该数值方法称为 A 稳定。

与显式欧拉法相比，下面介绍的隐式欧拉法和梯形法则是 A 稳定的。

隐式欧拉法（backward Euler method）

隐式欧拉方法近似方程（2.208）如下

$$x(t_{n+1})=x(t_n)+Tf(x(t_{n+1}),\ u(t_{n+1})) \tag{2.216}$$

或者

$$x[n+1]=x[n]+Tf(x[n+1],\ u[n+1])=x[n]+TAx[n+1]+TBu[n+1] \tag{2.217}$$

得到 $x[n+1]-TAx[n+1]=x[n]+TBu[n+1]$

或者

$$(\boldsymbol{I}_N-T\boldsymbol{A})\boldsymbol{x}[n+1]=\boldsymbol{x}[n]+T\boldsymbol{B}\boldsymbol{u}[n+1] \tag{2.218}$$

最后

$$\boldsymbol{x}[n+1]=\underbrace{(\boldsymbol{I}_N-T\boldsymbol{A})^{-1}}_{\hat{\boldsymbol{A}}}\boldsymbol{x}[n]+\underbrace{T(\boldsymbol{I}_N-T\boldsymbol{A})^{-1}\boldsymbol{B}}_{\hat{\boldsymbol{B}}}\boldsymbol{u}[n+1] \tag{2.219}$$

输出和前馈矩阵发生变化，因为式 (2.200) 中时间 t_{n+1} 的输出是根据输入 $\boldsymbol{u}[n+1]$ 使用的：

$$\boldsymbol{y}(t_{n+1})=\boldsymbol{C}\boldsymbol{x}(t_{n+1})+\boldsymbol{D}\boldsymbol{u}(t_{n+1}) \tag{2.220}$$

或者

$$\begin{aligned}\boldsymbol{y}[n+1]&=\boldsymbol{C}\left((\boldsymbol{I}_N-T\boldsymbol{A})^{-1}\boldsymbol{x}[n]+T(\boldsymbol{I}_N-T\boldsymbol{A})^{-1}\boldsymbol{B}\boldsymbol{u}[n+1]\right)+\boldsymbol{D}\boldsymbol{u}[n+1]\\&=\underbrace{\boldsymbol{C}(\boldsymbol{I}_N-T\boldsymbol{A})^{-1}}_{\hat{\boldsymbol{C}}}\boldsymbol{x}[n]+\underbrace{\left(\boldsymbol{C}T(\boldsymbol{I}_N-T\boldsymbol{A})^{-1}\boldsymbol{B}+\boldsymbol{D}\right)}_{\hat{\boldsymbol{D}}}\boldsymbol{u}[n+1]\end{aligned} \tag{2.221}$$

所以，最后得到：

$$\begin{aligned}&\hat{\boldsymbol{A}}=(\boldsymbol{I}_N-T\boldsymbol{A})^{-1};\ \hat{\boldsymbol{B}}=T(\boldsymbol{I}_N-T\boldsymbol{A})^{-1}\boldsymbol{B};\ \hat{\boldsymbol{C}}=\boldsymbol{C}(\boldsymbol{I}_N-T\boldsymbol{A})^{-1};\\&\hat{\boldsymbol{D}}=\boldsymbol{C}T(\boldsymbol{I}_N-T\boldsymbol{A})^{-1}\boldsymbol{B}+\boldsymbol{D}\end{aligned} \tag{2.222}$$

如果一般考虑由式（2.205）描述的非线性时不变系统的解，也可以使用从式（2.216）到近似式（2.206）的隐式欧拉方法。与显式欧拉方法相反，在隐式欧拉方法中，不再显式给出近似 $x(t_{n+1})$，并且必须求解 N 维方程组以确定 $x(t_{n+1})$。方程组可以通过数值方法求解，例如牛顿 - 拉夫森方法。另一种可能性是通过一阶泰勒级数演化来近似式（2.216）中的 $\boldsymbol{f}(\boldsymbol{x}(t_{n+1}),\ \boldsymbol{u}(t_{n+1}))$

$$\begin{aligned}\boldsymbol{f}\left(\boldsymbol{x}(t_{n+1}),\ \boldsymbol{u}(t_{n+1})\right)=\ &\boldsymbol{f}\left(\boldsymbol{x}(t_n),\ \boldsymbol{u}(t_n)\right)+\left.\frac{\partial\boldsymbol{f}\left(\boldsymbol{x}(t),\ \boldsymbol{u}(t)\right)}{\partial\boldsymbol{x}(t)^{\mathrm{T}}}\right|_{\substack{\boldsymbol{x}(t)=\boldsymbol{x}(t_n)\\ \boldsymbol{u}(t)=\boldsymbol{u}(t_n)}}\left(\boldsymbol{x}(t_{n+1})-\boldsymbol{x}(t_n)\right)\\&+\left.\frac{\partial\boldsymbol{f}\left(\boldsymbol{x}(t),\ \boldsymbol{u}(t)\right)}{\partial\boldsymbol{u}(t)^{\mathrm{T}}}\right|_{\substack{\boldsymbol{x}(t)=\boldsymbol{x}(t_n)\\ \boldsymbol{u}(t)=\boldsymbol{u}(t_n)}}\left(\boldsymbol{u}(t_{n+1})-\boldsymbol{u}(t_n)\right)+\underbrace{\text{其他项}}_{\approx 0}\end{aligned} \tag{2.223}$$

如果使用式（2.216）作为差值 $(\boldsymbol{x}(t_{n+1})-\boldsymbol{x}(t_n))$，则得到

$$\begin{aligned}\boldsymbol{f}\left(\boldsymbol{x}(t_{n+1}),\ \boldsymbol{u}(t_{n+1})\right)=\ &\boldsymbol{f}\left(\boldsymbol{x}(t_n),\ \boldsymbol{u}(t_n)\right)+\left.\frac{\partial\boldsymbol{f}\left(\boldsymbol{x}(t),\ \boldsymbol{u}(t)\right)}{\partial\boldsymbol{x}(t)^{\mathrm{T}}}\right|_{\substack{\boldsymbol{x}(t)=\boldsymbol{x}(t_n)\\ \boldsymbol{u}(t)=\boldsymbol{u}(t_n)}}T\boldsymbol{f}\left(\boldsymbol{x}(t_{n+1}),\ \boldsymbol{u}(t_{n+1})\right)\\&+\left.\frac{\partial\boldsymbol{f}\left(\boldsymbol{x}(t),\ \boldsymbol{u}(t)\right)}{\partial\boldsymbol{u}(t)^{\mathrm{T}}}\right|_{\substack{\boldsymbol{x}(t)=\boldsymbol{x}(t_n)\\ \boldsymbol{u}(t)=\boldsymbol{u}(t_n)}}\left(\boldsymbol{u}(t_{n+1})-\boldsymbol{u}(t_n)\right)\end{aligned} \tag{2.224}$$

并从中

$$\left(\boldsymbol{I}-T\frac{\partial \boldsymbol{f}\left(\boldsymbol{x}(t),\ \boldsymbol{u}(t)\right)}{\partial \boldsymbol{x}(t)^{\mathrm{T}}}\bigg|_{\substack{\boldsymbol{x}(t)=\boldsymbol{x}(t_n)\\ \boldsymbol{u}(t)=\boldsymbol{u}(t_n)}}\right)\boldsymbol{f}\left(\boldsymbol{x}(t_{n+1}),\ \boldsymbol{u}(t_{n+1})\right)=\boldsymbol{f}\left(\boldsymbol{x}(t_n),\ \boldsymbol{u}(t_n)\right)+ \frac{\partial \boldsymbol{f}\left(\boldsymbol{x}(t),\ \boldsymbol{u}(t)\right)}{\partial \boldsymbol{u}(t)^{\mathrm{T}}}\bigg|_{\substack{\boldsymbol{x}(t)=\boldsymbol{x}(t_n)\\ \boldsymbol{u}(t)=\boldsymbol{u}(t_n)}}\left(\boldsymbol{u}(t_{n+1})-\boldsymbol{u}(t_n)\right) \tag{2.225}$$

或者

$$\boldsymbol{f}\left(\boldsymbol{x}(t_{n+1}),\ \boldsymbol{u}(t_{n+1})\right)=\left(\boldsymbol{I}-T\frac{\partial \boldsymbol{f}\left(\boldsymbol{x}(t),\ \boldsymbol{u}(t)\right)}{\partial \boldsymbol{x}(t)^{\mathrm{T}}}\bigg|_{\substack{\boldsymbol{x}(t)=\boldsymbol{x}(t_n)\\ \boldsymbol{u}(t)=\boldsymbol{u}(t_n)}}\right)^{-1}\left(\boldsymbol{f}\left(\boldsymbol{x}(t_n),\ \boldsymbol{u}(t_n)\right)+ \frac{\partial \boldsymbol{f}\left(\boldsymbol{x}(t),\ \boldsymbol{u}(t)\right)}{\partial \boldsymbol{u}(t)^{\mathrm{T}}}\bigg|_{\substack{\boldsymbol{x}(t)=\boldsymbol{x}(t_n)\\ \boldsymbol{u}(t)=\boldsymbol{u}(t_n)}}\left(\boldsymbol{u}(t_{n+1})-\boldsymbol{u}(t_n)\right)\right) \tag{2.226}$$

将式（2.226）代入式（2.216），我们得到

$$\boldsymbol{x}(t_{n+1})=\boldsymbol{x}(t_n)+T\left(\boldsymbol{I}-T\frac{\partial \boldsymbol{f}\left(\boldsymbol{x}(t),\ \boldsymbol{u}(t)\right)}{\partial \boldsymbol{x}(t)^{\mathrm{T}}}\bigg|_{\substack{\boldsymbol{x}(t)=\boldsymbol{x}(t_n)\\ \boldsymbol{u}(t)=\boldsymbol{u}(t_n)}}\right)^{-1}\left(\boldsymbol{f}\left(\boldsymbol{x}(t_n),\ \boldsymbol{u}(t_n)\right)+ \frac{\partial \boldsymbol{f}\left(\boldsymbol{x}(t),\ \boldsymbol{u}(t)\right)}{\partial \boldsymbol{u}(t)^{\mathrm{T}}}\bigg|_{\substack{\boldsymbol{x}(t)=\boldsymbol{x}(t_n)\\ \boldsymbol{u}(t)=\boldsymbol{u}(t_n)}}\left(\boldsymbol{u}(t_{n+1})-\boldsymbol{u}(t_n)\right)\right) \tag{2.227}$$

式（2.227）和求解小步长 T 的式（2.216），非常适合式（2.205）解的数值确定。然而这么做工作量很大，因为对于每个积分步骤，必须求解雅可比矩阵和线性方程组。隐式欧拉方法是 A 稳定的。

梯形法则（Tustin 或双线性近似）

梯形规则近似方程（2.208）如下

$$\boldsymbol{x}(t_{n+1})=\boldsymbol{x}(t_n)+\frac{T}{2}\left(\boldsymbol{f}\left(\boldsymbol{x}(t_{n+1}),\ \boldsymbol{u}(t_{n+1})\right)+\boldsymbol{f}\left(\boldsymbol{x}(t_n),\ \boldsymbol{u}(t_n)\right)\right) \tag{2.228}$$

或者

$$\begin{aligned}\boldsymbol{x}[n+1]&=\boldsymbol{x}[n]+\frac{T}{2}\left(\boldsymbol{f}\left(\boldsymbol{x}[n+1],\ \boldsymbol{u}[n+1]\right)+\boldsymbol{f}\left(\boldsymbol{x}[n],\ \boldsymbol{u}[n]\right)\right)\\&=\boldsymbol{x}[n]+\frac{T}{2}\left(\boldsymbol{A}\boldsymbol{x}[n+1]+\boldsymbol{B}\boldsymbol{u}[n+1]+\boldsymbol{A}\boldsymbol{x}[n]+\boldsymbol{B}\boldsymbol{u}[n]\right)\end{aligned} \tag{2.229}$$

对此人们得到 $\boldsymbol{x}[n+1]-\frac{T}{2}\boldsymbol{A}\boldsymbol{x}[n+1]=\boldsymbol{x}[n]+\frac{T}{2}\boldsymbol{A}\boldsymbol{x}[n]+\frac{T}{2}\boldsymbol{B}\boldsymbol{u}[n+1]+\frac{T}{2}\boldsymbol{B}\boldsymbol{u}[n]$

或者

$$\left(\boldsymbol{I}_N-\frac{T}{2}\boldsymbol{A}\right)\boldsymbol{x}[n+1]=\left(\boldsymbol{I}_N+\frac{T}{2}\boldsymbol{A}\right)\boldsymbol{x}[n]+T\boldsymbol{B}\frac{\boldsymbol{u}[n+1]+\boldsymbol{u}[n]}{2} \tag{2.230}$$

最后

$$\boldsymbol{x}[n+1]=\underbrace{\left(\boldsymbol{I}_N-\frac{T}{2}\boldsymbol{A}\right)^{-1}\left(\boldsymbol{I}_N+\frac{T}{2}\boldsymbol{A}\right)}_{\hat{\boldsymbol{A}}}\boldsymbol{x}[n]+\underbrace{T\left(\boldsymbol{I}_N-\frac{T}{2}\boldsymbol{A}\right)^{-1}\boldsymbol{B}}_{\hat{\boldsymbol{B}}}\frac{\boldsymbol{u}[n+1]+\boldsymbol{u}[n]}{2} \tag{2.231}$$

输出和前馈矩阵发生变化，因为在式（2.200）中的 $(t_{n+1}+t_n)/2$ 时刻的输出是根据输入 $(\boldsymbol{u}[n+1]+\boldsymbol{u}[n])/2$ 使用的：

$$\frac{\boldsymbol{y}(t_{n+1})+\boldsymbol{y}(t_n)}{2}=\boldsymbol{C}\frac{\boldsymbol{x}(t_{n+1})+\boldsymbol{x}(t_n)}{2}+\boldsymbol{D}\frac{\boldsymbol{u}(t_{n+1})+\boldsymbol{u}(t_n)}{2} \tag{2.232}$$

或者

$$\begin{aligned}\frac{\boldsymbol{y}[n+1]+\boldsymbol{y}[n]}{2}=&\frac{1}{2}\boldsymbol{C}\left(\left(\boldsymbol{I}_N-\frac{T}{2}\boldsymbol{A}\right)^{-1}\left(\boldsymbol{I}_N+\frac{T}{2}\boldsymbol{A}\right)+\boldsymbol{I}_N\right)\boldsymbol{x}[n]\\&+\frac{1}{2}\boldsymbol{C}T\left(\boldsymbol{I}_N-\frac{T}{2}\boldsymbol{A}\right)^{-1}\boldsymbol{B}\frac{\boldsymbol{u}[n+1]+\boldsymbol{u}[n]}{2}+\boldsymbol{D}\frac{\boldsymbol{u}[n+1]+\boldsymbol{u}[n]}{2}\end{aligned} \tag{2.233}$$

借助以下公式的简化

$$\begin{aligned}\left(\boldsymbol{I}_N-\frac{T}{2}\boldsymbol{A}\right)^{-1}\left(\boldsymbol{I}_N+\frac{T}{2}\boldsymbol{A}\right)+\boldsymbol{I}_N&=\left(\boldsymbol{I}_N-\frac{T}{2}\boldsymbol{A}\right)^{-1}\left(\boldsymbol{I}_N+\frac{T}{2}\boldsymbol{A}\right)+\left(\boldsymbol{I}_N-\frac{T}{2}\boldsymbol{A}\right)^{-1}\left(\boldsymbol{I}_N-\frac{T}{2}\boldsymbol{A}\right)\\&=\left(\boldsymbol{I}_N-\frac{T}{2}\boldsymbol{A}\right)^{-1}\left(\boldsymbol{I}_N+\frac{T}{2}\boldsymbol{A}+\boldsymbol{I}_N-\frac{T}{2}\boldsymbol{A}\right)\\&=2\left(\boldsymbol{I}_N-\frac{T}{2}\boldsymbol{A}\right)^{-1}\end{aligned} \tag{2.234}$$

得到

$$\begin{aligned}\frac{\boldsymbol{y}[n+1]+\boldsymbol{y}[n]}{2}=&\underbrace{\boldsymbol{C}\left(\boldsymbol{I}_N-\frac{T}{2}\boldsymbol{A}\right)^{-1}}_{\hat{\boldsymbol{C}}}\boldsymbol{x}[n]\\&+\underbrace{\left(\frac{T}{2}\boldsymbol{C}\left(\boldsymbol{I}_N-\frac{T}{2}\boldsymbol{A}\right)^{-1}\boldsymbol{B}+\boldsymbol{D}\right)}_{\hat{\boldsymbol{D}}}\frac{\boldsymbol{u}[n+1]+\boldsymbol{u}[n]}{2}\end{aligned} \tag{2.235}$$

所以总而言之，

$$\hat{\boldsymbol{A}}=\left(\boldsymbol{I}_N-\frac{T}{2}\boldsymbol{A}\right)^{-1}\left(\boldsymbol{I}_N+\frac{T}{2}\boldsymbol{A}\right);\ \hat{\boldsymbol{B}}=T\left(\boldsymbol{I}_N-\frac{T}{2}\boldsymbol{A}\right)^{-1}\boldsymbol{B};$$
$$\hat{\boldsymbol{C}}=\boldsymbol{C}\left(\boldsymbol{I}_N-\frac{T}{2}\boldsymbol{A}\right)^{-1};\ \hat{\boldsymbol{D}}=\left(\frac{T}{2}\boldsymbol{C}\left(\boldsymbol{I}_N-\frac{T}{2}\boldsymbol{A}\right)^{-1}\boldsymbol{B}+\boldsymbol{D}\right) \tag{2.236}$$

梯形规则是 A 稳定的。

连续时间线性系统离散化的一般方法

这里还将介绍另一种将$\dot{x}(t)=\boldsymbol{A}x(t)+\boldsymbol{B}u(t)$离散化为$x[n+1]=\hat{\boldsymbol{A}}x[n]+\hat{\boldsymbol{B}}u[n]$的一般方法。

线性微分方程$x(t)=\boldsymbol{A}x(t)+\boldsymbol{B}u(t)$的解是

$$\boldsymbol{x}(t)=\mathrm{e}^{\boldsymbol{A}(t-t_0)}\boldsymbol{x}(t_0)+\int_{t_0}^{t}\mathrm{e}^{\boldsymbol{A}(t-\tau)}\boldsymbol{Bu}(\tau)\mathrm{d}\tau \tag{2.237}$$

其中，表达式 $\mathrm{e}^{\boldsymbol{A}T}$ 被称为矩阵指数，应理解为

$$\mathrm{e}^{\boldsymbol{A}T}=\sum_{j=0}^{\infty}\frac{(\boldsymbol{A}T)^j}{j!} \tag{2.238}$$

式 (2.237) 成立，因为：

$$\boldsymbol{x}(t)=\mathrm{e}^{\boldsymbol{A}(t-t_0)}\boldsymbol{x}(t_0)+\int_{t_0}^{t}\mathrm{e}^{\boldsymbol{A}(t-\tau)}\boldsymbol{Bu}(\tau)\mathrm{d}\tau=\mathrm{e}^{\boldsymbol{A}(t-t_0)}\boldsymbol{x}(t_0)+\mathrm{e}^{\boldsymbol{A}t}\int_{t_0}^{t}\mathrm{e}^{-\boldsymbol{A}\tau}\boldsymbol{Bu}(\tau)\mathrm{d}\tau$$
$$\dot{\boldsymbol{x}}(t)=\boldsymbol{A}\mathrm{e}^{\boldsymbol{A}(t-t_0)}\boldsymbol{x}(t_0)+\boldsymbol{A}\mathrm{e}^{\boldsymbol{A}t}\int_{t_0}^{t}\mathrm{e}^{-\boldsymbol{A}\tau}\boldsymbol{Bu}(\tau)\mathrm{d}\tau+\mathrm{e}^{\boldsymbol{A}t}\mathrm{e}^{-\boldsymbol{A}t}\boldsymbol{Bu}(t) \tag{2.239}$$

在推导中应用了微积分基本定理：

$$\frac{\mathrm{d}}{\mathrm{d}x}\int_a^x f(t)\mathrm{d}t=f(x) \tag{2.240}$$

当 $t=t_0+T$，并且假设 $t_0\leqslant\tau\leqslant t$，那么 $\boldsymbol{u}$ 不会变化，即 $\boldsymbol{u}(\tau)=\boldsymbol{u}(t_0)$，则可以写成

$$\boldsymbol{x}(t_0+T)=\mathrm{e}^{\boldsymbol{A}T}\boldsymbol{x}(t_0)+\int_{t_0}^{t_0+T}\mathrm{e}^{\boldsymbol{A}(t_0+T-\tau)}\mathrm{d}\tau\boldsymbol{Bu}(t_0) \tag{2.241}$$

或替换为 $\tau'=\tau-t_0$

$$\boldsymbol{x}(t_0+T)=\underbrace{\mathrm{e}^{\boldsymbol{A}T}}_{\hat{\boldsymbol{A}}}\boldsymbol{x}(t_0)+\underbrace{\mathrm{e}^{\boldsymbol{A}T}\int_0^T\mathrm{e}^{-\boldsymbol{A}\tau'}\mathrm{d}\tau'}_{\hat{\boldsymbol{B}}}\boldsymbol{Bu}(t_0) \tag{2.242}$$

如果 T 是指离散化过程中的采样时间，则差分方程得出

$$\boldsymbol{x}[n+1]=\hat{\boldsymbol{A}}\boldsymbol{x}[n]+\hat{\boldsymbol{B}}\boldsymbol{u}[n] \tag{2.243}$$

为了从 $\boldsymbol{A}$ 和 $\boldsymbol{B}$ 中表达$\hat{\boldsymbol{A}}$和$\hat{\boldsymbol{B}}$，需要对式（2.238）进行 $\mathrm{e}^{\boldsymbol{A}T}$ 的级数展开，得到

$$\hat{A} = \left(I + AT + \frac{(AT)^2}{2} + \frac{(AT)^3}{6} + \cdots \right) \text{ 且}$$

$$\begin{aligned}
\hat{B} &= e^{AT}\int_0^T e^{-A\tau'}d\tau' B = e^{AT}\int_0^T \sum_{j=0}^{\infty}\frac{(-A\tau')^j}{j!}d\tau' B \\
&= e^{AT}\int_0^T\left(I + (-A\tau') + \frac{(-A\tau')^2}{2} + \frac{(-A\tau')^3}{6} + \cdots \right)d\tau' B \\
&= e^{AT}\left[\left(I\tau' - A\frac{\tau'^2}{2} + A^2\frac{\tau'^3}{6} - A^3\frac{\tau'^4}{24} + \cdots \right)\right]_0^T B \qquad (2.244) \\
&= e^{AT}\left(IT - A\frac{T^2}{2} + A^2\frac{T^3}{6} - A^3\frac{T^4}{24} + \cdots \right)B \\
&= e^{AT}\left(AT - A^2\frac{T^2}{2} + A^3\frac{T^3}{6} - A^4\frac{T^4}{24} + \cdots \right)A^{-1}B \\
&= e^{AT}\left(I - \left(I - AT + A^2\frac{T^2}{2} - A^3\frac{T^3}{6} + A^4\frac{T^4}{24} - \cdots \right)\right)A^{-1}B \\
&= e^{AT}(I - e^{-AT})A^{-1}B = (e^{AT} - I)A^{-1}B = \left(AT + \frac{(AT)^2}{2} + \frac{(AT)^3}{6} + \cdots \right)A^{-1}B \\
&= \left(IT + A\frac{T^2}{2} + A^2\frac{T^3}{6} + \cdots \right)B
\end{aligned}$$

(2.245)

如果系统模型中也存在噪声，也就是说

$$\dot{x}(t)=Ax(t)+Bu(t)+G\eta_S(t) \qquad (2.246)$$

$$y(t)=Cx(t)+Du(t)+\eta_M(t) \qquad (2.247)$$

并且想以时间离散的方式描述系统

$$x[n+1]=\hat{A}x[n]+\hat{B}u[n]+\hat{G}\eta_S[n] \qquad (2.248)$$

$$y[n]=Cx[n]+Du[n]+\eta_M[n] \qquad (2.249)$$

因此 $\hat{G}$ 可以近似为 $\hat{B}$。应该注意的是，在式（2.249）中，假设输出 $y[n]=y(t_n)$，因此$\hat{C}=C$和$\hat{D}=D$适用。

本节介绍的离散化方法是 A 稳定的。

离散化方法与拉普拉斯和 z 变换的联系

显式欧拉法

对于 $t \geqslant 0$ 和 $n \geqslant 0$，拉普拉斯或 s 变换和 z 变换分别定义为

$$\boldsymbol{x}(s)=\int_0^\infty \boldsymbol{x}(t)\mathrm{e}^{-st}\mathrm{d}t;\ \boldsymbol{x}(z)=\sum_{n=0}^{\infty}\boldsymbol{x}[n]z^{-n} \tag{2.250}$$

其中 $s=\sigma+j\omega$ 且 $z=r\mathrm{e}^{j\omega T}$

式中 s 是从时间连续信号到频域的过渡处的复频率变量，z 是从时间离散信号到频域的过渡处的复频变量，r 是半径，（ωT）是角度在复变量 z 的极坐标表示，$\omega=2\pi f$ 是角频率，T 是信号 $x[n]$ 的采样时间。对于频率变换的重复，请参阅有关信号处理基础的教科书，例如文献 [SV04]。

如果将显式欧拉方法的系统连续和离散状态描述转换为频域，则初始条件 $\boldsymbol{x}(0)=\boldsymbol{0}$

$$\dot{\boldsymbol{x}}(t)=\boldsymbol{A}\boldsymbol{x}(t)+\boldsymbol{B}\boldsymbol{u}(t) \circ\!\!-\!\!\bullet\ s\boldsymbol{x}(s)=\boldsymbol{A}\boldsymbol{x}(s)+\boldsymbol{B}\boldsymbol{u}(s) \tag{2.251}$$

$$\boldsymbol{y}(t)=\boldsymbol{C}\boldsymbol{x}(t)+\boldsymbol{D}\boldsymbol{u}(t) \circ\!\!-\!\!\bullet\ \boldsymbol{y}(s)=\boldsymbol{C}\boldsymbol{x}(s)+\boldsymbol{D}\boldsymbol{u}(s)\ \text{以及} \tag{2.252}$$

$$\boldsymbol{x}[n+1]=\hat{\boldsymbol{A}}\boldsymbol{x}[n]+\hat{\boldsymbol{B}}\boldsymbol{u}[n] \circ\!\!-\!\!\bullet\ z\boldsymbol{x}(z)=\hat{\boldsymbol{A}}\boldsymbol{x}(z)+\hat{\boldsymbol{B}}\boldsymbol{u}(z) \tag{2.253}$$

$$\boldsymbol{y}[n]=\hat{\boldsymbol{C}}\boldsymbol{x}[n]+\hat{\boldsymbol{D}}\boldsymbol{u}[n] \circ\!\!-\!\!\bullet\ \boldsymbol{y}(z)=\hat{\boldsymbol{C}}\boldsymbol{x}(z)+\hat{\boldsymbol{D}}\boldsymbol{u}(z) \tag{2.254}$$

从式 (2.251) 得出：

$$s\boldsymbol{x}(s)-\boldsymbol{A}\boldsymbol{x}(s)=\boldsymbol{B}\boldsymbol{u}(s)\ \text{或者}\ (s\boldsymbol{I}_N-\boldsymbol{A})\boldsymbol{x}(s)=\boldsymbol{B}\boldsymbol{u}(s)$$

$$\boldsymbol{x}(s)=(s\boldsymbol{I}_N-\boldsymbol{A})^{-1}\boldsymbol{B}\boldsymbol{u}(s) \tag{2.255}$$

而从式（2.253）可得：

$$\boldsymbol{x}(z)=(z\boldsymbol{I}_N-\hat{\boldsymbol{A}})^{-1}\hat{\boldsymbol{B}}\boldsymbol{u}(z) \tag{2.256}$$

根据显式欧拉法公式（2.212）中的表达式将系统矩阵 $\hat{\boldsymbol{A}}$ 和 $\hat{\boldsymbol{B}}$ 插入式（2.256），使其变换成与式（2.255）相类似的公式，如此便可以得到相对应的显式欧拉 - 离散化的从 s 域变换到 z 域的换算公式：

$$\begin{aligned}\boldsymbol{x}(z)&=\left(z\boldsymbol{I}_N-(\boldsymbol{I}_N+T\boldsymbol{A})\right)^{-1}T\boldsymbol{B}\boldsymbol{u}(z)\\ \boldsymbol{x}(z)&=\left(\frac{z\boldsymbol{I}_N-\boldsymbol{I}_N}{T}-\boldsymbol{A}\right)^{-1}T^{-1}T\boldsymbol{B}\boldsymbol{u}(z)\\ \boldsymbol{x}(z)&=\left(\frac{z-1}{T}\boldsymbol{I}_N-\boldsymbol{A}\right)^{-1}\boldsymbol{B}\boldsymbol{u}(z)\end{aligned} \tag{2.257}$$

因此通过和式（2.255）的对比可得：

$$s\rightarrow\frac{z-1}{T} \tag{2.258}$$

隐式欧拉法

如果将隐式欧拉方法的系统连续状态描述和离散状态描述转换到频域，则得到：

$$\dot{\boldsymbol{x}}(t)=\boldsymbol{A}\boldsymbol{x}(t)+\boldsymbol{B}\boldsymbol{u}(t) \circ\!\!-\!\!\bullet\ s\boldsymbol{x}(s)=\boldsymbol{A}\boldsymbol{x}(s)+\boldsymbol{B}\boldsymbol{u}(s) \tag{2.259}$$

$$\boldsymbol{y}(t)=\boldsymbol{C}\boldsymbol{x}(t)+\boldsymbol{D}\boldsymbol{u}(t) \circ\!\!-\!\!\bullet\ \boldsymbol{y}(s)=\boldsymbol{C}\boldsymbol{x}(s)+\boldsymbol{D}\boldsymbol{u}(s)\ \text{以及} \tag{2.260}$$

$$\boldsymbol{x}[n+1]=\hat{\boldsymbol{A}}\boldsymbol{x}[n]+\hat{\boldsymbol{B}}\boldsymbol{u}[n+1] \circ\!\!-\!\!\bullet\ z\boldsymbol{x}(z)=\hat{\boldsymbol{A}}\boldsymbol{x}(z)+\hat{\boldsymbol{B}}z\boldsymbol{u}(z) \tag{2.261}$$

$$\boldsymbol{y}[n+1]=\hat{\boldsymbol{C}}\boldsymbol{x}[n]+\hat{\boldsymbol{D}}\boldsymbol{u}[n+1] \circ\!\!-\!\!\bullet\ z\boldsymbol{y}(z)=\hat{\boldsymbol{C}}\boldsymbol{x}(z)+\hat{\boldsymbol{D}}z\boldsymbol{u}(z) \tag{2.262}$$

从式（2.259）可得出：

$s\boldsymbol{x}(s)-\boldsymbol{A}\boldsymbol{x}(s)=\boldsymbol{B}\boldsymbol{u}(s)$ 或者 $(s\boldsymbol{I}_N-\boldsymbol{A})\boldsymbol{x}(s)=\boldsymbol{u}(s)$，因此

$$\boldsymbol{x}(s)=(s\boldsymbol{I}_N-\boldsymbol{A})^{-1}\boldsymbol{B}\boldsymbol{u}(s) \tag{2.263}$$

从式（2.261）可得出：

$$\boldsymbol{x}(z)=(z\boldsymbol{I}_N-\hat{\boldsymbol{A}})^{-1}\hat{\boldsymbol{B}}z\boldsymbol{u}(z) \tag{2.264}$$

根据隐式欧拉法公式（2.222）中的表达式将系统矩阵 $\hat{\boldsymbol{A}}$ 和 $\hat{\boldsymbol{B}}$ 插入式（2.264），使其变换成与式（2.263）相类似的公式，如此便可以得到相对应的隐式欧拉 - 离散化的从 s 域变换到 z 域的换算公式：

$$\begin{aligned}
&\boldsymbol{x}(z)=(z\boldsymbol{I}_N-(\boldsymbol{I}_N-T\boldsymbol{A})^{-1})^{-1}(T(\boldsymbol{I}_N-T\boldsymbol{A})^{-1}\boldsymbol{B})z\boldsymbol{u}(z)\\
&\boldsymbol{x}(z)=(z(\boldsymbol{I}_N-T\boldsymbol{A})^{-1}(\boldsymbol{I}_N-T\boldsymbol{A})-(\boldsymbol{I}_N-T\boldsymbol{A})^{-1})^{-1}(T(\boldsymbol{I}_N-T\boldsymbol{A})^{-1}\boldsymbol{B})z\boldsymbol{u}(z)\\
&\boldsymbol{x}(z)=(z(\boldsymbol{I}_N-T\boldsymbol{A})-\boldsymbol{I}_N)^{-1}(\boldsymbol{I}_N-T\boldsymbol{A})(T(\boldsymbol{I}_N-T\boldsymbol{A})^{-1}\boldsymbol{B})z\boldsymbol{u}(z)\\
&\boldsymbol{x}(z)=\left(\frac{1}{T}\big(z(\boldsymbol{I}_N-T\boldsymbol{A})-\boldsymbol{I}_N\big)\right)^{-1}\boldsymbol{B}z\boldsymbol{u}(z)\\
&\boldsymbol{x}(z)=\left(z\left(\frac{1}{T}\boldsymbol{I}_N-\boldsymbol{A}\right)-\frac{1}{T}\boldsymbol{I}_N\right)^{-1}\boldsymbol{B}z\boldsymbol{u}(z)\\
&\boldsymbol{x}(z)=\left(\left(\frac{1}{T}\boldsymbol{I}_N-\boldsymbol{A}\right)-\frac{1}{zT}\boldsymbol{I}_N\right)^{-1}\boldsymbol{B}z^{-1}z\boldsymbol{u}(z)\\
&\boldsymbol{x}(z)=\left(\frac{z-1}{zT}\boldsymbol{I}_N-\boldsymbol{A}\right)^{-1}\boldsymbol{B}\boldsymbol{u}(z)
\end{aligned} \tag{2.265}$$

因此通过和式（2.263）的对比可得：

$$s\rightarrow\frac{z-1}{T\cdot z} \tag{2.266}$$

梯形法则

如果将梯形法则的系统连续状态描述和离散状态描述转换到频域，则得到：

$$\dot{\boldsymbol{x}}(t)=\boldsymbol{A}\boldsymbol{x}(t)+\boldsymbol{B}\boldsymbol{u}(t) \circ\!\!-\!\!\bullet\ s\boldsymbol{x}(s)=\boldsymbol{A}\boldsymbol{x}(s)+\boldsymbol{B}\boldsymbol{u}(s) \tag{2.267}$$

$$\boldsymbol{y}(t)=\boldsymbol{C}\boldsymbol{x}(t)+\boldsymbol{D}\boldsymbol{u}(t) \circ\!\!-\!\!\bullet\ \boldsymbol{y}(s)=\boldsymbol{C}\boldsymbol{x}(s)+\boldsymbol{D}\boldsymbol{u}(s)\ \text{和} \tag{2.268}$$

$$\boldsymbol{x}[n+1]=\hat{\boldsymbol{A}}\boldsymbol{x}[n]+\hat{\boldsymbol{B}}\frac{\boldsymbol{u}[n+1]+\boldsymbol{u}[n]}{2} \circ\!\!-\!\!\bullet\ z\boldsymbol{x}(z)=\hat{\boldsymbol{A}}\boldsymbol{x}(z)+\hat{\boldsymbol{B}}\frac{z+1}{2}\boldsymbol{u}(z) \tag{2.269}$$

$$\frac{\boldsymbol{y}[n+1]+\boldsymbol{y}[n]}{2}=\hat{\boldsymbol{C}}\boldsymbol{x}[n]+\hat{\boldsymbol{D}}\frac{\boldsymbol{u}[n+1]+\boldsymbol{u}[n]}{2} \circ\!\!-\!\!\bullet\ \frac{z+1}{2}\boldsymbol{y}(z)=\hat{\boldsymbol{C}}\boldsymbol{x}(z)+\hat{\boldsymbol{D}}\frac{z+1}{2}\boldsymbol{u}(z) \tag{2.270}$$

从式（2.267）可得出：

$$s\boldsymbol{x}(s)-\boldsymbol{A}\boldsymbol{x}(s)=\boldsymbol{B}\boldsymbol{u}(s)\ \text{及}\ (s\boldsymbol{I}_N-\boldsymbol{A})\boldsymbol{x}(s)=\boldsymbol{B}\boldsymbol{u}(s)\text{，因此}$$

$$\boldsymbol{x}(s)=(s\boldsymbol{I}_N-\boldsymbol{A})^{-1}\boldsymbol{B}\boldsymbol{u}(s) \tag{2.271}$$

并且从式（2.269）可得出：

$$\boldsymbol{x}(z)=(z\boldsymbol{I}_N-\hat{\boldsymbol{A}})^{-1}\hat{\boldsymbol{B}}\frac{z+1}{2}\boldsymbol{u}(z) \tag{2.272}$$

根据梯形法则公式（2.236）中的表达式将系统矩阵 $\hat{\boldsymbol{A}}$ 和 $\hat{\boldsymbol{B}}$ 插入式（2.272），使其变换成与式（2.271）相类似的公式，如此便可以得到相对应的梯形法则 - 离散化的从 s 域变换到 z 域的换算公式：

$$\begin{aligned}
\boldsymbol{x}(z)&=\left(z\boldsymbol{I}_N-\left(\boldsymbol{I}_N-\frac{T}{2}\boldsymbol{A}\right)^{-1}\left(\boldsymbol{I}_N+\frac{T}{2}\boldsymbol{A}\right)\right)^{-1}T\left(\boldsymbol{I}_N-\frac{T}{2}\boldsymbol{A}\right)^{-1}\boldsymbol{B}\frac{z+1}{2}\boldsymbol{u}(z)\\
\boldsymbol{x}(z)&=\left(\left(\boldsymbol{I}_N-\frac{T}{2}\boldsymbol{A}\right)^{-1}\left(z\left(\boldsymbol{I}_N-\frac{T}{2}\boldsymbol{A}\right)-\left(\boldsymbol{I}_N+\frac{T}{2}\boldsymbol{A}\right)\right)\right)^{-1}T\left(\boldsymbol{I}_N-\frac{T}{2}\boldsymbol{A}\right)^{-1}\boldsymbol{B}\frac{z+1}{2}\boldsymbol{u}(z)\\
\boldsymbol{x}(z)&=\left(\left(z\left(\boldsymbol{I}_N-\frac{T}{2}\boldsymbol{A}\right)-\left(\boldsymbol{I}_N+\frac{T}{2}\boldsymbol{A}\right)\right)\right)^{-1}T\boldsymbol{B}\frac{z+1}{2}\boldsymbol{u}(z)\\
\boldsymbol{x}(z)&=\left((z-1)\boldsymbol{I}_N-\frac{T}{2}(z+1)\boldsymbol{A}\right)^{-1}T\boldsymbol{B}\frac{z+1}{2}\boldsymbol{u}(z)\\
\boldsymbol{x}(z)&=\left(\frac{T}{2}(z+1)\left(\frac{2}{T(z+1)}(z-1)\boldsymbol{I}_N-\boldsymbol{A}\right)\right)^{-1}T\boldsymbol{B}\frac{z+1}{2}\boldsymbol{u}(z)\\
\boldsymbol{x}(z)&=\left(\frac{2}{T}\frac{z-1}{z+1}\boldsymbol{I}_N-\boldsymbol{A}\right)^{-1}\boldsymbol{B}\boldsymbol{u}(z)
\end{aligned} \tag{2.273}$$

因此通过和式（2.271）的对比可得：

$$s \to \frac{2}{T} \cdot \frac{z-1}{z+1} \tag{2.274}$$

2.5 频域信号滤波

在本小节中，将介绍在频域信号滤波的基础知识。有关此主题更加深入的内容可以在文献 [SV04] 或 [OS13] 中找到。

2.5.1 线性时不变系统在频域中的描述

连续时间线性时不变系统为

$$\dot{\boldsymbol{x}}(t) = \boldsymbol{A}\boldsymbol{x}(t)+\boldsymbol{B}\boldsymbol{u}(t), \quad \text{其中 } \boldsymbol{x}(t_0)=\boldsymbol{x}_0, \quad t \geqslant t_0 \tag{2.275}$$

$$\boldsymbol{y}(t)=\boldsymbol{C}\boldsymbol{x}(t)+\boldsymbol{D}\boldsymbol{u}(t) \tag{2.276}$$

式中，$\boldsymbol{x}(t)$ 是 $N\times 1$ 维向量，$\boldsymbol{u}(t)$ 是 $M\times 1$ 维向量，$\boldsymbol{A}$，$\boldsymbol{B}$，$\boldsymbol{C}$ 和 $\boldsymbol{D}$ 是 $N\times N$ 维，$N\times M$ 维，$K\times N$ 维和 $K\times M$ 维矩阵，连续时间线性时不变系统也可以在频域中得以描述。式（2.275）的第 ℓ 行和式（2.276）的第 k 行是：

$$\dot{x}_\ell(t)=a_{\ell 1}x_1(t)+a_{\ell 2}x_2(t)+\cdots+a_{\ell N}x_N(t)+b_{\ell 1}u_1(t)+b_{\ell 2}u_2(t)+\cdots+b_{\ell M}u_M(t) \tag{2.277}$$

$$x_\ell(t_0)=x_{\ell 0} \tag{2.278}$$

$$y_k(t)=c_{k1}x_1(t)+c_{k2}x_2(t)+\cdots+c_{kN}x_N(t)+d_{k1}u_1(t)+d_{k2}u_2(t)+\cdots+d_{kM}u_M(t) \tag{2.279}$$

或者通过拉普拉斯变换在频域中表示为：

$$s\mathscr{x}_\ell(s)-x_{\ell 0}=a_{\ell 1}x_1(s)+\cdots+a_{\ell N}\mathscr{x}_N(s)+b_{\ell 1}\mathscr{u}_1(s)+\cdots+b_{\ell M}\mathscr{u}_M(s) \tag{2.280}$$

$$\mathscr{y}_k(s)=c_{k1}\mathscr{x}_1(s)+\cdots+c_{kN}\mathscr{x}_N(s)+d_{k1}\mathscr{u}_1(s)+\cdots+d_{kM}\mathscr{u}_M(s) \tag{2.281}$$

其中利用了以下性质，当 $f(t)$ 的拉普拉斯变换为 $f(t) \circ\!\!-\!\!\bullet\ \ell(s)$，那么 $f(t)$ 导数的拉普拉斯变换为：

$$\dot{f}(t) \circ\!\!-\!\!\bullet\ s\ell(s)-f(0) \tag{2.282}$$

通过向量 - 矩阵的表示可得：

$$s\boldsymbol{\mathscr{x}}(s)-\boldsymbol{x}_0=\boldsymbol{A}\boldsymbol{\mathscr{x}}(s)+\boldsymbol{B}\boldsymbol{\mathscr{u}}(s) \tag{2.283}$$

$$\boldsymbol{\mathscr{y}}(s)=\boldsymbol{C}\boldsymbol{\mathscr{x}}(s)+\boldsymbol{D}\boldsymbol{\mathscr{u}}(s) \tag{2.284}$$

从而得到状态方程在频域中的解：

$$\boldsymbol{\mathscr{x}}(s)=(s\boldsymbol{I}_N-\boldsymbol{A})^{-1}\boldsymbol{x}_0+(s\boldsymbol{I}_N-\boldsymbol{A})^{-1}\boldsymbol{B}\boldsymbol{\mathscr{u}}(s) \tag{2.285}$$

解的第一部分来自于初始状态 $\boldsymbol{x}(t_0)$，第二部分来自于输入 $\boldsymbol{u}(t)$。式（2.285）中的 $\boldsymbol{x}(s)$ 或者式（2.284）中的 $\boldsymbol{y}(s)$ 通过到时域的逆变换可以得到 $\boldsymbol{x}(t)$ 和 $\boldsymbol{y}(t)$。

如果初始状态为零，即 $\boldsymbol{x}_0=\boldsymbol{0}$，则得到的线性时不变系统的传递函数为矩阵：

$$\boldsymbol{H}(s)=\boldsymbol{C}(s\boldsymbol{I}_N-\boldsymbol{A})^{-1}\boldsymbol{B}+\boldsymbol{D} \tag{2.286}$$

而系统在频域中对输入 $\boldsymbol{u}(s)$ 的响应可以写为：

$$\boldsymbol{y}(s)=\boldsymbol{H}(s)\boldsymbol{u}(s) \tag{2.287}$$

$\boldsymbol{H}(s)$ 是有着 M 个输入和 K 个输出的系统的脉冲响应矩阵的拉普拉斯变换。若要复习系统脉冲响应方面的知识，请参考有关信号处理基础的教科书，见文献 [SV04]。传递函数 $\boldsymbol{H}(s)$ 中 $s\boldsymbol{I}_N-\boldsymbol{A}$ 的倒数可以借助式（2.9）表示为：

$$(s\boldsymbol{I}_N-\boldsymbol{A})^{-1}=\frac{1}{\det\{(s\boldsymbol{I}_N-\boldsymbol{A})\}}\operatorname{adj}\{(s\boldsymbol{I}_N-\boldsymbol{A})\} \tag{2.288}$$

分母中的行列式是传递函数 $\boldsymbol{H}(s)$ 的特征多项式。这些将在后面的 3.2.4 小节中被用于式（3.335）中的线性系统和描述与转向行为相关的车辆稳定性。

当拉普拉斯变换中 $\omega=2\pi f$ 的 $s=\sigma+j\omega$ 的 $\sigma=0$ 时，可以得到傅里叶变换，并且可以由传递函数 $\boldsymbol{H}(s)$ 得到 $\boldsymbol{H}(j\omega)$。关于角频率的复数矩阵函数 $\boldsymbol{H}(j\omega)$，$\omega\in\mathbb{R}$ 称为系统的频率响应。频率响应 $\boldsymbol{H}(j\omega)$ 中的每个值都可以通过幅度响应和相位响应来描述，例如第 (k,ℓ) 个元素 $\mathscr{H}_{k\ell}(j\omega)$ 可以通过以下方式描述：

$$\mathscr{H}_{k\ell}(j\omega)=|\mathscr{H}_{k\ell}(j\omega)|\mathrm{e}^{j\arg(\mathscr{H}_{k\ell}(j\omega))} \tag{2.289}$$

式中，$\mathscr{H}_{k\ell}(j\omega)$ 描述了从输入 ℓ 到输出 k 的传递行为。数值 $|\mathscr{H}_{k\ell}(j\omega)|$ 作为 ω 的函数表示幅度响应，而 $\arg(\mathscr{H}_{k\ell}(j\omega))$ 作为 ω 的函数则表示相位响应。对于只有一个输入和一个输出的线性时不变系统，即 $N=K=1$，系统的频率响应是角频率的标量复变函数。

$\omega\in[\omega_0,\omega_1]$ 在复平面上的曲线 $\mathscr{H}_{k\ell}(j\omega)$ 称为奈奎斯特曲线。对数幅频特性

$$L_{k\ell}(\omega)=20\log_{10}(|\mathscr{H}_{k\ell}(j\omega)|) \tag{2.290}$$

称为伯德图[⊖]。

对于离散线性时不变系统

⊖ 如果系统有输入功率 P_{in}、输入电压 V_{in}、输出功率 P_{aus} 和输出电压 V_{aus}，则以分贝作为单位的增益 G_{dB} 为：

$$G_{\text{dB}}=10\log_{10}\frac{P_{\text{aus}}}{P_{\text{in}}}=10\log_{10}\frac{V_{\text{aus}}^2/Z_{\text{aus}}}{V_{\text{in}}^2/Z_{\text{in}}}$$

当输入和输出的阻抗相同时，则增益为：

$$G_{\text{dB}}=10\log_{10}\frac{V_{\text{aus}}^2}{V_{\text{in}}^2}=20\log_{10}\frac{V_{\text{aus}}}{V_{\text{in}}}$$

$$\boldsymbol{x}[n+1]=\hat{\boldsymbol{A}}\boldsymbol{x}[n]+\hat{\boldsymbol{B}}\boldsymbol{u}[n], \quad 其中\ \boldsymbol{x}[n_0]=0_N, \quad n \geqslant n_0 \tag{2.291}$$

$$\boldsymbol{y}[n]=\boldsymbol{C}\boldsymbol{x}[n]+\boldsymbol{D}\boldsymbol{u}[n] \tag{2.292}$$

由于输出为 $\boldsymbol{y}[n]$ 的选择，使得$\hat{\boldsymbol{C}}=\boldsymbol{C}$和$\hat{\boldsymbol{D}}=\boldsymbol{D}$，则传递函数为：

$$\boldsymbol{H}(z)=\boldsymbol{C}(z\boldsymbol{I}_N-\hat{\boldsymbol{A}})^{-1}\hat{\boldsymbol{B}}+\boldsymbol{D} \tag{2.293}$$

此推导类似于公式（2.286）的推导。而系统在频域中对输入 $\boldsymbol{u}(z)$ 的响应为：

$$\boldsymbol{y}(z)=\boldsymbol{H}(z)\boldsymbol{u}(z) \tag{2.294}$$

在复频率空间的单位圆上进行 z 变换，即 $z=r\mathrm{e}^{j\omega T}$ 中 $r=1$，则可从 $\boldsymbol{H}(z)$ 中得到频率响应 $\boldsymbol{H}(\mathrm{e}^{j\omega})$，该频率响应是频率的复数矩阵函数。类似于连续时间系统，离散系统也使用幅度响应和相位响应的概念。不同于连续时间系统的频率响应 $\boldsymbol{H}(j\omega)$，$\boldsymbol{H}(\mathrm{e}^{j\omega})$ 相对于角频率 ω 是周期性的，其周期为$\dfrac{2\pi}{T}$。而 $\boldsymbol{H}(z)$ 中的第 (k,ℓ) 个元素也表示从输入 ℓ 到输出 k 的传递行为。

2.5.2 低通滤波、带通滤波和高通滤波

滤波器是信号处理中重要的传输系统，可以从输入信号中提取有用的成分。滤波这一主题的典型处理方法来自于电路领域，这其中滤波器的任务是在频域中抑制或衰减输入信号的某些成分。这是基于以下假设：有用信号位于一个频带内，而干扰信号位于另一个与有用信号频带仅略微重叠的频带内。另一方面，统计滤波器的任务则是从受噪声干扰的测量值中估计有用信号或者状态，其中信号的统计特性是已知的。在本子章节中，将介绍经典的滤波器，并在第 4 章中介绍统计过滤器。本子章节中所涉及的滤波器有一个输入和一个输出，即 $M=K=1$，因此有 $\mathscr{H}_{k\ell}(s)=\hbar(s)$ 和 $\mathscr{H}_{k\ell}(j\omega)=\hbar(j\omega)$ 适用于频率响应。

在频域中，滤波器允许某些信号频率通过，而其他频率则被阻止或衰减。根据通带所在的频率，我们将滤波器分为**低通滤波器**、**带通滤波器**、**高通滤波器**以及**带阻滤波器**。滤波器不允许任何信号通过或者只允许被强衰减的信号通过的频率范围形成阻带。

如果滤波是在连续时间内进行的，则称为模拟滤波器，而在离散时间内进行滤波的则称为数字滤波器。

最著名的模拟低通滤波器有巴特沃思滤波器、切比雪夫滤波器和考尔滤波器。下面仅以巴特沃思滤波器为例，其他低通滤波器的结构可以参考文献 [TSG12] 等资料。n 阶巴特沃思滤波器的幅度响应的二次方为：

$$|\hbar(j\omega)|^2 = \frac{1}{1+\left(\frac{\omega}{\omega_C}\right)^{2n}} \tag{2.295}$$

式中 ω_C 是截止频率，即幅度响应降低 3dB 时的频率。表 2.1 给出了从 1 阶到 3 阶的巴特沃思滤波器的传递函数。

表 2.1 从 1 阶到 3 阶的巴特沃思滤波器的传递函数

巴特沃思滤波器的阶数	传递函数
1	$\hbar(s)=\frac{1}{\frac{1}{\omega_C}s+1}$
2	$\hbar(s)=\frac{1}{\frac{1}{\omega_C^2}s^2+\frac{\sqrt{2}}{\omega_C}s+1}$
3	$\hbar(s)=\frac{1}{\frac{1}{\omega_C^3}s^3+\frac{2}{\omega_C^2}s^2+\frac{2}{\omega_C}s+1}$

巴特沃思滤波器的传递函数有以下形式：

$$\hbar(s)=\frac{k_0}{\prod_{k=1}^{n}\left(\frac{s}{\omega_C}-s_k\right)},\quad s_k=\mathrm{e}^{j\pi\left(\frac{1}{2}+\frac{2k-1}{2n}\right)},\ k=1,\cdots,n \tag{2.296}$$

通过对参数 s 进行变换，可以将最重要的滤波器类型追溯到低通滤波器。变换规则由表 2.2 得出，其中 $\omega_{c,n}$ 表示低通滤波器和高通滤波器的新截止频率，ω_o 和 ω_u 表示用于带通滤波器和带阻滤波器的上截止频率和下截止频率。

设计数字滤波器的常用方法是设计模拟滤波器，即用表 2.2 中的变换公式设计模拟滤波器，然后将滤波器离散化，例如使用式 (2.274) 中的梯形规则：

$$s=2f_S\frac{z-1}{z+1} \tag{2.297}$$

其中 f_S 是采样频率。

表 2.2 从模拟低通滤波器生成其他滤波器类型

参数变更	变更类型
$s\to\omega_C\frac{s}{\omega_{c,n}}$	低通滤波器→低通滤波器
$s\to\omega_C\frac{\omega_{c,n}}{s}$	低通滤波器→高通滤波器

（续）

参数变更	变更类型
$s \to \omega_C \dfrac{s^2+\omega_u\omega_o}{s(\omega_o-\omega_u)}$	低通滤波器→带通滤波器
$s \to \omega_C \dfrac{s(\omega_o-\omega_u)}{s^2+\omega_u\omega_o}$	低通滤波器→带阻滤波器

2.5.3 碰撞加速度信号的低通滤波

在下文中，碰撞加速度信号的滤波被视为低通滤波器在车辆安全中应用的一个例子。

碰撞中爆燃式安全带张紧器或安全气囊的触发主要是基于加速度信号。而在碰撞分析中，加速度信号也被用来测量碰撞过程中假人或车辆部件上的载荷。这些信号首先由加速度传感器记录，并在数字化之前使用截止频率为 4kHz 的模拟低通滤波器进行预滤波。然后以 12.5kHz 的采样频率对该模拟加速度信号进行数字化。根据奈奎斯特准则，采样频率必须至少是信号中出现的最高频率的 2 倍。这就是为什么在第一步中进行截止频率为 4kHz 的模拟低通滤波的原因。

为了获得适合进一步研究碰撞过程的信号，将数字信号按照 ISO 6487 或 SAE J211 标准的方针进行数字低通滤波。**国际标准化组织（ISO）**和**国际自动机工程师学会（SAE）**试图通过该标准方针实现测量实践的标准化。对此，两个标准化组织对表 2.3 中的四个信道等级进行了区分。

表 2.3 根据 ISO 6487 或 SAE J211 的滤波器等级

滤波器等级	f_0/Hz	a/dB	f_d/Hz	b/dB	f_c/Hz	c/dB	d/(dB/oct)	e/(dB/oct)	g/dB
1000	0.1	[−0.5,0.5]	1000	[−1,0.5]	1650	[−4,0.5]	−9	−24	−30
600	0.1	[−0.5,0.5]	600	[−1,0.5]	1000	[−4,0.5]	−9	−24	−30
180	0.1	[−0.5,0.5]	180	[−1,0.5]	300	[−4,0.5]	−9	−24	−30
60	0.1	[−0.5,0.5]	60	[−1,0.5]	100	[−4,0.5]	−9	−24	−30

表 2.3 中参数的含义如图 2.6 所示，其滤波器等级为 60。对于计算以 dB/oct 为单位的斜率以下关系式很重要：

$$f_2 = f_1 2^{\Delta f_{oct}} \tag{2.298}$$

其中 Δf_{oct} 表示两个频率 f_2 和 f_1 之间以倍频程为单位的差值[⊖]。

⊖ 在音乐中，一个八度音包含 12 个音符。如果使用音符 c 作为 f_1，且 f_1=130.813Hz，则音符 e 的频率为 $f_2=f_1\,2^{\frac{4}{12}} = 164.814$Hz。

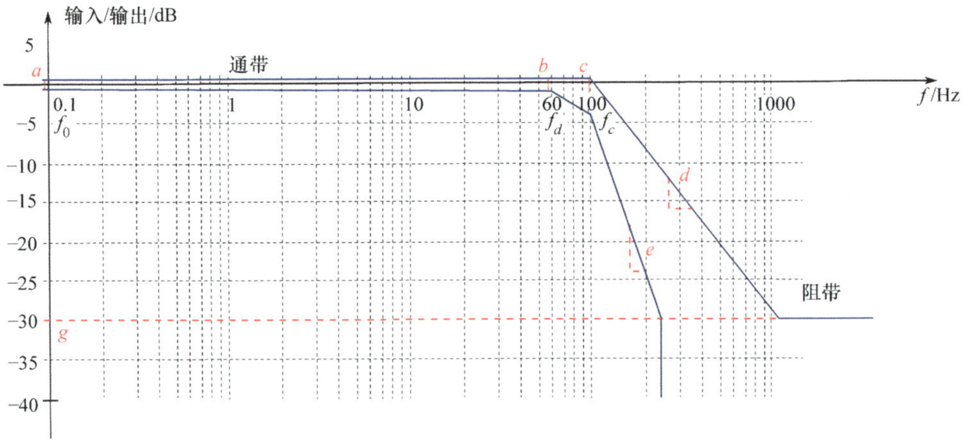

图 2.6　根据 ISO 6487 等级为 60 的低频滤波器特性

根据表 2.1 选择 2 阶的模拟巴特沃思滤波器可以实现等级为 60 的低通滤波器：

$$h(s)=\frac{1}{\frac{1}{(2\pi100)^2}s^2+\frac{\sqrt{2}}{2\pi100}s+1} \tag{2.299}$$

然后使用式（2.297）中的梯形规则对其进行离散化。图 2.7 显示了 2 阶巴特沃思滤波器的幅度响应和相位响应。值得注意的是，在图 2.7 中频率的单位是 rad/s 而不是 Hz，且衰减的单位不是 dB。通过该图可以看到，在 100Hz ≈ 628.3rad/s 时，衰减约为 −3dB，在 1000Hz≈6283.2rad/s 时，衰减约为 −40dB。因此 2 阶巴特沃思滤波器的幅度响应位于等级为 60 的滤波器的走廊中。从图 2.7 中可以看到巴特沃思滤波器的优点：在通带中，它的相位延迟可以忽略不计。

在表 2.4 中可见各种滤波器等级在被动车辆安全中的典型应用 [Hua02]。

表 2.4　用于测量碰撞的滤波器等级

测量	滤波器等级
整车	60
假人胸部加速度	180
假人大腿和膝盖加速度	600
假人头部和骨盆加速度	1000

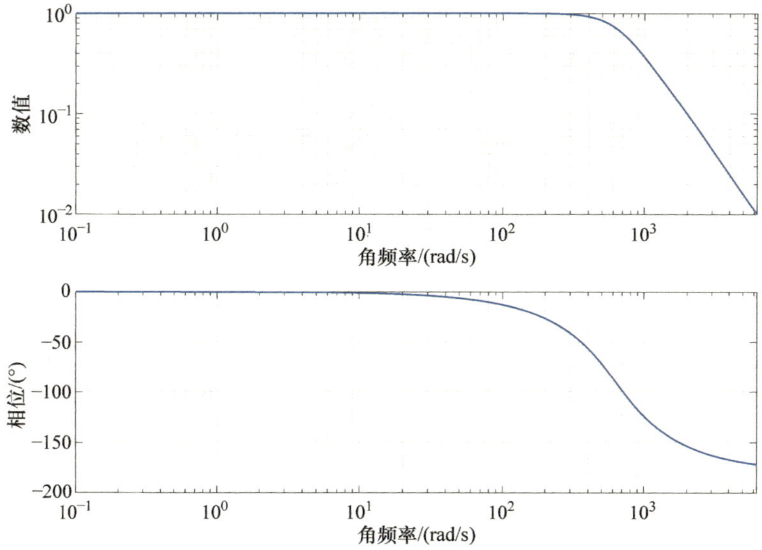

图 2.7　2 阶巴特沃思滤波器

2.6　习题

【习题 2.1】向量 $\boldsymbol{x}\in\mathbb{R}^N$ 的 p- 范数定义为

$$\|\boldsymbol{x}\|_p=\left(\sum_{i=1}^{N}|x_i|^p\right)^{\frac{1}{p}}$$

并且 $p\to\infty$ 时 $\|\boldsymbol{x}\|_\infty=\max\limits_{1\leqslant i\leqslant N}|x_i|$。请绘制出 $p=1$、$p=2$ 和 $p=\infty$ 的“单位圆”，即所有符合 $\|\boldsymbol{x}\|_p\leqslant 1$ 的点 $\boldsymbol{x}\in\mathbb{R}^2$ 的集合。

【习题 2.2】请计算函数 $f(x_1, x_2)=1-2x_1^2-x_2^2$ 的“雅可比矩阵”，在这种情况下，因为函数 f 是标量，所以它的“雅可比矩阵”是一个向量。所得到的向量 $\nabla_{\boldsymbol{x}}f(\boldsymbol{x})$ 指向的是最陡峭的上升方向，其中 $\boldsymbol{x}=[x_1, x_2]^{\mathrm{T}}$。请计算 $\boldsymbol{x}=[0.3, 0.5]^{\mathrm{T}}$ 时的 $\nabla_{\boldsymbol{x}}f(\boldsymbol{x})$，并在 MATLAB 中可视化由 $f(x_1, x_2)$ 所拉伸的曲面，该平面在点 $\boldsymbol{x}=[0.3, 0.5]^{\mathrm{T}}$ 处的切平面和法向矢量以及当 $x_1=0.3$，$x_2=0.5$，$\varepsilon=0.1$ 时，点 $[x_1,x_2,f(x_1,x_2)]^{\mathrm{T}}$ 和 $\left[x_1+\varepsilon\dfrac{\partial f(x_1,x_2)}{\partial x_1}, x_2+\varepsilon\dfrac{\partial f(x_1,x_2)}{\partial x_2}, f\left(x_1+\varepsilon\dfrac{\partial f(x_1,x_2)}{\partial x_1}, x_2+\varepsilon\dfrac{\partial f(x_1,x_2)}{\partial x_2}\right)\right]^{\mathrm{T}}$ 之间的向量。

【习题 2.3】奇异值分解有助于对由矩阵 $\boldsymbol{A}\in\mathbb{R}^{M\times N}$ 实现的映射的几何理解。矩阵 $\boldsymbol{A}$ 将 $\mathbb{R}^N$ 中由 2- 范数所定义的单位球变成 $\mathbb{R}^M$ 中的超椭圆。$\mathbb{R}^M$ 中的超椭圆

是通过在正交方向 $\boldsymbol{u}_1, \cdots, \boldsymbol{u}_M$ 上用系数 $\sigma_1, \cdots, \sigma_M$ 拉伸或压缩 $\mathbb{R}^M$ 中的单位球来获得的。$\boldsymbol{A}$ 的奇异值分解是 $\boldsymbol{A}=\boldsymbol{U\Sigma V}^{\mathrm{T}}$。假设 $M=N=2$，请可视化 $\boldsymbol{V}$ 的列向量（单位向量）$\boldsymbol{v}_1$ 和 $\boldsymbol{v}_2$ 是如何通过 $\boldsymbol{A}$ 映射的。

【习题 2.4】如果矩阵 $\boldsymbol{C}$ 的列向量构成向量空间的归一化的基，则在此基中向量 $\boldsymbol{b}$ 可以表示为：$\boldsymbol{b}'=\boldsymbol{C}^{\mathrm{T}}\boldsymbol{b}$。请解释为什么如果使用 $\boldsymbol{U}_{\mathrm{red}}$ 和 $\boldsymbol{V}_{\mathrm{red}}$ 的列向量作为像域和 $\mathbb{R}^N\backslash\mathrm{Kern}(\boldsymbol{A})$ 的基，矩阵 $\boldsymbol{A}=\boldsymbol{U}_{\mathrm{red}}\boldsymbol{\Sigma}_{\mathrm{red}}\boldsymbol{V}_{\mathrm{red}}{}^{\mathrm{T}}\in\mathbb{R}^{M\times N}$ 的映射会简化为对角矩阵 $\boldsymbol{\Sigma}_{\mathrm{red}}$ 的映射。

【习题 2.5】请手算出以下矩阵的奇异值分解：

$$\boldsymbol{A}=\begin{bmatrix}3 & 0\\0 & -2\end{bmatrix};\ \boldsymbol{B}=\begin{bmatrix}2 & 0\\0 & 3\end{bmatrix};\ \boldsymbol{C}=\begin{bmatrix}3 & 0 & 0\\0 & 0 & 0\end{bmatrix};\ \boldsymbol{D}=\begin{bmatrix}-1 & 0\\0 & -2\end{bmatrix};$$

$$\boldsymbol{E}=\begin{bmatrix}-2 & 11\\-10 & 5\end{bmatrix};\ \boldsymbol{F}=\begin{bmatrix}1 & 3\\2 & 1\\2 & 2\end{bmatrix}$$

请给出六个矩阵中每一个矩阵的 1- 范数、谱范数、∞- 范数和弗罗贝尼乌斯（Frobenius）范数。然后使用 MATLAB 验证您的结果。

【习题 2.6】如果将图像理解为具有亮度值的 $M\times N$ 矩阵 $\boldsymbol{A}$，则式（2.85）中的近似定理可以应用于图像处理。通过用降秩的矩阵 $\boldsymbol{A}_\ell$ 来描述图像，不再需要储存原始图像的 MN 项值，取而代之的是只需要储存向量 $\boldsymbol{u}_1, \cdots, \boldsymbol{u}_\ell$ 的 $M\ell$ 项值，以及向量 $\sigma_1\boldsymbol{v}_1, \cdots, \sigma_\ell\boldsymbol{v}_\ell$ 的 $N\ell$ 项值，即总共保存 $(M+N)\ell$ 项值。请在网页 https://www.fahrzeugsicherheitundautomatisiertesfahren.de 上将图片“Fahrversuch.png”加载到 MATLAB 中并计算出秩为以下数值时的矩阵 $\boldsymbol{A}_\ell$：$\ell=130$，$\ell=80$，$\ell=25$。对于这三个值中的每一个值，请给出所实现的压缩系数并可视化被压缩的图像。

【习题 2.7】请计算出函数 $f(x_1, x_2)=1-2x_1^2-x_2^2$ 在等式约束条件 $g(x_1,x_2)=3x_1+x_2-0.5=0$ 下的最大值。首先请根据式（2.95）列出本例的拉格朗日函数。然后请在 MATLAB 中可视化由 $f(x_1, x_2)$ 定义的平面和由 $g(x_1, x_2)$ 定义的区域。

【习题 2.8】对函数 $f(x_1, x_2)=-3(x_1-1)^2-(x_2-2)^2$，计算该函数在 $x_1+3x_2-0{,}5\leqslant 4$ 以及 $x_1\geqslant x_2$ 的不等式约束条件下的最大值。请在 MATLAB 中可视化函数 $f(x_1, x_2)$ 所定义的曲面，以及所求得的最大值。

【习题 2.9】主成分分析（Principal Component Analysis, PCA）是多元统计分析中一种对输入样本空间从维度 N 降低至维度 M 的方法，且在降维过程中，存在的信息冗余都会通过数据点相关性的形式总结下来。

接下来我们假设存在 K 个测量向量 $x_1,\cdots,x_K$ 且 $x_K\in\mathbb{R}^N$，这些向量都是 K 个独立同分布的随机变量 $x_1,\cdots,x_K$ 的实现。

1）随机变量 x_K 的期望值的无偏估计量 $\hat{\mu}_x$ 是什么

2）随机变量 $\boldsymbol{x}_K$ 的协方差矩阵 $\hat{\boldsymbol{C}}_{xx}$ 的无偏估计量是什么

为了主成分分析，我们对对称正定矩阵 $\hat{\boldsymbol{C}}_{xx}$ 进行特征值分解，在对角矩阵 $\boldsymbol{\Lambda}$ 中特征值从左上到右下按大小的降序排列，且所有特征向量被规范化成长度为 1 的向量

$$\hat{\boldsymbol{C}}_{xx} = \boldsymbol{V}\boldsymbol{\Lambda}\boldsymbol{V}^{\mathrm{T}} \in \mathbb{R}^{N\times N}$$

降维便是通过将对角矩阵 $\boldsymbol{\Lambda} \in \mathbb{R}^{N\times N}$ 减小到 $\boldsymbol{\Lambda}_{\mathbf{red}} \in \mathbb{R}^{M\times M}$ 来实现的，这里仅选择前 M 个最大的特征值保留下来。$\boldsymbol{V}$ 中同样也仅保留前 M 个特征向量，则 $\hat{\boldsymbol{C}}_{xx}$ 便可用矩阵

$$\hat{\boldsymbol{C}}_{xx,\mathrm{red}} = \boldsymbol{V}_{\mathrm{red}}\boldsymbol{\Lambda}_{\mathrm{red}}\boldsymbol{V}_{\mathrm{red}}^{\mathrm{T}} \in \mathbb{R}^{N\times N}$$

来近似。向量 $x \in \mathbb{R}^N$ 与 $\boldsymbol{V}_{\mathrm{red}}^{\mathrm{T}}$ 相乘得到的是 x 在 M 维空间中的表示。

3）请计算随机变量 $y \in \mathbb{R}^M$ 的协方差，$y = \boldsymbol{V}_{\mathrm{red}}^{\mathrm{T}}(x - \mu_x)$

4）存在五个属于类型 A 的在 $\mathbb{R}^3$ 上的测量向量

$$\boldsymbol{x}_1=[3, 3, 5]^{\mathrm{T}}, \boldsymbol{x}_2=[2, 4, 3]^{\mathrm{T}}, \boldsymbol{x}_3=[1, 5, 2]^{\mathrm{T}}, \boldsymbol{x}_4=[5, 4 ,5]^{\mathrm{T}}, \boldsymbol{x}_5=[4, 3, 4]^{\mathrm{T}}$$

以及六个属于类型 B 的在 $\mathbb{R}^3$ 上的测量向量

$$\boldsymbol{x}_6=[4, 4, 1]^{\mathrm{T}}, \boldsymbol{x}_7=[2, 2, 0]^{\mathrm{T}}, \boldsymbol{x}_8=[5, 4, 2]^{\mathrm{T}}, \boldsymbol{x}_9=[3, 5 ,1]^{\mathrm{T}}, \boldsymbol{x}_{10}=[5, 5, 0]^{\mathrm{T}}, \boldsymbol{x}_{11}=[4, 1, 2]^{\mathrm{T}}$$

请使用主成分分析将这些点表示在二维空间中然后对这些测量向量在 $\mathbb{R}^2$ 上进行可视化，A 类、B 类向量请分别用绿点、红点来表示。

【习题 2.10】根据德国联邦统计局的数据，2016 年德国共发生 399872 起道路交通事故，其中有 3206 人死亡。观察分布于各个星期的人身伤害（不包括死亡）的情况，可得出以下的相对频率：

星期一：14.8%，星期二：15.3%，星期三：15.1%，星期四：15.6%，星期五：16.7%，星期六：12.7，星期日：9.8%

如果我们观察死亡人数在一星期内的统计分布，则有以下相对频率：

星期一：13.8%，星期二：14.7%，星期三：13.8%，星期四：13.2%，星期五：17.2%，星期六：13.3%，星期日：14.0%

假设这里相对频率可以被看作是概率的话，

1）请计算星期三发生的事故占比。

2）请使用后验概率，确定星期三时遇难者人数在总事故数中的占比。

3）将周日遇难者的比例与 2）小题中的周三遇难者的比例进行比较。

【习题 2.11】在周五晚上，一个调查地区有 3% 的驾驶员酒驾。呼气式酒精检测仪能以 99.9% 的正确率检测一个人有无饮酒。在一次测试中检出一驾驶员

酒驾。他在不久前实际喝过酒的概率有多高？

【习题 2.12】借助条件概率密度的公式，证明对于一个随机变量的（时间）序列 $\boldsymbol{x}[1], \boldsymbol{x}[2], \cdots, \boldsymbol{x}[n]$，存在

$$p(\boldsymbol{x}[n]=x[n], \cdots, \boldsymbol{x}[1]=x[1]) = p(\boldsymbol{x}[n]=x[n] | \boldsymbol{x}[n-1]=x[n-1], \cdots)$$

$$\cdot\, p(\boldsymbol{x}[n-1]=x[n-1] | \boldsymbol{x}[n-2]=x[n-2], \cdots) \cdot \cdots \cdot p(\boldsymbol{x}[1]=x[1])$$

【习题 2.13】假设给定有两个独立的随机变量 $\boldsymbol{x}$ 和 $\boldsymbol{y}$, 随机变量 $\boldsymbol{z}$ 为 $\boldsymbol{x}$ 和 $\boldsymbol{y}$ 之和，即 $\boldsymbol{z}=\boldsymbol{x}+\boldsymbol{y}$

1）请证明 $\boldsymbol{z}$ 的概率密度函数是由 $\boldsymbol{x}$ 和 $\boldsymbol{y}$ 各自的概率密度函数的卷积所得，即

$$p(\boldsymbol{z}=z) = \int_{-\infty}^{\infty} p(\boldsymbol{x}=x) p(\boldsymbol{y}=z-x) \mathrm{d}x$$

2）$\boldsymbol{x}$ 为值均匀分布在 −1 和 +1 之间的随机变量，而 $\boldsymbol{y}$ 是值均匀分布在 −2 和 +2 之间的随机变量

$$p(\boldsymbol{x}=x) = \begin{cases} \frac{1}{2} & \text{对于} \quad -1 \leqslant x \leqslant +1 \\ 0 & \text{其他;} \end{cases} \qquad p(\boldsymbol{y}=y) = \begin{cases} \frac{1}{4} & \text{对于} \quad -2 \leqslant y \leqslant +2 \\ 0 & \text{其他} \end{cases}$$

请画出 Z 的概率密度函数。对于由多个独立随机变量之和构成的随机变量，其概率密度函数的形状是什么样的？

【习题 2.14】设随机变量 $\boldsymbol{x} \in \mathbb{R}^N$ 服从高斯分布 $\boldsymbol{x} \sim \mathcal{N}(\boldsymbol{\mu}, \boldsymbol{C})$。

1）请证明高斯分布的概率密度函数关于期望值 $\boldsymbol{\mu}$ 对称。

2）请证明高斯分布的概率密度函数的最大值位于期望值 $\boldsymbol{\mu}$ 上。

3）您想要算出具有相同概率密度函数的所有点的几何位置 $\boldsymbol{x}_i$，即 $p(\boldsymbol{x}=x)=$ 常数。请先假设协方差矩阵 $\boldsymbol{C}$ 是一个含有元素 $\sigma_1, \sigma_2, \cdots, \sigma_N$ 的对角矩阵，其中 $\sigma_1 \geqslant \sigma_2 \geqslant \cdots \geqslant \sigma_N$。由符合 $p(\boldsymbol{x}=\boldsymbol{x}_i)=$ 常数的点 $\boldsymbol{x}_i$ 所构成的曲面是什么形状？

现在假设协方差矩阵 $\boldsymbol{C}$ 是一个稠密的对称矩阵。请用奇异值分解来表示 $\boldsymbol{C}$，并用它来说明这里由满足 $p(\boldsymbol{x}=\boldsymbol{x}_i)=$ 常数的点 $\boldsymbol{x}_i$ 所构成的曲面是哪种形状。

4）请在 $\mathbb{R}^2$ 上设计一个高斯概率密度函数，使得其主轴指向 $[1, 1]^{\mathrm{T}}$ 方向且其在该方向上的宽度是其在方向 $[-1, 1]^{\mathrm{T}}$ 上宽度的两倍。密度函数的最大值位于点 $[-0.5, -0.5]^{\mathrm{T}}$。请给出您所选择的密度函数并绘出其所有满足 $p(\boldsymbol{x}=\boldsymbol{x}_i)=0.1$ 的点 $\boldsymbol{x}_i$ 的几何位置。

【习题 2.15】设两个单变量随机变量 $\boldsymbol{x}_1$ 和 $\boldsymbol{x}_2$ 是独立同分布的高斯随机变量，其概率密度函数为 $p(\boldsymbol{x}=x) = \frac{1}{\sqrt{2\pi\sigma_x^2}} \mathrm{e}^{-\frac{(x-\mu_x)^2}{2\sigma_x^2}}$，由此产生有随机变量 $y_1=2x_1$ 和

$\boldsymbol{y}_2=\boldsymbol{x}_1+3\boldsymbol{x}_2$。请计算随机变量 $\boldsymbol{y}=[y_1, y_2]^{\mathrm{T}}$ 的概率密度函数。

【习题 2.16】一个随机过程何时是“白色”的？什么是一个高斯随机过程？什么是一个马尔可夫随机过程？

【习题 2.17】有状态方程 $\boldsymbol{x}[n+1]=\boldsymbol{A}\boldsymbol{x}[n]+\boldsymbol{B}\boldsymbol{u}[n]+\boldsymbol{G}\boldsymbol{\eta}[n]$, $n \geqslant 0$, $\boldsymbol{x}[0]=\boldsymbol{0}_N$，且 $\boldsymbol{x}[n]\in\mathbb{R}^N$, $\boldsymbol{A}\in\mathbb{R}^{N\times N}$, $\boldsymbol{B}\in\mathbb{R}^{N\times M}$, $\boldsymbol{u}[n]\in\mathbb{R}^M$, $\boldsymbol{G}\in\mathbb{R}^{N\times N}$, $\boldsymbol{\eta}[n]\in\mathbb{R}^N$。其中矩阵 $\boldsymbol{A}$ 的谱范数应满足 $\|\boldsymbol{A}\|_2<1$。输入 $\boldsymbol{u}[n]$ 没有随机成分（可确定的）且 $\boldsymbol{\eta}(m, \omega)$ 是服从高斯分布 $\boldsymbol{\eta}[n]\sim\mathcal{N}(\boldsymbol{0}_N, \boldsymbol{C}_{\eta\eta})$ 的白噪声过程。

1）请递推地应用状态方程（2.300）并解释为什么 $\boldsymbol{x}(m, \omega)$ 是一个高斯随机过程。请问 $\boldsymbol{x}(m, \omega)$ 是一个均值为零的随机过程吗？$\boldsymbol{x}(m, \omega)$ 是不是一个白色随机过程。

2）请用 $\boldsymbol{C}_{\eta\eta}$ 和 $\boldsymbol{A}$ 来表示互协方差 $\boldsymbol{C}_{xx}[k]=\mathrm{E}_{\boldsymbol{x}[n]\boldsymbol{x}[n+k]}\{(\boldsymbol{x}[n]-\boldsymbol{\mu}[n])(\boldsymbol{x}[n+k]-\boldsymbol{\mu}[n+k])^{\mathrm{T}}\}$。这里请利用以下提示 $\mathrm{vec}\{\boldsymbol{AXB}\}=(\boldsymbol{B}^{\mathrm{T}}\otimes\boldsymbol{A})\mathrm{vec}\{\boldsymbol{X}\}$。请假设谱范数 $\|\boldsymbol{A}\|_2<1$ 并借助 $\boldsymbol{C}_{xx}[k]$ 来阐述随机过程中很久之前所选的起点（$n\rightarrow\infty$）有什么作用或影响。

3）请画出状态方程（2.300）的系统方块图并解释为什么 $\boldsymbol{x}(m, \omega)$ 是一个马尔可夫随机过程。

【习题 2.18】通过物理关系用以下方程对一个线性的、时间连续的、带噪声的系统进行建模

$$\dot{\boldsymbol{x}}(t)=\boldsymbol{A}\boldsymbol{x}(t)+\boldsymbol{B}\boldsymbol{u}(t)+\boldsymbol{G}\boldsymbol{\eta}_{\mathrm{S}}(t)$$

$$\boldsymbol{y}(t)=\boldsymbol{C}\boldsymbol{x}(t)+\boldsymbol{D}\boldsymbol{u}(t)+\boldsymbol{\eta}_{\mathrm{M}}(t)$$

为了在计算机上模拟该系统，您要将其离散化。请利用小节 2.4.3 中的结论，通过矩阵 $\boldsymbol{A}$，$\boldsymbol{B}$ 和 $\boldsymbol{G}$ 并依照

$$\boldsymbol{x}[n+1]=\hat{\boldsymbol{A}}\boldsymbol{x}[n]+\hat{\boldsymbol{B}}\boldsymbol{u}[n]+\hat{\boldsymbol{G}}\boldsymbol{\eta}_{\mathrm{S}}[n]$$

$$\boldsymbol{y}[n]=\boldsymbol{C}\boldsymbol{x}[n]+\boldsymbol{D}\boldsymbol{u}[n]+\boldsymbol{\eta}_{\mathrm{M}}[n]$$

来描述该离散时间系统。

【习题 2.19】如果我们把离散时间信号 $\{x[0],x[1],x[2],\cdots\}$ 解释为一个连续信号 $\bar{x}(t)$ 的采样，且

$$\bar{x}(t)=\sum_{\ell=0}^{\infty}x[\ell]\delta(t-\ell T)\circ\!\!-\!\!\bullet\ \bar{\mathscr{X}}(s)=\sum_{\ell=0}^{\infty}x[\ell]\mathrm{e}^{-s\ell T}$$

此处对于 δ 函数有 $\delta(t-t_0)\circ\!\!-\!\!\bullet\ \mathrm{e}^{-st_0}$ 则我们发现，通过对 $\bar{x}(s)$ 进行 $z=\mathrm{e}^{sT}$ 的变量替换可以得到表达式

$$\bar{\mathscr{X}}(z)=\sum_{\ell=0}^{\infty}x[\ell]z^{-\ell}$$

这也就是离散时间信号的 z 变换公式。这意味着，$z = \mathrm{e}^{sT}$ 这一关系式实现了拉普拉斯变换和 z 变换之间的联系，也因而实现了连续时间和离散时间信号之间的联系。

1）编写一个 MATLAB 脚本，将拉普拉斯变换和 z 变换之间的关系 $z = \mathrm{e}^{sT}$ 可视化。为此，选择频率在区间 $\omega \in [-100,100]$rad 上，且 ω 的步长为 0.1rad，σ 的值选为 $\sigma = 0$。以此来计算 $s = \sigma + j\omega$ 的值，并确定离散化步长为 T=1s 时相应的 $z = \mathrm{e}^{sT}$ 的值。通过 MATLAB 绘图在复平面 z 上显示计算所得结果的实部和虚部。而 s 平面的虚轴经由 z 平面上的映射 $z = \mathrm{e}^{sT}$ 所得的结果是什么？

2）可视化出如果我们在 $s = \sigma + j\omega$ 中选择 $\sigma = -1$，并观察位于 $\omega \in [-100,100]$rad 的区间内步长为 0.1rad 的频率 ω 时所发生的情况。这时，位于 s 平面的虚轴左侧一半的空间被变换 $z = \mathrm{e}^{sT}$ 映射到了 z 平面的哪个区域？

3）可视化出如果我们在 $s = \sigma + j\omega$ 中选择 $\sigma = +1$，并观察位于 $\omega \in [-100,100]$rad 的区间内步长为 0.1rad 的频率 ω 时所发生的情况。这时，位于 s 平面的虚轴右侧一半的空间被变换 $z = \mathrm{e}^{sT}$ 映射到了 z 平面的哪个区域？

如果想在数字上实现模拟滤波器的传递函数 $h(s)$，也就是要从该传递函数算出 $h(z)$，这样的话就我们就不使用变换 $z = \mathrm{e}^{sT}$，而是使用式 (2.258)、式 (2.266) 和式 (2.274) 中的某一个变换。这是因为尽管模拟滤波器的传递函数 $h(s)$ 可以写成分子和分母都是 s 的多项式的分数，但在 $h(s)$ 中用 $s = \frac{1}{T} ln(z)$ 代替复数频率变量 s 时，传递函数 $h(z)$ 并不能写成分子和分母都是 z 的多项式的分数。分子和分母中各带有一个 s 的多项式的分数所表示的传递函数，对应的是一个可以用常系数线性微分方程描述的系统。分子和分母均为 z 的某个多项式的分数所表示的传递函数，对应的也是一个可以用常系数线性微分方程描述的系统。因此，$z = \mathrm{e}^{sT}$ 变换并没有得到我们想要的将微分方程变成差分方程的描述形式。而式（2.258）、式（2.266）和式（2.274）的变换则与此不同。这些离散化方法将微分方程变成了差分方程。

4）考虑通过显式欧拉法，即式（2.258），进行离散化。与 1）、2）和 3）小题一样，分别选择 $\sigma = 0$、$\sigma = -1$、$\sigma = +1$，并在 $\omega \in [-100,100]$rad 的区间内取频率 ω 步长为 0.1rad。通过 MATLAB 绘图在复平面 z 上显示计算所得结果的实部和虚部。s 平面的虚轴经由 z 平面上 $z = \mathrm{e}^{sT}$ 这样的映射所得的结果是什么？通过这个变换，s 平面中虚轴右半侧的空间被映射到了 z 平面的哪个区域？位于虚轴左半侧的空间又是映射到哪个区域？为了回答这些问题，还可以改变 MATLAB 脚本中采样时间 T 的值。

5）使用隐式欧拉法来完成 4）小题中的离散化。

6）使用梯形法则来完成 4）小题中的离散化。

7）根据线性时变系统的三种离散化方法的维稳特性，解释小题4）、5）和6）所得结果。

【习题2.20】在一次室内碰撞试验中，假人胸部区域的加速度数据被记录下来，并且为了分析其应按照ISO6487，通过等级为180的低通滤波器。您想要首先弄清二阶的巴特沃思滤波器是否适用于此。

1）截止频率对应滤波器等级180的二阶的巴特沃思滤波器的传递函数是什么？

2）借助MATLAB指令freqs，滤波器的振幅和相位响应得以可视化，如图2.8所示。二阶巴特沃思滤波器是否符合滤波器等级180的要求？请照图2.8来说明这一点。

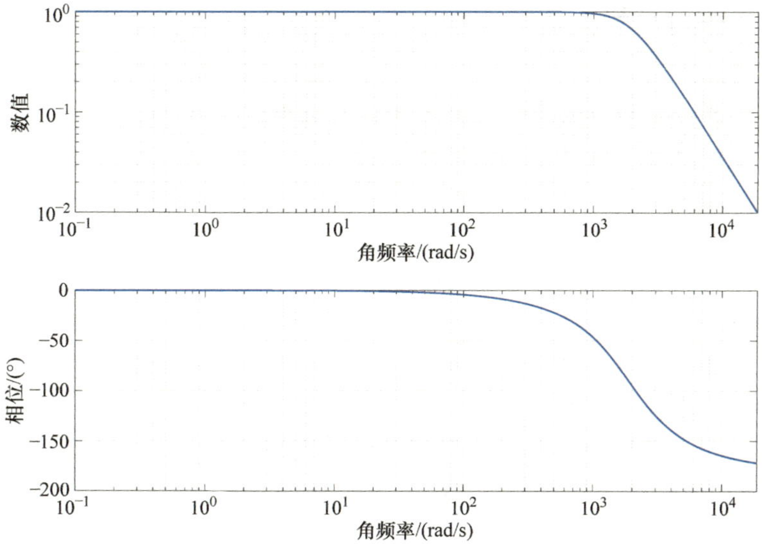

图2.8　巴特沃思滤波器的振幅和相位响应

3）如何将巴特沃思模拟滤波器改成一个数字滤波器？请给出采样频率12.5kHz时该数字滤波器的传递函数。

第 3 章

汽车模型和轨迹

为了更好地理解和模拟车辆在行驶或碰撞过程中的运动，本章首先介绍简单的碰撞模型，然后介绍车辆动力学模型。详细介绍的模型是根据物理关系推导得出的，并且适用于实时应用中的算法。

学习目标

- 建立质量 - 弹簧 - 阻尼器模型来描述碰撞过程并对其进行模拟。
- 计算一些简单的有关碰撞严重程度的衡量指标。
- 了解碰撞过程精确建模的复杂性。
- 根据运动学关系了解移动车辆中哪些部件具有速度和加速度。
- 为自车和其他交通参与者推导出运动模型并且实现它。
- 了解车辆制动力和加速力的车辆动力学建模，以及如何由此产生作用于轮胎上的力。
- 推导并实现车辆动力学模型，如单轨模型、双轨模型及其简化。
- 了解轨迹规划和控制的任务，并可以为此设计和实现简单的算法。
- 为自动驾驶和车辆安全的算法选择适当的车辆模型复杂程度，列举出各种模型的假设、优缺点并实现这些模型。

3.1 用于被动车辆安全的碰撞模型

本小节介绍了简单的碰撞模型和被动车辆安全的基本关系。有关被动车辆安全方面更深入的内容可以在文献 [Hua02] 或 [KFL+13] 中找到。

碰撞模型在车辆安全方面发挥着重要作用，可用于分析和预测事故以及设计约束系统，例如安全气囊或者安全带张紧器。如果想为碰撞过程建立一个粗略的模型，则质量 - 弹簧 - 阻尼器模型非常适合。这种模型对于实时应用程序而言非常有吸引力，在实时应用程序中，需要以较低的运算资源预测碰撞的严重程度，以便在此基础上激活保护执行器。另一方面，如果需要更精确的建模用于模拟例如碰撞过程中的变形或侵入，或者确定新车辆模型中碰撞传感器的合适位置，则将采用基于多体系统或有限元方法的更加复杂的模型。此类模型已达到非常高的精度，是车辆安全方面用于模拟的标准工具。然而它们的缺点则是由于其复杂性而不能被用于实时应用程序。

有关车辆碰撞过程的简单思考

当建模为质量为 m 的质点的车辆以速度 v 移动时，具有动能：

$$E_{\text{kin}} = \frac{m}{2}v^2 \tag{3.1}$$

当质量为 1t 的车辆的速度为 10km/h 和 60km/h 时，其动能分别约为 3858J 和 138889J（将 1kg 的质量提升 1m 则需要约 10J 的能量）。由于能量守恒定律，这种能量在碰撞过程中必须转化为另一种形式的能量，即转化为热能和势能。

例如，假设一辆汽车在碰撞前以 50km/h 的速度行驶，碰撞后静止，并且溃缩区 s_{Knautsch} 约为 0.6m 长，则变形期间平均速度 $\bar{v}$ 为 25km/h 且碰撞持续时间 $\bar{t}_{\text{Crash}} = s_{\text{Knautsch}} / \bar{v}$ 为 86.4ms，而眨眼一次的时间超过 100ms。本例中的平均加速度 $\bar{a} = v / \bar{t}_{\text{Crash}}$ 为 160.75m/s^2≈16g，即大约是重力加速度的 16 倍。如果车辆没有安全气囊并且乘客与仪表板发生接触，而溃缩区缩短成约 10cm，则作用于乘客的平均加速度 $\bar{a}_{\text{Insasse}}$ 为 (50/3.6)/[0.1/(25/3.6)]m/s^2=965m/s^2≈96g。这种数量级的平均加速度将是致命的。

表 3.1 给出了一些预期不会对成年人身体造成长期损害的极限值 [Leh]。如果加速时间稍长，即几秒钟左右，则可以给出以下最大加速度的标准值：向上约为 3g，向下约为 2g，垂直于身体轴则约为 15g。

表 3.1　不会对成年人身体造成长期损害的极限值

身体部位	极限值
全身（<200ms）	40g ~ 45g
全身（<3ms）	40g ~ 80g
头部（<3ms）	100g ~ 300g
胸部（<3ms）	60g
胸部正面力	4 ~ 8kN
胸部正面压迫	50mm
胸部侧面压迫	42mm
膝盖（<3ms）	150g

例如，考虑质量为 m 且速度为 v 的车辆 A 与迎面驶来的具有相同质量和速度的车辆 B 相撞的情况。作用于车辆 A 上的力与车辆 A 撞击刚性墙时的力相同。车辆 A 和车辆 B 具有相同的动能 $mv^2/2$。在完全非弹性碰撞的情况下，碰撞后，两辆车的速度以及其动能均为零。所产生的功 W 为

$$W = \int_{s_0}^{s_0+\Delta s} F(s)\mathrm{d}s = \bar{F}\Delta s \tag{3.2}$$

式中，$\bar{F}$ 是力 $F(s)$ 的平均值；Δs 是变形位移。在两车正面碰撞的情况下，碰撞前的总能量是车辆 A 单独能量的 2 倍。但是，碰撞时溃缩区的 Δs 也是 2 倍关系，因此车辆 A 所受的力 $\bar{F}$ 与碰撞到刚性墙时相同。

3.1.1　质量 - 弹簧 - 阻尼器模型

两个物体之间的碰撞可以建模为两个连接着由弹簧和阻尼器并联组成的开尔文模型的质量，并且这些开尔文模型相互碰撞[Hua02]。图 3.1 显示了两个质量之间碰撞的简单模型。根据胡克定律，弹簧力取决于刚度系数 k_1 和 k_2：

$$F_{k_1}(t) = k_1\Delta s_1(t) \tag{3.3}$$

$$F_{k_2}(t) = k_2\Delta s_2(t) \tag{3.4}$$

式中，$\Delta s_1(t) = s_1(t) - s_{1,0}$，$\Delta s_2(t) = s_2(t) - s_{2,0}$，分别对应于弹簧松弛长度 $s_{1,0}$ 和 $s_{2,0}$ 的弹簧长度变化。由于相互作用的原则：

$$F_{k_1}(t) = F_{k_2}(t) =: F_k(t) \tag{3.5}$$

在假设黏性阻尼的情况下，阻尼力取决于阻尼系数 c_1 和 c_2：

$$F_{c_1}(t) = c_1\dot{s}_1(t) \tag{3.6}$$

$$F_{c_2}(t) = c_2\dot{s}_2(t) \tag{3.7}$$

由于相互作用的原则亦可得：

$$F_{c_1}(t) = F_{c_2}(t) =: F_c(t) \tag{3.8}$$

如果只对整体行为感兴趣，则可以将该模型等效替换为图 3.2 中的模型。

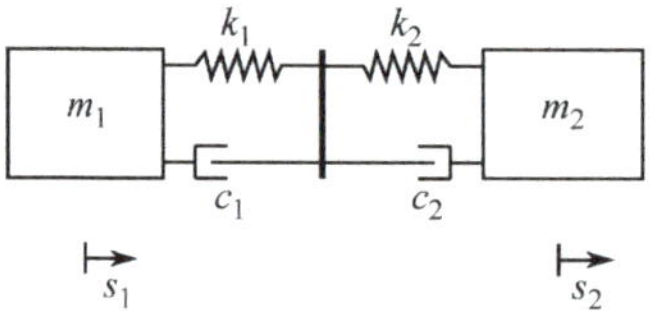

图 3.1　两个质量的碰撞：通过两个开尔文模型建模

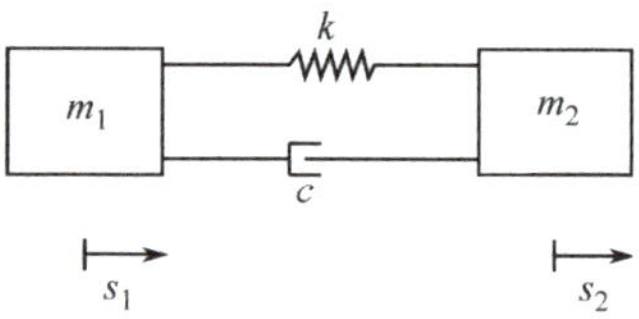

图 3.2　两个质量的碰撞：通过一个开尔文模型建模

通过式（3.3）~ 式（3.5）和以下条件

$$F_k(t) = k(\Delta s_1(t) + \Delta s_2(t)) \tag{3.9}$$

可得等效的刚度系数 k：

$$k = \frac{k_1 k_2}{k_1 + k_2} \tag{3.10}$$

类似地通过式（3.6）~式（3.8）和以下条件

$$F_c(t) = c\left(\dot{s}_1(t) + \dot{s}_2(t)\right) \tag{3.11}$$

可得等效的阻尼系数：

$$c = \frac{c_1 c_2}{c_1 + c_2} \tag{3.12}$$

为了建立等效系统的运动方程，将每个质量隔离开，并根据牛顿第二定律可得：

$$m_1 \ddot{s}_1(t) = k\left(s_2(t) - s_1(t)\right) + c\left(\dot{s}_2(t) - \dot{s}_1(t)\right) \tag{3.13}$$

$$m_2 \ddot{s}_2(t) = -k\left(s_2(t) - s_1(t)\right) - c\left(\dot{s}_2(t) - \dot{s}_1(t)\right) \tag{3.14}$$

将两个质量的相对位置记为：

$$x(t)=s_2(t)-s_1(t) \tag{3.15}$$

则可得：

$$\ddot{s}_1(t) = \frac{k}{m_1} x(t) + \frac{c}{m_1} \dot{x}(t) \tag{3.16}$$

$$\ddot{s}_2(t) = -\frac{k}{m_2} x(t) - \frac{c}{m_2} \dot{x}(t) \tag{3.17}$$

和

$$\ddot{x}(t) = \ddot{s}_2(t) - \ddot{s}_1(t) = -\frac{k}{m_2} x(t) - \frac{c}{m_2} \dot{x}(t) - \frac{k}{m_1} x(t) - \frac{c}{m_1} \dot{x}(t) \tag{3.18}$$

$$= -\frac{k}{\dfrac{m_1 m_2}{m_1 + m_2}} x(t) - \frac{c}{\dfrac{m_1 m_2}{m_1 + m_2}} \dot{x}(t) \tag{3.19}$$

通过引入有效质量

$$m_{\mathrm{e}} = \frac{1}{\dfrac{1}{m_1} + \dfrac{1}{m_2}} = \frac{m_1 m_2}{m_1 + m_2} \tag{3.20}$$

和已经引入的刚度系数 k 和阻尼系数 c

$$k=\frac{k_1k_2}{k_1+k_2},\ c=\frac{c_1c_2}{c_1+c_2} \tag{3.21}$$

图 3.1 的模型中质量的相对运动可以描述为：

$$\ddot{x}(t)+\frac{c}{m_e}\dot{x}(t)+\frac{k}{m_e}x(t)=0 \tag{3.22}$$

而相应的模型如图 3.3 所示。

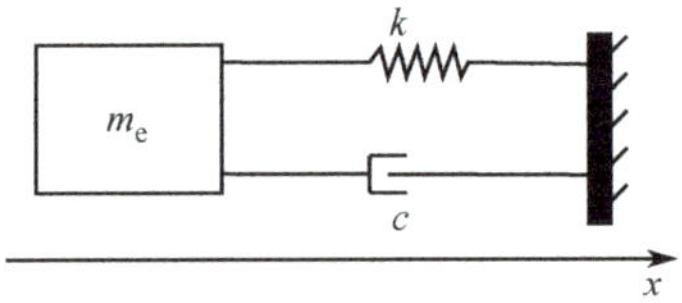

图 3.3 等效模型

求解微分方程（3.22）的初始条件是

$$\dot{x}(t_0)=v_{rel}(t_0) \tag{3.23}$$

$$x(t_0)=0 \tag{3.24}$$

式中，$v_{rel}(t_0)$ 是两个质量在接触时刻的相对速度。

式（3.22）描述的是一个具有一个自由度的系统，其特征是通过一个二阶常系数线性微分方程描述的。常系数齐次线性微分方程的通解可以是调和函数或者指数函数。解是通过特征方程确定的。当通解为 $x(t)=e^{\lambda t}$ 时可得$\dot{x}(t)=\lambda e^{\lambda t}$和$\ddot{x}(t)=\lambda^2 e^{\lambda t}$，从而可得：

$$\lambda^2e^{\lambda t}+\frac{c}{m_e}\lambda e^{\lambda t}+\frac{k}{m_e}e^{\lambda t}=0 \tag{3.25}$$

由 $e^{\lambda t}\neq 0$ 可得特征方程：

$$\lambda^2+\frac{c}{m_e}\lambda+\frac{k}{m_e}=0 \tag{3.26}$$

如果特征方程的两个根 λ_1 和 λ_2 不相等，则有两个线性无关的解$x_1(t)=e^{\lambda_1 t}$和$x_2(t)=e^{\lambda_2 t}$，从而可得：

$$x(t)=\alpha_1x_1(t)+\alpha_2x_2(t)=\alpha_1e^{\lambda_1 t}+\alpha_2e^{\lambda_2 t} \tag{3.27}$$

其中可自由选择的系数 α_1 和 α_2 由初始条件决定。特征方程（3.26）的解为：

$$\lambda_{1/2}=-\frac{1}{2}\frac{c}{m_e}\pm\sqrt{\frac{1}{4}\left(\frac{c}{m_e}\right)^2-\frac{k}{m_e}} \tag{3.28}$$

因此，根据参数 c/m_e 和 k/m_e 的不同比例，可以得到四种不同类型的根：

$$\begin{cases} \dfrac{1}{4}\left(\dfrac{c}{m_e}\right)^2 > \dfrac{k}{m_e} \quad \rightarrow \text{两个不相等的实根} & (3.29) \\ \dfrac{1}{4}\left(\dfrac{c}{m_e}\right)^2 = \dfrac{k}{m_e} \quad \rightarrow \text{一个实根} & (3.30) \\ \dfrac{1}{4}\left(\dfrac{c}{m_e}\right)^2 < \dfrac{k}{m_e} \quad \rightarrow \text{两个不相等的复根} & (3.31) \\ c=0 \quad \rightarrow \text{一对纯虚根} \lambda_{1/2} = \pm j\sqrt{k/m_e} & (3.32) \end{cases}$$

如果特征方程的根 λ_1 和 λ_2 相等，则只能得到解$x_1(t)=e^{\lambda_1 t}$，这无法构成基本解组。另一个线性无关的解可以由$x_2(t)=te^{\lambda_1 t}$生成。在这种情况下，可以得到解：

$$x(t)=\alpha_1 x_1(t)+\alpha_2 x_2(t)=\alpha_1 e^{\lambda_1 t}+\alpha_2 te^{\lambda_1 t} \tag{3.33}$$

其中可自由选择的系数 α_1 和 α_2 由初始条件决定。

与刚性墙的正面碰撞

用图 3.4 所示的简单模型描述车辆与刚性墙的正面碰撞，则可以得到如上文推导而出的初始条件为$\dot{s}_1(t_0)=v(t_0)$的运动方程：

$$\ddot{s}_1(t)+\frac{k_1}{m_1}s_1(t)=0 \tag{3.34}$$

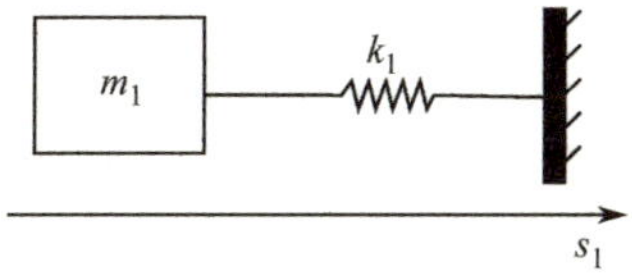

图 3.4 车辆与刚性墙正面碰撞的模型

这是上文中有关特征方程根的讨论的第 4 种情况。如果固有角频率由以下公式表示：

$$\omega_{eig}=\sqrt{\frac{k_1}{m_1}} \tag{3.35}$$

则该运动方程的解为：

$$s_1(t)=\frac{v(t_0)}{\omega_{eig}}\sin(\omega_{eig}t),\ \dot{s}_1(t)=v(t_0)\cos(\omega_{eig}t),\ \ddot{s}_1(t)=-v(t_0)\omega_{eig}\sin(\omega_{eig}t) \tag{3.36}$$

压入深度 $d_{max}=v(t_0)/\omega_{eig}$ 在 $\tau_{max}=\pi/(2\omega_{eig})$ 时刻达到最大值。

在质量 m_1=2000kg、刚度系数 k_1=900kN/m 的车辆以 50km/h 的初速度撞向刚性墙的碰撞试验中，从模型中得出以下结果：d_{max}=66cm，τ_{max}=74ms。车辆在碰撞过程中随时间变化的加速度、速度和位移如图 3.5 所示。除了车辆的位移 $s(t)$ 外，还用绿色标注了未系安全带的乘客继续以 50km/h 的速度向前移动的位移。

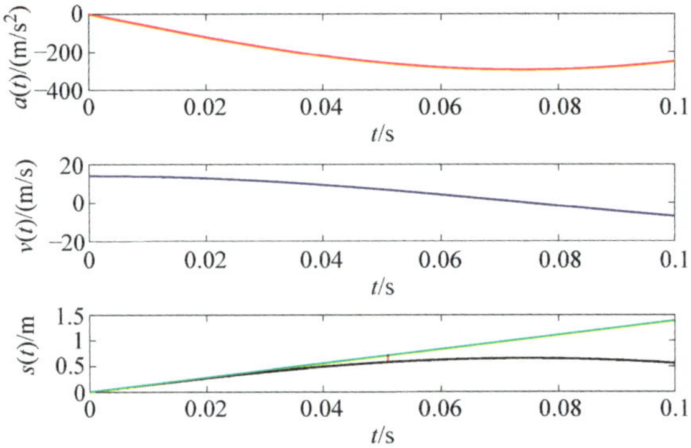

图 3.5　车辆以 50km/h 的速度撞向刚性墙时，模拟的随时间变化的加速度、速度和位移

被动车辆安全中的约束装置

“5in-30ms- 标准”可用作经验公式来计算正面碰撞时安全气囊的触发时间：安全气囊必须在第一次碰撞后乘客与车辆产生 5in，即 12.7cm 相对运动所需的时间减去安全气囊完全展开所需的 30ms 内激活。与正面碰撞相反，在侧面碰撞中没有大的溃缩区或纵梁将相当一部分能量转化为变形功和热量，因此安全气囊必须在第一次碰撞后约 5~10ms 内触发。驾驶员安全气囊的容积约为 60L，前排乘客的安全气囊的容积约为 120L，侧面安全气囊的容积约为 12L。

对于图 3.5 所示的例子，乘客和车辆之间的相对位移差大约在 50ms 时达到了 12.7cm（5in-30ms- 标准），这意味着安全气囊最迟应在首次碰撞后 20ms 触发。车辆运动与未系安全带乘客 50km/h 未制动运动之间的差值 17.5cm，可以在图 3.5 中通过大约在 50ms 处的短的红线看出。假设安全带张紧器和安全气囊等约束装置已被激活，则乘客位移的定性时间曲线如图 3.6 所示。由此可见，乘客通过约束系统与车辆相连接，降低乘客动能的位移增加，从而减小了作用在乘客上的力。

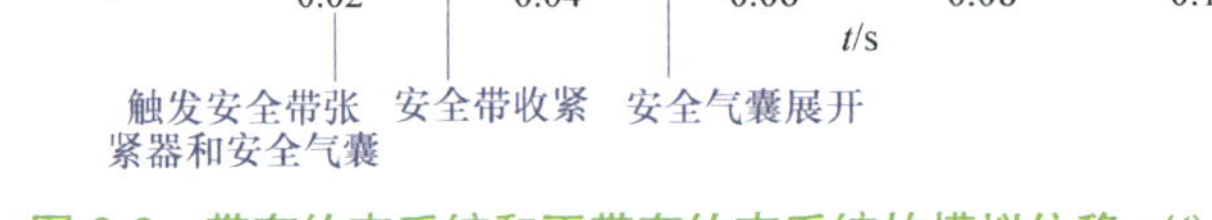

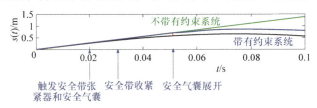

图 3.6　带有约束系统和不带有约束系统的模拟位移 $s(t)$

乘客与车辆运动之间这种固定措施可以有效降低碰撞对乘客的冲击力，是

被动车辆安全中最重要的措施之一。为此，应使用安全带、可逆式或爆燃式安全带张紧器和安全气囊。

在发生碰撞时，乘客与车辆运动之间的固定连接能够使得安全带和安全带张紧器吸收乘客动能的 50%~60%。而使用安全气囊，约束系统吸收的能量可以增加到大约 70%[Rei13]。如果安全带松弛，其效果会降低。因此，不论是在第一次碰撞之前提前激活的可逆式安全带张紧器，还是爆燃式安全带张紧器，都应投入使用。后者能够通过约 4kN 的初始安全带张紧力在 5~10ms 内减少安全带松弛。安全带限力器可以限制在碰撞时安全带作用于人体的力。当乘客的向前位移达到一定值时，它们通过将安全带张紧力降低到 1~2kN 以避免更大的加速度峰值。

碰撞中车辆运动简单计算

如果只是想模拟两辆车之间的碰撞运动，例如计算实时算法中的变量，那么图 3.1 所示的开尔文模型非常适合。为此，可以使用式（3.27）中的解决方案。如果 $x(t)$ 和 $\dot{x}(t)$ 已经通过求解微分方程（3.22）确定，则通过将其插入式（3.16）和式（3.17）可以计算出加速度 $\ddot{s}_1(t)$ 和 $\ddot{s}_2(t)$。加速度 $\ddot{s}_1(t)$ 和 $\ddot{s}_2(t)$ 是碰撞过程中车辆传感器记录的加速度的估计值（参看小节 2.5.3）。

如果还对碰撞过程中两辆车的接触点 B 的运动感兴趣并想以简单的方式进行估算，也可以使用图 3.1 中的开尔文模型。通过隔离质量 m_1、m_2 和虚拟的 m_B 可得到 $s_1(t)$、$s_2(t)$ 和 $s_B(t)$ 的微分方程，其数值解适用于这种情况。图 3.7 也显示了接触点 B 和接触点处的虚拟质量 m_B。由此得到的微分方程如下：

$$m_1\ddot{s}_1(t)=k_1(s_B(t)-s_1(t))+c_1(\dot{s}_B(t)-\dot{s}_1(t)) \tag{3.37}$$

$$m_2\ddot{s}_2(t)=-k_2(s_2(t)-s_B(t))-c_2(\dot{s}_2(t)-\dot{s}_B(t)) \tag{3.38}$$

$$m_B\ddot{s}_B(t)=-k_1(s_B(t)-s_1(t))-c_1(\dot{s}_B(t)-\dot{s}_1(t))+k_2(s_2(t)-s_B(t))+c_2(\dot{s}_2(t)-\dot{s}_B(t)) \tag{3.39}$$

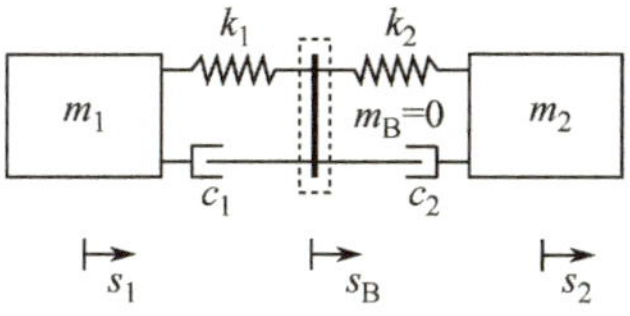

图 3.7　带有接触点 B 和虚拟质量 m_B 的开尔文模型

其中 $m_B=0$。基于 $m_B=0$，$m_B\ddot{s}_B(t)=0$，通过式（3.39）可以得到 $F_{k_1}+F_{c_1}=F_{k_2}+F_{c_1}$。

如果忽略模型中的阻尼器 c_1 和 c_2，则由式（3.39）可得：

$$s_{\mathrm{B}}(t)=\frac{1}{k_1+k_2}(k_1s_1+k_2s_2) \tag{3.40}$$

考虑阻尼器，则由式（3.39）可得：

$$\dot{s}_{\mathrm{B}}(t)=\frac{1}{c_1+c_2}\left(-k_1(s_{\mathrm{B}}(t)-s_1(t))+k_2(s_2(t)-s_{\mathrm{B}}(t))+c_1\dot{s}_1(t)+c_2\dot{s}_2(t)\right) \tag{3.41}$$

微分方程可以借助例如欧拉积分法等方法进行数值求解。求解需要一个初始条件。而两个质量在第一次碰撞时的速度非常适合用作初始条件，从而可以得到 $s_1(t)$、$s_2(t)$、$s_{\mathrm{B}}(t)$ 及其导数的时间曲线。

作为示例，对于 m_1=2000kg，$k_1=900\times10^3\mathrm{N/m}$，$c_1=10\times10^3\mathrm{N/(m/s)}$，$\dot{s}_1(0)=50\mathrm{km/h}$，$m_2=1200\mathrm{kg}$，$k_2=400\times10^3\mathrm{N/m}$，$c_2=50\times10^3\mathrm{N/(m/s)}$，$\dot{s}_2(0)=-40\mathrm{km/h}$，使用以上模型，在第一次碰撞后的前 150ms 可获得图 3.8 中的时间曲线和图 3.9 中的图形。有关碰撞力学的更加详细深入的内容可参考文献 [BM17]、[Hua02] 或 [DCF +04]。

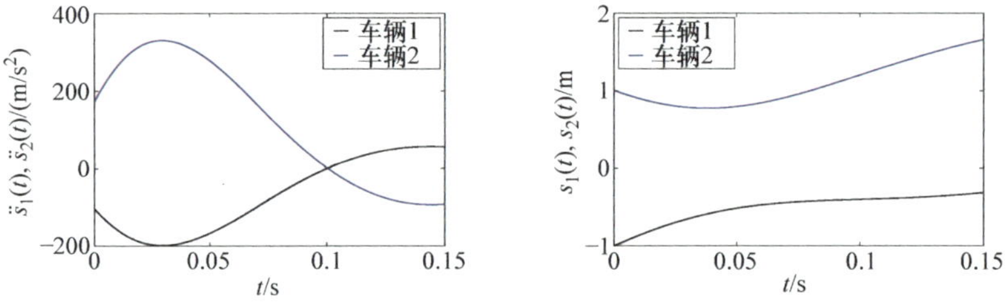

图 3.8　加速度和位移的时间曲线

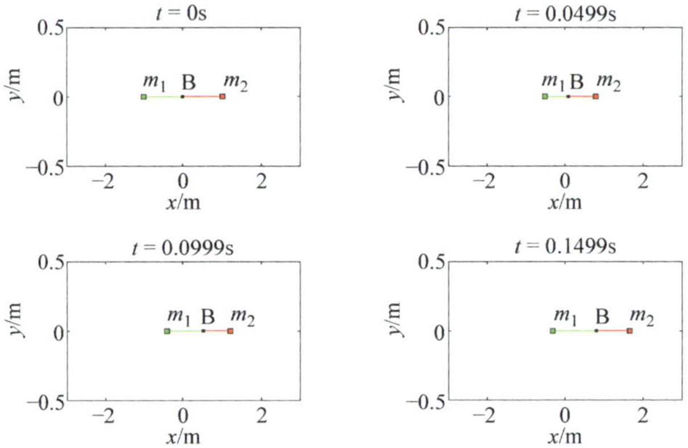

图 3.9　m_1、m_2 以及点 B 在不同时间点的对应位置

碰撞的严重程度

在式（1.1）中，我们为一个事件 $\mathscr{H}_i$ 引入了危害程度 $K(\mathscr{H}_i)$ 的概念。如果事件 $\mathscr{H}_i$ 是一次碰撞，则与其相关的危害程度就可以被称为**碰撞严重程度**。碰撞严重程度可以用不同的方式来定义，比如不仅考虑到乘员的受伤情况，还考虑到车辆的损坏情况。但因为乘员约束系统的触发主要都是以人身保护为重点，衡量碰撞严重程度时都会去定量地估计该碰撞对涉事人员造成的后果。乘员约束系统触发器的一个核心任务就是预测碰撞严重程度，使得保护系统的执行元件能够及时被触发，同时避免误触发。误触发是指当保护系统在碰撞严重程度尚未超过某个特定阈值时被激活的情况，且因此可能导致相比不触发时更高的危害程度。

"碰撞脉冲"在估计碰撞严重性方面起到了核心作用，它与车辆在碰撞时的加速度相关，这也正是加速度传感器在碰撞发生时能够很好记录的一个变量，就像图 3.8 所示的$\ddot{s}_1(t)$和$\ddot{s}_2(t)$一样；加速度也可以根据碰撞车辆的一些参数来预估。如果当前有碰撞脉冲的一部分或是碰撞脉冲的预测，则可以以此为基础定义出各种碰撞严重程度。这些碰撞严重程度必须与乘员的受伤程度建立起强相关的关系，从而成为一个适合在特定的碰撞情况下判断不展开保护装置将会带来何种后果的指标。可以直接从碰撞脉冲中得出的体现碰撞严重性的量有：最大加速度、速度何时过零点、平均加速度或者是加速度在一个设定窗宽下的移动平均值。

两个碰撞对象在接触瞬间时的相对速度，以及依靠由矩形建模得出的碰撞对象在接触后短时间范围内的重叠面积，都是非常简单但很有意义的碰撞严重程度的衡量标准[MBBU18]。

其他标准如乘员载荷准则（OLC）[KGE09]或正面碰撞标准（FCC）[Hua02]则使用了和先前介绍的开尔文模型相类似的简化机械模型。

3.1.2 多体仿真和有限元计算

多体仿真使得我们可以将一个工程系统反映到一个可以通过数学语言描述的替代模型上，从而来研究该系统的功能性或动态行为。**多体系统**是由多个相互关联的独立个体组成的，其受到各种力的影响。个体之间的联结可以是刚性或是柔性的。运动方程的生成基于运动学和动力学方程，其对于多体系统来说是很复杂的，因而由计算机辅助生成运动方程在此起到了重要作用。多体动力学的数学基础是由牛顿、欧拉、达朗贝尔、拉格朗日和汉密尔顿创立的。例如，每个独立个体的运动方程是通过仿真中在各个时间点应用力和力矩定理得到的。每个单独个体，由于联结的存在，个体**自由度**的数量可能因**约束条件**而减少；有待求解的运动方程大多相互关联，这些都促成了系统的复杂性。在车辆安全方面，多体仿真被用来进行例如**乘员运动**的模拟。这些模拟用到了多体仿真程序，例如 PC-Crash、Madymo 或 Adams。多体仿真的准确性取决于模型的复杂性、系统参数的可靠性和数值解的质量。

多体仿真是对现实世界的粗略简化。例如，如果模型只包含刚体，那么多体仿真就不会考虑个体接触后的形变。这就是为什么有限元计算会被用来精确地模拟碰撞时的各个过程。

在**有限元计算**中，复杂结构的建模通过大量简单形状的单元来完成，由于单元的几何形状简单，其物理行为可以很好地被计算。调用有限元方法时，就使用到了数值计算的方法。结构力学中那些通过带有边界条件的常微分方程或偏微分方程来描述的各个量，如形变、应力、速度等，将被导入到代数方程组中进行求解，从而确定其近似解。找到数值解的过程，即便在高性能计算机上也需要很长的时间，这就是为什么有限元方法不适合各类实时应用。碰撞模拟计算是用到有限元方法的最复杂的设计计算之一，因为车辆由不同厚度、不同形状和不同材料的部件组成，并且由于各种非线性因素计算必须使用到显式求解器。PAM Crash、LS-Dyna 或 Nastran 是常用的有限元计算软件。

对有限元计算的介绍可以在文献 [KW17] 等中找到。

3.2 涉及自动驾驶和主动车辆安全的车辆动力学模型

车辆动力学模型在自动驾驶和车辆整体安全方面发挥着核心作用，因为其有助于分析车辆的当前状态，预测和规划车辆未来的行为。因此，对于例如场景理解或轨迹规划的过程，车辆动力学模型就是控制器和预测算法的核心要素。其不仅要预测自主控制的车辆的运动，也必须要预测到其他交通参与者的运动。为此使用合适的模型是很重要的。对于状态是通过环境传感器来估计的动态物体，往往使用简单的运动模型是合理的，因为复杂的车辆动力学模型时常缺少对应的输入变量。而对于自动驾驶车辆而言，特别是在可能出现高动态操纵的关键交通场景下，使用更为复杂的车辆动力学模型才是合理的。如何选择一个适当的模型取决于可用的运算资源和需要实现的功能。对于一种功能，假如其应用时预期只有很低的横向加速度，如交通堵塞中的自动驾驶，便没有必要使用复杂的横向动力学模型。

关于车辆动力学模型主题领域和汽车工程基础的补充内容可以在文献 [Ril07，Sch07，Jaz12，HEG13，SHB13，MW15，Hak18] 等中找到。

3.2.1 相对运动

描述车辆运动时有两种坐标系非常重要：**车辆坐标系**和**惯性系**。车辆坐标系是一个固定的笛卡儿坐标系，车辆相对于它处于静止状态。惯性系是一个不存在惯性力的参考系，也就是说，在该参考系中每个力平衡的物体都保持静止状态或是做匀速直线运动。地球自转引起的惯性力对于车辆动力学的研究是可以忽略不计的，因此在下文中我们选择一个与地球相对固定的系统来作为惯性系。

在图 3.10 中，车辆坐标系的原点选择在车辆的重心 S 上，该坐标系的轴用小写字母 x、y 和 z 表示。该位置和图 3.10 所示的车辆坐标系的轴线排列符合 DIN70000 标准。惯性系的坐标则位于地面，其轴用大写字母 X、Y、Z 来表示。车辆的**轴距**为 l，重心到前轴的距离为 l_v，重心到后轴的距离为 l_h。S 相对于地面的重心高度为 h_S，轮距为 b。

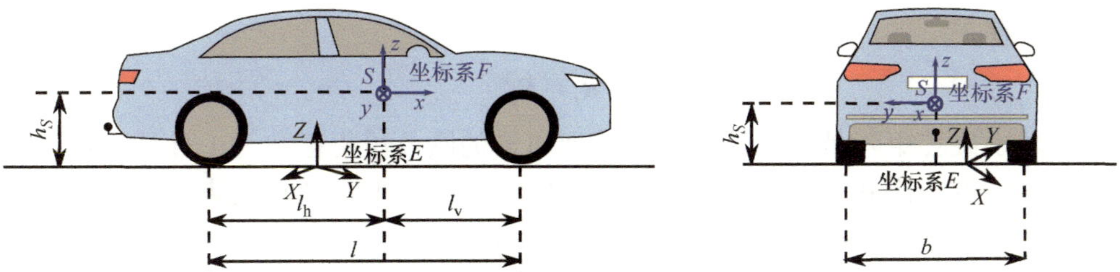

图 3.10　轴为 x、y、z 且原点位于重心 S 上的车辆坐标系 F，以及轴为 X、Y、Z 且原点在地面上的惯性系 E

车辆坐标系和地面坐标系中的矢量及其符号

在下文中，我们将用 F 来表示车辆坐标系（如图 3.2 所示），用 E 来表示地面坐标系。一个向量，其连接了地面坐标系的原点 E 和在向量箭头尖端上的点 P，我们可以用车辆坐标系的单位向量 $\boldsymbol{e}_x={}^F[1, 0, 0]^{\mathrm{T}}$，$\boldsymbol{e}_y={}^F[0, 1, 0]^{\mathrm{T}}$ 和 $\boldsymbol{e}_z={}^F[0, 0, 1]^{\mathrm{T}}$ 来表示。该向量的表示如下

$$ {}_E^F\boldsymbol{r} = r_x\boldsymbol{e}_x + r_y\boldsymbol{e}_y + r_z\boldsymbol{e}_z \tag{3.42} $$

如果用地面坐标系 E 的单位向量，即 $\boldsymbol{e}_X={}^E[1, 0, 0]^{\mathrm{T}}$，$\boldsymbol{e}_Y={}^E[0, 1, 0]^{\mathrm{T}}$ 和 $\boldsymbol{e}_Z={}^E[0, 0, 1]^{\mathrm{T}}$ 来表示该向量，则其表示如下

$$ {}_E^F\boldsymbol{r} = r_X\boldsymbol{e}_X + r_Y\boldsymbol{e}_Y + r_Z\boldsymbol{e}_Z \tag{3.43} $$

通常 $r_X \neq r_x$，$r_Y \neq r_y$，$r_Z \neq r_z$。

这里左下角的标记 E 指代了某坐标系，位置矢量就是通过由坐标系原点到点 P 来定义的。左上角的标记则指明了该向量被表示在了哪个坐标系上，也就是说被这个坐标系上的单位向量所表达。向量${}_E^F\boldsymbol{r}$就是相对于地面坐标系 E 原点，被表达在 F 上的位置矢量。同理还有例如速度矢量${}_E^F\boldsymbol{v}$，表示了相对于地面坐标系 E 原点，被表达在 F 上的速度，或是加速度矢量${}_E^F\boldsymbol{a}$表示了相对于地面坐标系 E 原点，被表达在 F 上的加速度。如果左下和左上的两个坐标系是相同的，其也可以被简化成只在左上角做标记，例如 ${}^E\boldsymbol{r}={}_E^E\boldsymbol{r}$。

要注意到，${}_{E}^{F}\boldsymbol{r}$和 ${}^{E}\boldsymbol{r}$ 是同样的由 E 的原点指向 P 的向量 $\boldsymbol{r}$，只不过是在不同坐标系上的表达。为了将向量从一种表达转化为另一种表达，就需要一个旋转矩阵。如果想将向量${}_{E}^{F}\boldsymbol{r}$表示在地面坐标系上，则需要旋转矩阵 ${}^{E}\boldsymbol{R}_{F}\in\mathbb{R}^{3\times3}$

$$ {}^{E}\boldsymbol{r}={}^{E}\boldsymbol{R}_{F}\,{}_{E}^{F}\boldsymbol{r} \tag{3.44} $$

如果想将向量 ${}^{E}\boldsymbol{r}$ 表示在车辆坐标系中，则需要旋转矩阵 ${}^{F}\boldsymbol{R}_{E}$

$$ {}_{E}^{F}\boldsymbol{r}={}^{F}\boldsymbol{R}_{E}\,{}^{E}\boldsymbol{r} \tag{3.45} $$

且存在

$$ {}^{E}\boldsymbol{R}_{F}={}^{F}\boldsymbol{R}_{E}^{\mathrm{T}} \tag{3.46} $$

基于旋转矩阵是正交矩阵，即其列向量的欧几里得范数为 1 且是相互正交的事实，可得出式（3.46）。值得注意的是，${}^{E}\boldsymbol{R}_{F}$ 的第一列正是表示在惯性系 E 中的 $\boldsymbol{e}_x$，因为其是通过乘积 ${}^{E}\boldsymbol{R}_{F}\boldsymbol{e}_x$ 得来的。同理，${}^{E}\boldsymbol{R}_{F}$ 的第二列是 E 中的 $\boldsymbol{e}_y$，${}^{E}\boldsymbol{R}_{F}$ 的第三列是 E 中的 $\boldsymbol{e}_z$。

因为车辆坐标系 F 是一个在移动的坐标系，其单位向量 $\boldsymbol{e}_x$、$\boldsymbol{e}_y$ 和 $\boldsymbol{e}_z$ 是会随时间变化的向量，这在车辆坐标系 F 中表示各种量时都必须要注意到。F 的单位向量的时间相关性正是 F 中产生惯性力的原因。为了理解这一点，下文将考察三维空间内的旋转变换以及旋转矩阵对于时间的求导。

欧拉角与旋转矩阵

三维空间的旋转可以通过一个正交矩阵 $\boldsymbol{R}\in\mathbb{R}^{3\times3}$ 来描述，它比二维空间的旋转更为复杂。根据欧拉旋转定理，刚体在三维空间里的每一种旋转变换都可以用包含有三个绕特定轴旋转的序列来表示。倘若想把坐标系（X, Y, Z）这般旋转得到坐标系（x, y, z），则在每个旋转变换后都有新的坐标系产生，这也形象地体现在图 3.11 的示例中。

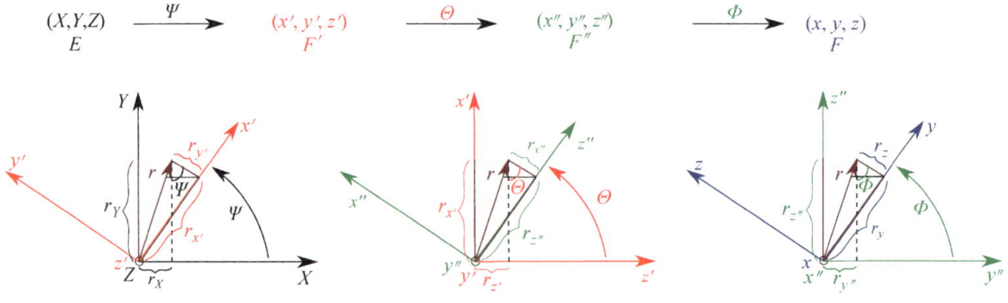

图 3.11　绕 Z 轴、y' 轴和 x'' 轴分别按角 ψ、角 Θ 和角 Φ 作旋转变换

第一个旋转轴是惯性系中的一个固定轴，另外两个旋转轴则是之前被带动

一同转的轴。这三个旋转角被称为**欧拉角**。在旋转过程中，不允许围绕同一轴连续进行两次旋转。于是得出共 12 种可能的绕轴旋转序列，其为 $Xy'x''$、$Xz'x''$、$Yx'y''$、$Yz'y''$、$Zx'z''$、$Zy'z''$、$Xy'z''$、$Xz'y''$、$Yz'x''$、$Yx'z''$、$Zx'y''$ 和 $Zy'x''$。不同的技术领域都有自己习惯使用的旋转顺序。在车辆技术领域，我们按照 $Zy'x''$ 的顺序来将惯性系 E 中的向量变换到车辆坐标系 F 中。记绕 Z 轴的第一个旋转角为 Ψ，绕 y' 轴的第二个旋转角为 Θ，绕 x'' 的第三个旋转角为 Φ，便可得到由 E 到 F 的旋转矩阵，这里用到了缩写 c(·)=cos(·) 和 s(·)=sin(·)

$$
\begin{aligned}
{}^{F}\boldsymbol{R}_{E} &= \boldsymbol{R}_{x}^{\mathrm{T}}(\Phi)\boldsymbol{R}_{y}^{\mathrm{T}}(\Theta)\boldsymbol{R}_{z}^{\mathrm{T}}(\Psi) \\
&= \begin{bmatrix} 1 & 0 & 0 \\ 0 & \mathrm{c}(\Phi) & \mathrm{s}(\Phi) \\ 0 & -\mathrm{s}(\Phi) & \mathrm{c}(\Phi) \end{bmatrix}
\begin{bmatrix} \mathrm{c}(\Theta) & 0 & -\mathrm{s}(\Theta) \\ 0 & 1 & 0 \\ \mathrm{s}(\Theta) & 0 & \mathrm{c}(\Theta) \end{bmatrix}
\begin{bmatrix} \mathrm{c}(\Psi) & \mathrm{s}(\Psi) & 0 \\ -\mathrm{s}(\Psi) & \mathrm{c}(\Psi) & 0 \\ 0 & 0 & 1 \end{bmatrix} \\
&= \begin{bmatrix} \mathrm{c}(\Theta)\mathrm{c}(\Psi) & \mathrm{c}(\Theta)\mathrm{s}(\Psi) & -\mathrm{s}(\Theta) \\
\mathrm{s}(\Phi)\mathrm{s}(\Theta)\mathrm{c}(\Psi)-\mathrm{c}(\Phi)\mathrm{s}(\Psi) & \mathrm{s}(\Phi)\mathrm{s}(\Theta)\mathrm{s}(\Psi)+\mathrm{c}(\Phi)\mathrm{c}(\Psi) & \mathrm{s}(\Phi)\mathrm{c}(\Theta) \\
\mathrm{c}(\Phi)\mathrm{s}(\Theta)\mathrm{c}(\Psi)+\mathrm{s}(\Phi)\mathrm{s}(\Psi) & \mathrm{c}(\Phi)\mathrm{s}(\Theta)\mathrm{s}(\Psi)-\mathrm{s}(\Phi)\mathrm{c}(\Psi) & \mathrm{c}(\Phi)\mathrm{c}(\Theta) \end{bmatrix}
\end{aligned}
\tag{3.47}
$$

为了更好地理解式（3.47），可以应用图 3.11。从中可以看出，向量 $\boldsymbol{r}$ 的分量在分别对应的坐标系中满足下列关系式

$$
\begin{bmatrix} r_{x'} \\ r_{y'} \\ r_{z'} \end{bmatrix} = \underbrace{\begin{bmatrix} \mathrm{c}(\Psi) & \mathrm{s}(\Psi) & 0 \\ -\mathrm{s}(\Psi) & \mathrm{c}(\Psi) & 0 \\ 0 & 0 & 1 \end{bmatrix}}_{\boldsymbol{R}_z^{\mathrm{T}}(\Psi)} \begin{bmatrix} r_X \\ r_Y \\ r_Z \end{bmatrix} \text{或者} \begin{bmatrix} r_X \\ r_Y \\ r_Z \end{bmatrix} = \underbrace{\begin{bmatrix} \mathrm{c}(\Psi) & -\mathrm{s}(\Psi) & 0 \\ \mathrm{s}(\Psi) & \mathrm{c}(\Psi) & 0 \\ 0 & 0 & 1 \end{bmatrix}}_{\boldsymbol{R}_z(\Psi)} \begin{bmatrix} r_{x'} \\ r_{y'} \\ r_{z'} \end{bmatrix} \tag{3.48}
$$

$$
\begin{bmatrix} r_{x''} \\ r_{y''} \\ r_{z''} \end{bmatrix} = \underbrace{\begin{bmatrix} \mathrm{c}(\Theta) & 0 & -\mathrm{s}(\Theta) \\ 0 & 1 & 0 \\ \mathrm{s}(\Theta) & 0 & \mathrm{c}(\Theta) \end{bmatrix}}_{\boldsymbol{R}_y^{\mathrm{T}}(\Theta)} \begin{bmatrix} r_{x'} \\ r_{y'} \\ r_{z'} \end{bmatrix} \text{或者} \begin{bmatrix} r_{x'} \\ r_{y'} \\ r_{z'} \end{bmatrix} = \underbrace{\begin{bmatrix} \mathrm{c}(\Theta) & 0 & \mathrm{s}(\Theta) \\ 0 & 1 & 0 \\ -\mathrm{s}(\Theta) & 0 & \mathrm{c}(\Theta) \end{bmatrix}}_{\boldsymbol{R}_y(\Theta)} \begin{bmatrix} r_{x''} \\ r_{y''} \\ r_{z''} \end{bmatrix} \tag{3.49}
$$

$$
\begin{bmatrix} r_{x} \\ r_{y} \\ r_{z} \end{bmatrix} = \underbrace{\begin{bmatrix} 1 & 0 & 0 \\ 0 & \mathrm{c}(\Phi) & \mathrm{s}(\Phi) \\ 0 & -\mathrm{s}(\Phi) & \mathrm{c}(\Phi) \end{bmatrix}}_{\boldsymbol{R}_x^{\mathrm{T}}(\Phi)} \begin{bmatrix} r_{x''} \\ r_{y''} \\ r_{z''} \end{bmatrix} \text{或者} \begin{bmatrix} r_{x''} \\ r_{y''} \\ r_{z''} \end{bmatrix} = \underbrace{\begin{bmatrix} 1 & 0 & 0 \\ 0 & \mathrm{c}(\Phi) & -\mathrm{s}(\Phi) \\ 0 & \mathrm{s}(\Phi) & \mathrm{c}(\Phi) \end{bmatrix}}_{\boldsymbol{R}_x(\Phi)} \begin{bmatrix} r_{x} \\ r_{y} \\ r_{z} \end{bmatrix} \tag{3.50}
$$

也就是说如果我们想要实现将一个向量通过做三个欧拉角 Ψ，Θ，Φ 的旋转将其从坐标轴为 X，Y，Z 的坐标系 E 转到坐标轴为 x，y，z 的坐标系 F 上，则首先其绕 Z 轴旋转 Ψ，然后绕 y' 轴旋转 Θ，最后绕 x'' 轴旋转 Φ。图 3.12 形象地表达了该旋转过程，其在等式表达上可写作：

$$\underbrace{\begin{bmatrix} r_x \\ r_y \\ r_z \end{bmatrix}}_{^F r} = \underbrace{\begin{bmatrix} 1 & 0 & 0 \\ 0 & c(\Phi) & s(\Phi) \\ 0 & -s(\Phi) & c(\Phi) \end{bmatrix}}_{R_x^T(\Phi)} \begin{bmatrix} r_{x''} \\ r_{y''} \\ r_{z''} \end{bmatrix}$$

$$\begin{bmatrix} r_{x''} \\ r_{y''} \\ r_{z''} \end{bmatrix} = \underbrace{\begin{bmatrix} c(\Theta) & 0 & -s(\Theta) \\ 0 & 1 & 0 \\ s(\Theta) & 0 & c(\Theta) \end{bmatrix}}_{R_y^T(\Theta)} \begin{bmatrix} r_{x'} \\ r_{y'} \\ r_{z'} \end{bmatrix}$$

$$\begin{bmatrix} r_{x'} \\ r_{y'} \\ r_{z'} \end{bmatrix} = \underbrace{\begin{bmatrix} c(\Psi) & s(\Psi) & 0 \\ -s(\Psi) & c(\Psi) & 0 \\ 0 & 0 & 1 \end{bmatrix}}_{R_z^T(\psi)} \underbrace{\begin{bmatrix} r_X \\ r_Y \\ r_Z \end{bmatrix}}_{^E r}$$

$$= \boldsymbol{R}_x^T(\Phi)\boldsymbol{R}_y^T(\Theta)\boldsymbol{R}_z^T(\psi)^E\boldsymbol{r} = {}^F\boldsymbol{R}_E{}^E\boldsymbol{r} \tag{3.51}$$

式（3.51）结合了式（3.45）和式（3.47）。因此，车辆的任意朝向都可以用式（3.47）中带欧拉角 Ψ，Θ 和 Φ 的矩阵 ${}^F\boldsymbol{R}_E$ 相对于地面坐标系 E 表达出来。

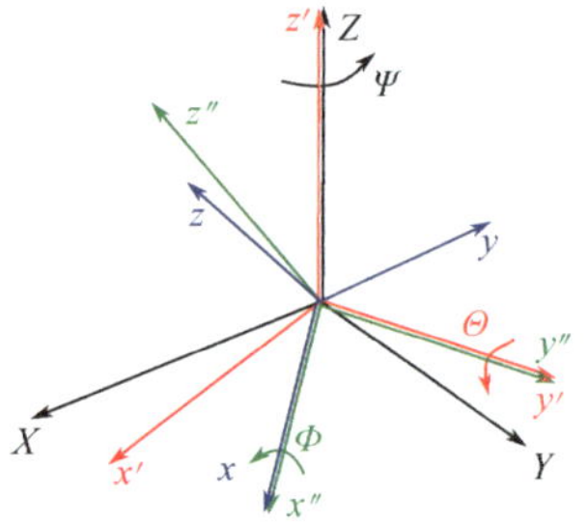

图 3.12　按欧拉角 Ψ，Θ 和 Φ 进行的由 E 到 F 的旋转变换

因为角 Ψ，Θ 和 Φ 在行驶的车辆中一般是随时间而变化的，所以旋转矩阵 ${}^F\boldsymbol{R}_E$ 也随时间而变化，而这点必须在向量 ${}^F_E\boldsymbol{r}$ 对时间求导时注意到。向量 ${}^F_E\boldsymbol{r}$ 对时间求导即可得到

$$\frac{\mathrm{d}}{\mathrm{d}t}({}^F_E\boldsymbol{r}) = \frac{\mathrm{d}}{\mathrm{d}t}({}^F\boldsymbol{R}_E{}^E\boldsymbol{r}) = \frac{\mathrm{d}}{\mathrm{d}t}({}^F\boldsymbol{R}_E)^E\boldsymbol{r} + {}^F\boldsymbol{R}_E\frac{\mathrm{d}}{\mathrm{d}t}({}^E\boldsymbol{r}) \tag{3.52}$$

为了简化该表达式，需要对式（3.47）中的旋转矩阵 ${}^F\boldsymbol{R}_E$ 求时间导数，下文中的思考过程对于求 ${}^F\boldsymbol{R}_E$ 的时间导数是必要的。

旋转矩阵 R 对时间的求导

除了用欧拉角，刚体的任意旋转也可以描述成刚体绕某一根轴旋转相应的角度来得到。在刚体的旋转过程中，刚体的每个点都在做圆周运动，从每一个点到旋转轴的垂线都通过了相同的角度 θ。如果我们用 $\boldsymbol{n}$ 来表示旋转轴方向上的单位矢量，则角速度为

$$\boldsymbol{\omega}=\frac{\mathrm{d}\theta}{\mathrm{d}t}\boldsymbol{n}，\text{或者 } \boldsymbol{\omega}=[\omega_1,\ \omega_2,\ \omega_3\ ]^{\mathrm{T}} \text{ 和 } \boldsymbol{n}=[n_1,\ n_2,\ n_3\ ]^{\mathrm{T}} \tag{3.53}$$

通过三个欧拉角来表述的某旋转矩阵 $\boldsymbol{R}$，也可以通过角度 θ 和其相对应的法向量 $\boldsymbol{n}$ 来表示。图 3.13 展示了由 $\boldsymbol{r}$ 到 $\boldsymbol{r}'$ 的旋转变换。向量 $\boldsymbol{r}$ 首先被分解成分别平行和垂直于旋转轴 $\boldsymbol{n}$ 的分量

$$\boldsymbol{r}=\boldsymbol{n}(\boldsymbol{n}^{\mathrm{T}}\boldsymbol{r})-\boldsymbol{n}\times(\boldsymbol{n}\times\boldsymbol{r}) \tag{3.54}$$

这里只有第二项，即向量垂直于旋转轴 $\boldsymbol{n}$ 的部分受到旋转变换的影响，于是得到

$$\boldsymbol{r}'=\boldsymbol{n}(\boldsymbol{n}^{\mathrm{T}}\boldsymbol{r})+\sin(\theta)(\boldsymbol{n}\times\boldsymbol{r})-\cos(\theta)\,\boldsymbol{n}\times(\boldsymbol{n}\times\boldsymbol{r}) \tag{3.55}$$

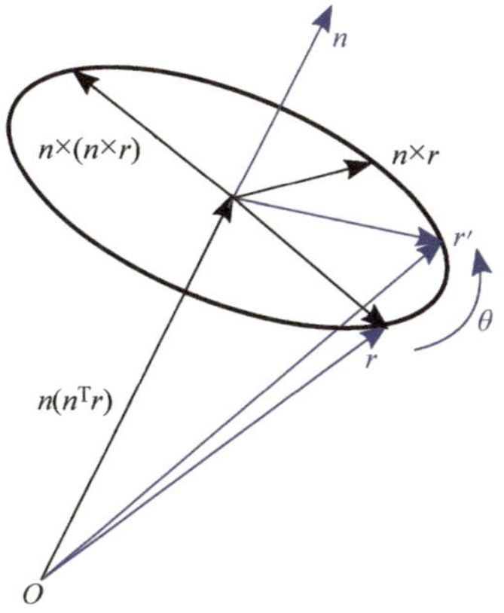

图 3.13　r 通过绕归一化的向量 n 所指的轴作角度为 θ 的旋转变换得到 r'

该表达式也可以写作

$$\boldsymbol{r}'=\boldsymbol{r}+\sin(\theta)(\boldsymbol{n}\times\boldsymbol{r})+(1-\cos(\theta))\boldsymbol{n}\times(\boldsymbol{n}\times\boldsymbol{r}) \tag{3.56}$$

式（3.56）也被称为**罗德里格斯旋转公式**。为了用矩阵形式来表述罗德里格斯旋转公式，这里引入反对称矩阵 $\boldsymbol{S}(\boldsymbol{n})$

$$\boldsymbol{S}(\boldsymbol{n})=\begin{bmatrix} 0 & -n_3 & n_2 \\ n_3 & 0 & -n_1 \\ -n_2 & n_1 & 0 \end{bmatrix} \tag{3.57}$$

易得，两个向量 $\boldsymbol{a}$ 和 $\boldsymbol{b}$ 的叉乘用反对称矩阵 $\boldsymbol{S}(\boldsymbol{a})$ 可以表示作

$$\boldsymbol{a}\times\boldsymbol{b}=\boldsymbol{S}(\boldsymbol{a})\boldsymbol{b} \tag{3.58}$$

由此，现在可以将式（3.56）写作

$$\underbrace{\boldsymbol{r}'}_{\boldsymbol{Rr}}=\boldsymbol{r}+\sin(\theta)\boldsymbol{S}(\boldsymbol{n})\boldsymbol{r}+(1-\cos(\theta))\,(\boldsymbol{S}(\boldsymbol{n}))^2\,\boldsymbol{r} \tag{3.59}$$

现在将 $\boldsymbol{r}$ 提出括号然后消元，则可以得到旋转矩阵 $\boldsymbol{R}$ 关于转角 θ 和向量 $\boldsymbol{n}$ 的表达式

$$\boldsymbol{R}=\boldsymbol{I}_3+\sin(\theta)\boldsymbol{S}(\boldsymbol{n})+(1-\cos(\theta))\,(\boldsymbol{S}(\boldsymbol{n}))^2 \tag{3.60}$$

式（3.60）即是罗德里格斯旋转公式的矩阵形式，根据 $\boldsymbol{n}$ 的分量将该式展开写作

$$\boldsymbol{R}=\begin{bmatrix} n_1^2+(1-n_1^2)\mathrm{c}(\theta) & n_1n_2(1-\mathrm{c}(\theta))-n_3\mathrm{s}(\theta) & n_1n_3(1-\mathrm{c}(\theta))+n_2\mathrm{s}(\theta) \\ n_1n_2(1-\mathrm{c}(\theta))+n_3\mathrm{s}(\theta) & n_2^2+(1-n_2^2)\mathrm{c}(\theta) & n_2n_3(1-\mathrm{c}(\theta))-n_1\mathrm{s}(\theta) \\ n_1n_3(1-\mathrm{c}(\theta))-n_2\mathrm{s}(\theta) & n_2n_3(1-\mathrm{c}(\theta))+n_1\mathrm{s}(\theta) & n_3^2+(1-n_3^2)\mathrm{c}(\theta) \end{bmatrix} \tag{3.61}$$

这里又用 $\mathrm{c}(\theta)$ 和 $\mathrm{s}(\theta)$ 来分别表示 $\cos(\theta)$ 和 $\sin(\theta)$。因为角 θ 只和时间相关，所以可以得到如下关系式

$$\frac{\mathrm{d}}{\mathrm{d}t}\boldsymbol{R}=\boldsymbol{S}(\boldsymbol{\omega})\boldsymbol{R} \tag{3.62}$$

该式易证。比如来看式（3.61）中 $\boldsymbol{R}$ 的第一行第一列上的元素，即 $(n_1^2+(1-n_1^2)\mathrm{c}(\theta))$，它对时间求导，又已知 $n_1^2+n_2^2+n_3^2=1$，则可得

$$\begin{aligned}\frac{\mathrm{d}}{\mathrm{d}t}(n_1^2+(1-n_1^2)\mathrm{c}(\theta))&=(1-n_1^2)(-\mathrm{s}(\theta))\frac{\mathrm{d}}{\mathrm{d}t}\theta\\&=-\mathrm{s}(\theta)(n_2^2+n_3^2)\frac{\mathrm{d}}{\mathrm{d}t}\theta\end{aligned} \tag{3.63}$$

下面来考察矩阵 $(\boldsymbol{S}(\boldsymbol{\omega})\boldsymbol{R})$ 中第一行第一列上的元素，根据式（3.57）写出的 $\boldsymbol{S}(\boldsymbol{\omega})$ 和式（3.61）中的 $\boldsymbol{R}$，它是

$$\begin{aligned}(\boldsymbol{S}(\boldsymbol{\omega})\boldsymbol{R})_{11}&=\left(\left(\frac{\mathrm{d}}{\mathrm{d}t}\theta\right)\boldsymbol{S}(\boldsymbol{n})\boldsymbol{R}\right)_{11}\\&=\left(\frac{\mathrm{d}}{\mathrm{d}t}\theta\right)(-n_1n_2n_3(1-\mathrm{c}(\theta))-n_3^2\mathrm{s}(\theta)+n_1n_2n_3(1-\mathrm{c}(\theta))-n_2^2\mathrm{s}(\theta))\\&=-\mathrm{s}(\theta)(n_2^2+n_3^2)\left(\frac{\mathrm{d}}{\mathrm{d}t}\theta\right)\end{aligned} \tag{3.64}$$

这里借用式（3.53）将 $\boldsymbol{S}(\boldsymbol{\omega})$ 表示作了 $\boldsymbol{S}(\boldsymbol{\omega})=\left(\frac{\mathrm{d}}{\mathrm{d}t}\theta\right)\boldsymbol{S}(\boldsymbol{n})$。可以看出，式（3.63）和式（3.64）中的两个表达式是相同的。类似的我们也可以证明 $\frac{\mathrm{d}}{\mathrm{d}t}\boldsymbol{R}$ 和 $\frac{\mathrm{d}}{\mathrm{d}t}\boldsymbol{R}$ 和 $(\boldsymbol{S}(\boldsymbol{\omega})\boldsymbol{R})$ 中的其他所有元素都分别相等，于是也就说明了式（3.62）是成立的。

于是旋转矩阵 $\boldsymbol{R}$ 对时间的求导就可以通过该矩阵与反对称矩阵 $\boldsymbol{S}(\boldsymbol{\omega})$ 的乘积来表示，这里的反对称矩阵是通过角速度矢量的分量构成的。需注意，这里的角速度矢量是式（3.53）中的矢量，而不是欧拉角的瞬时变化量。这一点也在第四章的习题 4.6 中得到了详细的阐明。

车辆坐标系中的向量对时间的求导

依靠式（3.62），我们可以将式（3.52）里旋转矩阵 ${}^{F}\boldsymbol{R}_{E}$ 对时间的求导写作

$$\frac{\mathrm{d}}{\mathrm{d}t}({}^{F}\boldsymbol{R}_{E})=\boldsymbol{S}({}_{F}^{F}\boldsymbol{\omega}_{E})^{F}\boldsymbol{R}_{E}=\boldsymbol{S}(-{}_{E}^{F}\boldsymbol{\omega}_{F})^{F}\boldsymbol{R}_{E}=(\boldsymbol{S}({}_{E}^{F}\boldsymbol{\omega}_{F}))^{\mathrm{T}}\ {}^{F}\boldsymbol{R}_{E} \tag{3.65}$$

式中，${}_{E}^{F}\boldsymbol{\omega}_{F}$是车辆坐标系 F 相对于地面坐标系 E 的旋转角速度，其通过车辆坐标系 F 上的单位向量来表示。这里 ${}_{E}^{F}\boldsymbol{\omega}_{F}$ 所指的角速度矢量，是在车辆内测得的。

将式（3.65）代入式（3.52），并通过使用式（3.58）可得到

$$\begin{aligned}\frac{\mathrm{d}}{\mathrm{d}t}({}_{E}^{F}\boldsymbol{r})&=(\boldsymbol{S}({}_{E}^{F}\boldsymbol{\omega}_{F}))^{\mathrm{T}}\ \underbrace{{}^{F}\boldsymbol{R}_{E}{}^{E}\boldsymbol{r}}_{{}_{E}^{F}\boldsymbol{r}}+{}^{F}\boldsymbol{R}_{E}\frac{\mathrm{d}}{\mathrm{d}t}({}^{E}\boldsymbol{r})=(\boldsymbol{S}(-{}_{E}^{F}\boldsymbol{\omega}_{F}))_{E}^{F}\boldsymbol{r}+\underbrace{{}^{F}\boldsymbol{R}_{E}{}^{E}\dot{\boldsymbol{r}}}_{{}_{E}^{F}\dot{\boldsymbol{r}}}\\&=-{}_{E}^{F}\boldsymbol{\omega}_{F}\times{}_{E}^{F}\boldsymbol{r}+{}_{E}^{F}\dot{\boldsymbol{r}}\end{aligned} \tag{3.66}$$

式中，符号 ${}_{E}^{F}\dot{\boldsymbol{r}}$ 表示了 ${}^{E}\boldsymbol{r}$ 对时间的求导是在坐标系 E 上进行的，所得向量接着被转到了 F 上。也就是说，一个向量在运动坐标系 F 上对时间求导的结果，和其在地面坐标系 E 上对时间求导再转到 F 上所得结果是不一样的。这其中还必须考虑一个额外的通过 F 的旋转所产生的量 ${}_{E}^{F}\boldsymbol{\omega}_{F}\times{}_{E}^{F}\boldsymbol{r}$。

上述思考是从任一矢量 $\boldsymbol{r}$ 推导出来的，所以式（3.66）是普遍适用于在移动坐标系中对时间求导的操作的。如果这里不用 $\boldsymbol{r}$，而是用占位符 (·) 来表示一个向量的话，则式（3.66）也可以写作

$$\underbrace{{}_{E}^{F}\dot{(\cdot)}}_{{}^{F}\boldsymbol{R}_{E}\dot{E(\cdot)}}=\frac{\mathrm{d}}{\mathrm{d}t}\left({}_{E}^{F}(\cdot)\right)+{}_{E}^{F}\boldsymbol{\omega}_{F}\times{}_{E}^{F}(\cdot) \tag{3.67}$$

这里要注意，${}^{F}_{E}(\cdot)$是位于 E 上且用 E 表示的向量 ${}^{E}(\cdot)$在地面坐标系 E 上对时间的求导，且之后旋转到了 F 上。${}^{F}_{E}(\cdot)$ 则表示了其是一个位于地面坐标系 E 上，但表示在 F 中的向量。表示为$\frac{\mathrm{d}}{\mathrm{d}t}\left({}^{F}_{E}(\cdot)\right)$的求导操作是在坐标系 F 上进行的。向量 ${}^{F}_{E}\boldsymbol{\omega}_F$ 包含了移动坐标系 F 相对于 E 的角速度，且向量是表示在 F 上的。

相对运动的运动学考量

如果将车辆建模为一个刚体，并考虑其在空间的一般运动，则存在六种相互独立的运动可能：三种平移和三种旋转。其是由刚体中某自由选定的参考点（例如重心 S）的平移运动和刚体相对于该参考点所作空间旋转运动叠加而成的。如果像图 3.10 所示的那样来选定坐标系，并且考虑每次只绕车辆坐标系中的某个轴所进行的移动或旋转，那么分别有 x 方向上的平移运动被称为“纵向运动”，绕 x 轴的旋转运动被称为“侧倾运动”，y 方向上的平移运动被称为“侧向运动”，绕 y 轴的旋转运动被称为“俯仰运动”，z 方向上的平移运动被称为“弹性运动”，围绕 z 轴的旋转运动被称为“横摆运动”。这些术语也可参见图 3.14。侧倾运动也常被描述成“滚动”。如果车辆不只围绕 x、y 或 z 中的一个轴旋转，则旋转运动通过先前介绍的欧拉角 Φ、Θ 和 Ψ 来描述，这里这些角分别被称为侧倾角、俯仰角和横摆角。这种情况如图 3.14 右侧所示，图中亦可见 y'' 轴和 Z 轴以及各欧拉角。

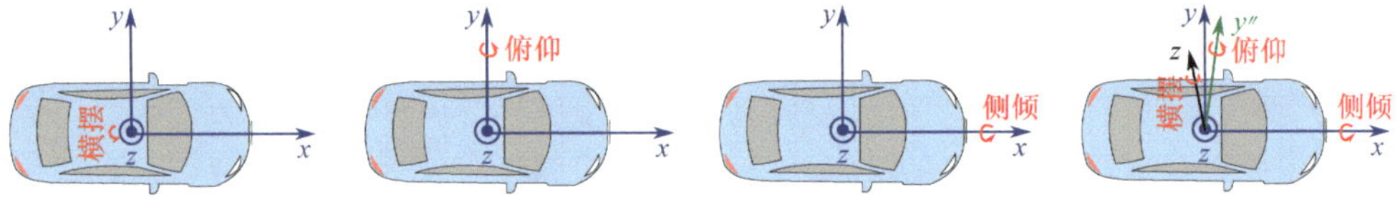

图 3.14 横摆、俯仰和侧倾

从图 3.14 中最右的图示还能看出车辆中测量角速度矢量 ${}^{F}_{E}\boldsymbol{\omega}_F$ 的角速度传感器，一般来说并不是直接测量侧倾、俯仰和横摆的角速度。习题 4.6 展示了如何从 ${}^{F}_{E}\boldsymbol{\omega}_F$ 来计算侧倾、俯仰和横摆的角速度。如果将角速度矢量 ${}^{F}_{E}\boldsymbol{\omega}_F$ 的元素分别写作 ω_x，ω_y 和 ω_z，即

$$ {}^{F}_{E}\boldsymbol{\omega}_F = [\omega_x, \omega_y, \omega_z]^{\mathrm{T}} \tag{3.68} $$

则由习题 4.6 推导的关系可得

$$\begin{bmatrix}\dot{\Phi}\\ \dot{\Theta}\\ \dot{\psi}\end{bmatrix}=\begin{bmatrix}1 & s(\Phi)t(\Theta) & c(\Phi)t(\Theta)\\ 0 & c(\Phi) & -s(\Phi)\\ 0 & \dfrac{s(\Phi)}{c(\Theta)} & \dfrac{c(\Phi)}{c(\Theta)}\end{bmatrix}\begin{bmatrix}\omega_x\\ \omega_y\\ \omega_z\end{bmatrix} \tag{3.69}$$

式中，s(·) 表示 sin(·)，c(·) 表示 cos(·)，t(·) 表示 tan(·)。从式（3.69）可以看出，只有对于小的侧倾、俯仰、横摆角，测量值 ω_x、ω_y 和 ω_z 才约等于侧倾、俯仰、横摆角速度。这是因为对于小角度而言，其正弦和正切函数约等于零，而余弦函数近似为一。

接下来考虑一个点 Q，并用表示在 E 上的位置矢量 ${}^{E}\boldsymbol{r}_{Q}$ 来表示 Q 相对于地面坐标系 E 原点的位置。同样，车辆坐标系 F 的原点 S 相对于地面坐标系 E 原点的位置表示在 E 上时被记作 ${}^{E}\boldsymbol{r}_{S}$。两个矢量之差则是 Q 相对于 S 的位置矢量，矢量被表示在 E 上。

$${}^{E}\boldsymbol{r}_{SQ}={}^{E}\boldsymbol{r}_{Q}-{}^{E}\boldsymbol{r}_{S} \tag{3.70}$$

将表示在车辆坐标系 F 上的 Q 相对于地面坐标系 E 的原点的位置矢量记作 ${}_{E}^{F}\boldsymbol{r}_{Q}$，将表示在车辆坐标系 F 上的 S 相对于地面坐标系 E 的原点的位置矢量记作 ${}_{E}^{F}\boldsymbol{r}_{S}$，两者的差就是 Q 相对于 S 的位置矢量被表示在 F 上

$${}_{E}^{F}\boldsymbol{r}_{SQ}={}^{F}\boldsymbol{R}_{E}\,{}^{E}\boldsymbol{r}_{SQ} \tag{3.71}$$

将式（3.67）应用到矢量${}_{E}^{F}\boldsymbol{r}_{SQ}$上可得

$$\underbrace{{}_{E}^{F}\dot{\boldsymbol{r}}_{SQ}}_{{}^{F}\boldsymbol{R}_{E}{}^{E}\dot{\boldsymbol{r}}_{SQ}}=\frac{\mathrm{d}}{\mathrm{d}t}({}_{E}^{F}\boldsymbol{r}_{SQ})+{}_{E}^{F}\boldsymbol{\omega}_{F}\times{}_{E}^{F}\boldsymbol{r}_{SQ} \tag{3.72}$$

式中，${}_{E}^{F}\dot{\boldsymbol{r}}_{SQ}$项是 Q 相对于 S 的地面相对速度被表示在 F 上，它也可以被记作 ${}_{E}^{F}\boldsymbol{v}_{SQ}$，其是 ${}_{E}^{F}\boldsymbol{v}_{Q}$ 和 ${}_{E}^{F}\boldsymbol{v}_{S}$ 两个速度的差。

$${}_{E}^{F}\dot{\boldsymbol{r}}_{SQ}={}_{E}^{F}\boldsymbol{v}_{SQ}={}_{E}^{F}\boldsymbol{v}_{Q}-{}_{E}^{F}\boldsymbol{v}_{S} \tag{3.73}$$

式中，${}_{E}^{F}\boldsymbol{v}_{Q}$是 Q 相对于地面坐标系 E 的原点的速度被表达车辆坐标系 F 上，而 ${}_{E}^{F}\boldsymbol{v}_{S}$ 则是 S 相对于地面坐标系 E 的原点的速度被表达在车辆坐标系 F 上。也可以将式（3.72）写作

$$\underbrace{{}_{E}^{F}\boldsymbol{v}_{SQ}}_{\substack{\text{“地上”}\\ \text{相对速度}}} = \underbrace{\frac{\mathrm{d}}{\mathrm{d}t}({}_{E}^{F}\boldsymbol{r}_{SQ})}_{F\text{上的相对速度}} + {}_{E}^{F}\boldsymbol{\omega}_{F} \times {}_{E}^{F}\boldsymbol{r}_{SQ} \tag{3.74}$$

因此，速度 ${}_{E}^{F}\boldsymbol{v}_{SQ}$ 可借由在车辆中的可量测量来表示：${}_{E}^{F}\boldsymbol{r}_{SQ}$可通过环境传感器来采集，通过其在车辆坐标系中对时间求导可算出$\frac{\mathrm{d}}{\mathrm{d}t}({}_{E}^{F}\boldsymbol{r}_{SQ})$；矢量 ${}_{E}^{F}\boldsymbol{\omega}_{F}$ 可通过角速度传感器在车辆内测得。

对于式（3.74）应考虑一个特定情况，即点 Q 是汽车上某一固定的点，使得 ${}_{E}^{F}\boldsymbol{r}_{SQ}$ 不会发生变化，则$\frac{\mathrm{d}}{\mathrm{d}t}({}_{E}^{F}\boldsymbol{r}_{SQ})=0$。在这种情况下，相对于地面坐标系 E，点 S 和点 Q 之间是存在速度差的。该速度差被表示在车辆坐标系中就是 ${}_{E}^{F}\boldsymbol{v}_{SQ} = {}_{E}^{F}\boldsymbol{\omega}_{F} \times {}_{E}^{F}\boldsymbol{r}_{SQ}$。即 ${}_{E}^{F}\boldsymbol{\omega}_{F} \neq \boldsymbol{0}$ 时，车辆上的每一个点都有着不同的地面速度。这其实也很好理解，比如考虑在车辆拐弯时，车辆转向外侧的一个点比内侧的一个点有着更高的相对于地面坐标系的速度。

现在我们将式（3.67）应用到矢量${}_{E}^{F}\boldsymbol{v}_{SQ}$，则得到

$$\underbrace{{}_{E}^{F}\dot{\boldsymbol{v}}_{SQ}}_{{}^{F}\boldsymbol{R}_{E}\,{}^{E}\dot{\boldsymbol{v}}_{SQ}} = \frac{\mathrm{d}}{\mathrm{d}t}({}_{E}^{F}\boldsymbol{v}_{SQ}) + {}_{E}^{F}\boldsymbol{\omega}_{F} \times {}_{E}^{F}\boldsymbol{v}_{SQ} \tag{3.75}$$

${}_{E}^{F}\dot{\boldsymbol{v}}_{SQ}$项是 Q 相对于 S 的地面加速度被表示在 F 上，它也可以被记作${}_{E}^{F}\boldsymbol{a}_{SQ}$，其是${}_{E}^{F}\boldsymbol{a}_{Q}$和${}_{E}^{F}\boldsymbol{a}_{S}$两个加速度的差。

$${}_{E}^{F}\dot{\boldsymbol{v}}_{SQ} = {}_{E}^{F}\boldsymbol{a}_{SQ} = {}_{E}^{F}\boldsymbol{a}_{Q} - {}_{E}^{F}\boldsymbol{a}_{S} \tag{3.76}$$

式中，${}_{E}^{F}\boldsymbol{a}_{Q}$ 是 Q 相对于地面坐标系 E 的原点的加速度被表达车辆坐标系 F 上；${}_{E}^{F}\boldsymbol{a}_{S}$ 则是 S 相对于地面坐标系 E 的原点的速度被表达在车辆坐标系 F 上。也可以将式（3.75）写作

$${}_{E}^{F}\boldsymbol{a}_{SQ} = \frac{\mathrm{d}}{\mathrm{d}t}({}_{E}^{F}\boldsymbol{v}_{SQ}) + {}_{E}^{F}\boldsymbol{\omega}_{F} \times {}_{E}^{F}\boldsymbol{v}_{SQ} \tag{3.77}$$

使用式（3.74）和式（3.67）可以分解地面相对加速度${}_{E}^{F}\boldsymbol{a}_{SQ}$得

$$\begin{aligned}
\underbrace{{}^F_E\boldsymbol{a}_{SQ}}_{\text{“地面”相对加速度}} &= \frac{\mathrm{d}}{\mathrm{d}t}\left(\frac{\mathrm{d}}{\mathrm{d}t}({}^F_E\boldsymbol{r}_{SQ}) + {}^F_E\boldsymbol{\omega}_F \times {}^F_E\boldsymbol{r}_{SQ}\right) + {}^F_E\boldsymbol{\omega}_F \times \left(\frac{\mathrm{d}}{\mathrm{d}t}({}^F_E\boldsymbol{r}_{SQ}) + {}^F_E\boldsymbol{\omega}_F \times {}^F_E\boldsymbol{r}_{SQ}\right) \\
&= \frac{\mathrm{d}^2}{\mathrm{d}t^2}({}^F_E\boldsymbol{r}_{SQ}) + \frac{\mathrm{d}}{\mathrm{d}t}({}^F_E\boldsymbol{\omega}_F \times {}^F_E\boldsymbol{r}_{SQ}) + {}^F_E\boldsymbol{\omega}_F \times \frac{\mathrm{d}}{\mathrm{d}t}({}^F_E\boldsymbol{r}_{SQ}) + {}^F_E\boldsymbol{\omega}_F \times ({}^F_E\boldsymbol{\omega}_F \times {}^F_E\boldsymbol{r}_{SQ}) \\
&= \frac{\mathrm{d}^2}{\mathrm{d}t^2}({}^F_E\boldsymbol{r}_{SQ}) + {}^F_E\dot{\boldsymbol{\omega}}_F \times {}^F_E\boldsymbol{r}_{SQ} + {}^F_E\boldsymbol{\omega}_F \times \frac{\mathrm{d}}{\mathrm{d}t}({}^F_E\boldsymbol{r}_{SQ}) + {}^F_E\boldsymbol{\omega}_F \times \frac{\mathrm{d}}{\mathrm{d}t}({}^F_E\boldsymbol{r}_{SQ}) + {}^F_E\boldsymbol{\omega}_F \times ({}^F_E\boldsymbol{\omega}_F \times {}^F_E\boldsymbol{r}_{SQ}) \\
&= \underbrace{\frac{\mathrm{d}^2}{\mathrm{d}t^2}({}^F_E\boldsymbol{r}_{SQ})}_{F\text{上的相对加速度}} + \underbrace{{}^F_E\dot{\boldsymbol{\omega}}_F \times {}^F_E\boldsymbol{r}_{SQ}}_{\text{欧拉加速度}} + \underbrace{{}^F_E\boldsymbol{\omega}_F \times ({}^F_E\boldsymbol{\omega}_F \times {}^F_E\boldsymbol{r}_{SQ})}_{\text{向心加速度}} + \underbrace{2\,{}^F_E\boldsymbol{\omega}_F \times \underbrace{\frac{\mathrm{d}}{\mathrm{d}t}({}^F_E\boldsymbol{r}_{SQ})}_{F\text{上的相对速度}}}_{\text{科里奥利加速度}}
\end{aligned} \tag{3.78}$$

从式（3.78）可以看出，点 Q 相对于点 S 在地面坐标系 E 中的加速度（其被表示在 F 上）并不单单是在 F 中测得的位置矢量 ${}^F_E\boldsymbol{r}_{SQ}$ 对于时间的二阶导数。式子还得出了欧拉加速度、向心加速度和科里奥利加速度这些对应作用力属于惯性力的加速度分量，这些惯性力正是因为 F 是一个运动坐标系而非惯性系而产生的。

选汽车上某一固定的点作为点 Q，那么 ${}^F_E\boldsymbol{r}_{SQ}$ 就是一个常矢量，所以有 $\frac{\mathrm{d}^2}{\mathrm{d}t^2}({}^F_E\boldsymbol{r}_{SQ})=0$。从式（3.78）可以看出，$Q$ 相对于 S 存在一个地面加速度，其值是

$${}^F_E\boldsymbol{a}_{SQ} = {}^F_E\dot{\boldsymbol{\omega}}_F \times {}^F_E\boldsymbol{r}_{SQ} + {}^F_E\boldsymbol{\omega}_F \times ({}^F_E\boldsymbol{\omega}_F \times {}^F_E\boldsymbol{r}_{SQ})$$

也就是说，${}^F_E\boldsymbol{\omega}_F \neq \boldsymbol{0}$ 或 ${}^F_E\dot{\boldsymbol{\omega}}_F \neq \boldsymbol{0}$ 时，车辆上的每一个点都有着不同的地面加速度。

角速度矢量 ${}^F_E\boldsymbol{\omega}_F$ 描述了车辆作为刚体的方向变化，而该矢量对车辆上所有点来说都是一样的。相对于惯性系而言，在车辆转向时，车辆上两个不同的位点在单位时间内经过了“同样多的角度”，但没有经过“同样多的距离”。所以，对于车辆上不同的位点而言，通过距离对时间求导而得到的速度和加速度，它们相对于惯性系有着不同的值。速度差和加速度差的计算可以如前述的那样，借助式（3.74）和式（3.78）来完成。

如果想在坐标系 F 中给出某一个点 Q 相对于坐标系 E 的位置、速度和加速度，那么就需要用到坐标系 F 的原点 S 在 E 中的位置、速度和加速度。而这种情况我们很可能要遇到，因为所有的测量都是在 F 中进行的。由式（3.70）和式（3.71）可以得到 Q 相对于地面坐标系 E 的位置矢量并表示在车辆坐标系 F 上

$${}^F_E\boldsymbol{r}_Q = {}^F_E\boldsymbol{r}_S + {}^F_E\boldsymbol{r}_{SQ} \tag{3.79}$$

由式（3.73）和式（3.74）可得 Q 表示在车辆坐标系 F 中的绝对速度，也

就是点 Q 相对于地面坐标系 E 且表示在车辆坐标系 F 中的速度 ${}_{E}^{F}\boldsymbol{v}_{Q}$

$$\underbrace{{}_{E}^{F}\boldsymbol{v}_{Q}}_{\text{绝对速度}} = \underbrace{{}_{E}^{F}\boldsymbol{v}_{S} + {}_{E}^{F}\boldsymbol{\omega}_{F} \times {}_{E}^{F}\boldsymbol{r}_{SQ}}_{\text{牵引速度}} + \underbrace{\frac{\mathrm{d}}{\mathrm{d}t}({}_{E}^{F}\boldsymbol{r}_{SQ})}_{F\text{上的相对速度}} \tag{3.80}$$

对于当矢量 ${}_{E}^{F}\boldsymbol{r}_{SQ}$ 不随时间变化，即 Q 固定在正在旋转的系统上时所得到的那部分绝对速度，我们称之为牵连速度。

由式（3.76）和式（3.77）可得 Q 表示在车辆坐标系 F 中的绝对加速度，也就是点 Q 相对于地面坐标系 E 且表示在车辆坐标系 F 中的加速度 ${}_{E}^{F}\boldsymbol{a}_{Q}$

$$\underbrace{{}_{E}^{F}\boldsymbol{a}_{Q}}_{\text{绝对加速度}} = \underbrace{{}_{E}^{F}\boldsymbol{a}_{S} + {}_{E}^{F}\dot{\boldsymbol{\omega}}_{F} \times {}_{E}^{F}\boldsymbol{r}_{SQ} + {}_{E}^{F}\boldsymbol{\omega}_{F} \times ({}_{E}^{F}\boldsymbol{\omega}_{F} \times {}_{E}^{F}\boldsymbol{r}_{SQ})}_{\text{牵引加速度}} + \underbrace{2\,{}_{E}^{F}\boldsymbol{\omega}_{F} \times \frac{\mathrm{d}}{\mathrm{d}t}({}_{E}^{F}\boldsymbol{r}_{SQ})}_{\text{科里奥利加速度}} + \underbrace{\frac{\mathrm{d}^2}{\mathrm{d}t^2}({}_{E}^{F}\boldsymbol{r}_{SQ})}_{F\text{上的相对加速度}} \tag{3.81}$$

对于当矢量 ${}_{E}^{F}\boldsymbol{r}_{SQ}$ 不随时间变化，即 Q 固定在正在旋转的系统上时所得到的那部分绝对加速度，我们称之为牵连加速度。

使用式（3.79）~式（3.81）的一个好处是，在车里就能够去计算另一个交通参与者在地面坐标系里的位置、绝对速度和绝对加速度。而计算时也只需要用到由车载传感器就能测得的量——车的速度矢量 ${}_{E}^{F}\boldsymbol{v}_{S}$、加速度矢量 ${}_{E}^{F}\boldsymbol{a}_{S}$、角速度矢量 ${}_{E}^{F}\boldsymbol{\omega}_{F}$ 以及车和点 Q 之间的位置向量 ${}_{E}^{F}\boldsymbol{r}_{SQ}$。

3.2.2 交通参与者运动模型

虽然可以对车辆应用精确的动力学模型，但因为缺少其他交通参与者的信息，我们通常无法将该模型应用于其他交通参与者。然而，为了估计其他道路参与者的状态，预测他们的行为，一个能够应用于他们的运动模型仍是必要的。在第 4 章中，我们将讨论交通参与者的状态估计，也就是所谓的追踪。本小节中将介绍简单的运动模型，只考虑平面运动：地面坐标系 E 的 Z 轴和车辆坐标系 F 的 z 轴上的分量将被忽略，即侧倾、俯仰和垂直弹性运动都被忽略不计。这个假设对于大多数自动驾驶和主动车辆安全的功能和算法来说是合适的。

下面使用图 3.15 来推导运动模型，图中展示了地面坐标系 E、车辆坐标系 F、F 的原点兼车辆重心 S、由 F 的 x 轴和速度矢量 ${}_{E}^{F}\boldsymbol{v}_{S}$ 所夹成的侧滑角 β、${}_{E}^{F}\boldsymbol{v}_{S}$ 的模长 v、${}_{E}^{F}\boldsymbol{v}_{S}$ 在 x 上的分量 v_x、${}_{E}^{F}\boldsymbol{v}_{S}$ 在 y 上的分量 v_y、横摆角 Ψ、位置矢量 ${}^{E}\boldsymbol{r}_{S}$ 以及 ${}^{E}\boldsymbol{v}_{S}$（${}_{E}^{F}\boldsymbol{v}_{S}$ 表示在 E 上时）的分量 v_X、v_Y。

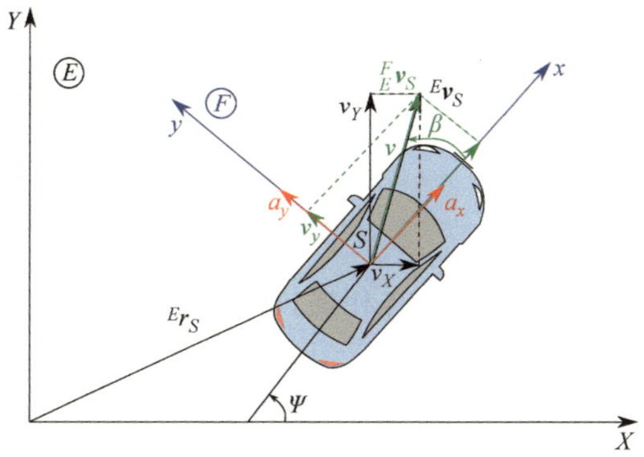

图 3.15　地面坐标系 E 中的车辆，其上有车辆坐标系 F

预测某交通场景进一步的发展是运动模型最常见的应用之一。为此我们来观察图 3.16，对于某时间点 t_0，它可以是环境传感器传来关于周边环境的新数据的时候，地面坐标系 E 将被放置在车道上，并且直接位于车辆坐标系 F 下方，使得 x 轴与 X 轴还有 y 轴与 Y 轴分别对齐。只要环境传感器测得了 S 到 Q 的位置矢量 ${}^F_E\boldsymbol{r}_{SQ}$，就可以通过式（3.80）和式（3.81）算出绝对速度 ${}^F_E\boldsymbol{v}_Q$，以及绝对加速度 ${}^F_E\boldsymbol{a}_Q$。如此我们可以在预测区间 $[t_0, t_0+\tau]$（τ 是预测的时长）内去估计 Q 在地面坐标系 E 上的平面运动，也因此估计了时间点 t_0 下的车辆坐标系中的平面运动。因为一个预测通常就是需要从当前时间点 t_0 起开始进行的，所以只要有预测待定，在整个过程中地面坐标系 E 就可以固定重叠在 t_0 时刻的 F 上。从图 3.15 和图 3.16a 的比较可以看出，针对图 3.15 所推导出的运动方程可以直接转用到另一重心为 Q 的车辆上。因此，本小节所得到的运动方程既适用于描述

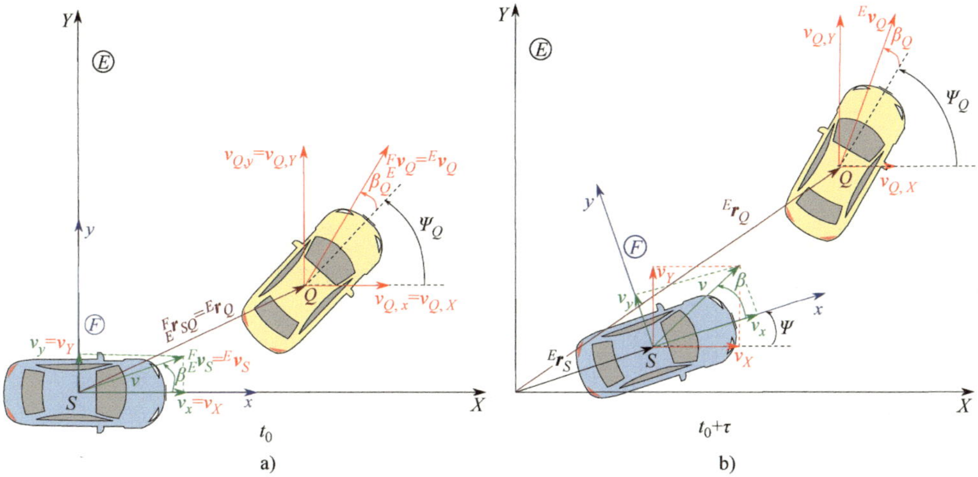

图 3.16　车辆自身和重心为 Q 的车辆在 t_0 时以及在预测时间点 $t_0+\tau$ 时的状态

a) 在 t_0 时　b) 在 $t_0+\tau$ 时

车辆自身（重心为 S）的动力学状态，也适用于描述其他交通参与者（重心为 Q）的动力学状态，进而这些运动方程适合用在对某交通场景下的多个交通参与者进行预测时所需要用到的算法中。

地面坐标系中解耦的纵向和横向动力学

在地面坐标系中，解耦的纵向和横向动力学的运动模型是基于以下假设（见图 3.15）。

1）车辆或物体是由无需定义朝向的某个点 S 来建模的，也就是说不会用到横摆角 Ψ。

2）在地面坐标系中，点 S 沿 X 轴的运动与沿 Y 轴的运动是解耦的。

3）已知点 S 在 E 上的初始位置 $[r_X(t_0), r_Y(t_0)]$ 和初始速度 $[v_X(t_0), v_Y(t_0)]$。

4）作用于 E 内的 S 上的加速度被预先确定为输入量。

如此便可得到关于位置 ${}^E\boldsymbol{r}_S(t)$、速度 ${}^E\boldsymbol{v}_S(t)$ 和加速度 ${}^E\boldsymbol{a}_S(t)$ 的物理关系

$$ {}^E\dot{\boldsymbol{v}}_S(t) = {}^E\boldsymbol{a}_S(t) \tag{3.82} $$

$$ {}^E\dot{\boldsymbol{r}}_S(t) = {}^E\boldsymbol{v}_S(t) \tag{3.83} $$

并结合 ${}^E\boldsymbol{a}_S(t) = [a_X(t), a_Y(t), 0]^{\mathrm{T}}$, ${}^E\boldsymbol{v}_S(t) = [v_X(t), v_Y(t), 0]^{\mathrm{T}}$, ${}^E\boldsymbol{r}_S(t) = [r_X(t), r_Y(t), 0]^{\mathrm{T}}$ 得到等式

$$ \dot{v}_X = a_X(t);\ \dot{r}_X = v_X(t);\ \dot{v}_Y = a_Y(t);\ \dot{r}_Y = v_Y(t) \tag{3.84} $$

结合状态向量 $\boldsymbol{x}(t) = [r_X(t), v_X(t), r_Y(t), v_Y(t)]^{\mathrm{T}}$ 以及输入向量 $\boldsymbol{u}(t) = [a_X(t), a_Y(t)]^{\mathrm{T}}$ 可得到

$$ \underbrace{\begin{bmatrix} \dot{r}_X(t) \\ \dot{v}_X(t) \\ \dot{r}_Y(t) \\ \dot{v}_Y(t) \end{bmatrix}}_{\dot{\boldsymbol{x}}(t)} = \underbrace{\begin{bmatrix} 0 & 1 & 0 & 0 \\ 0 & 0 & 0 & 0 \\ 0 & 0 & 0 & 1 \\ 0 & 0 & 0 & 0 \end{bmatrix}}_{\boldsymbol{A}} \underbrace{\begin{bmatrix} r_X(t) \\ v_X(t) \\ r_Y(t) \\ v_Y(t) \end{bmatrix}}_{\boldsymbol{x}(t)} + \underbrace{\begin{bmatrix} 0 & 0 \\ 1 & 0 \\ 0 & 0 \\ 0 & 1 \end{bmatrix}}_{\boldsymbol{B}} \underbrace{\begin{bmatrix} a_X(t) \\ a_Y(t) \end{bmatrix}}_{\boldsymbol{u}(t)} \tag{3.85} $$

现在用式（2.244）和式（2.245）对其离散化。我们还注意到矩阵 $\boldsymbol{A}$ 是一个幂零矩阵，对于所有 $k \geqslant 2$ 都存在 $\boldsymbol{A}^k=\boldsymbol{0}$。之后可得到离散时间下的状态方程：

$$ \underbrace{\begin{bmatrix} r_X[n+1] \\ v_X[n+1] \\ r_Y[n+1] \\ v_Y[n+1] \end{bmatrix}}_{\dot{\boldsymbol{x}}[n+1]} = \underbrace{\begin{bmatrix} 1 & T & 0 & 0 \\ 0 & 1 & 0 & 0 \\ 0 & 0 & 1 & T \\ 0 & 0 & 0 & 1 \end{bmatrix}}_{\hat{\boldsymbol{A}}=\boldsymbol{I}_4+\boldsymbol{A}T} \underbrace{\begin{bmatrix} r_X[n] \\ v_X[n] \\ r_Y[n] \\ v_Y[n] \end{bmatrix}}_{\boldsymbol{x}[n]} + \underbrace{\begin{bmatrix} \frac{T^2}{2} & 0 \\ T & 0 \\ 0 & \frac{T^2}{2} \\ 0 & T \end{bmatrix}}_{\hat{\boldsymbol{B}}=(\boldsymbol{I}T+\boldsymbol{A}\frac{T^2}{2})\boldsymbol{B}} \underbrace{\begin{bmatrix} a_X[n] \\ a_Y[n] \end{bmatrix}}_{\boldsymbol{u}(n)} \tag{3.86} $$

它可以被用于算法实现。

如果使用式（2.236）的双线性变换方法，或是式（2.222）中的隐式欧拉法来对式（3.85）进行离散化，则会得到与式（3.86）中相同的矩阵$\hat{\boldsymbol{A}}$和$\hat{\boldsymbol{B}}$。如果使用式（2.212）的显示欧拉法，则虽然可以得到与式（3.86）中相同的矩阵$\hat{\boldsymbol{A}}$，但是得到的输入矩阵略有不同：式（3.86）中 $\hat{\boldsymbol{B}}$ 的两个 $\frac{T^2}{2}$ 项都分别为零。对于较小的步长 T，其实有 $\frac{T^2}{2}\approx 0$。

综上所述，该运动模型适用于那些通过点来建模、仅有当前位置和当前速度作为已知的初始条件，且可以在地面坐标系上对其加速度 a_X 和 a_Y 的未来走向做出假设的物体，比如可以假设它们的加速度在预测的时间范围内保持不变。由于物体的纵向和横向动力学耦合未被建模，所以该模型也能用来预估行人的运动。

朝向和速度均为常量的模型

固定朝向的匀速运动模型基于以下假设（见图 3.15）：

1）物体的朝向，即横摆角 $\Psi(t)$ 保持不变，令之为 Ψ_0。

2）绝对速度 ${}^F_E\boldsymbol{v}_S(t)$ 的大小 $v(t)$ 为常量，令之为 v_0。

3）在 F 坐标系中物体的速度只在 x 上有分量，即 $v_x(t)=v(t)=|{}^F_E\boldsymbol{v}_S(t)|$ 且 $v_y(t)=0$；如果这里物体是一辆车的话，则其侧滑角 $\beta(t)=0$。

4）已知物体在 E 上的初始位置 $[r_X(t_0), r_Y(t_0)]$ 和初始朝向 $(\Psi(t_0)=\Psi_0)$ 以及初始速度 $[v_x(t_0)=v_0, v_y(t_0)=0]$。

由物理关系可得

$$\underbrace{\begin{bmatrix}\dot{r}_X(t)\\ \dot{r}_Y(t)\\ 0\end{bmatrix}}_{{}^E\dot{\boldsymbol{r}}_S}=\underbrace{\begin{bmatrix}v_X(t)\\ v_Y(t)\\ 0\end{bmatrix}}_{{}^E\boldsymbol{v}_S}=\underbrace{\begin{bmatrix}\mathrm{c}(\psi(t)) & -\mathrm{s}(\psi(t)) & 0\\ \mathrm{s}(\psi(t)) & \mathrm{c}(\psi(t)) & 0\\ 0 & 0 & 1\end{bmatrix}}_{{}^E\boldsymbol{R}_F}\underbrace{\begin{bmatrix}v_x(t)\\ v_y(t)\\ 0\end{bmatrix}}_{{}^F_E\boldsymbol{v}_S}$$
$$=\begin{bmatrix}\mathrm{c}(\psi_0) & -\mathrm{s}(\psi_0) & 0\\ \mathrm{s}(\psi_0) & \mathrm{c}(\psi_0) & 0\\ 0 & 0 & 1\end{bmatrix}\begin{bmatrix}v_0\\ 0\\ 0\end{bmatrix} \tag{3.87}$$

由状态向量 $\boldsymbol{x}(t)=[r_X(t), r_Y(t)]^{\mathrm{T}}$ 和输入向量 $\boldsymbol{u}(t)=\boldsymbol{u}=[v_0\mathrm{c}(\Psi_0), v_0\mathrm{s}(\Psi_0)]^{\mathrm{T}}$ 得到

$$\underbrace{\begin{bmatrix}\dot{r}_X(t)\\\dot{r}_Y(t)\end{bmatrix}}_{\dot{x}(t)}=\underbrace{\begin{bmatrix}0&0\\0&0\end{bmatrix}}_{A}\underbrace{\begin{bmatrix}r_X(t)\\r_Y(t)\end{bmatrix}}_{x(t)}+\underbrace{\begin{bmatrix}1&0\\0&1\end{bmatrix}}_{B}\underbrace{\begin{bmatrix}v_0\mathrm{c}(\psi_0)\\v_0\mathrm{s}(\psi_0)\end{bmatrix}}_{u} \tag{3.88}$$

在 $\boldsymbol{A}=\boldsymbol{0}$ 的情况下，用式（2.244）和式（2.245）对离散时间系统的系统矩阵作离散化会得到 $\hat{\boldsymbol{A}}=\boldsymbol{I}_2$，而对输入矩阵离散化则得到 $\hat{\boldsymbol{B}}=T\boldsymbol{I}_2$。于是得到可以用于离散时间系统的算法实现的状态方程：

$$\underbrace{\begin{bmatrix}r_X[n+1]\\r_Y[n+1]\end{bmatrix}}_{x[n+1]}=\underbrace{\begin{bmatrix}1&0\\0&1\end{bmatrix}}_{\hat{A}=I_2}\underbrace{\begin{bmatrix}r_X[n]\\r_Y[n]\end{bmatrix}}_{x[n]}+\underbrace{\begin{bmatrix}T&0\\0&T\end{bmatrix}}_{\hat{B}=ITB}\underbrace{\begin{bmatrix}v_0\mathrm{c}(\psi_0)\\v_0\mathrm{s}(\psi_0)\end{bmatrix}}_{u} \tag{3.89}$$

综上所述，该运动模型适用于那些原点为 S（也可以是图示 3.16 中的 Q）的自身坐标系来建模；当前仅有位置、朝向和速度作为已知的初始条件；就其趋势而言可以假设其朝向和速度均保持不变的物体。尽管是一个简单的运动模型，但它只需很短的预测时段 τ（见图 3.16）便能良好地估计出交通参与者们不久之后的位置。

横摆角速度和纵向加速度可变的模型

横摆角速度和纵向加速度可变的运动模型是基于以下假设的（见图 3.15）：

1）物体的朝向，即横摆角 $\psi(t)$ 是可变的；横摆角速度 $\dot{\psi}(t)$ 也会随时间而变化。

2）在 F 坐标系中物体的速度只在 x 上有分量，即 $v_x(t)=v(t)=\left|{}_E^F\boldsymbol{v}_S(t)\right|$ 且 $v_y(t)=0$；如果这里物体是一辆车的话，则其侧滑角 $\beta(t)=0$。

3）纵向加速度，即点 S 的绝对加速度 ${}_E^F\boldsymbol{a}_S(t)$ 的第一个分量。

4）已知物体在 E 上的初始位置 $[r_X(t_0)=r_{X,0}, r_Y(t_0)=r_{Y,0}]$ 和初始朝向 $[\Psi(t_0)=\Psi_0]$ 以及初始速度 $[v_x(t_0)=v_0, v_y(t_0)=0]$。

5）横摆角速度和纵向加速度被预先确定为输入量

由物理关系可得

$$\begin{bmatrix}v_X(t)\\v_Y(t)\\\dot{v}(t)\\\dot{\psi}(t)\end{bmatrix}=\underbrace{\begin{bmatrix}\dot{r}_X(t)\\\dot{r}_Y(t)\\\dot{v}(t)\\\dot{\psi}(t)\end{bmatrix}}_{\dot{x}(t)}=\underbrace{\begin{bmatrix}v(t)\mathrm{c}(\psi(t))\\v(t)\mathrm{s}(\psi(t))\\a_x(t)\\\dot{\psi}(t)\end{bmatrix}}_{f(x(t),u(t))} \tag{3.90}$$

由状态向量$\boldsymbol{x}(t)=[r_X(t),r_Y(t),v(t),\Psi(t)]^{\mathrm{T}}$和输入向量$\boldsymbol{u}(t)=[a_x(t),\dot{\Psi}(t)]^{\mathrm{T}}$就能得到一个形如式（2.203）的非线性连续时间系统的状态方程。下面将分两步分别对该非线性系统进行线性化和离散化。

线性化是通过式（2.63）中的泰勒级数实现的，而式（2.63）中线性化所围绕的操作点$\boldsymbol{x}_0$是由向量$\boldsymbol{x}(t_0)=[r_X(t_0),r_Y(t_0),v(t_0),\Psi(t_0)]^{\mathrm{T}}$和向量$\boldsymbol{u}(t_0)=[a_{x,0},\dot{\Psi}(t_0)]^{\mathrm{T}}$组成的。当时间间隔$t-t_0$很小时，$\boldsymbol{x}(t)-\boldsymbol{x}(t_0)$和$\boldsymbol{u}(t)-\boldsymbol{u}(t_0)$也就很小，式（2.63）中带有雅各布矩阵的项之后的求和项可以被忽略。因此可以在对非线性连续时间系统进行线性化时，将式（2.63）一般化地写作

$$\begin{aligned}\dot{\boldsymbol{x}}(t)=\boldsymbol{f}(\boldsymbol{x}(t_0),\boldsymbol{u}(t_0))+\left.\frac{\partial \boldsymbol{f}(\boldsymbol{x}(t),\boldsymbol{u}(t))}{\partial \boldsymbol{x}(t)^{\mathrm{T}}}\right|_{\substack{\boldsymbol{x}(t)=\boldsymbol{x}(t_0)\\ \boldsymbol{u}(t)=\boldsymbol{u}(t_0)}}(\boldsymbol{x}(t)-\boldsymbol{x}(t_0))+\\ \left.\frac{\partial \boldsymbol{f}(\boldsymbol{x}(t),\boldsymbol{u}(t))}{\partial \boldsymbol{u}(t)^{\mathrm{T}}}\right|_{\substack{\boldsymbol{x}(t)=\boldsymbol{x}(t_0)\\ \boldsymbol{u}(t)=\boldsymbol{u}(t_0)}}(\boldsymbol{u}(t)-\boldsymbol{u}(t_0))+\underbrace{\text{其他项}}_{\approx \boldsymbol{0}}\end{aligned} \tag{3.91}$$

因此对于式（3.90）所给出的运动模型可得到

$$\begin{aligned}\underbrace{\begin{bmatrix}\dot{r}_X(t)\\ \dot{r}_Y(t)\\ \dot{v}(t)\\ \dot{\Psi}(t)\end{bmatrix}}_{\dot{\boldsymbol{x}}(t)}=\underbrace{\begin{bmatrix}v_0\mathrm{c}(\Psi_0)\\ v_0\mathrm{s}(\Psi_0)\\ a_{x,0}\\ \dot{\Psi}_0\end{bmatrix}}_{\boldsymbol{f}(\boldsymbol{x}(t_0),\boldsymbol{u}(t_0))}+\underbrace{\left.\begin{bmatrix}0&0&\mathrm{c}(\Psi(t))&-v(t)\mathrm{s}(\Psi(t))\\ 0&0&\mathrm{s}(\Psi(t))&v(t)\mathrm{c}(\Psi(t))\\ 0&0&0&0\\ 0&0&0&0\end{bmatrix}\right|_{\substack{\boldsymbol{x}(t)=[r_{X,0},r_{Y,0},v_0,\Psi_0]^{\mathrm{T}}\\ \boldsymbol{u}(t)=[a_{x,0},\dot{\Psi}_0]^{\mathrm{T}}}}}_{\left.\frac{\partial \boldsymbol{f}(\boldsymbol{x}(t),\boldsymbol{u}(t))}{\partial \boldsymbol{x}(t)^{\mathrm{T}}}\right|_{\substack{\boldsymbol{x}(t)=\boldsymbol{x}(t_0)\\ \boldsymbol{u}(t)=\boldsymbol{u}(t_0)}}}\\ \cdot\underbrace{\left(\begin{bmatrix}r_X(t)\\ r_Y(t)\\ v(t)\\ \Psi(t)\end{bmatrix}-\begin{bmatrix}r_{X,0}\\ r_{Y,0}\\ v_0\\ \Psi_0\end{bmatrix}\right)}_{\boldsymbol{x}(t)-\boldsymbol{x}(t_0)}+\underbrace{\left.\begin{bmatrix}0&0\\ 0&0\\ 1&0\\ 0&1\end{bmatrix}\right|_{\substack{\boldsymbol{x}(t)=[r_{X,0},r_{Y,0},v_0,\Psi_0]^{\mathrm{T}}\\ \boldsymbol{u}(t)=[a_{x,0},\dot{\Psi}_0]^{\mathrm{T}}}}}_{\left.\frac{\partial \boldsymbol{f}(\boldsymbol{x}(t),\boldsymbol{u}(t))}{\partial \boldsymbol{u}(t)^{\mathrm{T}}}\right|_{\substack{\boldsymbol{x}(t)=\boldsymbol{x}(t_0)\\ \boldsymbol{u}(t)=\boldsymbol{u}(t_0)}}}\end{aligned}$$

$$
\cdot\underbrace{\left(\begin{bmatrix} a_x(t) \\ \dot{\Psi}(t) \end{bmatrix}-\begin{bmatrix} a_{x,0} \\ \dot{\Psi}_0 \end{bmatrix}\right)}_{\boldsymbol{u}(t)-\boldsymbol{u}(t_0)}
$$

$$
=\begin{bmatrix} v_0\mathrm{c}(\Psi_0) \\ v_0\mathrm{s}(\Psi_0) \\ a_{x,0} \\ \dot{\Psi}_0 \end{bmatrix}+\begin{bmatrix} 0 & 0 & \mathrm{c}(\Psi_0) & -v_0\mathrm{s}(\Psi_0) \\ 0 & 0 & \mathrm{s}(\Psi_0) & v_0\mathrm{c}(\Psi_0) \\ 0 & 0 & 0 & 0 \\ 0 & 0 & 0 & 0 \end{bmatrix}\begin{bmatrix} r_X(t)-r_{X,0} \\ r_Y(t)-r_{Y,0} \\ v(t)-v_0 \\ \Psi(t)-\Psi_0 \end{bmatrix}+\begin{bmatrix} 0 \\ 0 \\ a_x(t)-a_{x,0} \\ \dot{\Psi}(t)-\dot{\Psi}_0 \end{bmatrix} \tag{3.92}
$$

式（3.92）可进一步简化从而得到

$$
\begin{aligned}
\dot{\boldsymbol{x}}(t)&=\begin{bmatrix} 0 & 0 & \mathrm{c}(\Psi_0) & -v_0\mathrm{s}(\Psi_0) \\ 0 & 0 & \mathrm{s}(\Psi_0) & v_0\mathrm{c}(\Psi_0) \\ 0 & 0 & 0 & 0 \\ 0 & 0 & 0 & 0 \end{bmatrix}\begin{bmatrix} r_X(t) \\ r_Y(t) \\ v(t) \\ \Psi(t) \end{bmatrix}+\begin{bmatrix} v_0\mathrm{c}(\Psi_0)-v_0\mathrm{c}(\Psi_0)+v_0\mathrm{s}(\Psi_0)\Psi_0 \\ v_0\mathrm{s}(\Psi_0)-v_0\mathrm{s}(\Psi_0)-v_0\mathrm{c}(\Psi_0)\Psi_0 \\ a_x(t) \\ \dot{\Psi}(t) \end{bmatrix} \\
&=\begin{bmatrix} 0 & 0 & \mathrm{c}(\Psi_0) & -v_0\mathrm{s}(\Psi_0) \\ 0 & 0 & \mathrm{s}(\Psi_0) & v_0\mathrm{c}(\Psi_0) \\ 0 & 0 & 0 & 0 \\ 0 & 0 & 0 & 0 \end{bmatrix}\begin{bmatrix} r_X(t) \\ r_Y(t) \\ v(t) \\ \Psi(t) \end{bmatrix}+\begin{bmatrix} v_0\mathrm{s}(\Psi_0)\Psi_0 \\ -v_0\mathrm{c}(\Psi_0)\Psi_0 \\ a_x(t) \\ \dot{\Psi}(t) \end{bmatrix}
\end{aligned} \tag{3.93}
$$

现在式（3.93）表示了经过线性化的连续时间下的运动模型

$$
\underbrace{\begin{bmatrix} \dot{r}_X(t) \\ \dot{r}_Y(t) \\ \dot{v}(t) \\ \dot{\Psi}(t) \end{bmatrix}}_{\dot{\boldsymbol{x}}(t)}=\underbrace{\begin{bmatrix} 0 & 0 & \mathrm{c}(\Psi_0) & -v_0\mathrm{s}(\Psi_0) \\ 0 & 0 & \mathrm{s}(\Psi_0) & v_0\mathrm{c}(\Psi_0) \\ 0 & 0 & 0 & 0 \\ 0 & 0 & 0 & 0 \end{bmatrix}}_{\boldsymbol{A}}\underbrace{\begin{bmatrix} r_X(t) \\ r_Y(t) \\ v(t) \\ \Psi(t) \end{bmatrix}}_{\boldsymbol{x}(t)}+\underbrace{\begin{bmatrix} 1 & 0 & 0 & 0 \\ 0 & 1 & 0 & 0 \\ 0 & 0 & 1 & 0 \\ 0 & 0 & 0 & 1 \end{bmatrix}}_{\boldsymbol{B}}\underbrace{\begin{bmatrix} v_0\mathrm{s}(\Psi_0)\Psi_0 \\ -v_0\mathrm{c}(\Psi_0)\Psi_0 \\ a_x(t) \\ \dot{\Psi}(t) \end{bmatrix}}_{\tilde{\boldsymbol{u}}(t)} \tag{3.94}
$$

式（3.94）的离散化将通过式（2.244）和式（2.245）来完成。因为式（3.94）中的矩阵$\boldsymbol{A}$是幂零矩阵，对于所有$k\geqslant 2$都存在$\boldsymbol{A}^k=\boldsymbol{0}$，所以得出的离散时间下的运动方程为

$$
\underbrace{\begin{bmatrix} r_X[n+1] \\ r_Y[n+1] \\ v[n+1] \\ \Psi[n+1] \end{bmatrix}}_{\boldsymbol{x}[n+1]}=\underbrace{\begin{bmatrix} 1 & 0 & T\mathrm{c}(\Psi_0) & -Tv_0\mathrm{s}(\Psi_0) \\ 0 & 1 & T\mathrm{s}(\Psi_0) & Tv_0\mathrm{c}(\Psi_0) \\ 0 & 0 & 1 & 0 \\ 0 & 0 & 0 & 1 \end{bmatrix}}_{\hat{\boldsymbol{A}}=\boldsymbol{I}_4+\boldsymbol{A}T}\underbrace{\begin{bmatrix} r_X[n] \\ r_Y[n] \\ v[n] \\ \Psi[n] \end{bmatrix}}_{\boldsymbol{x}[n]}
$$

$$+\underbrace{\begin{bmatrix} T & 0 & \frac{T^2}{2}\mathrm{c}(\varPsi_0) & -\frac{T^2}{2}v_0\mathrm{s}(\varPsi_0) \\ 0 & T & \frac{T^2}{2}\mathrm{s}(\varPsi_0) & \frac{T^2}{2}v_0\mathrm{c}(\varPsi_0) \\ 0 & 0 & T & 0 \\ 0 & 0 & 0 & T \end{bmatrix}}_{\hat{\boldsymbol{B}}=\left(\boldsymbol{I}_4 T+\boldsymbol{A}\frac{T^2}{2}\right)\boldsymbol{B}}\underbrace{\begin{bmatrix} v_0\mathrm{s}(\varPsi_0)\varPsi_0 \\ -v_0\mathrm{c}(\varPsi_0)\varPsi_0 \\ a_x[n] \\ \dot{\varPsi}[n] \end{bmatrix}}_{\boldsymbol{u}[n]} \tag{3.95}$$

如果现在在离散时间下将指数 n 指定成时间点 t_0，则式（3.95）表示了式（3.90）中的非线性系统的一个步长为 T 的线性近似，而且有 $v_0=v[n]$ 和 $\dot{\varPsi}_0=\dot{\varPsi}[n]$ 成立。我们于是由（3.95）得到下列等式

$$\begin{aligned} r_X[n+1] &= r_X[n]+v[n]\mathrm{c}(\varPsi[n])T-\cancel{v[n]\mathrm{s}(\varPsi[n])\varPsi[n]T} \\ &\quad +\cancel{v[n]\mathrm{s}(\varPsi[n])\varPsi[n]T}+a_x[n]\mathrm{c}(\varPsi[n])\frac{T^2}{2}-\dot{\varPsi}[n]v[n]\mathrm{s}(\varPsi[n])\frac{T^2}{2} \\ &= r_X[n]+v[n]\mathrm{c}(\varPsi[n])T+a_x[n]\mathrm{c}(\varPsi[n])\frac{T^2}{2}-\dot{\varPsi}[n]v[n]\mathrm{s}(\varPsi[n])\frac{T^2}{2} \end{aligned} \tag{3.96}$$

$$\begin{aligned} r_Y[n+1] &= r_Y[n]+v[n]\mathrm{s}(\varPsi[n])T+\cancel{v[n]\mathrm{c}(\varPsi[n])\varPsi[n]T} \\ &\quad -\cancel{v[n]\mathrm{c}(\varPsi[n])\varPsi[n]T}+a_x[n]\mathrm{s}(\varPsi[n])\frac{T^2}{2}+\dot{\varPsi}[n]v[n]\mathrm{c}(\varPsi[n])\frac{T^2}{2} \\ &= r_Y[n]+v[n]\mathrm{s}(\varPsi[n])T+a_x[n]\mathrm{s}(\varPsi[n])\frac{T^2}{2}+\dot{\varPsi}[n]v[n]\mathrm{c}(\varPsi[n])\frac{T^2}{2} \end{aligned} \tag{3.97}$$

$$v[n+1]=v[n]+a_x[n]T \tag{3.98}$$

$$\varPsi[n+1]=\varPsi[n]+\dot{\varPsi}[n]T \tag{3.99}$$

将式（3.67）应用在速度矢量 ${}_{E}^{F}\boldsymbol{v}_S(t)$ 上，从而得到

$${}_{E}^{F}\boldsymbol{a}_S(t)=\begin{bmatrix} \frac{\mathrm{d}}{\mathrm{d}t}v_x(t) \\ 0 \\ 0 \end{bmatrix}+\begin{bmatrix} 0 \\ 0 \\ \dot{\varPsi}(t) \end{bmatrix}\times\begin{bmatrix} v_x(t) \\ 0 \\ 0 \end{bmatrix}=\begin{bmatrix} a_x(t) \\ \dot{\varPsi}(t)v(t) \\ 0 \end{bmatrix} \tag{3.100}$$

也就是说车辆表示在 F 上的相对于地面坐标系 E 的加速度除了 x 方向上的分量 $a_x(t)$ 外，在 y 方向上还存在因车辆旋转而产生的分量 $a_y(t)=\dot{\varPsi}(t)v(t)$。只要观察式（3.96）和式（3.97）就能看出它们最后一项都带有表示横向加速度 $a_y[n]$ 的分量 $\dot{\varPsi}[n]v[n]$。于是可以用在横摆角速度和纵向加速度可变的运动模型中的算法实现方程是

$$r_X[n+1]=r_X[n]+v[n]\mathrm{c}(\Psi[n])T+a_x[n]\mathrm{c}(\Psi[n])\frac{T^2}{2}-\underbrace{\dot{\Psi}[n]v[n]}_{a_y[n]}\mathrm{s}(\Psi[n])\frac{T^2}{2} \tag{3.101}$$

$$r_Y[n+1]=r_Y[n]+v[n]\mathrm{s}(\Psi[n])T+a_x[n]\mathrm{s}(\Psi[n])\frac{T^2}{2}+\underbrace{\dot{\Psi}[n]v[n]}_{a_y[n]}\mathrm{c}(\Psi[n])\frac{T^2}{2} \tag{3.102}$$

$$v[n+1]=v[n]+a_x[n]T \tag{3.103}$$

$$\Psi[n+1]=\Psi[n]+\dot{\Psi}[n]T \tag{3.104}$$

可视化运动模型如图 3.17 所示。

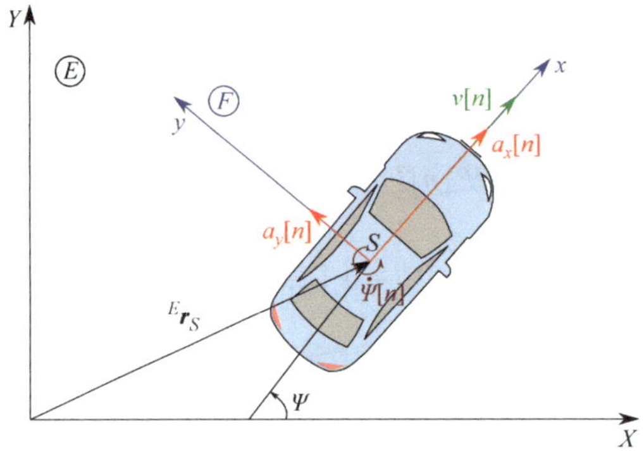

图 3.17　具有可变横摆角速度 $\dot{\Psi}[n]$ 和纵向加速度 $a_x[n]$ 的模型

我们也可以从式（3.101）~ 式（3.104）中的物理关系中确定运动模型，考虑根据以下方程的数量耦合，这些方程可以从图 3.17 中得到

$$v_X[n]=v[n]\mathrm{c}(\Psi[n]) \tag{3.105}$$

$$v_Y[n]=v[n]\mathrm{s}(\Psi[n]) \tag{3.106}$$

$$a_X[n]=a_x[n]\mathrm{c}(\Psi[n])-a_y[n]\mathrm{s}(\Psi[n]) \tag{3.107}$$

$$a_y[n]=v[n]\dot{\Psi}[n] \tag{3.108}$$

$$a_Y[n]=a_x[n]\mathrm{s}(\Psi[n])+a_y[n]\mathrm{c}(\Psi[n]) \tag{3.109}$$

如果将这些方程用于式（3.85）的离散表示中，即在式（3.86）中使用，就可以得到这个运动模型的式（3.101）~ 式（3.104）。

总之，如果物体由其自身的坐标系以原点 S（但也可以是图 3.16 中的 Q）建模，其当前位置、当前方向和当前速度被称为初始条件，并且假定横摆角速度和纵向加速度在未来的过程中可以改变，那么该运动模型是合适的。由于车辆的横摆角速度受转向系统的影响，纵向加速度受制动或加速踏板的影响，该模型提供了计算真实的车辆运动的可能性。这使得该模型适用于广泛的应用。

然而，应该记住，浮动角度被假定为零，因此该模型特别适用于具有低侧向动力的物体。

转向角和纵向加速度可变的模型

该模型基于横摆角速度和纵向加速度可变的运动模型，并将横摆角速度描述为转向角的函数，因此车辆的方向不受横摆角速度的影响，而是受转向角规范的影响，图 3.18 用于推导车辆转向角和横摆角速度之间的关系。

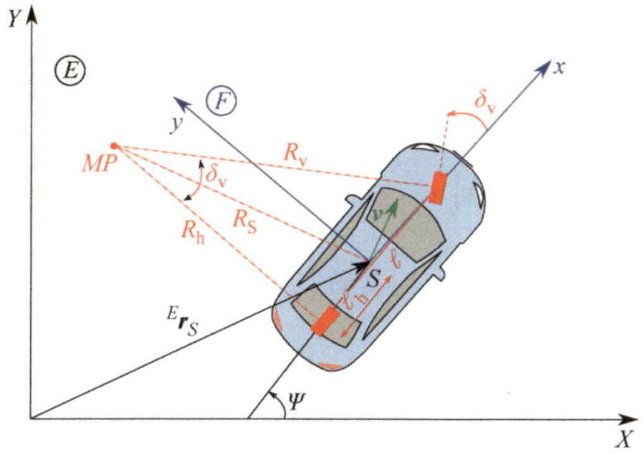

图 3.18　车辆转弯的简单几何模型

对于一个给定的方向盘转角 δ_L，在转向比 i_L 的帮助下可以转换成前轮的**车轮转向角** δ_V，车辆在曲线上移动。车辆上两点的速度矢量的垂线相交于所谓的速度瞬心 MP。车辆一次在平面内的平移和旋转运动可以表示为围绕垂直于平面的瞬时旋转轴的单个旋转运动。该旋转轴与平面的交点是速度瞬心 MP。点 MP 是半径为 R_h 的圆的中心，虚拟车轮在后轴中心移动。

因此，一方面从圆周运动出发，

$$\dot{\Psi} = \frac{v}{R_S}，\text{其中 } R_S = \sqrt{R_h^2 + \ell_h} \tag{3.110}$$

另一方面从几何学考虑出发

$$R_h = \frac{\ell}{\tan(\delta_v)} \tag{3.111}$$

式中 v 是车辆速度，ℓ 是轴距，ℓ_h 是从重心到后轴的距离。这样就获得了一个关于转向角 δ_L 和横摆角速度之间关系的简单模型，即

$$\dot{\Psi} = \frac{v\tan(\delta_L / i_L)}{\sqrt{\ell^2 + \ell_h \tan^2(\delta_v)}} \overset{\delta_v<<1}{\approx} \frac{v\tan(\delta_L / i_L)}{\ell} \tag{3.112}$$

因此，从式（3.101）~ 式（3.104），具有可变转向角和纵向加速度的车辆

的运动方程可以被表述为

$$\dot{\Psi}[n]=\frac{v[n]\tan(\delta_{\mathrm{L}}[n]/i_{\mathrm{L}})}{\ell} \tag{3.113}$$

$$r_X[n+1]=r_X[n]+v[n]\mathrm{c}(\Psi[n])T+a_x[n]\mathrm{c}(\Psi[n])\frac{T^2}{2}-\underbrace{\dot{\Psi}[n]v[n]}_{a_y[n]}\mathrm{s}(\Psi[n])\frac{T^2}{2} \tag{3.114}$$

$$r_Y[n+1]=r_Y[n]+v[n]\mathrm{s}(\Psi[n])T+a_x[n]\mathrm{s}(\Psi[n])\frac{T^2}{2}+\underbrace{\dot{\Psi}[n]v[n]}_{a_y[n]}\mathrm{c}(\Psi[n])\frac{T^2}{2} \tag{3.115}$$

$$v[n+1]=v[n]+a_x[n]T \tag{3.116}$$

$$\Psi[n+1]=\Psi[n]+\dot{\Psi}[n]T \tag{3.117}$$

差分方程（3.113）~式（3.117）可以写成不同的顺序，以便在计算式（3.114）和方程（3.115）时已经可以获得 v 和 Ψ 的更新值。这里可以用后向形式（见图 2.5）实现式（3.116）和式（3.117）中的数值积分。

$$v[n]=v[n-1]+a_x[n]T \tag{3.118}$$

$$\dot{\Psi}[n]=\frac{v[n]\tan(\delta_{\mathrm{L}}[n]/i_{\mathrm{L}})}{\ell} \tag{3.119}$$

$$\Psi[n]=\Psi[n-1]+\dot{\Psi}[n]T \tag{3.120}$$

$$r_X[n]=r_X[n-1]+v[n]\mathrm{c}(\Psi[n])T+a_x[n]\mathrm{c}(\Psi[n])\frac{T^2}{2}-\underbrace{\dot{\Psi}[n]v[n]}_{a_y[n]}\mathrm{s}(\Psi[n])\frac{T^2}{2} \tag{3.121}$$

$$r_Y[n]=r_Y[n-1]+v[n]\mathrm{s}(\Psi[n])T+a_x[n]\mathrm{s}(\Psi[n])\frac{T^2}{2}+\underbrace{\dot{\Psi}[n]v[n]}_{a_y[n]}\mathrm{c}(\Psi[n])\frac{T^2}{2} \tag{3.122}$$

如果知道地面坐标系 E 中的初始位置 $r_X[0]$、$r_Y[0]$、初始横摆角 $\Psi[0]$、初始速度 $v[0]$ 和轴距 ℓ（典型值 ℓ=2.5 m）和转向比 i_{L}（典型值 $i_{\mathrm{L}}\approx 16$），则可以使用方程式。如果将转向角 δ_{L} 和纵向加速度 a_x 用作输入变量，则式（3.119）~式（3.122）近似于车辆在 E 中的运动。这里还应该强调的是，推导中假设侧滑角为零，因此运动模型特别适用于横向动力学参数较低的车辆。

其他模型

如果考虑可变横摆角速度和纵向加速度模型的特殊情况或具有可变转向角和纵向加速度的车辆模型的特殊情况，则可以很容易地生成其他运动模型，例如其中速度恒定（即$a_x[n]=0$）或横摆角变化恒定（即$\dot{\Psi}[n]=\dot{\Psi}_0$或$a_x[n]=0$ 和 $\delta_{\mathrm{L}}[n]=\delta_{\mathrm{L},0}$）。

可以在文献 [SRW08] 中找到可用于跟踪任务的其他运动模型的概述。

3.2.3 车辆运动力学模型

虽然到目前为止本章只考虑了运动学模型，但本小节将简要介绍在车辆中可受到驾驶员或在自动驾驶的情况下受到软件影响的力。这些力由动力总成、制动器或转向装置引起，并导致加速，从而改变车辆的运动。用 $\boldsymbol{p}$ 表示具有质量和速度矢量 $\boldsymbol{v}$ 的移动刚体的**动量**，这可以从

$$\boldsymbol{p}=m\boldsymbol{v} \tag{3.123}$$

计算。牛顿第二定律指出，刚体的动量变化率与作用在刚体上的总力成正比，即

$$\boldsymbol{f}=\frac{\mathrm{d}}{\mathrm{d}t}\boldsymbol{p}=m\frac{\mathrm{d}}{\mathrm{d}t}\boldsymbol{v}=m\boldsymbol{a} \tag{3.124}$$

式中，$\boldsymbol{a}$ 是加速度。

应用于车辆运动，作用于重心 S 的力向量 ${}_{E}^{F}\boldsymbol{f}_S$ 与重心的加速度 ${}_{E}^{F}\boldsymbol{a}_S$ 之间的关系如下

$${}_{E}^{F}\boldsymbol{f}_S=m\,{}_{E}^{F}\boldsymbol{a}_S \tag{3.125}$$

式中，m 是车辆质量。

车辆的驱动力

根据**发动机转速** n_{M} 和加速踏板位置 p_{G} 产生**发动机转矩** M_{M}，该转矩传递到驱动轮。在具有单轴驱动的内燃机车辆中，这是通过具有变速器传动比 i_{G} 和主传动比 i_{A} 的传动系统来完成的。图 3.19 显示了一个大大简化的**传动系统**模型。发动机、变速器和车桥差速器的动力没有被考虑在内。此外，由于没有使用离合器模型，因此只能非常粗略地表示换档过程。对于**驱动力矩**，在这个简化模型中可以得到

$$M_{\mathrm{A}}=\eta_{\mathrm{TW}}i_{\mathrm{G}}i_{\mathrm{A}}M_{\mathrm{M}} \tag{3.126}$$

式中 $\eta_{\mathrm{TW}}\approx 0.85$ 模拟传动系统中的效率，从而模拟**传动系统阻力**，即发动机和轮圈之间的所有阻力。

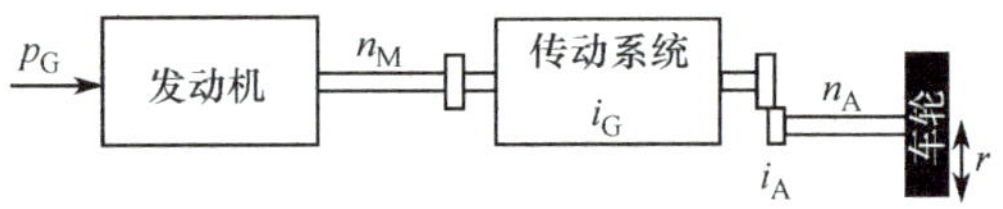

图 3.19　动力传动系统的简单模型

内燃机在低转速 n_M 下只能实现低转矩 M_M，这与电动机不同：电机在低速时已经具有最大转矩。这也是为什么电动汽车不需要变速箱的原因，即对它们来说，i_G=1 往往适用。

图 3.20 和图 3.21 可视化了 141kW 汽油发动机和 232kW 电动机在满载（全压加速踏板）下的转矩特性。相关的发动机功率 P_M 由以下因素产生

$$P_M = \underbrace{2\pi n_M}_{\omega_M} M_M \tag{3.127}$$

式中 ω_M 是曲轴的角速度。

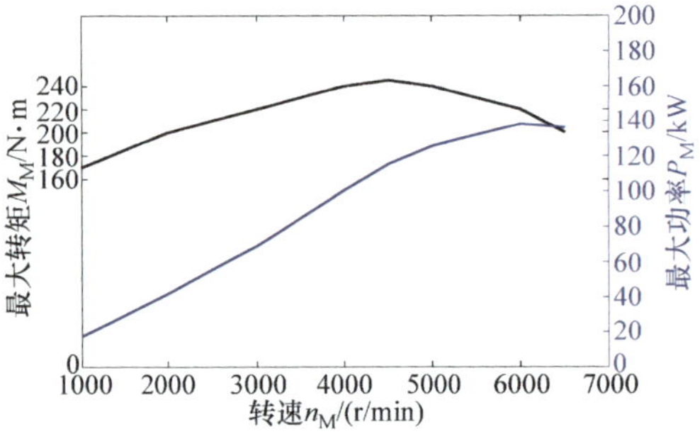

图 3.20　141kW 奥托发动机的输出特性

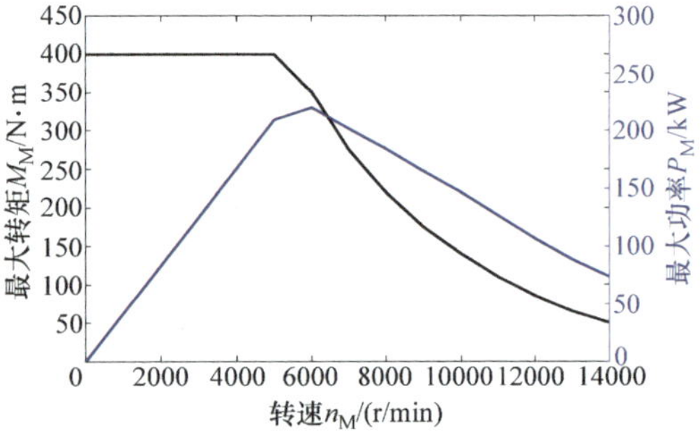

图 3.21　232kW 电动机的输出特性

如果 n_M 以 r/min 为单位，则以 rad/s 为单位的 ω_M 通过计算 $\omega_M = (2\pi n_M)/60$ 得到。在内燃机中，化学能转化为热能，其中一些通过热膨胀转化为机械功。由此产生的转矩受到燃烧过程中所需空气量的限制。当所有燃料分子与大气中的氧气完全反应而不缺氧或留下未燃烧的燃料时，给出化学计量上理想的空气 - 燃料混合物（空燃比系数 λ=1）。奥托发动机中这个比例是每 1g 汽油比约 14.7g 空气。踩下加速踏板可打开汽油发动机的节气门，增加燃烧的空气量。喷射系统或化油器混入适量的燃料。然而，更多机械工作的限制因素是空气量，因为添加更多燃料很容易实现。通过踩下加速踏板，空气 - 燃料混合物的量增加，从而产生转矩 M_M。n_M 的速度不一定增加。如果您上坡行驶，当踩下加速踏板时，发动机不一定转动得更快，但转矩会增加。如果我们看一下柴油发动机，燃料的数量是通过踩加速踏板来控制的，因为它们总是在全空气流的情况下运行。然而，柴油发动机具有每 1g 柴油燃料约 14.5g 空气的化学计量空气要求，即喷射过高的柴油燃料量不再增加转矩，而是导致燃烧室中不完全

燃烧。这些考虑因素表明，踩下加速踏板会增加发动机的转矩 M_M，但不一定是速度 n_M。图 3.22 给出了转矩 M_M 作为速度和加速踏板位置的函数的示例性表示。根据发动机图，现有转速 n_M 和现有加速踏板位置 p_G 的转矩 M_M 可以通过插值来确定。

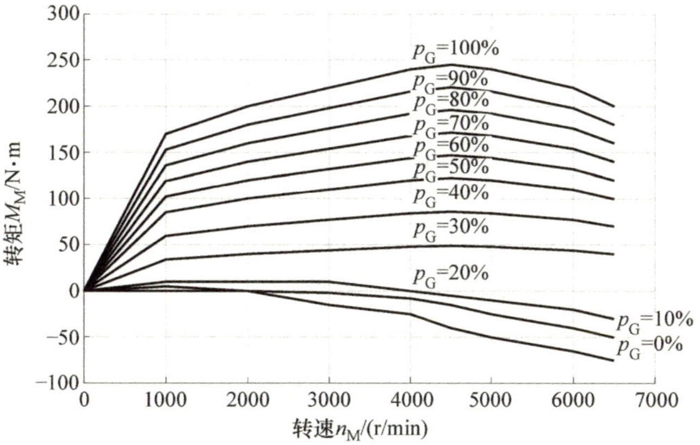

图 3.22　汽油发动机中转矩 M_M 和转速 n_M 之间的示例性关系取决于加速踏板位置 p_G

如果发动机转矩 M_M 已知，则可以使用式（3.126）计算从动轮上的驱动力矩 M_A，并由此计算这些车轮上的总驱动力。

$$F_A = \frac{M_A}{r} = \frac{\eta_{TW} i_G i_A M_M}{r} \tag{3.128}$$

其中，r 如图 3.19 所示，为驱动轮的半径。这些车轮的驱动轮速度 n_A 根据图 3.19

$$n_A = \frac{n_M}{i_G i_A} \tag{3.129}$$

如果知道驱动轮速度 n_A，则可以根据一圈所经过的距离除以所需的时间来计算从动轮的速度，假设车轮的滑动可以忽略不计

$$v_A = \frac{2\pi r}{1/n_A} = \frac{2\pi n_M r}{i_G i_A} \tag{3.130}$$

借助式（3.128）和式（3.130）可以创建行驶状态图，其中横坐标表示速度 v_A，纵坐标表示驱动力 F_A。从中可以看出，在何种速度下车辆可以使用何种驱动力。

因此，可以根据发动机图表通过踏板位置调整驱动力，如图 3.22 所示。在自动驾驶汽车中，转矩是通过软件而不是加速踏板位置来控制的，因此可以借

助发动机图表来实现所需的驱动力矩。

车辆上的制动力

对于安装在当今车辆中的液压制动器，车轮上的制动力是通过主制动缸在车轮制动缸中产生增大的压力而实现的。该压力通过制动片在制动盘上的摩擦产生夹紧力，从而在车轮上产生制动力矩，该制动力矩通过轮胎作为制动力传递到路面。

从图 3.23 可以看出，忽略车轮的转动惯量，以车轮中心为参考点，由力矩定律得到制动力矩方程

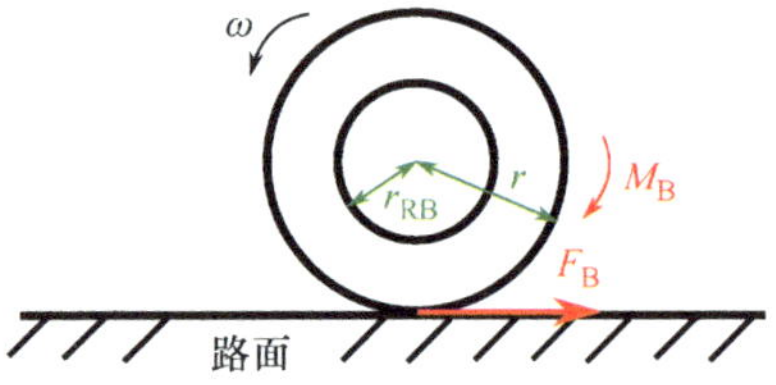

图 3.23　由摩擦力 F_{RB} 产生的制动力矩 M_B 通过轮胎作为制动力 F_B 传递到路面

$$M_B = F_{RB} r_{RB} \tag{3.131}$$

式中，F_{RB} 是制动片上的摩擦力，r_{RB} 是制动片摩擦力作用的半径。

力矩定律指出，空间力系统力的力矩之和等于该力系统对同一参考点的合力矩。制动力矩通过轮胎作为制动力 F_B 传递到路面，通过轮胎与路面的接触制动车轮

$$M_B = F_B r \tag{3.132}$$

其中 r 是车轮半径。从式（3.131）和式（3.132）得到

$$F_B = \frac{r_{RB}}{r} F_{RB} \tag{3.133}$$

制动片摩擦力 F_{RB} 与车轮制动缸夹紧力 F_{spann} 的比值 C^* 称为内部传动比或制动参数

$$C^* = \frac{F_{RB}}{F_{Spann}} \tag{3.134}$$

制动参数 C^* 取决于制动器的几何形状和设计以及制动衬片和制动盘之间的滑动摩擦系数，称为制动衬片摩擦系数 μ_B。线性关系 $C^*=2\mu_B$ 适用于盘式制动器，而这种关系对于鼓式制动器是非线性的。

夹紧力可归因于制动踏板的驱动，如图 3.24 所示。制动管路中的液压制动

压力源于制动踏板上的脚部力 F_{Ped} 首先由踏板放大倍率 i_P 放大，然后由具有制动放大倍率 i_{BV} 的**制动助力装置**放大，最后转换为具有表面积为 A_{HZ} 的主缸中的液压 p

$$p = \frac{i_{BV} i_P F_{Ped}}{A_{HZ}} \tag{3.135}$$

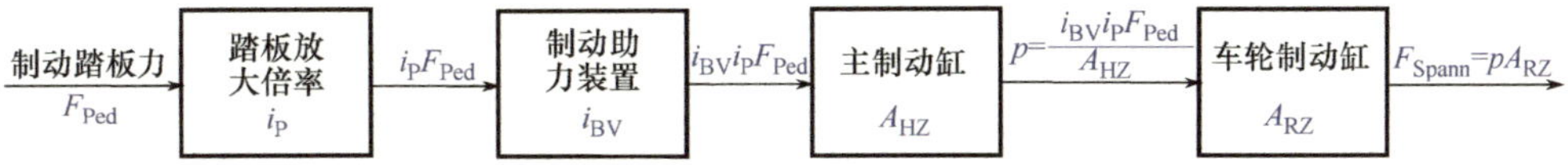

图 3.24　从制动踏板力 F_{Ped} 到夹紧力 F_{Spann} 的路径

这种压力作用于车轮制动缸，通过将制动蹄片压在车轮的制动摩擦表面上，产生夹紧力 F_{Spann}。因此，使用式（3.133）和式（3.134）计算制动力，结果为

$$F_B = F_{Ped} i_{BV} i_P \frac{A_{RZ}}{A_{HZ}} C^* \frac{r_{RB}}{r} \tag{3.136}$$

夹紧力 F_{Spann} 与踏板力 F_{Ped} 的比率通常被称为**外部传动比**。

$$i_{ä} = \frac{F_{Spann}}{F_{Ped}} = i_{BV} i_P \frac{A_{RZ}}{A_{HZ}} \tag{3.137}$$

如果考虑到制动系统中也会出现损耗，则可以使用效率 η_B 重写等式（3.136）

$$F_B = F_{Ped} \eta_B i_{ä} C^* \frac{r_{RB}}{r} \tag{3.138}$$

制动踏板位置由 F_{Ped} 确定。

应该注意的是，制动力矩 M_B 通常分配到车辆的所有四个车轮，而等式（3.126）中的驱动力矩 M_A 仅分配到驱动车轮，也就是说，无论车辆是前轮驱动、后轮驱动还是全轮驱动，都必须对每个轮子的驱动力矩做出区分。制动力矩 M_B 逆着旋转方向作用，驱动力矩 M_A 顺着旋转方向作用。到目前为止介绍的力矩 M_A 和 M_B 并不是作用在各个轮胎上的实际力矩，而是近似值。实际作用力矩由轮胎与道路之间的接触给出。这方面在本小节的“轮胎与道路之间的力”部分和第 3.2.4 小节中有更详细的描述。

制动力矩 M_B 因此可以根据踏板力或制动踏板位置进行调整。在自动驾驶汽车中，可以通过软件而不是踏板力来使制动系统中的压力增加，从而可以由以下关系获得所需的制动力矩。

$$M_B = pA_{RZ}C^{*}r_{RB} \tag{3.139}$$

制动踏板位置和制动力矩之间的关系通常通过特征图来描述，就像对发动机转矩所做的那样。图 3.25 是这种图的一个例子。

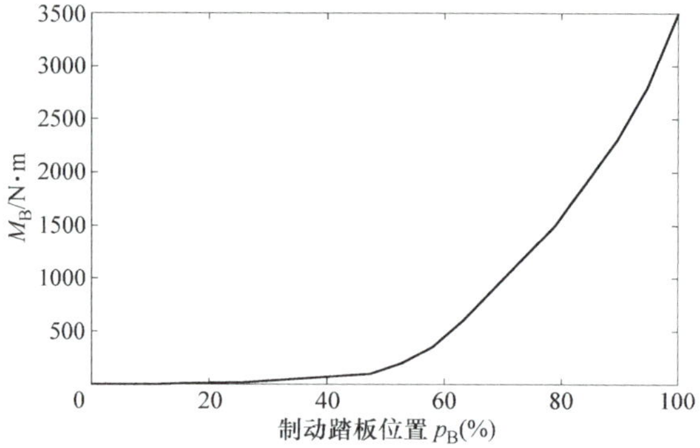

图 3.25　制动踏板位置 p_B 和制动力矩 M_B 之间的示例性关系

车辆侧向力

车辆中的横向力通常由转向引起。虽然通过制动单个车轮也可以产生偏航效果，但下面考虑常见情况，即车轮纵向与车辆纵向轴线之间的角度发生变化。大多数车辆只改变前轮的角度，但也有越来越多的车辆采用后轴转向，将方向盘转动一个角度 ϕ_L 会使左右轮的纵向角度平均变化 ϕ_L/i_L，其中 i_L 称为**转向比**，一般取值在 15 ~ 20 之间。在新车中，转向比通常不是固定的，它是根据行驶速度通过标定程序确定的。如果有后轮转向，则后轮上的角度也取决于方向盘转角和车辆速度。带有后轮转向的车辆通常被设计成在低速时，前轮和后轮的转动相对于车辆的纵轴有不同的方向，即如果方向盘从中位向左转，前轴的车轮向左转，后轴的车轮向右转。这使得转向半径变小，这在低速时特别有用，例如停车入位时。在较高的速度下，前轴和后轴的车轮向同一方向转动，实现了车辆的横向运动，横摆角速度较低。

车辆因转向而产生横向移动的原因在于轮胎与路面之间产生的横向力。这些导致车辆能够转弯。在本节中，考虑特殊情况，其中车辆以恒定半径 R、恒定速度和小侧滑角行驶。在这种情况下，车辆的运动可以通过重心的运动作为质点来描述。更一般的情况在第 3.2.4 小节中处理。如果曲线的半径用 R 表示，那么向心加速度作用在质点上，其值为

$$a_Z = \frac{v^2}{R} = \dot{\Psi}^2 R \tag{3.140}$$

式中，v 是轨道速度，即质量点与地面坐标系相比的速度，$\dot{\Psi}$是角速度。

这个等式可以很容易地从以下考虑因素推导出来。为此，考虑了在两个时间点 t_0 和 t_1 以恒定的卷筒速度运动，如图 3.26 所示。以下关系适用于此运动

$$\Delta\Psi = \dot{\Psi}\Delta t \tag{3.141}$$

$$v = |v_{t_0}| = |v_{t_1}| = \frac{2\pi R}{T} = \dot{\Psi}R \tag{3.142}$$

$$|\Delta v| = |v_{t_1} - v_{t_0}| \approx \Delta\Psi v = \Delta\Psi\dot{\Psi}R \tag{3.143}$$

式中，$\Delta t = t_1 - t_0$和 T 是环绕一周的持续时间。

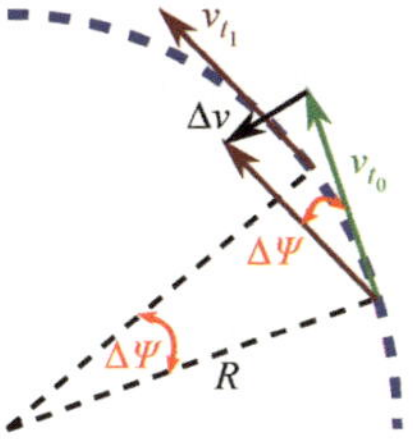

图 3.26　质量点在圆上的运动

向心加速度由 $a_Z = \dfrac{\mathrm{d}v}{\mathrm{d}t}$ 得出，由此，可以获得$\Delta t \approx \mathrm{d}t$的向心加速度

$$a_Z = \frac{|\Delta v|}{\Delta t} = \frac{\Delta\Psi}{\Delta t}\dot{\Psi}R = \dot{\Psi}^2 R = \frac{v^2}{R} = v\dot{\Psi} \tag{3.144}$$

侧向力符合牛顿第二定律

$$F_y = ma_Z = m\frac{v^2}{R} = m\dot{\Psi}^2 R \tag{3.145}$$

式中，m 是车辆的质量，侧向力由轮胎和道路之间产生的横向力产生。下面将考虑为这些力建模。

轮胎和道路之间的力

轮胎是车辆和道路之间的纽带，驾驶员或在自动驾驶的情况下影响算法控制车辆运动的所有力都通过轮胎传递。这意味着这里包含的驱动力、制动力、侧向力和垂直力都与轮胎 - 路面接触有关。轮胎与路面的接触面积称为**轮胎接触面积**。随着车辆移动和轮胎旋转，来自轮胎的新部分不断形成各自的轮胎接

触面。轮胎是粘弹性部件，其物理建模复杂，精确计算需要大量时间。出于这个原因，在车辆动力学中通常选择经验方法。其中轮胎的特性曲线被在试验台上记录下来，然后使用可参数化的图像尽可能精确地再现。

为了创建轮胎特性曲线，可采用库仑摩擦模型，其中在滑动摩擦的情况下传递的摩擦力与法向力成正比。相应地，轮胎传递纵向和横向力的能力取决于轮载，即轮胎上的法向力 F_z。轮载与轮胎上的纵向或横向力之间的比例系数被称为附着系数。对于纵向力，即驱动力和制动力，有纵向附着系数 μ_L，而对于横向力则有横向附着系数 μ_Q：

$$\mu_L = \frac{F_L}{F_z}, \ \mu_Q = \frac{F_Q}{F_z} \tag{3.146}$$

式中，F_L 是纵向力；F_Q 是横向力；而 F_z 是轮载。附着系数以及因此而传递到轮胎上的力取决于与地面接触的轮胎颗粒相对于车轮中心是如何移动的。术语滑移率可以用来描述这种相对运动。

图 3.27 展示了轮胎的俯视图，其中单位向量 $\boldsymbol{e}_x$ 指向车辆纵轴的方向（见图 3.18），而单位向量 $\boldsymbol{e}_L$ 和 $\boldsymbol{e}_Q$ 确定了轮胎坐标系。它相对于车辆坐标系旋转了车轮转向角 δ。如果是前轮，则 δ 由方向盘转角 φ_L 和该车轮的转向比 i_L 计算得到。图 3.27 中还展示了车轮中心点的速度 $\boldsymbol{v}$ 及其分量 v_L 和 v_Q。轮胎的滚动方向 $\boldsymbol{e}_L$ 与速度矢量 $\boldsymbol{v}$ 之间的夹角 α 称为侧偏角。如果把驱动滑移率和制动滑移率归纳总结起来，那么可称之为轮胎的纵向滑移率：

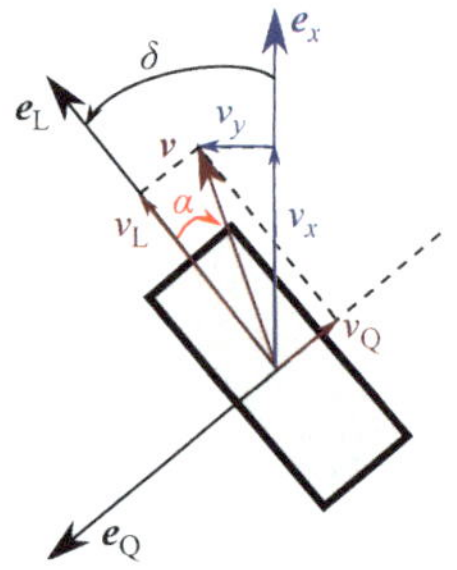

图 3.27　轮胎俯视图中的坐标系和速度

$$s_L = \frac{\omega r - v_L}{\max(|\omega r|, |v_L|)} \tag{3.147}$$

式中 ω 是轮胎的转速，而 r 是轮胎的半径。

纵向滑移率是指轮胎实际滚动速度与轮胎自由滚动（即在滚动方向没有制动或加速）速度的差值的归一化结果。轮胎的横向滑移率则由垂直于滚动方向的速度分量决定，可以通过以下公式计算得出：

$$s_Q = \frac{v_Q}{v_L} = \tan\alpha \tag{3.148}$$

当滑移率小时，大部分轮胎颗粒黏附在路面上，并且滑移率与附着系数之间存在近似线性关系。如果滑移率增加，越来越多接触区内的轮胎颗粒进入滑动区，附着系数超过最大值 μ_{max}，此时也传递了最大力 $\mu_{max}F_z$。如果滑移率进一步增加，越来越多接触区域内的轮胎颗粒进入滑动区域，能够传递的力越来越小，直到最后所有颗粒都滑动，附着系数变为**滑动摩擦系数 μ_{Gleit}**。图 3.28 定性地显示了滑移率 s 大于零时，滑移率 s 和附着系数或者力 $F=\mu F_z$ 之间的关系。滑移率也可以是负值，这意味着力为负值。这种关系不仅适用于轮胎上的纵向力，也适用于轮胎上的横向力。需要注意的是，最大附着系数 μ_{max} 小于轮胎橡胶与路面之间的静摩擦系数 μ_H。当 $\mu_H\approx 2$ 时，最大附着系数 μ_{max} 最高仅能达到 1.2。这是因为轮胎接触区内最大的静摩擦只有当静摩擦过渡到滑动摩擦时才能达到。

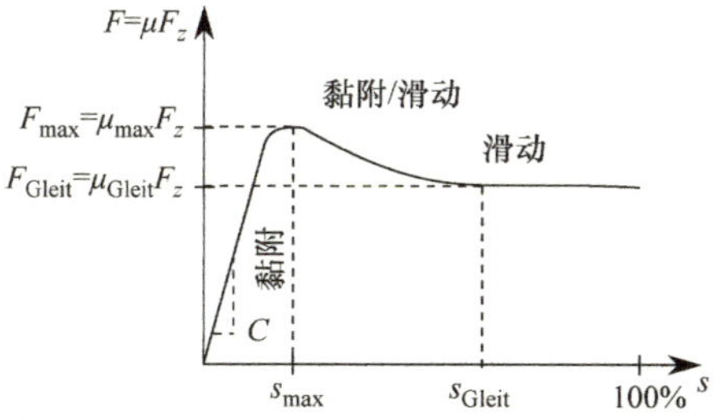

图 3.28　滑移率为正值时，力 F 关于滑移率 s 的函数

如果用 $\mu_{L,max}$ 表示轮胎上纵向力的最大附着系数，$\mu_{Q,max}$ 表示轮胎上横向力的最大附着系数，则可以通过以下公式将轮胎上的纵向力和横向力近似为与滑移率 s_L 和 s_Q 相关的函数：

$$F_L = F_z\mu_{L,max}\sin\left(c_L \arctan\left(b_L \frac{s_L}{\mu_{L,max}}\right)\right) \tag{3.149}$$

$$F_Q = F_z\mu_{Q,max}\sin\left(c_Q \arctan\left(b_Q \frac{s_Q}{\mu_{Q,max}}\right)\right) \tag{3.150}$$

式（3.149）和式（3.150）就是所谓的**魔术轮胎公式**的简化形式，是一种获得滑移率和力之间定量关系的经验方法。有关魔术轮胎公式更详细的信息可以在文献 [Pac12] 中找到。应该注意的是，除了可以在例如文献 [SHB13] 中的类似形式中找到式（3.149）和式（3.150）的简化，还存在有别的经验轮胎模型和魔术轮胎公式的简化。

在车辆直行时，仅存在纵向力，而在匀速转弯时仅存在横向力。然而，轮胎上通常存在纵向力和横向力的叠加。在这种情况下必须考虑到，由于库仑摩擦定律，轮胎与路面接触处产生的最大合力是有限的。这通常用所谓的**卡姆圆**来描述。假设 $\mu_{L,max}=\mu_{Q,max}=\mu_{max}$，则最大可传递力的大小受轮载 F_z 乘以最大附着

系数 $\mu_{\max}$ 的限制。最大储备力 $\mu_{\max}F_z$ 可分为纵向力和横向力。事实上，叠加的纵向滑移率和横向滑移率的关系稍显复杂。类似于文献 [Pac12] 或 [SHB13] 中的方法可以用来模拟这种关系。首先将引入值：

$$s^* = \sqrt{s_\mathrm{L}^2 + s_\mathrm{Q}^2} \tag{3.151}$$

然后通过将式（3.149）和式（3.150）中的纵向滑移率和横向滑移率替换成值 s^* 可以计算出力 F_L^* 和 F_Q^*：

$$F_\mathrm{L}^* = F_z \mu_{\mathrm{L},\max} \sin\left(c_\mathrm{L} \arctan\left(b_\mathrm{L} \frac{s^*}{\mu_{\mathrm{L},\max}}\right)\right) \tag{3.152}$$

$$F_\mathrm{Q}^* = F_z \mu_{\mathrm{Q},\max} \sin\left(c_\mathrm{Q} \arctan\left(b_\mathrm{Q} \frac{s^*}{\mu_{\mathrm{Q},\max}}\right)\right) \tag{3.153}$$

由此可以确定力 F^*：

$$F^* = \sqrt{\frac{s_\mathrm{L}^2 (F_\mathrm{L}^*)^2 + s_\mathrm{Q}^2 (F_\mathrm{Q}^*)^2}{(s^*)^2}} \tag{3.154}$$

从而可通过以下公式得出轮胎上的纵向力和横向力：

$$F_\mathrm{L} = \frac{s_\mathrm{L}}{s^*} F^* \text{ 和 } F_\mathrm{Q} = \frac{s_\mathrm{Q}}{s^*} F^* \tag{3.155}$$

为了描述轮胎的动态力，建模中经常考虑低通行为，例如，在文献 [SHB13] 中可以通过 PT_1 环节（惯性环节）实现。对于纵向动态力 $F_{\mathrm{L,dyn}}$，属于 PT_1 环节的微分方程为：

$$\hat{T}_\mathrm{L} \dot{F}_{\mathrm{L,dyn}}(t) = -F_{\mathrm{L,dyn}}(t) + F_\mathrm{L}(t) \text{ 或者 } \dot{F}_{\mathrm{L,dyn}}(t) = \underbrace{-\frac{1}{\hat{T}_\mathrm{L}}}_{„A“} F_{\mathrm{L,dyn}}(t) + \underbrace{\frac{1}{\hat{T}_\mathrm{L}}}_{„B“} F_\mathrm{L}(t) \tag{3.156}$$

式中，$\hat{T}_\mathrm{L}$ 是决定 PT_1 行为的时间常数。

通过式（2.242）可得：

$$\begin{aligned}F_{\mathrm{L,dyn}}(t_0+T)&=\mathrm{e}^{-\frac{1}{\hat{T}_{\mathrm{L}}}T}F_{\mathrm{L,dyn}}(t_0)+\mathrm{e}^{-\frac{1}{\hat{T}_{\mathrm{L}}}T}\int_0^T\mathrm{e}^{-\left(-\frac{1}{\hat{T}_{\mathrm{L}}}\right)\tau'}\mathrm{d}\tau'\frac{1}{\hat{T}_{\mathrm{L}}}F_{\mathrm{L}}(t_0)\\&=\mathrm{e}^{-\frac{T}{\hat{T}_{\mathrm{L}}}}F_{\mathrm{L,dyn}}(t_0)+\mathrm{e}^{-\frac{T}{\hat{T}_{\mathrm{L}}}}\cdot\frac{1}{\hat{T}_{\mathrm{L}}}F_{\mathrm{L}}(t_0)\cdot\left[\hat{T}_{\mathrm{L}}\mathrm{e}^{\frac{T'}{\hat{T}_{\mathrm{L}}}}\right]_0^{\mathrm{T}}\\&=\mathrm{e}^{-\frac{T}{\hat{T}_{\mathrm{L}}}}F_{\mathrm{L,dyn}}(t_0)+(1-)+F_{\mathrm{L}}(t_0)\cdot\mathrm{e}^{-\frac{T}{\hat{T}_{\mathrm{L}}}}\left(\mathrm{e}^{\frac{T}{\hat{T}_{\mathrm{L}}}}-1\right)\\&=\mathrm{e}^{-\frac{T}{\hat{T}_{\mathrm{L}}}}F_{\mathrm{L,dyn}}(t_0)+\left(1-\mathrm{e}^{-\frac{T}{\hat{T}_{\mathrm{L}}}}\right)F_{\mathrm{L}}(t_0)\\&=F_{\mathrm{L}}(t_0)+\mathrm{e}^{-\frac{T}{\hat{T}_{\mathrm{L}}}}\left(F_{\mathrm{L,dyn}}(t_0)-F_{\mathrm{L}}(t_0)\right)\end{aligned}\tag{3.157}$$

在更精确的物理建模中，文献 [SHB13] 指出，在建立纵向力的过程中 PT_1 环节的时间常数 $\hat{T}_{\mathrm{L}}$ 的大小与位移有关，由此 $\hat{T}_{\mathrm{L}}$ 可以表示为：

$$\hat{T}_{\mathrm{L}}=\frac{d_{\mathrm{L}}}{\omega r}\tag{3.158}$$

式中，d_{L} 是特定的轮胎位移，可用于确定轮胎的动态力。

同理，横向动态力 $F_{\mathrm{Q,dyn}}$ 也可以通过计算得出：

$$F_{\mathrm{Q,dyn}}(t_0+T)=F_{\mathrm{Q}}(t_0)+\mathrm{e}^{-\frac{T}{\hat{T}_{\mathrm{Q}}}}(F_{\mathrm{Q,dyn}}(t_0)-F_{\mathrm{Q}}(t_0))\tag{3.159}$$

其中时间常数 $\hat{T}_{\mathrm{Q}}$ 可通过建立横向力过程中的特定的轮胎位移 d_{Q} 得出：

$$\hat{T}_{\mathrm{Q}}=\frac{d_{\mathrm{Q}}}{\omega r}\tag{3.160}$$

行驶阻力

除了可以受驾驶员或软件影响的力之外，还存在一些在行驶过程中无法被影响的力，它们与车辆的主要运动方向相反。一种是所谓的行驶阻力。最重要的行驶阻力有：通过效率 $\eta_{\mathrm{TW}}\approx 0.85$ 模拟的动力系统阻力，车轮阻力 F_{Rad}，空气阻力 F_{Luft}，坡度阻力 F_{St}，加速阻力 F_{Beschl} 和牵引力 F_{Z}。行驶阻力的示意图如图 3.29 所示。

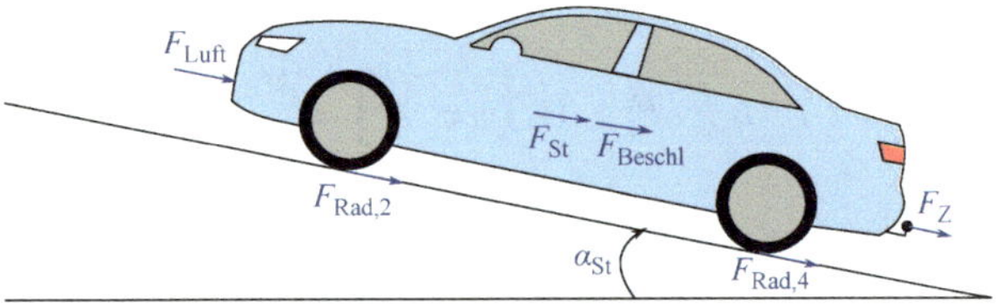

图 3.29　行驶阻力

为了使车辆能够以所需的速度和所需的加速度运动，轮胎上的驱动力必须是行驶阻力的总和：

$$\eta_{TW}F_A = \sum_{i=1}^{4} F_{Rad,i} + F_{Luft} + F_{St} + F_{Beschl} + F_Z \tag{3.161}$$

车轮阻力 $F_{Rad,i}$ 总结了作用在第 i 个车轮上的力。车轮阻力通常近似计算为滚动阻力，即由与速度相关的滚动阻力系数和每个轮胎的轮载 F_Z 相乘所得。汽车的滚动阻力系数值约为 0.01，而在高速行驶下则增加到 0.015。

空气阻力 F_{Luft} 可通过以下公式计算得出：

$$F_{Luft} = \underbrace{\frac{p_U}{R_L \underbrace{T_U}_{\text{空气密度}}} \frac{\| \boldsymbol{v} + \boldsymbol{v}_{Wind} \|_2^2}{2}}_{\text{动压}} c_W A_{Stirn} \tag{3.162}$$

式中，A_{Stirn} 为车辆迎风面积；c_W 为无量纲空气阻力系数；$\boldsymbol{v}$ 为车速；$\boldsymbol{v}_{Wind}$ 为风速；p_U 为环境大气压力；$R_L = 287.058 \frac{J}{kgK}$ 为空气的个别气体常数；T_U 为环境温度。这些量的典型值为：p_U=1013×10^{2}Pa，汽车的 A_{Stirn} 在 1.5m^2 和 2.5m^2 之间，c_W 的值则在 0.24 和 0.4 之间。

在上坡或下坡时，部分重力会变成额外的阻力或者驱动力，从而产生坡度阻力 F_{St}。如果坡度角用 α_{St} 表示，则坡度阻力可通过以下公式计算得出：

$$F_{St} = mgs(\alpha_{St}) \tag{3.163}$$

式中，m 是车辆的质量，g 是重力加速度。道路交通标志上显示的道路坡度是坡度角 α_{St} 的正切值。

当车辆的运动状态从速度 v_1 变为速度 v_2 时，会产生加速阻力 F_{Beschl}。如果忽略车轮和动力系统中的转动惯量，则加速阻力可以近似为：

$$F_{Beschl} = ma_{Beschl} \tag{3.164}$$

式中 a_{Beschl} 是运动状态从速度 v_1 变为速度 v_2 的加速度。

如果除了车辆的质量外还有一个附加的质量被移动，则会产生牵引力 F_Z。该质量会导致轮载、坡度阻力和加速度阻力的增大，并且必须在相应的公式中将其添加到车辆的质量中。如果是拖车，还必须借助式（3.162）考虑到因此而产生的附加的空气阻力。

一定速度 v 下的驱动功率可由式（3.161）计算得出：

$$P_A = F_A v = \frac{1}{\eta_{TW}}\left(\sum_{i=1}^{4} F_{Rad,i}v + F_{Luft}v + F_{St}v + F_{Beschl}v + F_Z v\right) \tag{3.165}$$

如果已知车辆的最大驱动功率，则可以确定车辆的最大速度，因为在这种情况下车辆无法进一步加速，从而得到 F_{Beschl}=0。而在确定最大速度时会因为空气阻力公式（3.162）产生三次方程。

关于行驶阻力更加详细的描述可以在文献 [Hak18] 或 [HEG13] 中找到。

3.2.4 单轨模型和转向行为

如第 3.2.2 小节开头所述，车辆可以使用更加精确的运动模型，因为车辆内置的传感器可提供其他交通参与者所不知道的有关车辆状况的信息。在本子章节中，在车辆的建模中，同一个车轴的车轮将被组合成一个位于车轴中间的“虚拟车轮”。这就是所谓的“单轨模型”。接下来将在子章节中介绍具有不同建模精度的单轨模型。

无侧偏角的平面车辆运动模型

第一个单轨模型考虑的是没有侧偏角的平面车辆运动，即“虚拟”车轮上的速度矢量与轮胎的滚动方向一致。这个假设以及模型仅在缓慢转弯时才有效。它是一种车辆运动学模型，其中不考虑运动的原因，即作用于轮胎上的力。此外，此处建模的车辆没有后轮转向。

图 3.30 显示了带有以下变量的模型：车轮转向角 δ_A，重心转向半径 R，前轴中心转向半径 R_v，后轴中心转向半径 R_h，轴距 ℓ，重心到前轴的距离 ℓ_v，重心到后轴的距离 ℓ_h，重心侧滑角 β，重心速度矢量 $\boldsymbol{v}$，前轴中心速度矢量 $\boldsymbol{v}_v$、后轴中心速度矢量 $\boldsymbol{v}_v$ 和速度瞬心 MP。前虚拟车轮上的转向角可以从图 3.30 中通过几何关系

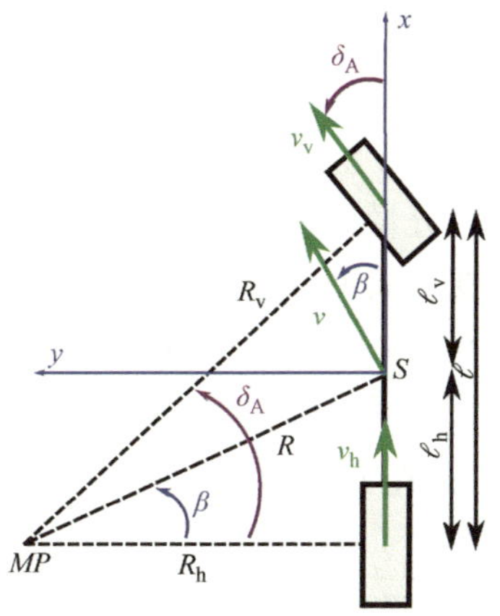

图 3.30　无侧偏角的平面车辆运动模型

确定。如果没有侧偏角，则称 δ_A 为阿克曼角，并且可由以下公式得出：

$$\tan\delta_A = \frac{\ell}{R_h} \qquad (3.166)$$

或者，如果车轮转向角很小，则由 $\delta_A \approx \ell/R$ 得出。因此转向半径可以近似为：

$$R \approx \frac{\ell}{\delta_A} \qquad (3.167)$$

需要注意的是，前后轴的转向半径不同。

这个简单模型的重心侧滑角 β 可以从图 3.30 中通过几何关系推导出来：

$$\sin\beta = \frac{\ell_h}{R} \quad \text{对于小的侧滑角则有} \quad \beta \approx \frac{\ell_h}{R} \approx \frac{\ell_h}{\ell}\delta_A \qquad (3.168)$$

从图 3.30 中还可看到，在模型有效的情况下，即缓慢转弯时，车辆的纵轴指向曲线的外侧。

为了建立模型的运动方程，必须推导出进一步的物理关系。为此应考虑到图 3.15 中 F 坐标系中 x 轴和 y 轴方向上的加速度 a_x 和 a_y。与第 3.2.2 小节中的“转向角和纵向加速度可变的模型”不同的是这个模型还考虑了侧滑角。加速度 ${}^F_E\boldsymbol{a}_S = \left[a_x, a_y, 0\right]^T$ 可以表示为与速度、横摆角速度、侧滑角和侧滑角速度相关的函数。为此，参考图 3.15 可将式（3.67）中的占位符（·）替换为自车车辆重心对地速度 ${}^F_E\boldsymbol{v}_S = \left[v_x, v_y, 0\right]^T = \left[v\mathrm{c}(\beta), v\mathrm{s}(\beta), 0\right]^T$。加速度则可借助 ${}^F_E\boldsymbol{\omega}_F = \left[0, 0, \dot{\Psi}\right]^T$ 得到：

$${}^F_E\boldsymbol{a}_S = \frac{\mathrm{d}}{\mathrm{d}t}{}^F_E\boldsymbol{v}_S + {}^F_E\boldsymbol{\omega}_F \times {}^F_E\boldsymbol{v}_S = \begin{bmatrix} \dot{v}\mathrm{c}(\beta) - v\mathrm{s}(\beta)\dot{\beta} - \dot{\Psi}v\mathrm{s}(\beta) \\ \dot{v}\mathrm{s}(\beta) + v\mathrm{c}(\beta)\dot{\beta} + \dot{\Psi}v\mathrm{c}(\beta) \\ 0 \end{bmatrix} = \begin{bmatrix} a_x \\ a_y \\ a_z \end{bmatrix} \qquad (3.169)$$

从式（3.169）可以看出，当考虑转弯时的侧滑角时，除了来自式（3.144）的向心分量外，横向加速度 a_y 还有其他项。对于小的侧滑角和可以忽略的侧滑角速度，式（3.145）对横向力的近似却是非常好的。

对与运动模型可做出以下假设：

1）物体的方向，即横摆角 $\Psi(t)$ 发生变化；横摆角速度 $\dot{\Psi}(t)$ 也随时间变化。

2）在 F 坐标系中，物体的速度既有 x 分量 v_x 又有 y 分量 v_y，即侧滑角 $\beta(t)$ 不为零。

3）侧滑角 β 和侧滑角速度 $\dot{\beta}$ 很小，因此式（3.169）中的 a_y 可以近似为 $v\dot{\Psi}$。

4）轮胎侧偏角可以忽略。

5）物体相对于地面坐标系 E 的初始位置 $(r_X(t_0)=r_{X,0}, r_Y(t_0)=r_Y,0)$ 和初始方向 $(\Psi(t_0)=\Psi_0)$ 以及初始速度 $(v_x(t_0)=v_0, v_y(t_0)=0)$ 是已知的。

6）纵向加速度 a_x 和阿克曼角 δ_A 或转向角 $\delta_L(\delta_A=\delta_L/i_L)$ 被用作为输入变量。所以，该模型非常适合车辆的缓慢转弯。

通过图 3.15 中的几何关系可以得到模型的以下物理关系：

$$a_y[n]=v[n]\dot{\Psi}[n] \tag{3.170}$$

$$a_X[n]=a_x[n]\mathrm{c}(\Psi[n])-a_y[n]\mathrm{s}(\Psi[n]) \tag{3.171}$$

$$a_Y[n]=a_x[n]\mathrm{s}(\Psi[n])+a_y[n]\mathrm{c}(\Psi[n]) \tag{3.172}$$

$$v_X[n]=v[n]\mathrm{c}(\Psi[n]+\beta[n]) \tag{3.173}$$

$$v_Y[n]=v[n]\mathrm{s}(\Psi[n]+\beta[n]) \tag{3.174}$$

$$\dot{v}[n]=a_x[n]\mathrm{c}(\beta[n])+a_y[n]\mathrm{s}(\beta[n]) \tag{3.175}$$

式（3.175）由加速度 a_x 和 a_y 在矢量 ${}_E^F\boldsymbol{v}_S$ 方向上的投影得出。

值得注意的是地面坐标系中的式（3.85）和式（3.86）也适用于此处，地面坐标系中运动方向的耦合是通过式（3.170）~ 式（3.175）中的变量耦合得到的。对于横摆角速度和纵向加速度可变的模型，已在 3.2.2 小节中表明可以使用式（3.86）建立地面坐标系中的运动方程。从式（3.112）（其中 $\delta_L/i_L=\delta_A$），式（3.168）和式（3.170）~ 式（3.175）中可以得到变量之间的物理关系，从而通过式（3.85）的离散化表达，即式（3.86）将地面坐标系 E 中的运动模型写成的差分方程：

$$\beta[n]=\frac{\ell_h}{\ell}\delta_A[n] \tag{3.176}$$

$$\dot{\Psi}[n]=\frac{v[n]\tan(\delta_A[n])}{\ell} \tag{3.177}$$

$$\Psi[n+1]=\Psi[n]+\dot{\Psi}[n]T \tag{3.178}$$

$$v[n+1]=v[n]+a_x[n]\mathrm{c}(\beta[n])T+\underbrace{\dot{\Psi}[n]v[n]}_{a_y[n]}\mathrm{s}(\beta[n])T \tag{3.179}$$

$$r_X[n+1]=r_X[n]+v[n]\mathrm{c}(\Psi[n]+\beta[n])T+a_x[n]\mathrm{c}(\Psi[n])\frac{T^2}{2}-\dot{\Psi}[n]v[n]\mathrm{s}(\Psi[n])\frac{T^2}{2} \tag{3.180}$$

$$r_Y[n+1]=r_Y[n]+v[n]\mathrm{s}(\Psi[n]+\beta[n])T+a_x[n]\mathrm{s}(\Psi[n])\frac{T^2}{2}+\dot{\Psi}[n]v[n]\mathrm{c}(\Psi[n])\frac{T^2}{2} \quad (3.181)$$

具有侧偏角的平面车辆运动模型

本小节中的第二个单轨模型考虑的是带有侧偏角、后轮转向的平面车辆运动。后轴的车轮转向角用 δ_h 表示。如果要对没有后轴转向的车辆进行建模，则将 δ_h 设置为零。前轴的车轮转向角不再称为阿克曼角，和在 3.2.2 小节中一样，将其记为 δ_v。图 3.31 将模型可视化。

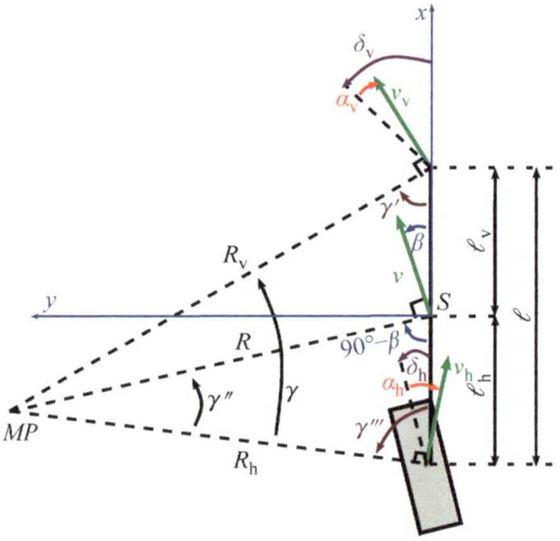

图 3.31 具有侧偏角和后轴转向的平面车辆运动模型

在本图中，角 δ_v，δ_h，α_v，α_h，β 应视为正值。由此可以得出以下角度关系：

$$\gamma'=90°-\delta_\mathrm{v}+\alpha_\mathrm{v} \quad (3.182)$$

$$\gamma'''=90°-(\alpha_\mathrm{h}-\delta_\mathrm{h})=90°-\alpha_\mathrm{h}+\delta_\mathrm{h} \quad (3.183)$$

$$\gamma=180°-\gamma'-\gamma'''=\delta_\mathrm{v}-\alpha_\mathrm{v}+\alpha_\mathrm{h}-\delta_\mathrm{h}=(\delta_\mathrm{v}-\delta_\mathrm{h})-(\alpha_\mathrm{v}-\alpha_\mathrm{h}) \quad (3.184)$$

$$\gamma''=180°-(90°-\beta)-\gamma'''=\beta+\alpha_\mathrm{h}-\delta_\mathrm{h} \quad (3.185)$$

通过正弦定律可得角 γ 和 γ''' 的关系如下：

$$\frac{R_\mathrm{v}}{\sin(90°-\alpha_\mathrm{h}+\delta_\mathrm{h})}=\frac{\ell}{\sin((\delta_\mathrm{v}-\delta_\mathrm{h})-(\alpha_\mathrm{v}-\alpha_\mathrm{h}))} \quad (3.186)$$

通过小角度近似，即 $\sin((\delta_\mathrm{v}-\delta_\mathrm{h})-(\alpha_\mathrm{v}-\alpha_\mathrm{h}))\approx(\delta_\mathrm{v}-\delta_\mathrm{h})-(\alpha_\mathrm{v}-\alpha_\mathrm{h})$，$R_\mathrm{v}\approx R$和$\sin(90°-\alpha_\mathrm{h}+\delta_\mathrm{h})\approx 1$可得：

$$(\delta_v - \delta_h) = \frac{\ell}{R} + (\alpha_v - \alpha_h) \tag{3.187}$$

式中，ℓ/R 是阿克曼角 δ_A。从而可以得到转向半径：

$$R \approx \frac{\ell}{(\delta_v - \delta_h) - (\alpha_v - \alpha_h)} \tag{3.188}$$

在继续向前推导运动方程之前，应借助式（3.188）开始简要讨论所谓的车辆转向特性。式（3.188）表明，即使方向盘转角和 $(\delta_v - \delta_h)$ 保持不变，转向半径也可以发生改变。无需驾驶员的操作而发生的半径变化描述了车辆的转向行为，这称为所谓的**转向特性**。如果在半径为 R 的圆周上行驶并逐渐提高速度，则可能因为 $\alpha_v - \alpha_h$ 的差值增加而需要进一步向弯道内转向才能保持在圆周上。如果不进一步向弯道内转向，则半径会增加。在这种情况下，称之为**转向不足**的车辆。相反，如果在逐渐提高速度的情况下由于 $\alpha_v - \alpha_h$ 的差值减小而必须向弯道外转向以保持在相同的半径上，那么则称之为**转向过度**的车辆。如果没有向弯道外转向，则半径会减小。如果既不必进一步向弯道内转向也不必向弯道外转向以在速度逐渐增加时保持在相同的半径上，则称之为**中性转向**的车辆。在物理上，转向不足意味着前轴比后轴在横向上移动更多，因为它需要更大的侧偏角，即车辆将前轴“推”向弯道外侧。当转向过度时，将后轴“推”向弯道外侧。作为示例，图 3.32 显示了左转时的转向不足和转向过度的驾驶行为。严重转向不足的影响是失去转向能力，而严重转向过度的影响是失去行驶稳定性。

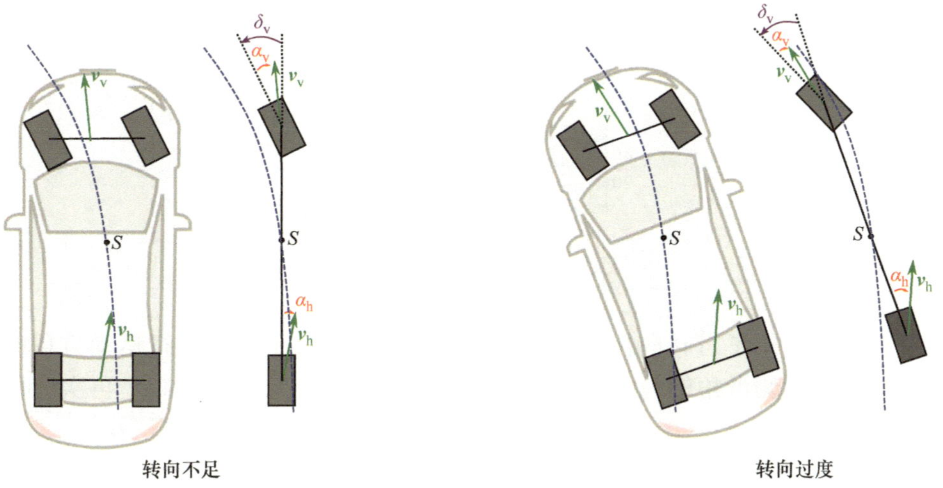

图 3.32　重心 S 在蓝色虚线曲线上行驶时转向不足和转向过度的驾驶行为

另一个与转向特性有关的用于定量描述转向不足和转向过度车辆特征的术语是转向不足梯度 *EG*。如果进行稳定的圆周行驶，即速度、转向角和所行驶的弯道半径不变，然后在半径不变的情况下逐渐增加速度，则横向加速度 a_y 增加，并且可能需要调整方向盘转角 δ_L。然后可以用图形表示相对于横向加速度 a_y 的转向角 δ_L。在 $a_y=0$ 时，即在速度非常低时，方向盘转角是在没有侧偏角的情况下驾驶车辆绕圈行驶所必需的方向盘转角，即：

$$\delta_L(a_y = 0) = i_L\delta_A \tag{3.189}$$

式中，i_L 是转向比；δ_A 是式（3.167）中的阿克曼角。根据转向特性，方向盘转角 δ_L 将增加（转向不足）、减少（转向过度）或保持不变（中性转向）。如果现在由方向盘转角确定前轮胎上的转向角，并绘制其相对于横向加速度的曲线，则得出一条斜率为转向不足梯度 *EG* 的曲线：

$$EG = \frac{d\delta_L}{da_y}\frac{1}{i_L} \tag{3.190}$$

EG 在 $a_y < 4\text{m/s}^2$ 时还是常量，之后便与 a_y 相关联。于是得到了下列 *EG* 与驾驶行为之间的关系

$$EG > 0\text{: 转向不足；} EG=0\text{：中性转向；} EG < 0\text{：转向过度。} \tag{3.191}$$

图 3.33 所示 δ_L 相对于侧向加速度 a_y 的示例曲线展示了对应的驾驶行为。该驾驶行为的定义将在《速度恒定的线性单轨模型》小节内被用于分析式（3.335）中线性系统的稳定性。

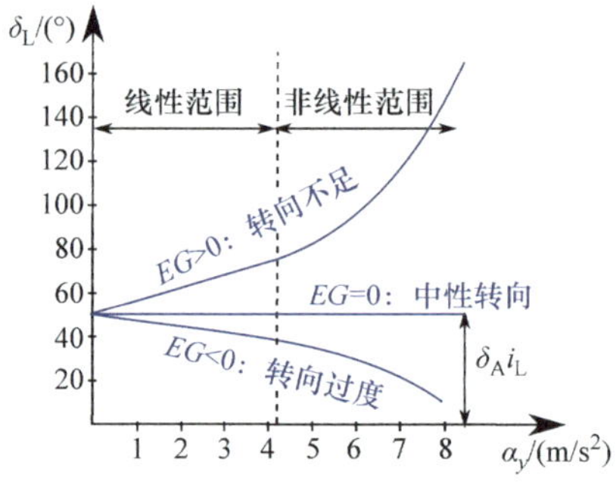

图 3.33　不足转向梯度 *EG*

在简短介绍了自转向行为这个主题之后，本文接下来将进行运动方程的推导。为了得到侧滑角的一个表达式，我们将对图 3.31 上的 γ'' 和 γ''' 再次应用正弦定理，得到

$$\frac{\ell_h}{s(\beta+\alpha_h-\delta_h)} = \frac{R}{s(90°-\alpha_h+\delta_h)} \tag{3.192}$$

由 β 和 δ_h 的小角度近似从中可得

$$R(\beta+\alpha_h-\delta_h)\approx l_h \text{所以有} \beta\approx\frac{l_h}{R}-\alpha_h+\delta_h \tag{3.193}$$

从式（3.193）可以看出，在侧偏角 α_h 增加时，侧滑角 β 也可以变为负值，这也意味着车辆的纵轴朝向了弯道内测。

借助式（3.142），即 $R=v/\dot{\Psi}$，以及小角度近似，便可由式（3.192）得到下列“虚拟”后轮的侧偏角的表达式

$$\alpha_h\approx\frac{\ell_h\dot{\Psi}}{v}-\beta+\delta_h \tag{3.194}$$

我们对图 3.31 上带 γ' 和 γ' - γ'' 的三角形应用正弦定理，则得到

$$\frac{\ell_v}{s(\delta_v-\alpha_v-\beta)}=\frac{R}{s(90°-\delta_v+\alpha_v)} \tag{3.195}$$

借助式（3.142），即 $R=v/\dot{\Psi}$，以及小角度近似，便可由式（3.142）得到下列“虚拟”前轮的侧偏角的表达式

$$\alpha_v\approx-\frac{\ell_v\dot{\Psi}}{v}+\delta_v-\beta \tag{3.196}$$

借助图 3.27 和式（3.80），我们得以准确地确定这些侧偏角。从图 3.27 可以看出存在下列关系

$$\tan(\delta-\alpha)=\frac{v_y}{v_x} \tag{3.197}$$

另外从式（3.80）出发我们可以写出

$$\boldsymbol{v}_v=\boldsymbol{v}+{}_E^F\boldsymbol{\omega}_F\times[\ell_v,0,0]^T \text{ 和 } \boldsymbol{v}_h=\boldsymbol{v}+{}_E^F\boldsymbol{\omega}_F\times[\ell_h,0,0]^T \tag{3.198}$$

这里 $\boldsymbol{v}$ 是重心 S 的速度。由 ${}_E^F\boldsymbol{\omega}_F=[0,0,\dot{\Psi})^T$ 我们得到

$$v_{xv}=vc(\beta) \text{ 和 } v_{yv}=vs(\beta)+\dot{\Psi}\ell_v \tag{3.199}$$

$$v_{xh}=vc(\beta) \text{ 和 } v_{yh}=vs(\beta)-\dot{\Psi}\ell_h \tag{3.200}$$

现在将式（3.197）应用到“虚拟”前轮和“虚拟”后轮上，则我们得到

$$\alpha_v=\delta_v-\arctan\left(\frac{vs(\beta)+\dot{\Psi}\ell_v}{vc(\beta)}\right) \text{或者 } \alpha_h=\delta_h-\arctan\left(\frac{vs(\beta)-\dot{\Psi}\ell_h}{vc(\beta)}\right) \tag{3.201}$$

如式（3.148）所示，侧偏角决定了侧向滑移 s_Q，进而决定了各轮胎上的侧向力。因此式（3.194）和式（3.196）以及式（3.201）中的侧偏角决定了单轨模型中“虚拟”前后轮的侧向力，从而确定了车辆的侧向动力学状态。

为了推导出考虑到了前后车轴受力的车辆动力学模型，首先要用上式（3.125）中的牛顿第二定律。式（3.169）中已经表达了加速度 ${}_{E}^{F}\boldsymbol{a}_S$ 与速度、横摆角速度、侧滑角和侧滑角速度的关系。将式（3.169）代入式（3.125）中，我们则得到重心上的力为

$${}_{E}^{F}\boldsymbol{f}_S=\begin{bmatrix}F_x\\F_y\\F_z\end{bmatrix}=\begin{bmatrix}m(\dot{v}\mathrm{c}(\beta)-v\mathrm{s}(\beta)\dot{\beta}-\dot{\Psi}v\mathrm{s}(\beta))\\m(\dot{v}\mathrm{s}(\beta)+v\mathrm{c}(\beta)\dot{\beta}+\dot{\Psi}v\mathrm{c}(\beta))\\0\end{bmatrix} \tag{3.202}$$

除牛顿第二定律之外，这里还要回顾以下设计旋转运动的关系式。如果用 $\boldsymbol{r}$ 来表示一质点的位置矢量，$\boldsymbol{p}$ 表示其动量，那么质点的角动量为

$$\boldsymbol{\ell}=\boldsymbol{r}\times\boldsymbol{p} \tag{3.203}$$

这里原点 $\boldsymbol{r}=\boldsymbol{0}$ 被选作为参考点。牛顿第二定律在旋转运动中的延伸也被称为欧拉角动量定理，其表明，相对于原点的角动量的时间变化率，等于施加于原点的力矩 $\boldsymbol{m}$，即

$$\boldsymbol{m}=\frac{\mathrm{d}}{\mathrm{d}t}\boldsymbol{\ell}=\frac{\mathrm{d}}{\mathrm{d}t}(\boldsymbol{r}\times\boldsymbol{p})=\left(\frac{\mathrm{d}}{\mathrm{d}t}\boldsymbol{r}\right)\times\boldsymbol{p}+\boldsymbol{r}\times\left(\frac{\mathrm{d}}{\mathrm{d}t}\boldsymbol{p}\right)=m\boldsymbol{v}\times\boldsymbol{v}+\boldsymbol{r}\times\boldsymbol{f}=\boldsymbol{r}\times\boldsymbol{f} \tag{3.204}$$

也就是说为了改变一个物体的角动量，必须要有力矩，即位置矢量 $\boldsymbol{r}$ 和力 $\boldsymbol{f}$ 叉乘的结果。一个质量为 m 的刚体的角动量是其各个质量点的角动量之和。如果选择刚体的重心 S 作为参考点，即 $\boldsymbol{r}_S=\boldsymbol{0}$，则对刚体内第 i 个质点可得出 $\boldsymbol{l}_i=\boldsymbol{r}_{S,i}\times(m_i\boldsymbol{v}_i)$，这里 $\boldsymbol{r}_{S,i}$ 是 S 到第 i 个质点的位置矢量，而 $\boldsymbol{v}_i$ 是第 i 个质点的速度。第 i 个质点的速度可以根据式（3.80），通过重心的速度 $\boldsymbol{v}_S$ 和描述刚体旋转的角速度矢量 $\boldsymbol{\omega}$ 来表示

$$\boldsymbol{v}_i=\boldsymbol{v}_S+\boldsymbol{\omega}\times\boldsymbol{r}_{S,i} \tag{3.205}$$

求刚体中所有质点的角动量之和得到的结果为

$$\begin{aligned}\boldsymbol{\ell}&=\sum_i m_i\boldsymbol{r}_{S,i}\times(\boldsymbol{v}_S+\boldsymbol{\omega}\times\boldsymbol{r}_{S,i})=\left(\sum_i m_i\boldsymbol{r}_{S,i}\right)\times\boldsymbol{v}_S+\sum_i m_i\boldsymbol{r}_{S,i}\times(\boldsymbol{\omega}\times\boldsymbol{r}_{S,i})\\&=m\underbrace{\boldsymbol{r}_S}_{\boldsymbol{0}}\times\boldsymbol{v}_S+\sum_i m_i\boldsymbol{r}_{S,i}\times(\boldsymbol{\omega}\times\boldsymbol{r}_{S,i})=\boldsymbol{I}\boldsymbol{\omega}\end{aligned} \tag{3.206}$$

其中 $\boldsymbol{I}$ 是物体相对于其重心的转动惯量，这里我们假设质点是无穷小的，使得式（3.206）中的求和项成为了积分形式。式中的 $m\boldsymbol{r}_S\times\boldsymbol{v}_S$ 项，也就是所谓的轨

道角动量，由于其只依赖于刚体的重心，所以通过令 r_S=0 即可省略它。剩下的 $I\omega$ 项被称为自旋角动量，它描述了由刚体围绕其重心旋转而产生的那部分角动量。自旋角动量也就是由转动惯量 I 和角速度矢量 ω 作矩阵乘法而得到的。从式（3.206）可以看出，自旋角动量和角速度矢量一般不指向同一方向，而使得 ℓ 和 ω 平行的旋转轴被称为惯量主轴。惯量主轴与转动惯量张量的特征向量相平行，特征向量所对应的特征值是物体的主转动惯量。我们考虑一个如图 3.16 所示的车辆，存在固定于车辆的坐标系 F 和固定于地球的坐标系 E，则力矩 ${}_E^F\boldsymbol{m}$ 可以在式（3.67）的帮助下由式（3.204）算出

$$
{}_E^F\boldsymbol{m}=\frac{\mathrm{d}}{\mathrm{d}t}({}_E^F\boldsymbol{\ell})+{}_E^F\boldsymbol{\omega}_F\times{}_E^F\boldsymbol{\ell}=\frac{\mathrm{d}}{\mathrm{d}t}({}^F\boldsymbol{I}\,{}_E^F\boldsymbol{\omega}_F)+{}_E^F\boldsymbol{\omega}_F\times({}^F\boldsymbol{I}\,{}_E^F\boldsymbol{\omega}_F)={}^F\boldsymbol{I}\,{}_E^F\dot{\boldsymbol{\omega}}_F+{}_E^F\boldsymbol{\omega}_F\times({}^F\boldsymbol{I}\,{}_E^F\boldsymbol{\omega}_F)
$$

（3.207）

假设车辆的 x、y 和 z 轴是惯量主轴，且转动惯量张量具有对角矩阵的结构，即

$$
{}^F\boldsymbol{I}=\begin{bmatrix} I_x & 0 & 0 \\ 0 & I_y & 0 \\ 0 & 0 & I_z \end{bmatrix} \tag{3.208}
$$

则对于 ${}_E^F\boldsymbol{\omega}_F=[0,0,\dot{\Psi}]^{\mathrm{T}}$ 的车辆平面运动，我们得到了如下力矩

$$
{}_E^F\boldsymbol{m}=\begin{bmatrix} M_x \\ M_y \\ M_z \end{bmatrix}=\begin{bmatrix} 0 \\ 0 \\ I_z\ddot{\Psi} \end{bmatrix}+\begin{bmatrix} 0 \\ 0 \\ \dot{\Psi} \end{bmatrix}\times\left(\begin{bmatrix} I_x & 0 & 0 \\ 0 & I_y & 0 \\ 0 & 0 & I_z \end{bmatrix}\times\begin{bmatrix} 0 \\ 0 \\ \dot{\Psi} \end{bmatrix}\right)=\begin{bmatrix} 0 \\ 0 \\ I_z\ddot{\Psi} \end{bmatrix} \tag{3.209}
$$

式（3.202）和式（3.209）是车辆在平面上的运动的所谓牛顿 - 欧拉方程。它们描述了车辆在重心上得到的净力和净力矩，其中至关重要的方程为

$$
\sum_i F_{x,i}=F_x=m(\dot{v}\mathrm{c}(\beta)-v\mathrm{s}(\beta)(\dot{\beta}+\dot{\Psi})) \tag{3.210}
$$

$$
\sum_i F_{y,i}=F_y=m(\dot{v}\mathrm{s}(\beta)+v\mathrm{c}(\beta)(\dot{\beta}+\dot{\Psi})) \tag{3.211}
$$

$$
\sum_i M_{z,i}=M_z=I_z\ddot{\Psi} \tag{3.212}
$$

式（3.212）中关于 z 轴的所有力矩之和可借助式（3.204）通过计算矢量

$$
{}_E^F\boldsymbol{m}=\sum_i {}_E^F\boldsymbol{m}_i=\sum_i \boldsymbol{r}_{S,i}\times\boldsymbol{f}_i \tag{3.213}
$$

的第三个分量得到，这里 $\boldsymbol{r}_{S,i}$ 是从车辆重心指向到力 $\boldsymbol{f}_i$ 的作用点上的位置矢量。

对于单轨模型而言，在牛顿 - 欧拉方程中需要考虑到的力如图 3.34 所示。由图 3.34，z 轴上的力矩按式（3.213）算出来为

$$I_z\ddot{\Psi} = \ell_v F_{yv} - \ell_h F_{yh} \tag{3.214}$$

如果将式（3.210）与 $c(\beta)$ 相乘，将得到得等式与式（3.211）和 $s(\beta)$ 相加，则我们可得到 $\sum_i F_{x,i}c(\beta) + \sum_i F_{y,i}s(\beta) = m\dot{v}$，并由之得

$$\dot{v} = \frac{1}{m}\left(\sum_i F_{x,i}c(\beta) + \sum_i F_{y,i}s(\beta)\right) \tag{3.215}$$

将式（3.215）代入式（3.211），可以得到侧滑角速度的表达式

$$\dot{\beta} = \frac{1}{mv}\left(c(\beta)\sum_i F_{y,i} - s(\beta)\sum_i F_{x,i}\right) - \dot{\Psi} \tag{3.216}$$

式（3.214）~ 式（3.216）表示了状态向量 $\boldsymbol{x} = [v, \beta, \dot{\Psi}]^{\mathrm{T}}$ 的动态状态描述

$$\dot{x} = \begin{bmatrix} \dot{v} \\ \dot{\beta} \\ \ddot{\Psi} \end{bmatrix} = \begin{bmatrix} \frac{1}{m}\left(\sum_i F_{x,i}c(\beta) + \sum_i F_{y,i}s(\beta)\right) \\ \frac{1}{mv}\left(c(\beta)\sum_i F_{y,i} - s(\beta)\sum_i F_{x,i}\right) - \dot{\Psi} \\ \frac{M_z}{I_z} \end{bmatrix} \tag{3.217}$$

其中对于单轨模型而言，$M_z = (\ell_v F_{yv} - \ell_h F_{yh})$。

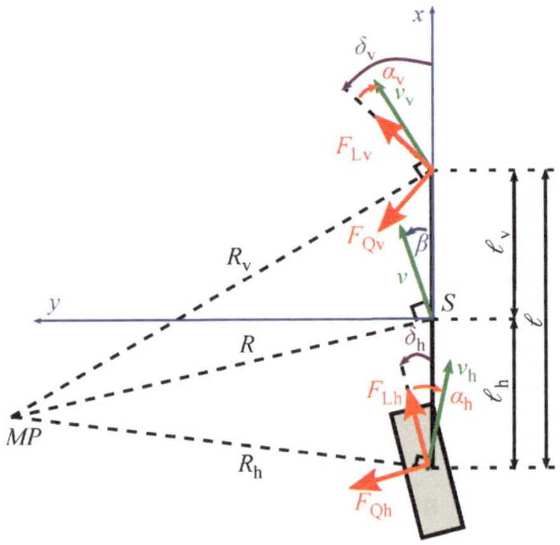

图 3.34　单轨模型中的各个力和转矩 M_z

应该指出的是，式（3.210）~式（3.212）中的牛顿-欧拉方程以及由它们推导而得的式（3.217）中的状态方程，并不是只对图3.34中的单轨模型有效。事实上，该状态方程是由一般的刚体平面运动导出的，所以这些方程也适用于双轨模型，该模型没有将多个轮胎组合成“虚拟”车轮，甚至于还会去考虑图3.34中像是空气阻力这种没有被建模的力。动态状况描述也可以借助轮胎的纵向和横向力来描述。根据图3.27或图3.34，对于“虚拟”后轮可以得到

$$F_{xh}=F_{Lh}c(\delta_h)-F_{Qh}s(\delta_h) \tag{3.218}$$

$$F_{yh}=F_{Lh}s(\delta_h)+F_{Qh}c(\delta_h) \tag{3.219}$$

而对“虚拟”前轮则有

$$F_{xv}=F_{Lv}c(\delta_v)-F_{Qv}s(\delta_v) \tag{3.220}$$

$$F_{yv}=F_{Lv}s(\delta_v)+F_{Qv}c(\delta_v) \tag{3.221}$$

因此，式（3.215）可以改写如下

$$\begin{aligned}\dot{v}&=\frac{1}{m}(F_{xv}c(\beta)+F_{xh}c(\beta)+F_{yv}s(\beta)+F_{yh}s(\beta))\\&=\frac{1}{m}(F_{Lv}c(\delta_v)c(\beta)-F_{Qv}s(\delta_v)c(\beta)+F_{Lh}c(\delta_h)c(\beta)\\&\quad-F_{Qh}s(\delta_h)c(\beta)+F_{Lv}s(\delta_v)s(\beta)+F_{Qv}c(\delta_v)s(\beta)\\&\quad+F_{Lh}s(\delta_h)s(\beta)+F_{Qh}c(\delta_h)s(\beta))\\&=\frac{1}{m}(F_{Lv}c(\delta_v-\beta)-F_{Qv}s(\delta_v-\beta)+F_{Lh}c(\delta_h-\beta)-F_{Qh}s(\delta_h-\beta))\end{aligned} \tag{3.222}$$

式中还用上了三角恒等式 $c(a)c(b)+s(a)s(b)=c(a-b)$ 和 $s(a)c(b)-c(a)s(b)=s(a-b)$。同理我们也能由式（3.216）得到侧滑角速度为

$$\dot{\beta}=\frac{1}{mv}(F_{Lv}s(\delta_v-\beta)+F_{Qv}c(\delta_v-\beta)+F_{Lh}s(\delta_h-\beta)+F_{Qh}c(\delta_h-\beta))-\dot{\Psi} \tag{3.223}$$

而横摆加速度则由式（3.214）得到

$$\ddot{\Psi}=\frac{1}{I_z}(\ell_v(F_{Lv}s(\delta_v)+F_{Qv}c(\delta_v))-\ell_h(F_{Lh}s(\delta_h)+F_{Qh}c(\delta_h))) \tag{3.224}$$

对于图3.34中单轨模型，其状态方程取决于“虚拟”轮胎的纵向力和横向力。

$$\begin{bmatrix}\dot{v}\\ \dot{\beta}\\ \ddot{\Psi}\end{bmatrix}=\begin{bmatrix}\frac{1}{m}(F_{\mathrm{Lv}}\mathrm{c}(\delta_{\mathrm{v}}-\beta)-F_{\mathrm{Qv}}\mathrm{s}(\delta_{\mathrm{v}}-\beta)+F_{\mathrm{Lh}}\mathrm{c}(\delta_{\mathrm{h}}-\beta)-F_{\mathrm{Qh}}\mathrm{s}(\delta_{\mathrm{h}}-\beta))\\ \frac{1}{mv}(F_{\mathrm{Lv}}\mathrm{s}(\delta_{\mathrm{v}}-\beta)+F_{\mathrm{Qv}}\mathrm{c}(\delta_{\mathrm{v}}-\beta)+F_{\mathrm{Lh}}\mathrm{s}(\delta_{\mathrm{h}}-\beta)+F_{\mathrm{Qh}}\mathrm{c}(\delta_{\mathrm{h}}-\beta))-\dot{\Psi}\\ \frac{1}{I_z}(\ell_{\mathrm{v}}(F_{\mathrm{Lv}}\mathrm{s}(\delta_{\mathrm{v}})+F_{\mathrm{Qv}}\mathrm{c}(\delta_{\mathrm{v}}))-\ell_{\mathrm{h}}(F_{\mathrm{Lh}}\mathrm{s}(\delta_{\mathrm{h}})+F_{\mathrm{Qh}}\mathrm{c}(\delta_{\mathrm{h}})))\end{bmatrix} \quad (3.225)$$

这种写法的好处是，轮胎上的横向力便可由式（3.194）和式（3.196）以及式（3.201）中的侧偏角计算出来，轮胎上的纵向力则可通过式（3.128）和式（3.138）中的驱动力或制动力，以及与其相对应的驱动和制动力矩来确定。于是输入变量有车轮转向角 δ_{v}，δ_{h} 以及作用于轮胎上得驱动 / 制动力矩。由此，将得到在下文中展示的微分方程组。如果有踏板位置和方向盘转角作为输入量，则我们可以去求该方程组的数值解。踏板位置到驱动 / 制动力矩的映射关系往往是利用特征图得到的。

借助状态方程（3.225）我们可以写出用于计算车辆在地面坐标系上的位置和朝向的运动方程。此外还需要用到式（3.169）中的加速 $a_x[n]$ 和 $a_y[n]$，于是需要用到下列读图 3.15 可得的物理关系式

$$a_x[n]=\dot{v}[n]\mathrm{c}(\beta[n])-v[n]\mathrm{s}(\beta[n])(\dot{\beta}[n]+\dot{\Psi}[n]) \quad (3.226)$$

$$a_y[n]=\dot{v}[n]\mathrm{s}(\beta[n])+v[n]\mathrm{c}(\beta[n])(\dot{\beta}[n]+\dot{\Psi}[n]) \quad (3.227)$$

$$a_X[n]=a_x[n]\mathrm{c}(\Psi[n])-a_y[n]\mathrm{s}(\Psi[n]) \quad (3.228)$$

$$a_Y[n]=a_y[n]\mathrm{s}(\Psi[n])+a_y[n]\mathrm{c}(\Psi[n]) \quad (3.229)$$

$$v_X[n]=v[n]\mathrm{c}(\Psi[n]+\beta[n]) \quad (3.230)$$

$$v_Y[n]=v[n]\mathrm{s}(\Psi[n]+\beta[n]) \quad (3.231)$$

这里需要注意到式（3.85）和式（3.86）同样适用于地面坐标系，车辆模型已给出了地面坐标系上各运动方向的耦合。如果将式（3.225）~ 式（3.231）和式（3.86）相结合起来，则运动方程可以被写作

$$\begin{aligned}\dot{v}[n]=\frac{1}{m}(&F_{\mathrm{Lv}}[n]\mathrm{c}(\delta_{\mathrm{v}}[n]-\beta[n])-F_{\mathrm{Qv}}[n]\mathrm{s}(\delta_{\mathrm{v}}[n]-\beta[n])\\ &+F_{\mathrm{Lh}}[n]\mathrm{c}(\delta_{\mathrm{h}}[n]-\beta[n])-F_{\mathrm{Qh}}[n]\mathrm{s}(\delta_{\mathrm{h}}[n]-\beta[n]))\end{aligned} \quad (3.232)$$

$$\begin{aligned}\dot{\beta}[n]=\frac{1}{mv[n]}(&F_{\mathrm{Lv}}[n]\mathrm{s}(\delta_{\mathrm{v}}[n]-\beta[n])+F_{\mathrm{Qv}}[n]\mathrm{c}(\delta_{\mathrm{v}}[n]-\beta[n])\\ &+F_{\mathrm{Lh}}[n]\mathrm{s}(\delta_{\mathrm{h}}[n]-\beta[n])+F_{\mathrm{Qh}}[n]\mathrm{c}(\delta_{\mathrm{h}}[n]-\beta[n]))-\dot{\Psi}[n]\end{aligned} \quad (3.233)$$

$$\ddot{\Psi}[n]=\frac{1}{I_z}(\ell_{\mathrm{v}}(F_{\mathrm{Lv}}[n]\mathrm{s}(\delta_{\mathrm{v}}[n])+F_{\mathrm{Qv}}[n]\mathrm{c}(\delta_{\mathrm{v}}[n])) \\ -\ell_{\mathrm{h}}(F_{\mathrm{Lh}}[n]\mathrm{s}(\delta_{\mathrm{h}}[n])+F_{\mathrm{Qh}}[n]\mathrm{c}(\delta_{\mathrm{h}}[n]))) \tag{3.234}$$

$$v[n+1]=v[n]+\dot{v}[n]T \tag{3.235}$$

$$\beta[n+1]=\beta[n]+\dot{\beta}[n]T \tag{3.236}$$

$$\dot{\Psi}[n+1]=\dot{\Psi}[n]+\ddot{\Psi}[n]T \tag{3.237}$$

$$\Psi[n+1]=\Psi[n]+\dot{\Psi}[n]T+\ddot{\Psi}[n]\frac{T^2}{2} \tag{3.238}$$

$$a_x[n]=\dot{v}[n]\mathrm{c}(\beta[n])-v[n]\mathrm{s}(\beta[n])(\dot{\beta}[n]+\dot{\Psi}[n]) \tag{3.239}$$

$$a_y[n]=\dot{v}[n]\mathrm{s}(\beta[n])+v[n]\mathrm{c}(\beta[n])(\dot{\beta}[n]+\dot{\Psi}[n]) \tag{3.240}$$

$$r_X[n+1]=r_X[n]+v[n]\mathrm{c}(\Psi[n]+\beta[n])T+a_x[n]\mathrm{c}(\Psi[n])\frac{T^2}{2}-a_y[n]\mathrm{s}(\Psi[n])\frac{T^2}{2} \tag{3.241}$$

$$r_Y[n+1]=r_Y[n]+v[n]\mathrm{s}(\Psi[n]+\beta[n])T+a_x[n]\mathrm{s}(\Psi[n])\frac{T^2}{2}+a_y[n]\mathrm{c}(\Psi[n])\frac{T^2}{2} \tag{3.242}$$

其中的递推式（3.235）（3.236）（3.237）和式（3.238）是对下列式子通过式（2.244）和（2.245）进行离散化而得到的

$$\underbrace{\dot{v}(t)}_{\dot{x}(t)}=\underbrace{0}_{A}\cdot\underbrace{v(t)}_{x(t)}+\underbrace{1}_{B}\cdot\underbrace{\dot{v}(t)}_{u(t)} \tag{3.243}$$

$$\underbrace{\dot{\beta}(t)}_{\dot{x}(t)}=\underbrace{0}_{A}\cdot\underbrace{\beta(t)}_{x(t)}+\underbrace{1}_{B}\cdot\underbrace{\dot{\beta}(t)}_{u(t)}\ \text{和} \tag{3.244}$$

$$\underbrace{\begin{bmatrix}\dot{\Psi}(t)\\ \ddot{\Psi}(t)\end{bmatrix}}_{\dot{x}(t)}=\underbrace{\begin{bmatrix}0 & 1\\ 0 & 0\end{bmatrix}}_{A}\underbrace{\begin{bmatrix}\Psi(t)\\ \dot{\Psi}(t)\end{bmatrix}}_{x(t)}+\underbrace{\begin{bmatrix}0\\ 1\end{bmatrix}}_{B}\underbrace{\ddot{\Psi}(t)}_{u(t)} \tag{3.245}$$

式（3.232）到式（3.242）是基于以下假设的：

1）车辆被建模为一个刚体。

2）前轴上的两个轮胎由位于前轴中央的一个虚拟轮胎替代来建模，后轴上的两个轮胎也由位于后轴中央的一个虚拟轮胎替代来建模。

3）车轮的外倾角未被考虑。

4）车辆移动而导致的车轮载荷的变化没有被考虑。

5）运动方程的输入量为轮胎上的纵向力和横向力。通过某种轮胎模型，作用于虚拟轮胎上的力可以由方向盘转角以及与踏板位置相关的驱动 / 制动力矩来确定。

还应提及的是，像是空气阻力或上坡阻力这些额外的力，都可以在调整运动方程后，不大费周章地使得这些力在牛顿 - 欧拉方程（3.210）~（3.212）中被考虑进去。

非线性单轨模型

式（3.232）~ 式（3.234）中轮胎上的侧向力 F_{Qv} 和 F_{Qh} 可由轮胎对应的滑移率来确定。这里引入函数 f_{Qv} 和 f_{Qh}，它们总结了式（3.151）~ 式（3.155）中的各个步骤，将各轮胎的纵向和横向滑移率映射到了横向力上，它们可以被写作

$$F_{\mathrm{Qv}}=f_{\mathrm{Qv}}(s_{\mathrm{Lv}}, s_{\mathrm{Qv}}, F_{\mathrm{zv}}), F_{\mathrm{Qh}}=f_{\mathrm{Qh}}(s_{\mathrm{Lh}}, s_{\mathrm{Qh}}, F_{\mathrm{zh}}) \tag{3.246}$$

式中 F_{zv} 是前轴上的车轮载荷，F_{zh} 是后轴上的车轮载荷。“虚拟”前轮的侧向滑移率为 $s_{\mathrm{Qv}}=\tan(\alpha_{\mathrm{v}})$，“虚拟”后轮的侧向滑移为 $s_{\mathrm{Qh}}=\tan(\alpha_{\mathrm{h}})$。这里的侧偏角 α_{v} 和 α_{h} 将通过使用式（3.194）和式（3.196）以及式（3.201），由车轮转向角、状态变量 v, $\dot{\Psi}$ 和 β、以及车辆的重心位置得以确定。

为了计算纵向力 F_{Lv} 和 F_{Lh}，我们对每个虚拟车轮都应用欧拉角动量定理并列式。从图 3.35 中可以看出，在前向行驶时有

$$I_{\mathrm{v}}\,\dot{\omega}_{\mathrm{v}}=M_{\mathrm{Av}}-M_{\mathrm{Bv}}-F_{\mathrm{Lv}}r \tag{3.247}$$

$$I_{\mathrm{h}}\,\dot{\omega}_{\mathrm{h}}=M_{\mathrm{Ah}}-M_{\mathrm{Bh}}-F_{\mathrm{Lh}}r \tag{3.248}$$

式中 I_{v} 和 I_{h} 是各轴的“虚拟”车轮的转动惯量，ω_{v} 和 ω_{h} 是对应的角速度，M_{Av} 和 M_{Ah} 是驱动力矩，M_{Bv} 和 M_{Bh} 则是制动力矩。

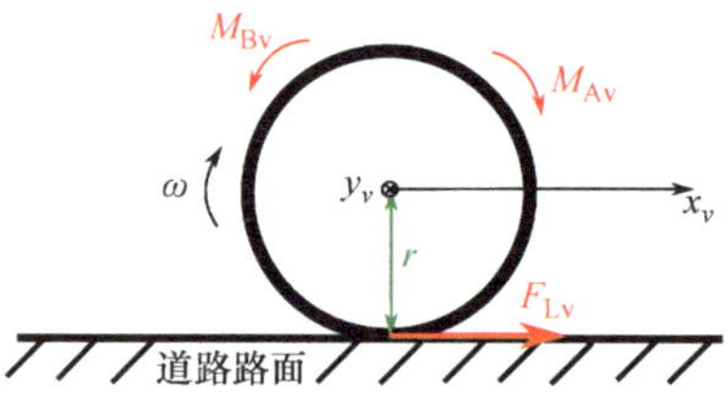

图 3.35　向前行驶时作用于虚拟前轮的力矩

我们考虑到倒车时，驱动力矩 M_{Av} 和 M_{Ah} 由于式（3.126）中的变速器传动比 i_G 为负，所以也是负的，则倒车时的角动量定理可以被写作

$$I_v\dot{\omega}_v = \underbrace{M_{Av}}_{\leqslant 0} + M_{Bv} - F_{Lv}r \tag{3.249}$$

$$I_h\dot{\omega}_h = \underbrace{M_{Ah}}_{\leqslant 0} + M_{Bh} - F_{Lh}r \tag{3.250}$$

通过对微分方程（3.247）和（3.248）积分，可以确定出轮胎的速度，继而可以用式（3.147）计算滑移率。这里引入函数 f_{Lv} 和 f_{Lh}，它们总结了式（3.151）~式（3.155）中的各个步骤，将各轮胎的纵向和横向滑移率映射到了纵向力上，由式（3.247）我们可得离散时间下的递推式表达为

$$F_{Lv} = f_{Lv}(s_{Lv}, s_{Qv}, F_{zv}),\ F_{Lh} = f_{Lh}(s_{Lh}, s_{Qh}, F_{zh}) \tag{3.251}$$

$$F_{Lv}[n] = f_{Lv}(s_{Lv}[n-1], s_{Qv}[n], F_{zv}[n]) \tag{3.252}$$

$$\omega_v[n] = \omega_v[n-1] + T\frac{1}{I_v}(M_{Av}[n] - M_{Bv}[n] - F_{Lv}[n]r) \tag{3.253}$$

$$s_{Lv}[n] = \frac{\omega_v[n]r - v_{Lv}[n]}{\max(|\omega_v[n]r|, |v_{Lv}[n]|)} \tag{3.254}$$

式（3.252）中用到了纵向滑移 $s_{Lv}[n-1]$，因为新的 $s_{Lv}[n]$ 值只有在确定了纵向力 $f_{Lv}[n]$ 之后才能去计算。式（3.254）所要用到的“虚拟”前轮胎的纵向速度 v_{Lv}，借助图 3.27 和式（3.199）便可以得到

$$v_{Lv} = v\mathrm{c}(\beta)\mathrm{c}(\delta_v) + (v\mathrm{s}(\beta) + \dot{\Psi}\ell_v)\mathrm{s}(\delta_v) \tag{3.255}$$

同理于式（3.252）~式（3.255），“虚拟”后轮的滑移 s_{Lh} 也可以被建模。为此，需要用到虚拟后轮的纵向速度，它通过图 3.27 和式（3.200）的辅助算出来为

$$v_{Lh} = v\mathrm{c}(\beta)\mathrm{c}(\delta_h) + (v\mathrm{s}(\beta) - \dot{\Psi}\ell_h)\mathrm{s}(\delta_h) \tag{3.256}$$

式（3.246）和式（3.251）中的车轮载荷 F_{zv} 和 F_{zh} 在车辆加速或制动时会发生变化。

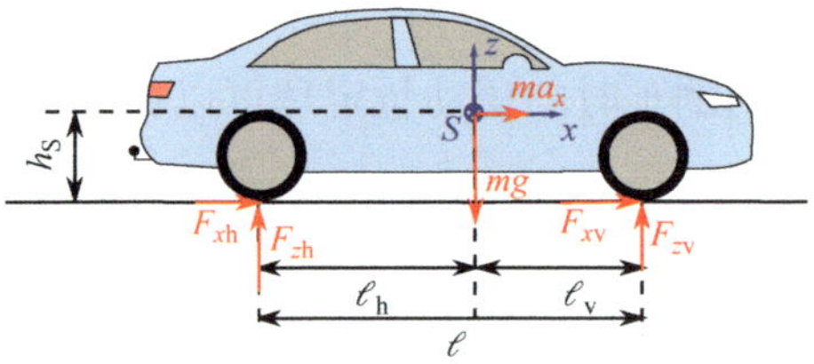

图 3.36 车轮载荷的变化取决于加速度 a_x

为了在运动方程中模拟出该效应，我们将借助图 3.36 以重心 S 为参考点应用力矩定理写出：

$$F_{zh}\ell_h - F_{zv}\ell_v \underbrace{-F_{xh}h_S - F_{xv}h_S}_{\text{由牛顿力学得：}-ma_xh_S} = 0 \tag{3.257}$$

这时因为角加速度的值为零，此外，还有力的平衡

$$F_{zv} + F_{zh} = mg \tag{3.258}$$

由式（3.257）和式（3.258）我们可以得出

$$F_{zv} = \frac{\ell_h}{\ell}mg - \frac{h_S}{\ell}ma_x \text{ 和 } F_{zh} = \frac{\ell_v}{\ell}mg + \frac{h_S}{\ell}ma_x \tag{3.259}$$

为了完成我们的非线性单轨模型的递推式方程组，还需要有矩 M_{Av}、M_{Ah}、M_{Bv} 和 M_{Bh}，这些力矩是由式（3.126）中的驱动力矩 M_A 和制动力矩 M_B 产生的。驱动力矩按照以下方式分配给车辆的前桥和后桥

$$M_{Av} = \kappa_{Av}M_A \text{ 和 } M_{Ah} = \underbrace{(1-\kappa_{Av})}_{\kappa_{Ah}}M_A \tag{3.260}$$

当 κ_{Av}=1 时建模的是前轮驱动车辆，而 κ_{Av}=0 时建模的是后轮驱动车辆，$0 < \kappa_{Av} < 1$ 时，则建模的是一辆可调整前后桥驱动力分布的四轮驱动车辆。驱动力矩 M_A 和制动力矩 M_B 可以通过踏板位置 p_G 和 p_B 的映射特征图（见图 3.22 和图 3.25）来建模得到。为了确定驱动力矩 M_A，除了式（3.126）和踏板位置 p_G，还要已知发动机转速 n_M。对于 3.2.3 小节中介绍的传动系统的简单模型，发动机转速 ω_M 可以近似为

$$\omega_M = i_G i_A(\kappa_{Av}\omega_v + (1-\kappa_{Av})\omega_h) \tag{3.261}$$

通常用于特征图上的以每分钟转数为单位的发动机转速 n_M，可由 $n_M = (60\omega_M)/(2\pi)$ 得到。

对于制动力矩，其在前后轴上的分布可以类似于式（3.260）来表示成

$$M_{\mathrm{Bv}} = \kappa_{\mathrm{Bv}} M_{\mathrm{B}} \text{ 和 } M_{\mathrm{Bh}} = \underbrace{(1-\kappa_{\mathrm{Bv}})}_{\kappa_{\mathrm{Bh}}} M_{\mathrm{B}} \tag{3.262}$$

这里当$\kappa_{\mathrm{Bv}}=1$时，制动只作用于前轴，$\kappa_{\mathrm{Bv}}=0$时，制动只作用于后轴。一般来说，在制动时前轮和后轮都会受到制动，因为从车辆的稳定性出发，合理的做法是尽可能在前轴和后轴上拥有相近的摩擦力，而且由于制动将导致前轴车轮的载荷增加，所以制动力矩的配比通常是通过$\kappa_{\mathrm{Bv}}>0.5$来实现的，这将尽可能防止后轮抱死的情况。

在制动力矩的建模过程中，也可以如 [Ril07] 所示的那样考虑制动力矩M_{Bv}、M_{Bh}与车轮转速ω_{v}和ω_{h}的相互关联性，使得库仑摩擦力在ω_{v}=0rad/s 和ω_{h}=0rad/s 时的不连续性被考虑进来。在角速度ω_{v}和ω_{h}较低的时候，我们不会用式（3.262）去确定制动力矩，而是分别去建模M_{Bv}与ω_{v}，以及M_{Bh}与ω_{h}之间的线性关系。为了确定该线性关系我们要用到$M_{\mathrm{Bv,max}}$，即前轴上的最大制动力矩，它可以由$p_{\mathrm{B}}=100\%$的制动力矩特征图（图 3.25）和式（3.262）得到。对于另一组合的线性关系，我们要用到最小的制动力矩$M_{\mathrm{Bv,min}}$，它由式（3.247）代入$\omega_{\mathrm{v}}=0\mathrm{rad/s}$和$\dot{\omega}_{\mathrm{v}}=0\mathrm{rad/s^2}$即可得到

$$M_{\mathrm{Bv,min}} = M_{\mathrm{Av}} - F_{\mathrm{Lv}} r \tag{3.263}$$

如果由式（3.262）中的$\kappa_{\mathrm{Bv}} M_{\mathrm{B}}$算出的制动力矩很大，则我们在向前行驶时$\omega_{\mathrm{v}}<\omega_{\mathrm{vG}}$，$\omega_{\mathrm{v}}$为小值的情况下，假设两个数值$M_{\mathrm{Bv,min}}$和$M_{\mathrm{Bv,max}}$之间存在一个线性关系

$$M_{\mathrm{Bv}} = \min\left(\kappa_{\mathrm{Bv}} M_{\mathrm{B}}, M_{\mathrm{Bv,min}} + \frac{M_{\mathrm{Bv,max}} - M_{\mathrm{Bv,min}}}{\omega_{\mathrm{vG}}} \omega_{\mathrm{v}}\right) \tag{3.264}$$

图 3.37 直观地展示了这方面的建模。同理，在角速度$\omega_{\mathrm{h}}<\omega_{\mathrm{hG}}$较小的情况下，虚拟后轮的制动力矩也能被同样地建模。为了描述轮胎和道路之间的力的动力学，对于前后虚拟车轮均可使用式（3.157）和式（3.159）。以此得出前轴上的力$F_{\mathrm{Lv,dyn}}$，$F_{\mathrm{Qv,dyn}}$和后轴上的力$F_{\mathrm{Lh,dyn}}$，$F_{\mathrm{Qh,dyn}}$。

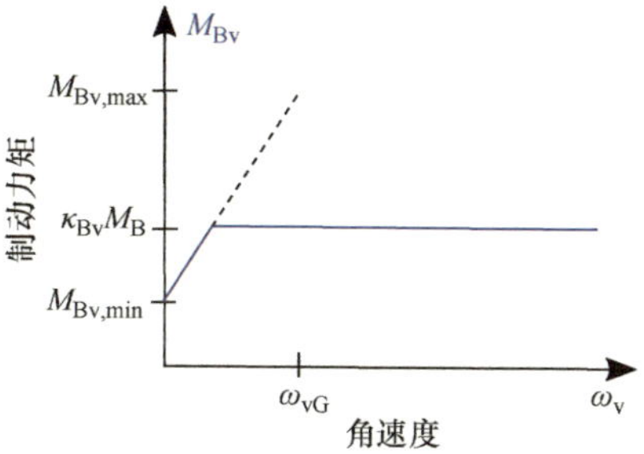

图 3.37 对于车轮转向角速度 ω_{v} 小的虚拟前轮的制动力矩的模拟

现在把所有方程都组合在一起，会产生一个使用踏板位置和方向盘转角作为输入的运动模型，而不是和式（3.232）~ 式（3.242）中一样使用轮胎上的纵向和横向力作为输入：

驱动力矩和制动力矩的计算

$$\omega_{\mathrm{M}}[n]=i_{\mathrm{G}}i_{\mathrm{A}}\left(\kappa_{\mathrm{Av}}\omega_{\mathrm{v}}[n]+(1-\kappa_{\mathrm{Av}})\omega_{\mathrm{h}}[n]\right) \tag{3.265}$$

$$n_{\mathrm{M}}[n]=(60\omega_{\mathrm{M}}[n])/(2\pi) \tag{3.266}$$

$$M_{\mathrm{M}}[n]=g_{\mathrm{Kennfeld,M}}(n_{\mathrm{M}}[n],p_{\mathrm{G}}[n]) \tag{3.267}$$

$$M_{\mathrm{A}}[n]=\eta_{\mathrm{TW}}i_{\mathrm{G}}i_{\mathrm{A}}M_{\mathrm{M}}[n] \tag{3.268}$$

$$M_{\mathrm{Av}}[n]=\kappa_{\mathrm{Av}}M_{\mathrm{A}}[n] \tag{3.269}$$

$$M_{\mathrm{Ah}}[n]=(1-\kappa_{\mathrm{Av}})M_{\mathrm{A}}[n] \tag{3.270}$$

$$M_{\mathrm{B}}[n]=g_{\mathrm{Kennfeld,B}}(p_{\mathrm{B}}[n]) \tag{3.271}$$

$$M_{\mathrm{B,max}}=g_{\mathrm{Kennfeld,B}}(100\%) \tag{3.272}$$

$$M_{\mathrm{Bv,max}}=\kappa_{\mathrm{Bv}}M_{\mathrm{B,max}} \tag{3.273}$$

$$M_{\mathrm{Bh,max}}=\kappa_{\mathrm{Bh}}M_{\mathrm{B,max}} \tag{3.274}$$

$$M_{\mathrm{Bv,min}}[n]=M_{\mathrm{Av}}[n]-F_{\mathrm{Lv}}[n-1]r \tag{3.275}$$

$$M_{\mathrm{Bh,min}}[n]=M_{\mathrm{Ah}}[n]-F_{\mathrm{Lh}}[n-1]r \tag{3.276}$$

$$M_{\mathrm{Bv}}[n]=\begin{cases}\min\left(\kappa_{\mathrm{Bv}}M_{\mathrm{B}}[n],M_{\mathrm{Bv,min}}[n]+\dfrac{M_{\mathrm{Bv,max}}-M_{\mathrm{Bv,min}}[n]}{\omega_{\mathrm{vG}}}\omega_{\mathrm{v}}[n]\right), & \omega_{\mathrm{v}}[n]<\omega_{\mathrm{vG}}\\ \kappa_{\mathrm{Bv}}M_{\mathrm{B}}[n], & \omega_{\mathrm{v}}[n]\geqslant\omega_{\mathrm{vG}}\end{cases} \tag{3.277}$$

$$M_{\mathrm{Bh}}[n]=\begin{cases}\min\left(\kappa_{\mathrm{Bh}}M_{\mathrm{B}}[n],M_{\mathrm{Bh,min}}[n]+\dfrac{M_{\mathrm{Bh,max}}-M_{\mathrm{Bh,min}}[n]}{\omega_{\mathrm{hG}}}\omega_{\mathrm{h}}[n]\right), & \omega_{\mathrm{h}}[n]<\omega_{\mathrm{hG}}\\ \kappa_{\mathrm{Bh}}M_{\mathrm{B}}[n], & \omega_{\mathrm{h}}[n]\geqslant\omega_{\mathrm{hG}}\end{cases} \tag{3.278}$$

纵向滑移率的计算

$$\omega_{\mathrm{v}}[n+1]=\omega_{\mathrm{v}}[n]+T\frac{1}{I_{\mathrm{v}}}(M_{\mathrm{Av}}[n]-M_{\mathrm{Bv}}[n]-F_{\mathrm{Lv}}[n-1]r) \tag{3.279}$$

$$v_{\mathrm{Lv}}[n]=v[n]\mathrm{c}(\beta[n])\mathrm{c}(\delta_{\mathrm{v}}[n])+(v[n]\mathrm{s}(\beta[n])+\dot{\Psi}[n]\ell_{\mathrm{v}})\mathrm{s}(\delta_{\mathrm{v}}[n]) \tag{3.280}$$

$$s_{\mathrm{Lv}}[n]=\frac{\omega_{\mathrm{v}}[n]r-v_{\mathrm{Lv}}[n]}{\max(|\omega_{\mathrm{v}}[n]r|,|v_{\mathrm{Lv}}[n]|)} \tag{3.281}$$

$$\omega_{\mathrm{h}}[n+1]=\omega_{\mathrm{h}}[n]+T\frac{1}{I_{\mathrm{h}}}(M_{\mathrm{Ah}}[n]-M_{\mathrm{Bh}}[n]-F_{\mathrm{Lh}}[n-1]r) \tag{3.282}$$

$$v_{\mathrm{Lh}}[n]=v[n]\mathrm{c}(\beta[n])\mathrm{c}(\delta_{\mathrm{h}}[n])+(v[n]\mathrm{s}(\beta[n])-\dot{\Psi}[n]\ell_{\mathrm{h}})\mathrm{s}(\delta_{\mathrm{h}}[n]) \tag{3.283}$$

$$s_{\mathrm{Lh}}[n]=\frac{\omega_{\mathrm{h}}[n]r-v_{\mathrm{Lh}}[n]}{\max(|\omega_{\mathrm{h}}[n]r|,|v_{\mathrm{Lh}}[n]|)} \tag{3.284}$$

横向滑移率的计算

$$\alpha_{\mathrm{v}}[n]=\delta_{\mathrm{v}}[n]-\tan^{-1}\left(\frac{v[n]\mathrm{s}(\beta[n])+\dot{\Psi}[n]\ell_{\mathrm{v}}}{v[n]\mathrm{c}(\beta[n])}\right) \tag{3.285}$$

$$s_{\mathrm{Qv}}[n]=\tan(\alpha_{\mathrm{v}}[n]) \tag{3.286}$$

$$\alpha_{\mathrm{h}}[n]=\delta_{\mathrm{h}}[n]-\arctan\left(\frac{v[n]\mathrm{s}(\beta[n])-\dot{\Psi}[n]\ell_{\mathrm{h}}}{v[n]\mathrm{c}(\beta[n])}\right) \tag{3.287}$$

$$s_{\mathrm{Qh}}[n]=\tan(\alpha_{\mathrm{h}}[n]) \tag{3.288}$$

纵向力和横向力的计算

$$F_{z\mathrm{v}}[n]=\frac{\ell_{\mathrm{h}}}{\ell}mg-\frac{h_{\mathrm{S}}}{\ell}ma_x[n-1] \tag{3.289}$$

$$s_{\mathrm{v}}^*[n]=\sqrt{s_{\mathrm{Lv}}[n]^2+s_{\mathrm{Qv}}[n]^2} \tag{3.290}$$

$$F_{\mathrm{Lv}}^*[n]=F_{z\mathrm{v}}[n]\mu_{\mathrm{Lv,max}}\sin\left(c_{\mathrm{Lv}}\arctan\left(b_{\mathrm{Lv}}\frac{s_{\mathrm{v}}^*[n]}{\mu_{\mathrm{Lv,max}}}\right)\right) \tag{3.291}$$

$$F_{\mathrm{Qv}}^*[n]=F_{z\mathrm{v}}[n]\mu_{\mathrm{Qv,max}}\sin\left(c_{\mathrm{Qv}}\arctan\left(b_{\mathrm{Qv}}\frac{s_{\mathrm{v}}^*[n]}{\mu_{\mathrm{Qv,max}}}\right)\right) \tag{3.292}$$

$$F_{\mathrm{v}}^{*}[n]=\sqrt{\frac{s_{\mathrm{Lv}}[n]^{2}F_{\mathrm{Lv}}^{*}[n]^{2}+s_{\mathrm{Qv}}[n]^{2}F_{\mathrm{Qv}}^{*}[n]^{2}}{s_{\mathrm{v}}^{*}[n]^{2}}} \tag{3.293}$$

$$F_{\mathrm{Lv}}[n]=\frac{s_{\mathrm{Lv}}[n]}{s_{\mathrm{v}}^{*}[n]}F_{\mathrm{v}}^{*}[n] \tag{3.294}$$

$$F_{\mathrm{Lv,dyn}}[n]=F_{\mathrm{Lv}}[n]+\mathrm{e}^{-\frac{T\omega_{\mathrm{v}}[n]r}{d_{\mathrm{Lv}}}}(F_{\mathrm{Lv,dyn}}[n-1]-F_{\mathrm{Lv}}[n]) \tag{3.295}$$

$$F_{\mathrm{Qv}}[n]=\frac{s_{\mathrm{Qv}}[n]}{s_{\mathrm{v}}^{*}[n]}F_{\mathrm{v}}^{*}[n] \tag{3.296}$$

$$F_{\mathrm{Qv,dyn}}[n]=F_{\mathrm{Qv}}[n]+\mathrm{e}^{-\frac{T\omega_{\mathrm{v}}[n]r}{d_{\mathrm{Qv}}}}(F_{\mathrm{Qv,dyn}}[n-1]-F_{\mathrm{Qv}}[n]) \tag{3.297}$$

$$F_{\mathrm{zh}}[n]=\frac{\ell_{\mathrm{v}}}{\ell}mg+\frac{h_{\mathrm{S}}}{\ell}ma_{x}[n-1] \tag{3.298}$$

$$s_{\mathrm{h}}^{*}[n]=\sqrt{s_{\mathrm{Lh}}[n]^{2}+s_{\mathrm{Qh}}[n]^{2}} \tag{3.299}$$

$$F_{\mathrm{Lh}}^{*}[n]=F_{\mathrm{zh}}[n]\mu_{\mathrm{Lh,max}}\sin\left(c_{\mathrm{Lh}}\arctan\left(b_{\mathrm{Lh}}\frac{s_{\mathrm{h}}^{*}[n]}{\mu_{\mathrm{Lh,max}}}\right)\right) \tag{3.300}$$

$$F_{\mathrm{Qh}}^{*}[n]=F_{\mathrm{zh}}[n]\mu_{\mathrm{Qh,max}}\sin\left(c_{\mathrm{Qh}}\arctan\left(b_{\mathrm{Qh}}\frac{s_{\mathrm{h}}^{*}[n]}{\mu_{\mathrm{Qh,max}}}\right)\right) \tag{3.301}$$

$$F_{\mathrm{h}}^{*}[n]=\sqrt{\frac{s_{\mathrm{Lh}}[n]^{2}F_{\mathrm{Lh}}^{*}[n]^{2}+s_{\mathrm{Qh}}[n]^{2}F_{\mathrm{Qh}}^{*}[n]^{2}}{s_{\mathrm{h}}^{*}[n]^{2}}} \tag{3.302}$$

$$F_{\mathrm{Lh}}[n]=\frac{s_{\mathrm{Lh}}[n]}{s_{\mathrm{h}}^{*}[n]}F_{\mathrm{h}}^{*}[n] \tag{3.303}$$

$$F_{\mathrm{Lh,dyn}}[n]=F_{\mathrm{Lh}}[n]+\mathrm{e}^{-\frac{T\omega_{\mathrm{h}}[n]r}{d_{\mathrm{Lh}}}}(F_{\mathrm{Lh,dyn}}[n-1]-F_{\mathrm{Lh}}[n]) \tag{3.304}$$

$$F_{\mathrm{Qh}}[n]=\frac{s_{\mathrm{Qh}}[n]}{s_{\mathrm{h}}^{*}[n]}F_{\mathrm{h}}^{*}[n] \tag{3.305}$$

$$F_{\mathrm{Qh,dyn}}[n]=F_{\mathrm{Qh}}[n]+\mathrm{e}^{-\frac{T\omega_{\mathrm{h}}[n]r}{d_{\mathrm{Qh}}}}(F_{\mathrm{Qh,dyn}}[n-1]-F_{\mathrm{Qh}}[n]) \tag{3.306}$$

$$F_x[n]=F_{\mathrm{Lv,dyn}}[n]\mathrm{c}(\delta_{\mathrm{v}}[n])-F_{\mathrm{Qv,dyn}}[n]\mathrm{s}(\delta_{\mathrm{v}}[n])+F_{\mathrm{Lh,dyn}}[n]\mathrm{c}(\delta_{\mathrm{h}}[n])-F_{\mathrm{Qh,dyn}}[n]\mathrm{s}(\delta_{\mathrm{h}}[n]) \tag{3.307}$$

$$F_y[n]=F_{\mathrm{Lv,dyn}}[n]\mathrm{s}(\delta_{\mathrm{v}}[n])+F_{\mathrm{Qv,dyn}}[n]\mathrm{c}(\delta_{\mathrm{v}}[n])+F_{\mathrm{Lh,dyn}}[n]\mathrm{s}(\delta_{\mathrm{h}}[n])+F_{\mathrm{Qh,dyn}}[n]\mathrm{c}(\delta_{\mathrm{h}}[n]) \tag{3.308}$$

状态变量的计算

$$\dot{v}[n]=\frac{1}{m}(F_x[n]\mathrm{c}(\beta[n])+F_y[n]\mathrm{s}(\beta[n])) \tag{3.309}$$

$$v[n+1]=v[n]+\dot{v}[n]T \tag{3.310}$$

$$\dot{\beta}[n]=\frac{1}{mv[n]}(F_y[n]\mathrm{c}(\beta[n])-F_x[n]\mathrm{s}(\beta[n]))-\dot{\Psi}[n] \tag{3.311}$$

$$\beta[n+1]=\beta[n]+\dot{\beta}[n]T \tag{3.312}$$

$$\begin{aligned}\ddot{\Psi}[n]=\frac{1}{I_z}(&\ell_{\mathrm{v}}(F_{\mathrm{Lv,dyn}}[n]\mathrm{s}(\delta_{\mathrm{v}}[n])+F_{\mathrm{Qv,dyn}}[n]\mathrm{c}(\delta_{\mathrm{v}}[n]))\\&-\ell_{\mathrm{h}}(F_{\mathrm{Lh,dyn}}[n]\mathrm{s}(\delta_{\mathrm{h}}[n])+F_{\mathrm{Qh,dyn}}[n]\mathrm{c}(\delta_{\mathrm{h}}[n]))\end{aligned} \tag{3.313}$$

$$\dot{\Psi}[n+1]=\dot{\Psi}[n]+\ddot{\Psi}[n]T \tag{3.314}$$

$$\Psi[n+1]=\Psi[n]+\dot{\Psi}[n]T+\ddot{\Psi}[n]\frac{T^2}{2} \tag{3.315}$$

$$a_x[n]=\frac{1}{m}F_x[n]=\dot{v}[n]\mathrm{c}(\beta[n])-v[n]\mathrm{s}(\beta[n])(\dot{\beta}[n]+\dot{\Psi}[n]) \tag{3.316}$$

$$a_y[n]=\frac{1}{m}F_y[n]=\dot{v}[n]\mathrm{s}(\beta[n])+v[n]\mathrm{c}(\beta[n])(\dot{\beta}[n]+\dot{\Psi}[n]) \tag{3.317}$$

$$r_X[n+1]=r_X[n]+v[n]\mathrm{c}(\Psi[n]+\beta[n])T+a_x[n]\mathrm{c}(\Psi[n])\frac{T^2}{2}-a_y[n]\mathrm{s}(\Psi[n])\frac{T^2}{2} \tag{3.318}$$

$$r_Y[n+1] = r_Y[n] + v[n]\mathrm{s}(\Psi[n] + \beta[n])T + a_x[n]\mathrm{s}(\Psi[n])\frac{T^2}{2} + a_y[n]\mathrm{c}(\Psi[n])\frac{T^2}{2} \quad (3.319)$$

为了使从式（3.265）~ 式（3.319）的非线性单轨模型生效，必须知道以下量的数值：

1）轴距 ℓ 和重心位置；典型值：$\ell = 2.7\mathrm{m}$，$\ell_{\mathrm{V}} = 1.2\mathrm{m}$，$\ell_{\mathrm{h}} = 1.5\mathrm{m}$，$\ell_{\mathrm{S}} = 0.54\mathrm{m}$。

2）质量 m；典型值：$m = 1500\mathrm{kg}$。

3）重力加速度 g；值：$g = 9.81\mathrm{m/s^2}$。

4）简化魔术轮胎公式中的纵向和横向轮胎力参数；典型值：$b_{\mathrm{Lv}} = 11.4$，$c_{\mathrm{Lv}} = 1.5$，$b_{\mathrm{Qv}} = 7.5$，$c_{\mathrm{Qv}} = 1.3$，$b_{\mathrm{Lh}} = 16.3$，$c_{\mathrm{Lh}} = 1.5$，$b_{\mathrm{Qh}} = 15.3$，$c_{\mathrm{Qh}} = 1.3$，$\mu_{\mathrm{Lv,max}}$（干燥的路面）$= 1.1$，$\mu_{\mathrm{Lv,max}}$（湿的路面）$= 0.6$，$\mu_{\mathrm{Lv,max}}$（积雪的路面）$= 0.4$，$\mu_{\mathrm{Lv,max}}$（结冰的路面）$= 0.1$，$\mu_{\mathrm{Qv,max}} = 0.9\mu_{\mathrm{Lv,max}}$，$\mu_{\mathrm{Lh,max}} = \mu_{\mathrm{Lv,max}}$，$\mu_{\mathrm{Qh,max}} = 0.9\mu_{\mathrm{Lh,max}}$。

5）车辆对于重心 S 绕 Z 轴的转动惯量 I_z；典型值：$I_z = 2700\mathrm{kg \cdot m^2}$。

6）变速器传动比 i_{G}；典型值：i_{G}（倒档）$= -4.2$；i_{G}（1 档）$= 3.8$；i_{G}（2 档）$= 2.1$；i_{G}（3 档）$= 1.3$；i_{G}（4 档）$= 1.1$；i_{G}（5 档）$= 0.9$；i_{G}（6 档）$= 0.8$。

7）主传动传动比 i_{A}；典型值：$i_{\mathrm{A}} = 3.2$。

8）前轴上驱动力矩的比重 κ_{Av}；典型值：前轮驱动车辆 $\kappa_{\mathrm{Av}} = 1$，后轮驱动车辆 $\kappa_{\mathrm{Av}} = 0$，全轮驱动车辆 $0 < \kappa_{\mathrm{Av}} < 1$。

9）描述了发动机转矩 M_{M} 和发动机转速 n_{M}（以每分钟转数为单位）、加速踏板位置 p_{G} 之间关系的发动机转矩特性曲线 $g_{\mathrm{Kennfled,M}}(n_{\mathrm{M}}, p_{\mathrm{G}})$；示例如图 3.22 所示。

10）传动系统效率 η_{TW}；典型值：$\eta_{\mathrm{TW}} = 0.85$。

11）描述了制动力矩和制动踏板位置 p_{B} 之间关系的制动力矩特性曲线 $g_{\mathrm{Kennfled,B}}(p_{\mathrm{B}}[n])$；示例如图 3.25 所示。

12）前轴上制动力矩的比重 κ_{Bv}；后轴上制动力矩的比重 $\kappa_{\mathrm{Bh}} = 1 - \kappa_{\mathrm{Bv}}$；典型值：只有前轮制动时 $\kappa_{\mathrm{Bv}}=1$，只有后轮制动时 $\kappa_{\mathrm{Bv}} = 0$，但是一般为 $0.5 < \kappa_{\mathrm{Bv}} < 1$。

13）前轮角速度 ω_{vG} 和后轮角速度 ω_{hG} 的临界值，低于该临界值时，制动力矩 M_{Bv} 和 M_{Bh} 线性下降到 $M_{\mathrm{Bv,min}}$ 和 $M_{\mathrm{Bh,min}}$；典型值：$\omega_{\mathrm{vG}} = \omega_{\mathrm{hG}} = 0.5\mathrm{rad/s}$。

14）数值积分中的步长 T；典型值 $T = 0.001\mathrm{s}$。

15）前后轴“虚拟”轮胎的转动惯量 I_{v} 和 I_{h}；典型值：$I_{\mathrm{v}} = 1.7\mathrm{kg \cdot m^2}$ 和 $I_{\mathrm{h}} = 1.7\mathrm{kg \cdot m^2}$。

16）轮胎半径 r；$r = 0.31\mathrm{m}$。

17）轮胎接地面中用于模拟轮胎与路面之间力的动力学的部分，前轮为 d_{Lv} 和 d_{Qv}，后轮为 d_{Lh} 和 d_{Qh}；典型值：$d_{\mathrm{Lv}} = d_{\mathrm{Qv}} = d_{\mathrm{Lh}} = d_{\mathrm{Qh}} = 0.0155\mathrm{m}$。

18）运动模型的输入量是加速踏板位置 p_{G}、制动踏板位置 p_{B}、前轴上的车

轮转向角 δ_v 和后轴上的车轮转向角 δ_h。车轮转向角可以借助转向传动比由方向盘转角 δ_L 确定。在较新的车辆中，转向传动比是通过与速度和方向盘转角有关的特性曲线来描述的。为简化起见，在建模中可以假设是一辆没有后轴转向的车辆，并且转向比的值约为 $i_L = 16$，即为 $\delta_v = \delta_L / i_L$ 且 $\delta_h = 0$。

该运动模型所基于的假设是：

1）车辆被建模为刚体。

2）前轴上的两个轮胎用前轴中间的虚拟轮胎建模，后轴上的两个轮胎用后轴中间的虚拟轮胎建模。

3）不对车辆外倾进行建模。

4）不对发动机和传动系统固有的动力学进行建模。

5）不对耦合过程进行建模。

6）不对没有通过轮胎作用于车辆上的附加力进行建模，例如式（3.162）中的空气阻力。然而，通过将这些力包含到式（3.217）中，从而将它们包含进式（3.307）和式（3.308）中，可以很容易地将这些力合并到运动模型中。

线性单轨模型

当轮胎上的滑移率很低以至于轮胎上的纵向力和横向力与滑移率成线性关系时，可使用线性单轨模型。该区域如图 3.28 所示，线性相关性由斜率 C 表示。在线性范围内，滑移率和轮胎上的力之间的比例系数被称为**侧偏刚度**。在线性范围内有：

$$F_{Lv} = C_{Lv} s_{Lv}, F_{Lh} = C_{Lh} s_{Lh}, F_{Qv} = C_{Qv} s_{Qv}, F_{Qh} = C_{Qh} s_{Qh} \tag{3.320}$$

其中 C_{Qv}、C_{Lv} 是前虚拟车轮的侧偏刚度，C_{Qh}、C_{Lh} 是后虚拟车轮的侧偏刚度。当滑移率小时，式（3.149）和式（3.150）中的斜率分别通过 $b_L c_L F_z$ 和 $b_Q c_Q F_z$ 给出。除式（3.291）、式（3.292）、式（3.300）和式（3.301）外，线性单轨模型的离散运动方程组与非线性单轨模型的运动方程组式（3.265）~ 式（3.319）一致。式（3.291）、式（3.292）、式（3.300）和式（3.301）替换为：

$$F_{Lv}^{*}[n] = C_{Lv} s_{v}^{*}[n] \tag{3.321}$$

$$F_{Qv}^{*}[n] = C_{Qv} s_{v}^{*}[n] \tag{3.322}$$

$$F_{Lh}^{*}[n] = C_{Lh} s_{h}^{*}[n] \tag{3.323}$$

$$F_{Qh}^{*}[n] = C_{Qh} s_{h}^{*}[n] \tag{3.324}$$

典型值为 $C_{Lv} \approx 140000\text{N}$、$C_{Qv} \approx 80000\text{N}$、$C_{Lh} \approx 160000\text{N}$ 和 $C_{Qh} \approx 130000\text{N}$。

应该注意的是，四个侧偏刚度的单位是牛顿每“滑移率的单位”。而滑移率作为值介于 0 到 1 之间的规范化量是没有单位的。

速度恒定的线性单轨模型

线性单轨模型的一种特殊情况是车辆的速度 v 恒定，侧滑角 β 较小，且轮胎上的纵向力 F_{LV} 和 F_{Lh} 为零。这种模型非常适合分析例如稳定转弯行驶的车辆。当 $F_{Lv}=0N$ 和 $F_{Lh}=0N$ 时，从式（3.219）和式（3.221）可以得到重心处的力 F_y：

$$F_y = F_{Qv}c(\delta_v) + F_{Qh}c(\delta_h) \tag{3.325}$$

以及从式（3.224）可以得到绕 Z 轴的力矩：

$$I_z\ddot{\Psi} = \ell_v F_{Qv}c(\delta_v) - \ell_h F_{Qh}c(\delta_h) \tag{3.326}$$

因为轮胎上的纵向力为零并且假设横向滑移率很小（位于滑移率 - 力曲线的线性范围内），从式（3.322）和式（3.324）可得：

$$F_{Qv} = C_{Qv}\tan(\alpha_v) = C_{Qv}\alpha_v \text{ 和 } F_{Qh} = C_{Qh}\tan(\alpha_h) = C_{Qh}\alpha_h \tag{3.327}$$

因此，式（3.325）和式（3.326）可以写成：

$$C_{Qv}\alpha_v c(\delta_v) + C_{Qh}\alpha_h c(\delta_h) = ma_y \tag{3.328}$$

$$C_{Qv}\alpha_v c(\delta_v)\ell_v - C_{Qh}\alpha_h c(\delta_h)\ell_h = I_z\ddot{\Psi} \tag{3.329}$$

如果在式（3.328）和式（3.329）中使用式（3.196）和式（3.194）中的 α_v 和 α_h 的表达式，而对于 a_y 则使用当速度 v 恒定以及侧滑角 β 小时得到的式（3.169）中的表达式：

$$a_y = v\dot{\Psi} + v\dot{\beta} \tag{3.330}$$

从而得到：

$$C_{Qv}\left(\delta_v - \frac{\ell_v\dot{\Psi}}{v} - \beta\right)c(\delta_v) + C_{Qh}\left(\delta_h - \frac{\ell_h\dot{\Psi}}{v} - \beta\right)c(\delta_h) = m(v\dot{\Psi} + v\dot{\beta}) \tag{3.331}$$

$$C_{Qv}\left(\delta_v - \frac{\ell_v\dot{\Psi}}{v} - \beta\right)c(\delta_v)\ell_v - C_{Qh}\left(\delta_h + \frac{\ell_h\dot{\Psi}}{v} - \beta\right)c(\delta_h)\ell_h = I_z\ddot{\Psi} \tag{3.332}$$

通过将式（3.331）和式（3.332）中的 $\dot{\beta}$ 和 $\ddot{\Psi}$ 分别独立在方程一边可得：

$$\dot{\beta}=\frac{-C_{\mathrm{Qh}}\mathrm{c}(\delta_{\mathrm{h}})-C_{\mathrm{Qv}}\mathrm{c}(\delta_{\mathrm{v}})}{mv}\beta+\frac{C_{\mathrm{Qh}}\mathrm{c}(\delta_{\mathrm{h}})\frac{\ell_{\mathrm{h}}}{v}-C_{\mathrm{Qv}}\mathrm{c}(\delta_{\mathrm{v}})\frac{\ell_{\mathrm{v}}}{v}-mv}{mv}\dot{\Psi}+\frac{C_{\mathrm{Qv}}\mathrm{c}(\delta_{\mathrm{v}})\delta_{\mathrm{v}}}{mv}+\frac{C_{\mathrm{Qh}}\mathrm{c}(\delta_{\mathrm{h}})\delta_{\mathrm{h}}}{mv} \tag{3.333}$$

$$\ddot{\Psi}=\frac{C_{\mathrm{Qh}}\mathrm{c}(\delta_{\mathrm{h}})\ell_{\mathrm{h}}-C_{\mathrm{Qv}}\mathrm{c}(\delta_{\mathrm{v}})\ell_{\mathrm{v}}}{I_z}\beta+\frac{-C_{\mathrm{Qh}}\mathrm{c}(\delta_{\mathrm{h}})\frac{\ell_{\mathrm{h}}^2}{v}-C_{\mathrm{Qv}}\mathrm{c}(\delta_{\mathrm{v}})\frac{\ell_{\mathrm{v}}^2}{v}}{I_z}\dot{\Psi}+\frac{C_{\mathrm{Qv}}\mathrm{c}(\delta_{\mathrm{v}})\delta_{\mathrm{v}}\ell_{\mathrm{v}}}{I_z}+\frac{-C_{\mathrm{Qh}}\mathrm{c}(\delta_{\mathrm{h}})\delta_{\mathrm{h}}\ell_{\mathrm{h}}}{I_z} \tag{3.334}$$

假设前轮和后轮转向角很小，使得 $\cos(\delta_{\mathrm{v}})\approx 1$ 和 $\cos(\delta_{\mathrm{h}})\approx 1$，可以使用式（3.333）和式（3.334），用矩阵 - 向量的表示法表达，从而得到耦合微分方程的线性系统：

$$\underbrace{\begin{bmatrix}\dot{\beta}\\ \ddot{\Psi}\end{bmatrix}}_{\dot{x}(t)}=\underbrace{\begin{bmatrix}\dfrac{-C_{\mathrm{Qh}}-C_{\mathrm{Qv}}}{mv} & \dfrac{C_{\mathrm{Qh}}\ell_{\mathrm{h}}-C_{\mathrm{Qv}}\ell_{\mathrm{v}}}{mv^2}-1\\ \dfrac{C_{\mathrm{Qh}}\ell_{\mathrm{h}}-C_{\mathrm{Qv}}\ell_{\mathrm{v}}}{I_z} & \dfrac{-C_{\mathrm{Qh}}\ell_{\mathrm{h}}^2-C_{\mathrm{Qv}}\ell_{\mathrm{v}}^2}{I_z v}\end{bmatrix}}_{A}\underbrace{\begin{bmatrix}\beta\\ \dot{\Psi}\end{bmatrix}}_{x(t)}+\underbrace{\begin{bmatrix}\dfrac{C_{\mathrm{Qv}}}{mv} & \dfrac{C_{\mathrm{Qh}}}{mv}\\ \dfrac{C_{\mathrm{Qv}}\ell_{\mathrm{v}}}{I_z} & \dfrac{-C_{\mathrm{Qh}}\ell_{\mathrm{h}}}{I_z}\end{bmatrix}}_{B}\underbrace{\begin{bmatrix}\delta_{\mathrm{v}}\\ \delta_{\mathrm{h}}\end{bmatrix}}_{u(t)} \tag{3.335}$$

与简单的弹簧 - 质量 - 系统相比，微分方程组的系数不再简单地依赖于车辆参数。一些系数还包含了车速。这意味着不仅车辆参数，速度也被视为模型参数。

在得出该车辆模型的离散运动方程之前，将借助式（3.335）简要分析车辆在转向行为方面的稳定性。从式（2.237）可以看出，矩阵 $\boldsymbol{e}^{A(t-t_0)}$ 的范数随着时间 t 的推移是变小还是变大取决于矩阵 $\boldsymbol{A}$ 的特征值。如果 $\boldsymbol{A}$ 的单个特征值的实部为正，则矩阵 $\boldsymbol{e}^{A(t-t_0)}$ 的范数以及 $\boldsymbol{x}(t)$ 会随着时间的推移而增大。因此，当横摆角速度 $\dot{\Psi}$ 和侧滑角 β 取较大值时，这反过来意味着车辆不稳定。所以，要使车辆横向动力学行为渐近稳定，必须使所有特征值的实部为负。

在频域中也有等效的考虑。根据式（2.286）且 $\boldsymbol{C}=\boldsymbol{I}$，$\boldsymbol{D}=\boldsymbol{0}$ 可以得出式（3.335）的线性系统在频域的传递函数：

$$\boldsymbol{H}(s)=(s\boldsymbol{I}_N-\boldsymbol{A})^{-1}\boldsymbol{B} \tag{3.336}$$

如式（2.288）所示，通过 $s\boldsymbol{I}_N-\boldsymbol{A}$ 的逆矩阵可以得到零点是 $\boldsymbol{A}$ 特征值的特征多项式。对于一个稳定的系统，特征多项式所有零点的实部（即 $\boldsymbol{A}$ 的特征值）必须为负。

为了将式（3.335）中线性系统的稳定性与车辆的转向不足或转向过度行为

联系起来，应使用式（3.190）和式（3.191）。为了简化这种关系的推导，这里假设车辆没有后轮转向，即 $\delta_h=0$，并且转向传动比 i_L 是恒定的。对于稳定的圆周运动，$\ddot{\Psi}=0\text{rad}/\text{s}^2$，而 $\dot{\beta}=0\text{rad}/\text{s}$。在这种情况下，式（3.335）可以写成：

$$\begin{bmatrix}0\\0\end{bmatrix}=\begin{bmatrix}\dfrac{-C_{Qh}-C_{Qv}}{mv} & \dfrac{C_{Qh}\ell_h-C_{Qv}\ell_v}{mv^2}-1\\ \dfrac{C_{Qh}\ell_h-C_{Qv}\ell_v}{I_z} & \dfrac{-C_{Qh}\ell_h^2-C_{Qv}\ell_v^2}{I_z v}\end{bmatrix}\begin{bmatrix}\beta\\ \dot{\Psi}\end{bmatrix}+\begin{bmatrix}\dfrac{C_{Qv}}{mvi_L}\\ \dfrac{C_{Qv}\ell_v}{I_z i_L}\end{bmatrix}\delta_L \tag{3.337}$$

从式（3.337）中可以得到式（3.338）和式（3.339）：

$$C_{Qv}\frac{\delta_L}{i_L}=(C_{Qv}+C_{Qh})\beta+\frac{1}{v}(mv^2+C_{Qv}\ell_v-C_{Qh}\ell_h)\dot{\Psi} \tag{3.338}$$

$$C_{Qv}\ell_v\frac{\delta_L}{i_L}=-(C_{Qh}\ell_h-C_{Qv}\ell_v)\beta+\frac{1}{v}(C_{Qv}\ell_v^2+C_{Qh}\ell_h^2)\dot{\Psi} \tag{3.339}$$

将式（3.142）中的表达式，即 $\dot{\Psi}=v/R$，代入这两个方程中的 $\dot{\Psi}$，然后将式（3.338）中的 β 的表达式代入式（3.339），则可以得到：

$$\frac{\delta_L}{i_L}=\underbrace{\frac{\ell}{R}}_{\delta_A}+\frac{m(C_{Qh}\ell_h-C_{Qv}\ell_v)}{\ell C_{Qv}C_{Qh}}\underbrace{\frac{v^2}{R}}_{a_y} \tag{3.340}$$

借助式（3.340）转向不足梯度 EG 现在可以通过式（3.190）确定为：

$$EG=\frac{\mathrm{d}\delta_L}{\mathrm{d}a_y}\frac{1}{i_L}=\frac{m(C_{Qh}\ell_h-C_{Qv}\ell_v)}{\ell C_{Qv}C_{Qh}}=\frac{\dfrac{\ell_h}{\ell}m}{C_{Qv}}-\frac{\dfrac{\ell_v}{\ell}m}{C_{Qh}} \tag{3.341}$$

从式（3.341）中可以看出，转向不足梯度和驾驶行为仅取决于侧偏刚度、质量和重心位置。

通过式（3.341）中转向不足梯度的表达式，现在可以分析对于转向不足和转向过度车辆而言，式（3.335）中矩阵 $\boldsymbol{A}$ 的特征值。对于转向过度的车辆，$\boldsymbol{A}$ 的两个特征值都是实数。速度 v 低时，这些是负数，随着速度的增加，它们在实轴上从左向右移动。在速度大于所谓的临界速度时特征值变为正。这意味着转向过度的车辆在速度低于临界速度时是稳定的，而大于这个速度开始就变得不稳定。

转向不足的车辆在任何速度都是稳定的。速度 v 低时，式（3.335）中矩阵 $\boldsymbol{A}$ 有两个负的实特征值。从速度大于一定速度开始，矩阵 $\boldsymbol{A}$ 有一对复共轭特征值，其实部为负。共轭复特征值对可以写成：

$$\lambda_{1,2}=-D\omega_0 \pm j\underbrace{\omega_0\sqrt{1-D^2}}_{\omega_E} \tag{3.342}$$

式中，ω_0 是无阻尼横摆角频率，ω_E 是阻尼横摆角频率，D 是横摆阻尼。从而有：

$$\omega_0^2=\frac{mv^2(C_{Qh}\ell_h-C_{Qv}\ell_v)+C_{Qv}C_{Qh}\ell^2}{I_z mv^2} \tag{3.343}$$

$$D\omega_0=\frac{I_z(C_{Qv}+C_{Qh})+m(C_{Qv}\ell_v^2+C_{Qh}\ell_h^2)}{2I_z mv} \tag{3.344}$$

对于具有以下式（3.265）~ 式（3.319）给出的参数值的车辆，从图 3.38 可以得到矩阵 $\boldsymbol{A}$ 的特征值与速度 v 的关系。如图所示，对于转向不足的车辆，从速度 $v\approx 30\text{km/h}$ 开始，特征值分别由负的实部和虚部组成。图 3.38 还显示了不同速度下的无阻尼横摆频率 f_0、阻尼横摆频率 f_E 和横摆阻尼 D。为了获得良好的驾驶舒适性，需要在具有高阻尼 D 的同时具有高横摆频率 f_0。不幸的是，这在高速下无法得以实现，因为阻尼会随着速度的增加而降低。因此，即使是转向不足的车辆，当其在高速行驶时，尽管转向稳定，但在高横向动力的情况下仍可能出现不舒适的驾驶体验。

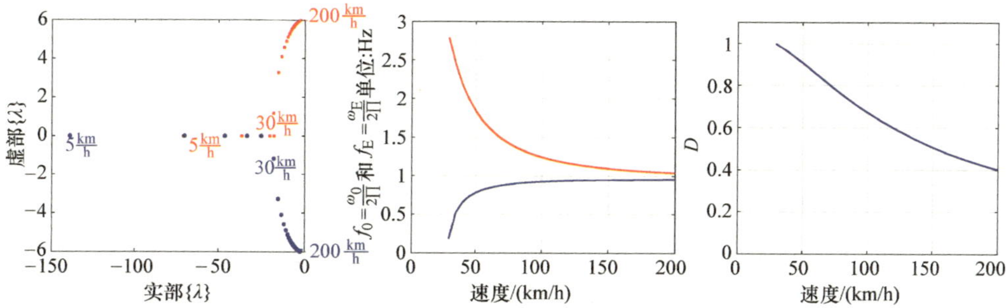

图 3.38　转向不足车辆的特征值 λ，无阻尼横摆频率 f_0、阻尼横摆频率 f_E 和横摆阻尼 D

为了车辆在高速行驶时的稳定性，车辆通常被设计为转向不足。从式（3.341）可以看出，其中侧偏刚度起着核心作用，即为了转向不足和因此在所有速度下的稳定驾驶行为，必须有 $C_{Qh}\ell_h > C_{Qv}\ell_v$。

在对车辆的稳定性以及转向行为进行说明之后，应根据式（3.335）得出在恒定速度下线性单轨模型的离散时间运动方程。这些是由有侧偏角的单轨模型的运动式（3.232）~ 式（3.242）得出的：

$$\dot{\beta}[n]=\frac{-C_{Qh}-C_{Qv}}{mv}\beta[n]+\left(\frac{C_{Qh}\ell_h-C_{Qv}\ell_v}{mv^2}-1\right)\dot{\Psi}[n]+\frac{C_{Qv}}{mv}\delta_v[n]+\frac{C_{Qh}}{mv}\delta_h[n] \tag{3.345}$$

$$\ddot{\Psi}[n]=\frac{C_{\mathrm{Qh}}\ell_{\mathrm{h}}-C_{\mathrm{Qv}}\ell_{\mathrm{v}}}{I_z}\beta[n]+\frac{-C_{\mathrm{Qh}}\ell_{\mathrm{h}}^2-C_{\mathrm{Qv}}\ell_{\mathrm{v}}^2}{I_z v}\dot{\Psi}[n]+\frac{C_{\mathrm{Qv}}\ell_{\mathrm{v}}}{I_z}\delta_{\mathrm{v}}[n]+\frac{-C_{\mathrm{Qh}}\ell_{\mathrm{h}}}{I_z}\delta_{\mathrm{h}}[n] \tag{3.346}$$

$$\beta[n+1]=\beta[n]+\dot{\beta}[n]T \tag{3.347}$$

$$\dot{\Psi}[n+1]=\dot{\Psi}[n]+\ddot{\Psi}[n]T \tag{3.348}$$

$$\Psi[n+1]=\Psi[n]+\dot{\Psi}[n]T+\ddot{\Psi}[n]\frac{T^2}{2} \tag{3.349}$$

$$a_y[n]=v[n](\dot{\beta}[n]+\dot{\Psi}[n]) \tag{3.350}$$

$$r_X[n+1]=r_X[n]+v[n]\mathrm{c}(\Psi[n]+\beta[n])T-a_y[n]\mathrm{s}(\Psi[n])\frac{T^2}{2} \tag{3.351}$$

$$r_Y[n+1]=r_Y[n]+v[n]\mathrm{s}(\Psi[n]+\beta[n])T+a_y\mathrm{c}(\Psi[n])\frac{T^2}{2} \tag{3.352}$$

除了此前式（3.232）~ 式（3.242）所作的假设之外，还做了以下简化：

1）速度 v 恒定，即 $\dot{v}=0\mathrm{m/s^2}$。

2）$F_{\mathrm{Lv}}=F_{\mathrm{Lh}}=0\mathrm{N}$。

3）侧偏角小，以至于 $F_{\mathrm{Qv}}=C_{\mathrm{Qv}}\tan(\alpha_{\mathrm{v}})=C_{\mathrm{Qv}}\alpha_{\mathrm{v}}$ 以及 $F_{\mathrm{Qh}}=C_{\mathrm{Qh}}\tan(\alpha_{\mathrm{h}})=C_{\mathrm{Qh}}\alpha_{\mathrm{h}}$。

4）侧滑角 β 小，从而使 a_x 小到可以忽略不计。

5）车轮转向角 δ_{v} 和 δ_{h} 小，从而使得 $\cos(\delta_{\mathrm{v}})\approx 1$ 以及 $\cos(\delta_{\mathrm{h}})\approx 1$。

运动方程的输入是车轮转向角 δ_{v} 和 δ_{h}。前轮转角可以借助转向比 i_{L} 由方向盘转角计算得出。如前文所述，新车从方向盘转角到车轮转向角的转换与速度有关，并且通过特性曲线进行描述。对于没有后轴转向的车辆则有 $\delta_{\mathrm{h}}=0$。

3.2.5 非线性双轨模型

在本书中用于描述车辆运动的平面车辆模型中，双轨模型是最详细的模型。与单轨模型相比，车辆所有四个车轮和作用在这四个车轮上的轮胎力都被考虑在内。图 3.39 用观察到的每个轮胎上的

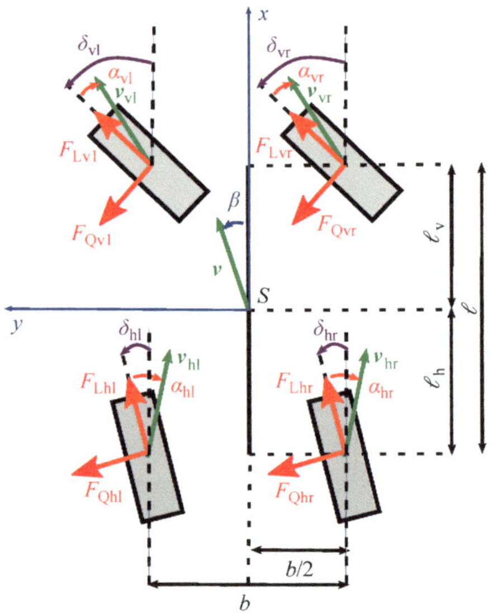

图 3.39 双轨模型中的力和力矩 M_z

力和力矩 M_z 可视化了双轨模型。

有了式（3.265）~ 式（3.319）中非线性单轨模型运动方程的初步推导，双轨模型运动方程的公式化很容易。牛顿 - 欧拉方程（3.210）~ 式（3.212）以及由它们推导出的式（3.217）中的状态方程将与图 3.39 一起使用。

对于双轨模型有：

$$F_x = \sum_i F_{x,i} = F_{x\mathrm{vl}} + F_{x\mathrm{vr}} + F_{x\mathrm{hl}} + F_{x\mathrm{hr}} \text{ 和 } F_y = \sum_i F_{y,i} = F_{y\mathrm{vl}} + F_{y\mathrm{vr}} + F_{y\mathrm{hl}} + F_{y\mathrm{hr}} \tag{3.353}$$

其中每个轮胎上的力在 x 轴和 y 轴上的分量可以通过纵向力和横向力确定。对于左前轮胎，类似于式（3.218）和式（3.219），有以下公式适用：

$$F_{x\mathrm{vl}} = F_{\mathrm{Lvl}}\mathrm{c}(\delta_{\mathrm{vl}}) - F_{\mathrm{Qvl}}\mathrm{s}(\delta_{\mathrm{vl}}) \text{ 和 } F_{y\mathrm{vl}} = F_{\mathrm{Lvl}}\mathrm{s}(\delta_{\mathrm{vl}}) + F_{\mathrm{Qvl}}\mathrm{c}(\delta_{\mathrm{vl}}) \tag{3.354}$$

对于右前轮胎、左后轮胎和右后轮胎，式（3.354）可以用相同的方式写出。将这些表达式代入式（3.217），则可以得到：

$$\begin{aligned}\dot{v} = \frac{1}{m}(&F_{\mathrm{Lvl}}\mathrm{c}(\delta_{\mathrm{vl}}-\beta) + F_{\mathrm{Lvr}}\mathrm{c}(\delta_{\mathrm{vr}}-\beta) - F_{\mathrm{Qvl}}\mathrm{s}(\delta_{\mathrm{vl}}-\beta) - F_{\mathrm{Qvr}}\mathrm{s}(\delta_{\mathrm{vr}}-\beta)\\ &+ F_{\mathrm{Lhl}}\mathrm{c}(\delta_{\mathrm{hl}}-\beta) + F_{\mathrm{Lhr}}\mathrm{c}(\delta_{\mathrm{hr}}-\beta) - F_{\mathrm{Qhl}}\mathrm{s}(\delta_{\mathrm{hl}}-\beta) - F_{\mathrm{Qhr}}\mathrm{s}(\delta_{\mathrm{hr}}-\beta))\end{aligned} \tag{3.355}$$

$$\begin{aligned}\dot{\beta} = \frac{1}{mv}(&F_{\mathrm{Lvl}}\mathrm{s}(\delta_{\mathrm{vl}}-\beta) + F_{\mathrm{Lvr}}\mathrm{s}(\delta_{\mathrm{vr}}-\beta) + F_{\mathrm{Qvl}}\mathrm{c}(\delta_{\mathrm{vl}}-\beta) + F_{\mathrm{Qvr}}\mathrm{c}(\delta_{\mathrm{vr}}-\beta)\\ &+ F_{\mathrm{Lhl}}\mathrm{s}(\delta_{\mathrm{hl}}-\beta) + F_{\mathrm{Lhr}}\mathrm{s}(\delta_{\mathrm{hr}}-\beta) + F_{\mathrm{Qhl}}\mathrm{c}(\delta_{\mathrm{hl}}-\beta) + F_{\mathrm{Qhr}}\mathrm{c}(\delta_{\mathrm{hr}}-\beta)) - \dot{\Psi}\end{aligned} \tag{3.356}$$

$$\begin{aligned}\ddot{\Psi} = \frac{1}{I_z}(&\ell_{\mathrm{v}}(F_{\mathrm{Lvl}}\mathrm{s}(\delta_{\mathrm{vl}}) + F_{\mathrm{Lvr}}\mathrm{s}(\delta_{\mathrm{vr}}) + F_{\mathrm{Qvl}}\mathrm{c}(\delta_{\mathrm{vl}}) + F_{\mathrm{Qvr}}\mathrm{c}(\delta_{\mathrm{vr}}))\\ &+ \frac{b}{2}(F_{\mathrm{Lvr}}\mathrm{c}(\delta_{\mathrm{vr}}) - F_{\mathrm{Lvl}}\mathrm{c}(\delta_{\mathrm{vl}}) - F_{\mathrm{Qvr}}\mathrm{s}(\delta_{\mathrm{vr}}) + F_{\mathrm{Qvl}}\mathrm{s}(\delta_{\mathrm{vl}}))\\ &- \ell_{\mathrm{h}}(F_{\mathrm{Lhl}}\mathrm{s}(\delta_{\mathrm{hl}}) + F_{\mathrm{Lhr}}\mathrm{s}(\delta_{\mathrm{hr}}) + F_{\mathrm{Qhl}}\mathrm{c}(\delta_{\mathrm{hl}}) + F_{\mathrm{Qhr}}\mathrm{c}(\delta_{\mathrm{hr}}))\\ &+ \frac{b}{2}(F_{\mathrm{Lhr}}\mathrm{c}(\delta_{\mathrm{hr}}) - F_{\mathrm{Lhl}}\mathrm{c}(\delta_{\mathrm{hl}}) - F_{\mathrm{Qhr}}\mathrm{s}(\delta_{\mathrm{hr}}) + F_{\mathrm{Qhl}}\mathrm{s}(\delta_{\mathrm{hl}})))\end{aligned} \tag{3.357}$$

对于每个轮胎的纵向和横向力，与第 3.2.4 小节中的非线性单轨模型一样，使用滑移值和轮胎力之间的公式（3.151）~ 式（3.155）关系。可以考虑到，车轮载荷不仅在制动或加速时发生变化，而且在转弯时也发生变化。为了建立这方面的模型，使用了式（3.259）中的关系，即前轴上轮胎的车轮载荷之和可以表示为

$$F_{zv} = F_{zvl} + F_{zvr} = \frac{\ell_h}{\ell} mg - \frac{h_S}{\ell} ma_x = \underbrace{m\left(\frac{\ell_h}{\ell} - \frac{h_S}{\ell}\frac{a_x}{g}\right)}_{m_v} g \tag{3.358}$$

和后轴上轮胎的车轮载荷之和为

$$F_{zh} = F_{zhl} + F_{zhr} = \frac{\ell_v}{\ell} mg + \frac{h_S}{\ell} ma_x = \underbrace{m\left(\frac{\ell_v}{\ell} + \frac{h_S}{\ell}\frac{a_x}{g}\right)}_{m_h} g \tag{3.359}$$

式中 m_v 和 m_h 可以解释为前后轴上与加速度相关的质量。在图 3.40 的帮助下，可以用重心 S 作为参考点来表述力矩定理。

$$F_{zhl}\frac{b}{2} - F_{zhr}\frac{b}{2} + \underbrace{F_{yhl}h_S + F_{yhr}h_S}_{\text{或者} m_h a_y h_S} = 0 \tag{3.360}$$

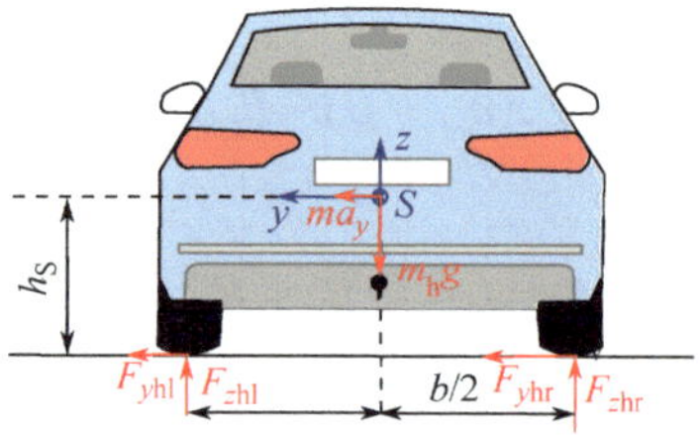

图 3.40　左转时后轮胎上的车轮载荷（$a_y > 0$）

此外满足

$$F_{zhl} + F_{zhr} = m_h g \tag{3.361}$$

因此，后轮胎上的车轮载荷得到以下表达式

$$F_{zhl} = m_h\left(\frac{1}{2}g - \frac{h_S}{b}a_y\right) = m\left(\frac{\ell_v}{\ell} + \frac{h_S}{\ell}\frac{a_x}{g}\right)\left(\frac{1}{2}g - \frac{h_S}{b}a_y\right) \tag{3.362}$$

$$F_{zhr} = m_h\left(\frac{1}{2}g + \frac{h_S}{b}a_y\right) = m\left(\frac{\ell_v}{\ell} + \frac{h_S}{\ell}\frac{a_x}{g}\right)\left(\frac{1}{2}g + \frac{h_S}{b}a_y\right) \tag{3.363}$$

类似地，前轮胎上的车轮载荷也是近似的，可以得到

$$F_{zvl} = m_v\left(\frac{1}{2}g - \frac{h_S}{b}a_y\right) = m\left(\frac{\ell_h}{\ell} - \frac{h_S}{\ell}\frac{a_x}{g}\right)\left(\frac{1}{2}g - \frac{h_S}{b}a_y\right) \tag{3.364}$$

$$F_{zvr}=m_{v}\left(\frac{1}{2}g+\frac{h_{S}}{b}a_{y}\right)=m\left(\frac{\ell_{h}}{\ell}-\frac{h_{S}}{\ell}\frac{a_{x}}{g}\right)\left(\frac{1}{2}g+\frac{h_{S}}{b}a_{y}\right) \tag{3.365}$$

现在，车轮载荷可用于计算式（3.355）~ 式（3.357）中的轮胎力。为此，还需要纵向和横向滑移值。

与非线性单轨模型一样，纵向滑移值可以通过驱动和制动力矩确定。简化起见，我们假设忽略了电机本身的动力学，即电机的角加速度 $\dot{\omega}_{M}=0\mathrm{rad/s}$，前左轮和前右轮的驱动力矩在式（3.126）的帮助下，与式（3.260）类似地计算如下

$$M_{Avl}=M_{Avr}=\frac{1}{2}\kappa_{Av}M_{Av}\text{，其中 }M_{Av}=\eta_{TW}i_{G}i_{Av}M_{M} \tag{3.366}$$

而 i_{Av} 是前轴传动比。相应地，左后轮和右后轮的驱动力矩为

$$M_{Ahl}=M_{Ahr}=\frac{1}{2}(1-\kappa_{Av})M_{Ah}\text{，其中 }M_{Ah}=\eta_{TW}i_{G}i_{Ah}M_{M} \tag{3.367}$$

而 i_{Ah} 是后轴传动比。在双轨模型中，单个车轮的制动力矩与式（3.262）类似，得到的是

$$M_{Bvl}=M_{Bvr}=\frac{1}{2}\kappa_{Bv}M_{B}\quad\text{和}\quad M_{Bhl}=M_{Bhr}=\frac{1}{2}(1-\kappa_{Bv})M_{B} \tag{3.368}$$

同样，对于车轮角速度很低的情况，可以假设，类似于式（3.264），制动力矩和各个车轮的角速度之间存在线性关系。

确定 M_{M} 所需的发动机转速 ω_{M} 可以用

$$\omega_{M}=i_{G}\left(i_{Av}\kappa_{Av}\frac{\omega_{vl}+\omega_{vr}}{2}+i_{Ah}(1-\kappa_{Av})\frac{\omega_{hl}+\omega_{hr}}{2}\right) \tag{3.369}$$

来近似，类似于式（3.261）。
式中，ω_{vl}、ω_{vr}、ω_{hl} 和 ω_{hr} 是四个车轮的车轮速度。

式（3.247）和式（3.248）类似地得到了向前行驶时的微分方程。

$$I_{vl}\,\dot{\omega}_{vl}=M_{Avl}-M_{Bvl}-F_{Lvl}r\text{；}I_{vr}\,\dot{\omega}_{vr}=M_{Avr}-M_{Bvr}-F_{Lvr}r \tag{3.370}$$

$$I_{hl}\,\dot{\omega}_{hl}=M_{Ahl}-M_{Bhl}-F_{Lhl}r\text{；}I_{hr}\,\dot{\omega}_{hr}=M_{Ahr}-M_{Bhr}-F_{Lhr}r \tag{3.371}$$

借助四个车轮速度 ω_{vl}、ω_{vr}、ω_{hl} 和 ω_{hr} 可以确定四个轮胎的滑移值。左前轮胎的滑动情况如下

$$s_{Lvl}=\frac{\omega_{vl}r-v_{Lvl}}{\max(|\omega_{vl}r|,|v_{Lvl}|)} \tag{3.372}$$

式中，速度 v_{Lvl} 可以由重心处的速度 S 和横摆角速度 $\dot{\Psi}$ 确定。式（3.80）可以写成

$$\boldsymbol{v}_{\mathrm{vl}}=\begin{bmatrix}v_{x\mathrm{vl}}\\v_{y\mathrm{vl}}\\v_{z\mathrm{vl}}\end{bmatrix}=\boldsymbol{v}+{}_{E}^{F}\boldsymbol{\omega}_{F}\times\begin{bmatrix}\ell_{\mathrm{v}}\\\frac{b}{2}\\0\end{bmatrix}=\begin{bmatrix}v\mathrm{c}(\beta)\\v\mathrm{s}(\beta)\\0\end{bmatrix}+\begin{bmatrix}0\\0\\\dot{\Psi}\end{bmatrix}\times\begin{bmatrix}\ell_{\mathrm{v}}\\\frac{b}{2}\\0\end{bmatrix}=\begin{bmatrix}v\mathrm{c}(\beta)-\dot{\Psi}\frac{b}{2}\\v\mathrm{s}(\beta)+\dot{\Psi}\ell_{\mathrm{v}}\\0\end{bmatrix}\qquad(3.373)$$

由此，在图 3.27 的帮助下获得

$$v_{\mathrm{Lvl}}=\left(v\mathrm{c}(\beta)-\dot{\Psi}\frac{b}{2}\right)\mathrm{c}(\delta_{\mathrm{vl}})+(v\mathrm{s}(\beta)+\dot{\Psi}\ell_{\mathrm{v}})\mathrm{s}(\delta_{\mathrm{vl}})\qquad(3.374)$$

对于车辆在其他三个车轮中心的速度 v_{vr}、v_{hl} 和 v_{hr}，我们得到

$$\boldsymbol{v}_{\mathrm{vr}}=\begin{bmatrix}v_{x\mathrm{vr}}\\v_{y\mathrm{vr}}\\v_{z\mathrm{vr}}\end{bmatrix}=\begin{bmatrix}v\mathrm{c}(\beta)\\v\mathrm{s}(\beta)\\0\end{bmatrix}+\begin{bmatrix}0\\0\\\dot{\Psi}\end{bmatrix}\times\begin{bmatrix}\ell_{\mathrm{v}}\\-\frac{b}{2}\\0\end{bmatrix}=\begin{bmatrix}v\mathrm{c}(\beta)+\dot{\Psi}\frac{b}{2}\\v\mathrm{s}(\beta)+\dot{\Psi}\ell_{\mathrm{v}}\\0\end{bmatrix}\qquad(3.375)$$

$$\boldsymbol{v}_{\mathrm{hl}}=\begin{bmatrix}v_{x\mathrm{hl}}\\v_{y\mathrm{hl}}\\v_{z\mathrm{hl}}\end{bmatrix}=\begin{bmatrix}v\mathrm{c}(\beta)\\v\mathrm{s}(\beta)\\0\end{bmatrix}+\begin{bmatrix}0\\0\\\dot{\Psi}\end{bmatrix}\times\begin{bmatrix}-\ell_{\mathrm{h}}\\\frac{b}{2}\\0\end{bmatrix}=\begin{bmatrix}v\mathrm{c}(\beta)-\dot{\Psi}\frac{b}{2}\\v\mathrm{s}(\beta)-\dot{\Psi}\ell_{\mathrm{h}}\\0\end{bmatrix}\qquad(3.376)$$

$$\boldsymbol{v}_{\mathrm{hr}}=\begin{bmatrix}v_{x\mathrm{hr}}\\v_{y\mathrm{hr}}\\v_{z\mathrm{hr}}\end{bmatrix}=\begin{bmatrix}v\mathrm{c}(\beta)\\v\mathrm{s}(\beta)\\0\end{bmatrix}+\begin{bmatrix}0\\0\\\dot{\Psi}\end{bmatrix}\times\begin{bmatrix}-\ell_{\mathrm{h}}\\-\frac{b}{2}\\0\end{bmatrix}=\begin{bmatrix}v\mathrm{c}(\beta)+\dot{\Psi}\frac{b}{2}\\v\mathrm{s}(\beta)-\dot{\Psi}\ell_{\mathrm{h}}\\0\end{bmatrix}\qquad(3.377)$$

因此

$$v_{\mathrm{Lvr}}=\left(v\mathrm{c}(\beta)+\dot{\Psi}\frac{b}{2}\right)\mathrm{c}(\delta_{\mathrm{vr}})+(v\mathrm{s}(\beta)+\dot{\Psi}\ell_{\mathrm{v}})\mathrm{s}(\delta_{\mathrm{vr}})\qquad(3.378)$$

$$v_{\mathrm{Lhl}}=\left(v\mathrm{c}(\beta)-\dot{\Psi}\frac{b}{2}\right)\mathrm{c}(\delta_{\mathrm{hl}})+(v\mathrm{s}(\beta)-\dot{\Psi}\ell_{\mathrm{h}})\mathrm{s}(\delta_{\mathrm{hl}})\qquad(3.379)$$

$$v_{\mathrm{Lhr}}=\left(v\mathrm{c}(\beta)+\dot{\Psi}\frac{b}{2}\right)\mathrm{c}(\delta_{\mathrm{hr}})+(v\mathrm{s}(\beta)-\dot{\Psi}\ell_{\mathrm{h}})\mathrm{s}(\delta_{\mathrm{hr}})\qquad(3.380)$$

由此，滑移值 s_{Lvr}、s_{Lhl} 和 s_{Lhr} 可以用式（3.370）和式（3.371）计算，类似于式（3.372）。

横向滑移值可以从每个轮胎的速度和车轮转向角的几何关系中确定。从图 3.27 和式（3.373）到式（3.377）可以看出，对于 $-\frac{\pi}{2}<\delta_{\mathrm{vl}}-\alpha_{\mathrm{vl}}<\frac{\pi}{2}$，$-\frac{\pi}{2}<\delta_{\mathrm{vr}}-\alpha_{\mathrm{vr}}<\frac{\pi}{2}$，$-\frac{\pi}{2}<\delta_{\mathrm{hl}}-\alpha_{\mathrm{hl}}<\frac{\pi}{2}$ 和 $-\frac{\pi}{2}<\delta_{\mathrm{hr}}-\alpha_{\mathrm{hr}}<\frac{\pi}{2}$，以下关系适用

$$\tan(\delta_{\mathrm{vl}}-\alpha_{\mathrm{vl}})=\frac{v_{y\mathrm{vl}}}{v_{x\mathrm{vl}}}\text{ 因此 }\alpha_{\mathrm{vl}}=\delta_{\mathrm{vl}}-\arctan\left(\frac{v\mathrm{s}(\beta)+\dot{\Psi}\ell_{\mathrm{v}}}{v\mathrm{c}(\beta)-\dot{\Psi}\frac{b}{2}}\right) \tag{3.381}$$

$$\tan(\delta_{\mathrm{vr}}-\alpha_{\mathrm{vr}})=\frac{v_{y\mathrm{vr}}}{v_{x\mathrm{vr}}}\text{ 因此 }\alpha_{\mathrm{vr}}=\delta_{\mathrm{vr}}-\arctan\left(\frac{v\mathrm{s}(\beta)+\dot{\Psi}\ell_{\mathrm{v}}}{v\mathrm{c}(\beta)+\dot{\Psi}\frac{b}{2}}\right) \tag{3.382}$$

$$\tan(\delta_{\mathrm{hl}}-\alpha_{\mathrm{hl}})=\frac{v_{y\mathrm{hl}}}{v_{x\mathrm{hl}}}\text{ 因此 }\alpha_{\mathrm{hl}}=\delta_{\mathrm{hl}}-\arctan\left(\frac{v\mathrm{s}(\beta)-\dot{\Psi}\ell_{\mathrm{h}}}{v\mathrm{c}(\beta)-\dot{\Psi}\frac{b}{2}}\right) \tag{3.383}$$

$$\tan(\delta_{\mathrm{hr}}-\alpha_{\mathrm{hr}})=\frac{v_{y\mathrm{hr}}}{v_{x\mathrm{hr}}}\text{ 因此 }\alpha_{\mathrm{hr}}=\delta_{\mathrm{hr}}-\arctan\left(\frac{v\mathrm{s}(\beta)-\dot{\Psi}\ell_{\mathrm{h}}}{v\mathrm{c}(\beta)+\dot{\Psi}\frac{b}{2}}\right) \tag{3.384}$$

四个轮胎上的横向滑移值 s_{Qvl}、s_{Qvr}、s_{Qhl} 和 s_{Qhr} 由侧偏角 α_{vl}、α_{vr}、α_{hl} 和 α_{hr} 使用切线函数得出。

从导出的关系中，可以计算出每个轮胎的纵向和横向滑移值，并借助式（3.151）~ 式（3.159），计算每个轮胎的动态纵向力和横向力。然后将这些用于计算式（3.355）~ 式（3.357）中的状态变量。然后由此计算变量 $r_X[n]$ 和 $r_Y[n]$，就像非线性单轨模型中运动模型的情况一样。

可以在文献 [SHB13] 中找到更详细的双轨模型，其中还对发动机和传动系统的固有动力学以及垂直动力学进行了建模。

3.3 轨迹规划与控制

机动车轨迹的规划和实施是自动驾驶的核心任务。一方面，必须确定车辆在未来时间范围内“去哪里”，另一方面，如何实施，即需要采用哪些制动、加速和转向操作来实现目标。

确定去哪里的任务非常复杂，应该以概率的方式处理，因为无法准确预测其他交通参与者在预测范围内的行为。这项任务需要对当前的驾驶情况进行适

当的解释，而这项任务的各个方面是当前研究的主题。通常，解释“去哪里”的问题很容易，例如当车辆要沿着车道行驶或进行简单操纵（例如变道）时。在下文中，将介绍用于规划车辆轨迹的简单选项，以及用于遵循该轨迹的简单控制器概念。例如，关于这些主题的其他内容可以在文献 [SHB13] 或 [Cor17] 中找到。

轨迹确定

所考虑的任务是以这样一种方式规划轨迹，即从具有初始条件，比如在 $r_X(t_0), r_Y(t_0), \Psi(t_0), |{}_E^F\boldsymbol{v}_S(t_0)| = v(t_0)$ 和 ${}_E^F\boldsymbol{a}_S(t_0)$ 的起点，
在具有结束条件，比如在 $r_X(t_1), r_Y(t_1), \Psi(t_1), |{}_E^F\boldsymbol{v}_S(t_1)| = v(t_1)$ 和 ${}_E^F\boldsymbol{a}_S(t_1)$ 的时间

$$t_1 = t_0 + \Delta t_1 \text{ 到达终点。} \tag{3.385}$$

因此，“去哪里”问题的答案已被假定为已解决，并且包含在值 $r_X(t_1), r_Y(t_1), \Psi(t_1), |{}_E^F\boldsymbol{v}_S(t_1)| = v(t_1)$ 和 ${}_E^F\boldsymbol{a}_S(t_1)$ 中。“如何实施”可以借助不同的方法来回答。一种易于访问的方法是基于以多项式和以下方程的形式对目标轨迹进行建模（见图 3.15）

$$^E v_{S,X}(t_0) = v(t_0)\mathrm{c}(\Psi(t_0)),\ ^E v_{S,X}(t_1) = v(t_1)\mathrm{c}(\Psi(t_1)) \tag{3.386}$$

$$^E v_{S,Y}(t_0) = v(t_0)\mathrm{s}(\Psi(t_0)),\ ^E v_{S,Y}(t_1) = v(t_1)\mathrm{s}(\Psi(t_1)) \tag{3.387}$$

$$^E a_{S,X}(t_0) = {}_E^F a_{S,x}(t_0)\mathrm{c}(\Psi(t_0)) - {}_E^F a_{S,y}(t_0)\mathrm{s}(\Psi(t_0)) \tag{3.388}$$

$$^E a_{S,X}(t_1) = {}_E^F a_{S,x}(t_1)\mathrm{c}(\Psi(t_1)) - {}_E^F a_{S,y}(t_1)\mathrm{s}(\Psi(t_1)) \tag{3.389}$$

$$^E a_{S,Y}(t_0) = {}_E^F a_{S,x}(t_0)\mathrm{s}(\Psi(t_0)) + {}_E^F a_{S,y}(t_0)\mathrm{c}(\Psi(t_0)) \tag{3.390}$$

$$^E a_{S,Y}(t_1) = {}_E^F a_{S,x}(t_1)\mathrm{s}(\Psi(t_1)) + {}_E^F a_{S,y}(t_1)\mathrm{c}(\Psi(t_1)) \tag{3.391}$$

为简单起见，这里假设侧滑角小到可以忽略不计。建立了地面坐标系 E 沿 X 轴运动的多项式和 E 沿 Y 轴运动的多项式。因为 E 的 X 轴和 Y 轴各指定了 6 个条件，也就是值 $r_X(t_0), r_X(t_1), {}^E v_{S,X}(t_0), {}^E v_{S,X}(t_1), {}^E a_{S,X}(t_0)$ 和 ${}^E a_{S,X}(t_1)$ 对于 X 轴，和 $r_Y(t_0), r_Y(t_1), {}^E v_{S,Y}(t_0), {}^E v_{S,Y}(t_1), {}^E a_{S,Y}(t_0)$ 和 ${}^E a_{S,Y}(t_1)$ 对于 Y 轴，每个轴的阶数被假设为 5 或更高的多项式。对于 5 阶多项式，x 轴得出

$$\begin{aligned} r_X(t) &= \alpha_X(t-t_0)^5 + b_X(t-t_0)^4 + c_X(t-t_0)^3 + d_X(t-t_0)^2 + e_X(t-t_0) + f_X \\ ^E v_{S,X}(t) &= 5\alpha_X(t-t_0)^4 + 4b_X(t-t_0)^3 + 3c_X(t-t_0)^2 + 2d_X(t-t_0) + e_X \\ ^E a_{S,X}(t) &= 20\alpha_X(t-t_0)^3 + 12b_X(t-t_0)^2 + 6c_X(t-t_0) + 2d_X \end{aligned} \tag{3.392}$$

对于 Y 轴

$$r_Y(t) = \alpha_Y(t-t_0)^5 + b_Y(t-t_0)^4 + c_Y(t-t_0)^3 + d_Y(t-t_0)^2 + e_Y(t-t_0) + f_Y$$

$$
\begin{aligned}
{}^{E}v_{S,Y}(t) &= 5\alpha_Y(t-t_0)^4 + 4b_Y(t-t_0)^3 + 3c_Y(t-t_0)^2 + 2d_Y(t-t_0) + e_Y \\
{}^{E}a_{S,Y}(t) &= 20\alpha_Y(t-t_0)^3 + 12b_Y(t-t_0)^2 + 6c_Y(t-t_0) + 2d_Y
\end{aligned} \tag{3.393}
$$

描述周期内轨迹的 12 个系数 α_X, …, d_Y 的总数 $[t_0, t_1]$ 可以从初始值和最终值的条件确定。为此，式（3.392）和式（3.393）在矩阵向量表示法中用 $\Delta t_1 = t_1 - t_0$ 表示法来表述。

$$
\underbrace{\begin{bmatrix} r_X(t_0) \\ r_X(t_1) \\ {}^{E}v_{S,X}(t_0) \\ {}^{E}v_{S,X}(t_1) \\ {}^{E}a_{S,X}(t_0) \\ {}^{E}a_{S,X}(t_1) \end{bmatrix}}_{\boldsymbol{\ell}_X} = \underbrace{\begin{bmatrix} 0 & 0 & 0 & 0 & 0 & 1 \\ \Delta t_1^5 & \Delta t_1^4 & \Delta t_1^3 & \Delta t_1^2 & \Delta t_1 & 1 \\ 0 & 0 & 0 & 0 & 1 & 0 \\ 5\Delta t_1^4 & 4\Delta t_1^3 & 3\Delta t_1^2 & 2\Delta t_1 & 1 & 0 \\ 0 & 0 & 0 & 2 & 0 & 0 \\ 20\Delta t_1^3 & 12\Delta t_1^2 & 6\Delta t_1 & 2 & 0 & 0 \end{bmatrix}}_{\boldsymbol{A}} \underbrace{\begin{bmatrix} a_X \\ b_X \\ c_X \\ d_X \\ e_X \\ f_X \end{bmatrix}}_{\boldsymbol{h}_X} \tag{3.394}
$$

$$
\underbrace{\begin{bmatrix} r_Y(t_0) \\ r_Y(t_1) \\ {}^{E}v_{S,Y}(t_0) \\ {}^{E}v_{S,Y}(t_1) \\ {}^{E}a_{S,Y}(t_0) \\ {}^{E}a_{S,Y}(t_1) \end{bmatrix}}_{\boldsymbol{\ell}_Y} = \underbrace{\begin{bmatrix} 0 & 0 & 0 & 0 & 0 & 1 \\ \Delta t_1^5 & \Delta t_1^4 & \Delta t_1^3 & \Delta t_1^2 & \Delta t_1 & 1 \\ 0 & 0 & 0 & 0 & 1 & 0 \\ 5\Delta t_1^4 & 4\Delta t_1^3 & 3\Delta t_1^2 & 2\Delta t_1 & 1 & 0 \\ 0 & 0 & 0 & 2 & 0 & 0 \\ 20\Delta t_1^3 & 12\Delta t_1^2 & 6\Delta t_1 & 2 & 0 & 0 \end{bmatrix}}_{\boldsymbol{A}} \underbrace{\begin{bmatrix} a_Y \\ b_Y \\ c_Y \\ d_Y \\ e_Y \\ f_Y \end{bmatrix}}_{\boldsymbol{h}_Y} \tag{3.395}
$$

向量 $\boldsymbol{h}_X$ 和 $\boldsymbol{h}_Y$ 中的系数可以使用矩阵 $\boldsymbol{A}$ 的逆矩阵从式（3.394）和式（3.395）确定，或者如果选择了高阶多项式，则使用式（2.102）

$$
\boldsymbol{A}\boldsymbol{h}_X = \boldsymbol{\ell}_X \quad \Rightarrow \quad \boldsymbol{h}_X = \boldsymbol{A}^{\mathrm{T}}(\boldsymbol{A}\boldsymbol{A}^{\mathrm{T}})^{-1}\boldsymbol{\ell}_X \tag{3.396}
$$

$$
\boldsymbol{A}\boldsymbol{h}_Y = \boldsymbol{\ell}_Y \quad \Rightarrow \quad \boldsymbol{h}_Y = \boldsymbol{A}^{\mathrm{T}}(\boldsymbol{A}\boldsymbol{A}^{\mathrm{T}})^{-1}\boldsymbol{\ell}_Y \tag{3.397}
$$

例如，如果你想要初始和最终状态 $r_X(t_0) = 0\mathrm{m}$, $r_Y(t_0) = 0\mathrm{m}$, $\Psi(t_0) = 0\mathrm{rad}$, $v(t_0) = 40\mathrm{km/h}$, ${}^{F}_{E}\boldsymbol{a}_S(t_0) = [0, 0, 0]^{\mathrm{T}}\ \mathrm{m/s^2}$ $r_X(t_1) = 50\mathrm{m}$, $r_Y(t_1) = 2\mathrm{m}$, $\Psi(t_1) = 0\mathrm{rad}$, $v(t_1) = 60\mathrm{km/h}$ 和 ${}^{F}_{E}\boldsymbol{a}_S(t_1) = [0, 0, 0]^{\mathrm{T}}\ \mathrm{m/s^2}$, 其中选择 $t_1 = 4\mathrm{s}$，则由式（3.386）~式（3.391）得出值 ${}^{E}v_{S,X}(t_0) = 11.1\mathrm{m/s}$, ${}^{E}v_{S,X}(t_1) = 16.7\mathrm{m/s}$, ${}^{E}v_{S,Y}(t_0) = 0\mathrm{m/s}$, ${}^{E}v_{S,Y}(t_1) = 0\mathrm{m/s}$, ${}^{E}a_{S,X}(t_0) = 0\mathrm{m/s^2}$, ${}^{E}a_{S,X}(t_1) = 0\mathrm{m/s^2}$, ${}^{E}a_{S,Y}(t_0) = 0\mathrm{m/s^2}$ 和 ${}^{E}a_{S,Y}(t_1) = 0\mathrm{m/s^2}$。使用这些值，可以从式（3.396）和式（3.397）获得系数 $\alpha_X = -0.03$, $b_X = 0.28$, $c_X = -0.52$, $d_X = 0$, $e_X = 11.11$, $f_X = 0$, $\alpha_Y = 0.01$, $b_Y = -0.12$, $c_Y = 0.31$, $d_Y = 0$, $e_Y = 0$ 和 $f_Y = 0$。这种方法导致车辆的状态变量如图 3.41 所示。

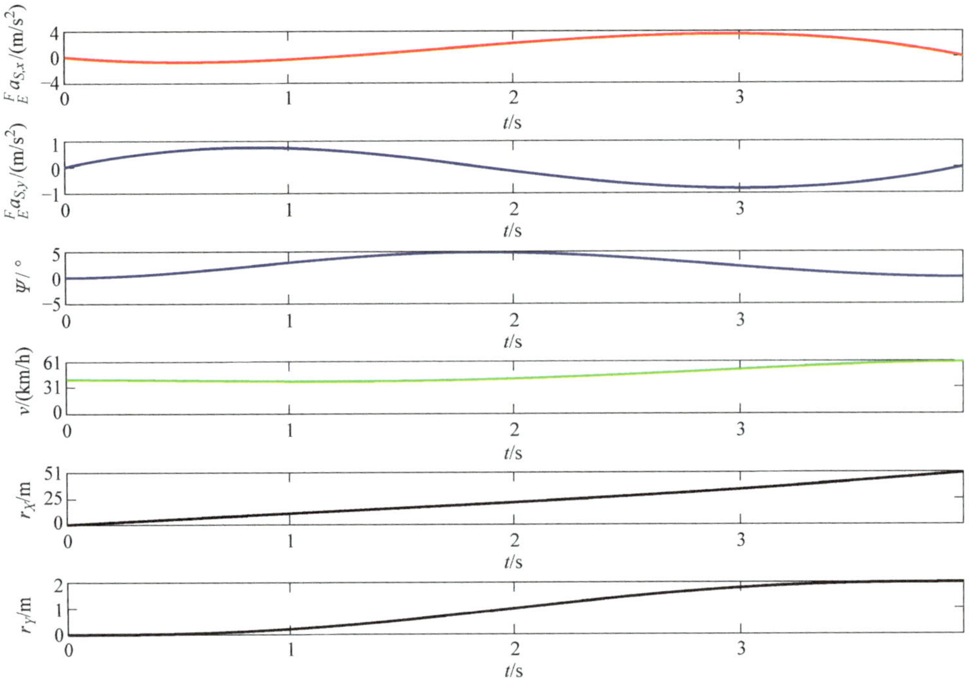

图 3.41　通过多项式规划的目标轨迹的车辆状态的时间曲线

在区间 [0s, 4s] 内。应该注意的是，在图 3.41 中，加速度 ${}^F_E a_{S,x}(t)$ 和 ${}^F_E a_{S,y}(t)$ 是从量 ${}^E a_{S,X}(t)$ 和 ${}^E a_{S,Y}(t)$ 计算出来的（见图 3.15），${}^E v_{S,X}(t)$ 和 ${}^E v_{S,Y}(t)$ 的速度 $v(t)$ 和横摆角 $\varPsi(t)$ 的大小：

$$v(t)=\sqrt{{}^E v_{S,X}(t)^2+{}^E v_{S,Y}(t)^2} \tag{3.398}$$

$$\varPsi(t)=\tan^{-1}\left(\frac{{}^E v_{S,Y}(t)}{{}^E v_{S,X}(t)}\right) \tag{3.399}$$

$${}^F_E a_{S,x}(t)={}^E a_{S,X}(t)\mathrm{c}(\varPsi(t))+{}^E a_{S,Y}(t)\mathrm{s}(\varPsi(t)) \tag{3.400}$$

$${}^F_E a_{S,y}(t)=-{}^E a_{S,X}(t)\mathrm{s}(\varPsi(t))+{}^E a_{S,Y}(t)\mathrm{c}(\varPsi(t)) \tag{3.401}$$

图 3.41 所示状态变量在地面坐标系 E 中的目标轨迹如图 3.42 所示。绿线代表目标轨迹上各个点的速度矢量。

使用多项式规划轨迹非常简单，也有相应的缺点。例如，在图 3.41 中可以看出，车辆要在确定轨迹的 4s 内将速度从 40km/h 提高到 60km/h，但在运动的初始阶段纵向加速度 ${}^F_E a_{S,x}(t)$ 变为负数，然后必须急剧增加。更自然的运动是在预定的时间间隔内提供恒定的纵向加速度。例如，可以为车辆坐标系中的纵向加速度提供分段常数函数。下面介绍了实现此目的的一种可行方法。

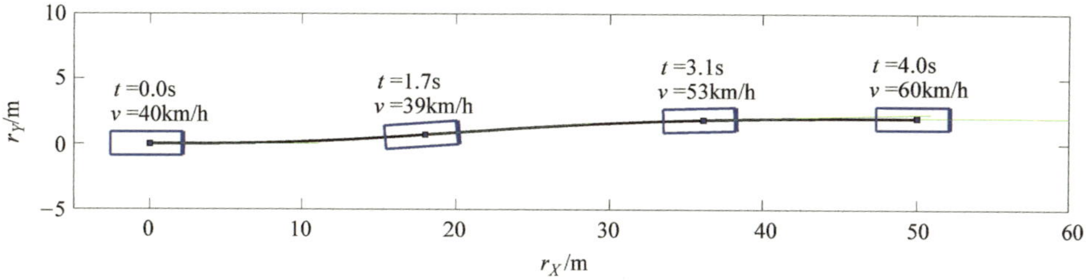

图 3.42 与图 3.41 的状态变量相对应的目标轨迹

该方法的基本思想是首先使用多项式方法找到从起点到终点的路径，然后分别确定沿该路径的纵向动力学。这里也假设在规划轨迹时可以忽略侧滑角。为了计算路径，这种多项式方法需要起点和终点的位置、速度和方向，即 $r_X(t_0)$, $r_Y(t_0)$, $\Psi(t_0)$, $|{}^F_E\boldsymbol{v}_S(t_0)| = v(t_0)$ 和 $r_X(t_1)$, $r_Y(t_1)$, $\Psi(t_1)$, $|{}^F_E\boldsymbol{v}_S(t_1)| = v(t_1)$。需要注意的是，时间间隔 Δt_1 的长度对于路径确定并不重要。因此，路径计算使用的不是 Δt_1，而是持续时间 $\Delta t_1'$。$\Delta t_1'$ 的选择方式使得多项式可以生成易于导航的路径，例如，选择通常是合适的

$$\Delta t_1' = \frac{|[r_X(t_1), r_Y(t_1)]^{\mathrm{T}} - [r_X(t_0), r_Y(t_0)]^{\mathrm{T}}|}{0,5(v(t_0) + v(t_1))} \tag{3.402}$$

使用式（3.386）~ 式（3.391），表示车辆在地球坐标系 E 中的速度分量 ${}^E v_{S,X}(t_0)$, ${}^E v_{S,Y}(t_0)$, ${}^E v_{S,X}(t_1)$ 和 ${}^E v_{S,Y}(t_1)$，可以得到三次多项式

$$\underbrace{\begin{bmatrix} r_X(t_0) \\ r_X(t_1) \\ {}^E v_{S,X}(t_0) \\ {}^E v_{S,X}(t_1) \end{bmatrix}}_{\ell_X} = \underbrace{\begin{bmatrix} 0 & 0 & 0 & 1 \\ \Delta t_1'^3 & \Delta t_1'^2 & \Delta t_1' & 1 \\ 0 & 0 & 1 & 0 \\ 3\Delta t_1'^2 & 2\Delta t_1' & 1 & 0 \end{bmatrix}}_{A'} \underbrace{\begin{bmatrix} \alpha_X \\ b_X \\ c_X \\ d_X \end{bmatrix}}_{h_X} \tag{3.403}$$

$$\underbrace{[r_Y(t_0), r_Y(t_1), {}^E v_{S,Y}(t_0), {}^E v_{S,Y}(t_1)]^{\mathrm{T}}}_{\ell_Y} = \boldsymbol{A}' \underbrace{[\alpha_Y, b_Y, c_Y, d_Y]^{\mathrm{T}}}_{h_Y} \tag{3.404}$$

由式（3.403）和式（3.404），下面只用到路径，即关联值 $r_X(t_i)$ 和 $r_Y(t_i)$，不考虑路径上的这个点是在哪个时间点 t_i 到达。计算由 r_X 和 r_Y 产生的路径长度 d_{Pfad}，以进一步考虑纵向动力学。现在可以考虑时间间隔 $[t_0, t_1]$ 来规划纵向动力学。现在可以从速度值的初始条件和最终条件中选择加速度曲线，它在时间 Δt_1 中在长度为 d_{Pfad} 的距离上满足这些条件。对于这项任务，我们也可以选择多项式的方法，然而，它的优点是在车辆坐标系中产生的纵向加速度结果

$$\underbrace{\begin{bmatrix} 0 \\ d_{\text{Pfad}} \\ v(t_0) \\ v(t_1) \end{bmatrix}}_{\ell_{\text{Pfad}}} = \underbrace{\begin{bmatrix} 0 & 0 & 0 & 1 \\ \Delta t_1^3 & \Delta t_1^2 & \Delta t_1 & 1 \\ 0 & 0 & 1 & 0 \\ 3\Delta t_1^2 & 2\Delta t_1 & 1 & 0 \end{bmatrix}}_{A_{\text{Pfad}}} \underbrace{\begin{bmatrix} \alpha_{\text{Pfad}} \\ b_{\text{Pfad}} \\ c_{\text{Pfad}} \\ \delta_{\text{Pfad}} \end{bmatrix}}_{h_{\text{Pfad}}} \tag{3.405}$$

如果决定用多项式设计沿路径的纵向动力学，也可以扩展方程（3.405）并在 t_0 和 t_1 处插入车辆坐标系中的加速度条件。

或者，可以为路径上的纵向加速度指定一个加速度曲线，如图 3.43 所示，并且可以从值 d_{Pfad}、$v(t_0)$、$v(t_1)$ 计算出 t_S 和 a 的值和 Δt_1

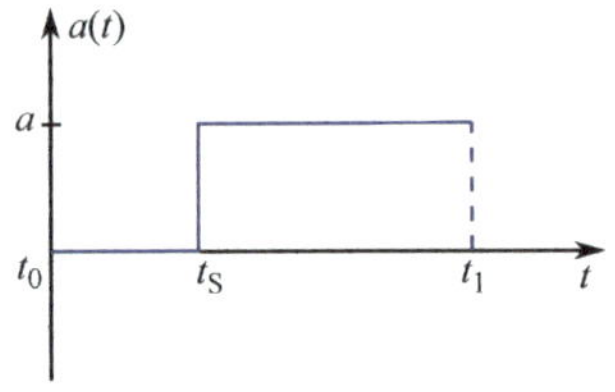

图 3.43　沿着路径的加速度曲线

$$t_S = t_1 - \frac{2(d_{\text{Pfad}} - v(t_0)\Delta t_1)}{v(t_1) - v(t_0)} \text{ 和 } a = \frac{v(t_1) - v(t_0)}{t_1 - t_S} \tag{3.406}$$

如果应用这种方法，即首先使用具有式（3.403）和式（3.404）的三次多项式进行路径规划，然后使用分段恒定加速度曲线进行纵向动力学规划，则图 3.41 所示示例的结果是：

图 3.44 没有考虑初始和最终加速条件。坐标系 E 中的目标轨迹如图 3.45 所示。

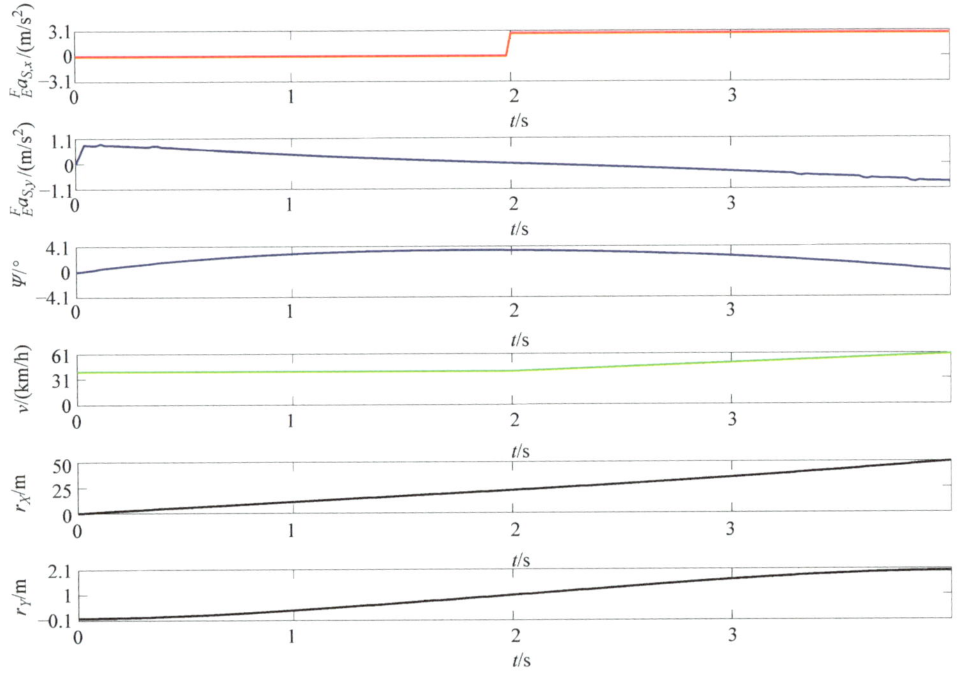

图 3.44　使用分段恒定加速度计划的目标轨迹的车辆状态的时间曲线

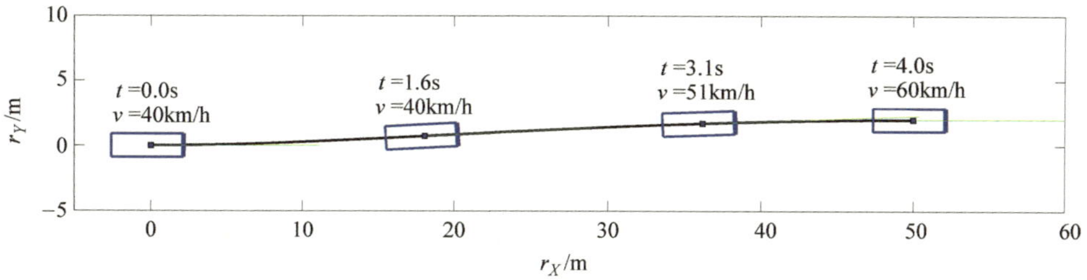

图 3.45 根据图 3.44 中状态变量的目标轨迹

如果要规划由多个目标点组成的轨迹，可以通过规划两点之间的轨迹，并确保一段曲线的位置、速度和加速度等的最终条件与下一段曲线的初始条件相同。或者，可以设计一个贯穿所有目标点的多项式，从而实现路径。随后，可以为结果路径单独规划纵向动力学，如上所示。

最后，将提出一种需要更多运算资源的方法，但这种方法非常适合生成轨迹。该方法包括三个阶段。在第一阶段，将所需轨迹路线的点由直线连接。线段表示长度为 d_{pfad1} 的第一条路径，在第三阶段用于确定轨迹。在第二阶段中，与上一种方法一样，确定第一条路径上运动的纵向动力学。这需要路径 d_{Pfad1} 的长度、所需轨迹的持续时间以及要确定的轨迹上的初始速度和最终速度。前两个步骤的结果是一条穿过所需位置点的轨迹，并且还满足沿路径的纵向动力学要求。然而，这种轨迹通常不适用于车辆，因为在从一个路段过渡到下一个路段会发生例如横摆角的突变。第三阶段将第一条轨迹用作调节器的目标轨迹，并结合简单的车辆模型，例如小节 3.2.2 中的可变转向角和纵向加速度模型。下一节将介绍一种设计也适用于第三步控制器的方法。由此产生的目标轨迹可以在设计的基础上通过车辆模型进行驱动。例如考虑设计一个持续 4s 并穿过点 $[0\text{m}, 0\text{m}]^T$、$[5\text{m}, 0\text{m}]^T$、$[45\text{m}, 2\text{m}]^T$ 和 $[50\text{m}, 2\text{m}]^T$ 的轨迹的任务，即在轨迹开始时，车辆的速度应为 40km/h，结束时应为 60km/h，通过这种方法得到了图 3.46 中状态的时间曲线。相应的轨迹可以在图 3.47 中看到。这种方法的一个优点是，当使用轨迹跟踪控制器和适合车辆的模型时，在确定轨迹时也会计算踏板位置和方向盘转角。同时，还可以识别预先规定值是否能生成可驾驶轨迹。

轨迹跟踪控制器

一旦定义了轨迹，就要在轨迹跟踪器的帮助下使车辆遵循这个轨迹。实现轨迹跟踪器的一个简单而常见的方法是使用预测模型。首先，在计划的目标轨迹上选择一个前瞻点，并确定车辆在轨迹上这一点的状态。如果当前时间用 t_i 表示，这个前瞻点就是未来 Δt_{voraus} 的前瞻。随后，在假设车辆模型的当前输入从时间 t_i 到 $t_i+\Delta t_{\text{voraus}}$ 保持不变的情况下，预测 $t_i+\Delta t_{\text{voraus}}$ 时刻的车辆状态。t_i 时刻的控制误差是由目标轨迹给出的 $t_i+\Delta t$ 时刻的状态和根据 t_i 时刻输入为恒定的假设计算出的状态的差得到的。这个误差可用于纵向动力学控制，也可用于横向动力学控制。在预测模型的帮助下，即使是简单的比例控制器也可以非常好地完成轨迹跟踪。

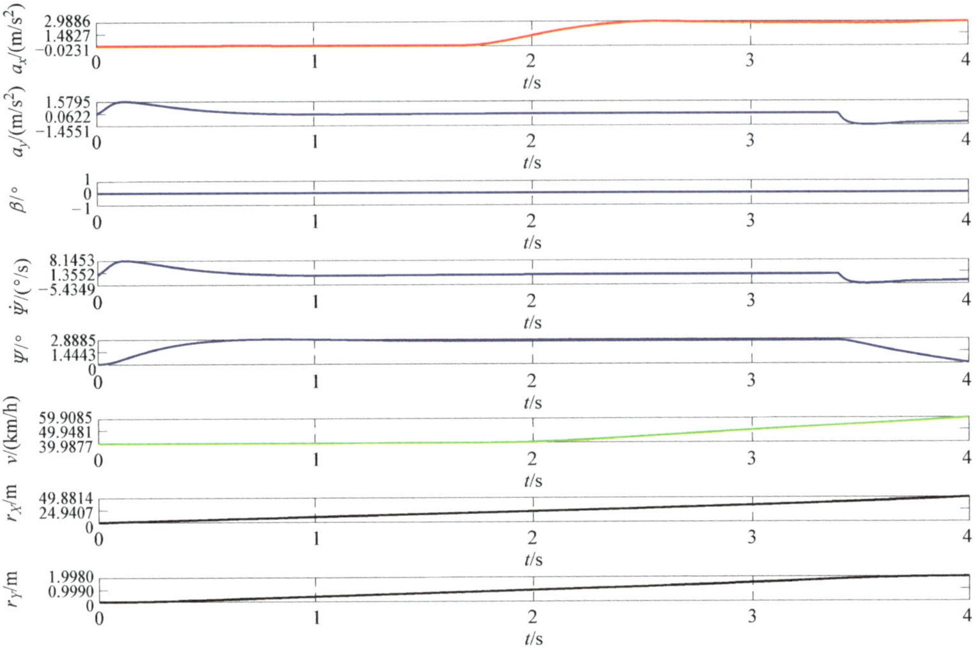

图 3.46　在由车辆模型和控制器规划得到的目标轨迹上，车辆状态随时间的变化

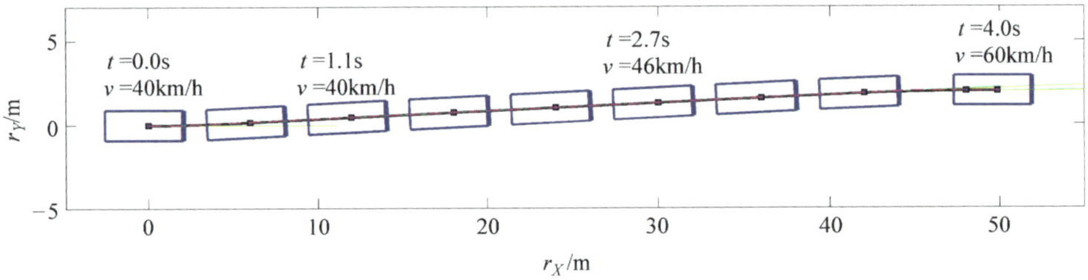

图 3.47　对应图 3.46 中状态量的目标轨迹

为了在对从 t_i 时刻到 $t_i+\Delta t_{\text{voraus}}$ 时刻进行预测时可以只用到少量的运算资源，最简单的方法就是去采用质点在地面坐标系中的运动。例如我们可以采用小节 3.2.2 中在地面坐标系上纵向和横向动力学解耦了的模型，将车辆在 t_i 时刻相对于地面坐标系 E 的位置、速度和加速度表示出来，然后通过相对于地面坐标系恒定的加速度 ${}^{E}a_{S,X}(t_i)$ 和 ${}^{E}a_{S,Y}(t_i)$ 来确定质点的运动

$$r'_X(t_i+\Delta t_{\text{voraus}})=r_X(t_i)+{}^E v_{S,X}(t_i)\Delta t_{\text{voraus}}+\frac{{}^E a_{S,X}(t_i)^2}{2}\Delta t^2_{\text{voraus}} \quad (3.407)$$

$${}^E v'_{S,X}(t_i+\Delta t_{\text{voraus}})={}^E v_{S,X}(t_i)+{}^E a_{S,X}(t_i)\Delta t_{\text{voraus}} \quad (3.408)$$

$$r'_Y(t_i+\Delta t_{\text{voraus}})=r_Y(t_i)+{}^E v_{S,Y}(t_i)\Delta t_{\text{voraus}}+\frac{{}^E a_{S,Y}(t_i)^2}{2}\Delta t^2_{\text{voraus}} \quad (3.409)$$

$${}^E v'_{S,Y}(t_i+\Delta t_{\text{voraus}})={}^E v_{S,Y}(t_i)+{}^E a_{S,Y}(t_i)\Delta t_{\text{voraus}} \quad (3.410)$$

$$\Psi'(t_i+\Delta t_{\text{voraus}})=\tan^{-1}\left(\frac{{}^E v_{S,Y}(t_i+\Delta t_{\text{voraus}})}{{}^E v_{S,X}(t_i+\Delta t_{\text{voraus}})}\right) \quad (3.411)$$

$$v'(t_i+\Delta t_{\text{voraus}})=\sqrt{{}^E v'^2_{S,X}(t_i+\Delta t_{\text{voraus}})+{}^E v'^2_{S,Y}(t_i+\Delta t_{\text{voraus}})} \quad (3.412)$$

由车辆内的传感器数据来计算 ${}^E v_{S,X}(t_i)$, ${}^E v_{S,Y}(t_i)$, ${}^E a_{S,X}(t_i)$, ${}^E a_{S,Y}(t_i)$ 用到了式（3.386）~式（3.391）。图 3.48 直观地显示了这些被考虑到的量。

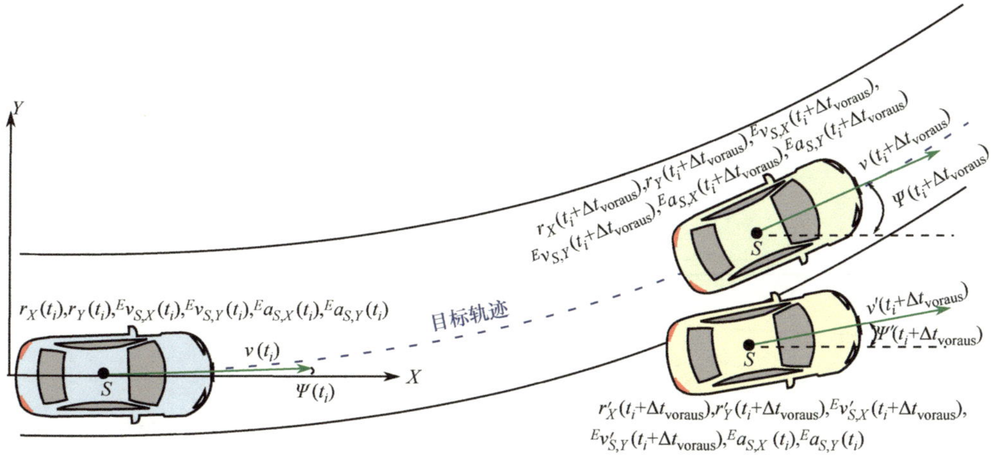

图 3.48　目标轨迹上的预估点，以及在 t_i 时刻的输入量在整个预测时段内保持不变所得的车辆状态

研究横向动力学时，目标轨迹上预估点的横摆角 $\Psi(t_i+\Delta t_{\text{voraus}})$ 和式（3.411）中的 $\Psi'(t_i+\Delta t_{\text{voraus}})$ 值的差可被用作控制偏差

$$e_\Psi(t_i)=\Psi(t_i+\Delta t_{\text{voraus}})-\Psi'(t_i+\Delta t_{\text{voraus}}) \quad (3.413)$$

若 $e_\Psi(t_i)$ 为正，则预测期内的横摆角还须增加，也就是必须要增大转向角；若 $e_\Psi(t_i)$ 为负，则须减小转向角。

对于横向动力学控制，我们还可以算出偏差 $e_y(t_i)$，其表现了 r'_X 和 r'_Y 所指的曲线相对于目标轨迹在 $t_i+\Delta t_{\text{voraus}}$ 时刻的横向偏移。横向偏差 $e_y(t_i)$ 如图 3.49

所示，它可以由位置矢量

$$\boldsymbol{d}(t_i+\Delta t_{\text{voraus}})=\begin{bmatrix} r_X(t_i+\Delta t_{\text{voraus}}) \\ r_Y(t_i+\Delta t_{\text{voraus}}) \end{bmatrix}-\begin{bmatrix} r'_X(t_i+\Delta t_{\text{voraus}}) \\ r'_Y(t_i+\Delta t_{\text{voraus}}) \end{bmatrix} \tag{3.414}$$

投影到与目标轨迹上的速度矢量相正交的方向

$$\boldsymbol{v}_\perp(t_i+\Delta t_{\text{voraus}})=\begin{bmatrix} {}^{E}v_{S,Y}(t_i+\Delta t_{\text{voraus}}) \\ -{}^{E}v_{S,X}(t_i+\Delta t_{\text{voraus}}) \end{bmatrix} \tag{3.415}$$

来求得。我们借助式（2.55）可以得到该投影为：

$$e_y(t_i)=\frac{\boldsymbol{d}(t_i+\Delta t_{\text{voraus}})^{\mathrm{T}}\boldsymbol{v}_\perp(t_i+\Delta t_{\text{voraus}})}{\boldsymbol{v}_\perp(t_i+\Delta t_{\text{voraus}})^{\mathrm{T}}\boldsymbol{v}_\perp(t_i+\Delta t_{\text{voraus}})} \tag{3.416}$$

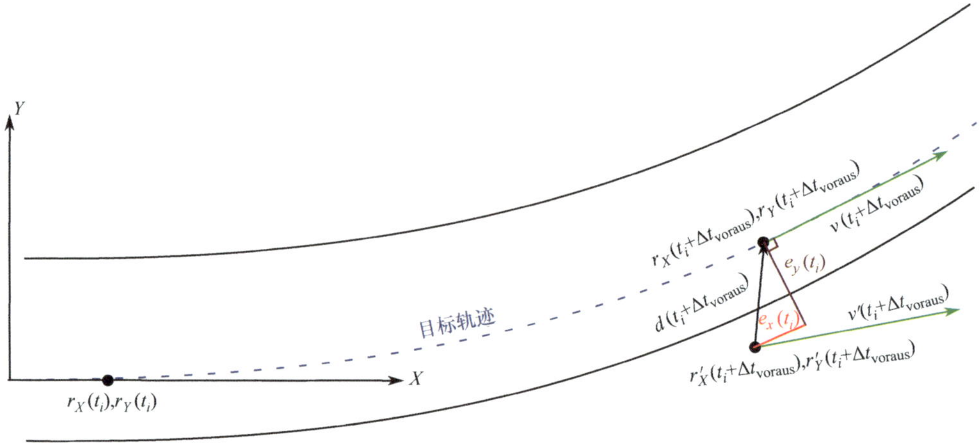

图 3.49　预估时刻的横向偏移 $e_y(t_i)$

若 $e_y(t_i)$ 的值如图 3.49 所示为负，则须增大转向角以减少预测时段内的侧向偏移；若 $e_y(t_i)$ 的值为正，则须减小转向角。

那么方向盘转角的变化就比如可以与两个偏差 $e_\Psi(t_i)$ 与 $e_y(t_i)$ 成正比

$$\delta_{\mathrm{L}}(t_i)=\delta_{\mathrm{L}}(t_i-T)+K_\Psi e_\Psi(t_i)+K_y e_y(t_i) \tag{3.417}$$

式中 T 是离散化的时间间隔；K_Ψ 和 K_y 是放大系数。

在实现横向控制时，应注意 δ_{L} 分别有最大值 720° 和最小值 −720°，且它发生的变动是有最大变动率的。

研究纵向动力学时，我们可以通过目标轨迹上预估点的 $v(t_i+\Delta t_{\text{voraus}})$ 和式（3.412）中的 $v'(t_i+\Delta t_{\text{voraus}})$ 的速度差值来测定控制偏差

$$e_v(t_i)=v(t_i+\Delta t_{\text{voraus}})-v'(t_i+\Delta t_{\text{voraus}}) \tag{3.418}$$

因此若 $e_v(t_i)$ 为负，则制动踏板的位移变化可以与偏差 $e_v(t_i)$ 成正比

$$p_B(t_i) = p_B(t_i - T) + K_B e_v(t_i) \tag{3.419}$$

式中 K_B 是放大系数；若 $e_v(t_i)$ 为正，则加速踏板的位移变化可以与偏差 $e_v(t_i)$ 成正比

$$p_G(t_i) = p_G(t_i - T) + K_G e_v(t_i) \tag{3.420}$$

式中 K_G 是放大系数。在纵向控制上除了使用偏差 $e_v(t_i)$，还可以使用偏差 $e_x(t_i)$。如图 3.49 所示，物体经过目标轨迹在 $t_i + \Delta t_{voraus}$ 时刻有一速度矢量，该偏差可以通过求位置矢量 $\boldsymbol{d}(t_i + \Delta t_{voraus})$ 在速度矢量上的投影来得到。

在实现纵向控制时，应注意 p_B 和 p_G 最大值都是 100%，且加速踏板位置发生的变动是有最大变动率的。

将前面介绍的纵向控制和横向控制器应用在图 3.44 中的目标轨迹上，并赋值 $\Delta t_{voraus} = 0{,}3\text{s}$, $K_\Psi = 2$, $K_y = -15$, $K_B = 0.5$, $K_G = 0.5$ 且 $T = 1\text{ms}$，由 3.2.4 小节中的非线性单轨模型可以得出加速和制动踏板以及方向盘转角随时间的变化，这些均如图 3.50 所示，由这些变化得出的车辆状态可见于图 3.51。在使用控制器去跟随图 3.45 中的目标轨迹时，该非线性单轨模型所经过的轨迹如图 3.52 所示，由此得到的路径是洋红色的，而绿线则代表了车辆对应各个时刻的速度。

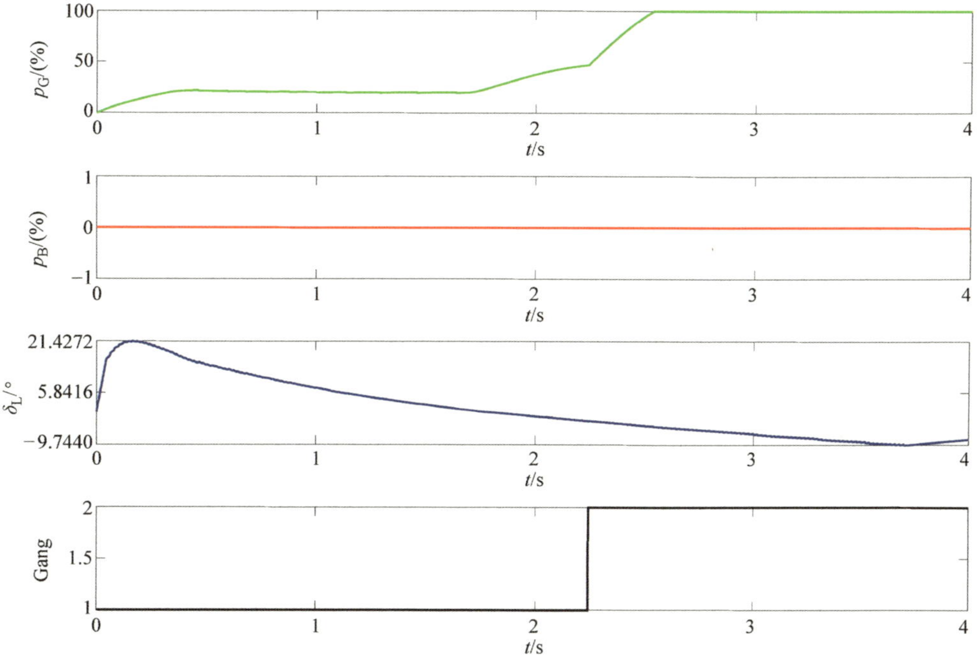

图 3.50 控制器对图 3.44 中的目标轨迹进行跟随时，所得到的加速和制动踏板位置和方向盘转角

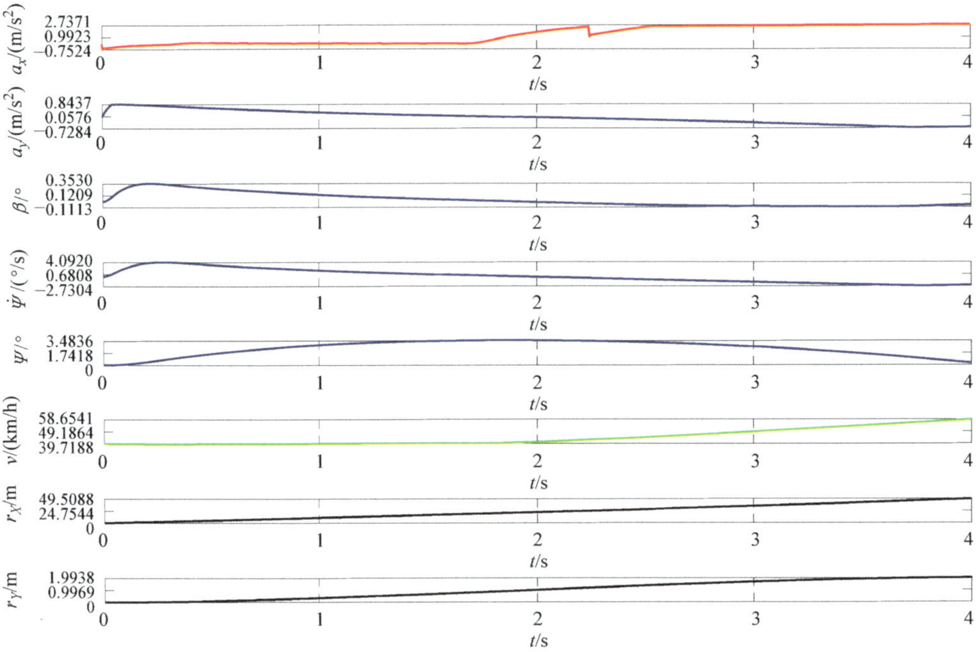

图 3.51　控制器对图 3.44 中的目标轨迹进行跟随时，车辆状态随时间的变化

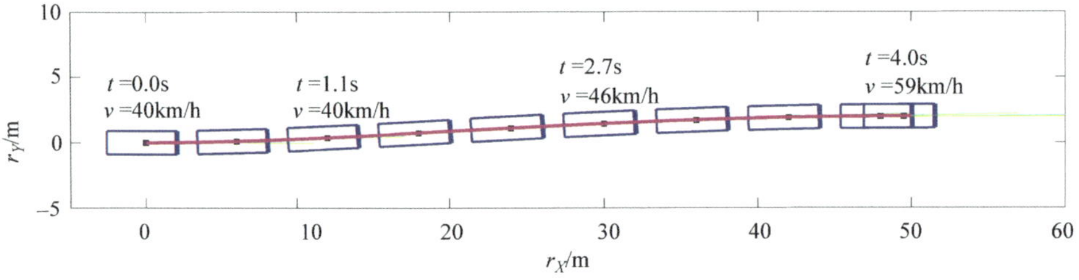

图 3.52　随图 3.45 中的目标轨迹而得到的实际轨迹

3.4　习题

【习题 3.1】您通过弹簧 - 质量系统来建模并研究一辆客车与刚性墙体正面碰撞的情况，如图 3.53 所示。车辆的弹性系数为 $k = 400\text{kN/m}$ 且质量 $m = 1300\text{kg}$。请运用“5in-30ms 准则”，对车辆与墙面第一次接触时的速度为 $v = 30\text{km/h}$, $v = 40\text{km/h}$, $v = 50\text{km/h}$, $v = 60\text{km/h}$ 的情况来计算，对于一个未系安全带的乘员安全气囊的目标展开时间分别是多少？

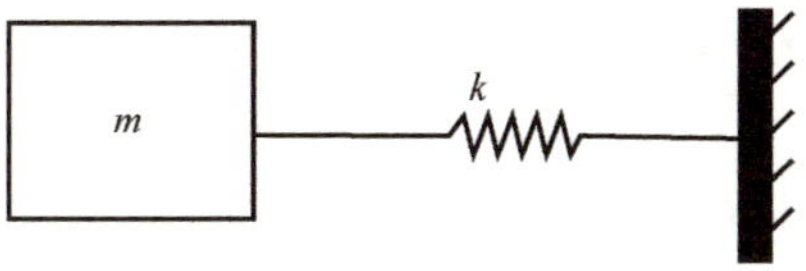

图 3.53　弹簧 - 质量模型

【习题 3.2】编写一个用于计算和显示碰撞时变量 $s_1(t)$、$\dot{s}_1(t)$、$\ddot{s}_1(t)$、$s_2(t)$、$\dot{s}_2(t)$和$\ddot{s}_2(t)$的 MATLAB 脚本，并使用式（3.37）和（3.39）。请使用如图 3.8 所示的开尔文模型计算碰撞接触后的 200ms 内上述变量随时间的变化，并且已知有以下数值：

$$m_1 = 1300\text{kg}, k_1 = 700 \times 10^3\text{N/m}, c_1 = 20 \times 10^3\text{N/(m/s)}, \dot{s}_1(0) = 30\text{km/h}$$

$$m_2 = 1700\text{kg}, k_2 = 1000 \times 10^3\text{N/m}, c_2 = 70 \times 10^3\text{N/(m/s)}, \dot{s}_2(0) = -20\text{ km/h}$$

【习题 3.3】请找出三个简单的碰撞严重程度的衡量标准，并将它们与图 3.8 和习题 3.2 示例中用于模拟碰撞的开尔文模型进行比较。

【习题 3.4】某质量 m = 1500kg 的车辆在 A9 高速公路上以 v = 130km/h 的速度，由纽伦堡到慕尼黑方向，向南行驶经过北纬 49°。求作用于该车辆的科里奥利力，以及科里奥利力的方向。

【习题 3.5】您想求车辆重心 S 的地面速度，然而安装在车辆上的传感器只去测量各个车轮的地面速度，即 ${}^F_E\boldsymbol{v}_{\text{vl}}$, ${}^F_E\boldsymbol{v}_{\text{vr}}$, ${}^F_E\boldsymbol{v}_{\text{hl}}$ 和 ${}^F_E\boldsymbol{v}_{\text{hr}}$，这里角标“v”“h”分别表示前后，“l”“r”表示左右，而 E 和 F 则表示地面坐标系和车辆坐标系。根据重心到各轮的位置矢量，以及横摆角速度$\dot{\Psi}$，给出由各轮地面速度计算重心地面速度的方法。

【习题 3.6】您在某车辆中将传感器 1 和传感器 2 分别安装在了 P 点和 Q 点上。两个传感器都对路边的一个点 M 进行了测量。车辆行驶在平坦的弯道上，其横摆角速度为$\dot{\Psi}$。两个传感器都仅能测出点 M 相对于它们各自安装点的位置，因此点 M 的速度就要通过推导所测得的位置矢量来确定。

1）两传感器在车辆坐标系中所测出的相对速度是否相同？说明并解释您的回答。

2）点 P 相对于点 M 的地面相对速度是多少？请使用 1）中车辆坐标系上的相对速度、测出的相对位置以及横摆角速度$\dot{\Psi}$来表示该速度。

3）点 Q 相对于点 M 的地面相对速度是多少？请使用 1）中车辆坐标系上的相对速度、测出的相对位置以及横摆角速度$\dot{\Psi}$来表示该速度。

4）用 2）中的速度、横摆角速度和 P 到 Q 的位置矢量来表示 3）中的速度。

5）车辆坐标系中的相对速度是否依赖于传感器的位置？地面相对速度是否依赖于传感器的位置？

【习题 3.7】假设车辆的重心在 S 点上，且地面速度为 ${}_E^F\boldsymbol{v}_S$，这里 E 是地面坐标系而 F 指的是位于自车重心上的坐标系（见图 3.54）。车辆处于左转线路上且有横摆角速度$\dot{\Psi}$，因而有角速度矢量 ${}_E^F\boldsymbol{\omega}_F=[0°/s, 0°/s, \dot{\Psi}]^{\mathrm{T}}$。介于 S 点和另一辆车上的 M 点之间的位置矢量 ${}_E^F\boldsymbol{r}_{SM}$ 是通过一个环境传感器测得的。通过对车辆上的位置矢量 ${}_E^F\boldsymbol{r}_{SM}$ 求导我们得到在 F 上的相对速度矢量$\dfrac{\mathrm{d}}{\mathrm{d}t}({}_E^F\boldsymbol{r}_{SM})$。在自车中能够确定出以下值

$${}_E^F\boldsymbol{v}_S=[50\mathrm{km/h}, 1\mathrm{km/h}, 0\mathrm{km/h}]^{\mathrm{T}};\ {}_E^F\boldsymbol{\omega}_F=[0°/\mathrm{s}, 0°/\mathrm{s}, 8°/\mathrm{s}]^{\mathrm{T}};$$

$${}_E^F\boldsymbol{r}_{SM}=[30\mathrm{m}, 5\mathrm{m}, 0\mathrm{m}]^{\mathrm{T}};\ \frac{\mathrm{d}}{\mathrm{d}t}({}_E^F\boldsymbol{r}_{SM})=[1.8\mathrm{km/h}, -7.9\mathrm{km/h}, 0\mathrm{km/h}]^{\mathrm{T}}$$

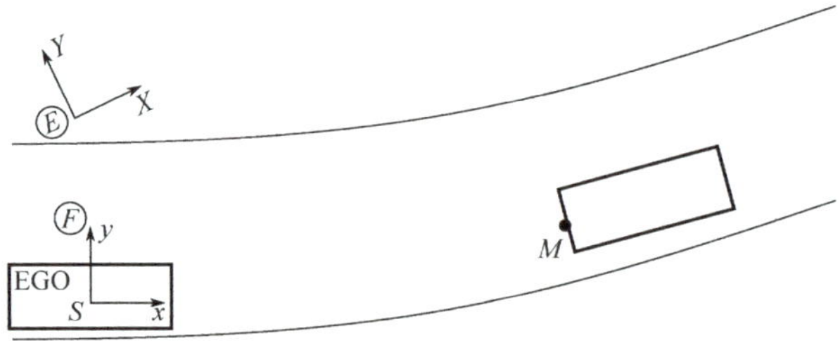

图 3.54 处于左转线路上的车辆

1）用已给出的值，算出速度 ${}_E^F\boldsymbol{v}_M$。

2）将向量 ${}_E^F\boldsymbol{r}_{SM}$，${}_E^F\boldsymbol{v}_S$，${}_E^F\boldsymbol{v}_{SM}$ 和 ${}_E^F\boldsymbol{v}_M$ 画在图 3.54 上，重点是矢量的方向，而矢量的模长则不必按比例绘制。

3）由角速度矢量 ${}_E^F\boldsymbol{\omega}_F$ 可以构造出一反称矩阵 $\boldsymbol{S}({}_E^F\boldsymbol{\omega}_F)$，就当前的角速度矢量求 $\boldsymbol{S}({}_E^F\boldsymbol{\omega}_F)$。

【习题 3.8】 编写出一个 MATLAB 脚本以验证式（3.86）后面的补充说明，即对式（3.85）做离散化时，使用式（2.222）、式（2.236）和式（2.244）会得到相同的矩阵 $\hat{\boldsymbol{A}}$ 和 $\hat{\boldsymbol{B}}$，而使用式（2.212）做离散化则虽然得到相同的矩阵 $\hat{\boldsymbol{A}}$，但却得到和前三种离散化方法不同的矩阵 $\hat{\boldsymbol{B}}$。

【习题 3.9】编写出一个 MATLAB 脚本，运用式（3.86）中的运动模型来计算地面坐标系上的一个点 S 的轨迹并将其可视化。点 S 在 $t_0=0\mathrm{s}$ 时位置在 $r_X(0)=2\mathrm{m}, r_Y(0)=1\mathrm{m}$ 处且速度为 $v_X(0)=10\mathrm{m/s}$。组成输入信号 $\boldsymbol{u}(t)$ 的加速度，其作用于该点上，大小为

$$a_X(t)=\begin{cases}6\text{m/s}^2 & 当 t\leqslant 1.5\text{s}\\ 0\text{m/s}^2 & 当 1.5\text{s}<t\leqslant 2\text{s}\\ -1\text{m/s}^2 & 当 2\text{s}<t\leqslant 3\text{s}\end{cases}\quad a_Y(t)=4\text{m/s}^2\sin\left(2{,}1\frac{\text{rad}}{\text{s}}\cdot t\right)$$

请用步长 $T=0.02$s 进行离散化，并在时间区间 $t\in[0,3]s$ 内将轨迹可视化。

【习题 3.10】编写出一个 MATLAB 脚本，运用式（3.89）中的运动模型来算出某车辆在地面坐标系 E 上的轨迹并将其可视化，车辆坐标系的原点位于该车重心 S。点 S 在 $t_0=0$s 时位置在 $r_X(0)=2$m, $r_Y(0)=1$m 处且速度为 $v_X(0)=v_0=10$m/s, $v_y(0)=0$m/s。车辆的朝向已通过横摆角 $\Psi_0=30°$ 给出。请用步长 $T=0.02$s 进行离散化，并在时间区间 $t\in[0,3]s$ 内将轨迹可视化。

【习题 3.11】编写出一个 MATLAB 脚本，运用式（3.119）~ 式（3.122）中的运动模型在平面上计算一辆重心为 Q 的车辆的轨迹和重心为 S 的车辆的轨迹，并将它们可视化。车辆 Q 可通过以下量来描述：轴距 $l_\text{Q}=2.6$m、重心到前轴的距离 $l_\text{v,Q}=1.1$m、转向角传统比 $i_\text{L,Q}=15$、描述车辆在 $t_0=0$s 时刻相对于车辆的相对位置的 ${}_E^F\boldsymbol{r}_{SQ}(t_0)=[30\text{m},0\text{m},0\text{m}]^\text{T}$、地面上车辆相对于车辆坐标系的相对速度 ${}_E^F\boldsymbol{v}_{SQ}(t_0)=[-50\text{km/h},0\text{km/h},0\text{km/h})^\text{T}$。假设车辆 Q 从 t_0 开始大功率制动 3s，同时不转向，即

$$a_{x,Q}(t)=-6\text{m/s}^2,\ \delta_{\text{L,Q}}(t)=0°$$

这里 $a_{x,Q}(t)$ 是相对于地面的纵向加速度，其被表示在车辆 Q 的坐标系中，而 $\delta_{x,Q}(t)$ 则是车辆 Q 的转向角。

车辆可通过以下量来描述：轴距 $l=2.8$m、重心到前轴的距离 $l_\text{v}=1.3$m、转向比 $i_\text{L}=16$、地面上重心 S 在 $t_0=0$s 时刻的相对速度 ${}_E^F\boldsymbol{v}_S(t_0)=[130\text{km/h},0\text{km/h},0\text{km/h})^\text{T}$。地面坐标系 E 的选择应使得其原点与 X、Y 轴在 t_0 时刻与车辆坐标系 F 相对应。假设车辆从 t_0 开始的 3s 内执行机动操作，该操纵可由以下制动和转向行为来表述

$$a_x(t)=\begin{cases}0\text{m/s}^2 & 当\ t\leqslant 1\text{s}\\ -2\text{m/s}^2 & 当\ 1\text{s}<t\leqslant 3\text{s}\end{cases},\quad \delta_\text{L}(t)=\begin{cases}0° & 当\ t\leqslant 1\text{s}\\ 6°\sin\left(2{,}5\frac{\text{rad}}{\text{s}}(t-0{,}5\text{s})\right), & 当\ 1\text{s}<t\leqslant 3\text{s}\end{cases}$$

这里 $a_x(t)$ 是相对于地面的纵向加速度，其被表示在车辆坐标系 F 中，而 $\delta_\text{L}(t)$ 则是车辆的转向角。为了将两辆车表示作矩形，应假设前轴距车辆前端均为 0.85m，后轴到车辆尾部的距离均为 1.1m，车宽均为 1.8m。请用步长 $T=0.02$s 进行离散化。

【习题 3.12】观察一台 232kW 的电动机在图 3.21 中所示的的电动机特性。其对应的电动车没有变速器，总传动比 $i_{Ges} = 0.3$，轮胎半径 $r = 0.32m$ 而传动系统的效率 $\eta_{TW} = 0.9$。

1）该电动车能达到的极速是多少？

2）请通过一个 MATLAB 脚本来确定电动车的极速，注意考虑到驱动力、空气阻力和滚动阻力与速度之间的关系，并画出速度与加速度的关系。下列量的大小已给出：m=1500kg、正面面积 $A_{Stirn} = 2.3m^2$、$c_W = 0.32$、环境温度 $T_U =$ 20℃和滚动阻力系数 $k_{滚动} = 0.015$。

【习题 3.13】考虑一辆装有 141kW 发动机的汽车，其发动机特性如图 3.20 所示。车辆的轮胎半径 $r = 0.32m$，传动系统的效率 $\eta_{TW} = 0.9$，主传动比 $i_A = 4.3$，变速器传动比分别为 i_G(1 档) = 3.62、i_G (2 档) = 1.95、i_G (3 档)=1.28、i_G (4 档) = 0.97、i_G (5 档) = 0.78、i_G (6 档) = 0.65。

1）请通过一个 MATLAB 脚本来确定电动车的极速，注意考虑到驱动力、空气阻力和滚动阻力与速度之间的关系，并画出速度与加速度的关系。下列量的大小已给出：m = 1500kg、正面面积 $A_{Stirn} = 2.3m^2$、$c_W = 0.32$、环境温度 $T_U =$ 20℃和滚动阻力系数 $k_{滚动} = 0.015$。

2）比较小题 1）中与习题 3.12 中所绘的图像。

3）当车辆在坡度为 10% 时，用 4 档以 70km/h 的速度行驶，则车辆的加速度还剩下多少？

【习题 3.14】制动时的制动系数 C^* 指的是制动片所产生摩擦力 F_{RB} 与制动气缸所产生的预压力 F_{Spann} 之比，对于盘式制动器而言 $C^* = 2$。踏板增益 i_a 被定义为预压力 F_{Spann} 与踏板力 F_{Ped} 之比。这里设 $i_a = 10$、观察到的踏板力 $F_{Ped} =$ 400N。车轮制动的作用半径 $r_{wirk} = 0.1m$ 而车轮的半径 $r = 0.32m$。计算轮胎在制动车辆时的最大制动力 F_B。

【习题 3.15】一辆质量 m = 1200kg 的车，重心到前轴的距离为 $l_v = 1.2m$，到后轴的距离为 $l_h = 1.2m$。

1）考虑式（3.149）中对应纵向力的魔术轮胎方程，假设如下数值已给出：对前轴和后轴的轮胎有 $c_L = 1.5$、前轴轮胎的 $b_{Lv} = 11.4$、后轴轮胎的 $b_{Lh} = 16.3$。对于前轴轮胎在不同附着系数 ($\mu_{L,max} = 0.2, \mu_{L,max} = 0.5, \mu_{L,max} = 0.7, \mu_{L,max} = 1.1$）的情况，请编写出 MATLAB 脚本将纵向滑移 s_L 和纵向力 F_L 之间的关系可视化。

2）考虑式（3.150）中对应横向力的魔术轮胎方程，假设如下数值已给出：对前轴和后轴的轮胎有 $c_Q = 1.3$、前轴轮胎的 b_{Qv}=7.5、后轴轮胎的 $b_{Qh} = 15.3$。对于前轴轮胎在不同附着系数（$\mu_{Q,max} = 0.2, \mu_{Q,max} = 0.5, \mu_{Q,max} = 0.7, \mu_{Q,max} = 1.1$）的情况，请编写出 MATLAB 脚本将横向滑移 s_Q 和横向力 F_Q 之间的关系可视化。

3）考虑到同时存在加速（减速）和转向的情况，则作用在轮胎上的力可以通过式（3.151）~式（3.155）来计算。接下来请只考虑前轴的轮胎。针对如下侧偏角度 α=0°, α=2°, α=4°, α=6°, α=10°，写出一个 MATLAB 脚本来实现如下图形，图形中 x 轴为纵向滑移 s_L，左侧的 y 轴表示纵向力 F_L，而右侧的 y 轴则是表示横向力 F_Q。

【习题 3.16】请确定出一车辆在平坦、铺设良好的道路上以恒定速度直线行驶时总共受到的行驶阻力，通过使用下列数值：质量 1450kg、正面面积 $A_{\mathrm{Stirn}} = 2.0\mathrm{m}^2$、速度 $v = 50\mathrm{km/h}$、滚动阻力系数 $k_{\mathrm{R,i}} = 0.01$、空气阻力系数 $c_{\mathrm{W}} = 0.3$、逆风速度 30km/h、环境压力 p_{U}=1013hPa、环境温度 T_{U} = 20℃和空气的气体常数 $R_{\mathrm{L}} = 287.058\dfrac{\mathrm{J}}{\mathrm{kgK}}$。请假设加速阻力和牵引阻力为零。

【习题 3.17】该题考虑了一个简单的平面车辆运动模型，其在弯道行驶过程中侧偏角为零。一个轮轴上的车轮将被概括成一个虚拟的车轮。

1）请解释“速度瞬心”的概念。

2）什么情况下该车辆运动模型是正确的？

3）画出该模型的草图并填入这些量：前轮的转向角 δ_{A}、重心上的曲率半径 R、速度瞬心 MP、轮距 l、重心 S、重心的速度矢量 $\boldsymbol{v}$、侧滑角 β、虚拟前轮的速度矢量 $\boldsymbol{v}_{\mathrm{v}}$ 和虚拟后轮的速度矢量 $\boldsymbol{v}_{\mathrm{h}}$。

4）根据 3）小题中的草图，确定出阿克曼角 δ_{A} 与 3）中已给出的量的关系式，并给出 δ_{A} 的小角度近似值。

5）根据 3）小题中的草图，确定出侧滑角 β 与 3）中其他已给出的量的关系式。

【习题 3.18】

1）对带有侧偏角的车辆平面运动建模时，可以由式（3.188）得出以下关系式：

$$R \approx \frac{\ell}{\delta_{\mathrm{v}} - (\alpha_{\mathrm{v}} - \alpha_{\mathrm{h}})}$$

式中 R 是转向半径，δ_{v} 是前轮转向角，α_{v} 和 α_{h} 是侧偏角。请使用上述公式来解释术语转向不足和转向过度。

2）请借助草图解释术语“转向不足梯度”，其中横坐标为横向加速度 a_y，纵坐标为方向盘转角 δ_{L}。在草图中绘制出转向不足、中性转向和转向过度行为的典型曲线。

3）图 3.55 中的测量值是轴距 ℓ = 2.9m 的车辆在半径 R = 110m 的轨迹上稳定转圈行驶期间记录的。

① 请问阿克曼角有多大？

② 请问转向比 i_L 有多大？

③ 请您借助图 3.55 确定转向不足梯度 EG。

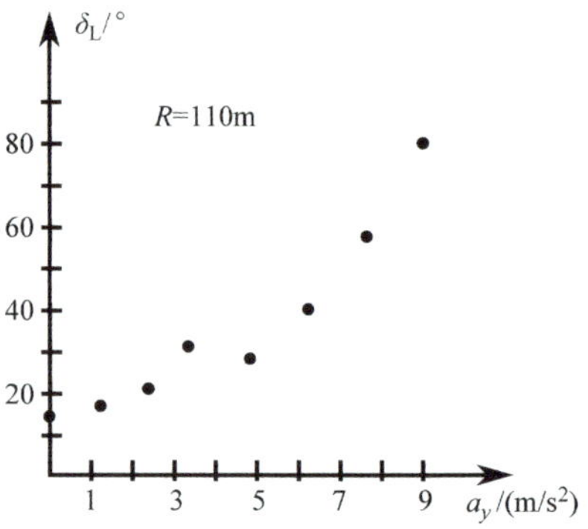

图 3.55　稳定转圈行驶期间的测量值

【习题 3.19】请编写一个 MATLAB 脚本来实现从式（3.265）～式（3.319）的非线性单轨模型，其中值的大小已直接在 3.2.4 小节中的这些方程后面给出。请使用模型计算和可视化车辆状态变量 $a_x(t)$、$a_y(t)$、$\beta(t)$、$\dot{\Psi}(t)$、$\Psi(t)$、$v(t)$、$r_X(t)$ 和 $r_Y(t)$ 在进行以下驾驶操作的行驶过程中随时间变化的曲线。还要请您可视化每一次驾驶操作，在该可视化中，将通过各自的轨迹时的车辆在鸟瞰图中表示为一个矩形。在非线性单轨模型中，如果转速超过 $n_M=4500$r/min，则应使用下一个较高的档位，如果转速低于 $n_M=1500$r/min，则应使用较低的档位。下面将通过车辆模型中随时间变化的输入曲线来描述这些操作。

- 转圈行驶，从静止状态并且档位处于一档开始。非线性单轨模型的输入如图 3.56 所示。
- 直线行驶，最初从静止状态开始加速，然后制动回到静止状态，最后再次加速。非线性单轨模型的输入如图 3.57 所示。

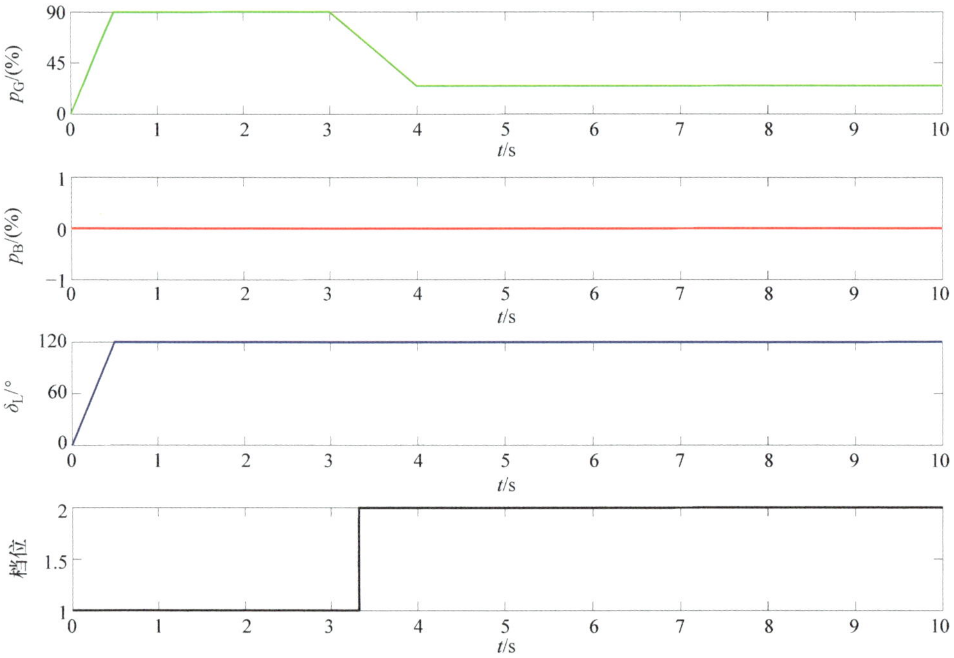

图 3.56　驾驶操作 1：转圈行驶

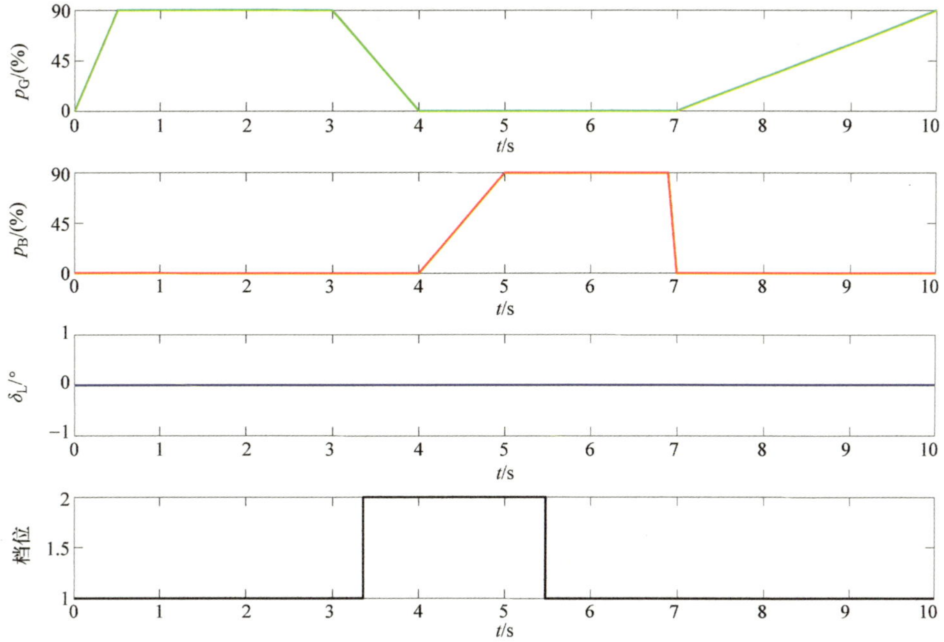

图 3.57　驾驶操作 2：连续的加速和制动

- 从静止状态开始加速，然后在高速时用力制动，同时转向，使车辆漂移。非线性单轨模型的输入如图 3.58 所示。

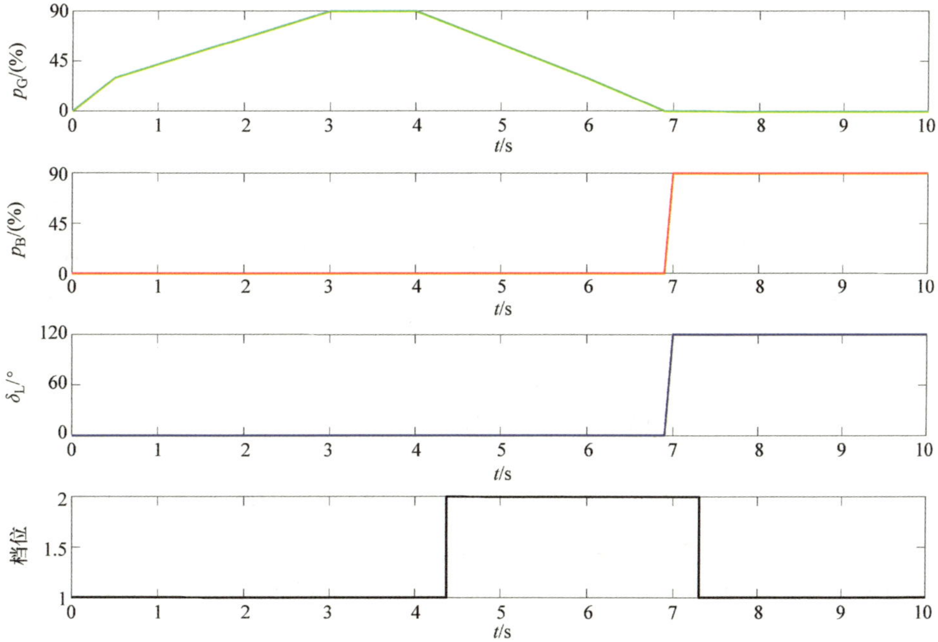

图 3.58　驾驶操作 3：漂移

【习题 3.20】请扩展习题 3.19 中的脚本，以使得倒车也可以模拟。而倒档是 7 档。请模拟图 3.59 中车辆模型的输入所产生的驾驶操作。请在草图中绘制倒车时车辆状态变量 $a_x(t)$、$a_y(t)$、$\beta(t)$、$\dot{\Psi}(t)$、$\Psi(t)$、$v(t)$、$r_X(t)$ 和 $r_Y(t)$ 随时间变化的曲线。除此之外还请您将这次驾驶操作可视化，在该可视化中将车辆在鸟瞰图中表示为一个矩形。

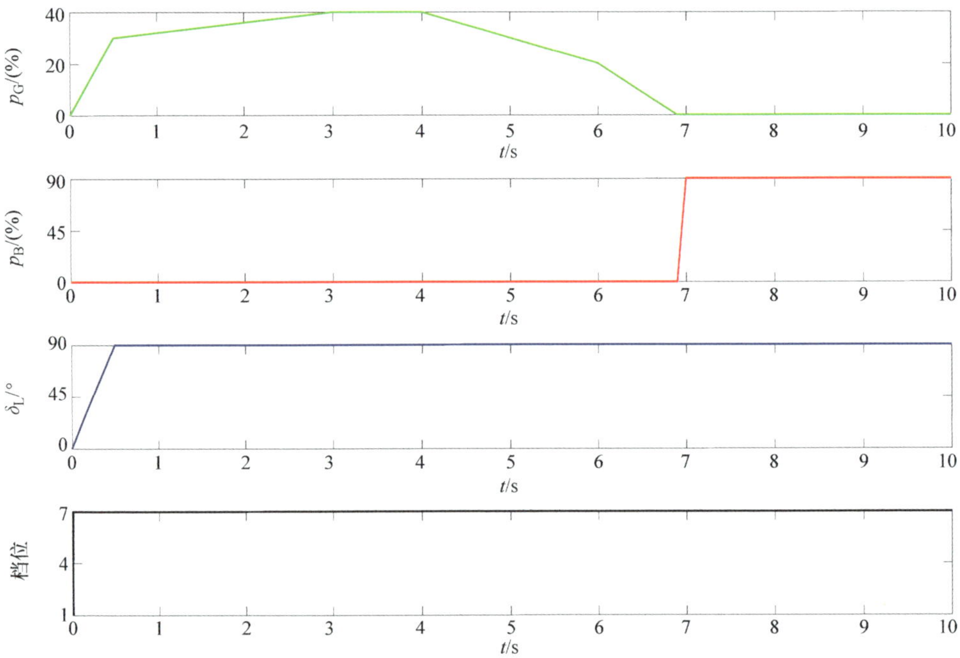

图 3.59 驾驶操作 4：倒车

【习题 3.21】为实现单轨模型，给出了以下车辆参数：质量 $m = 1500\text{kg}$，重心到前轴的距离 $l_v = 1.2\text{m}$，重心到后轴的距离 $l_h = 1.5\text{m}$，转向比 $i_L = 16$，Z 轴转动惯量 $I_z = 2700\text{kg}\cdot\text{m}^2$，前轴横向力的侧偏刚度 $C_{Qv} = 80000\text{N}$，后轴横向力的侧偏刚度 $C_{Qh} = 130000\text{N}$。

1）请计算出不足转向梯度 EG 并指出车辆是转向过度还是转向不足。

2）请编写一个 MATLAB 脚本，计算出当车辆的速度以 5km/h 的间距从 5km/h 增加到 200km/h 的时候，式（3.335）中矩阵 $\boldsymbol{A}$ 的特征值。如果车辆是转向不足，请拓展 MATLAB 脚本并计算出无阻尼和阻尼横摆频率和横摆阻尼。请借助脚本可视化特征值、横摆频率和横摆阻尼是如何随速度而变化的。

3）当车辆后轴横向力的侧偏刚度变为 $C_{Qh} = 13000\text{N}$ 时，请再次完成子习题 1）和 2）。

【习题 3.22】当车辆以小于约 $4\mathrm{m/s^2}$ 的横向加速度和恒定速度转弯时，可以将线性单轨模型中从式（3.345）~式（3.352）的方程用于横向动力学。请借助从式（3.345）~式（3.352）的这些方程编写一个 MATLAB 脚本，以此来模拟车辆在匀速转弯时的车辆状态。使用习题 3.21 中的值作为车辆参数。请实施一个时长为 5s 的驾驶操作，其中车辆以 100km/h 的速度匀速行驶，并且在 1s 后发生了 $\delta_L = 30°$ 的方向盘转角突变。请借助 MATLAB 脚本在鸟瞰图中将车辆状态和车辆的运动可视化。

【习题 3.23】请使用第 3.2.5 小节中的方程编写一个 MATLAB 脚本，以实现非线性双轨模型。此外，请使用此非线性双轨模型模拟习题 3.19 和习题 3.20 中的驾驶操作。

【习题 3.24】请编写 MATLAB 代码，以借助五次多项式来设计轨迹，并以此生成图 3.41 和图 3.42。

【习题 3.25】请扩展习题 3.24 中的 MATLAB 代码，使得可以通过解耦的路径规划和速度规划来实现轨迹规划。此外还应能够通过图 3.43 所示的加速度曲线确定在该路径上运动时的纵向动力学。请使用以这种方式计算得出的目标轨迹，并借助第 3.3 节中的控制器设计让非线性单轨模型跟踪该目标轨迹。请将使得该轨迹得以实现的踏板位置和方向盘转角随时间变化的曲线可视化。

【习题 3.26】请扩展习题3.25 中的代码，规划一个新的轨迹，该轨迹由除起点之外的三个附加位置点确定，并且规定了轨迹的开始速度、结束速度和持续时间。因此，轨迹规划应该分两个阶段进行：使用多项式方法进行路径规划，然后使用如图 3.43 所示的加速度曲线进行纵向动力学规划。请将以下路径经过的位置点的值作为驾驶操作的预先规定值：$[r_{X0}, r_{Y0}]^T = [0\mathrm{m}, 0\mathrm{m}]^T$，$[r_{X1}, r_{Y1}]^T = [30\mathrm{m}, -2\mathrm{m}]^T$，$[r_{X2}, r_{Y2}]^T = [60\mathrm{m}, 2\mathrm{m}]^T$ 和 $[r_{X3}, r_{Y3}]^T = [100\mathrm{m}, 0\mathrm{m}]^T$。在 t_0 时刻，车辆位于 $[r_{X0}, r_{Y0}]^T$，横摆角 $\Psi(t_0) = 0°$，速度 $v(t_0) = 0\mathrm{km/h}$。在 $t_{end} = t_0 + 12\mathrm{s}$ 时刻，车辆应该位于 $[r_{X3}, r_{Y3}]^T$，横摆角 $\Psi(t_{end}) = 0°$，速度 $v(t_{end}) = 60\mathrm{km/h}$。请使用以这种方式计算得出的目标轨迹，并借助第 3.3 节中的控制器设计让非线性单轨模型跟随该目标轨迹。请将使得该轨迹得以实现的踏板位置和方向盘转角必要的随时间变化的曲线可视化。

【习题 3.27】使用多项式方法进行路径规划的一个缺点可以在习题 3.26 的标准答案中看到：规划的路径需要经过点 $[r_{X2}, r_{Y2}]^T = [60\mathrm{m}, 2\mathrm{m}]^T$ 和 $[r_{X3}, r_{Y3}]^T = [100\mathrm{m}, 0\mathrm{m}]^T$。这两个点之间有一条横向偏移大于 2m 的目标路径。这样的目标轨迹会导致车辆在这两个位置点之间偏离道路。为此，引入了三段方法，首先计算由直线段组成的路径，然后通过使用车辆模型（例如第 3.2.2 小节中转向角和纵向加速度可变的模型）在对该路径进行后续的纵向动力学规划后，生成可行驶的目标轨迹。请在 MATLAB 中实现这种方法。请使用它来计算具有以下预先规定值的目标轨迹。路径应经过位置点 $[r_{X0}, r_{Y0}]^T = [0m, 0m]^T$，$[r_{X1}, r_{Y1}]^T = [2m, 0m]^T$，$[r_{X2}, r_{Y2}]^T = [25m, 2m]^T$、$[r_{X3}, r_{Y3}]^T = [30m, 2m]^T$、$[r_{X4}, r_{Y4}]^T = [55m, -2m]^T$，$[r_{X5}, r_{Y5}]^T = [60m, -2m]^T$，$[r_{X6}, r_{Y6}]^T = [65m, -2m]^T$、$[r_{X7}, r_{Y7}]^T = [95m, 0m]^T$ 和 $[r_{X8}, r_{Y8}]^T = [100m, 0m]^T$。在 t_0 时刻，车辆位于 $[r_{X0}, r_{Y0}]^T$，横摆角 $\Psi(t_0) = 0°$，速度 $v(t_0) = 0km/h$。在 $t_{end} = t_0 + 12s$ 时刻，车辆应该位于 $[r_{X8}, r_{Y8}]^T$，横摆角 $\Psi(t_{end}) = 0°$，速度 $v(t_{end}) = 60km/h$。请将由直线段组成的第一个（不可行驶的）轨迹和最终（可行驶的）目标轨迹可视化。

第4章

统计滤波

在自动驾驶和车辆安全领域，**统计滤波器**扮演着重要的角色，因为它们是许多信号处理步骤的基础。例如用于估算车辆的状态变量，跟踪车辆附近的物体或传感器数据融合，例如环境传感器能够测量物体的相对位置，当然交通参与者的速度和加速度在公式算法中也很重要，这些都是借助统计滤波器确定的。本章介绍了统计滤波器的基础知识，并将卡尔曼滤波器作为最重要的统计滤波器之一引出，紧接着介绍了这些原理在跟踪交通参与者和传感器数据融合方面的应用。

学习目标

- 了解统计滤波器的不同优化标准。
- 了解卡尔曼滤波器的推导。
- 决定何时应使用卡尔曼滤波器，并能够在应用程序中实现。
- 对简单的跟踪任务建模并使用卡尔曼滤波器实现。
- 认识传感器数据融合方法，例如使用扩展卡尔曼滤波器或航迹融合，并可以实现这些目标。

4.1 最优统计滤波器

本小节介绍了统计滤波器，并讨论了此类过滤器的最优性问题。例如，可以在文献 [BSL01,Sim06，Kay17] 中找到统计滤波和状态估计方法的详细说明。

统计滤波器使用有关信号统计信息的知识，从噪声测量信号中估计有用信号或状态。统计滤波器的第一项工作来自 20 世纪 40 年代的**维纳**和**柯尔莫哥洛夫**，在处理的系统中，统计属性不会随时间变化，即稳态过程。对于稳态过程，可以很容易地将信号的统计特性与其频率特性相关联，从而使这些滤波器与电网的经典滤波器理论相符合。

因为在有些应用中，无法将信号建模为稳态信号，用于不稳定过程的统计滤波器领域经典电网滤波理论得到了发展，尤其是**卡尔曼滤波器理论**。而在频率空间表示中，如式（2.287）所示，仅传递函数 $\boldsymbol{H}(s)$ 在输出和输入之间建立了连接，在统计滤波器中对系统动力学及其测量过程进行了明确区分。这些统计过滤器是基于系统状态的描述，因此是基于时间的表示而不是频率的表示。

图 4.1 展示了系统的离散时间模型，其中使用统计滤波器来估计状态 $x[n]$。

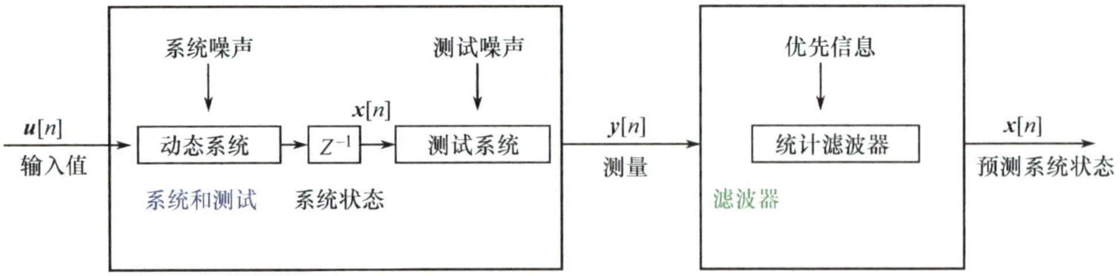

图 4.1　统计滤波器模型

为了设计统计过滤器需要：

1）一个考虑了系统噪声 $\eta_S[n]$ 的动态系统模型

$$\boldsymbol{x}[n+1]=\boldsymbol{f}_n(\boldsymbol{x}[n],\boldsymbol{u}[n],\boldsymbol{\eta}_S[n]) \tag{4.1}$$

2）一个考虑了测量噪声的测量系统模型

$$\boldsymbol{y}[n]=\boldsymbol{h}_n(\boldsymbol{x}[n],\boldsymbol{u}[n],\boldsymbol{\eta}_M[n]) \tag{4.2}$$

3）噪声过程 $\boldsymbol{\eta}_S(m,\omega)$ 和 $\boldsymbol{\eta}_M(m,\omega)$ 的统计描述

4）优先信息：

- 系统的初始状态，即 $\boldsymbol{x}[0]$
- 输入值 $\boldsymbol{u}(n)$

这些要求了解的内容也展示在图 4.2 中。

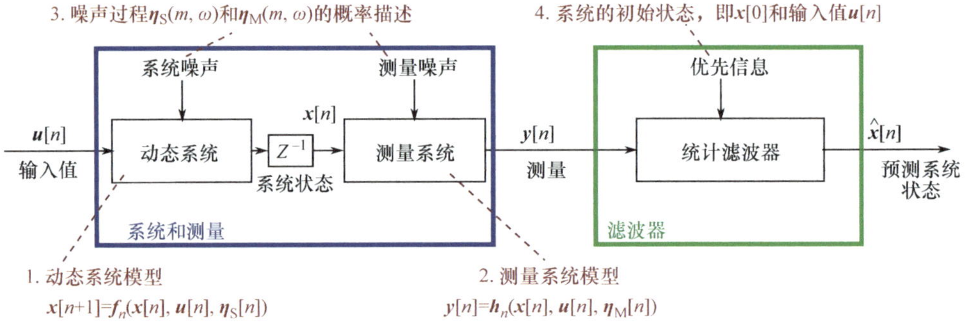

图 4.2　统计过滤器所需了解的内容

例如在线性离散时间系统中，系统方程（4.1）和测量方程（4.2）可以表示为式（2.197）和式（2.198）：

$$\boldsymbol{x}[n+1]=\boldsymbol{A}[n]\boldsymbol{x}[n]+\boldsymbol{B}[n]\boldsymbol{u}[n]+\boldsymbol{G}[n]\boldsymbol{\eta}_S[n],\quad n\geqslant 0 \tag{4.3}$$

$$\boldsymbol{y}[n]=\boldsymbol{C}[n]\boldsymbol{x}[n]+\boldsymbol{D}[n]\boldsymbol{u}[n]+\boldsymbol{\eta}_M[n] \tag{4.4}$$

其中在第 2.4.2 小节中引入了向量和矩阵的维数。

在时刻 n 统计滤波器的设计任务是利用噪声过程的统计描述 $\boldsymbol{f}_n$、$\boldsymbol{h}_n$、初始状态 $\boldsymbol{x}[n]$，以及先前的输入值和测量值的序列

$$\{\boldsymbol{u}[0], \boldsymbol{u}[1], \cdots, \boldsymbol{u}[n-1]\} \text{ 和 } \{\boldsymbol{y}[1], \boldsymbol{y}[2], \cdots, \boldsymbol{y}[n]\} \tag{4.5}$$

来寻找 $\boldsymbol{x}[n]$ 的最优估计 $\hat{\boldsymbol{x}}[n]$。

含有包括 n-1 时刻的所有输入值的 $nM\times 1$ 向量可以表示为 $\boldsymbol{u}_{0:n-1}$，含有包括 n 时刻的所有测量值的 $nK\times 1$ 向量可以表示为 $\boldsymbol{y}_{1:n}$：

$$\boldsymbol{u}_{0:n-1}=[\boldsymbol{u}^{\mathrm{T}}[0], \boldsymbol{u}^{\mathrm{T}}[1], \cdots, \boldsymbol{u}^{\mathrm{T}}[n-1]]^{\mathrm{T}} \quad \boldsymbol{y}_{1:n}=[\boldsymbol{y}^{\mathrm{T}}[1], \boldsymbol{y}^{\mathrm{T}}[2], \cdots, \boldsymbol{y}^{\mathrm{T}}[n]]^{\mathrm{T}} \tag{4.6}$$

统计滤波器可以根据不同的优化标准设计。其中的三种优化标准将会在下文中详细介绍。

最优线性统计滤波器

最优线性统计滤波器的滤波方法是最小化均方误差：

$$\hat{\boldsymbol{x}}_{\mathrm{lin}}[n]=\boldsymbol{W}\boldsymbol{y}_{1:n}+\boldsymbol{t} \tag{4.7}$$

其优化任务是

$$\{W_{\mathrm{lin}}, t_{\mathrm{lin}}\}=\arg\min_{W,\ t}\left\{E_{\boldsymbol{x}[n],\boldsymbol{y}1:n}\left\{\|\boldsymbol{x}[n]-(W\boldsymbol{y}_{1:n}+t)\|_2^2\right\}\right\} \tag{4.8}$$

要优化的代价函数可以写为

$$\mathcal{L}=E_{\boldsymbol{x}[n],\boldsymbol{y}1:n}\left\{\|\boldsymbol{x}[n]-(W\boldsymbol{y}_{1:n}+t)\|_2^2\right\} \tag{4.9}$$

$$=E_{\boldsymbol{x}[n],\boldsymbol{y}1:n}\left\{tr\{\left(\boldsymbol{x}[n]-(W\boldsymbol{y}_{1:n}+t)\right)\left(\boldsymbol{x}[n]-(W\boldsymbol{y}_{1:n}+t)\right)^{\mathrm{T}}\}\right\} \tag{4.10}$$

对于参数 W 和 t，当 $\mathcal{L}$ 的导数为零时，可以获得代价函数的最小值。函数 $\mathcal{L}$ 对 t 的求导可以表达为：

$$\frac{\partial\mathscr{L}}{\partial t}=E_{\boldsymbol{x}[n],\boldsymbol{y}_{1:n}}\left\{-(\boldsymbol{x}[n]-\boldsymbol{W}\boldsymbol{y}_{1:n}-\boldsymbol{t})-(\boldsymbol{x}[n]-\boldsymbol{W}\boldsymbol{y}_{1:n}-\boldsymbol{t})\right\} \tag{4.11}$$

$$=-2E_{\boldsymbol{x}[n],\boldsymbol{y}_{1:n}}\left\{\boldsymbol{x}[n]-\boldsymbol{W}\boldsymbol{y}_{1:n}-\boldsymbol{t}\right\}=-2\boldsymbol{\mu}_{\boldsymbol{x}[n]}+2\boldsymbol{W}\boldsymbol{\mu}_{\boldsymbol{y}_{1:n}}+2\boldsymbol{t}\overset{!}{=}\boldsymbol{0}_{n\times 1} \tag{4.12}$$

因此

$$t=\mu_{\boldsymbol{x}[n]}-W\mu_{\boldsymbol{y}_{1:n}} \tag{4.13}$$

通过式（4.13），函数 $\mathcal{L}$ 对于 W 的导数可以表达为：

$$\frac{\partial \mathscr{L}}{\partial \boldsymbol{W}}=\boldsymbol{E}_{\boldsymbol{x}[n],\boldsymbol{y}_{1:n}}\left\{-\left(\boldsymbol{x}[n]-\boldsymbol{W}\boldsymbol{y}_{1:n}-t\right)\boldsymbol{y}_{1:n}^{\mathrm{T}}-\left(\boldsymbol{x}[n]-\boldsymbol{W}\boldsymbol{y}_{1:n}-t\right)\boldsymbol{y}_{1:n}^{\mathrm{T}}\right\} \tag{4.14}$$

$$=-2\boldsymbol{E}_{\boldsymbol{x}[n],\boldsymbol{y}_{1:n}}\left\{\left(\boldsymbol{x}[n]-\boldsymbol{W}\boldsymbol{y}_{1:n}-t\right)\boldsymbol{y}_{1:n}^{\mathrm{T}}\right\}=-2\boldsymbol{R}_{\boldsymbol{x}[n],\boldsymbol{y}_{1:n}}+2\boldsymbol{W}\boldsymbol{R}_{\boldsymbol{y}_{1:n},\boldsymbol{y}_{1:n}}+2t\boldsymbol{\mu}_{\boldsymbol{y}_{1:n}}^{\mathrm{T}} \tag{4.15}$$

$$=-2\boldsymbol{R}_{\boldsymbol{x}[n],\boldsymbol{y}_{1:n}}+2\boldsymbol{W}\boldsymbol{R}_{\boldsymbol{y}_{1:n},\boldsymbol{y}_{1:n}}+2\left(\boldsymbol{\mu}_{\boldsymbol{x}[n]}-\boldsymbol{W}\boldsymbol{\mu}_{\boldsymbol{y}_{1:n}}\right)\boldsymbol{\mu}_{\boldsymbol{y}_{1:n}}^{\mathrm{T}} \tag{4.16}$$

$$=\underbrace{-2(\boldsymbol{R}_{\boldsymbol{x}[n],\boldsymbol{y}_{1:n}}-\boldsymbol{\mu}_{\boldsymbol{x}[n]}\boldsymbol{\mu}_{\boldsymbol{y}_{1:n}}^{\mathrm{T}})}_{C_{\boldsymbol{x}[n],\boldsymbol{y}_{1:n}}}+2\boldsymbol{W}\underbrace{(\boldsymbol{R}_{\boldsymbol{y}_{1:n},\boldsymbol{y}_{1:n}}-\boldsymbol{\mu}_{\boldsymbol{y}_{1:n}}\boldsymbol{\mu}_{\boldsymbol{y}_{1:n}}^{\mathrm{T}})}_{C_{\boldsymbol{y}_{1:n},\boldsymbol{y}_{1:n}}} \tag{4.17}$$

$$=-2\boldsymbol{C}_{\boldsymbol{x}[n],\boldsymbol{y}_{1:n}}+2\boldsymbol{W}\boldsymbol{C}_{\boldsymbol{y}_{1:n},\boldsymbol{y}_{1:n}}\overset{!}{=}\boldsymbol{0}_{N\times Kn} \tag{4.18}$$

因此通过式（4.13）可以得到式（4.8）优化任务的答案：

$$\boldsymbol{W}_{\text{lin}}=\boldsymbol{C}_{\boldsymbol{x}[n],\boldsymbol{y}_{1:n}}\boldsymbol{C}_{\boldsymbol{y}_{1:n},\boldsymbol{y}_{1:n}}^{-1},\ t_{\text{lin}}=\mu_{\boldsymbol{x}[n]}-C_{\boldsymbol{x}[n],\boldsymbol{y}_{1:n}}C_{\boldsymbol{y}_{1:n},\boldsymbol{y}_{1:n}}^{-1}\mu_{\boldsymbol{y}_{1:n}} \tag{4.19}$$

由此可以看到，对于最优线性滤波器，只需要一阶矩和二阶矩（期望值、协方差和互协方差）。这种方法的一个缺点就是矩阵 $\boldsymbol{W}_{\text{lin}}$ 的维数会随着每次新的测量而增加。

最大后验统计滤波器

在最大后验（MAP）统计滤波器中则利用了逆概率（后验概率密度函数）包含有 t 时刻所有关于系统状态 $\boldsymbol{x}[n]$ 信息的事实。

$$p(\boldsymbol{x}[n]|\underbrace{[\boldsymbol{y}^{\mathrm{T}}[1],\boldsymbol{y}^{\mathrm{T}}[2],\cdots,\boldsymbol{y}^{\mathrm{T}}[n]]^{\mathrm{T}}}_{\boldsymbol{y}_{1:n}},\underbrace{[\boldsymbol{u}^{\mathrm{T}}[0],\boldsymbol{u}^{\mathrm{T}}[1],\cdots,\boldsymbol{u}^{\mathrm{T}}[n-1]]^{\mathrm{T}}}_{\boldsymbol{u}_{0:n-1}}) \tag{4.20}$$

最大后验统计滤波器的方法是提供逆概率最大时的输出值 $\hat{\boldsymbol{x}}[n]$。从而通过以下优化任务的答案得到最大后验统计滤波器的输出值：

$$\hat{\boldsymbol{x}}_{\text{MAP}}[n]=\arg\max_{\boldsymbol{x}[n]}\{\mathrm{p}(\boldsymbol{x}[n]|\,\boldsymbol{y}_{1:n},\boldsymbol{u}_{0:n-1})\} \tag{4.21}$$

最优的最大后验统计滤波器在后验概率密度函数的每个时间戳 n 都会根据式（4.21）确定一个最优估计值。在实际的应用中存在难以获得后验概率密度函数和统计矩的困难。当后验概率密度函数和统计矩是通过从一个时间戳到另一个时间戳递归进行估计而得以确定时，那么这个过程被称为递归贝叶斯滤波，可以如下表示为：

$$\begin{aligned}
&p(\boldsymbol{x}[0]) \\
&p(\boldsymbol{x}[1] \mid \boldsymbol{y}_{1:1}, \boldsymbol{u}_{0:0}) && \to \hat{\boldsymbol{X}}_{\mathrm{MAP}}[1] \\
&p(\boldsymbol{x}[2] \mid \boldsymbol{y}_{1:2}, \boldsymbol{u}_{0:1}) && \to \hat{\boldsymbol{X}}_{\mathrm{MAP}}[2] \\
&\quad\vdots \\
&p(\boldsymbol{x}[n] \mid \boldsymbol{y}_{1:n}, \boldsymbol{u}_{0:n-1}) && \to \hat{\boldsymbol{X}}_{\mathrm{MAP}}[n]
\end{aligned} \tag{4.22}$$

其中卡尔曼滤波器是最大后验统计滤波器的一个特例，它的后验概率密度函数为高斯分布，我们将会在后文详细介绍它。

“最小均方误差”统计过滤器

最小均方误差（MMSE）统计过滤器的方法是计算 $\boldsymbol{X}[n]$ 和输出 $\hat{\boldsymbol{X}}[n]$ 之间的均方误差最小的值 $\hat{\boldsymbol{x}}[n]$，从而令 MMSE 滤波器的输出能够从解决方案到优化任务：

$$\hat{\boldsymbol{x}}_{\mathrm{MMSE}[n]} = \underbrace{\arg\min}_{\hat{\boldsymbol{x}}[n]} \{E_{\boldsymbol{x}[n] \mid \boldsymbol{y}_{1:n}, \boldsymbol{u}_{0:n-1}} \{\| \boldsymbol{x}[n] - \hat{\boldsymbol{x}}[n] \|_2^2\}\} \tag{4.23}$$

为了找到解决方案，本节引入以下缩写以简化符号：

$$z := \boldsymbol{y}_{1:n}, \boldsymbol{u}_{0:n-1}, \boldsymbol{x} := \boldsymbol{x}[n] \text{ 和 } \hat{\boldsymbol{x}} := \hat{\boldsymbol{x}}[n] \tag{4.24}$$

此外，对于进一步的推导，应该注意的是，$\hat{\boldsymbol{x}}$ 只是测量值 $\boldsymbol{y}_{1:n}$和输入 $\boldsymbol{u}_{0:n-1}$ 的函数，因此，对于一个给定的 z，条件期望值 $E_{\boldsymbol{x}|z}\{\hat{\boldsymbol{x}}\}$ 是：

$$E_{\boldsymbol{x}|z}\{\hat{\boldsymbol{x}}\} = \hat{\boldsymbol{x}} \tag{4.25}$$

要最小化的成本函数是：

$$\mathscr{L} = E_{\boldsymbol{x}|z}\{(\boldsymbol{x} - \hat{\boldsymbol{x}})^{\mathrm{T}}(\boldsymbol{x} - \hat{\boldsymbol{x}})\} = E_{\boldsymbol{x}|z}\{\boldsymbol{x}^{\mathrm{T}}\boldsymbol{x} - \boldsymbol{x}^{\mathrm{T}}\hat{\boldsymbol{x}} - \hat{\boldsymbol{x}}^{\mathrm{T}}\boldsymbol{x} + \hat{\boldsymbol{x}}^{\mathrm{T}}\hat{\boldsymbol{x}}\} \tag{4.26}$$

$$= E_{\boldsymbol{x}|z}\{\boldsymbol{x}^{\mathrm{T}}\boldsymbol{x}\} - E_{\boldsymbol{x}|z}\{\boldsymbol{x}^{\mathrm{T}}\}\hat{\boldsymbol{x}} - \hat{\boldsymbol{x}}^{\mathrm{T}}E_{\boldsymbol{x}|z}\{\boldsymbol{x}\} + \hat{\boldsymbol{x}}^{\mathrm{T}}\hat{\boldsymbol{x}} \tag{4.27}$$

如果在这个表达式中加上和减去 $E_{\boldsymbol{x}|z}\{\boldsymbol{x}^{\mathrm{T}} \mid z\}E_{\boldsymbol{x}|z}\{\boldsymbol{x} \mid z\}$ 项，则得到：

$$\mathscr{L} = E_{\boldsymbol{x}|z}\{\boldsymbol{x}^{\mathrm{T}}\boldsymbol{x}\} - E_{\boldsymbol{x}|z}\{\boldsymbol{x}^{\mathrm{T}}\}E_{\boldsymbol{x}|z}\{\boldsymbol{x}\} + (\hat{\boldsymbol{x}} - E_{\boldsymbol{x}|z}\{\boldsymbol{x}\})^{\mathrm{T}}(\hat{\boldsymbol{x}} - E_{\boldsymbol{x}|z}\{\boldsymbol{x}\}) \tag{4.28}$$

前两项不依赖于 $\hat{\boldsymbol{x}}$，因此成本函数 $\mathscr{L}$ 通过选择 $\hat{\boldsymbol{x}}$ 来最小化，如果有

$$\hat{\boldsymbol{x}} - E_{\boldsymbol{x}|z}\{\boldsymbol{x}\} = \boldsymbol{0}_{N\times 1} \tag{4.29}$$

也就是说，MMSE 滤波器的输出是条件均值估计量

$$\hat{\boldsymbol{x}}_{\text{MMSE}}[n]=E_{\boldsymbol{x}[n]|\boldsymbol{y}_{1:n},\boldsymbol{u}_{0:n-1}}\{\boldsymbol{x}[n]\} \tag{4.30}$$

此结果与概率密度函数 $p(\boldsymbol{x}[n]|\boldsymbol{y}_{1:n},\boldsymbol{u}_{0:n-1})$ 的类型无关。

如果后验概率密度函数是高斯分布，则根据式（2.150）条件期望值是线性的（参见方程（4.19））。它适用于高斯后验概率密度函数：

$$\hat{\boldsymbol{x}}_{\text{MMSE}}[n]=\boldsymbol{\mu}_{\boldsymbol{x}[n]}+\boldsymbol{C}_{\boldsymbol{x}[n],\boldsymbol{y}_{1:n}}\boldsymbol{C}_{\boldsymbol{y}_{1:n},\boldsymbol{y}_{1:n}}^{-1}(\boldsymbol{y}_{1:n}-\boldsymbol{\mu}_{\boldsymbol{y}1:n}) \tag{4.31}$$

由于可以在高斯概率密度的期望值处找到最大值，因此用于高斯推理概率密度的 MMSE 滤波器也是 MAP 滤波器。所以它适用于高斯后验概率密度函数：

$$\hat{\boldsymbol{x}}_{\text{MMSE}}[n]=\hat{\boldsymbol{x}}_{\text{MAP}}[n]=\hat{\boldsymbol{x}}_{\text{lin}}[n] \tag{4.32}$$

请注意，式（4.30）一般有效，式（4.31）和式（4.32）对于后验高斯概率密度函数的特殊情况有效。

贝叶斯状态估计器

贝叶斯状态估计或贝叶斯过滤的概念基于这样一个事实，即利用现有知识（先验知识）来确定所寻求的参数或状态。为此使用了一个概率框架，其中测量模型由概率密度函数 $p(\boldsymbol{y}[n]|\boldsymbol{x}_{0:n},\boldsymbol{u}_{0:n})$ 定义，系统模型由概率密度函数$p(\boldsymbol{x}[n]|\boldsymbol{x}_{0:n-1},\boldsymbol{u}_{0:n-1})$ 描述。贝叶斯状态估计的目标是确定后验概率密度函数 $p(\boldsymbol{x}[n]|\boldsymbol{y}_{1:n},\boldsymbol{u}_{0:n-1})$。

为了有效地计算后验概率密度函数，需要一个递归公式。为此，我们使用贝叶斯定理：

$$\begin{aligned}
p(\boldsymbol{x}[n]|\boldsymbol{y}_{1:n},\boldsymbol{u}_{0:n-1})&=\frac{p(\boldsymbol{y}_{1:n}|\boldsymbol{x}[n],\boldsymbol{u}_{0:n-1})p(\boldsymbol{x}[n]|\boldsymbol{u}_{0:n-1})}{p(\boldsymbol{y}_{1:n}|\boldsymbol{u}_{0:n-1})}\\
&=\frac{p(\boldsymbol{y}[n],\boldsymbol{y}_{1:n-1}|\boldsymbol{x}[n],\boldsymbol{u}_{0:n-1})p(\boldsymbol{x}[n]|\boldsymbol{u}_{0:n-1})}{p(\boldsymbol{y}[n],\boldsymbol{y}_{1:n-1}|\boldsymbol{u}_{0:n-1})}\\
&=\frac{p(\boldsymbol{y}[n]|\boldsymbol{y}_{1:n-1},\boldsymbol{x}[n],\boldsymbol{u}_{0:n-1})p(\boldsymbol{y}_{1:n-1}|\boldsymbol{x}[n],\boldsymbol{u}_{0:n-1})p(\boldsymbol{x}[n]|\boldsymbol{u}_{0:n-1})}{p(\boldsymbol{y}[n]|\boldsymbol{y}_{1:n-1},\boldsymbol{u}_{0:n-1})p(\boldsymbol{y}_{1:n-1}|\boldsymbol{u}_{0:n-1})}\\
&=\frac{p(\boldsymbol{y}[n]|\boldsymbol{y}_{1:n-1},\boldsymbol{x}[n],\boldsymbol{u}_{0:n-1})p(\boldsymbol{x}[n]|\boldsymbol{y}_{1:n-1},\boldsymbol{u}_{0:n-1})p(\boldsymbol{y}_{1:n-1}|\boldsymbol{u}_{0:n-1})p(\boldsymbol{x}[n]|\boldsymbol{u}_{0:n-1})}{p(\boldsymbol{y}[n]|\boldsymbol{y}_{1:n-1},\boldsymbol{u}_{0:n-1})p(\boldsymbol{y}_{1:n-1}|\boldsymbol{u}_{0:n-1})p(\boldsymbol{x}[n]|\boldsymbol{u}_{0:n-1})}\\
&=\frac{p(\boldsymbol{y}[n]|\boldsymbol{y}_{1:n-1},\boldsymbol{x}[n],\boldsymbol{u}_{0:n-1})p(\boldsymbol{x}[n]|\boldsymbol{y}_{1:n-1},\boldsymbol{u}_{0:n-1})}{p(\boldsymbol{y}[n]|\boldsymbol{y}_{1:n-1},\boldsymbol{u}_{0:n-1})}
\end{aligned} \tag{4.33}$$

根据式（4.2）的测量模型，可以假设当前测量值 $\boldsymbol{y}[n]$ 仅取决于当前状态

$\boldsymbol{x}[n]$、当前输入 $\boldsymbol{u}[n]$ 和测量噪声 $\boldsymbol{\eta}_{\mathrm{M}[n]}$，因此测量值 $\boldsymbol{y}_{1:n-1}$ 的历史已经包含在状态 $\boldsymbol{x}[n]$ 中，因此满足

$$p(\boldsymbol{y}[n] \mid \boldsymbol{y}_{1:n-1}, \boldsymbol{x}[n], \boldsymbol{u}_{0:n-1}) = p(\boldsymbol{y}[n] \mid \boldsymbol{x}[n], \boldsymbol{u}[n])$$

因此方程（4.33）的后验概率密度函数可以写为

$$\begin{aligned} p(\boldsymbol{x}[n] \mid \boldsymbol{y}_{1:n}, \boldsymbol{u}_{0:n-1}) &= \frac{p(\boldsymbol{y}[n] \mid \boldsymbol{x}[n], \boldsymbol{u}[n]) p(\boldsymbol{x}[n] \mid \boldsymbol{y}_{1:n-1}, \boldsymbol{u}_{0:n-1})}{p(\boldsymbol{y}[n] \mid \boldsymbol{y}_{1:n-1}, \boldsymbol{u}_{0:n-1})} \\ &= \frac{p(\boldsymbol{y}[n] \mid \boldsymbol{x}[n], \boldsymbol{u}[n]) p(\boldsymbol{x}[n] \mid \boldsymbol{y}_{1:n-1}, \boldsymbol{u}_{0:n-1})}{\int_{\mathbb{X}} p(\boldsymbol{y}[n], \boldsymbol{x}[n] \mid \boldsymbol{y}_{1:n-1}, \boldsymbol{u}_{0:n-1}) \mathrm{d}\boldsymbol{x}[n]} \\ &= \frac{p(\boldsymbol{y}[n] \mid \boldsymbol{x}[n], \boldsymbol{u}[n]) p(\boldsymbol{x}[n] \mid \boldsymbol{y}_{1:n-1}, \boldsymbol{u}_{0:n-1})}{\int_{\mathbb{X}} p(\boldsymbol{y}[n] \mid \boldsymbol{x}[n], \boldsymbol{y}_{1:n-1}, \boldsymbol{u}_{0:n-1}) p(\boldsymbol{x}[n] \mid \boldsymbol{y}_{1:n-1}, \boldsymbol{u}_{0:n-1}) \mathrm{d}\boldsymbol{x}[n]} \\ &= \frac{p(\boldsymbol{y}[n] \mid \boldsymbol{x}[n], \boldsymbol{u}[n]) p(\boldsymbol{x}[n] \mid \boldsymbol{y}_{1:n-1}, \boldsymbol{u}_{0:n-1})}{\int_{\mathbb{X}} p(\boldsymbol{y}[n] \mid \boldsymbol{x}[n], \boldsymbol{u}[n]) p(\boldsymbol{x}[n] \mid \boldsymbol{y}_{1:n-1}, \boldsymbol{u}_{0:n-1}) \mathrm{d}\boldsymbol{x}[n]} \end{aligned} \tag{4.34}$$

该等式的组成部分可以解释如下：

1）先验概率密度函数 $p(\boldsymbol{x}[n] \mid \boldsymbol{y}_{1:n-1}, \boldsymbol{u}_{0:n-1})$ 总结了关于当前状态 $\boldsymbol{x}[n]$ 的所有过去知识。

2）条件概率密度函数 $p(\boldsymbol{y}[n] \mid \boldsymbol{x}[n], \boldsymbol{u}[n])$ 总结了当前测量的新知识，从而提供了修正。

如果假设随机过程 $\boldsymbol{X}(m,\omega)$ 是马尔可夫随机过程，则 $\boldsymbol{X}[n-1]$ 包含 $\boldsymbol{y}_{1:n-1}$ 中包含的关于$\boldsymbol{X}[n]$的所有知识。你可以用它写

$$p(\boldsymbol{x}[n] \mid \boldsymbol{x}[n-1], \boldsymbol{y}_{1:n-1}, \boldsymbol{u}_{0:n-1}) = p(\boldsymbol{x}[n] \mid \boldsymbol{x}[n-1]\boldsymbol{u}[n-1]) \tag{4.35}$$

由于状态模型 $\boldsymbol{x}[n] = \boldsymbol{f}_{n-1}(\boldsymbol{x}[n-1], \boldsymbol{u}[n-1], \boldsymbol{\eta}_{\mathrm{S}}[n-1])$ 适用

$$p(\boldsymbol{x}[n-1] \mid \boldsymbol{y}_{1:n-1}, \boldsymbol{u}_{0:n-1}) = p(\boldsymbol{x}[n-1] \mid \boldsymbol{y}_{1:n-1}, \boldsymbol{u}_{0:n-2}) \tag{4.36}$$

并且在方程（4.34）中得到 $p(\boldsymbol{x}[n] \mid \boldsymbol{y}_{1:n-1}, \boldsymbol{u}_{0:n-1})$ 项

$$\begin{aligned} p(\boldsymbol{x}[n] \mid \boldsymbol{y}_{1:n-1}, \boldsymbol{u}_{0:n-1}) &= \int_{\mathbb{X}} p(\boldsymbol{x}[n], \boldsymbol{x}[n-1] \mid \boldsymbol{y}_{1:n-1}, \boldsymbol{u}_{0:n-1}) \mathrm{d}\boldsymbol{x}[n-1] \\ &= \int_{\mathbb{X}} p(\boldsymbol{x}[n] \mid \boldsymbol{x}[n-1], \boldsymbol{y}_{1:n-1}, \boldsymbol{u}_{0:n-1}) p(\boldsymbol{x}[n-1] \mid \boldsymbol{y}_{1:n-1}, \boldsymbol{u}_{0:n-1}) \mathrm{d}\boldsymbol{x}[n-1] \\ &= \int_{\mathbb{X}} p(\boldsymbol{x}[n] \mid \boldsymbol{x}[n-1]\boldsymbol{u}[n-1]) p(\boldsymbol{x}[n-1] \mid \boldsymbol{y}_{1:n-1}, \boldsymbol{u}_{0:n-2}) \mathrm{d}\boldsymbol{x}[n-1] \end{aligned} \tag{4.37}$$

这里，$p(\boldsymbol{x}[n] \mid \boldsymbol{x}[n-1], \boldsymbol{u}[n-1])$ 由状态模型描述。式（4.37）是时间 $n-1$ 的后验概率密度函数$p(\boldsymbol{x}[n-1] \mid \boldsymbol{y}_{1:n-1}, \boldsymbol{u}_{0:n-2})$，式（4.34）中的所需递归用于计算

$p(\boldsymbol{x}[n] | \boldsymbol{y}_{1:n}, \boldsymbol{u}_{0:n-1})$。

递归贝叶斯状态估计以确定所需的后验概率密度函数 $p(\boldsymbol{x}[n] | \boldsymbol{y}_{1:n}, \boldsymbol{u}_{0:n-1})$ 因此包括两个步骤：

1）预测步骤：根据过去的知识预测状态。这些知识总结在 $p(\boldsymbol{x}[n] | \boldsymbol{y}_{1:n-1}, \boldsymbol{u}_{0:n-1})$ 中，可用于 $p(\boldsymbol{x}[n] | \boldsymbol{y}_{1:n}, \boldsymbol{u}_{0:n-1})$ 的递归计算回溯到前一个时间点 $p(\boldsymbol{x}[n-1] | \boldsymbol{y}_{1:n-1}, \boldsymbol{u}_{0:n-2})$ 的后验概率密度函数概率密度函数。

2）校正步骤：使用来自当前测量的知识。这些知识总结在 $p(\boldsymbol{y}[n] | \boldsymbol{x}[n], \boldsymbol{u}[n])$。高斯 - 马尔可夫随机过程 $\boldsymbol{x}(m,\omega)$ 和 $\boldsymbol{y}(m,\omega)$ 的递归贝叶斯状态估计将推导出卡尔曼滤波器，这将在下面的小节中讨论。

4.2 卡尔曼滤波器

在这一小节中，将推导卡尔曼滤波器并介绍它的一些应用。卡尔曼滤波器的其他内容可以参考文献 [BSL01,Sim06, GA14]。

当后验概率密度函数为高斯分布时，卡尔曼滤波器是一种基于方程（4.34）计算后验概率密度 $p(\boldsymbol{x}[n] | \boldsymbol{y}_{1:n}, \boldsymbol{u}_{0:n-1})$ 的递归方法。在这种情况下，滤波器计算期望值 $E_{\boldsymbol{x}[n] | \boldsymbol{y}_{1:n}, \boldsymbol{u}_{0:n-1}}\{\boldsymbol{x}[n]\}$ 和 $p(\boldsymbol{x}[n] | \boldsymbol{y}_{1:n}, \boldsymbol{u}_{0:n-1})$ 的协方差矩阵 $\boldsymbol{C}_{\boldsymbol{x}[n] | \boldsymbol{y}_{1:n}, \boldsymbol{u}_{0:n-1}}$ 在任何时间点，并在输出处提供期望值 $\hat{\boldsymbol{x}}[n] = E_{\boldsymbol{x}[n] | \boldsymbol{y}_{1:n}, \boldsymbol{u}_{0:n-1}}\{x[n]\}$ 作为 $\boldsymbol{x}[n]$ 的估计值（见图 4.1）。如式（4.32）中所述，在高斯后验概率密度函数 $p(\boldsymbol{x}[n] | \boldsymbol{y}_{1:n}, \boldsymbol{u}_{0:n-1})$ 的情况下，期望值满足三个最优标准。

4.2.1 卡尔曼滤波器的推导

为简单起见，期望值和协方差表示为：

$$\boldsymbol{x}[n|n] = E_{\boldsymbol{x}[n] | \boldsymbol{y}_{1:n}, \boldsymbol{u}_{0:n-1}}\{\boldsymbol{x}[n]\}, \ \boldsymbol{P}[n|n] = \boldsymbol{C}_{\boldsymbol{x}[n] | \boldsymbol{y}_{1:n}, \boldsymbol{u}_{0:n-1}} \tag{4.38}$$

这就是我们可以为高斯后验概率密度函数编写的方法：

$$p(\boldsymbol{x}[n] | \boldsymbol{y}_{1:n}, \boldsymbol{u}_{0:n-1}) = \mathcal{N}(\boldsymbol{x}[n|n], \boldsymbol{P}[n|n]) \tag{4.39}$$

图 4.3 可视化了递归贝叶斯滤波的思想，其中后验概率密度函数随时间传播和计算。在高斯后验概率密度函数 $p(\boldsymbol{x}[n] | \boldsymbol{y}_{1:n}, \boldsymbol{u}_{0:n-1})$ 中，在每个时间点计算期望值和协方差矩阵就足够了，因为根据式（2.143），高斯概率密度函数仅由这两个量决定。在任意时刻 n 计算 $\boldsymbol{x}[n|n]$ 和 $\boldsymbol{P}[n|n]$ 的任务由卡尔曼滤波器完成。

为了使后验概率密度函数 $p(\boldsymbol{x}[n]|\boldsymbol{y}_{1:n},\boldsymbol{u}_{0:n-1})$ 对于每个时间点 n 都是高斯分布，随机过程 $\boldsymbol{x}(m,\omega)$ 和 $\boldsymbol{y}(m,\omega)$ 必须是高斯的。这是因为，如式（2.160）所示，两个高斯随机变量的条件概率密度也是高斯分布的。

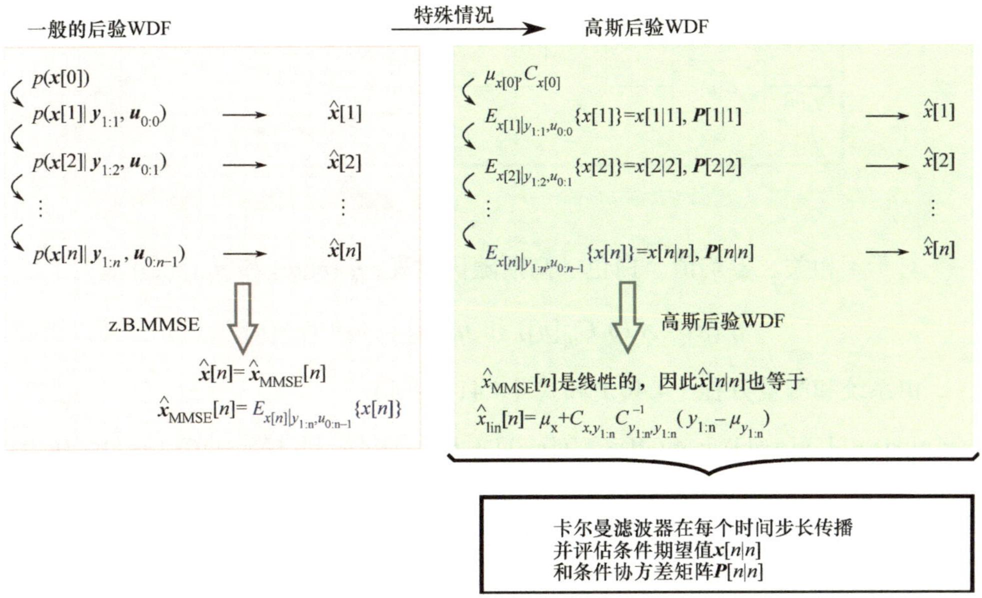

图 4.3　后验的 WDF 随时间传播

为了使随机过程 $\boldsymbol{x}(m,\omega)$ 和 $\boldsymbol{y}(m,\omega)$ 服从高斯分布，由于高斯随机变量的线性组合也是高斯分布的，因此必须满足以下条件：

- 式（4.1）中的系统函数 $\boldsymbol{f}_n(\boldsymbol{x}[n],\boldsymbol{u}[n],\boldsymbol{\eta}_S[n])$ 和式（4.2）中的测量函数 $\boldsymbol{h}_n(\boldsymbol{x}[n],\boldsymbol{u}[n],\boldsymbol{\eta}_M[n])$ 必须是线性的。
- 系统噪声过程 $\boldsymbol{\eta}_S(m,\omega)$ 和测量噪声过程 $\boldsymbol{\eta}_M(m,\omega)$ 必须是不相关且零均值的、白色和高斯分布的。
- 初始状态 $\boldsymbol{x}[0]$ 必须是高斯随机变量，并且在统计上独立于 $\boldsymbol{\eta}_S(m,\omega)$。

在这种情况下，系统和测量模型可以用图 4.4 中的框图或系统和测量方程来表示：

$$\boldsymbol{x}[n+1]=\boldsymbol{A}[n]\boldsymbol{x}[n]+\boldsymbol{B}[n]\boldsymbol{u}[n]+\boldsymbol{G}[n]\boldsymbol{\eta}_S[n],\text{其中 }\boldsymbol{x}[n_0]=\boldsymbol{x}_0,\ n\geqslant n_0 \quad (4.40)$$

$$\boldsymbol{y}[n]=\boldsymbol{C}[n]\boldsymbol{x}[n]+\boldsymbol{D}[n]\boldsymbol{u}[n]+\boldsymbol{\eta}_M[n] \quad (4.41)$$

从这些方程和式（2.188）的解释中可以清楚地看出，$\boldsymbol{x}(m,\omega)$ 和 $\boldsymbol{y}(m,\omega)$ 是高斯 - 马尔可夫随机过程。

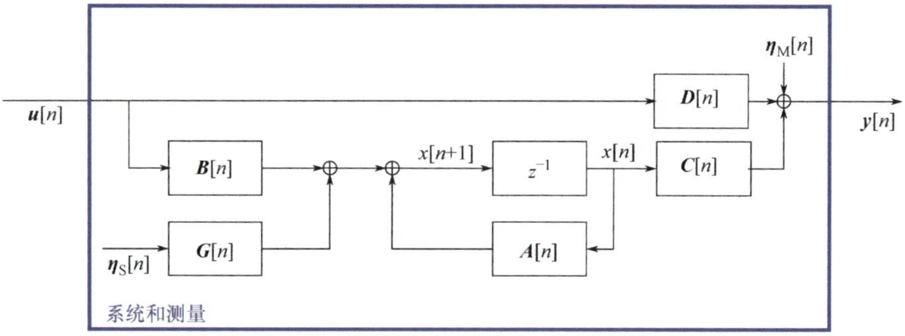

图 4.4 高斯 A 后验 WDF $p(\boldsymbol{x}[n] \mid \boldsymbol{y}_{1:n}, \boldsymbol{u}_{0:n-1})$ 的系统和测量模型（参见图 4.2）

对于不相关、零均值、白色、高斯随机过程，$\boldsymbol{\eta}_S(m,\omega)$ 和 $\boldsymbol{\eta}_M(m,\omega)$ 满足：

$$\boldsymbol{\eta}_S[n] \sim \mathcal{N}(\boldsymbol{0}, \boldsymbol{C}_{\eta_S}[n]) \text{ 和 } \boldsymbol{\eta}_M[n] \sim \mathcal{N}(\boldsymbol{0}, \boldsymbol{C}_{\eta_M}[n]) \tag{4.42}$$

由系统和测量方程（4.40）和式（4.41）获得：

$$p(\boldsymbol{x}[n]|\boldsymbol{x}[n-1], \boldsymbol{u}[n-1]) = \mathcal{N}(\boldsymbol{A}[n-1]\boldsymbol{x}[n-1] + \boldsymbol{B}[n-1]\boldsymbol{u}[n-1], \boldsymbol{G}[n-1]\boldsymbol{C}_{\eta_S}[n-1]\boldsymbol{G}^{\mathrm{T}}[n-1]) \tag{4.43}$$

$$p(\boldsymbol{y}[n]|\boldsymbol{x}[n], \boldsymbol{u}[n]) = \mathcal{N}(\boldsymbol{C}[n]\boldsymbol{x}[n] + \boldsymbol{D}[n]\boldsymbol{u}[n], \boldsymbol{C}_{\eta_M}[n]) \tag{4.44}$$

这是因为用式（4.40）可得到

$$\begin{aligned} E_{\boldsymbol{x}[n]|\boldsymbol{x}[n-1],\boldsymbol{u}[n-1]}\{\boldsymbol{x}[n]\} &= E_{\boldsymbol{x}[n]|\boldsymbol{x}[n-1],\boldsymbol{u}[n-1]}\{\boldsymbol{A}[n-1]\boldsymbol{x}[n-1] + \boldsymbol{B}[n-1]\boldsymbol{u}[n-1] + \boldsymbol{G}[n-1]\boldsymbol{\eta}_S[n-1]\} \\ &= \boldsymbol{A}[n-1]\boldsymbol{x}[n-1] + \boldsymbol{B}[n-1]\boldsymbol{u}[n-1] + E_{\boldsymbol{\eta}_S[n-1]}\{\boldsymbol{\eta}_S[n-1]\} \\ &= \boldsymbol{A}[n-1]\boldsymbol{x}[n-1] + \boldsymbol{B}[n-1]\boldsymbol{u}[n-1] \end{aligned} \tag{4.45}$$

和

$$\begin{aligned} \boldsymbol{C}_{\boldsymbol{x}[n]|\boldsymbol{x}[n-1],\boldsymbol{u}[n-1]} &= E_{\boldsymbol{x}[n]|\boldsymbol{x}[n-1],\boldsymbol{u}[n-1]}\{(\boldsymbol{x}[n] - E_{\boldsymbol{x}[n]|\boldsymbol{x}[n-1],\boldsymbol{u}[n-1]}\{\boldsymbol{x}[n]\}) \cdot (\boldsymbol{x}[n] - E_{\boldsymbol{x}[n]|\boldsymbol{x}[n-1],\boldsymbol{u}[n-1]}\{\boldsymbol{x}[n]\})^{\mathrm{T}}\} \\ &= E_{\boldsymbol{\eta}_S[n-1]}\{(\boldsymbol{G}[n-1]\boldsymbol{\eta}_S[n-1])(\boldsymbol{G}[n-1]\boldsymbol{\eta}_S[n-1])^{\mathrm{T}}\} \\ &= \boldsymbol{G}[n-1]\boldsymbol{C}_{\eta_S}[n-1]\boldsymbol{G}^{\mathrm{T}}[n-1] \end{aligned} \tag{4.46}$$

这解释了式（4.43）。类似地，可以从测量方程 (4.41) 中获得 $p(\boldsymbol{y}[n]|\boldsymbol{x}[n], \boldsymbol{u}[n])$ 的期望值和协方差矩阵，从而得出式（4.44）。

使用式（4.43）现在可以用式（4.34）和式（4.37）计算贝叶斯滤波的概率密度函数 $p(\boldsymbol{x}[n] \mid \boldsymbol{y}_{1:n-1}, \boldsymbol{u}_{0:n-1})$ 更详细的描述模型。即后验概率密度函数 $p(\boldsymbol{x}[n-1] \mid \boldsymbol{y}_{1:n-1}, \boldsymbol{u}_{0:n-2})$ 的期望值和协方差用 $\boldsymbol{x}[n-1 \mid n-1] = E_{\boldsymbol{x}[n-1] \mid \boldsymbol{y}_{1:n-1}, \boldsymbol{u}_{0:n-2}}\{\boldsymbol{x}[n-1]\}$ 和 $\boldsymbol{P}[n-1 \mid n-1] = \boldsymbol{C}_{\boldsymbol{x}[n-1] \mid \boldsymbol{y}_{1:n-1}, \boldsymbol{u}_{0:n-2}}$ 表示，这样一来，有

$$p(\boldsymbol{x}[n-1]|\boldsymbol{y}_{1:n-1}, \boldsymbol{u}_{0:n-2}) = \mathcal{N}(\boldsymbol{x}[n-1|n-1], \boldsymbol{P}[n-1|n-1]) \tag{4.47}$$

所以式（4.37）可表示为：

$$p(\boldsymbol{x}[n]\mid \boldsymbol{y}_{1:n-1},\boldsymbol{u}_{0:n-1})=\int_{\mathbb{X}}\mathcal{N}(\boldsymbol{A}[n-1]\boldsymbol{x}[n-1]+\boldsymbol{B}[n-1]\boldsymbol{u}[n-1],\boldsymbol{G}[n-1]\boldsymbol{C}_{\eta_S}[n-1]\boldsymbol{G}^{\mathrm{T}}[n-1])\cdot\mathcal{N}(\boldsymbol{x}[n-1|n-1],\boldsymbol{P}[n-1\mid n-1])\mathrm{d}\boldsymbol{x}[n-1] \tag{4.48}$$

因为式（4.48）积分的解稍微复杂一些，并且在方程（4.34）的分母中必须计算类似的积分，所以应该在以下计算中确定。

式（4.48）中积分的计算

式（4.48）的积分与以下积分具有相同的结构

$$\int_{\boldsymbol{Q}}\mathcal{N}_{\boldsymbol{r}}(\boldsymbol{Kq}+\boldsymbol{t},\boldsymbol{L})\mathcal{N}_{\boldsymbol{q}}(\boldsymbol{s},\boldsymbol{M})\mathrm{d}\boldsymbol{q} \tag{4.49}$$

式中，符号 $N_{\boldsymbol{r}}(\boldsymbol{Kq}+\boldsymbol{t},\boldsymbol{L})$ 表示它是随机变量 $\boldsymbol{r}$ 的高斯概率密度函数；$N_{\boldsymbol{q}}(\boldsymbol{s},\boldsymbol{M})$ 表示它是随机变量 $\boldsymbol{q}$ 的高斯概率密度函数。这里，$\boldsymbol{r}$ 对应于式（4.37）和式（4.48）中的随机变量 $\boldsymbol{x}[n]$，$\boldsymbol{q}$ 对应于随机变量 $\boldsymbol{x}[n-1]$。如果使用式（2.143）写出式（4.49）的积分，可得到：

$$\int_{\boldsymbol{Q}}\mathcal{N}_{\boldsymbol{r}}(\boldsymbol{Kq}+\boldsymbol{t},\boldsymbol{L})\mathcal{N}_{\boldsymbol{q}}(\boldsymbol{s},\boldsymbol{M})\mathrm{d}\boldsymbol{q}=\int_{\boldsymbol{Q}}\frac{1}{(\det\{2\pi\boldsymbol{L}\})^{\frac{1}{2}}}\mathrm{e}^{-\frac{1}{2}(\boldsymbol{r}-\boldsymbol{Kq}-\boldsymbol{t})^{\mathrm{T}}\boldsymbol{L}^{-1}(\boldsymbol{r}-\boldsymbol{Kq}-\boldsymbol{t})}\cdot\frac{1}{(\det\{2\pi\boldsymbol{M}\})^{\frac{1}{2}}}\mathrm{e}^{-\frac{1}{2}(\boldsymbol{q}-\boldsymbol{s})^{\mathrm{T}}\boldsymbol{M}^{-1}(\boldsymbol{q}-\boldsymbol{s})}\mathrm{d}\boldsymbol{q} \tag{4.50}$$

如果 $\boldsymbol{r}$ 和 $\boldsymbol{q}$ 是维度为 N 的随机变量，则积分可以写为

$$\int_{\boldsymbol{Q}}\mathcal{N}_{\boldsymbol{r}}(\boldsymbol{Kq}+\boldsymbol{t},\boldsymbol{L})\mathcal{N}_{\boldsymbol{q}}(\boldsymbol{s},\boldsymbol{M})\mathrm{d}\boldsymbol{q}=(2\pi)^{-N}\mid\boldsymbol{L}\mid^{-\frac{1}{2}}\mid\boldsymbol{M}\mid^{-\frac{1}{2}}\cdot\int_{\boldsymbol{Q}}\mathrm{e}^{-\frac{1}{2}((\boldsymbol{r}-\boldsymbol{Kq}-\boldsymbol{t})^{\mathrm{T}}\boldsymbol{L}^{-1}(\boldsymbol{r}-\boldsymbol{Kq}-\boldsymbol{t})+(\boldsymbol{q}-\boldsymbol{s})^{\mathrm{T}}\boldsymbol{M}^{-1}(\boldsymbol{q}-\boldsymbol{s}))}\mathrm{d}\boldsymbol{q} \tag{4.51}$$

$$\zeta=(\boldsymbol{r}-\boldsymbol{Kq}-\boldsymbol{t})^{\mathrm{T}}\boldsymbol{L}^{-1}(\boldsymbol{r}-\boldsymbol{Kq}-\boldsymbol{t})+(\boldsymbol{q}-\boldsymbol{s})^{\mathrm{T}}\boldsymbol{M}^{-1}(\boldsymbol{q}-\boldsymbol{s}) \tag{4.52}$$

为了求解积分，首先更仔细地检查指数表达式，并为此提前引入表达式，考虑到 $\boldsymbol{L}$ 和 $\boldsymbol{M}$ 为协方差矩阵，$\boldsymbol{K}$ 为 $N\times N$ 方阵，参考式（2.47）中的矩阵求逆引理。

$$\boldsymbol{v}=\boldsymbol{MK}^{\mathrm{T}}(\boldsymbol{KMK}^{\mathrm{T}}+\boldsymbol{L})^{-1}(\boldsymbol{r}-\boldsymbol{Ks}-\boldsymbol{t})+\boldsymbol{s} \tag{4.53}$$

$$\boldsymbol{Z}=(\boldsymbol{K}^{\mathrm{T}}\boldsymbol{L}^{-1}\boldsymbol{K}+\boldsymbol{M}^{-1})^{-1} \tag{4.54}$$

$$(\boldsymbol{K}^{\mathrm{T}}\boldsymbol{L}^{-1}\boldsymbol{K}+\boldsymbol{M}^{-1})^{-1}=\boldsymbol{M}-\boldsymbol{MK}^{\mathrm{T}}(\boldsymbol{KMK}^{\mathrm{T}}+\boldsymbol{L})^{-1}\boldsymbol{KM} \tag{4.55}$$

使用矩阵反演引理，可以建立以下方程，然后需要从式（4.52）中化简 ζ：

$$
\begin{aligned}
(K^TL^{-1}K+M^{-1})^{-1}K^TL^{-1} &= (M-MK^T(KMK^T+L)^{-1}KM)K^TL^{-1}\\
&= M(I-K^T(KMK^T+L)^{-1}KM)K^TL^{-1}\\
&= M(K^T-K^T(KMK^T+L)^{-1}KMK^T)L^{-1}\\
&= MK^T(I-(KMK^T+L)^{-1}KMK^T)L^{-1}\\
&= MK^T(KMK^T+L)^{-1}(KMK^T+L)-(KMK^T+L)^{-1}KMK^T)L^{-1}\\
&= MK^T((KMK^T+L)^{-1}(KMK^T+L-KMK^T))L^{-1}\\
&= MK^T((KMK^T+L)^{-1}L)L^{-1}\\
&= MK^T(KMK^T+L)^{-1}
\end{aligned}
\tag{4.56}
$$

现在考虑到引入的表达式，简化式（4.52）中的ζ：

$$
\begin{aligned}
\zeta &= (r-Kq-t)^TL^{-1}(r-Kq-t)+(s-q)^TM^{-1}(s-q)\\
&= (r^T-q^TK^T-t^T)L^{-1}r-(r^T-q^TK^T-t^T)L^{-1}Kq-(r^T-q^TK^T-t^T)L^{-1}t\\
&\quad +(s^T-q^T)M^{-1}s-(s^T-q^T)M^{-1}q\\
&= r^TL^{-1}r-q^TK^TL^{-1}r-t^TL^{-1}r-r^TL^{-1}Kq+q^TK^TL^{-1}Kq+t^TL^{-1}Kq-r^TL^{-1}t\\
&\quad +q^TK^TL^{-1}t+t^TL^{-1}t+s^TM^{-1}s-q^TM^{-1}s-s^TM^{-1}q+q^TM^{-1}q\\
&= -q^T(K^TL^{-1}r-K^TL^{-1}t+M^{-1}s)-(r^TL^{-1}K-t^TL^{-1}K+s^TM^{-1})q\\
&\quad +q^T(K^TL^{-1}K+M^{-1})q+r^TL^{-1}r-t^TL^{-1}r-r^TL^{-1}t+t^TL^{-1}t+s^TM^{-1}s\\
&= -q^T(K^TL^{-1}r-K^TL^{-1}t+M^{-1}s+(K^TL^{-1}Ks-K^TL^{-1}Ks))\\
&\quad -(r^TL^{-1}K-t^TL^{-1}K+s^TM^{-1}+(s^TK^TL^{-1}K-s^TK^TL^{-1}K))q\\
&\quad +q^T(K^TL^{-1}K+M^{-1})q+r^TL^{-1}r-t^TL^{-1}r-r^TL^{-1}t+t^TL^{-1}t+s^TM^{-1}s\\
&= -q^T(K^TL^{-1}(r-Ks-t)+(K^TL^{-1}K+M^{-1})s)\\
&\quad -((r^T-s^TK^T-t^T)L^{-1}K+s^T(K^TL^{-1}K+M^{-1}))q\\
&\quad +q^T(K^TL^{-1}K+M^{-1})q+r^TL^{-1}r-t^TL^{-1}r-r^TL^{-1}t+t^TL^{-1}t+s^TM^{-1}s\\
&= -q^T\underbrace{(K^TL^{-1}K+M^{-1})}_{Z^{-1}\text{lt.Gl.(4.54)}}((K^TL^{-1}K+M^{-1})^{-1}K^TL^{-1}(r-Ks-t)+s)\\
&\quad -((r^T-s^TK^T-t^T)L^{-1}K(K^TL^{-1}K+M^{-1})^{-1}+s^T)\underbrace{(K^TL^{-1}K+M^{-1})}_{Z^{-1}\text{lt.Gl.(4.54)}}q\\
&\quad +q^T\underbrace{(K^TL^{-1}K+M^{-1})}_{Z^{-1}\text{lt.Gl.(4.54)}}q+r^TL^{-1}r-t^TL^{-1}r-r^TL^{-1}t+t^TL^{-1}t+s^TM^{-1}s
\end{aligned}
\tag{4.57}
$$

如果现在将式（4.56）中的项替换为表达式$(K^TL^{-1}K+M^{-1})^{-1}K^TL^{-1}$，则得到

$$
\begin{aligned}
\zeta = &-q^TZ^{-1}\underbrace{(MK^T(KMK^T+L)^{-1}(r-Ks-t)+s)}_{v\ \text{lt.Gl.(4.53)}}\\
&-\underbrace{(MK^T(KMK^T+L)^{-1}(r-Ks-t)+s)^T}_{v^T\ \text{lt.Gl.(4.53)}}Z^{-1}q
\end{aligned}
$$

$$+ q^{\mathrm{T}} Z^{-1} q + r^{\mathrm{T}} L^{-1} r - t^{\mathrm{T}} L^{-1} r - r^{\mathrm{T}} L^{-1} t + t^{\mathrm{T}} L^{-1} t + s^{\mathrm{T}} M^{-1} s$$

$$= -q^{\mathrm{T}} Z^{-1} v - v^{\mathrm{T}} Z^{-1} q + q^{\mathrm{T}} Z^{-1} q + r^{\mathrm{T}} L^{-1} r - t^{\mathrm{T}} L^{-1} r - r^{\mathrm{T}} L^{-1} t + t^{\mathrm{T}} L^{-1} t + s^{\mathrm{T}} M^{-1} s$$

$$+ (v^{\mathrm{T}} Z^{-1} v - v^{\mathrm{T}} Z^{-1} v)$$

$$= (q - v)^{\mathrm{T}} Z^{-1} (q - v) - v^{\mathrm{T}} Z^{-1} v + r^{\mathrm{T}} L^{-1} r - t^{\mathrm{T}} L^{-1} r - r^{\mathrm{T}} L^{-1} t + t^{\mathrm{T}} L^{-1} t + s^{\mathrm{T}} M^{-1} s \quad (4.58)$$

在式（4.53）中，$MK^{\mathrm{T}}(KMK^{\mathrm{T}} + L)^{-1}$ 可以替换为式（4.56）中的表达式，得到

$$v = \underbrace{(K^{\mathrm{T}} L^{-1} K + M^{-1})^{-1}}_{Z \text{ lt.Gl.}(4.54)} K^{\mathrm{T}} L^{-1} (r - Ks - t) + s = Z K^{\mathrm{T}} L^{-1} (r - Ks - t) + s \quad (4.59)$$

将此表达式代入式（4.58）的第二个加数会导致

$$\zeta = (q - v)^{\mathrm{T}} Z^{-1} (q - v) - ((r - Ks - t)^{\mathrm{T}} L^{-1} K Z + s^{\mathrm{T}}) Z^{-1} (Z K^{\mathrm{T}} L^{-1} (r - Ks - t) + s)$$
$$+ r^{\mathrm{T}} L^{-1} r - t^{\mathrm{T}} L^{-1} r - r^{\mathrm{T}} L^{-1} t + t^{\mathrm{T}} L^{-1} t + s^{\mathrm{T}} M^{-1} s$$
$$= (q - v)^{\mathrm{T}} Z^{-1} (q - v) + (-(r - Ks - t)^{\mathrm{T}} L^{-1} K + s^{\mathrm{T}} Z^{-1})(Z K^{\mathrm{T}} L^{-1} (r - Ks - t) + s)$$
$$+ r^{\mathrm{T}} L^{-1} r - t^{\mathrm{T}} L^{-1} r - r^{\mathrm{T}} L^{-1} t + t^{\mathrm{T}} L^{-1} t + s^{\mathrm{T}} M^{-1} s$$
$$= (q - v)^{\mathrm{T}} Z^{-1} (q - v) - (r - Ks - t)^{\mathrm{T}} L^{-1} K Z K^{\mathrm{T}} L^{-1} (r - Ks - t) - (r - Ks - t)^{\mathrm{T}} L^{-1} K s$$
$$- s^{\mathrm{T}} K^{\mathrm{T}} L^{-1} (r - Ks - t) - s^{\mathrm{T}} Z^{-1} s + r^{\mathrm{T}} L^{-1} r - t^{\mathrm{T}} L^{-1} r - r^{\mathrm{T}} L^{-1} t + t^{\mathrm{T}} L^{-1} t + s^{\mathrm{T}} M^{-1} s$$
$$= (q - v)^{\mathrm{T}} Z^{-1} (q - v) - (r - Ks - t)^{\mathrm{T}} L^{-1} K Z K^{\mathrm{T}} L^{-1} (r - Ks - t)$$
$$- r^{\mathrm{T}} L^{-1} K s + s^{\mathrm{T}} K^{\mathrm{T}} L^{-1} K s + t^{\mathrm{T}} L^{-1} K s - s^{\mathrm{T}} K^{\mathrm{T}} L^{-1} r + s^{\mathrm{T}} K^{\mathrm{T}} L^{-1} K s + s^{\mathrm{T}} K^{\mathrm{T}} L^{-1} t$$
$$- s^{\mathrm{T}} \underbrace{(K^{\mathrm{T}} L^{-1} K + M^{-1})}_{Z^{-1}} s + r^{\mathrm{T}} L^{-1} r - t^{\mathrm{T}} L^{-1} r - r^{\mathrm{T}} L^{-1} t + t^{\mathrm{T}} L^{-1} t + s^{\mathrm{T}} M^{-1} s$$
$$= (q - v)^{\mathrm{T}} Z^{-1} (q - v) - (r - Ks - t)^{\mathrm{T}} L^{-1} K Z K^{\mathrm{T}} L^{-1} (r - Ks - t)$$
$$- r^{\mathrm{T}} L^{-1} K s + s^{\mathrm{T}} K^{\mathrm{T}} L^{-1} K s + t^{\mathrm{T}} L^{-1} K s - s^{\mathrm{T}} K^{\mathrm{T}} L^{-1} r + s^{\mathrm{T}} K^{\mathrm{T}} L^{-1} t$$
$$+ r^{\mathrm{T}} L^{-1} r - t^{\mathrm{T}} L^{-1} r - r^{\mathrm{T}} L^{-1} t + t^{\mathrm{T}} L^{-1} t$$
$$= (q - v)^{\mathrm{T}} Z^{-1} (q - v) - (r - Ks - t)^{\mathrm{T}} L^{-1} K Z K^{\mathrm{T}} L^{-1} (r - Ks - t)$$
$$+ (r^{\mathrm{T}} - s^{\mathrm{T}} K^{\mathrm{T}} - t^{\mathrm{T}}) L^{-1} (r - Ks - t)$$
$$= (q - v)^{\mathrm{T}} Z^{-1} (q - v) + (r - Ks - t)^{\mathrm{T}} (L^{-1} - L^{-1} K Z K^{\mathrm{T}} L^{-1})(r - Ks - t) \quad (4.60)$$

如果现在根据方程（4.54）替换 Z，则式（4.60）中的项 $(L^{-1} - L^{-1} K Z K^{\mathrm{T}} L^{-1})$ 可以写为

$$(L^{-1} - L^{-1} K Z K^{\mathrm{T}} L^{-1}) = L^{-1} - L^{-1} K ((K^{\mathrm{T}} L^{-1} K + M^{-1})^{-1}) K^{\mathrm{T}} L^{-1} \quad (4.61)$$

如果为此应用式（4.55）中的矩阵求逆引理，则表达式结果为：

$$(L^{-1} - L^{-1} K Z K^{\mathrm{T}} L^{-1}) = (K M K^{\mathrm{T}} + L)^{-1} \quad (4.62)$$

将其代入式（4.60）导致：

$$\zeta=(\boldsymbol{q}-\boldsymbol{v})^{\mathrm{T}}Z^{-1}(\boldsymbol{q}-\boldsymbol{v})+(\boldsymbol{r}-\boldsymbol{Ks}-\boldsymbol{t})^{\mathrm{T}}(\boldsymbol{KMK}^{\mathrm{T}}+\boldsymbol{L})^{-1}(\boldsymbol{r}-\boldsymbol{Ks}-\boldsymbol{t}) \tag{4.63}$$

有了 ζ 的这个结果，可以继续从式（4.51）计算积分：

$$\begin{aligned}&\int_{Q}\mathcal{N}_{\boldsymbol{r}}(\boldsymbol{Kq}+\boldsymbol{t},\boldsymbol{L})\mathcal{N}_{\boldsymbol{q}}(\boldsymbol{s},\boldsymbol{M})\mathrm{d}\boldsymbol{q}\\&=(2\pi)^{-N}|\boldsymbol{L}|^{-\frac{1}{2}}|\boldsymbol{M}|^{-\frac{1}{2}}\cdot\\&\int_{Q}\mathrm{e}^{-\frac{1}{2}((\boldsymbol{q}-\boldsymbol{v})^{\mathrm{T}}\boldsymbol{Z}^{-1}(\boldsymbol{q}-\boldsymbol{v})+(\boldsymbol{r}-\boldsymbol{Ks}-\boldsymbol{t})^{\mathrm{T}}(\boldsymbol{KMK}^{\mathrm{T}}+\boldsymbol{L})^{-1}(\boldsymbol{r}-\boldsymbol{Ks}-\boldsymbol{t}))}\mathrm{d}\boldsymbol{q}\end{aligned} \tag{4.64}$$

因为表达式 $(\boldsymbol{r}-\boldsymbol{Ks}-\boldsymbol{t})^{\mathrm{T}}(\boldsymbol{KMK}^{\mathrm{T}}+\boldsymbol{L})^{-1}(\boldsymbol{r}-\boldsymbol{Ks}-\boldsymbol{t})$ 不依赖于 $\boldsymbol{q}$，所以可以写成：

$$\begin{aligned}\int_{Q}\mathcal{N}_{\boldsymbol{r}}(\boldsymbol{Kq}+\boldsymbol{t},\boldsymbol{L})\mathcal{N}_{\boldsymbol{q}}(\boldsymbol{s},\boldsymbol{M})\mathrm{d}\boldsymbol{q}&=(2\pi)^{-N}|\boldsymbol{L}|^{-\frac{1}{2}}|\boldsymbol{M}|^{-\frac{1}{2}}\mathrm{e}^{-\frac{1}{2}((\boldsymbol{r}-\boldsymbol{Ks}-\boldsymbol{t})^{\mathrm{T}}(\boldsymbol{KMK}^{\mathrm{T}}+\boldsymbol{L})^{-1}(\boldsymbol{r}-\boldsymbol{Ks}-\boldsymbol{t}))}\\&\cdot\int_{Q}\mathrm{e}^{-\frac{1}{2}((\boldsymbol{q}-\boldsymbol{v})^{\mathrm{T}}\boldsymbol{Z}^{-1}(\boldsymbol{q}-\boldsymbol{v}))}\mathrm{d}\boldsymbol{q}\end{aligned} \tag{4.65}$$

因为概率密度函数上的积分值为 1，所以

$$\frac{1}{(\det\{2\pi Z\})^{\frac{1}{2}}}\int_{Q}\mathrm{e}^{-\frac{1}{2}((\boldsymbol{q}-\boldsymbol{v})^{\mathrm{T}}\boldsymbol{Z}^{-1}(\boldsymbol{q}-\boldsymbol{v}))}\mathrm{d}\boldsymbol{q}=1 \tag{4.66}$$

满足，接着

$$\begin{aligned}\int_{Q}\mathcal{N}_{\boldsymbol{r}}(\boldsymbol{Kq}+\boldsymbol{t},\boldsymbol{L})\mathcal{N}_{\boldsymbol{q}}(\boldsymbol{s},\boldsymbol{M})\mathrm{d}\boldsymbol{q}&=(2\pi)^{-N}|\boldsymbol{L}|^{-\frac{1}{2}}|\boldsymbol{M}|^{-\frac{1}{2}}(2\pi)^{\frac{N}{2}}|\boldsymbol{Z}|^{\frac{1}{2}}\mathrm{e}^{-\frac{1}{2}((\boldsymbol{r}-\boldsymbol{Ks}-\boldsymbol{t})^{\mathrm{T}}(\boldsymbol{KMK}^{\mathrm{T}}+\boldsymbol{L})^{-1}(\boldsymbol{r}-\boldsymbol{Ks}-\boldsymbol{t}))}\\=(2\pi)^{-\frac{N}{2}}|\boldsymbol{L}|^{-\frac{1}{2}}|\boldsymbol{M}|^{-\frac{1}{2}}|\boldsymbol{Z}|^{\frac{1}{2}}\mathrm{e}^{-\frac{1}{2}((\boldsymbol{r}-\boldsymbol{Ks}-\boldsymbol{t})^{\mathrm{T}}(\boldsymbol{KMK}^{\mathrm{T}}+\boldsymbol{L})^{-1}(\boldsymbol{r}-\boldsymbol{Ks}-\boldsymbol{t}))}\end{aligned} \tag{4.67}$$

使用式（2.48）

$$|\boldsymbol{KMK}^{\mathrm{T}}+\boldsymbol{L}|=|\boldsymbol{K}^{\mathrm{T}}\boldsymbol{L}^{-1}\boldsymbol{K}+\boldsymbol{M}^{-1}||\boldsymbol{L}||\boldsymbol{M}| \tag{4.68}$$

中的矩阵行列式引理和 $\boldsymbol{Z}^{-1}$ 的行列式，使用式（4.54），有

$$|\boldsymbol{Z}^{-1}|=|\boldsymbol{K}^{\mathrm{T}}\boldsymbol{L}^{-1}\boldsymbol{K}+\boldsymbol{M}^{-1}| \tag{4.69}$$

以及 $|\boldsymbol{Z}^{-1}|=|\boldsymbol{Z}|^{-1}$ 的事实，式（4.67）可以简化为

$$\begin{aligned}\int_{Q}\mathcal{N}_{\boldsymbol{r}}(\boldsymbol{Kq}+\boldsymbol{t},\boldsymbol{L})\mathcal{N}_{\boldsymbol{q}}(\boldsymbol{s},\boldsymbol{M})\mathrm{d}\boldsymbol{q}&=(2\pi)^{-\frac{N}{2}}|\boldsymbol{L}|^{-\frac{1}{2}}|\boldsymbol{M}|^{-\frac{1}{2}}|\boldsymbol{Z}^{-1}|^{-\frac{1}{2}}\mathrm{e}^{-\frac{1}{2}((\boldsymbol{r}-\boldsymbol{Ks}-\boldsymbol{t})^{\mathrm{T}}(\boldsymbol{KMK}^{\mathrm{T}}+\boldsymbol{L})^{-1}(\boldsymbol{r}-\boldsymbol{Ks}-\boldsymbol{t}))}\\&=(2\pi)^{-\frac{N}{2}}|\boldsymbol{L}|^{-\frac{1}{2}}|\boldsymbol{M}|^{-\frac{1}{2}}\left(\frac{|\boldsymbol{KMK}^{\mathrm{T}}+\boldsymbol{L}|}{|\boldsymbol{L}||\boldsymbol{M}|}\right)^{-\frac{1}{2}}\mathrm{e}^{-\frac{1}{2}((\boldsymbol{r}-\boldsymbol{Ks}-\boldsymbol{t})^{\mathrm{T}}(\boldsymbol{KMK}^{\mathrm{T}}+\boldsymbol{L})^{-1}(\boldsymbol{r}-\boldsymbol{Ks}-\boldsymbol{t}))}\\&=(2\pi)^{-\frac{N}{2}}\frac{1}{|\boldsymbol{KMK}^{\mathrm{T}}+\boldsymbol{L}|^{\frac{1}{2}}}\mathrm{e}^{-\frac{1}{2}((\boldsymbol{r}-\boldsymbol{Ks}-\boldsymbol{t})^{\mathrm{T}}(\boldsymbol{KMK}^{\mathrm{T}}+\boldsymbol{L})^{-1}(\boldsymbol{r}-\boldsymbol{Ks}-\boldsymbol{t}))}\\&=\mathcal{N}_{\boldsymbol{r}}(\boldsymbol{Ks}+\boldsymbol{t},\boldsymbol{KMK}^{\mathrm{T}}+\boldsymbol{L})\end{aligned} \tag{4.70}$$

对式（4.48）中积分的计算结束

根据式（4.70）的结果，可以将式（4.48）的积分表示为

$$p(\boldsymbol{x}[n]\mid \boldsymbol{y}_{1:n-1},\boldsymbol{u}_{0:n-1})=\mathcal{N}(\boldsymbol{A}[n-1]\boldsymbol{x}[n-1|n-1]+\boldsymbol{B}[n-1]\boldsymbol{u}[n-1],\\ \boldsymbol{A}[n-1]\boldsymbol{P}[n-1|n-1]\boldsymbol{A}^{\mathrm{T}}[n-1]+\boldsymbol{G}[n-1]\boldsymbol{C}_{\eta_{\mathrm{S}}}[n-1]\boldsymbol{G}^{\mathrm{T}}[n-1]) \quad (4.71)$$

表示 $p(\boldsymbol{x}[n]\mid \boldsymbol{y}_{1:n-1},\boldsymbol{u}_{0:n-1})$ 的均值和协方差矩阵，

$$\boldsymbol{x}[n|n-1]=E_{\boldsymbol{x}[n]|\boldsymbol{y}_{1:n-1},\boldsymbol{u}_{0:n-1}}\{\boldsymbol{x}[n]\}\ \text{和}\ \boldsymbol{P}[n|n-1]=\boldsymbol{C}_{\boldsymbol{x}[n]\mid \boldsymbol{y}_{1:n-1},\ \boldsymbol{u}_{0:n-1}} \quad (4.72)$$

这样一来，有 $p(\boldsymbol{x}[n]\mid \boldsymbol{y}_{1:n-1},\boldsymbol{u}_{0:n-1})=\mathcal{N}(\boldsymbol{x}[n|n-1],\boldsymbol{P}[n|n-1])$，所以

$$\boldsymbol{x}[n|n-1]=\boldsymbol{A}[n-1]\boldsymbol{x}[n-1|n-1]+\boldsymbol{B}[n-1]\boldsymbol{u}[n-1] \quad (4.73)$$

$$\boldsymbol{P}[n|n-1]=\boldsymbol{A}[n-1]\boldsymbol{P}[n-1|n-1]\boldsymbol{A}^{\mathrm{T}}[n-1]+\boldsymbol{G}[n-1]\boldsymbol{C}_{\eta_{\mathrm{S}}}[n-1]\boldsymbol{G}^{\mathrm{T}}[n-1] \quad (4.74)$$

如果使用这些结果和式（4.44）对式（4.34）的后验概率密度函数进行贝叶斯状态估计，则结果为：

$$p(\boldsymbol{x}[n]\mid \boldsymbol{y}_{1:n},\boldsymbol{u}_{0:n-1})=\frac{\mathcal{N}(\boldsymbol{C}[n]\boldsymbol{x}[n]+\boldsymbol{D}[n]\boldsymbol{u}[n],\boldsymbol{C}_{\eta_{\mathrm{M}}}[n])\mathcal{N}(\boldsymbol{x}[n\mid n-1],\boldsymbol{P}[n\mid n-1])}{\int_{\mathcal{X}}\mathcal{N}(\boldsymbol{C}[n]\boldsymbol{x}[n]+\boldsymbol{D}[n]\boldsymbol{u}[n],\boldsymbol{C}_{\eta_{\mathrm{M}}}[n])\mathcal{N}(\boldsymbol{x}[n\mid n-1],\boldsymbol{P}[n\mid n-1])\mathrm{d}\boldsymbol{x}[n]} \quad (4.75)$$

式（4.75）中的分母与式（4.48）中的积分具有相同的结构，因此可以将式（4.70）的结果代入

$$\int_{\mathcal{X}}\mathcal{N}(\boldsymbol{C}[n]\boldsymbol{x}[n]+\boldsymbol{D}[n]\boldsymbol{u}[n],\boldsymbol{C}_{\eta_{\mathrm{M}}}[n])\mathcal{N}(\boldsymbol{x}[n\mid n-1],\boldsymbol{P}[n\mid n-1])\mathrm{d}\boldsymbol{x}[n]\\ =\mathcal{N}(\boldsymbol{C}[n]\boldsymbol{x}[n\mid n-1]+\boldsymbol{D}[n]\boldsymbol{u}[n],\boldsymbol{C}[n]\boldsymbol{P}[n\mid n-1]\boldsymbol{C}^{\mathrm{T}}[n]+\boldsymbol{C}_{\eta_{\mathrm{M}}}[n]) \quad (4.76)$$

由式（4.75）得到

$$p(\boldsymbol{x}[n]\mid \boldsymbol{y}_{1:n},\boldsymbol{u}_{0:n-1})=\frac{\mathcal{N}(\boldsymbol{C}[n]\boldsymbol{x}[n]+\boldsymbol{D}[n]\boldsymbol{u}[n],\boldsymbol{C}_{\eta_{\mathrm{M}}}[n])\mathcal{N}(\boldsymbol{x}[n\mid n-1],\boldsymbol{P}[n\mid n-1])}{\mathcal{N}(\boldsymbol{C}[n]\boldsymbol{x}[n\mid n-1]+\boldsymbol{D}[n]\boldsymbol{u}[n],\boldsymbol{C}[n]\boldsymbol{P}[n\mid n-1]\boldsymbol{C}^{\mathrm{T}}[n]+\boldsymbol{C}_{\eta_{\mathrm{M}}}[n])} \quad (4.77)$$

式（4.77）将在以下计算中进行简化。

对式（4.77）中分数的计算开始

式（4.77）中的分数与下列分数

$$\frac{\mathcal{N}_{\boldsymbol{r}}(\boldsymbol{K}\boldsymbol{q}+\boldsymbol{t},\boldsymbol{L})\mathcal{N}_{\boldsymbol{q}}(\boldsymbol{s},\boldsymbol{M})}{\mathcal{N}_{\boldsymbol{r}}(\boldsymbol{K}\boldsymbol{s}+\boldsymbol{t},\boldsymbol{K}\boldsymbol{M}\boldsymbol{K}^{\mathrm{T}}+\boldsymbol{L})} \quad (4.78)$$

具有相同的结构。其中 $\boldsymbol{r}$ 的维度为 $(M\times 1)$，$\boldsymbol{q}$ 的维度为 $(N\times 1)$。符号 $\mathcal{N}_{\boldsymbol{r}}(\boldsymbol{K}\boldsymbol{q}+$

$\boldsymbol{t}, \boldsymbol{L})$ 旨在表示它是随机变量 $\boldsymbol{r}$ 的高斯概率密度函数，$\mathcal{N}_r(\boldsymbol{s}, \boldsymbol{M})$ 表示它是随机变量 $\boldsymbol{q}$ 的高斯概率密度函数。这里 $\boldsymbol{r}$ 和 $\boldsymbol{q}$ 分别对应于式（4.34）和式（4.77）中的随机变量 $\boldsymbol{y}[n]$ 和 $\boldsymbol{x}[n]$。如果借助式（2.143）写出这个分数，则可得：

$$\begin{aligned}
&\frac{\mathcal{N}_r(\boldsymbol{Kq}+\boldsymbol{t},\boldsymbol{L})\mathcal{N}_q(\boldsymbol{s},\boldsymbol{M})}{\mathcal{N}_r(\boldsymbol{Ks}+\boldsymbol{t},\boldsymbol{KMK}^{\mathrm{T}}+\boldsymbol{L})} \\
&=\frac{(2\pi)^{-\frac{M}{2}}|\boldsymbol{L}|^{-\frac{1}{2}}\mathrm{e}^{-\frac{1}{2}(\boldsymbol{r}-\boldsymbol{Kq}-\boldsymbol{t})^{\mathrm{T}}\boldsymbol{L}^{-1}(\boldsymbol{r}-\boldsymbol{Kq}-\boldsymbol{t})}(2\pi)^{-\frac{N}{2}}|\boldsymbol{M}|^{-\frac{1}{2}}\mathrm{e}^{-\frac{1}{2}(\boldsymbol{q}-\boldsymbol{s})^{\mathrm{T}}\boldsymbol{M}^{-1}(\boldsymbol{q}-\boldsymbol{s})}}{(2\pi)^{-\frac{M}{2}}|\boldsymbol{KMK}^{\mathrm{T}}+\boldsymbol{L}|^{-\frac{1}{2}}\mathrm{e}^{-\frac{1}{2}(\boldsymbol{r}-\boldsymbol{Ks}-\boldsymbol{t})^{\mathrm{T}}(\boldsymbol{KMK}^{\mathrm{T}}+\boldsymbol{L})^{-1}(\boldsymbol{r}-\boldsymbol{Ks}-\boldsymbol{t})}} \\
&=(2\pi)^{-\frac{N}{2}}|\boldsymbol{L}|^{-\frac{1}{2}}|\boldsymbol{M}|^{-\frac{1}{2}}|\boldsymbol{KMK}^{\mathrm{T}}+\boldsymbol{L}|^{\frac{1}{2}}\frac{\mathrm{e}^{-\frac{1}{2}((\boldsymbol{r}-\boldsymbol{Kq}-\boldsymbol{t})^{\mathrm{T}}\boldsymbol{L}^{-1}(\boldsymbol{r}-\boldsymbol{Kq}-\boldsymbol{t})+(\boldsymbol{q}-\boldsymbol{s})^{\mathrm{T}}\boldsymbol{M}^{-1}(\boldsymbol{q}-\boldsymbol{s}))}}{\mathrm{e}^{-\frac{1}{2}(\boldsymbol{r}-\boldsymbol{Ks}-\boldsymbol{t})^{\mathrm{T}}(\boldsymbol{KMK}^{\mathrm{T}}+\boldsymbol{L})^{-1}(\boldsymbol{r}-\boldsymbol{Ks}-\boldsymbol{t})}}
\end{aligned} \tag{4.79}$$

对于式（4.79）中的行列式 $|\boldsymbol{KMK}^{\mathrm{T}}+\boldsymbol{L}|$ 可使用式（4.68）中的矩阵行列式引理，而在分子上的指数中 $((\boldsymbol{r}-\boldsymbol{Kq}-\boldsymbol{t})^{\mathrm{T}}\boldsymbol{L}^{-1}(\boldsymbol{r}-\boldsymbol{Kq}-\boldsymbol{t})+(\boldsymbol{q}-\boldsymbol{s})^{\mathrm{T}}\boldsymbol{M}^{-1}(\boldsymbol{q}-\boldsymbol{s}))$ 的表达式可由方程（4.63）中的 ζ 代替，因为它对应于式（4.52）中的 ζ：

$$\begin{aligned}
&\frac{\mathcal{N}_r(\boldsymbol{Kq}+\boldsymbol{t},\boldsymbol{L})\mathcal{N}_q(\boldsymbol{s},\boldsymbol{M})}{\mathcal{N}_r(\boldsymbol{Ks}+\boldsymbol{t},\boldsymbol{KMK}^{\mathrm{T}}+\boldsymbol{L})} \\
&=(2\pi)^{-\frac{N}{2}}|\boldsymbol{L}|^{-\frac{1}{2}}|\boldsymbol{M}|^{-\frac{1}{2}}|\boldsymbol{K}^{\mathrm{T}}\boldsymbol{L}^{-1}\boldsymbol{K}+\boldsymbol{M}^{-1}|^{\frac{1}{2}}|\boldsymbol{L}|^{\frac{1}{2}}|\boldsymbol{M}|^{\frac{1}{2}}\cdot \\
&\quad\frac{\mathrm{e}^{-\frac{1}{2}((\boldsymbol{q}-\boldsymbol{v})^{\mathrm{T}}\boldsymbol{Z}^{-1}(\boldsymbol{q}-\boldsymbol{v})+(\boldsymbol{r}-\boldsymbol{Ks}-\boldsymbol{t})^{\mathrm{T}}(\boldsymbol{KMK}^{\mathrm{T}}+\boldsymbol{L})^{-1}(\boldsymbol{r}-\boldsymbol{Ks}-\boldsymbol{t}))}}{\mathrm{e}^{-\frac{1}{2}(\boldsymbol{r}-\boldsymbol{Ks}-\boldsymbol{t})^{\mathrm{T}}(\boldsymbol{KMK}^{\mathrm{T}}+\boldsymbol{L})^{-1}(\boldsymbol{r}-\boldsymbol{Ks}-\boldsymbol{t})}} \\
&=(2\pi)^{-\frac{N}{2}}|\boldsymbol{K}^{\mathrm{T}}\boldsymbol{L}^{-1}\boldsymbol{K}+\boldsymbol{M}^{-1}|^{\frac{1}{2}}\frac{\mathrm{e}^{-\frac{1}{2}(\boldsymbol{q}-\boldsymbol{v})^{\mathrm{T}}\boldsymbol{Z}^{-1}(\boldsymbol{q}-\boldsymbol{v})}\mathrm{e}^{-\frac{1}{2}(\boldsymbol{r}-\boldsymbol{Ks}-\boldsymbol{t})^{\mathrm{T}}(\boldsymbol{KMK}^{\mathrm{T}}+\boldsymbol{L})^{-1}(\boldsymbol{r}-\boldsymbol{Ks}-\boldsymbol{t})}}{\mathrm{e}^{-\frac{1}{2}(\boldsymbol{r}-\boldsymbol{Ks}-\boldsymbol{t})^{\mathrm{T}}(\boldsymbol{KMK}^{\mathrm{T}}+\boldsymbol{L})^{-1}(\boldsymbol{r}-\boldsymbol{Ks}-\boldsymbol{t})}}
\end{aligned} \tag{4.80}$$

通过式（4.54）中所引入的表达式 $\boldsymbol{Z}$，行列式可表达为：

$$|\boldsymbol{K}^{\mathrm{T}}\boldsymbol{L}^{-1}\boldsymbol{K}+\boldsymbol{M}^{-1}|=|\boldsymbol{Z}^{-1}|=|\boldsymbol{Z}|^{-1} \tag{4.81}$$

所以，借助式（4.53）和式（4.54）或式（4.55）中 $\boldsymbol{v}$ 和 $\boldsymbol{Z}$ 的表达式：

$$\boldsymbol{v}=\boldsymbol{MK}^{\mathrm{T}}(\boldsymbol{KMK}^{\mathrm{T}}+\boldsymbol{L})^{-1}(\boldsymbol{r}-\boldsymbol{Ks}-\boldsymbol{t})+\boldsymbol{s}$$

$$\boldsymbol{Z}=(\boldsymbol{K}^{\mathrm{T}}\boldsymbol{L}^{-1}\boldsymbol{K}+\boldsymbol{M}^{-1})^{-1}=\boldsymbol{M}-\boldsymbol{MK}^{\mathrm{T}}(\boldsymbol{KMK}^{\mathrm{T}}+\boldsymbol{L})^{-1}\boldsymbol{KM}$$

式（4.80）中的分数最终可写为：

$$\begin{aligned}
\frac{\mathcal{N}_r(\boldsymbol{Kq}+\boldsymbol{t},\boldsymbol{L})\mathcal{N}_q(\boldsymbol{s},\boldsymbol{M})}{\mathcal{N}_r(\boldsymbol{Ks}+\boldsymbol{t},\boldsymbol{KMK}^{\mathrm{T}}+\boldsymbol{L})}&=(2\pi)^{-\frac{N}{2}}|\boldsymbol{Z}|^{-\frac{1}{2}}\mathrm{e}^{-\frac{1}{2}(\boldsymbol{q}-\boldsymbol{v})^{\mathrm{T}}\boldsymbol{Z}^{-1}(\boldsymbol{q}-\boldsymbol{v})} \\
&=\mathcal{N}_q(\boldsymbol{v},\boldsymbol{Z})
\end{aligned} \tag{4.82}$$

对式（4.77）中分数的计算结束

借助式（4.82）中的结果和式（4.39）中后验概率密度函数的期望值和协方差的表达符号，由式（4.77）可得：

$$p(\boldsymbol{x}[n] \mid \boldsymbol{y}_{1:n}, \boldsymbol{u}_{0:n-1}) = \mathcal{N}(\boldsymbol{x}[n|n], \boldsymbol{P}[n|n])$$

其中，

$$\boldsymbol{x}[n|n] = \boldsymbol{P}[n|n-1]\boldsymbol{C}^{\mathrm{T}}[n](\boldsymbol{C}[n]\boldsymbol{P}[n|n-1]\boldsymbol{C}^{\mathrm{T}}[n] + \boldsymbol{C}_{\eta_{\mathrm{M}}}[n])^{-1} \cdot (\boldsymbol{y}[n] - \boldsymbol{C}[n]\boldsymbol{x}[n|n-1] - \boldsymbol{D}[n]\boldsymbol{u}[n]) + \boldsymbol{x}[n|n-1] \tag{4.83}$$

$$\boldsymbol{P}[n|n] = \boldsymbol{P}[n|n-1] - \boldsymbol{P}[n|n-1]\boldsymbol{C}^{\mathrm{T}}[n](\boldsymbol{C}[n]\boldsymbol{P}[n|n-1]\boldsymbol{C}^{\mathrm{T}}[n] + \boldsymbol{C}_{\eta_{\mathrm{M}}}[n])^{-1}\boldsymbol{C}[n]\boldsymbol{P}[n|n-1] \tag{4.84}$$

式（4.73）、式（4.74）、式（4.83）和式（4.84）就是所谓的卡尔曼方程，它们是一种计算方法，可以从一个时间步到下一个时间步递归计算出后验概率密度函数$p(\boldsymbol{x}[n] \mid \boldsymbol{y}_{1:n}, \boldsymbol{u}_{0:n-1})$的期望值和协方差矩阵。通过为表达式$(\boldsymbol{y}[n]-\boldsymbol{C}[n]\boldsymbol{x}[n|n-1]-\boldsymbol{D}[n]\boldsymbol{u}[n])$引入新息残差$\gamma[n]$，和为式（4.83）中的表达式$\boldsymbol{P}[n|n-1]\boldsymbol{C}^{\mathrm{T}}[n](\boldsymbol{C}[n]\boldsymbol{P}[n|n-1]\boldsymbol{C}^{\mathrm{T}}[n]+\boldsymbol{C}_{\eta_{\mathrm{M}}}[n])^{-1}$引入**卡尔曼增益**，这四个方程可以用卡尔曼方程更为人所熟知的写法表示：

- 预测的先验状态估计

$$\boldsymbol{x}[n|n-1] = \boldsymbol{A}[n-1]\boldsymbol{x}[n-1|n-1] + \boldsymbol{B}[n-1]\boldsymbol{u}[n-1] \tag{4.85}$$

- 预测的先验协方差估计

$$\boldsymbol{P}[n|n-1] = \boldsymbol{A}[n-1]\boldsymbol{P}[n-1|n-1]\boldsymbol{A}[n-1]^{\mathrm{T}} + \boldsymbol{G}[n-1]\boldsymbol{C}_{\eta_{\mathrm{S}}}[n-1]\boldsymbol{G}^{\mathrm{T}}[n-1] \tag{4.86}$$

- 新息残差

$$\gamma[n] = \boldsymbol{y}[n] - \boldsymbol{C}[n]\boldsymbol{x}[n|n-1] - \boldsymbol{D}[n]\boldsymbol{u}[n] \tag{4.87}$$

- 新息残差的协方差

$$\boldsymbol{S}[n] = \boldsymbol{C}[n]\boldsymbol{P}[n|n-1])\boldsymbol{C}[n]^{\mathrm{T}} + \boldsymbol{C}_{\eta_{\mathrm{M}}}[n] \tag{4.88}$$

- 卡尔曼增益

$$\boldsymbol{K}[n] = \boldsymbol{P}[n|n-1]\boldsymbol{C}[n]^{\mathrm{T}}\boldsymbol{S}[n]^{-1} \tag{4.89}$$

- 更新的后验状态估计

$$\boldsymbol{x}[n|n] = \boldsymbol{x}[n|n-1] + \boldsymbol{K}[n]\gamma[n] \tag{4.90}$$

- 更新的后验协方差估计

$$\boldsymbol{P}[n|n] = (\boldsymbol{I} - \boldsymbol{K}[n]\boldsymbol{C}[n])\boldsymbol{P}[n|n-1] \tag{4.91}$$

图 4.5 所示为高斯 - 马尔可夫随机过程中后验概率密度函数的期望值和协方差的递归传播。卡尔曼滤波器利用了高斯 - 马尔可夫随机过程中后验概率密度函数的传播可以递归计算的事实。它使用卡尔曼方程来确定每个时间点 n 处后验概率密度函数期望值和协方差的估计值 $\hat{\boldsymbol{x}}[n|n]$ 和 $\hat{\boldsymbol{P}}[n|n]$。卡尔曼滤波器的框图如图 4.6 所示。值得注意的是该图与图 4.2 和图 4.4 之间的关系。

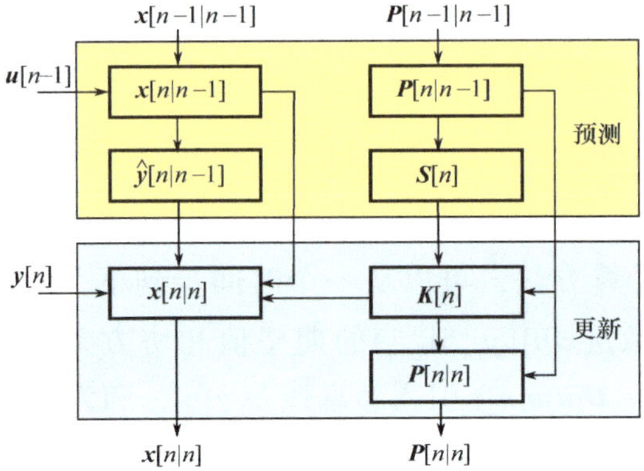

图 4.5　高斯 - 马尔可夫随机过程中后验概率密度函数的传播

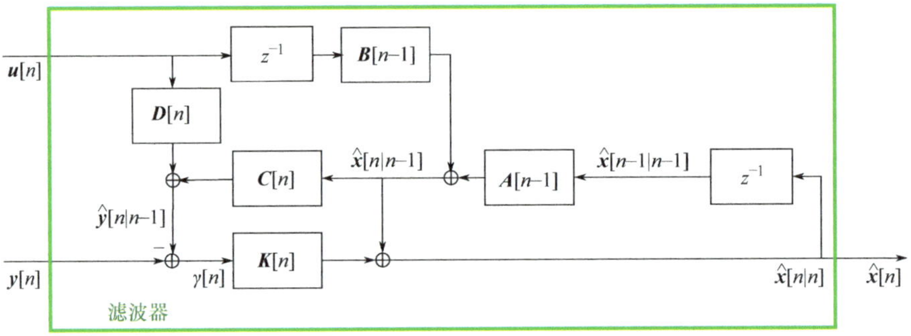

图 4.6　卡尔曼滤波器的框图（参看图 4.2 和图 4.4）

用卡尔曼滤波器进行求导

在本小节中，将展示如何用卡尔曼滤波器计算传感器信号的导数。为此，首先假设有连续时间的传感器信号 $\varphi(t)$，并将状态向量 $\boldsymbol{x}(t)$ 和测量的随机变量 $y(t)$ 定义为：

$$\boldsymbol{x}(t)=\left[\varphi(t), \dot{\varphi}(t), \ddot{\varphi}(t), \dddot{\varphi}(t)\right]^{\mathrm{T}}, y(t)=\varphi(t) \tag{4.92}$$

由此产生的连续时间的动态系统是：

$$\underbrace{\begin{bmatrix}\dot{\varphi}(t)\\ \ddot{\varphi}(t)\\ \dddot{\varphi}(t)\\ \ddddot{\varphi}(t)\end{bmatrix}}_{\dot{x}(t)}=\underbrace{\begin{bmatrix}0&1&0&0\\0&0&1&0\\0&0&0&1\\0&0&0&0\end{bmatrix}}_{A}\underbrace{\begin{bmatrix}\varphi(t)\\ \dot{\varphi}(t)\\ \ddot{\varphi}(t)\\ \dddot{\varphi}(t)\end{bmatrix}}_{x(t)} \tag{4.93}$$

$$\underbrace{\varphi(t)}_{y(t)}=\underbrace{[1,0,0,0]}_{C}\underbrace{\begin{bmatrix}\varphi(t)\\ \dot{\varphi}(t)\\ \ddot{\varphi}(t)\\ \dddot{\varphi}(t)\end{bmatrix}}_{x(t)} \tag{4.94}$$

动态模型的离散化是借助式（2.244）实现的。式（4.93）中的矩阵 $\boldsymbol{A}$ 是幂零矩阵，其中有：

$$\boldsymbol{A}^2=\begin{bmatrix}0&0&1&0\\0&0&0&1\\0&0&0&0\\0&0&0&0\end{bmatrix};\quad \boldsymbol{A}^3=\begin{bmatrix}0&0&0&1\\0&0&0&0\\0&0&0&0\\0&0&0&0\end{bmatrix};\quad \boldsymbol{A}^4=\begin{bmatrix}0&0&0&0\\0&0&0&0\\0&0&0&0\\0&0&0&0\end{bmatrix} \tag{4.95}$$

从而得到离散时间的系统矩阵：

$$\hat{\boldsymbol{A}}=\begin{bmatrix}1&T&\frac{T^2}{2}&\frac{T^3}{6}\\0&1&T&\frac{T^2}{2}\\0&0&1&T\\0&0&0&1\end{bmatrix} \tag{4.96}$$

离散时间的动态系统可以如下描述为：

$$\underbrace{\begin{bmatrix}\varphi[n+1]\\ \dot{\varphi}[n+1]\\ \ddot{\varphi}[n+1]\\ \dddot{\varphi}[n+1]\end{bmatrix}}_{x[n+1]}=\underbrace{\begin{bmatrix}1&T&\frac{T^2}{2}&\frac{T^3}{6}\\0&1&T&\frac{T^2}{2}\\0&0&1&T\\0&0&0&1\end{bmatrix}}_{\hat{A}}\underbrace{\begin{bmatrix}\varphi[n]\\ \dot{\varphi}[n]\\ \ddot{\varphi}[n]\\ \dddot{\varphi}[n]\end{bmatrix}}_{x[n]} \tag{4.97}$$

$$\underbrace{\varphi[n]}_{y[n]}=\underbrace{[1,0,0,0]}_{\hat{C}}\underbrace{\begin{bmatrix}\varphi[n]\\ \dot{\varphi}[n]\\ \ddot{\varphi}[n]\\ \dddot{\varphi}[n]\end{bmatrix}}_{x[n]} \tag{4.98}$$

现在将传感器信号的三阶导数建模为零均值高斯噪声

$$\eta_S[n] = \dddot{\varphi}[n] \tag{4.99}$$

则一个离散时间的动态系统可以由式（4.97）和式（4.98）表示为：

$$\underbrace{\begin{bmatrix}\varphi[n+1]\\ \dot{\varphi}[n+1]\\ \ddot{\varphi}[n+1]\end{bmatrix}}_{\boldsymbol{x}[n+1]} = \underbrace{\begin{bmatrix}1 & T & \frac{T^2}{2}\\ 0 & 1 & T\\ 0 & 0 & 1\end{bmatrix}}_{\hat{A}} \underbrace{\begin{bmatrix}\varphi[n]\\ \dot{\varphi}[n]\\ \ddot{\varphi}[n]\end{bmatrix}}_{\boldsymbol{x}[n]} + \underbrace{\begin{bmatrix}\frac{T^3}{6}\\ \frac{T^2}{2}\\ T\end{bmatrix}}_{\hat{G}} \eta_S[n] \tag{4.100}$$

$$\underbrace{\varphi^{(m)}[n]}_{\boldsymbol{y}[n]} = \underbrace{[1,0,0]}_{\hat{C}} \underbrace{\begin{bmatrix}\varphi[n]\\ \dot{\varphi}[n]\\ \ddot{\varphi}[n]\end{bmatrix}}_{\boldsymbol{x}[n]} + \eta_M[n] \tag{4.101}$$

式（4.101）中的 $\varphi^{(m)}[n]$ 表示噪声测量值 $\boldsymbol{y}[n]$。

式（4.100）和式（4.101）表示应用从式（4.85）~式（4.91）卡尔曼方程所需的状态模型方程和测量方程，以使得从任意时间点 n 的测量值 $\varphi^{(m)}[n]$ 中可以估计出 $\varphi[n]$、$\dot{\varphi}[n]$ 和 $\ddot{\varphi}[n]$ 的大小。

卡尔曼方程的应用需要系统噪声的方差 $\sigma_{\eta_S}^2$（对应于协方差矩阵 $\boldsymbol{C}_{\eta_S}$ 的标量系统噪声随机变量）以及测量噪声的方差 $\sigma_{\eta_M}^2$（对应于协方差矩阵 $\boldsymbol{C}_{\eta_M}$ 的标量测量噪声随机变量）的值。$\sigma_{\eta_S}^2$ 和 $\sigma_{\eta_M}^2$ 这两个卡尔曼滤波器的参数可以被视为是调节参数，通常根据可用的数据集进行调整。在当前任务中，三阶导数 $\dddot{\varphi}[n]$ 被建模为噪声，考虑到 $\dddot{\varphi}[n]$ 的最大值对应 $3\sigma_{\eta_S}$ 的值，可以将其用作确定 $\sigma_{\eta_S}^2$ 的起始值：

$$\eta_{S,\max} = \dddot{\varphi}_{\max} \approx 3\sigma_{\eta_S} \tag{4.102}$$

这是因为 η_S 被建模为零均值高斯随机变量，因此随机变量的实现在 $0 \pm 3\sigma$ 范围内的概率为 99.7%。如果是一个标量的高斯随机变量 $z \sim \mathcal{N}(\mu_z, \sigma_z^2)$，则 z 的实现在 $0 \pm \sigma$、$0 \pm 2\sigma$ 和 $0 \pm 3\sigma$ 范围内的概率如图 4.7 所见。

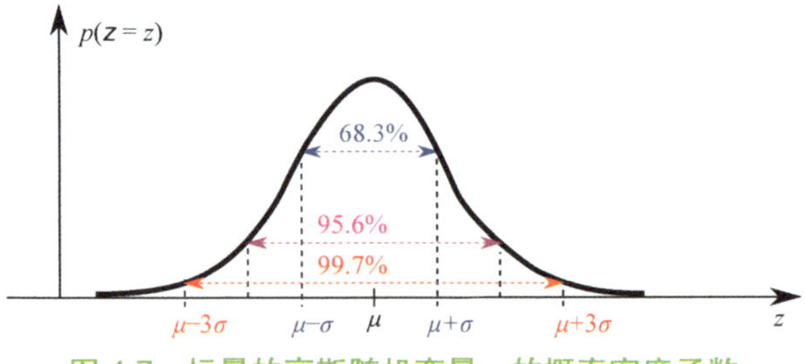

图 4.7 标量的高斯随机变量 z 的概率密度函数

与此类似，调节参数$\sigma_{\eta_M}^2$也是根据最大测量噪声值$\eta_{M,max}$进行调整。

$$\eta_{M,max} \approx 3\sigma_{\eta_M} \tag{4.103}$$

4.2.2 用卡尔曼滤波器进行跟踪

跟踪是指跟踪动态对象所必需的信号处理步骤。在此将定义一个状态向量，用于描述要跟踪对象的动态状态。这个状态向量将借助所做的观察不断地被重新估计。由于跟踪是在移动的车辆中进行的，并且通常使用前视传感器用于测量车辆与要跟踪对象之间的相对距离，因此在本小节中将考虑两个状态向量。一个是用于估计相对速度和相对加速度的状态向量，另一个是用于估计绝对速度和绝对加速度的状态向量。

为了介绍有关跟踪的基础知识，接下来将使用一个非常简单的运动模型。假设车辆与被跟踪对象之间的相对运动在车辆的两个坐标轴 x 和 y 上是没有相互作用的（见图 3.15）。因此，在式（3.74）、式（3.78）、式（3.80）和式（3.81）中 $\boldsymbol{\omega}=\mathbf{0}$。也可以说车辆和物体均被建模为质点。

通过估计相对速度和相对加速度进行跟踪

由于假设车辆与被跟踪的对象之间的相对运动在 x 和 y 这两个坐标轴上是不相互作用的（见图 3.15），所以 $\boldsymbol{\omega}=\mathbf{0}$，而式（3.74）和式（3.78）则为：

$$v_{x,rel}(t)=\frac{d}{dt}r_{x,rel}(t) \tag{4.104}$$

$$a_{x,rel}(t)=\frac{d^2}{dt^2}r_{x,rel}(t) \tag{4.105}$$

$$v_{y,rel}(t)=\frac{d}{dt}r_{y,rel}(t) \tag{4.106}$$

$$a_{y,rel}(t)=\frac{d^2}{dt^2}r_{y,rel}(t) \tag{4.107}$$

式中，$r_{x,rel}(t)$ 和 $r_{y,rel}(t)$ 表示在车辆中测量到的与要跟踪对象的相对位置，即式（3.74）和式（3.78）中向量${}_E^F\boldsymbol{r}_{SQ}$的前两个元素。向量${}_E^F\boldsymbol{r}_{SQ}$的第三个元素为零，因为只考虑平面内的运动。类似地，$v_{x,rel}(t)$和$v_{y,rel}(t)$的值对应向量${}_E^F\boldsymbol{v}_{SQ}$的前两个元素，而$a_{x,rel}(t)$和$a_{y,rel}(t)$的值则对应向量${}_E^F\boldsymbol{a}_{SQ}$的前两个元素。

如果将车辆在 x 和 y 轴方向上运动的加速度（见图 3.15 和图 4.8）建模为零均值高斯噪声，则对于每个坐标轴，都可以使用 4.2 节“用卡尔曼滤波器进行求导”部分中推导的方程，从而得到类似于式（4.100）和式（4.101）的方程：

$$\underbrace{\begin{bmatrix} r_{x,\mathrm{rel}}[n+1] \\ v_{x,\mathrm{rel}}[n+1] \\ a_{x,\mathrm{rel}}[n+1] \\ r_{y,\mathrm{rel}}[n+1] \\ v_{y,\mathrm{rel}}[n+1] \\ a_{y,\mathrm{rel}}[n+1] \end{bmatrix}}_{\boldsymbol{x}[n+1]} = \underbrace{\begin{bmatrix} 1 & T & \frac{T^2}{2} & 0 & 0 & 0 \\ 0 & 1 & T & 0 & 0 & 0 \\ 0 & 0 & 1 & 0 & 0 & 0 \\ 0 & 0 & 0 & 1 & T & \frac{T^2}{2} \\ 0 & 0 & 0 & 0 & 1 & T \\ 0 & 0 & 0 & 0 & 0 & 1 \end{bmatrix}}_{\hat{A}} \underbrace{\begin{bmatrix} r_{x,\mathrm{rel}}[n] \\ v_{x,\mathrm{rel}}[n] \\ a_{x,\mathrm{rel}}[n] \\ r_{y,\mathrm{rel}}[n] \\ v_{y,\mathrm{rel}}[n] \\ a_{y,\mathrm{rel}}[n] \end{bmatrix}}_{\boldsymbol{x}[n]} + \underbrace{\begin{bmatrix} \frac{T^3}{6} & 0 \\ \frac{T^2}{2} & 0 \\ T & 0 \\ 0 & \frac{T^3}{6} \\ 0 & \frac{T^2}{2} \\ 0 & T \end{bmatrix}}_{\hat{G}} \underbrace{\begin{bmatrix} \dot{a}_{x,\mathrm{rel}}[n] \\ \dot{a}_{y,\mathrm{rel}}[n] \end{bmatrix}}_{\boldsymbol{\eta}_{\mathrm{S}}[n]} \tag{4.108}$$

$$\underbrace{\begin{bmatrix} r_{x,\mathrm{rel}}^{(\mathrm{m})}[n] \\ r_{y,\mathrm{rel}}^{(\mathrm{m})}[n] \end{bmatrix}}_{\boldsymbol{y}[n]} = \underbrace{\begin{bmatrix} 1 & 0 & 0 & 0 & 0 & 0 \\ 0 & 0 & 0 & 1 & 0 & 0 \end{bmatrix}}_{\hat{C}} \underbrace{\begin{bmatrix} r_{x,\mathrm{rel}}[n] \\ v_{x,\mathrm{rel}}[n] \\ a_{x,\mathrm{rel}}[n] \\ r_{y,\mathrm{rel}}[n] \\ v_{y,\mathrm{rel}}[n] \\ a_{y,\mathrm{rel}}[n] \end{bmatrix}}_{\boldsymbol{x}[n]} + \underbrace{\begin{bmatrix} \eta_{x,\mathrm{M}}[n] \\ \eta_{y,\mathrm{M}}[n] \end{bmatrix}}_{\boldsymbol{\eta}_{\mathrm{M}}[n]} \tag{4.109}$$

使用卡尔曼方程（即从式（4.85）~式（4.91））时需要用到式（4.108）和式（4.109）所表示的状态模型方程和测量方程，以使得从任意时间点 n 的测量值$r_{x,\mathrm{rel}}^{(\mathrm{m})}[n]$和$r_{y,\mathrm{rel}}^{(\mathrm{m})}[n]$中可以估计出 $r_{x,\mathrm{rel}}[n]$、$v_{x,\mathrm{rel}}[n]$、$a_{x,\mathrm{rel}}[n]$、$r_{y,\mathrm{rel}}[n]$、$v_{y,\mathrm{rel}}[n]$和 $a_{y,\mathrm{rel}}[n]$ 的大小。

以图 4.8 中的交通场景为例，其中碰撞物体（CO）驶入车辆所属的车道并同时制动。

对于图 4.8 中的交通场景，式（4.108）里的状态向量 $\boldsymbol{x}[n]$ 如图 4.9 所示。

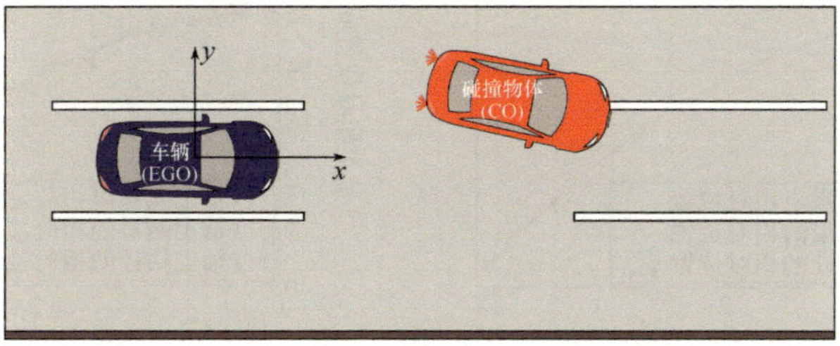

图 4.8　物体“CO”制动并驶入车辆所属的车道

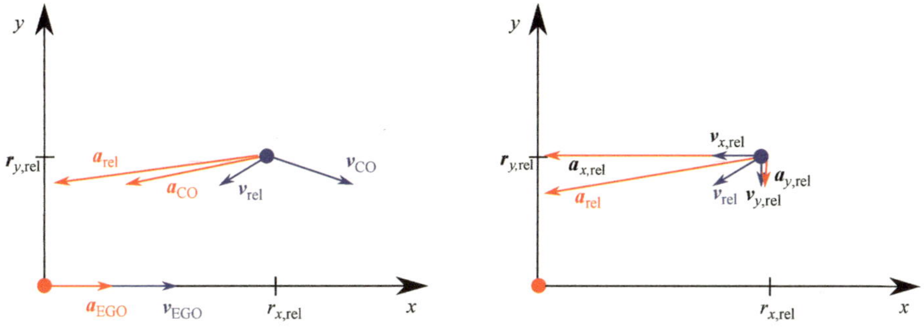

图 4.9　对于图 4.8 中的场景，方程（4.108）里的状态向量

使用具有 $T = 0.04\mathrm{s}$ 采样周期的传感器测量碰撞物体与车辆之间的相对位置 $[r_{x,\mathrm{rel}}^{(\mathrm{m})}[n], r_{y,\mathrm{rel}}^{(\mathrm{m})}[n]]^{\mathrm{T}}$，并假设其测量 $r_{x,\mathrm{rel}}^{(\mathrm{m})}[n]$ 的标准差为 0.22m，测量 $r_{y,\mathrm{rel}}^{(\mathrm{m})}[n]$ 的标准差为 0.22m。从 $[r_{x,\mathrm{rel}}^{(\mathrm{m})}[n], r_{y,\mathrm{rel}}^{(\mathrm{m})}[n]]^{\mathrm{T}} = [25\mathrm{m}, 5\mathrm{m}]^{\mathrm{T}}$ 开始，图 4.10 中的测量值由传感器记录 4s。其中车辆以 50km/h 的恒定速度在自己的车道上直线行驶。状态向量 $\boldsymbol{x}[n]$ 中估计的量随时间变化的曲线如图 4.11~ 图 4.17 所示。需要注意的是，“理想”值仅在模拟中可用，在实际使用传感器的时候是得不到的。

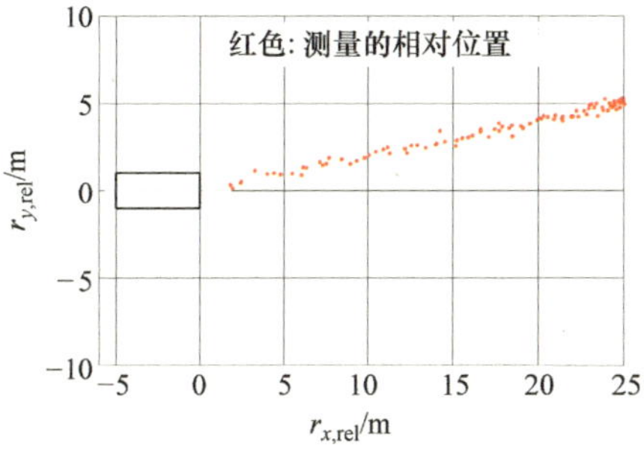

图 4.10　在观察的 4s 内所测量的相对位置

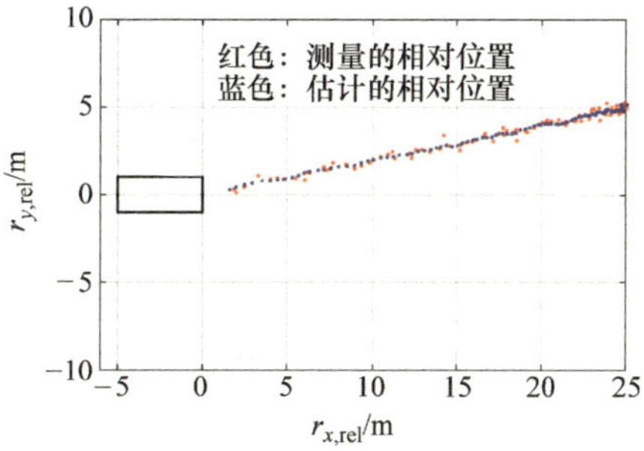

图 4.11　测量的相对位置和通过卡尔曼滤波器估计的相对位置

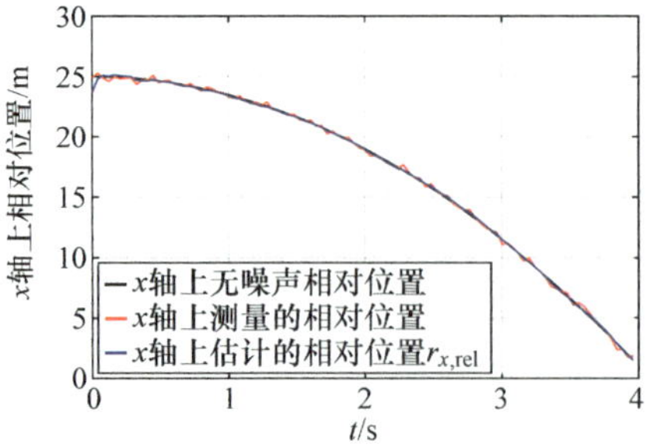

图 4.12　用卡尔曼滤波器估计的量 $r_{x,\mathrm{rel}}$ 随时间变化的曲线

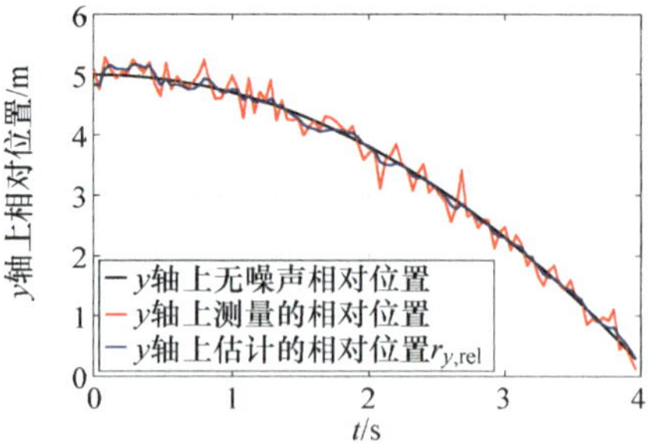

图 4.13　用卡尔曼滤波器估计的量 $r_{y,\mathrm{rel}}$ 随时间变化的曲线

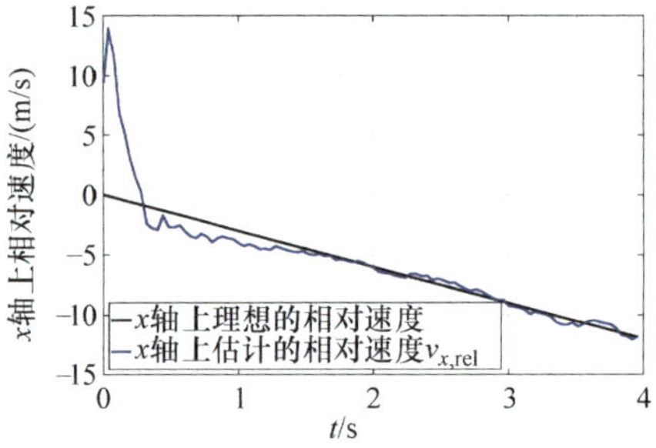

图 4.14　用卡尔曼滤波器估计的量 $v_{x,\mathrm{rel}}$ 随时间变化的曲线

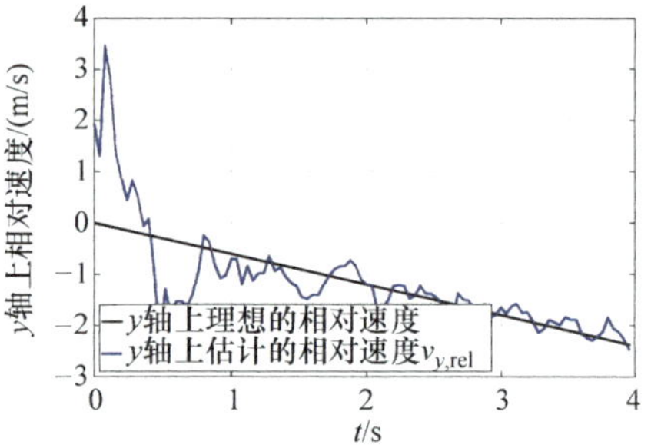

图 4.15　用卡尔曼滤波器估计的量 $v_{y,\mathrm{rel}}$ 随时间变化的曲线

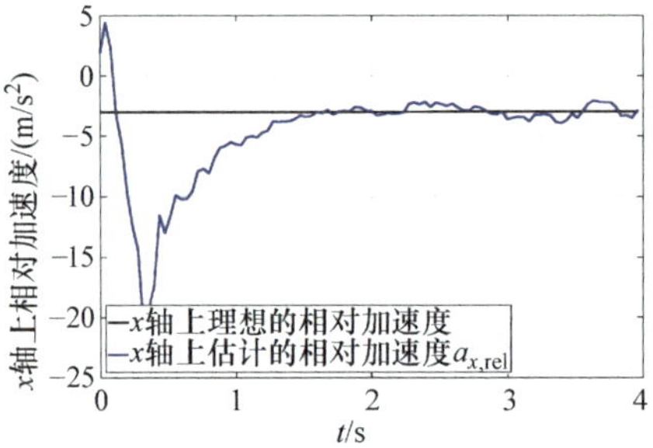

图 4.16　用卡尔曼滤波器估计的量 $a_{x,\mathrm{rel}}$ 随时间变化的曲线

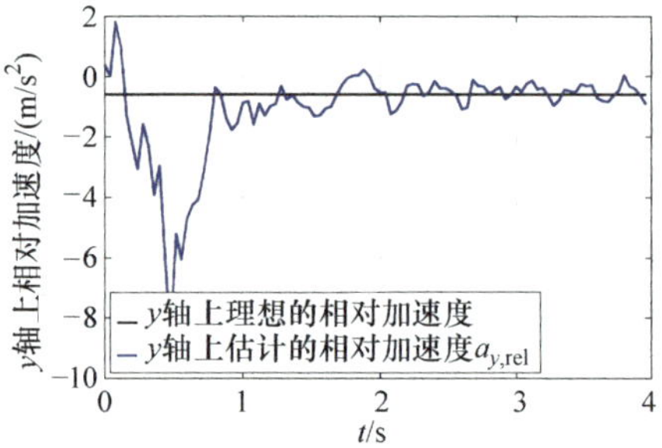

图 4.17　用卡尔曼滤波器估计的量 $a_{y,\mathrm{rel}}$ 随时间变化的曲线

图 4.11~ 图 4.17 表明，尽管测量值有噪声，但用卡尔曼滤波器可以很好地估计碰撞物体与车辆的相对运动。

通过估计绝对速度和绝对加速度进行跟踪

被跟踪物体的动力学通常需要绝对速度和绝对加速度。可以使用式（3.80）

和式（3.81）根据自动驾驶汽车中可用的量来计算这些值。为了简单起见，在这里也应假设车辆在 x 轴方向上的运动与在 y 轴方向上的运动是不相互作用的。通过这种简化有 $\boldsymbol{\omega}=\mathbf{0}$，而式（3.80）和式（3.81）则为：

$$v_{x,\mathrm{CO}}(t)=v_{x,\mathrm{EGO}}(t)+\frac{\mathrm{d}}{\mathrm{d}t}r_{x,\mathrm{rel}}(t)\Rightarrow\frac{\mathrm{d}}{\mathrm{d}t}r_{x,\mathrm{rel}}(t)=v_{x,\mathrm{CO}}(t)-v_{x,\mathrm{EGO}}(t)\tag{4.110}$$

$$a_{x,\mathrm{CO}}(t)=a_{x,\mathrm{EGO}}(t)+\frac{\mathrm{d}^2}{\mathrm{d}t^2}r_{x,\mathrm{rel}}(t)\Rightarrow\frac{\mathrm{d}^2}{\mathrm{d}t^2}r_{x,\mathrm{rel}}(t)=a_{x,\mathrm{CO}}(t)-a_{x,\mathrm{EGO}}(t)\tag{4.111}$$

$$v_{y,\mathrm{CO}}(t)=v_{y,\mathrm{EGO}}(t)+\frac{\mathrm{d}}{\mathrm{d}t}r_{y,\mathrm{rel}}(t)\Rightarrow\frac{\mathrm{d}}{\mathrm{d}t}r_{y,\mathrm{rel}}(t)=v_{y,\mathrm{CO}}(t)-v_{y,\mathrm{EGO}}(t)\tag{4.112}$$

$$a_{y,\mathrm{CO}}(t)=a_{y,\mathrm{EGO}}(t)+\frac{\mathrm{d}^2}{\mathrm{d}t^2}r_{y,\mathrm{rel}}(t)\Rightarrow\frac{\mathrm{d}^2}{\mathrm{d}t^2}r_{y,\mathrm{rel}}(t)=a_{y,\mathrm{CO}}(t)-a_{y,\mathrm{EGO}}(t)\tag{4.113}$$

式中，$r_{x,\mathrm{rel}}(t)$和$r_{y,\mathrm{rel}}(t)$表示在车辆中测量到的与要跟踪对象（CO）的相对位置，即式（3.80）和式（3.81）中向量${}_E^F\boldsymbol{r}_{SQ}$的前两个元素。向量${}_E^F\boldsymbol{r}_{SQ}$的第 3 个元素为零，因为只考虑平面内的运动。$v_{x,\mathrm{CO}}(t)$和$v_{y,\mathrm{CO}}(t)$两个量构成式（3.80）中由${}_E^F\boldsymbol{v}_Q$表示的矢量，而$a_{x,\mathrm{CO}}(t)$和$a_{y,\mathrm{CO}}(t)$两个量则构成式（3.81）中由${}_E^F\boldsymbol{a}_Q$表示的矢量。$v_{x,\mathrm{EGO}}(t)$和$v_{y,\mathrm{EGO}}(t)$两个量构成式（3.80）中由${}_E^F\boldsymbol{v}_S$表示的矢量，而$a_{x,\mathrm{EGO}}(t)$和$a_{y,\mathrm{EGO}}(t)$两个量则构成式（3.81）中由${}_E^F\boldsymbol{a}_S$表示的矢量。

利用式（4.97）的结果，并且在这里用$r_{x,\mathrm{rel}}(t)$代替$\varphi(t)$，则可以根据式（4.110）和式（4.111）得到：

$$\begin{aligned}r_{x,\mathrm{rel}}[n+1]&=r_{x,\mathrm{rel}}[n]+Tv_{x,\mathrm{rel}}[n]+\frac{T^2}{2}a_{x,\mathrm{rel}}[n]+\frac{T^3}{6}\dot{a}_{x,\mathrm{rel}}[n]\\&=r_{x,\mathrm{rel}}[n]+T(v_{x,\mathrm{CO}}[n]-v_{x,\mathrm{EGO}}[n])+\frac{T^2}{2}(a_{x,\mathrm{CO}}[n]-a_{x,\mathrm{EGO}}[n])+\frac{T^3}{6}(\dot{a}_{x,\mathrm{CO}}[n]-\dot{a}_{x,\mathrm{EGO}}[n])\end{aligned}\tag{4.114}$$

类似地，可以通过使用式（4.97）、式（4.112）和式（4.113）得到$r_{y,\mathrm{rel}}(t)$：

$$\begin{aligned}r_{y,\mathrm{rel}}[n+1]&=r_{y,\mathrm{rel}}[n]+Tv_{y,\mathrm{rel}}[n]+\frac{T^2}{2}a_{y,\mathrm{rel}}[n]+\frac{T^3}{6}\dot{a}_{y,\mathrm{rel}}[n]\\&=r_{y,\mathrm{rel}}[n]+T(v_{y,\mathrm{CO}}[n]-v_{y,\mathrm{EGO}}[n])+\frac{T^2}{2}(a_{y,\mathrm{CO}}[n]-a_{y,\mathrm{EGO}}[n])+\frac{T^3}{6}(\dot{a}_{y,\mathrm{CO}}[n]-\dot{a}_{y,\mathrm{EGO}}[n])\end{aligned}\tag{4.115}$$

在式（4.97）中用碰撞物体（CO）的绝对速度$v_{x,\mathrm{CO}}(t)$代替$\dot{\varphi}(t)$，则可得到：

$$v_{x,\mathrm{CO}}[n+1]=v_{x,\mathrm{CO}}[n]+Ta_{x,\mathrm{CO}}[n]+\frac{T^2}{2}\dot{a}_{x,\mathrm{CO}}[n] \tag{4.116}$$

类似地，可以得到碰撞物体（CO）的绝对速度$v_{y,\mathrm{CO}}(t)$：

$$v_{y,\mathrm{CO}}[n+1]=v_{y,\mathrm{CO}}[n]+Ta_{y,\mathrm{CO}}[n]+\frac{T^2}{2}\dot{a}_{y,\mathrm{CO}}[n] \tag{4.117}$$

在式（4.97）中用碰撞物体（CO）的绝对加速度 $a_{x,\mathrm{CO}}(t)$ 代替 $\ddot{\varphi}(t)$，则可得到：

$$a_{x,\mathrm{CO}}[n+1]=a_{x,\mathrm{CO}}[n]+T\dot{a}_{x,\mathrm{CO}}[n] \tag{4.118}$$

类似地，可以得到碰撞物体（CO）的绝对加速度 $a_{y,\mathrm{CO}}(t)$：

$$a_{y,\mathrm{CO}}[n+1]=a_{y,\mathrm{CO}}[n]+T\dot{a}_{y,\mathrm{CO}}[n] \tag{4.119}$$

如果将车辆和碰撞物体（CO）在 x 和 y 轴方向上运动的加速度建模为零均值高斯噪声，则可以将式（4.114）~式（4.119）的方程用矩阵 - 向量的表示法写为：

$$\underbrace{\begin{bmatrix} r_{x,\mathrm{rel}}[n+1] \\ v_{x,\mathrm{CO}}[n+1] \\ a_{x,\mathrm{CO}}[n+1] \\ r_{y,\mathrm{rel}}[n+1] \\ v_{y,\mathrm{CO}}[n+1] \\ a_{y,\mathrm{CO}}[n+1] \end{bmatrix}}_{\boldsymbol{x}[n+1]}=\underbrace{\begin{bmatrix} 1 & T & \frac{T^2}{2} & 0 & 0 & 0 \\ 0 & 1 & T & 0 & 0 & 0 \\ 0 & 0 & 1 & 0 & 0 & 0 \\ 0 & 0 & 0 & 1 & T & \frac{T^2}{2} \\ 0 & 0 & 0 & 0 & 1 & T \\ 0 & 0 & 0 & 0 & 0 & 1 \end{bmatrix}}_{\hat{A}}\underbrace{\begin{bmatrix} r_{x,\mathrm{rel}}[n] \\ v_{x,\mathrm{CO}}[n] \\ a_{x,\mathrm{CO}}[n] \\ r_{y,\mathrm{rel}}[n] \\ v_{y,\mathrm{CO}}[n] \\ a_{y,\mathrm{CO}}[n] \end{bmatrix}}_{\boldsymbol{x}[n]}+\underbrace{\begin{bmatrix} -T & -\frac{T^2}{2} & 0 & 0 \\ 0 & 0 & 0 & 0 \\ 0 & 0 & 0 & 0 \\ 0 & 0 & -T & -\frac{T^2}{2} \\ 0 & 0 & 0 & 0 \\ 0 & 0 & 0 & 0 \end{bmatrix}}_{\hat{B}}$$

$$\cdot\underbrace{\begin{bmatrix} v_{x,\mathrm{EGO}}[n] \\ a_{x,\mathrm{EGO}}[n] \\ v_{y,\mathrm{EGO}}[n] \\ a_{y,\mathrm{EGO}}[n] \end{bmatrix}}_{\boldsymbol{u}[n]}+\underbrace{\begin{bmatrix} \frac{T^3}{6} & -\frac{T^3}{6} & 0 & 0 \\ \frac{T^2}{2} & 0 & 0 & 0 \\ T & 0 & 0 & 0 \\ 0 & 0 & \frac{T^3}{6} & -\frac{T^3}{6} \\ 0 & 0 & \frac{T^2}{2} & 0 \\ 0 & 0 & T & 0 \end{bmatrix}}_{\hat{G}}\underbrace{\begin{bmatrix} \dot{a}_{x,\mathrm{CO}}[n] \\ \dot{a}_{x,\mathrm{EGO}}[n] \\ \dot{a}_{y,\mathrm{CO}}[n] \\ \dot{a}_{y,\mathrm{EGO}}[n] \end{bmatrix}}_{\boldsymbol{\eta}_{\mathrm{S}}[n]}$$

（4.120）

假设车辆中的传感器只能测量碰撞物体（CO）在 x 轴方向上的相对位置$r_{x,\mathrm{rel}}^{(\mathrm{m})}$和 y 轴方向上的相对位置$r_{y,\mathrm{rel}}^{(\mathrm{m})}$，则由式（4.120）可得状态模型的测量方程：

$$\underbrace{\begin{bmatrix} r_{x,\mathrm{rel}}^{(\mathrm{m})}[n] \\ r_{y,\mathrm{rel}}^{(\mathrm{m})}[n] \end{bmatrix}}_{\boldsymbol{y}[n]} = \underbrace{\begin{bmatrix} 1 & 0 & 0 & 0 & 0 & 0 \\ 0 & 0 & 0 & 1 & 0 & 0 \end{bmatrix}}_{\boldsymbol{C}} \underbrace{\begin{bmatrix} r_{x,\mathrm{rel}}[n] \\ v_{x,\mathrm{CO}}[n] \\ a_{x,\mathrm{CO}}[n] \\ r_{y,\mathrm{rel}}[n] \\ v_{y,\mathrm{CO}}[n] \\ a_{y,\mathrm{CO}}[n] \end{bmatrix}}_{\boldsymbol{x}[n]} + \underbrace{\begin{bmatrix} \eta_{x,\mathrm{M}}[n] \\ \eta_{y,\mathrm{M}}[n] \end{bmatrix}}_{\boldsymbol{\eta}_{\mathrm{M}}[n]} \tag{4.121}$$

以此处作为范例，我们同样也考虑图 4.8 中的交通情况。式（4.120）中向量 $\boldsymbol{x}[n]$ 的状态变量如图 4.18 所示。对于场景和跟踪的模拟，我们同样采用了图 4.11~ 图 4.17 的生成过程中所做出的假设：车辆以 50km/h 的速度做匀速直线移动、对碰撞物体（CO）的跟踪是从$\left[r_{x,\mathrm{rel}}^{(\mathrm{m})}[n], r_{y,\mathrm{rel}}^{(\mathrm{m})}[n]\right]^{\mathrm{T}} = [25\mathrm{m}, 5\mathrm{m}]^{\mathrm{T}}$处开始的、采样间隔时间为 $T = 0.04\mathrm{s}$、传感器对$r_{x,\mathrm{rel}}^{(\mathrm{m})}[n]$的测量标准差被设为 0.22m、传感器对$r_{y,\mathrm{rel}}^{(\mathrm{m})}[n]$的测量标准差被设为 0.22m、跟踪时间为 4s，传感器的测量值如图 4.19 所示。

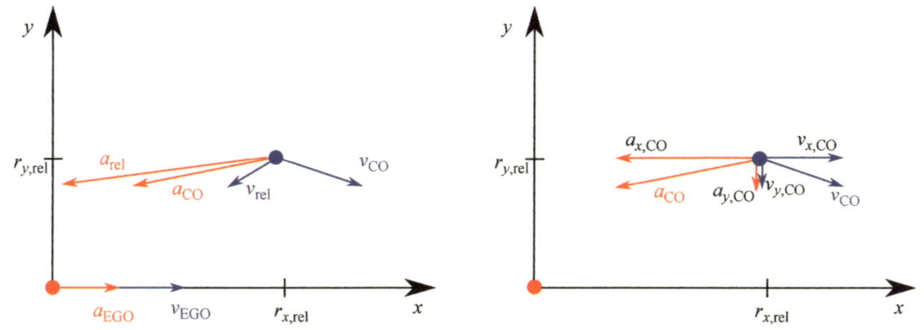

图 4.18　图 4.8 中的场景中，式（4.120）中状态向量内的各个矢量

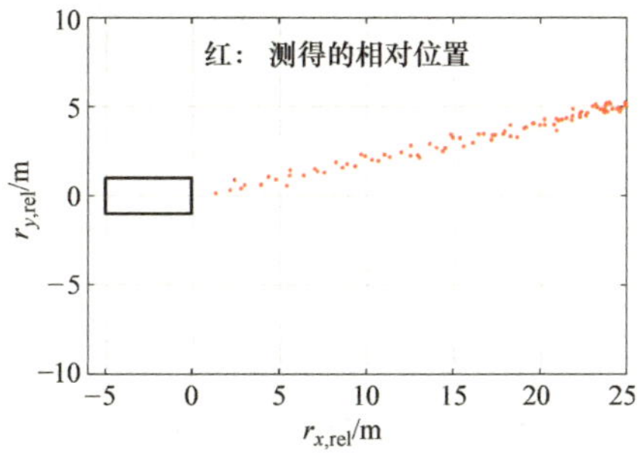

图 4.19　在 4s 的观察时间内测出的相对位置的值

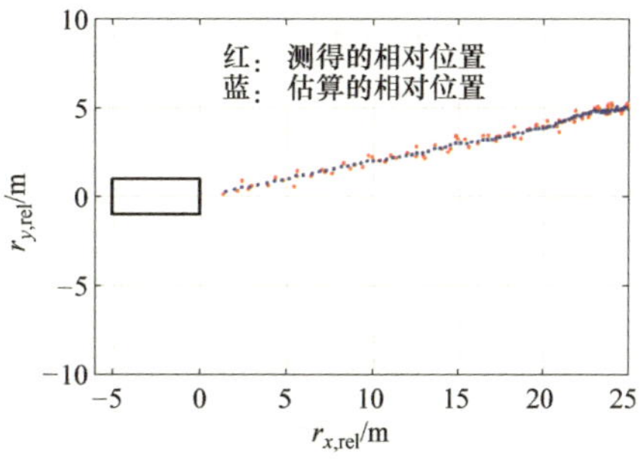

图 4.20　测量得到的相对位置，以及通过卡尔曼滤波的相对位置的估计

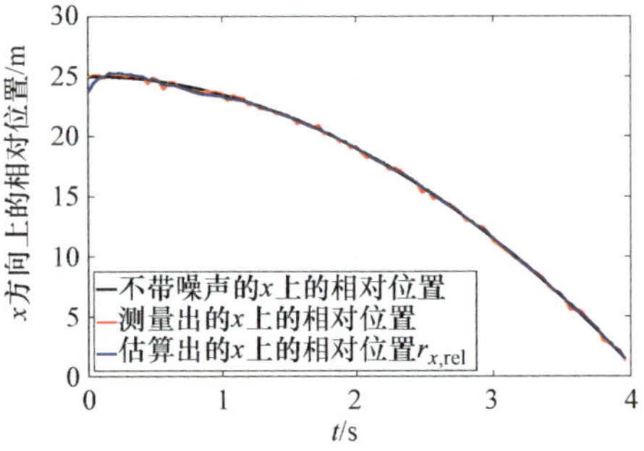

图 4.21　卡尔曼滤波估计的 $r_{x,\mathrm{rel}}$ 量随时间的变化

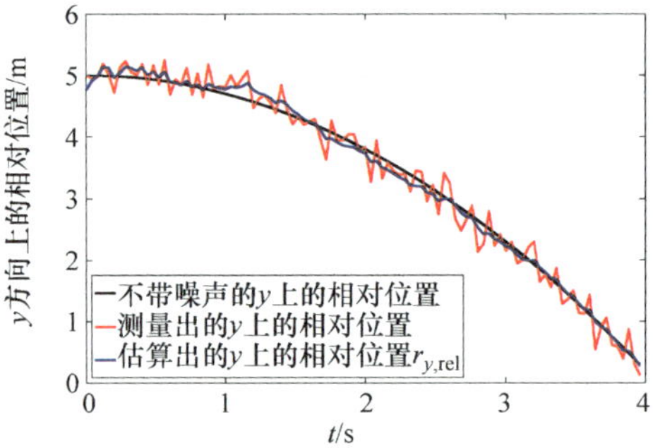

图 4.22　卡尔曼滤波估计的 $r_{y,\mathrm{rel}}$ 量随时间的变化

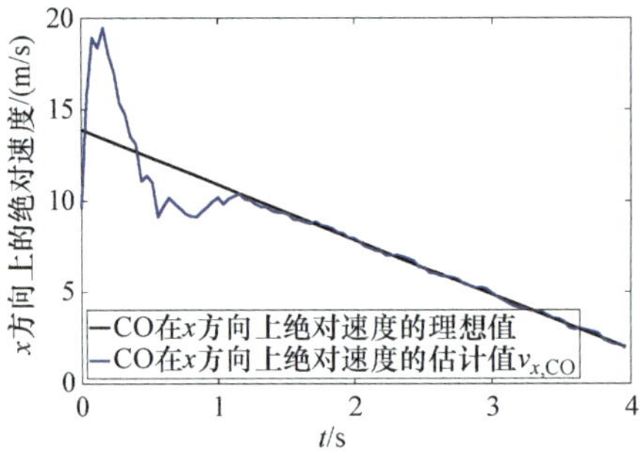

图 4.23　卡尔曼滤波估计的 $v_{x,\mathrm{CO}}$ 随时间的变化

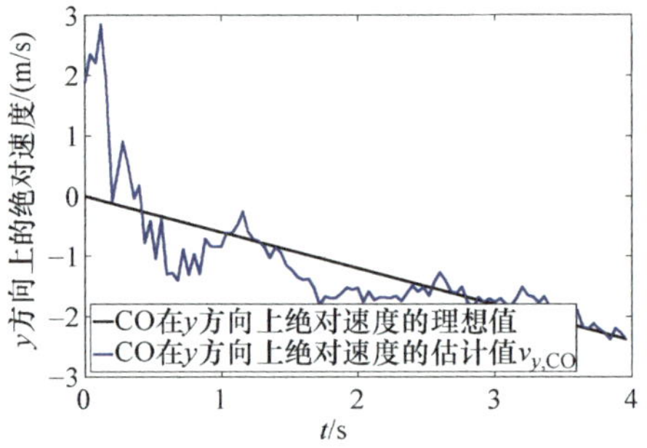

图 4.24　卡尔曼滤波估计的 $v_{y,\mathrm{CO}}$ 随时间的变化

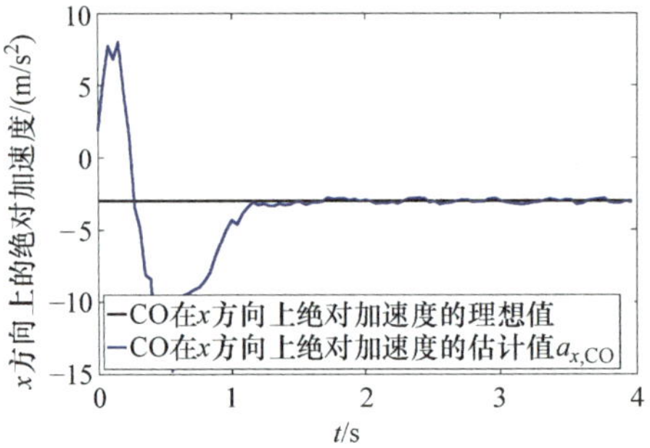

图 4.25　卡尔曼滤波估计的 $a_{x,\mathrm{CO}}$ 随时间的变化

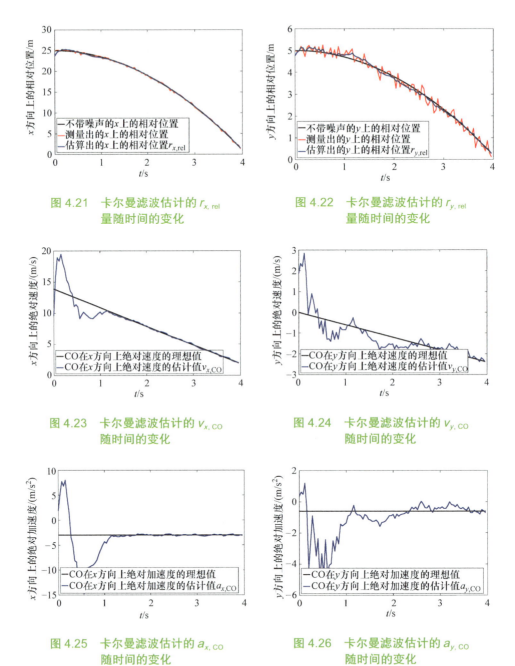

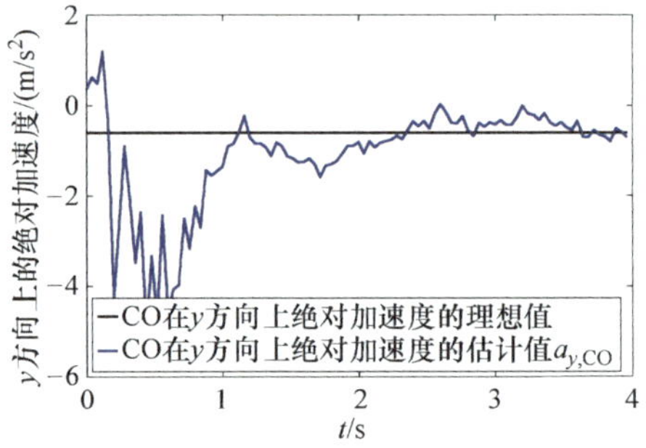

图 4.26　卡尔曼滤波估计的 $a_{y,\mathrm{CO}}$ 随时间的变化

图 4.21~ 图 4.26 显示了状态向量 $\mathbf{x}[n]$ 中估计量随时间的变化。这里要注意，“理想”值只存在于模拟仿真中，而在实际使用传感器时是得不到的。

模拟结果和得到的图 4.21~ 图 4.26 以及图 4.20 都表明，尽管测量值有噪声，但通过卡尔曼滤波依然可以很好地估计碰撞物体的相对位置和绝对速度。

关联

到目前为止，我们所考虑的情况都只需跟踪某个单一物体。然而，一个传感器会在车辆附近通常检测到多个物体。在这种情况下，会对每个物体使用一个卡尔曼滤波器。然而这里需要将测量结果与正确的测量对象对应起来。这项任务被称为关联。跟踪的物体与传感器的新测量值的关联必须在测量向量 $\boldsymbol{y}[n]$ 的空间中进行。如果用 $\boldsymbol{y}^{\ell}[n]$ 来表示最新测量的可以对应到之前追踪过的某个对象的第 ℓ 个物体，则我们将在第一步预测所有先前追踪对象测量值的期望。对于至今追踪到的第 k 个对象，根据卡尔曼滤波器的测量方程我们可得其预期测量值为

$$\hat{\boldsymbol{y}}^{k}[n|n-1]=\boldsymbol{C}[n]\boldsymbol{x}^{k}[n|n-1]+\boldsymbol{D}[n]\boldsymbol{u}^{k}[n] \tag{4.122}$$

第二步，计算当前测量值 $\boldsymbol{y}^{\ell}[n]$ 和第 k 个对象的测量值预测 $\hat{\boldsymbol{y}}^{k}[n|n-1]$ 之间的距离。欧几里得测距离方法可以应用于此

$$d^{k,\ell}[n]=\left\|\hat{\boldsymbol{y}}^{k}[n|n-1]-\boldsymbol{y}^{\ell}[n]\right\| \tag{4.123}$$

第三步，在迄今为止追踪的对象中，选出距离 $d^{k,\ell}[n]$ 最小的对象。如果这个数值高于一个要设定的阈值，则认为当前测量的第 ℓ 个物体是一个到目前为止还未对其进行过测量的新物体，并为这个物体生成一个新的卡尔曼滤波器，使得该物体在这之后能被纳入考量中。与之相反，如果该距离低于阈值，则测量值 $\boldsymbol{y}^{\ell}[n]$ 会被用于计算新息残差和更新相关对象的卡尔曼滤波。还应提及的是，在几个测量周期内都没有出现相关测量值的跟踪对象将被丢弃，因为我们可以认为这些对象已经离开了传感器的视野范围。

在计算新的测量值与先前跟踪对象的预测测量值的距离时，可以不使用欧氏距离，而使用马哈拉诺比斯距离。这里使用了式（4.88）卡尔曼滤波器中第 k 个被跟踪对象的新息残差的协方差矩阵 $\boldsymbol{S}^{k}[n]$

$$d^{k,\ell}[n]=\sqrt{(\hat{\boldsymbol{y}}^{k}[n|n-1]-\boldsymbol{y}^{\ell}[n])^{\mathrm{T}}(\boldsymbol{S}^{k}[n])^{-1}(\hat{\boldsymbol{y}}^{k}[n|n-1]-\boldsymbol{y}^{\ell}[n])} \tag{4.124}$$

协方差矩阵 $\boldsymbol{S}^{k}[n]$ 描述了沿着测量空间轴的标准差，也描述了第 k 个物体在各个轴之间测量的相关性（见习题 2.14）。马哈拉诺比斯距离相较于欧氏距离考虑到了这一信息，因此比欧氏距离更受欢迎。在图 4.27 中，三个测量值 $\boldsymbol{y}^{\ell}[n]$、$\boldsymbol{y}^{i}[n]$ 和 $\boldsymbol{y}^{j}[n]$ 都被可视化了。当用欧氏距离评估距离时，测量值 $\boldsymbol{y}^{i}[n]$ 将最接近第 k 个物体的预测测量值 $\hat{\boldsymbol{y}}^{k}[n|n-1]$。如果这里用的是马哈拉诺比斯距离，则我们会发现，测量值 $\boldsymbol{y}^{\ell}[n]$ 最接近第 k 个物体的预测测量值。在这个例子中使用马哈拉诺比斯距离时，两个测量值 $\boldsymbol{y}^{i}[n]$ 和 $\boldsymbol{y}^{j}[n]$ 与 $\hat{\boldsymbol{y}}^{k}[n|n-1]$ 的距离其实是相等的。

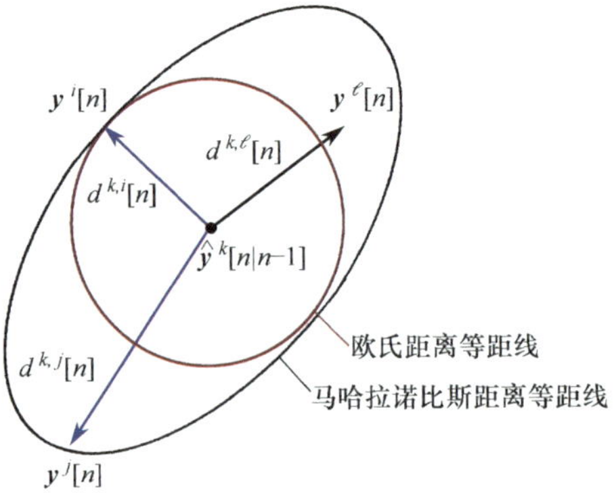

图 4.27　马氏距离以及欧氏距离

4.2.3　卡尔曼滤波的推广

在动态模型和测量模型为非线性的情况下，即它们通过式（4.1）和式（4.2）来描述，则先前引入的卡尔曼滤波不再可用。因此对于非线性系统，我们可以使用所谓的扩展卡尔曼滤波，它建立在对动态模型和测量模型做线性化的基础之上，由此产生的**扩展卡尔曼滤波**的方程为：

- 预测的先验状态估计

$$\boldsymbol{x}[n|n-1]=\boxed{\boldsymbol{f}_n(\boldsymbol{x}[n-1|n-1],\boldsymbol{u}[n-1])} \tag{4.125}$$

- 预测的先验协方差估计

$$\boldsymbol{P}[n|n-1]=\boldsymbol{A}[n-1]\boldsymbol{P}[n-1|n-1]\boldsymbol{A}[n-1]^{\mathrm{T}}+\boldsymbol{G}[n-1]\boldsymbol{C}_{\eta_{\mathrm{S}}}[n-1]\boldsymbol{G}^{\mathrm{T}}[n-1] \tag{4.126}$$

- 新息残差

$$\boldsymbol{\gamma}[n]=\boldsymbol{y}[n]-\boxed{\boldsymbol{h}_n(\boldsymbol{x}[n|n-1],\boldsymbol{u}[n])} \tag{4.127}$$

- 新息残差的方差

$$\boldsymbol{S}[n]=(\boldsymbol{C}[n]\boldsymbol{P}[n|n-1])\boldsymbol{C}[n]^{\mathrm{T}}+\boldsymbol{C}_{\eta_{\mathrm{M}}}[n] \tag{4.128}$$

- 卡尔曼增益

$$\boldsymbol{K}[n]=\boldsymbol{P}[n|n-1]\boldsymbol{C}[n]^{\mathrm{T}}\boldsymbol{S}[n]^{-1} \tag{4.129}$$

- 更新的后验状态估计

$$\boldsymbol{x}[n|n]=\boldsymbol{x}[n|n-1]+\boldsymbol{K}[n]\boldsymbol{\gamma}[n] \tag{4.130}$$

- 更新的后验协方差估计

$$P[n|n]=(I-K[n]C[n])P[n|n-1] \tag{4.131}$$

式中，$A[n-1]$ 和 $C[n]$ 是由非线性模型围绕最新的估计值线性化而得到的雅可比矩阵。

$$A[n-1]=\left.\frac{\partial f_n(x[n],u[n],\eta_S[n])}{\partial x[n]}\right|_{\substack{x[n]=x[n-1|n-1]\\ u[n]=u[n-1]\\ \eta_S[n]=0}} \tag{4.132}$$

$$G[n-1]=\left.\frac{\partial f_n(x[n],u[n],\eta_S[n])}{\partial \eta_S[n]}\right|_{\substack{x[n]=x[n-1|n-1]\\ u[n]=u[n-1]\\ \eta_S[n]=0}} \tag{4.133}$$

$$C[n]=\left.\frac{\partial h_n(x[n],u[n],\eta_M[n])}{\partial x[n]}\right|_{\substack{x[n]=x[n|n-1]\\ u[n]=u[n]\\ \eta_M[n]=0}} \tag{4.134}$$

需要注意的是，与针对线性系统的卡尔曼滤波不同，当动态模型和测量模型为非线性时，所用的扩展卡尔曼滤波并不是最优滤波。尽管如此，它在实践中仍被证明能够很好地适用于各种应用。

4.3 传感器数据融合

传感器数据融合这个概念指的是将几个传感器的输出信号结合起来，目的是为下游组件的具体应用实现更好和更简单的信号处理。关于传感器数据融合的更详细的信息可以参阅文献 [Gus13]。

使用传感器数据融合的一些原因如下：

1）使用几个具有相同输出变量的传感器可以提高估计值的准确性。

2）通过连接多个不同输出的传感器进而生成新的输出变量。

3）生成稳定一致的模型，使得下游组件可以将其抽象为一个“虚拟传感器”。

4）提高失效安全性和鲁棒性。

另一方面还应该提及的是，传感器数据融合会增加系统的复杂性。这不仅是因为融合模块需要用到运算资源，还因为其通常会用到额外的模组，如数据同步模组。使用后者的缘故是由于传感器常常拥有不同的测量周期，因此彼此之间并不同步。

对传感器数据融合方法的分类有不同的标准。一种可能是按其功能进行分类，在这种情况下，我们将其区分为**互补性、竞争性和合作性融合**。在互补性融合中，各个数据被结合起来，这些数据来自于不同的传感器，并且各自覆盖了不同的空间或时间区域。互补融合为车辆中的环境传感器创造了一个更完整的环境认知。在竞争性融合中，不同的传感器去感知同一信息，将测量值结合起来可以提高估计值的精度。在合作性融合中，传感器的结合可以产生出任何一个传感器都无法单独提供的新特征量。

另一种分类方法是基于数据融合时的信号处理层级，如信号级融合、特征级融合和对象级融合。在信号级融合中，来自传感器的原始数据或经过极少量处理的信号被结合在一起。在特征级融合中，已经在传感器中由原始数据生成得到的特征量被结合在一起。在对象级融合中，整个信号处理链已经在各个传感器中完成，例如对物体的跟踪，而在融合模块中，数据结合发生在一个很高的抽象水平上。物体层面融合的一个可能的实现方式是所谓的航迹融合。

在研究环境传感器时，信号级融合的一个例子是将相机图像的灰度值与激光雷达的点云联系起来。在习题 4.6 中我们已经介绍过一个信号级融合的例子。习题 4.6 中的图 4.28 展示了如何使用扩展卡尔曼滤波器实现加速度计、磁力计和陀螺仪的融合，以获得欧拉角的一个良好估计。

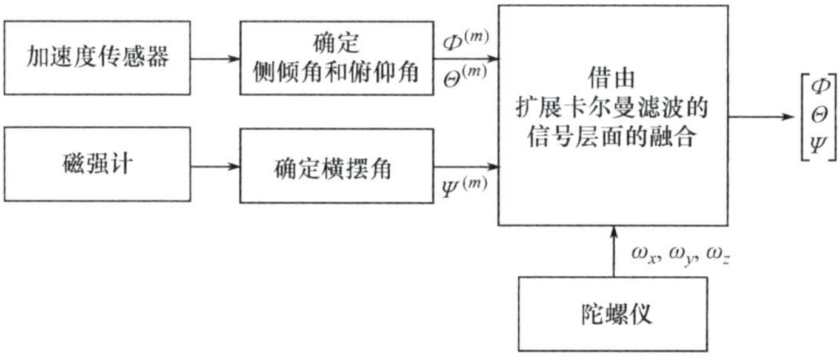

图 4.28　使用扩展卡尔曼滤波器进行融合的例子（见习题 4.6）

值得一提的是，除了卡尔曼和扩展卡尔曼滤波器，还有其他统计信号处理方法，如可用于传感器数据融合的粒子滤波器。

在研究环境传感器时，特征级融合的一个例子是将图像中发现的轮廓与激光雷达扫描得到的线段联系起来。

航迹融合的一个例子是关联车辆中各个环境传感器的对象列表。这里，一个传感器的对象列表包含了传感器在车辆环境中感知到的对象，其中每个对象都有现成的属性，例如每个对象与车辆的相对位置、绝对速度、物体类型、长度、宽度、高度等都可以是对象列表的组成部分。

航迹融合

在下文中，图 4.29 中的结构将被视为航迹融合的一个例子。这其中 M 个传感器中的

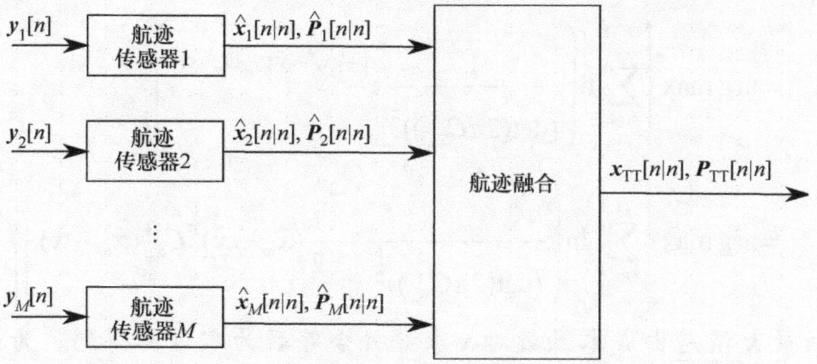

图 4.29　航迹融合

任何一个都有各自的跟踪算法，且都使用卡尔曼滤波器估计车辆周围同一个对象的状态。由此，我们假设所有 M 个跟踪算法都使用相同的动态模型

$$\boldsymbol{x}[n+1]=\boldsymbol{A}[n]\boldsymbol{x}[n]+\boldsymbol{B}[n]\boldsymbol{u}[n]+\boldsymbol{G}[n]\boldsymbol{\eta}_{\mathrm{S}}[n] \tag{4.135}$$

但有各自的测量模型

$$\boldsymbol{y}_m[n]=\boldsymbol{C}_m[n]\boldsymbol{x}[n]+\boldsymbol{D}_m[n]\boldsymbol{u}[n]+\boldsymbol{\eta}_{m,\mathrm{M}}[n],\quad m=1,\cdots,M \tag{4.136}$$

在航迹融合模型中，M 个状态向量$\hat{\boldsymbol{x}}_m[n\,|\,n]$要根据各个传感器中卡尔曼滤波器的协方差矩阵$\hat{\boldsymbol{P}}_m[n\,|\,n]$被关联起来。为此，我们假设似然函数$p(\hat{\boldsymbol{x}}_m\,|\,\boldsymbol{x})$是高斯的。结合$\hat{\boldsymbol{x}}_m=\hat{\boldsymbol{x}}[n\,|\,n]$和$\boldsymbol{C}_{\hat{\boldsymbol{x}}_m}=\hat{\boldsymbol{P}}_m[n\,|\,n]$的符号表示，似然函数的结果是

$$p(\hat{\boldsymbol{x}}_m\,|\,\boldsymbol{x})=\frac{1}{(\det(2\pi\boldsymbol{C}_{\hat{\boldsymbol{x}}_m}))^{\frac{1}{2}}}\mathrm{e}^{\left(-\frac{1}{2}(\hat{\boldsymbol{x}}_m-\boldsymbol{x})^{\mathrm{T}}\boldsymbol{C}_{\hat{\boldsymbol{x}}_m}^{-1}(\hat{\boldsymbol{x}}_m-\boldsymbol{x})\right)} \tag{4.137}$$

如果现在进一步假设各个传感器的状态估计是独立的，则得到

$$p(\hat{\boldsymbol{x}}_1,\hat{\boldsymbol{x}}_2,\cdots,\hat{\boldsymbol{x}}_M\,|\,\boldsymbol{x})=p(\hat{\boldsymbol{x}}_1\,|\,\boldsymbol{x})\cdot p(\hat{\boldsymbol{x}}_2\,|\,\boldsymbol{x})\cdot\cdots\cdot p(\hat{\boldsymbol{x}}_M\,|\,\boldsymbol{x}) \tag{4.138}$$

这个假设是一种简化。基于各个传感器使用的都是式（4.135）中的同一个动态模型的事实，各个传感器其实并不完全独立。

基于式（4.138），确定参数的最大似然法（在第 5.1.6 小节中有详细描述）可以被用来估计 $\boldsymbol{x}$。$\boldsymbol{x}$ 的估计值$\hat{\boldsymbol{x}}_{\mathrm{ML}}$可以由优化任务

$$
\begin{aligned}
\hat{\boldsymbol{x}}_{\mathrm{ML}} &= \arg\max_{\boldsymbol{x}}\{p(\hat{\boldsymbol{x}}_1,\hat{\boldsymbol{x}}_2,\cdots,\hat{\boldsymbol{x}}_M \mid \boldsymbol{x})\} \\
&= \arg\max_{\boldsymbol{x}}\{p(\hat{\boldsymbol{x}}_1 \mid \boldsymbol{x})\cdot p(\hat{\boldsymbol{x}}_2 \mid \boldsymbol{x})\cdot\cdots\cdot p(\hat{\boldsymbol{x}}_M \mid \boldsymbol{x})\} \\
&= \arg\max_{\boldsymbol{x}}\{\ln(p(\hat{\boldsymbol{x}}_1 \mid \boldsymbol{x})\cdot p(\hat{\boldsymbol{x}}_2 \mid \boldsymbol{x})\cdot\cdots\cdot p(\hat{\boldsymbol{x}}_M \mid \boldsymbol{x}))\} \\
&= \arg\max_{\boldsymbol{x}}\left\{\sum_{m=1}^{M}\ln\left(\frac{1}{(\det(2\pi\boldsymbol{C}_{\hat{\boldsymbol{x}}_m}))^{\frac{1}{2}}}\mathrm{e}^{\left(-\frac{1}{2}(\hat{\boldsymbol{x}}_m-\boldsymbol{x})^{\mathrm{T}}\boldsymbol{C}_{\hat{\boldsymbol{x}}_m}^{-1}(\hat{\boldsymbol{x}}_m-\boldsymbol{x})\right)}\right)\right\} \\
&= \arg\max_{\boldsymbol{x}}\left\{\sum_{m=1}^{M}\left(\ln\left(\frac{1}{(\det(2\pi\boldsymbol{C}_{\hat{\boldsymbol{x}}_m}))^{\frac{1}{2}}}\right)-\frac{1}{2}(\hat{\boldsymbol{x}}_m-\boldsymbol{x})^{\mathrm{T}}\boldsymbol{C}_{\hat{\boldsymbol{x}}_m}^{-1}(\hat{\boldsymbol{x}}_m-\boldsymbol{x})\right)\right\}
\end{aligned}
\tag{4.139}
$$

得到。该最大值是由成本函数对 $\boldsymbol{x}$ 求导并令导数为零计算得到。为此使用式（2.65）

$$
\sum_{m=1}^{M}\left(\frac{1}{2}\boldsymbol{C}_{\hat{\boldsymbol{x}}_m}^{-1}(\hat{\boldsymbol{x}}_m-\boldsymbol{x})+\frac{1}{2}\boldsymbol{C}_{\hat{\boldsymbol{x}}_m}^{-1}(\hat{\boldsymbol{x}}_m-\boldsymbol{x})\right)\overset{!}{=}\boldsymbol{0} \tag{4.140}
$$

然后得到

$$
\sum_{m=1}^{M}\boldsymbol{C}_{\hat{\boldsymbol{x}}_m}^{-1}\hat{\boldsymbol{x}}_m \overset{!}{=} \sum_{m=1}^{M}\boldsymbol{C}_{\hat{\boldsymbol{x}}_m}^{-1}\boldsymbol{x} \tag{4.141}
$$

于是得到

$$
\hat{\boldsymbol{x}}_{\mathrm{ML}} = \left(\sum_{m=1}^{M}\boldsymbol{C}_{\hat{\boldsymbol{x}}_m}^{-1}\right)^{-1}\sum_{m=1}^{M}\boldsymbol{C}_{\hat{\boldsymbol{x}}_m}^{-1}\hat{\boldsymbol{x}}_m \tag{4.142}
$$

结合传感器在统计上是独立的这一简化假设，也可以计算出$\hat{\boldsymbol{x}}_{\mathrm{ML}}$的协方差

$$
\boldsymbol{C}_{\hat{\boldsymbol{x}}_{\mathrm{ML}}} = \mathrm{Cov}\left\{\sum_{m=1}^{M}\boldsymbol{F}\boldsymbol{C}_{\hat{\boldsymbol{x}}_m}^{-1}\hat{\boldsymbol{x}}_m\right\},\text{其中}\boldsymbol{F}=\left(\sum_{m=1}^{M}\boldsymbol{C}_{\hat{\boldsymbol{x}}_m}^{-1}\right)^{-1} \tag{4.143}
$$

$$
\begin{aligned}
\boldsymbol{C}_{\hat{\boldsymbol{x}}_{\mathrm{ML}}} &= \sum_{m=1}^{M}\mathrm{Cov}\{\boldsymbol{F}\boldsymbol{C}_{\hat{\boldsymbol{x}}_m}^{-1}\hat{\boldsymbol{x}}_m\} = \sum_{m=1}^{M}\boldsymbol{F}\boldsymbol{C}_{\hat{\boldsymbol{x}}_m}^{-1}\mathrm{Cov}\{\hat{\boldsymbol{x}}_m\}\boldsymbol{C}_{\hat{\boldsymbol{x}}_m}^{-1,\mathrm{T}}\boldsymbol{F}^{\mathrm{T}} \\
&= \boldsymbol{F}\left(\sum_{m=1}^{M}\boldsymbol{C}_{\hat{\boldsymbol{x}}_m}^{-1}\boldsymbol{C}_{\hat{\boldsymbol{x}}_m}\boldsymbol{C}_{\hat{\boldsymbol{x}}_m}^{-1,\mathrm{T}}\right)\boldsymbol{F}^{\mathrm{T}} \\
&= \left(\sum_{m=1}^{M}\boldsymbol{C}_{\hat{\boldsymbol{x}}_m}^{-1}\right)^{-1}\left(\sum_{m=1}^{M}\boldsymbol{C}_{\hat{\boldsymbol{x}}_m}^{-1}\right)^{\mathrm{T}}\left(\sum_{m=1}^{M}\boldsymbol{C}_{\hat{\boldsymbol{x}}_m}^{-1}\right)^{-1,\mathrm{T}} \\
&= \left(\sum_{m=1}^{M}\boldsymbol{C}_{\hat{\boldsymbol{x}}_m}^{-1}\right)^{-1}
\end{aligned}
\tag{4.144}
$$

从输出值 $\boldsymbol{x}_{\mathrm{TT}}[n|n]$ 和 $\boldsymbol{P}_{\mathrm{TT}}[n|n]$ 来看，这种航迹融合的方法其实就是求最大似然值

$$\boldsymbol{x}_{\mathrm{TT}}[n\,|\,n]=\hat{\boldsymbol{x}}_{\mathrm{ML}} \tag{4.145}$$

$$\boldsymbol{P}_{\mathrm{TT}}[n\,|\,n]=\boldsymbol{C}_{\hat{x}_{\mathrm{ML}}} \tag{4.146}$$

在航迹融合中还必须进行关联，以获得不同传感器中的对象之间的归属匹配。与在传感器的卡尔曼滤波中讨论的关联不同，这种关联通常不是在测量空间中实现，而是在状态空间中实现的。比如，为了能够确定第 m 个传感器的第 k 个物体是否与第 i 个传感器的第 ℓ 个物体相匹配，使得它们的轨迹能够以轨对轨的方式被融合，必须要去计算状态 $\hat{\boldsymbol{x}}_m^k[n\,|\,n]$ 和 $\hat{\boldsymbol{x}}_\ell^i[n\,|\,n]$ 之间的距离。如果距离超过一个可以调整的阈值，则由此可以认为这些状态向量所指的两个对象是不同的对象而不会被融合。

在关联和融合计算距离之前，必须确保状态向量中描述的量是在同一坐标系中表达的。若非如此，则在关联和融合之前，状态向量中包含的所有量必须转换到一个共同的坐标系。一个原点位于车辆后轴中点正下方地面的惯性坐标系经常被选来用于描述车辆周边环境以及在时刻 n 进行融合。图 4.30 显示了该地面坐标系 E。在下文中，我们假设在车辆中安装了一个传感器 Q，它在地面坐标系 E 中的位置是

$$\boldsymbol{r}_Q=[r_{X,Q},r_{Y,Q},r_{Z,Q}]^{\mathrm{T}} \tag{4.147}$$

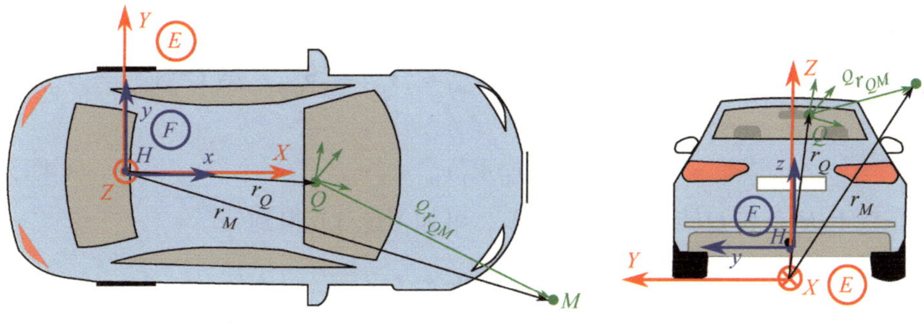

图 4.30 一个用于传感器数据融合的坐标系示例

图 4.30 中还显示了传感器 Q 和原点 H 位于后轴中心上的车辆坐标系 F。在关联和融合之前，必须将 Q 检测到的每个物体的状态向量转换到坐标系 E 中。由于传感器的坐标轴通常与 E 的坐标轴 X、Y 和 Z 不在同一方向上，因此需要一个旋转矩阵 ${}^{E}\boldsymbol{R}_Q$，它将传感器 Q 的坐标系旋转成坐标系 E。因为坐标系 E 和 F

有相同的指向，所以有 ${}^F\boldsymbol{R}_Q={}^E\boldsymbol{R}_Q$ 成立。这个旋转矩阵不受时间影响，是在传感器 Q 安装在车辆上时确定的。此外，还须考虑到平移 $\boldsymbol{r}_Q$。如果传感器 Q 已经测量了车外 M 点的相对位置

$$ {}^Q\boldsymbol{r}_{QM}=[{}^Q r_{x,QM}\,{}^Q r_{y,QM}\,{}^Q r_{z,QM}]^{\mathrm{T}} \tag{4.148}$$

那么该点在坐标系 E 中的位置 $\boldsymbol{r}_M$ 是

$$\boldsymbol{r}_M=\boldsymbol{r}_Q+{}^E\boldsymbol{R}_Q\cdot{}^Q\boldsymbol{r}_{QM} \tag{4.149}$$

根据式（3.74），Q 点和 M 点之间的地面相对速度在传感器坐标系中表示为

$${}^Q_E\boldsymbol{v}_{\mathrm{QM}}=\frac{\mathrm{d}}{\mathrm{d}t}({}^Q\boldsymbol{r}_{QM})+{}^Q_E\boldsymbol{\omega}_Q\times{}^Q\boldsymbol{r}_{QM} \tag{4.150}$$

将这个矢量旋转到地面坐标系 E 则得到

$${}^E_E\boldsymbol{v}_{\mathrm{QM}}={}^E\boldsymbol{R}_Q\cdot\frac{\mathrm{d}}{\mathrm{d}t}({}^Q\boldsymbol{r}_{QM})+{}^E\boldsymbol{R}_Q\left({}^Q_E\boldsymbol{\omega}_Q\times{}^Q\boldsymbol{r}_{QM}\right) \tag{4.151}$$

因为对于旋转矩阵 $\boldsymbol{R}$，存在 $\boldsymbol{R}(\boldsymbol{b}\times\boldsymbol{c})=\boldsymbol{R}\boldsymbol{b}\times\boldsymbol{R}\boldsymbol{c}$，它也就可以写成

$${}^E_E\boldsymbol{v}_{\mathrm{QM}}={}^E\boldsymbol{R}_Q\cdot\frac{\mathrm{d}}{\mathrm{d}t}({}^Q\boldsymbol{r}_{QM})+{}^E\boldsymbol{R}_Q\cdot{}^Q_E\boldsymbol{\omega}_Q\times{}^E\boldsymbol{R}_Q\cdot{}^Q\boldsymbol{r}_{QM} \tag{4.152}$$

正如已经解释过的，E 和 F 有相同的方向，所以 ${}^F\boldsymbol{R}_Q={}^E\boldsymbol{R}_Q$，因此有 ${}^E\boldsymbol{R}_Q\cdot{}^Q_E\boldsymbol{\omega}_Q={}^F\boldsymbol{R}_Q\cdot{}^Q_E\boldsymbol{\omega}_Q={}^F_E\boldsymbol{\omega}_Q={}^F_E\boldsymbol{\omega}_F$成立，可以得到

$${}^E_E\boldsymbol{v}_{\mathrm{QM}}={}^E\boldsymbol{R}_Q\cdot\frac{\mathrm{d}}{\mathrm{d}t}({}^Q\boldsymbol{r}_{QM})+{}^F_E\boldsymbol{\omega}_F\times{}^E\boldsymbol{R}_Q\cdot{}^Q\boldsymbol{r}_{QM} \tag{4.153}$$

因此，地面相对速度能用在车辆中可获取的量来表示。

由 ${}^E_E\boldsymbol{r}_{\mathrm{HM}}={}^E_E\boldsymbol{r}_{\mathrm{HQ}}+{}^E_E\boldsymbol{r}_{\mathrm{QM}}$ 出发，得到 ${}^E_E\boldsymbol{v}_{\mathrm{HM}}={}^E_E\boldsymbol{v}_{\mathrm{HQ}}+{}^E_E\boldsymbol{v}_{\mathrm{QM}}$，结合 ${}^E_E\boldsymbol{v}_{\mathrm{HM}}={}^E_E\boldsymbol{v}_M-{}^E_E\boldsymbol{v}_{\mathrm{H}}$ 可得

$${}^E_E\boldsymbol{v}_M={}^E_E\boldsymbol{v}_{\mathrm{H}}+{}^E_E\boldsymbol{v}_{\mathrm{HQ}}+{}^E_E\boldsymbol{v}_{\mathrm{QM}} \tag{4.154}$$

车辆上 H 点和 Q 点之间的速度差，可如习题 3.6 得到

$${}^E_E\boldsymbol{v}_{\mathrm{HQ}}={}^F_E\boldsymbol{\omega}_F\times{}^E_E\boldsymbol{r}_{\mathrm{HQ}} \tag{4.155}$$

将式（4.153）和式（4.155）代入式（4.154），得到通过车辆中的可用量在 E 上表示的点 M 的速度

$${}^E_E\boldsymbol{v}_M={}^E_E\boldsymbol{v}_{\mathrm{H}}+{}^F_E\boldsymbol{\omega}_F\times{}^E_E\boldsymbol{r}_{\mathrm{HQ}}+\underbrace{{}^E\boldsymbol{R}_Q\cdot\frac{\mathrm{d}}{\mathrm{d}t}({}^Q\boldsymbol{r}_{QM})+{}^F_E\boldsymbol{\omega}_F\times{}^E\boldsymbol{R}_Q\cdot{}^Q\boldsymbol{r}_{QM}}_{{}^E\boldsymbol{R}_Q\cdot{}^Q_E\boldsymbol{v}_{\mathrm{QM}}} \tag{4.156}$$

式中，${}^E_E\boldsymbol{v}_{\mathrm{H}}$是点 H 在 E 中的速度，即车辆后轴中心的速度；${}^F_E\boldsymbol{\omega}_F$是车辆中测量的

角速度；$\boldsymbol{r}_{\mathrm{HQ}}$是由传感器安装位置决定的位置向量；${}^{E}\boldsymbol{R}_{Q}$是旋转矩阵，在安装传感器时由传感器朝向所决定；${}^{Q}\boldsymbol{r}_{QM}$是传感器坐标系中 M 点的位置测量；$\frac{\mathrm{d}}{\mathrm{d}t}({}^{Q}\boldsymbol{r}_{QM})$是它在移动的车辆中对时间的求导，即 Q 和 M 在传感器坐标系中的相对速度。

如果传感器 Q 为传感器数据融合提供了的状态向量，其中包含了传感器坐标系中 Q 和 M 之间的相对速度，即$\frac{\mathrm{d}}{\mathrm{d}t}({}^{Q}\boldsymbol{r}_{QM})$，那么式（4.156）将被用来将 M 的速度转换到 E 上，以便进行关联。另一方面，如果传感器 Q 为传感器数据融合提供的状态矢量，其中 Q 和 M 之间的相对速度是“地面”速度，即${}^{Q}_{E}\boldsymbol{v}_{QM}$，则可以使用从式（4.156）中得出的式（4.157）计算 M 在 E 中的速度：

$$
{}^{E}_{E}\boldsymbol{v}_{M} = {}^{E}_{E}\boldsymbol{v}_{\mathrm{H}} + {}^{F}_{E}\boldsymbol{\omega}_{F} \times {}^{E}_{E}\boldsymbol{r}_{\mathrm{HQ}} + {}^{E}\boldsymbol{R}_{Q} \cdot {}^{Q}_{E}\boldsymbol{v}_{QM} \tag{4.157}
$$

类似于速度的推导，可以根据方程（3.81）得到点 M 在 E 中的加速度

$$
\begin{aligned}
{}^{E}_{E}\boldsymbol{a}_{M} = {}&{}^{E}_{E}\boldsymbol{a}_{\mathrm{H}} + {}^{F}_{E}\dot{\boldsymbol{\omega}}_{F} \times {}^{E}_{E}\boldsymbol{r}_{\mathrm{HQ}} + {}^{F}_{E}\boldsymbol{\omega}_{F} \times \left({}^{F}_{E}\boldsymbol{\omega}_{F} \times {}^{E}_{E}\boldsymbol{r}_{\mathrm{HQ}}\right) + {}^{F}_{E}\dot{\boldsymbol{\omega}}_{F} \times \left({}^{E}\boldsymbol{R}_{Q}{}^{Q}\boldsymbol{r}_{QM}\right) + \\
&{}^{F}_{E}\boldsymbol{\omega}_{F} \times \left({}^{F}_{E}\boldsymbol{\omega}_{F} \times \left({}^{E}\boldsymbol{R}_{Q}{}^{Q}\boldsymbol{r}_{QM}\right)\right) + 2\,{}^{F}_{E}\boldsymbol{\omega}_{F} \times \left({}^{E}\boldsymbol{R}_{Q} \cdot \frac{\mathrm{d}}{\mathrm{d}t}\left({}^{Q}\boldsymbol{r}_{QM}\right)\right) + {}^{E}\boldsymbol{R}_{Q} \cdot \frac{\mathrm{d}^2}{\mathrm{d}t^2}\left({}^{Q}\boldsymbol{r}_{QM}\right)
\end{aligned} \tag{4.158}
$$

如果传感器提供在传感器坐标系中的相对加速度$\frac{\mathrm{d}^2}{\mathrm{d}t^2}\left({}^{Q}\boldsymbol{r}_{QM}\right)$和相对速度$\frac{\mathrm{d}}{\mathrm{d}t}\left({}^{Q}\boldsymbol{r}_{QM}\right)$，则为：

$$
{}^{E}_{E}\boldsymbol{a}_{M} = {}^{E}_{E}\boldsymbol{a}_{\mathrm{H}} + {}^{F}_{E}\dot{\boldsymbol{\omega}}_{F} \times {}^{E}_{E}\boldsymbol{r}_{\mathrm{HQ}} + {}^{F}_{E}\boldsymbol{\omega}_{F} \times \left({}^{F}_{E}\boldsymbol{\omega}_{F} \times {}^{E}_{E}\boldsymbol{r}_{\mathrm{HQ}}\right) + {}^{E}\boldsymbol{R}_{Q} \cdot {}^{Q}_{E}\boldsymbol{a}_{QM} \tag{4.159}
$$

或者，如果传感器提供“对地”的相对加速度${}^{Q}_{E}\boldsymbol{a}_{QM}$并显示在传感器坐标系中，车辆环境中物体在地面坐标系 E 中的位置、速度和加速度可以用式（4.149）、式（4.156）、式（4.157）、式（4.158）或式（4.159）表示，这允许在状态空间中关联来自不同传感器的数据。

4.4 习题

【习题 4.1】已知线性系统的测量方程为：

$\boldsymbol{y} = \boldsymbol{C}\boldsymbol{x} + \boldsymbol{\eta}_{\mathrm{M}}$,其中$\boldsymbol{x} \in \mathbb{R}^{N}, \boldsymbol{x} \sim \mathcal{N}(\boldsymbol{\mu}_x, \boldsymbol{C}_x)$和$\boldsymbol{\eta}_{\mathrm{M}} \in \mathbb{R}^{M}, \boldsymbol{\eta}_{\mathrm{M}} \sim \mathcal{N}(\boldsymbol{0}, \boldsymbol{C}_{\eta_{\mathrm{M}}})$，

其中，

$$\boldsymbol{\mu}_x=\begin{bmatrix}0\\1\end{bmatrix},\boldsymbol{C}_x=\begin{bmatrix}3&1\\1&3\end{bmatrix},\boldsymbol{C}_{\eta_M}=\begin{bmatrix}1&0\\0&1\end{bmatrix},\boldsymbol{C}=\begin{bmatrix}2&-1/2\\-1/4&1\end{bmatrix}$$

信号 $\boldsymbol{x}$ 和 $\boldsymbol{\eta}_M$ 不相关。对于以下测量值，请计算 $\boldsymbol{x}$ 的最优线性估计值$\hat{\boldsymbol{x}}_{lin}$、$\boldsymbol{x}$ 的最小均方误差估计值$\hat{\boldsymbol{x}}_{MMSE}$和 $\boldsymbol{x}$ 的最大后验估计值$\hat{\boldsymbol{x}}_{MAP}$：

$$\boldsymbol{y}=\begin{bmatrix}1\\3/2\end{bmatrix}$$

【习题 4.2】在本习题中考虑的是标量的卡尔曼滤波器。

1）请写下标量卡尔曼滤波器的方程，并解释为什么对于高功率的测量噪声，估计值$\hat{x}[n]$主要由模型知识决定。此外，还请解释为什么对于高功率的系统噪声，估计值$\hat{x}[n]$主要由当前测量值决定。

2）线性动态系统由以下系统方程和测量方程描述：

$$x[n+1]=x[n]+\eta_S[n],\quad \eta_M[n]\sim\mathcal{N}(0,\sigma_{\eta_S}^2)$$
$$y[n]=x[n]+\eta_M[n],\quad \eta_S[n]\sim\mathcal{N}(0,\sigma_{\eta_M}^2),$$

其中$x[0]\sim\mathcal{N}(0,\sigma_{x[0]}^2)$，且系统噪声过程和测量噪声过程是不相关的白噪声。当 $n\to\infty$ 时，即在稳态下，上述系统描述的卡尔曼滤波器变为线性时不变滤波器。当 $n\to\infty$ 时，请计算概率密度函数 $p(x[n]|y_{1:n-1})$ 的方差，概率密度函数 $p(x[n]|y_{1:n})$ 的方差和作为有关噪声功率$\sigma_{\eta_S}^2$和$\sigma_{\eta_M}^2$函数的卡尔曼增益 $k[n]$。

【习题 4.3】在此习题中，应使用卡尔曼滤波器计算回避绕行操作过程中转向角的一阶导数和二阶导数。转向角可以通过传感器测量得到并且提供使用。在此处要考虑的持续时间为 1.55s 的场景中，车辆以 50km/h 的速度行驶，且转向角的无噪声曲线为$\varphi(t)=75°\sin\left(\frac{2\pi}{1.55\mathrm{s}}t\right)$。绕行操作如图 4.31 所示。但是，转向角只能作为有噪声的信号使用，而且是作为采样时间为 $T=10^{-3}$s 的离散时间信号。最大的测量噪声值约为 $\eta_{M,max}\approx 3°$。假设转向角信号的最大加速度，即三阶导数，约为$\dddot{\varphi}_{max}=6\cdot10^4(°)/\mathrm{s}^3$。

1）请编写一个 MATLAB 脚本，计算出转向角 $\varphi(t)$ 和转向角有噪声的测量信号 $\varphi^{(m)}(t)$ 并将其可视化。

2）请使用式（4.100）和式（4.101）中的动态模型在 MATLAB 中实现根据有噪声的测量信号 $\varphi^{(m)}(t)$ 计算转向角、转向角速度和转向角加速度的卡尔曼滤波器。请将这些量在整个绕行操作过程中估计的信号和相应的方差可视化。

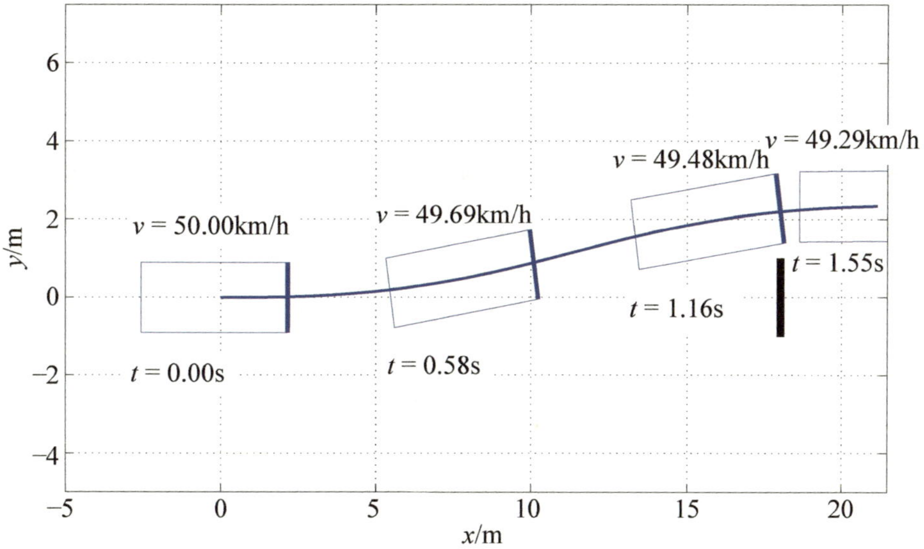

图 4.31 通过转向角的正弦曲线进行的回避绕行操作

3）为了评估使用卡尔曼滤波器进行的导数计算，还应考虑确定导数的“简单”方法，即

$$\hat{\dot{\varphi}}_{\text{naiv}}[n]=\frac{\varphi^{(m)}[n]-\varphi^{(m)}[n-1]}{T}$$

将噪声值除以一个小的数值 $T=10^{-3}$ 会产生一个噪声非常大的信号 $\hat{\dot{\varphi}}_{\text{naiv}}[n]$。因此，应使用 6 阶巴特沃思滤波器对信号 $\hat{\dot{\varphi}}_{\text{naiv}}[n]$ 进行低通滤波。巴特沃思滤波器将使用 15Hz 的截止频率。请通过这种方式在 Matlab 脚本中计算绕行操作的转向角速度，并将得到的信号与使用卡尔曼滤波器估计的转向角速度进行比较。类似地，请在 Matlab 脚本中计算绕行操作的转向角加速度，并将得到的信号与使用卡尔曼滤波器估计的转向角加速度进行比较。

【习题 4.4】1）请编写一个 Matlab 脚本，模拟图 4.8 中的交通场景，并生成类似于图 4.10 中的测量值。如果将自动驾驶汽车第一次检测，即当 $\left[r_{x,\text{rel}}^{(\text{m})}[n],r_{y,\text{rel}}^{(\text{m})}[n]\right]^{\text{T}}=[25\text{m},5\text{m}]^{\text{T}}$ 时的坐标系定义为整体坐标系，则碰撞对象（CO）的运动为：在第一次检测时，以 50km/h 的速度在整体坐标系的 X 轴方向上移动，在整个模拟持续期间内 X 轴方向上加速度为 -3m/s^2，Y 轴方向上加速度为 -0.6m/s^2。而车辆的运动为：在整个场景持续时间内以 50km/h 的速度在整体坐标系的 X 轴方向上移动。此外，通过添加噪声由理想值 $r_{x,\text{rel}}[n]$ 生成测量值 $r_{x,\text{rel}}^{(\text{m})}[n]$

的噪声的方差为 0.04m²。而通过添加噪声由理想值$r_{y,\mathrm{rel}}[n]$生成测量值$r_{y,\mathrm{rel}}^{(\mathrm{m})}[n]$的噪声的方差也为 0.04m²。

2）车辆中的传感器只能检测相对位置，其采样周期为 $T=0.04\mathrm{s}$，测量噪声$\eta_{x,\mathrm{M}}$的方差$\sigma_{\eta_{x,\mathrm{M}}}^2=0.05\mathrm{m}^2$，测量噪声$\eta_{y,\mathrm{M}}$的方差$\sigma_{\eta_{y,\mathrm{M}}}^2=0.05\mathrm{m}^2$。此外，假设传感器中系统噪声$\boldsymbol{\eta}_\mathrm{S}[n]$中所有元素的功率各自均具有值$\sigma_{\dot{a}_{x,\mathrm{rel}}}^2=\sigma_{\dot{a}_{y,\mathrm{rel}}}^2=64\mathrm{m}^2/\mathrm{s}^6$。请根据从式（4.108）~ 式（4.109）中的模型并使用卡尔曼滤波器为跟踪算法编写一个 MATLAB 脚本。请使用习题 a 中生成的相对位置的测量数据作为跟踪算法的输入。也请借助 MATLAB 脚本创建如图 4.10~ 图 4.17 所示的可视化。

【习题 4.5】在本习题中请在 MATLAB 里使用习题 4.4a 中生成的测量数据。请在 MATLAB 中实现一个跟踪算法，该算法使用此前的测量数据作为输入，并根据式（4.120）和式（4.121）中的模型实现跟踪。在整个场景中，车辆以 50km/h 的恒定速度直线向前行驶。在卡尔曼滤波器中，应假设测量噪声$\eta_{x,\mathrm{M}}$的方差$\sigma_{\eta_{x,\mathrm{M}}}^2=0.05\mathrm{m}^2$和测量噪声$\eta_{y,\mathrm{M}}$的方差$\sigma_{\eta_{y,\mathrm{M}}}^2=0.05\mathrm{m}^2$。此外，应假设传感器中系统噪声$\boldsymbol{\eta}_\mathrm{S}[n]$中所有元素的功率各自均具有值$\sigma_{\dot{a}_{x,\mathrm{CO}}}^2=\sigma_{\dot{a}_{x,\mathrm{EGO}}}^2=\sigma_{\dot{a}_{y,\mathrm{CO}}}^2=\sigma_{\dot{a}_{y,\mathrm{EGO}}}^2=16\mathrm{m}^2/\mathrm{s}^6$。也请借助 MATLAB 脚本创建如图 4.19~ 图 4.26 所示的可视化。

【习题 4.6】在本习题中，请推导出一个非线性动态模型，用于根据陀螺仪的测量值确定欧拉角速度。并根据得到的微分方程建立离散的扩展卡尔曼滤波器的方程组。

1）使用旋转矩阵${}^E\boldsymbol{R}_F$，即方程（3.47）中矩阵${}^F\boldsymbol{R}_E$的转置矩阵，可以将车辆固定坐标系 F 中的向量变换到惯性坐标系 E 中。然而，观察测量坐标系 F 中绕 x、y 和 z 坐标轴旋转的角速度 ω_x、ω_y 和 ω_z（见图 3.11）的陀螺仪的测量值会发现，使用旋转矩阵旋转向量 $[\omega_x,\omega_y,\omega_z]^\mathrm{T}$ 不会得到欧拉角速度$[\dot{\Phi},\dot{\Theta},\dot{\Psi}]^\mathrm{T}$。这是因为如果要从中确定欧拉角速度，不必将由陀螺仪测量得到的角速度全部变换到惯性坐标系 E 中。这与欧拉角的定义有关。如图 3.11 所示，Φ 表示绕 x'' 轴的旋转，Θ 表示绕 y' 轴的旋转，Ψ 表示绕 Z 轴的旋转。

因为坐标系（X, Y, Z）中的 Z 轴与坐标系（x', y', z'）中的 z' 轴重合（见图 3.11 左边），所以在坐标系（x'', y'', z''）中，欧拉角速度$\dot{\Psi}$在 x'' 轴方向上的分量为$(-\dot{\Psi}\sin(\Theta))$，在 z'' 轴方向上的分量为$(\dot{\Psi}\cos(\Theta))$（见图 3.11 中间）。因为坐标系（x', y', z'）中的 y' 轴与坐标系（x'', y'', z''）中的 y'' 轴重合，x'' 轴方向上的分量$(-\dot{\Psi}\sin(\Theta))$也对应坐标系（$x$, y, z）中 x 轴方向上的分量（见图 3.11 右边）。在坐标系（x, y, z）中，z'' 轴方向上的分量$(\dot{\Psi}\cos(\Theta))$生成 y 轴方向上的分量$(\dot{\Psi}\cos(\Theta)\sin(\Phi))$和 z 轴方向上的分量$(\dot{\Psi}\cos(\Theta)\cos(\Phi))$（见图 3.11

右边)。综上所述，可以说欧拉角速度$\dot{\Psi}$对陀螺仪在坐标系(x, y, z)中测得的所有角速度都有贡献，即$(-\dot{\Psi}\sin(\Theta))$对应于$\omega_x$，$(\dot{\Psi}\cos(\Theta)\sin(\Phi))$对应于$\omega_y$和$(\dot{\Psi}\cos(\Theta)\cos(\Phi))$对应于$\omega_z$。

因为坐标系(x',y',z')中的y'轴与坐标系(x'',y'',z'')中的y''轴重合(见图3.11中间)，所以在坐标系(x, y, z)中，欧拉角速度$\dot{\Theta}$在y轴方向上的分量为$(\dot{\Theta}\cos(\Phi))$，在z轴方向上的分量为$(-\dot{\Theta}\sin(\Phi))$(见图3.11右边)。因此，欧拉角速度$\dot{\Theta}$将$(\dot{\Theta}\cos(\Phi))$提供给$\omega_y$并将$(-\dot{\Theta}\sin(\Phi))$提供给$\omega_z$。

因为坐标系(x'', y'', z'')中的x''轴与坐标系(x, y, z)中的x轴重合(见图3.11右边)，所以在坐标系(x, y, z)中欧拉角速度$\dot{\Phi}$只有x轴方向上的分量$\dot{\Phi}$，即$\dot{\Phi}$只对ω_x有贡献。

- 基于上述考虑，请用矩阵-向量表示法将向量$[\omega_x,\omega_y,\omega_z]^{\mathrm{T}}$用$[\dot{\Phi},\dot{\Theta},\dot{\Psi}]^{\mathrm{T}}$表示。

- 请逆转矩阵并将向量$\dot{\boldsymbol{x}}(t)=[\dot{\Phi},\dot{\Theta},\dot{\Psi}]^{\mathrm{T}}$以矩阵-向量表示法表示为向量$\boldsymbol{u}(t)=[\omega_x,\omega_y,\omega_z]^{\mathrm{T}}$的函数。

2)请为习题a中的动态模型创建扩展卡尔曼滤波器的方程组。请给出扩展卡尔曼滤波器的所有方程。在对测量系统建模时，假设欧拉角可作为有噪声的测量值$\Phi^{(m)}$、$\Theta^{(m)}$和$\Psi^{(m)}$。

注意：当车辆处于静止状态时，可以使用加速度传感器确定侧倾角和俯仰角，使用磁力仪确定横摆角。如果车辆不是静止的，则没有可用的测量值，并且扩展卡尔曼滤波器会因为式(4.127)中缺少新息残差而对将式(4.125)中的侧倾角速度、俯仰角速度和横摆角速度进行积分。图4.28显示了该习题的框图。

【习题4.7】在车辆中安装有两个前视传感器A和B，这两个传感器都用于测量车辆重心与其他物体之间的相对距离。车辆直线行驶时，对于同一物体传感器A测量到的距离为$r_{x,A}=10.5\mathrm{m}$，传感器B测量到的距离为$r_{x,B}=9.8\mathrm{m}$。两个传感器的测量值可以建模为高斯随机变量，且已知在大约10m的距离处，传感器A的标准差为$\sigma_{x,A}=5\mathrm{cm}$，传感器$B$的标准差为$\sigma_{x,B}=15\mathrm{cm}$。请使用最大似然估计计算距离的融合值。

【习题4.8】如图4.32所示，在车辆中安装有两个传感器A和B。在图4.32中可见的地面坐标系E中，传感器具有以下位置：

$$\begin{bmatrix}X_A\\Y_A\\Z_A\end{bmatrix}=\begin{bmatrix}3.0\mathrm{m}\\0.8\mathrm{m}\\1.5\mathrm{m}\end{bmatrix}\text{和}\begin{bmatrix}X_B\\Y_B\\Z_B\end{bmatrix}=\begin{bmatrix}3.0\mathrm{m}\\-0.8\mathrm{m}\\1.5\mathrm{m}\end{bmatrix}$$

为了确保整个检测区域尽可能大，传感器的安装方式应确保每个传感器都略微向下和向外倾斜。更准确地说，相对于坐标系 E 传感器坐标系的欧拉角为：

$$\begin{bmatrix} \Phi_A \\ \Theta_A \\ \Psi_A \end{bmatrix} = \begin{bmatrix} 0° \\ 10° \\ 20° \end{bmatrix} 和 \begin{bmatrix} \Phi_B \\ \Theta_B \\ \Psi_B \end{bmatrix} = \begin{bmatrix} 0° \\ 10° \\ -20° \end{bmatrix}$$

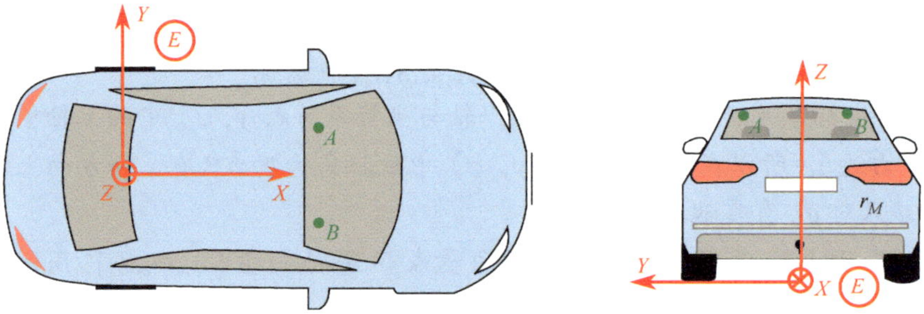

图 4.32 安装有传感器 A 和 B 的车辆

两个传感器在车辆前方检测到一个物体，并在各自的传感器坐标系中测量到以下该物体与传感器之间的相对位置：

$$^{A}\boldsymbol{r} = \begin{bmatrix} 27.53\text{m} \\ -16.88\text{m} \\ 3.85\text{m} \end{bmatrix} 和 ^{B}\boldsymbol{r} = \begin{bmatrix} 31.13\text{m} \\ 6.45\text{m} \\ 5.54\text{m} \end{bmatrix}$$

1）请根据测量值 $^{A}\boldsymbol{r}$ 计算出的物体在坐标系 E 中的位置 $^{E}\boldsymbol{r}(A)$。

2）请根据测量值 $^{B}\boldsymbol{r}$ 计算出的物体在坐标系 E 中的位置 $^{E}\boldsymbol{r}(B)$。

第5章 机器学习

学习目标

- 了解不同类型的从数据中学习的方法；
- 从数学上推导出线性分类和回归模型、神经网络、支持向量机、决策树、随机森林、自编码器和一些聚类方法的算法并应用这些方法；
- 实现基本的机器学习算法；
- 如何评估机器学习算法；
- 了解机器学习在安全自动驾驶领域中的一些应用。

5.1 机器学习概论

本节将介绍机器学习的基础知识。补充内容可以在文献 [Mit97, DHS01, HTF01, Bis06, GBC16] 中找到。机器学习是人工智能的一个子领域，如文献 [RN16] 便对人工智能的更多主题内容有所涉及。

机器学习一词涵盖了信号处理的各类方法，这些方法通过计算机的帮助找出数据中的统计相关性，从而能够对未来的数据进行预测。它也被称作“从经验中人工地生成知识”。机器学习以数学统计学为基础，研究如何从数据中进行“学习”，即如何在数据中寻找规律性的东西。我们通常区分出下列学习方式：

1）**监督学习**：一个从含有输入和输出的示例中学习的算法，也就是有现成的输入数据和对应的输出数据以供学习。我们说一个输入数据被标记了，就是说它有一个对应的输出结果。监督学习的目的是针对新的输入数据进行预测。

2）**无监督学习**：一个只从输入中学习的算法，输入没有对应的输出数据。其目的是学习输入数据中的结构，并为该结构生成一个模型。

3）**半监督学习**：对于一部分输入数据，其对应的输出数据也是已知的。半监督学习的目的是在使用没有被标记的输入数据时，也能够对新的输入数据进行预测。

4）**强化学习**：一个能够独立学习出一种使得奖励最大化的策略（行动序列）的算法。

机器学习是人工智能的一个子领域，其在工程领域起到了越来越重要的作用。这是由于可用数据和计算能力近年来大大增加，使得各种工程领域中复杂的实际应用都可以用机器学习算法来成功处理。值得一提的是，在这种情况下，许多算法都能够在学习任务所含数据量非常大的情况下以非常高的准确度完成任务。从一定的数据量开始，所选择的学习算法不再起决定性作用，因为许多如今现有的算法都是所谓的通用逼近器，这说明它们都可以表示出任何的连续函数；起决定性作用的反而是海量的数据。这一事实在文献 [BB01] 中借助大数据集在语音识别中的应用范例上也得到了体现。在实践中，大多数应用中的可用数据集都是中小尺寸的，因此对于一给定任务，一些学习算法将要比其他算法更适用。不幸的是，在这种情况下，要定义“大型数据集”并不容易，因为这必须针对具体问题才能回答。正如下面对“维数灾难”的解释以及如表 5.1 所示，我们很容易对数据集的大小产生某种误解。

许多可以由监督学习在数据中确定出的相关性，可以被表述为分类函数或回归函数。我们说无监督学习一般是指聚类，即发现无标记数据相似性的方法。5.1.7 小节到 5.3 节涉及了监督学习的方法，5.6 节则涉及聚类分析和在无监督学习下对神经网络的一种特殊应用，即所谓的自编码器。

5.1.1 分类与回归

分类或回归任务的目标是找到一种算法，该算法基于准备阶段所观察到的系统特征来确定该系统的某个要描述的量。然后，该算法将被应用到要描述的量是未知的情况中。如果每个观测点有 N' 个特征，则这些特征会被总结到向量 $\boldsymbol{v}$ 中

$$\boldsymbol{v}=[v_1,\cdots,v_{N'}]^{\mathrm{T}} \tag{5.1}$$

用 y 来表示要描述的量，假设 y 的取值是连续的，即 $y\in R$，我们就称之为回归，如果 y 的取值是 K 个分类变量的集合，即 $y\in c_1,\cdots,c_K$，就称为分类。图 5.1 直观地显示了分类和回归的区别，其中 $\hat{y}$ 应该尽可能地接近待描述的量 y。在经典机器学习中，等待被算法实现的函数 $\tilde{f}$ 将先经由一个“手动”预处理来简化。该预处理将 N' 维的向量 $\boldsymbol{v}$ 映射到了 N 维向量 $\boldsymbol{x}$ 中

$$\boldsymbol{x}=[x_1,\cdots,x_N]^{\mathrm{T}} \tag{5.2}$$

它也被称作特征生成。手动的特征生成提供了将当前任务的现有相关知识集成进信号处理链的可能性。在这种情况下，机器学习算法的任务将是找到将 $\boldsymbol{x}$ 映射到 $\hat{y}$ 的函数 f。

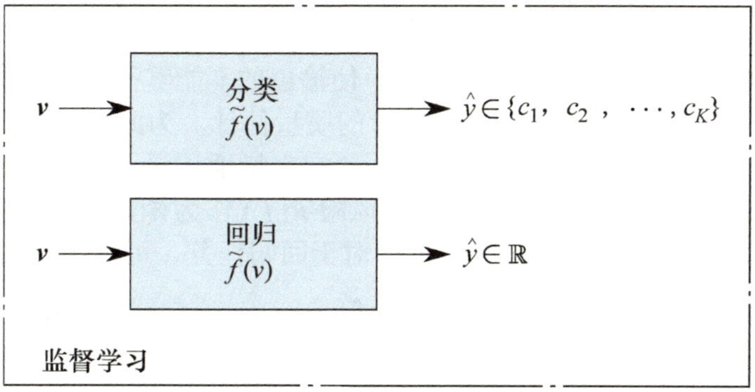

图 5.1　分类和回归

被称为**深度学习**的方法也会进行特征生成，相比于经典机器学习中的手动特征生成，该步骤在这是自动化的。图 5.2 直观地显示了这种差异，这种差异也使得自动进行特征生成的方法被称为表示学习。

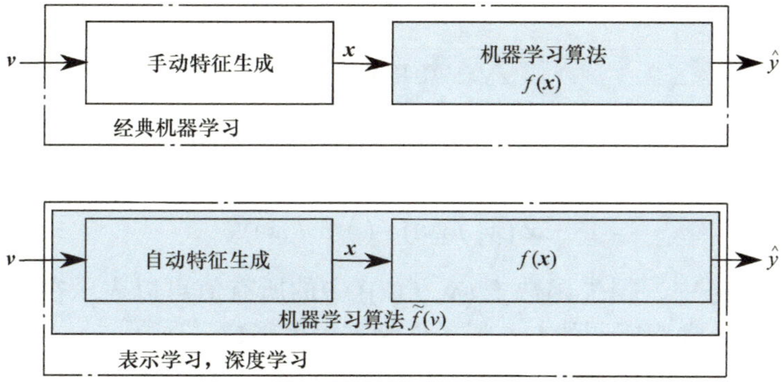

图 5.2　手动特征生成和自动特征生成

多元组（$\boldsymbol{v}, y$）以及（$\boldsymbol{x}, y$）称为**样本**，$\boldsymbol{v}$ 以及 $\boldsymbol{x}$ 被称为**输入**，用来描述的量 y 为**目标值**，而 $\hat{y}$ 为**输出**。因为这些样本通常不是决定性的，所以我们使用了描述随机性的一些途径。这里，观察得到的一个特征向量 $\boldsymbol{v}$ 或是由它生成得出的向量 $\boldsymbol{x}$，是多变量随机变量 $\boldsymbol{v}$ 或者 $\boldsymbol{x}$ 的实现，而 y 是随机变量 y 的实现。因此，从 $\boldsymbol{v}$ 到 y 或从 $\boldsymbol{x}$ 到 y 的映射描述了通过由机器学习近似得到的系统的行为。这种映射是以数据为基础确定的，即对由 M 个样本组成的数据集

$$\mathscr{D} = \{(\boldsymbol{v}_1, y_1),\cdots,(\boldsymbol{v}_M, y_M)\} \text{ 或 } \mathscr{D} = \{(\boldsymbol{x}_1, y_1),\cdots,(\boldsymbol{x}_M, y_M)\} \tag{5.3}$$

进行监督学习。

在本章中，$\boldsymbol{x}$ 将在下文中用来表示输入，$f(\boldsymbol{x})$ 则表示机器学习的映射规则，但所有的考虑也同样适用于 $\boldsymbol{v}$ 直接作为机器学习映射规则的输入的情况。这一区别是有意义的，例如在 5.2.4 小节中，因为其中的表征学习是通过神经网络中

的卷积层实现的，这点在 5.6 节中也有体现。

为了找到一个合适的 $\hat{\boldsymbol{y}} = f(\boldsymbol{x})$ 函数，使输出的 $\hat{\boldsymbol{y}}$ 能够很好地近似出系统中要描述的量 y，需要对函数 f 进行一个定量的质量估计。为此我们在此前介绍过的统计方法中使用了一个损失函数 $\mathscr{L}(y, \hat{\boldsymbol{y}})$，它定量地记录了输出 $\hat{\boldsymbol{y}}$ 和目标值 y 之间的差异。在此基础上，我们还引入了风险 $R(f)$ 作为函数 f 的质量度量，它是 $\mathscr{L}(y, \hat{\boldsymbol{y}})$ 基于随机变量 $\boldsymbol{x}$ 和 y 的期望值。对于回归任务，可得

$$R(f) = \mathrm{E}_{\boldsymbol{x},y}\{\mathscr{L}(y, f(\boldsymbol{x}))\} = \int_{\mathbb{X}}\int_{\mathbb{R}} \mathscr{L}(y, f(\boldsymbol{x}))p(\boldsymbol{x}, y)\mathrm{d}y\mathrm{d}\boldsymbol{x} \tag{5.4}$$

式中，$p(\mathbf{x} = \boldsymbol{x}, \mathbf{y} = y)$ 是随机变量 $\boldsymbol{x}$ 和 y 的联合概率密度函数，而 $\mathbb{X}$ 是 $\boldsymbol{x}$ 的定义域，且经常有 $\mathbb{X} = \mathbb{R}^N$ 成立。分类任务的风险则被定义为

$$R(f) = \mathrm{E}_{\boldsymbol{x},y}\{\mathscr{L}(y, f(\boldsymbol{x}))\} = \int_{\mathbb{X}}\sum_{k=1}^{K} \mathscr{L}(c_k, f(\boldsymbol{x}))p(\boldsymbol{x}, c_k)\mathrm{d}\boldsymbol{x} \tag{5.5}$$

机器学习算法的目标是找到一个能使风险 $R(f)$ 最小的函数 f。使风险最小化的函数 f_{B} 被称为贝叶斯回归函数或贝叶斯分类器，且存在

$$f_{\mathrm{B}} = \arg\min_{f}\{R(f)\} \tag{5.6}$$

常用于回归任务的损失函数有 1- 范数，即 y 和 $\hat{y} = f(\boldsymbol{x})$ 之间误差的绝对值，也就是 $\mathscr{L}(y, f(\boldsymbol{x})) = |y - f(\boldsymbol{x})|$；或是二次方得到的 2- 范数，即差的二次方

$$\mathscr{L}(y, f(\boldsymbol{x})) = (y - f(\boldsymbol{x}))^2 \tag{5.7}$$

在分类任务中，损失函数 $\mathscr{L}(y, f(\boldsymbol{x}))$ 中的所有值可以表示在一个 $K \times K$ 矩阵内。分类任务常用所谓的 0-1 损失作为其损失函数

$$\mathscr{L}(y, f(\boldsymbol{x})) = 1 - \delta(y, f(\boldsymbol{x})) = \begin{cases} 0, & \text{若} y = f(\boldsymbol{x}) \\ 1, & \text{其他情况} \end{cases} \tag{5.8}$$

式中，$\delta(\cdot,\cdot)$ 是一个当其自变量相等时映射到一，否则映射到零的函数。

式（5.4）和式（5.5）中 $\boldsymbol{x}$ 和 y 的联合概率密度函数大多情况下是未知的，进而无法计算 f_B。因此，这里要使用经验风险，它给出了在现有数据集 $\mathscr{D}$ 的帮助下计算函数 $f(\boldsymbol{x})$ “好坏”的可能。

$$R_{\mathrm{emp}}(f, \mathscr{D}) = \frac{1}{M}\sum_{m=1}^{M} \mathscr{L}(y_m, f(\boldsymbol{x}_m)) \tag{5.9}$$

式（5.9）中的经验风险是借由 $\mathscr{D}$ 可以确定出的对 $R(f)$ 的一个无偏估计。现在便可用机器学习算法来寻找试图使经验风险 $R_{\mathrm{emp}}(f, D)$ 最小化的函数 f。

数学中插值法的目的是找到一条曲线，使得数据集 $\mathscr{D}$ 的所有点（$\boldsymbol{x}_m, y_m$）都在该曲线上。相比之下，我们在回归时假设数据是基于一个统计模型的，回归是要找到一个可以很好地泛化 $\mathscr{D}$ 中所有点的函数，但不必精确地表达出这些点。

这意味着在回归中，$\mathscr{D}$ 以外的数据，也必须根据基本的统计模型来映射。在回归中，数据集 $\mathscr{D}$ 中通常有很多数据点，而这些数据点通常是有噪声的。

5.1.2 维数灾难

如果我们考虑分类或回归的任务以及一个具有许多特征的输入向量 $\boldsymbol{x}$，也就是说 N 很大，则贝叶斯分类器或贝叶斯回归函数 f_B 可能的复杂性也会增加。复杂性会随着维数 N 的增加而呈指数级增长，即需要的数据元组（$\boldsymbol{x}_m, y_m$）数量 M 也要呈指数级增长才能估计出如此复杂的函数。一个说明该事实的可视化方法可以在文献 [Bis06] 中找到，在图 5.3 中也得以表示。

我们可以看出，对于相同的单位长度 ℓ，方块的数量 w 随着边长 L、维度 N 的增加而增加：$w = (L/\ell)^N$。假设在 N 维空间中，每个新产生的小方块都被贝叶斯分类器指定到 K 个类别中的不同类别中，那么对 $\mathscr{D}$ 中数据元组的需求就会呈指数增长，以确保每个小方块至少含有一个数据点。当更多维度被添加进来时，对数据需求的这种迅速增加就被称作维数灾难。

在许多情况下，实际数据尽管维度很高，但它仍可被正确地分类。这是因为它们往往只占据一个低维的子空间，或者因为它们具有平滑性，也就是说 $\boldsymbol{x}$ 发生的微小变化往往不会引起其在分类任务中的对应分类 c_k 或回归任务中的目标值 y 的改变。因此在实践中，不少高维任务的贝叶斯分类器或贝叶斯回归函数 f_B 并不像空间 $\mathbb{X}$（大部分情况下 $\mathbb{X} = \mathbb{R}^N$）所允许的那般复杂。然而，要成功完成高维空间中的机器学习任务，通常而言还是需要用到有关当前任务的先验知识，比如将它用在对特征向量 $\boldsymbol{x}$ 的特征选择上，或是在对数据源做出适当的假设时将它考虑进去。

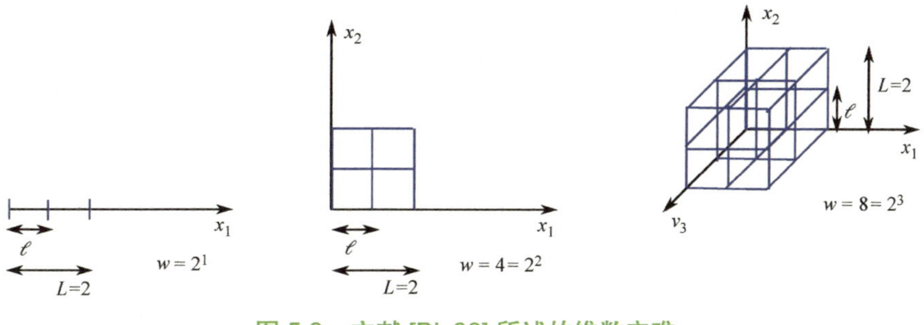

图 5.3 文献 [Bis06] 所述的维数灾难

5.1.3 特征向量的规范化

对于大多数机器学习算法来说，有必要对向量 $\boldsymbol{v}$ 或向量 $\boldsymbol{x}$ 中的特征进行规范化处理。其原因是，大量的算法都追求均方误差最小化，导致与那些数值范围只含有小数字的特征相比，数值范围含有大数字的个别特征 v_n 或 x_n 对误差的影响会更大，于是其对求解的影响也更大。一种常见的规范化方法是将所有特征值的范围映射到 0 和 1 之间的区间上[㊀]。如果用 $v_{n,\min}$ 或 $x_{n,\min}$ 表示数据集 $\mathscr{D}$ 中第 n 个特征的最小值，$v_{n,\max}$ 或 $x_{n,\max}$ 表示数据集 $\mathscr{D}$ 中第 n 个特征的最大值，那么通过对于 $\mathscr{D}$ 中分别拥有 n 个特征的 m 个数据点，均按照

$$v_{n,m}^{(\text{norm})}=\frac{v_{n,m}-v_{n,\min}}{v_{n,\max}-v_{n,\min}} \text{或} x_{n,m}^{(\text{norm})}=\frac{x_{n,m}-x_{n,\min}}{x_{n,\max}-x_{n,\min}} \tag{5.10}$$

对每个数据点的每个特征进行规范化，我们将得到一个具有规范化特征的数据集。

5.1.4 参数化和非参数化方法

联合概率密度函数 $p(\boldsymbol{x}, y)$ 为随机变量 $\boldsymbol{x}$ 和 y 提供了足以使其可以用于贝叶斯分类器和贝叶斯回归函数 f_B 计算的完整描述。处理维数灾难的最常用的方法之一就是对数据所依据的概率密度函数 $p(\boldsymbol{x}, y)$ 做出假设。这可以通过对概率密度进行显性或隐性建模来实现，并且使用的模型的参数量是固定的。然后，机器学习借由数据集 $\mathscr{D}$ 去确定这些参数。在这种情况下，我们就称之为参数化模型。

与之相反，如果对数据所依据的概率密度函数模型不做任何假设，而是直接由数据来得出这些模型，那么我们则称之为机器学习的非参数模型。非参数方法也有必须从数据中确定的参数，但与参数化方法相比，这些参数的类型和数量并没有事先确定，而都是由现有数据得到的。

机器学习算法中的参数量是否随着可用数据数量的增加而增加，是区别参数化方法和非参数化方法所使用的标准。如果回答是肯定的，则它是一个非参数化方法。本章涉及的参数化方法的例子有线性分类和回归，或是固定架构的神经网络。本章涉及的非参数化方法的例子有：K 近邻分类器、Nadaraya-Watson 回归算法、决策和回归树、随机森林或支持向量机。

重要的是要理解数据源有一定的统计特性，这意味着并非整个输入空间 $\mathbb{X}$ 都被数据点均匀地填充。在某个（由数据源确定出的）相似度上很接近的一对数据点，通常也拥有相似的属性，比如这体现在，它们在分类任务中同属一个类别，或它们在回归任务中有着相近的目标值。为了摆脱维数灾难，每个机器学习算法都显式或隐式地使用了某种相似性度量来评估输入空间 $\mathbb{X}$ 中的近邻关系。该相似性度量确保了在各个方向上的相似性权重不一。因此，每个机器学习算法都会对数据源的统计特性做出一定假设，这意味着在 $\mathscr{D}$ 中的数据点数量有限的情况下，一些算法会比其他算法更适合某个给定的任务。可以说，对数据源统计特性的假设越恰当，很好地完成学习任务所需要的数据点通常就越少。

㊀ 此书中此时也译作归一化。——译者注

5.1.5 分类和回归

在本小节中，常见的损失函数将被代入式（5.4）和式（5.5）中，从而确定与这些损失函数相应的最优函数 f_{B}。首先，我们来考虑用损失函数 $\mathscr{L}(y, f(\boldsymbol{x}))=(y-f(\boldsymbol{x}))^2$ 来进行回归，则要被最小化的风险为

$$R(f)=\mathrm{E}_{\boldsymbol{x},y}\{(y-f(\boldsymbol{x}))^2\}=\int_{\mathbb{X}}\int_{\mathbb{R}}(y-f(\boldsymbol{x}))^2 p(\boldsymbol{x},y)\mathrm{d}y\mathrm{d}\boldsymbol{x} \tag{5.11}$$

这个风险将由函数 f 来最小化，对于任意输入值 $\boldsymbol{x}$，函数 f 都使表达式

$$R(f(\boldsymbol{x}))=\int_{\mathbb{R}}(y-f(\boldsymbol{x}))^2 p(\boldsymbol{x},y)\mathrm{d}y \tag{5.12}$$

取得最小值。因为有 $p(\boldsymbol{x},y)=p(y|\boldsymbol{x})p(\boldsymbol{x})$，且当 $\boldsymbol{x}$ 已给定时，概率密度函数 $p(\boldsymbol{x})$ 对任何函数 f 而言都是相同的，于是输入为 $\boldsymbol{x}$ 的最优函数 f 可以由

$$\frac{\partial\int_{\mathbb{R}}(y-f(\boldsymbol{x}))^2 p(y\mid\boldsymbol{x})\mathrm{d}y}{\partial f(\boldsymbol{x})}=2\int_{\mathbb{R}}(y-f(\boldsymbol{x}))p(y\mid\boldsymbol{x})\mathrm{d}y\overset{!}{=}0 \tag{5.13}$$

得到，由此推导出

$$\begin{aligned}&f_{\mathrm{B}}(\boldsymbol{x})\underbrace{\int_{\mathbb{R}}p(y\mid\boldsymbol{x})\mathrm{d}y}_{1}=\int_{\mathbb{R}}yp(y\mid\boldsymbol{x})\mathrm{d}y=\mathrm{E}_{y|\boldsymbol{x}}\{y\},\text{即}\\&f_{\mathrm{B}}(\boldsymbol{x})=\mathrm{E}_{y|\boldsymbol{x}}\{y\}\end{aligned} \tag{5.14}$$

所以使用平方误差作为损失函数时，对于输入 $\boldsymbol{x}$ 而言的最优回归值 $f_{\mathrm{B}}(\boldsymbol{x})$ 就是 $\mathrm{E}_{y|\boldsymbol{x}}\{y\}$，即**条件期望估计**。

接下来我们如果考虑用式（5.8）中的损失函数进行分类（0/1 损失）。在这里我们一样去寻求给定输入 $\boldsymbol{x}$ 下的回归的最优输出 $f_{\mathrm{B}}(\boldsymbol{x})$。由于概率密度函数 $p(x=\boldsymbol{x})$ 对所有函数 f 而言都是一样的，式（5.5）可以被写作

$$\begin{aligned}f_{\mathrm{B}}(\boldsymbol{x})&=\underset{f(\boldsymbol{x})}{\arg\min}\left\{\sum_{k=1}^{K}\mathscr{L}(c_k,f(\boldsymbol{x}))P(\boldsymbol{x},c_k)\right\}\\&=\underset{c_\ell}{\arg\min}\left\{\sum_{k=1}^{K}\mathscr{L}(c_k,c_\ell)P(c_k\mid\boldsymbol{x})\right\}\\&=\underset{c_\ell}{\arg\min}\left\{\sum_{k=1}^{K}(1-\delta(c_k,c_\ell))P(c_k\mid\boldsymbol{x})\right\}\\&=\underset{c_\ell}{\arg\max}\left\{\sum_{k=1}^{K}P(c_k\mid\boldsymbol{x})-\sum_{k=1}^{K}(1-\delta(c_k,c_\ell))P(c_k\mid\boldsymbol{x})\right\}\\&=\underset{c_\ell}{\arg\max}\{P(c_\ell\mid\boldsymbol{x})\}\end{aligned} \tag{5.15}$$

因此，使用 0/1 损失时，对于输入 $\boldsymbol{x}$ 而言的最优分类器 $f_B(\boldsymbol{x})$ 是最大后验分类。也就是说输入的 $\boldsymbol{x}$ 被贝叶斯分类器指定给了具有最大后验概率的分类。为了完成分类任务，有一些隐式或显式地来确定后验概率 $P(c_\ell \mid \boldsymbol{x})$ 的策略。在分类任务中这些策略被称为判别式模型。另一方面，试图在分类任务中确定联合概率密度函数 $p(c_\ell, \boldsymbol{x})$ 的方法被称为生成模型。对于生成模型，后验概率以及最佳决策可以由式（2.130）中的贝叶斯定理来获得。

5.1.6 最大似然法和最大后验法的参数估计

在本小节中，假设一个数据集 $\mathscr{D}_x = \{x_1,\cdots,x_M\}$ 与维度为 N 的观测值 x_m 是可用的。数据集的每个元素 x_m 都被视为随机变量 x_m 的实现。因此，该数据集是基于 M 个独立同分布随机变量的。此外，假设随机变量 x_m 最好由参数向量 θ 决定的概率密度函数来描述。

$$\boldsymbol{x} \sim p(\boldsymbol{x};\boldsymbol{\theta}) \tag{5.16}$$

参数估计的目标是找到最能描述观测数据集 $\mathscr{D}_x$ 的参数向量 θ。参数向量 θ 可以被建模为固定但未知的，也可以被建模为随机变量。这也可以用式（5.16）中的符号表示。然而，符号 $\boldsymbol{x} \sim p(x|\boldsymbol{\theta})$ 也经常被使用。

最大似然的参数估计

在最大似然（ML）参数估计中，θ 被建模为固定但未知的。在给定参数 θ 的情况下，寻求使观测数据 $\mathscr{D}_x$ 的可能性最大化的参数向量 θ。相关的概率密度函数被称为似然函数，是 θ 的一个函数。由于它是 M 个独立同分布随机变量，根据式（2.125），似然函数可以写为

$$p(\mathscr{D}_x \mid \boldsymbol{\theta}) = p(\boldsymbol{x}_1,\cdots,\boldsymbol{x}_M \mid \boldsymbol{\theta}) = \prod_{m=1}^{M} p(\boldsymbol{x}_m \mid \boldsymbol{\theta}) \tag{5.17}$$

因此，我们可以得到 ML 参数估计值 θ_{ML}

$$\boldsymbol{\theta}_{\mathrm{ML}} = \arg\max_{\boldsymbol{\theta}}\{p(\mathscr{D}_x|\boldsymbol{\theta})\} = \arg\max_{\boldsymbol{\theta}}\left\{\prod_{m=1}^{M} p(\boldsymbol{x}_m \mid \boldsymbol{\theta})\right\} \tag{5.18}$$

由于对数函数的单调性，式（5.18）中的乘积通常不被最大化以确定 θ_{ML}，而是它的对数，即所谓的对数似然函数。

$$\boldsymbol{\theta}_{\mathrm{ML}} = \arg\max_{\boldsymbol{\theta}}\{\ln(p(\mathscr{D}_x \mid \boldsymbol{\theta}))\} = \arg\max_{\boldsymbol{\theta}}\left\{\sum_{m=1}^{M} \ln(p(\boldsymbol{x}_m \mid \boldsymbol{\theta}))\right\} \tag{5.19}$$

通过将对数似然函数的一阶导数设为 0，就可以得到解 θ_{ML}。在第 4.3 节中，

最大似然法被用来融合传感器数据。

如果有条件概率密度函数 $p(y|x;\boldsymbol{\theta})$ 的可参数化模型，其中 y 是目标值，x 是输入，那么 ML 参数估计器可用于监督学习。假设式（5.3）中的训练数据集的样本是由独立同分布随机变量产生的，则 ML 参数估计器是由条件对数似然函数计算的

$$\boldsymbol{\theta}_{\mathrm{ML}} = \arg\max_{\theta}\left\{\sum_{m=1}^{M}\ln(p(y_m \mid \boldsymbol{x}_m;\boldsymbol{\theta}))\right\} \tag{5.20}$$

最大后验参数估计

在最大后验（MAP）参数估计中，$\boldsymbol{\theta}$ 被建模为一个随机变量。寻求使后验概率密度函数 $p(\boldsymbol{\theta}|\mathscr{D}_x)$ 最大化的参数向量 $\boldsymbol{\theta}$，即给定数据集 $\mathscr{D}_{\boldsymbol{x}}$ 的参数 $\boldsymbol{\theta}$ 的概率密度函数。利用式（2.130）中的贝叶斯定理，后验的概率密度函数可以写为

$$p(\boldsymbol{\theta} \mid \mathscr{D}_x) = \frac{p(\mathscr{D}_{\boldsymbol{x}} \mid \boldsymbol{\theta})\,p(\boldsymbol{\theta})}{p(\mathscr{D}_{\boldsymbol{x}})} \tag{5.21}$$

因此，最大后验的最佳参数向量 θ_{MAP} 由以下公式给出

$$\boldsymbol{\theta}_{\mathrm{MAP}} = \arg\max_{\theta}\left\{\frac{p(\mathscr{D}_x \mid \boldsymbol{\theta})\,p(\boldsymbol{\theta})}{p(\mathscr{D}_x)}\right\} \tag{5.22}$$

考虑到式（5.22）中的分母不依赖于参数 $\boldsymbol{\theta}$，以及对数函数是一个单调增加的函数，我们可以得到

$$\begin{aligned}\boldsymbol{\theta}_{\mathrm{MAP}} &= \arg\max_{\theta}\{p(\mathscr{D}_x \mid \boldsymbol{\theta})\,p(\boldsymbol{\theta})\} = \arg\max_{\theta}\{\ln(p(\mathscr{D}_{\boldsymbol{x}} \mid \boldsymbol{\theta})\,p(\boldsymbol{\theta}))\} \\ &= \arg\max_{\theta}\{\ln(p(\mathscr{D}_{\boldsymbol{x}} \mid \boldsymbol{\theta})) + \ln(p(\boldsymbol{\theta}))\} \\ &= \arg\max_{\theta}\left\{\sum_{m=1}^{M}\ln(p(\boldsymbol{x}_m \mid \boldsymbol{\theta})) + \ln(p(\boldsymbol{\theta}))\right\}\end{aligned} \tag{5.23}$$

比较式（5.19）和式（5.23），我们看到最大后验参数估计值允许有关于 θ 的先验知识。这是由优化任务中的术语 $\ln(p(\boldsymbol{\theta}))$ 实现的。同样对于最大后验参数估计值，通常通过将式（5.23）的参数导数设为 0 来计算最佳值。

最大似然和最大后验参数估计值都是所谓的**点估计值**，即它们确定参数向量 θ 的单一值。相比之下，所谓的**贝叶斯参数估计值**决定了整个后验的概率密度函数 $p(\boldsymbol{\theta}|\mathscr{D}_x)$。

这使得使用方差成为可能，例如，对于一定的 θ 值，也有一个衡量这个

值的质量。例如，如果方差很大，可以说质量很低，因为分散性很大。在式（5.21）的帮助下，贝叶斯参数估计器被计算出来，其中分母可以通过边际化确定，如式（2.133）所示

$$p(\mathscr{D}_x)=\int_{\Theta}p(\mathscr{D}_x\,|\,\boldsymbol{\theta})p(\boldsymbol{\theta})\mathrm{d}\boldsymbol{\theta} \tag{5.24}$$

由于需要确定式（5.24）中的表达式，贝叶斯参数估计值的计算要比 θ_{ML} 和 θ_{MAP} 的计算复杂得多。

5.1.7 线性回归和分类

线性回归：最大似然和最小二乘法解决方案

根据计算规则，假定数据源有目标值 y

$$y=\boldsymbol{w}^{\mathrm{T}}\boldsymbol{x}+t+\eta,\quad 其中\,\eta\sim\mathcal{N}(0,\sigma^2) \tag{5.25}$$

式中，$\boldsymbol{w}$ 和 t 是参数，$\boldsymbol{x}$ 的维度为 $\mathcal{N}$。为了更紧凑的符号，$\boldsymbol{w}$ 和 t 可以合并为维度为 $(N+1)$ 的参数向量 $\boldsymbol{\theta}=[\boldsymbol{w}^{\mathrm{T}},t]^{\mathrm{T}}$，输入 $\boldsymbol{x}$ 可以扩展为

$$\tilde{\boldsymbol{X}}=[\boldsymbol{x}^{\mathrm{T}},1]^{\mathrm{T}} \tag{5.26}$$

因此，式（5.25）可写为

$$y=\boldsymbol{\theta}^{\mathrm{T}}\tilde{\boldsymbol{x}}+\eta,\quad 其中\,\eta\sim\mathcal{N}(0,\sigma^2) \tag{5.27}$$

因此，在输入 $\boldsymbol{x}$ 的情况下，目标值 y 的条件概率密度函数是这样的

$$p(y\,|\,\boldsymbol{x};\boldsymbol{w},t)=p(y\,|\,\tilde{\boldsymbol{x}};\boldsymbol{\theta})\sim\mathcal{N}(\boldsymbol{\theta}^{\mathrm{T}}\tilde{\boldsymbol{x}},\sigma^2)=\frac{1}{\sqrt{2\pi\sigma^2}}\mathrm{e}^{-\frac{(y-\boldsymbol{\theta}^{\mathrm{T}}\tilde{\boldsymbol{x}})^2}{2\sigma^2}} \tag{5.28}$$

目标是确定参数 $\boldsymbol{w}$ 和 t，即参数向量 $\boldsymbol{\theta}$，当数据集 $\mathscr{D}=\{(x_1,y_1),\cdots,(x_M,y_M)\}$ 是可用的。如果使用公式（5.20），结果如下

$$\begin{aligned}\boldsymbol{\theta}_{\mathrm{ML}}&=\arg\max_{\boldsymbol{\theta}}\left\{\sum_{m=1}^{M}\ln(p(y_m\,|\,\tilde{\boldsymbol{x}}_m;\boldsymbol{\theta}))\right\}=\arg\max_{\boldsymbol{\theta}}\left\{\sum_{m=1}^{M}\ln\left(\frac{1}{\sqrt{2\pi\sigma^2}}\mathrm{e}^{-\frac{(y_m-\boldsymbol{\theta}^{\mathrm{T}}\tilde{\boldsymbol{x}}_m)^2}{2\sigma^2}}\right)\right\}\\&=\arg\max_{\boldsymbol{\theta}}\left\{-\frac{1}{2}\ln(2\pi\sigma^2)-\sum_{m=1}^{M}\frac{(y_m-\boldsymbol{\theta}^{\mathrm{T}}\tilde{\boldsymbol{x}}_m)^2}{2\sigma^2}\right\}\\&=\arg\max_{\boldsymbol{\theta}}\left\{\sum_{m=1}^{M}-\frac{(y_m-\boldsymbol{\theta}^{\mathrm{T}}\tilde{\boldsymbol{x}}_m)^2}{2\sigma^2}\right\}=\arg\max_{\boldsymbol{\theta}}\left\{-\frac{1}{2}\sum_{m=1}^{M}(y_m-\boldsymbol{\theta}^{\mathrm{T}}\tilde{\boldsymbol{x}}_m)^2\right\}\\&=\arg\min_{\boldsymbol{\theta}}\left\{\frac{1}{2}\sum_{m=1}^{M}(y_m-\boldsymbol{\theta}^{\mathrm{T}}\tilde{\boldsymbol{x}}_m)^2\right\}\end{aligned} \tag{5.29}$$

如果我们现在考虑式（5.11），其中使用平方误差作为损失函数，选择$f(\boldsymbol{x})=\boldsymbol{w}^{\mathrm{T}}\boldsymbol{x}+t=\boldsymbol{\theta}\tilde{\boldsymbol{x}}$，风险可以由式（5.9）中的经验风险近似，当最小化经验风险时，我们得到所谓的**最小二乘法**解决方案

$$\boldsymbol{\theta}_{\mathrm{LS}}=\arg\min_{\boldsymbol{\theta}}\left\{\frac{1}{M}\sum_{m=1}^{M}(y_m-\boldsymbol{\theta}^{\mathrm{T}}\tilde{\boldsymbol{x}}_m)^2\right\}=\arg\min_{\boldsymbol{\theta}}\left\{\frac{1}{2}\sum_{m=1}^{M}(y_m-\boldsymbol{\theta}^{\mathrm{T}}\tilde{\boldsymbol{x}}_m)^2\right\} \quad (5.30)$$

比较式（5.29）和式（5.30），我们看到，对于式（5.25）中的数据源模型，$\boldsymbol{\theta}_{\mathrm{ML}}=\boldsymbol{\theta}_{\mathrm{LS}}$成立。

为了计算使用数据集D的线性回归的ML或最小二乘法解决方案，使用式（2.65）确定对数似然函数的梯度，并设置为零

$$\frac{\partial}{\partial\boldsymbol{\theta}^{\mathrm{T}}}\left(\frac{1}{2}\sum_{m=1}^{M}(y_m-\boldsymbol{\theta}^{\mathrm{T}}\tilde{\boldsymbol{x}}_m)^2\right)=\sum_{m=1}^{M}-(y_m-\boldsymbol{\theta}^{\mathrm{T}}\tilde{\boldsymbol{x}}_m)\tilde{\boldsymbol{x}}_m^{\mathrm{T}}\overset{!}{=}\mathbf{0}^{\mathrm{T}} \quad (5.31)$$

这得出了

$$\left(\sum_{m=1}^{M}\tilde{\boldsymbol{x}}_m\tilde{\boldsymbol{x}}_m^{\mathrm{T}}\right)\boldsymbol{\theta}=\sum_{m=1}^{M}\tilde{\boldsymbol{x}}_m y_m \quad (5.32)$$

因此

$$\boldsymbol{\theta}_{\mathrm{ML}}=\boldsymbol{\theta}_{\mathrm{LS}}=\left(\sum_{m=1}^{M}\tilde{\boldsymbol{x}}_m\tilde{\boldsymbol{x}}_m^{\mathrm{T}}\right)^{-1}\left(\sum_{m=1}^{M}\tilde{\boldsymbol{x}}_m y_m\right) \quad (5.33)$$

如果想用矩阵 - 向量符号写下式（5.33），来自数据集D的所有输入和目标值都在矩阵$\tilde{\boldsymbol{X}}$和向量$\boldsymbol{y}$中排序

$$\tilde{\boldsymbol{X}}=\begin{bmatrix}\tilde{\boldsymbol{x}}_1^{\mathrm{T}}\\\tilde{\boldsymbol{x}}_2^{\mathrm{T}}\\\vdots\\\tilde{\boldsymbol{x}}_M^{\mathrm{T}}\end{bmatrix},\quad \boldsymbol{y}=\begin{bmatrix}y_1\\y_2\\\vdots\\y_M\end{bmatrix} \quad (5.34)$$

我们得到

$$\boldsymbol{\theta}_{\mathrm{ML}}=\boldsymbol{\theta}_{\mathrm{LS}}=(\tilde{\boldsymbol{X}}^{\mathrm{T}}\tilde{\boldsymbol{X}})^{-1}\tilde{\boldsymbol{X}}^{\mathrm{T}}\boldsymbol{y} \quad (5.35)$$

用模型替换式（5.25）中的数据源

$$y=\boldsymbol{w}^{\mathrm{T}}\boldsymbol{\varphi}(\boldsymbol{x})+t+\eta,\text{其中}\eta\sim\mathcal{N}(0,\sigma^2)\text{和}\boldsymbol{\varphi}(\boldsymbol{x})=[\varphi_1(\boldsymbol{x}),\varphi_2(\boldsymbol{x}),\cdots,\varphi_H(\boldsymbol{x})]^{\mathrm{T}} \quad (5.36)$$

其中函数$\varphi_n(\boldsymbol{x})$可以是非线性的，那么，与前面的推导类似，通过用

$$\tilde{\boldsymbol{\varphi}}(\boldsymbol{x}_m)=[\boldsymbol{\varphi}(\boldsymbol{x}_m)^{\mathrm{T}},1]^{\mathrm{T}} \tag{5.37}$$

替换 $\boldsymbol{x}_m$，可以得到 ML 或最小二乘法的计算规则。

$$\begin{aligned}\boldsymbol{\theta}_{\mathrm{ML}}=\boldsymbol{\theta}_{\mathrm{LS}}&=\left(\sum_{m=1}^{M}\tilde{\boldsymbol{\varphi}}(\boldsymbol{x}_m)\tilde{\boldsymbol{\varphi}}(\boldsymbol{x}_m)^{\mathrm{T}}\right)^{-1}\left(\sum_{m=1}^{M}\tilde{\boldsymbol{\varphi}}(\boldsymbol{x}_m)y_m\right)\\&=\left(\tilde{\boldsymbol{\Phi}}^{\mathrm{T}}\tilde{\boldsymbol{\Phi}}\right)^{-1}\tilde{\boldsymbol{\Phi}}^{\mathrm{T}}\boldsymbol{y}\end{aligned} \tag{5.38}$$

和

$$\tilde{\boldsymbol{\Phi}}=\begin{bmatrix}\tilde{\boldsymbol{\varphi}}(\boldsymbol{x}_1)^{\mathrm{T}}\\\tilde{\boldsymbol{\varphi}}(\boldsymbol{x}_2)^{\mathrm{T}}\\\vdots\\\tilde{\boldsymbol{\varphi}}(\boldsymbol{x}_M)^{\mathrm{T}}\end{bmatrix},\quad \boldsymbol{y}=\begin{bmatrix}y_1\\y_2\\\vdots\\y_M\end{bmatrix} \tag{5.39}$$

通过引入基函数 $\boldsymbol{\varphi}(\boldsymbol{x})$，就有可能将输出 $\hat{y}$ 设计成 x 的非线性函数。需要注意的是，$\boldsymbol{\varphi}(\boldsymbol{x})$的维度不一定是 N。$\boldsymbol{\varphi}(\boldsymbol{x})$的维度通常被选择为大于 N。因此，使用基函数时，$\boldsymbol{\theta}$ 的维度不一定是 N+1。这样，通过引入基函数可以实现任意复杂的函数。

式（5.35）和式（5.38）在一个计算步骤中使用 $\mathscr{D}$ 中的所有 M 个数据点来确定解决方案。这样的方法被称为批量处理方法。如果 M 非常大，通过一个连续的程序，即 5.1.12 小节中介绍的梯度下降程序来确定解决方案 $\boldsymbol{\theta}_{\mathrm{LS}}$ 可能是有用的。如果要优化的成本函数可以表示为各个数据点的成本之和

$$R_{\mathrm{emp}}(f_{\boldsymbol{\theta}},\mathscr{D})=\frac{1}{M}\sum_{m=1}^{M}\mathscr{L}(y_m,f_{\boldsymbol{\theta}}(\boldsymbol{x}_m)) \tag{5.40}$$

其中 f_θ 表示函数 f 取决于参数向量 $\boldsymbol{\theta}$，可以迭代地找到一个解决方案。

当使用样本 (x_m, y_m) 时，通过计算规则对参数向量进行了修正，

$$\boldsymbol{\theta}^{(\ell+1)}=\boldsymbol{\theta}^{(\ell)}-\alpha\frac{\partial}{\partial\boldsymbol{\theta}}(\mathscr{L}(y_m,f_{\boldsymbol{\theta}}(\boldsymbol{x}_m)))\big|_{\boldsymbol{\theta}=\boldsymbol{\theta}^{(\ell)}} \tag{5.41}$$

式中，ℓ 是迭代的指数，α 是所谓的学习率。

解决方案首先通过随机选择 $\theta(0)$ 进行初始化。学习率的选择必须能使算法收敛。详细情况可以在文献 [Bis06] 中找到。

这种方法由所谓的最小均方（LMS）算法实现，用于确定参数向量 θ_{LS}。考虑到式（5.30）中的优化任务，θ_{LS} 可以被近似为

$$\begin{aligned}\boldsymbol{\theta}^{(\ell+1)}&=\boldsymbol{\theta}^{(\ell)}-\alpha\frac{\partial}{\partial\boldsymbol{\theta}}\left(\frac{1}{2}(y_m-\boldsymbol{\theta}^{\mathrm{T}}\tilde{\boldsymbol{x}}_m)^2\right)\Big|_{\boldsymbol{\theta}=\boldsymbol{\theta}^{(\ell)}}\\&=\boldsymbol{\theta}^{(\ell)}+\alpha(y_m-\boldsymbol{\theta}^{(\ell),\mathrm{T}}\tilde{\boldsymbol{x}}_m)\tilde{\boldsymbol{x}}_m\end{aligned} \tag{5.42}$$

考虑到使用（非线性）函数 $\phi_n(x)$ 确定 $\boldsymbol{\theta}_{\text{LS}}$ 的优化任务，即

$$\boldsymbol{\theta}_{\text{LS}}=\arg\min_{\boldsymbol{\theta}}\left\{\frac{1}{2}\sum_{m=1}^{M}(y_m-\boldsymbol{\theta}^{\text{T}}\tilde{\boldsymbol{\varphi}}(\boldsymbol{x}_m))^2\right\} \tag{5.43}$$

则 LMS 算法是

$$\begin{aligned}\boldsymbol{\theta}^{(\ell+1)}&=\boldsymbol{\theta}^{(\ell)}-\alpha\frac{\partial}{\partial\boldsymbol{\theta}}\left(\frac{1}{2}(y_m-\boldsymbol{\theta}^{\text{T}}\tilde{\boldsymbol{\varphi}}(\boldsymbol{x}_m))^2\right)\Bigg|_{\boldsymbol{\theta}=\boldsymbol{\theta}^{(\ell)}}\\&=\boldsymbol{\theta}^{(\ell)}+\alpha(y_m-\boldsymbol{\theta}^{(\ell),\text{T}}\tilde{\boldsymbol{\varphi}}(\boldsymbol{x}_m))\tilde{\boldsymbol{\varphi}}(\boldsymbol{x}_m)\end{aligned} \tag{5.44}$$

如果整个数据集 D 被用来更新参数向量 $\boldsymbol{\theta}$ 一次，这被称为一个纪元。通常在几个纪元上执行学习阶段，即对于使用式（5.44）更新 $\boldsymbol{\theta}$，整个数据集 D 被更多地使用。

如果在数据集 D 的帮助下找到的参数向量 $\boldsymbol{\theta}=[\boldsymbol{w}^{\text{T}},t]^{\text{T}}$ 要通过线性回归的方式用于预测，即计算新输入 $\boldsymbol{x}$ 的输出，这将按照以下规则进行

$$\hat{y}=\boldsymbol{w}^{\text{T}}\boldsymbol{x}+t \quad \text{或者} \quad \hat{y}=\boldsymbol{w}^{\text{T}}\boldsymbol{\varphi}(\boldsymbol{x})+t \tag{5.45}$$

线性回归：MAP 解决方案

在线性回归的 MAP 解决方案中，可以对概率密度函数 $p(\boldsymbol{\theta})$ 做出不同的假设。如果假设高斯分布

$$p(\boldsymbol{\theta})\sim\mathcal{N}\left(0,\frac{1}{\lambda}\boldsymbol{I}\right)=\frac{1}{\left(\frac{2\pi}{\lambda}\right)^{\frac{N+1}{2}}}\mathrm{e}^{-\frac{\lambda}{2}\boldsymbol{\theta}^{\text{T}}\boldsymbol{\theta}} \tag{5.46}$$

那么式（5.20）和式（5.23）中的线性回归模型，从式（5.27）中得到优化任务

$$\begin{aligned}\boldsymbol{\theta}_{\text{MAP}}&=\arg\max_{\boldsymbol{\theta}}\left\{\sum_{m=1}^{M}\ln(p(\tilde{\boldsymbol{x}}_m\,|\,\boldsymbol{\theta}))+\ln(p(\boldsymbol{\theta}))\right\}\\&=\arg\max_{\boldsymbol{\theta}}\left\{\sum_{m=1}^{M}-\frac{(y_m-\boldsymbol{\theta}^{\text{T}}\tilde{\boldsymbol{x}}_m)^2}{2\sigma^2}-\frac{N+1}{2}\ln\left(\frac{2\pi}{\lambda}\right)-\frac{\lambda}{2}\boldsymbol{\theta}^{\text{T}}\boldsymbol{\theta}\right\}\\&=\arg\min_{\boldsymbol{\theta}}\left\{\frac{1}{2}\sum_{m=1}^{M}(y_m-\boldsymbol{\theta}^{\text{T}}\tilde{\boldsymbol{x}}_m)^2+\frac{\lambda}{2}\boldsymbol{\theta}^{\text{T}}\boldsymbol{\theta}\right\}\end{aligned} \tag{5.47}$$

式（5.47）对应于所谓的正则化最小二乘法解决方案的优化任务，因为成本函数被扩展，所以参数向量的 2 范数也要进行最小化处理。如果按照式（5.31）~式（5.35）中的路径类比解决这个优化问题，就可以得到

$$\boldsymbol{\theta}_{\mathrm{MAP}} = (\tilde{\boldsymbol{X}}^{\mathrm{T}}\tilde{\boldsymbol{X}} + \lambda\boldsymbol{I})^{-1}\tilde{\boldsymbol{X}}^{\mathrm{T}}\boldsymbol{y} \tag{5.48}$$

如果使用基函数 $\boldsymbol{\varphi}(\boldsymbol{x})$ 来允许非线性函数的存在，就可以得到类似于式（5.38）的 MAP 解。

$$\boldsymbol{\theta}_{\mathrm{MAP}} = (\tilde{\boldsymbol{\Phi}}^{\mathrm{T}}\tilde{\boldsymbol{\Phi}} + \lambda\boldsymbol{I})^{-1}\tilde{\boldsymbol{\Phi}}^{\mathrm{T}}\boldsymbol{y} \tag{5.49}$$

线性分类：逻辑回归

逻辑回归这一术语具有误导性，因为它所要解决的不是回归任务，而是分类任务。然而，被估计的不是目标变量 y，而是 $P(c_\ell|x)$。如果考虑到有 2 个类的任务，$c_1 = +1, c_2 = -1$，我们就使用模型

$$P(c_\ell \mid \boldsymbol{x}) = \sigma(c_\ell\boldsymbol{\theta}^{\mathrm{T}}\tilde{\boldsymbol{x}}) = \frac{1}{1+\mathrm{e}^{-c_\ell\boldsymbol{\theta}^{\mathrm{T}}\tilde{\boldsymbol{x}}}} \text{或者} P(c_\ell \mid \boldsymbol{x}) = \sigma(c_\ell\boldsymbol{\theta}^{\mathrm{T}}\tilde{\boldsymbol{\varphi}}(\boldsymbol{x})) = \frac{1}{1+\mathrm{e}^{-c_\ell\boldsymbol{\theta}^{\mathrm{T}}\tilde{\boldsymbol{\varphi}}(\boldsymbol{x})}} \tag{5.50}$$

其中为了实现非线性，可以引入基函数 $\varphi(x)$，如式（5.36），函数 $\sigma(\cdot)$ 被称为对数西格玛函数。图 5.4 直观地显示了对数西格玛函数。学习任务是根据手头的数据集 D 确定参数向量 $\boldsymbol{\theta}$。

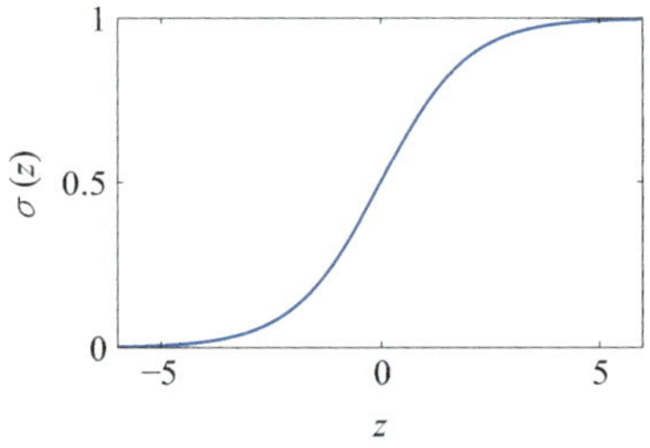

图 5.4　对数西格玛函数

在输入空间 R^N 中，两类 $y = +1$ 和 $y = -1$ 之间的分离区域来自于

$$P(y = +1 \mid \boldsymbol{x}) = P(y = -1 \mid \boldsymbol{x}) \tag{5.51}$$

这就导致了

$$\boldsymbol{\theta}^{\mathrm{T}}\tilde{\boldsymbol{x}} = -\boldsymbol{\theta}^{\mathrm{T}}\tilde{\boldsymbol{x}} \quad \text{从而} \quad \boldsymbol{\theta}^{\mathrm{T}}\tilde{\boldsymbol{x}} = 0 \quad \text{或者} \tag{5.52}$$

$$\boldsymbol{\theta}^{\mathrm{T}}\tilde{\boldsymbol{\varphi}}(\boldsymbol{x}) = -\boldsymbol{\theta}^{\mathrm{T}}\tilde{\boldsymbol{\varphi}}(\boldsymbol{x}) \quad \text{从而} \quad \boldsymbol{\theta}^{\mathrm{T}}\tilde{\boldsymbol{\varphi}}(\boldsymbol{x}) = 0 \tag{5.53}$$

从式（5.52）可以看出，在 R^N 中，两类 $y = +1$ 和 $y = -1$ 之间存在着一个线性接口。通过引入基函数 $\boldsymbol{\varphi}(\boldsymbol{x})$，可以使式（5.53）规定的界面在 R^N 中成为非线性的。

最大似然参数估计用于从数据集 D 计算出 $\boldsymbol{\theta}$。通过式（5.20），我们得到

$$\begin{aligned}\boldsymbol{\theta}_{\mathrm{ML}} &= \arg\max_{\boldsymbol{\theta}}\left\{\sum_{m=1}^{M}\ln(P(y_m \mid \boldsymbol{x}_m;\boldsymbol{\theta}))\right\} = \arg\max_{\boldsymbol{\theta}}\left\{\sum_{m=1}^{M}\ln\left(\frac{1}{1+\mathrm{e}^{-y_m\boldsymbol{\theta}^{\mathrm{T}}\tilde{\boldsymbol{x}}_m}}\right)\right\} \\ &= \arg\max_{\boldsymbol{\theta}}\left\{\sum_{m=1}^{M}-\ln\left(1+\mathrm{e}^{-y_m\boldsymbol{\theta}^{\mathrm{T}}\tilde{\boldsymbol{x}}_m}\right)\right\} = \arg\min_{\boldsymbol{\theta}}\left\{\sum_{m=1}^{M}\ln\left(1+\mathrm{e}^{-y_m\boldsymbol{\theta}^{\mathrm{T}}\tilde{\boldsymbol{x}}_m}\right)\right\}\end{aligned} \tag{5.54}$$

式（5.54）没有封闭的解决方案，但 $\boldsymbol{\theta}_{\mathrm{ML}}$ 可以用梯度下降法计算（见 5.1.12 小节）。为此，需要根据 $\boldsymbol{\theta}$ 对要最小化的函数进行导数。这就是

$$\begin{aligned}\frac{\partial}{\partial\boldsymbol{\theta}}\left(\sum_{m=1}^{M}\ln\left(1+\mathrm{e}^{-y_m\boldsymbol{\theta}^{\mathrm{T}}\tilde{\boldsymbol{x}}_m}\right)\right) &= \sum_{m=1}^{M}\frac{1}{1+\mathrm{e}^{-y_m\boldsymbol{\theta}^{\mathrm{T}}\tilde{\boldsymbol{x}}_m}}\mathrm{e}^{-y_m\boldsymbol{\theta}^{\mathrm{T}}\tilde{\boldsymbol{x}}_m}(-y_m\tilde{\boldsymbol{x}}_m) \\ &= \sum_{m=1}^{M}-\frac{1}{1+\mathrm{e}^{+y_m\boldsymbol{\theta}^{\mathrm{T}}\tilde{\boldsymbol{x}}_m}}y_m\tilde{\boldsymbol{x}}_m\end{aligned} \tag{5.55}$$

用梯度下降法进行的优化与式（5.41）类似

$$\boldsymbol{\theta}^{(\ell+1)} = \boldsymbol{\theta}^{(\ell)} - \alpha\frac{\partial}{\partial\boldsymbol{\theta}}\left(\ln\left(1+\mathrm{e}^{-y_m\boldsymbol{\theta}^{\mathrm{T}}\tilde{\boldsymbol{x}}_m}\right)\right)\Big|_{\boldsymbol{\theta}=\boldsymbol{\theta}^{(\ell)}} = \boldsymbol{\theta}^{(\ell)} + \alpha\frac{1}{1+\mathrm{e}^{y_m\boldsymbol{\theta}^{(\ell),\mathrm{T}}\tilde{\boldsymbol{x}}_m}}y_m\tilde{\boldsymbol{x}}_m \tag{5.56}$$

当使用基函数 $\boldsymbol{\varphi}(\boldsymbol{x})$ 时，相应的方程为

$$\boldsymbol{\theta}_{\mathrm{ML}} = \arg\min_{\boldsymbol{\theta}}\left\{\sum_{m=1}^{M}\ln\left(1+\mathrm{e}^{-y_m\boldsymbol{\theta}^{\mathrm{T}}\tilde{\boldsymbol{\varphi}}(\boldsymbol{x}_m)}\right)\right\} \tag{5.57}$$

$$\frac{\partial}{\partial\boldsymbol{\theta}}\left(\sum_{m=1}^{M}\ln\left(1+\mathrm{e}^{-y_m\boldsymbol{\theta}^{\mathrm{T}}\tilde{\boldsymbol{\varphi}}(\boldsymbol{x}_m)}\right)\right) = \sum_{m=1}^{M}-\frac{1}{1+\mathrm{e}^{+y_m\boldsymbol{\theta}^{\mathrm{T}}\tilde{\boldsymbol{\varphi}}(\boldsymbol{x}_m)}}y_m\tilde{\boldsymbol{\varphi}}(\boldsymbol{x}_m) \tag{5.58}$$

$$\boldsymbol{\theta}^{(\ell+1)} = \boldsymbol{\theta}^{(\ell)} + \alpha\frac{1}{1+\mathrm{e}^{y_m\boldsymbol{\theta}^{(\ell),\mathrm{T}}\tilde{\boldsymbol{\varphi}}(\boldsymbol{x}_m)}}y_m\tilde{\boldsymbol{\varphi}}(\boldsymbol{x}_m) \tag{5.59}$$

如果想进行 MAP 参数估计，而不是 ML 参数估计，那么就按照线性回归的方式进行，即对 $\boldsymbol{\theta}$ 的概率密度函数做一个假设，例如从式（5.46）中得出的高斯分布。通过式（5.23），逻辑回归的 $\boldsymbol{\theta}_{\mathrm{MAP}}$ 因此来自于优化任务

$$\boldsymbol{\theta}_{\mathrm{MAP}} = \arg\min_{\boldsymbol{\theta}}\left\{\sum_{m=1}^{M}\ln\left(1+\mathrm{e}^{-y_m\boldsymbol{\theta}^{\mathrm{T}}\tilde{\boldsymbol{x}}_m}\right)+\frac{\lambda}{2}\boldsymbol{\theta}^{\mathrm{T}}\boldsymbol{\theta}\right\} \tag{5.60}$$

或者使用基函数，则为 $\boldsymbol{\varphi}(\boldsymbol{x})$

$$\boldsymbol{\theta}_{\mathrm{MAP}} = \arg\min_{\boldsymbol{\theta}}\left\{\sum_{m=1}^{M}\ln\left(1+\mathrm{e}^{-y_m\boldsymbol{\theta}^{\mathrm{T}}\tilde{\boldsymbol{\varphi}}(\boldsymbol{x}_m)}\right)+\frac{\lambda}{2}\boldsymbol{\theta}^{\mathrm{T}}\boldsymbol{\theta}\right\} \tag{5.61}$$

这里也可以用梯度下降法确定解决方案

$$\boldsymbol{\theta}^{(\ell+1)} = \boldsymbol{\theta}^{(\ell)} + \alpha\frac{1}{1+\mathrm{e}^{y_m\boldsymbol{\theta}^{(\ell),\mathrm{T}}\tilde{\boldsymbol{x}}_m}}y_m\tilde{\boldsymbol{x}}_m - \alpha\lambda\boldsymbol{\theta}^{(\ell)}\text{或者} \tag{5.62}$$

$$\boldsymbol{\theta}^{(\ell+1)} = \boldsymbol{\theta}^{(\ell)} + \alpha \frac{1}{1+\mathrm{e}^{y_m \boldsymbol{\theta}^{(\ell),\mathrm{T}} \tilde{\boldsymbol{\varphi}}(\boldsymbol{x}_m)}} y_m \tilde{\boldsymbol{\varphi}}(\boldsymbol{x}_m) - \alpha\lambda\boldsymbol{\theta}^{(\ell)} \quad (5.63)$$

一旦用式（5.50）估计了后验概率，就可以根据式（5.15）进行分类，对于给定的输入向量 $\boldsymbol{x}$，选择后验概率最大的类别作为输出。

线性分类：感知机

感知机也被称为人工神经元，在其基本版本中表示一个线性函数，然后是一个基于阈值的决策。它适用于 2 类 $y\in\{-1,+1\}$ 的分类任务。输出$\hat{y}$的计算方法是

$$f_{\text{Perzeptron}}(\boldsymbol{x}) = \text{sign}(\boldsymbol{w}^{\mathrm{T}}\boldsymbol{x}+t) \quad (5.64)$$

式中 sign(·)函数决定了参数的符号。学习任务是在数据集 D 的帮助下确定参数 $\boldsymbol{w}$ 和 t。感知机的结构如图 5.5 所示。许多常见的神经网络都是由修改后的感知机组合而成。

几何学的考虑应该有助于更好地理解感知机的决策。输入矢量 $\boldsymbol{x}_m$ 是 N 维空间中的一个点，参数 $\boldsymbol{w}$ 和 t 描述这个空间中的一个超平面。图 5.6 直观地显示了 $N=3$ 时两类之间的分界面和一个点 $\boldsymbol{x}_m$。

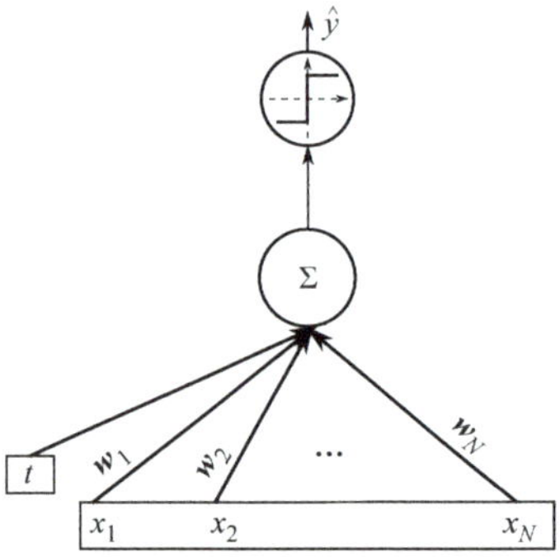

图 5.5 感知机的架构

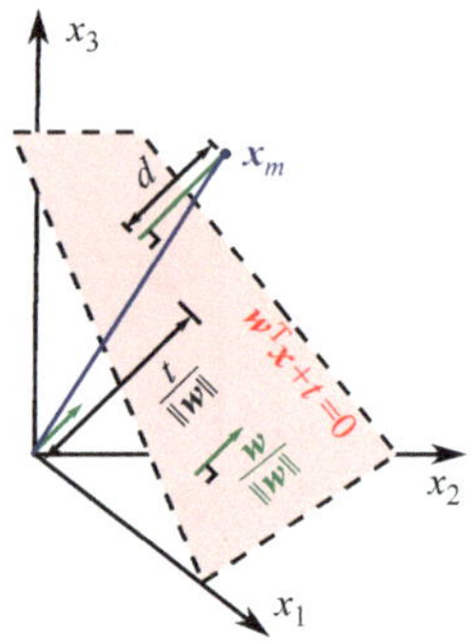

图 5.6 w 和 t 决定了两类之间的分界面

矢量$\dfrac{\boldsymbol{w}}{\|\boldsymbol{w}\|_2}$是分界面的法向量，$\dfrac{t}{\|\boldsymbol{w}\|_2}$是坐标系原点到分界面的距离。

如果选择一个位于分界面上的点 $\boldsymbol{x}_0$，那么 $\boldsymbol{w}^{\mathrm{T}}\boldsymbol{x}_0+t=0$ 适用于它，因此 $\dfrac{\boldsymbol{w}^{\mathrm{T}}}{\|\boldsymbol{w}\|_2}\boldsymbol{x}_0=-\dfrac{t}{\|\boldsymbol{w}\|_2}$。现在根据式（2.55），从矢量（$\boldsymbol{x}_m-\boldsymbol{x}_0$）对 $\boldsymbol{w}$ 的投影中得到 $\boldsymbol{x}_m$ 点和分界面之间的符号距离

$$d(\boldsymbol{x}_m)=\frac{\boldsymbol{w}^{\mathrm{T}}}{\|\boldsymbol{w}\|_2}(\boldsymbol{x}_m-\boldsymbol{x}_0)=\frac{\boldsymbol{w}^{\mathrm{T}}}{\|\boldsymbol{w}\|_2}\boldsymbol{x}_m-\frac{\boldsymbol{w}^{\mathrm{T}}}{\|\boldsymbol{w}\|_2}\boldsymbol{x}_0=\frac{\boldsymbol{w}^{\mathrm{T}}}{\|\boldsymbol{w}\|_2}\boldsymbol{x}_m+\frac{t}{\|\boldsymbol{w}\|_2} \quad (5.65)$$

因此，点 $\boldsymbol{x}$ 与 $\boldsymbol{w}$ 和 t 所描述的超平面之间的符号距离为

$$d(\boldsymbol{x})=\frac{\boldsymbol{w}^{\mathrm{T}}}{\|\boldsymbol{w}\|_2}\boldsymbol{x}+\frac{t}{\|\boldsymbol{w}\|_2} \quad (5.66)$$

$d(\boldsymbol{x})$ 的符号显示了输入向量 $\boldsymbol{x}$ 位于超平面的哪一侧。因此，根据式（5.64），感知机的决策表明输入向量 $\boldsymbol{x}$ 位于 $\boldsymbol{w}$ 和 t 所描述的超平面的哪一边。

这里使用式（5.5）来确定参数 $\boldsymbol{w}$ 和 t，用 $y\in\{-1,+1\}$ 和 $\mathscr{L}(y,f(\boldsymbol{x}))=(y-(\boldsymbol{w}^{\mathrm{T}}\boldsymbol{x}+t))^2$。因此，分界面在输入空间中的位置是这样的：要被映射到 $y=+1$ 类的数据点 $\boldsymbol{x}$，与分界面的距离尽可能为 $d(\boldsymbol{x})=+1$，要被映射到 $y=-1$ 类的数据点的距离尽可能为 -1。因此，参数是通过最小化 $c_1=+1$ 和 $c_2=-1$ 的风险确定的。

$$R(f)=\mathrm{E}_{\boldsymbol{x},y}\{(y-(\boldsymbol{w}^{\mathrm{T}}\boldsymbol{x}+t))^2\}=\int_{\mathbb{X}}\sum_{k=1}^{2}(c_k-(\boldsymbol{w}^{\mathrm{T}}\boldsymbol{x}+t))^2p(\boldsymbol{x}=x,y=c_k)\mathrm{d}\boldsymbol{x} \quad (5.67)$$

这个优化任务可以通过根据参数 $\boldsymbol{w}$ 和 t 推导出风险，然后将它们设置为零来解决。我们得到

$$\frac{\partial\mathrm{E}_{\boldsymbol{x},y}\{(y-(\boldsymbol{w}^{\mathrm{T}}\boldsymbol{x}+t))^2\}}{\partial t}=-2\mu_y+2\boldsymbol{w}^{\mathrm{T}}\boldsymbol{\mu}_{\boldsymbol{x}}+2t\overset{!}{=}0,\quad \text{同时}\quad t_{\mathrm{Perz}}=\mu_y-\boldsymbol{\mu}_{\boldsymbol{x}}^{\mathrm{T}}\boldsymbol{w}\text{和} \quad (5.68)$$

$$\begin{aligned}\frac{\partial\mathrm{E}_{\boldsymbol{x},y}\{(y-(\boldsymbol{w}^{\mathrm{T}}\boldsymbol{x}+t_{\mathrm{Perz}}))^2\}}{\partial\boldsymbol{w}}&=\mathrm{E}_{\boldsymbol{x},y}\{2(y-(\boldsymbol{w}^{\mathrm{T}}\boldsymbol{x}+t_{\mathrm{Perz}}))(-\boldsymbol{x})\}\\&=-2\mathrm{E}_{\boldsymbol{x},y}\{\boldsymbol{x}(y-(\boldsymbol{x}^{\mathrm{T}}\boldsymbol{w}+t_{\mathrm{Perz}}))\}=-2\mathrm{E}_{\boldsymbol{x},y}\{\boldsymbol{x}y-\boldsymbol{x}\boldsymbol{x}^{\mathrm{T}}\boldsymbol{w}-\boldsymbol{x}\mu_y+\boldsymbol{x}\boldsymbol{\mu}_{\boldsymbol{x}}^{\mathrm{T}}\boldsymbol{w}\}\\&=-2(\mathrm{E}_{\boldsymbol{x},y}\{\boldsymbol{x}y\}-\boldsymbol{\mu}_{\boldsymbol{x}}\mu_y)+2(\mathrm{E}_{\boldsymbol{x},y}\{\boldsymbol{x}\boldsymbol{x}^{\mathrm{T}}-\boldsymbol{x}\boldsymbol{\mu}_{\boldsymbol{x}}^{\mathrm{T}}\})\boldsymbol{w}\\&=-2\boldsymbol{c}_{\boldsymbol{x}y}+2\boldsymbol{C}_{\boldsymbol{x}\boldsymbol{x}}\boldsymbol{w}\overset{!}{=}\boldsymbol{0},\quad\text{同时}\quad \boldsymbol{w}_{\mathrm{Perz}}=\boldsymbol{C}_{\boldsymbol{x}\boldsymbol{x}}^{-1}\boldsymbol{c}_{\boldsymbol{x}y}\end{aligned} \quad (5.69)$$

式中 μ_y 是 y 的期望值，μ_x 是 x 的期望值，$\boldsymbol{C}_{\boldsymbol{x}\boldsymbol{x}}$ 是 x 的协方差矩阵，$\boldsymbol{c}_{xy}$ 是 x 和 y 的交叉协方差向量。因此，参数 $\boldsymbol{w}_{\mathrm{Perz}}$ 和 t_{Perz} 是由下列公式得出的

$$\boldsymbol{w}_{\mathrm{Perz}}=\boldsymbol{C}_{\boldsymbol{x}\boldsymbol{x}}^{-1}\boldsymbol{c}_{\boldsymbol{x}y}\quad\text{和}\quad t_{\mathrm{Perz}}=\mu_y-\boldsymbol{\mu}_{\boldsymbol{x}}^{\mathrm{T}}\boldsymbol{C}_{\boldsymbol{x}\boldsymbol{x}}^{-1}\boldsymbol{c}_{\boldsymbol{x}y} \quad (5.70)$$

如果有一个带有 M 个输入向量和相关类成员的数据集 D，可以用它来估计式（5.70）中的统计量

$$\hat{\mu}_y=\frac{1}{M}\sum_{m=1}^{M}y_m;\hat{\boldsymbol{\mu}}_{\boldsymbol{x}}=\frac{1}{M}\sum_{m=1}^{M}\boldsymbol{x}_m \quad (5.71)$$

$$\hat{\boldsymbol{c}}_{\boldsymbol{x}y}=\frac{1}{M}\sum_{m=1}^{M}(\boldsymbol{x}_m-\hat{\boldsymbol{\mu}}_{\boldsymbol{x}})(y_m-\hat{\mu}_y);\quad \hat{\boldsymbol{C}}_{\boldsymbol{x}\boldsymbol{x}}=\frac{1}{M}\sum_{m=1}^{M}(\boldsymbol{x}_m-\hat{\boldsymbol{\mu}}_{\boldsymbol{x}})(\boldsymbol{x}_m-\hat{\boldsymbol{\mu}}_{\boldsymbol{x}})^{\mathrm{T}} \quad (5.72)$$

对于感知机，也可以引入非线性基础函数$\boldsymbol{\varphi}(\boldsymbol{x})$，类似于线性回归或逻辑回归。在这种情况下，感知机的输出$\hat{y}$被计算为

$$f_{\text{Perzeptron}}(\boldsymbol{x})=\operatorname{sign}(\boldsymbol{w}^{\mathrm{T}}\boldsymbol{\varphi}(\boldsymbol{x})+t) \tag{5.73}$$

和参数的确定与式（5.70）类似

$$\boldsymbol{w}_{\text{Perz}}=\boldsymbol{C}_{\varphi\varphi}^{-1}\boldsymbol{c}_{\varphi y} \quad \text{和} \quad t_{\text{Perz}}=\mu_y-\boldsymbol{\mu}_{\varphi}^{\mathrm{T}}\boldsymbol{C}_{\varphi\varphi}^{-1}\boldsymbol{c}_{\varphi y} \tag{5.74}$$

式中，统计量可以用数据集 D 来估计

$$\hat{\mu}_y=\frac{1}{M}\sum_{m=1}^{M}y_m;\quad \hat{\boldsymbol{\mu}}_{\varphi}=\frac{1}{M}\sum_{m=1}^{M}\boldsymbol{\varphi}(\boldsymbol{x}_m); \tag{5.75}$$

$$\hat{\boldsymbol{c}}_{\varphi y}=\frac{1}{M}\sum_{m=1}^{M}(\boldsymbol{\varphi}(\boldsymbol{x}_m)-\hat{\boldsymbol{\mu}}_{\varphi})(y_m-\hat{\mu}_y);\quad \hat{\boldsymbol{C}}_{\varphi\varphi}=\frac{1}{M}\sum_{m=1}^{M}(\boldsymbol{\varphi}(\boldsymbol{x}_m)-\hat{\boldsymbol{\mu}}_{\varphi})(\boldsymbol{\varphi}(\boldsymbol{x}_m)-\hat{\boldsymbol{\mu}}_{\varphi})^{\mathrm{T}} \tag{5.76}$$

如果用式（5.70）~式（5.72）计算感知机的参数，找到的解决方案与式（5.35）中的 ML 解决方案相同，因为在这两种情况下，式（5.30）中的优化任务都得到了解决，这其中只有一个最小值。这也适用于使用非线性基函数$\boldsymbol{\varphi}(\boldsymbol{x})$时。在这种情况下，用式（5.74）~式（5.75）计算参数 $\boldsymbol{w}_{\text{Perz}}$ 和 t_{Perz} 的结果与式（5.38）的解相同。

线性分类：多分类

到目前为止，在逻辑回归和感知机中只考虑了二分类，即类别 $K=2$ 的分类任务。如果要处理多分类，即多分类问题，可以将这些任务简化为二分类。常见的两种方法为："一对其余"和"一对一"。

在"一对其余"方法中，设计了 K 个二分法分类器，每个分类器都负责将其中一个类别与其他类别区分开。这可能会导致输入空间的区域被分配给多个类别。在这种情况下，可以通过使用单独决策的置信度来提供帮助。对于使用感知机的分类，输入向量 $\boldsymbol{x}$ 会由 K 个分类器中的每一个分类器进行评估，并确定其相对于超平面 $d_k(\boldsymbol{v})$ 的位置：

$$d_k(\boldsymbol{x})=\frac{\boldsymbol{w}_k^{\mathrm{T}}\boldsymbol{x}+t_k}{\|\boldsymbol{w}_k\|},\quad k=1,\cdots,K \tag{5.77}$$

输入向量将被分配给 c_ℓ，当对于所有 $k\neq\ell$ 时，

$$d_\ell(\boldsymbol{v})>d_k(\boldsymbol{v}) \tag{5.78}$$

"一对其余"方法的一个缺点是，在确定二分类 - 分类器时，各个数据集可

能会变得不平衡。这意味着在用于计算第 k 个二分类 - 分类器的数据集中，各个数据集中只包含有少数个分配给类别 c_k 的样本（“一个”）和明显更多不属于类别 c_k 的样本（“其余的”）。在解决用于确定参数的优化问题时，这可能导致属于类别 c_k 的样本的权重不足。

在图 5.7 中显示了一个训练数据集 $\mathscr{D}$，其中包含 220 个“1”类（蓝色）特征向量 $\boldsymbol{x}_m \in \mathbb{R}^2$、200 个“2”类特征向量（绿色）、215 个“3”类特征向量（洋红色）和 205 个“4”类特征向量（黑色）。根据式（5.70）~式（5.72），线性二分类 - 分类器由具有相应颜色的分界线表示。根据式（5.78）的分类得到了以颜色显示的将图 5.8 中的测试数据集分配到 4 个类别的结果。

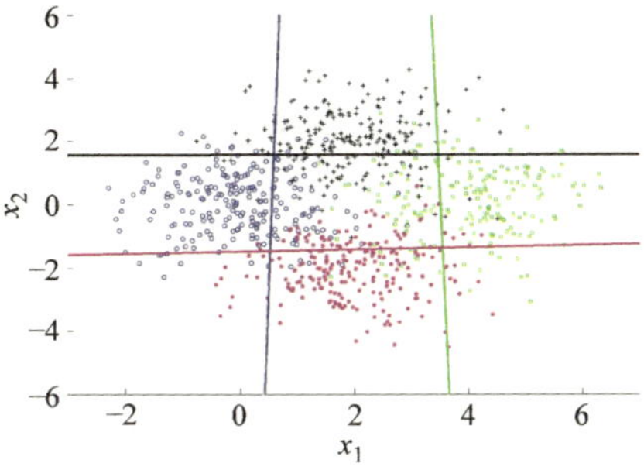

图 5.7　数据集 $\mathscr{D}$ 和线性二分类 - 分类器

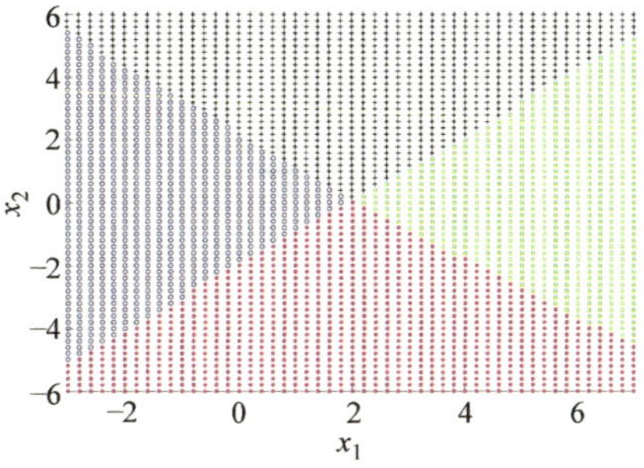

图 5.8　分类器所做出的决策

在“一对一”方法中，设计了 $K(K-1)/2$ 个二分类 - 分类器，也就是说，对于每一对类别设计一个二分类 - 分类器。然后输入向量 $\boldsymbol{x}$ 会由每一个分类器进行评估，并且最终决定以多数票决定。这可能会导致输入空间的区域无法被明确地分配。在这里也可以通过使用单独决策的置信度来提供帮助。

5.1.8　使用 softmax 函数进行分类

解决多分类问题的另一种方法是将目标向量 $\boldsymbol{y}$ 表示为独热编码，即对于 4 分类问题，将类别 c_1 编码为 $\boldsymbol{y}=[1,0,0,0]^{\mathrm{T}}$，类别 c_2 编码为 $\boldsymbol{y}=[0,1,0,0]^{\mathrm{T}}$，类别 c_3 编码为 $\boldsymbol{y}=[0,0,1,0]^{\mathrm{T}}$，类别 c_4 编码为 $\boldsymbol{y}=[0,0,0,4]^{\mathrm{T}}$。在这种情况下，分类函数有 K 个输出，计算每个输出的 K 个后验概率 $P(c_\ell|\boldsymbol{x})$ 之一的估计值，并且最终确定为具有最高估计后验概率的类别。为了实现这一点，借助 softmax 函数对后验概率进行建模：

$$P(c_\ell \mid \boldsymbol{x})=\frac{\mathrm{e}^{\boldsymbol{\theta}_\ell^{\mathrm{T}}\tilde{\boldsymbol{x}}}}{\sum_{k=1}^{K}\mathrm{e}^{\boldsymbol{\theta}_k^{\mathrm{T}}\tilde{\boldsymbol{x}}}} \quad 或者 \quad P(c_\ell \mid \boldsymbol{x})=\frac{\mathrm{e}^{\boldsymbol{\theta}_\ell^{\mathrm{T}}\tilde{\boldsymbol{\varphi}}(\boldsymbol{x})}}{\sum_{k=1}^{K}\mathrm{e}^{\boldsymbol{\theta}_k^{\mathrm{T}}\tilde{\boldsymbol{\varphi}}(\boldsymbol{x})}} \tag{5.79}$$

式中，$\tilde{\boldsymbol{x}}$和$\tilde{\boldsymbol{\varphi}}(\boldsymbol{x})$如式（5.26）和式（5.37）所定义。与式（5.50）中的2分类问题相比，为每个类别确定了一个参数向量$\boldsymbol{\theta}_k$。为了在下文中简化标记，将$\boldsymbol{\theta}_k^{\mathrm{T}}\tilde{\boldsymbol{x}}$和$\boldsymbol{\theta}_k^{\mathrm{T}}\tilde{\boldsymbol{\varphi}}(\boldsymbol{x})$用$a_k$表示。所以类别$c_\ell$的后验概率为：

$$P(c_\ell \mid \boldsymbol{x}) = \frac{\mathrm{e}^{a_\ell}}{\sum_{k=1}^{K} \mathrm{e}^{a_k}} \tag{5.80}$$

并且其对a_j的导数取决于j和ℓ是否相等。对于$j=\ell$可得：

$$\begin{aligned}\frac{\partial \dfrac{\mathrm{e}^{a_\ell}}{\sum_{k=1}^{K}\mathrm{e}^{a_k}}}{\partial a_j} &= \frac{\mathrm{e}^{a_\ell}\sum_{k=1}^{K}\mathrm{e}^{a_k} - \mathrm{e}^{a_\ell}\mathrm{e}^{a_j}}{\left(\sum_{k=1}^{K}\mathrm{e}^{a_k}\right)^2} = \frac{\mathrm{e}^{a_\ell}\left(\sum_{k=1}^{K}\mathrm{e}^{a_k} - \mathrm{e}^{a_j}\right)}{\left(\sum_{k=1}^{K}\mathrm{e}^{a_k}\right)^2} = \frac{\mathrm{e}^{a_\ell}}{\sum_{k=1}^{K}\mathrm{e}^{a_k}} \cdot \frac{\sum_{k=1}^{K}\mathrm{e}^{a_k} - \mathrm{e}^{a_j}}{\sum_{k=1}^{K}\mathrm{e}^{a_k}} \\ &= P(c_\ell \mid \boldsymbol{x})(1 - P(c_\ell \mid \boldsymbol{x}))\end{aligned} \tag{5.81}$$

对于$j \neq \ell$则可得：

$$\frac{\partial \dfrac{\mathrm{e}^{a_\ell}}{\sum_{k=1}^{K}\mathrm{e}^{a_k}}}{\partial a_j} = \frac{0 - \mathrm{e}^{a_\ell}\mathrm{e}^{a_j}}{\left(\sum_{k=1}^{K}\mathrm{e}^{a_k}\right)^2} = -\frac{\mathrm{e}^{a_\ell}}{\sum_{k=1}^{K}\mathrm{e}^{a_k}} \cdot \frac{\mathrm{e}^{a_j}}{\sum_{k=1}^{K}\mathrm{e}^{a_k}} = -P(c_\ell \mid \boldsymbol{x})P(c_j \mid \boldsymbol{x}) \tag{5.82}$$

使用式（2.75）中的克罗内克符号，可以得到：

$$\frac{\partial P(c_\ell \mid \boldsymbol{x})}{\partial a_j} = P(c_\ell \mid \boldsymbol{x})(\delta_{\ell j} - P(c_j \mid \boldsymbol{x})) \tag{5.83}$$

借助链式法则，从而回到参数向量$\boldsymbol{\theta}_k$：

$$\frac{\partial P(c_\ell \mid \boldsymbol{x})}{\partial \boldsymbol{\theta}_k} = \frac{\partial P(c_\ell \mid \boldsymbol{x})}{\partial a_k} \cdot \frac{\partial a_k}{\partial \boldsymbol{\theta}_k} = P(c_\ell \mid \boldsymbol{x})(\delta_{\ell k} - P(c_k \mid \boldsymbol{x}))\tilde{\boldsymbol{x}} \quad \text{或者} \tag{5.84}$$

$$\frac{\partial P(c_\ell \mid \boldsymbol{x})}{\partial \boldsymbol{\theta}_k} = P(c_\ell \mid \boldsymbol{x})(\delta_{\ell k} - P(c_k \mid \boldsymbol{x}))\tilde{\boldsymbol{\varphi}}(\boldsymbol{x}) \tag{5.85}$$

这里通常使用交叉熵作为损失函数：

$$\mathscr{L}(\boldsymbol{y}, \boldsymbol{f}(\boldsymbol{x})) = -\sum_{\ell=1}^{K} y[\ell]\ln(\hat{P}(c_\ell \mid \boldsymbol{x})) \quad \text{其中} \quad \boldsymbol{f}(\boldsymbol{x}) = \begin{bmatrix}\hat{P}(c_1 \mid \boldsymbol{x}) \\ \hat{P}(c_2 \mid \boldsymbol{x}) \\ \vdots \\ \hat{P}(c_K \mid \boldsymbol{x})\end{bmatrix} \tag{5.86}$$

如上所述，目标值 $y = c_\ell$ 被表示为独热编码，即向量 $\boldsymbol{y}$ 只有在第 ℓ 的位置上有一个 1。为了使用梯度下降法最小化式（5.86）中损失函数的经验风险，需要 $\mathscr{L}(\boldsymbol{y},\boldsymbol{f}(\boldsymbol{x}))$ 对参数向量 $\boldsymbol{\theta}_k$ 的导数：

$$\begin{aligned}\frac{\partial\mathscr{L}(\boldsymbol{y},\boldsymbol{f}(\boldsymbol{x}))}{\partial\boldsymbol{\theta}_k} &= -\sum_{\ell=1}^{K} y[\ell]\frac{\partial\ln(\hat{P}(c_\ell\mid\boldsymbol{x}))}{\partial\boldsymbol{\theta}_k} = -\sum_{\ell=1}^{K} y[\ell]\frac{\partial\ln(\hat{P}(c_\ell\mid\boldsymbol{x}))}{\partial\hat{P}(c_\ell\mid\boldsymbol{x})}\cdot\frac{\partial\hat{P}(c_\ell\mid\boldsymbol{x})}{\partial\boldsymbol{\theta}_k} \\ &= -\sum_{\ell=1}^{K} y[\ell]\frac{1}{\hat{P}(c_\ell\mid\boldsymbol{x})}\cdot\frac{\partial\hat{P}(c_\ell\mid\boldsymbol{x})}{\partial\boldsymbol{\theta}_k}\end{aligned} \quad (5.87)$$

当使用 softmax 函数时，根据式（5.85）的结果，可以得到：

$$\begin{aligned}\frac{\partial\mathscr{L}(\boldsymbol{y},\boldsymbol{f}(\boldsymbol{x}))}{\partial\boldsymbol{\theta}_k} &= -\sum_{\ell=1}^{K} y[\ell]\frac{1}{\hat{P}(c_\ell\mid\boldsymbol{x})}\cdot\hat{P}(c_\ell\mid\boldsymbol{x})(\delta_{\ell k}-\hat{P}(c_k\mid\boldsymbol{x}))\tilde{\boldsymbol{x}} \\ &= -y[k](1-\hat{P}(c_k\mid\boldsymbol{x}))\tilde{\boldsymbol{x}}+\sum_{\substack{\ell=1\\ \ell\neq k}}^{K} y[\ell]\hat{P}(c_k\mid\boldsymbol{x})\tilde{\boldsymbol{x}} \\ &= -y[k]\tilde{\boldsymbol{x}}+\hat{P}(c_k\mid\boldsymbol{x})y[k]\tilde{\boldsymbol{x}}+\sum_{\substack{\ell=1\\ \ell\neq k}}^{K} y[\ell]\hat{P}(c_k\mid\boldsymbol{x})\tilde{\boldsymbol{x}} \\ &= -y[k]\tilde{\boldsymbol{x}}+\hat{P}(c_k\mid\boldsymbol{x})\tilde{\boldsymbol{x}}\underbrace{\left(y[k]+\sum_{\substack{\ell=1\\ \ell\neq k}}^{K} y[\ell]\right)}_{\text{独热编码}} \\ &= \hat{P}(c_k\mid\boldsymbol{x})\tilde{\boldsymbol{x}}-y[k]\tilde{\boldsymbol{x}}\end{aligned} \quad (5.88)$$

或者使用基函数 $\boldsymbol{\varphi}(\boldsymbol{x})$，则可得：

$$\frac{\partial\mathscr{L}(\boldsymbol{y},\boldsymbol{f}(\boldsymbol{x}))}{\partial\boldsymbol{\theta}_k} = \hat{P}(c_k\mid\boldsymbol{x})\tilde{\boldsymbol{\varphi}}(\boldsymbol{x})-y[k]\tilde{\boldsymbol{\varphi}}(\boldsymbol{x}) \quad (5.89)$$

有了这个，现在可以用梯度下降法确定类别 K 的参数向量 $\boldsymbol{\theta}_k$，类似于式（5.41）。当使用来自数据集 $\mathscr{D}$ 的样本 $(\boldsymbol{x}_m, y_m)$ 时，根据以下计算规则，第 $\ell+1$ 迭代步的参数向量 $\boldsymbol{\theta}_k$ 的校正可以由第 ℓ 迭代步得到：

$$\boldsymbol{\theta}_k^{(\ell+1)} = \boldsymbol{\theta}_k^{(\ell)}-\alpha(\hat{P}(c_k\mid\boldsymbol{x}_m)-y_m[k])\tilde{\boldsymbol{x}}_m \quad \text{其中} \quad \hat{P}(c_k\mid\boldsymbol{x}_m) = \frac{\mathrm{e}^{\boldsymbol{\theta}_k^{(\ell),\mathrm{T}}\tilde{\boldsymbol{x}}_m}}{\sum_{i=1}^{K}\mathrm{e}^{\boldsymbol{\theta}_i^{(\ell),\mathrm{T}}\tilde{\boldsymbol{x}}_m}} \text{或者} \quad (5.90)$$

$$\boldsymbol{\theta}_k^{(\ell+1)} = \boldsymbol{\theta}_k^{(\ell)}-\alpha(\hat{P}(c_k\mid\boldsymbol{x}_m)-y_m[k])\tilde{\boldsymbol{\varphi}}(\boldsymbol{x}_m) \quad \text{其中} \quad \hat{P}(c_k\mid\boldsymbol{x}_m) = \frac{\mathrm{e}^{\boldsymbol{\theta}_k^{(\ell),\mathrm{T}}\tilde{\boldsymbol{\varphi}}(\boldsymbol{x}_m)}}{\sum_{i=1}^{K}\mathrm{e}^{\boldsymbol{\theta}_i^{(\ell),\mathrm{T}}\tilde{\boldsymbol{\varphi}}(\boldsymbol{x}_m)}} \quad (5.91)$$

在计算机上的实现中，可能会由于 softmax 函数中的指数函数出现数值上的困难，例如当其中一个指数函数的自变量太大或太小时。为了使该方法在数值上稳定，softmax 函数通常在分子和分母中乘以相同的数 e^{-C}，使得结果不会发生改变并且可以得到：

$$\hat{P}(c_\ell \mid \boldsymbol{x}) = \frac{\mathrm{e}^{\boldsymbol{\theta}_\ell^{\mathrm{T}}\tilde{\boldsymbol{x}}-C}}{\sum_{k=1}^{K}\mathrm{e}^{\boldsymbol{\theta}_k^{\mathrm{T}}\tilde{\boldsymbol{x}}-C}}, \quad \text{其中} \quad C = \max_\ell(\boldsymbol{\theta}_\ell^{\mathrm{T}}\tilde{\boldsymbol{x}}) \quad \text{或者} \tag{5.92}$$

$$\hat{P}(c_\ell \mid \boldsymbol{x}) = \frac{\mathrm{e}^{\boldsymbol{\theta}_\ell^{\mathrm{T}}\tilde{\boldsymbol{\varphi}}(\boldsymbol{x})-C}}{\sum_{k=1}^{K}\mathrm{e}^{\boldsymbol{\theta}_k^{\mathrm{T}}\tilde{\boldsymbol{\varphi}}(\boldsymbol{x})-C}}, \quad \text{其中} \quad C = \max_\ell(\boldsymbol{\theta}_\ell^{\mathrm{T}}\tilde{\boldsymbol{\varphi}}(\boldsymbol{x})) \tag{5.93}$$

5.1.9 核密度估计、k 近邻分类和核回归

与前面的小节不同，本小节将讨论的是非参数方法。

核密度估计器

这里介绍的方法可以用于概率密度估计，也可以用于回归和分类的生成模型，其中可以使用联合概率密度函数 $p(\boldsymbol{x}, y)$，也可以用于无监督学习，其中可以使用密度 $p(\boldsymbol{x})$。

在介绍核密度估计器之前，第一步将简要介绍标量随机变量 x 的朴素概率密度函数估计器。为此，使用式（2.111）中概率密度函数的定义并将其写为：

$$p(X = x) = \lim_{h\to 0}\frac{P\left(x-\frac{h}{2}\leqslant X\leqslant x+\frac{h}{2}\right)}{h} \tag{5.94}$$

对于任何 h 值，可以通过考虑区间$\left[x-\frac{h}{2}, x+\frac{h}{2}\right]$中的数据点 $M_{x,h}$ 与所有可用数据点 M 的比率来估计$p\left(x-\frac{h}{2}\leqslant x\leqslant x+\frac{h}{2}\right)$：

$$\hat{p}(X = x) = \frac{M_{x,h}}{hM} = \frac{1}{M}\sum_{m=1}^{M}\frac{1}{h}\xi\left(\frac{x-x_m}{h}\right) \quad \text{其中} \quad \xi(x) = \begin{cases} 1 & \text{当}\,|x|<\frac{1}{2} \\ 0 & \text{其他} \end{cases} \tag{5.95}$$

因此，朴素概率密度函数估计器可以理解为直方图，其中每个数据点 x_m 被选为直方图区间的中心。朴素概率密度函数估计器的一个缺点是估计的密度

$\hat{p}(X=x)$不是连续的。因此，通过使用具有以下属性的**核函数**$\kappa(\cdot)$代替函数$\xi(\cdot)$来扩展此方法：

$$\int_{-\infty}^{\infty}\kappa(x)\mathrm{d}x=1;\int_{-\infty}^{\infty}x\kappa(x)\mathrm{d}x=0;\int_{-\infty}^{\infty}x^2\kappa(x)\mathrm{d}x>0 \tag{5.96}$$

从而可以得到**核密度估计器**：

$$\hat{p}(X=x)=\frac{1}{M}\sum_{m=1}^{M}\frac{1}{h}\kappa\left(\frac{x-x_m}{h}\right)=\frac{1}{M}\sum_{m=1}^{M}\kappa_h\left(\frac{x-x_m}{h}\right),\text{其中}\kappa_h(x)=\frac{1}{h}\kappa(x) \tag{5.97}$$

h 称为带宽或者 **"平滑参数"**。可能的核函数为：

高斯核函数：

$$\kappa(x)=\frac{1}{\sqrt{2\pi}}\mathrm{e}^{-\frac{1}{2}x^2} \tag{5.98}$$

Epanechnikov 核函数：

$$\kappa(x)=\begin{cases}\frac{3}{4}(1-x^2) & \text{当}-1\leqslant x\leqslant 1\\ 0 & \text{其他}\end{cases} \tag{5.99}$$

对于多元随机变量 $\boldsymbol{x}\in\mathbb{R}^N$，核密度估计器为：

$$\hat{p}(\boldsymbol{X}=\boldsymbol{x})=\frac{1}{M}\sum_{m=1}^{M}\frac{1}{h^N}\kappa\left(\frac{\boldsymbol{x}-\boldsymbol{x}_m}{h}\right)=\frac{1}{M}\sum_{m=1}^{M}\kappa_h\left(\frac{\boldsymbol{x}-\boldsymbol{x}_m}{h}\right),\text{其中}\kappa_h(\boldsymbol{x})=\frac{1}{h^N}\kappa(\boldsymbol{x}) \tag{5.100}$$

核函数 $\kappa(\boldsymbol{x})$ 在 N 维空间的性质为：

$$\int_{\mathbb{R}^N}\kappa(\boldsymbol{x})\mathrm{d}\boldsymbol{x}=1;\int_{\mathbb{R}^N}\boldsymbol{x}\kappa(\boldsymbol{x})\mathrm{d}\boldsymbol{x}=\boldsymbol{0};\int_{\mathbb{R}^N}\boldsymbol{x}^{\mathrm{T}}\boldsymbol{x}\kappa(\boldsymbol{x})\mathrm{d}\boldsymbol{x}>0 \tag{5.101}$$

多元核密度估计器可能的核函数为：

高斯核函数：

$$\kappa(\boldsymbol{x})=\frac{1}{(2\pi)^{\frac{N}{2}}}\mathrm{e}^{-\frac{1}{2}\boldsymbol{x}^{\mathrm{T}}\boldsymbol{x}} \tag{5.102}$$

Epanechnikov 核函数：

$$\kappa(\boldsymbol{x})=\begin{cases}\frac{1}{2V_N}(N+2)(1-\boldsymbol{x}^{\mathrm{T}}\boldsymbol{x}) & \text{当}\boldsymbol{x}^{\mathrm{T}}\boldsymbol{x}\leqslant 1\\ 0 & \text{其他}\end{cases} \tag{5.103}$$

式中，V_N 是 N 维空间中单位球体的体积，即 $V_1=2$、$V_2=\pi$，$V_3=\frac{4}{3}\pi$等。

尽管核密度估计器是概率密度估计的更高级方法之一，但根据文献 [sil86] 中的一个示例表明，维度高时需要非常多的数据点 M 才能达到一定的准确度。

任务是估计随机变量 $\boldsymbol{x}\in\mathbb{R}^N$，$\boldsymbol{x}\sim\mathcal{N}(\boldsymbol{0},\boldsymbol{I})$ 在 $\boldsymbol{x}=\boldsymbol{0}$ 处概率密度函数的值。也就是说不应估计整个概率密度函数，而应仅在点 $\boldsymbol{x}=\boldsymbol{0}$ 处进行估计。在这里，相对均方误差被用作为准确度的度量：

$$\text{准确度的度量}=\frac{\mathrm{E}_{\mathscr{D}_x}\{(p(x=0)-\hat{p}(x=0))^2\}}{p(x=0)} \tag{5.104}$$

式中考虑的是具有 M 个实现 $\boldsymbol{x}_m$ 的数据集 $\mathscr{D}_x$ 的期望值。此精确度应小于 0.1。使用高斯核函数并设置平滑参数 h，以使得对于各个维度，N 都有最小的相对均方误差。在 $\boldsymbol{x}=\boldsymbol{0}$ 处估计 $\boldsymbol{x}\sim\mathcal{N}(\boldsymbol{0},\boldsymbol{I})$ 概率密度函数值时，相对均方误差为 0.1 所需要数据点的数量见表 5.1。

表 5.1　在 $\boldsymbol{x}=\boldsymbol{0}$ 处估计 $\boldsymbol{x}\sim\mathcal{N}(\boldsymbol{0},\boldsymbol{I})$ 概率密度函数值时，相对均方误差为 0.1 所需要数据点的数量

维度 N	$\mathscr{D}_x$ 中所需数据点的数量 M
1	4
2	19
3	67
4	223
5	768
6	2790
7	10700
8	43700
9	187000
10	842000

这个结果显示了所需要数据点的数量随着维度 $\boldsymbol{N}$ 而增加的速度有多快，并证实了第 5.1.2 小节中提出的维数灾难。

核密度估计器是非参数的，因此具有模型不需要参数估计的优点。唯一需要设置的参数是平滑参数 h。但是，缺点是需要大量的内存，因为在点 $\boldsymbol{x}$ 处的概率密度函数估计需要有 M 个数据点的整个数据集。

k 近邻分类器

在 k 近邻分类器中，对于要分类的输入 $\boldsymbol{x}$ 首先要确定其在数据集 $\mathscr{D}$ 中 k 个最近邻，然后对这 k 个最近邻的类别做出多数决定。借助局部概率密度函数估计可以很好地解释该算法。核密度估计执行的是局部概率密度函数估计，即靠

近要确定概率密度函数值的向量 $\boldsymbol{x}$ 的点 $\boldsymbol{x}_m$ 比位于更远处的点 $\boldsymbol{x}_m$ 对解的贡献更大。然而，核密度估计的一个缺点是根据式（5.100），平滑参数 h 对于所有核函数都是相同的。这会导致在具有高概率密度函数值的输入空间区域中，较大的 h 值会因为过度平滑而造成较差的估计。另一方面，具有低概率密度函数值的输入空间区域中，较小的 h 值会因为不够平滑而使得估计较差。这些考虑表明，应根据输入空间中的区域来选择 h。这个想法是 k 近邻分类器的基础。

首先，要考虑的是一个 h 不固定的概率密度函数估计。应该通过以下方式为每个数据点 $\boldsymbol{x}_m \in \mathbb{R}^N$ 单独生成平滑参数 h：使用类似于式（5.95）的方程作为核函数：

$$\kappa(\boldsymbol{x}) = \begin{cases} 1 & \text{当} |\boldsymbol{x}| < \dfrac{1}{2} \\ 0 & \text{其他} \end{cases} \tag{5.105}$$

并增加 h 值直到 k 个点 $\boldsymbol{x}_m$ 的核函数 $\kappa\left(\dfrac{\boldsymbol{x}-\boldsymbol{x}_m}{h}\right)$ 的值为 1。如果这个 h 的值用 $h_{\boldsymbol{x}}$ 表示，则会在输入空间中产生一个体积为 $h_{\boldsymbol{x}}^N$ 的超六面体，其中有 k 个点 $\boldsymbol{x}_m$ 位于 $\boldsymbol{x}$ 的周围。而使用 k 近邻分类器时，概率密度函数估计不是在超立方体中完成的。取而代之的是，一个体积 $V_{\boldsymbol{x}}$ 围绕着 $\mathbb{R}^N$ 中的点 $\boldsymbol{x}$ 展开，不断增长，直到其中有来自 $\mathscr{D}$ 的 k 个点 $\boldsymbol{x}_m$。在该体积中一共有 $M_{V_{\boldsymbol{x}}}$ 个来自 $\mathscr{D}$ 的 $\boldsymbol{x}_m$ 和 $M_{V_{\boldsymbol{x}},\ell}$ 个分配给 c_ℓ 类别的数据点。如果在数据集 $\mathscr{D}$ 中总共有 M_ℓ 个 c_ℓ 类别的数据点，则类似于式（5.100）可得：

$$\hat{p}(\boldsymbol{x}) = \frac{1}{M}\sum_{m=1}^{M}\frac{1}{V_{\boldsymbol{x}}}\mathbb{1}_{V_{\boldsymbol{x}}}(\boldsymbol{x}_m) = \frac{M_{V_{\boldsymbol{x}}}}{MV_{\boldsymbol{x}}}, \text{其中} \mathbb{1}_{V_{\boldsymbol{x}}}(\boldsymbol{x}_m) = \begin{cases} 1 & \text{当} \boldsymbol{x}_m \in V_{\boldsymbol{x}} \\ 0 & \text{其他} \end{cases} \tag{5.106}$$

$$\hat{p}(\boldsymbol{x} \mid c_\ell) = \frac{1}{M_\ell}\sum_{\substack{m=1 \\ y_m = c_\ell}}^{M_\ell}\frac{1}{V_{\boldsymbol{x}}}\mathbb{1}_{V_{\boldsymbol{x}}}(\boldsymbol{x}_m) = \frac{M_{V_{\boldsymbol{x}},\ell}}{M_\ell V_{\boldsymbol{x}}} \tag{5.107}$$

借助数据集 $\mathscr{D}$ 通过以下方程估计 c_ℓ 类别的先验概率：

$$\hat{P}(y = c_\ell) = \frac{M_\ell}{M} \tag{5.108}$$

则可得后验概率的估计值：

$$\hat{P}(c_\ell \mid \boldsymbol{x}) = \frac{\hat{p}(\boldsymbol{x} \mid c_\ell)\hat{P}(y = c_\ell)}{\hat{p}(\boldsymbol{x})} = \frac{\dfrac{M_{V_{\boldsymbol{x}},\ell}}{M_\ell V_{\boldsymbol{x}}}\dfrac{M_\ell}{M}}{\dfrac{M_{V_{\boldsymbol{x}}}}{MV_{\boldsymbol{x}}}} = \frac{M_{V_{\boldsymbol{x}},\ell}}{M_{V_{\boldsymbol{x}}}} \tag{5.109}$$

根据式（5.15）选择具有最高估计后验概率 $\hat{P}(c_\ell \mid \boldsymbol{x})$ 的类别 c_ℓ，则这对应于选择体积 $V_{\boldsymbol{x}}$ 中有最多数据点 $\boldsymbol{x}_m$ 的类别，即就 k 个最近邻所属于的类别做出多数决定。这就是 k 近邻分类规则，它常用于 $\mathscr{D}$ 中的少量 M 个样本，但作为一种非参数方法，其缺点是输入 $\boldsymbol{x}$ 的分类需要整个数据集 $\mathscr{D}$ 和相应的计算来确定 k 个最近邻。

如果使用图 5.7 和图 5.8 所基于的数据集 $\mathscr{D}$，则 $k=1$ 时可得图 5.9，而 $k=30$ 时可得图 5.10。

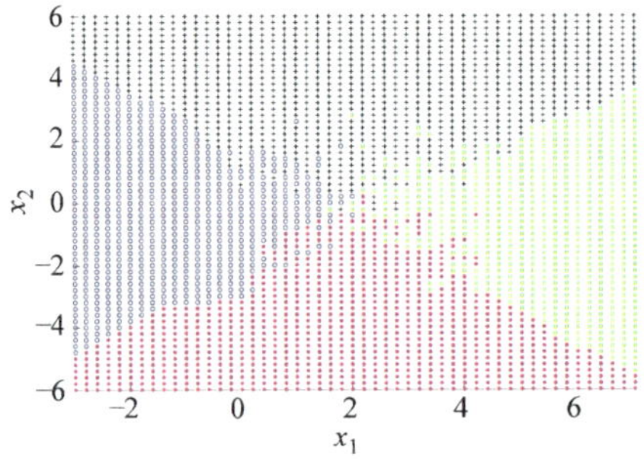

图 5.9　使用来自图 5.7 的数据集 $\mathscr{D}$，$k=1$ 时 k 近邻分类器所做出的决策

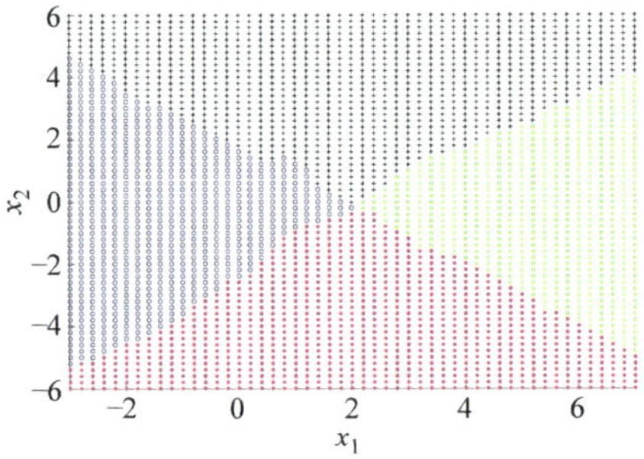

图 5.10　使用来自图 5.7 的数据集 $\mathscr{D}$，$k=30$ 时 k 近邻分类器所做出的决策

核回归

与 k 近邻分类器使用概率密度函数估计来近似计算式（5.15）中的最优分类器一样，也可以使用概率密度函数估计来近似计算式（5.14）中的最优回归估计器 $f_B(\boldsymbol{x}) = E_{y|\boldsymbol{x}}\{y\}$。为此，$E_{y|\boldsymbol{x}}\{y\}$ 表示为：

$$E_{y|\boldsymbol{x}}\{y\} = \int_{\mathbb{R}} y p(y \mid \boldsymbol{x}) \mathrm{d}y = \int_{\mathbb{R}} y p(y \mid \boldsymbol{x}) \frac{p(\boldsymbol{x})}{p(\boldsymbol{x})} \mathrm{d}y = \frac{\int_{\mathbb{R}} y p(y \mid \boldsymbol{x}) p(\boldsymbol{x}) \mathrm{d}y}{p(\boldsymbol{x})} = \frac{\int_{\mathbb{R}} y p(\boldsymbol{x}, y) \mathrm{d}y}{\int_{\mathbb{R}} p(\boldsymbol{x}, y) \mathrm{d}y} \tag{5.110}$$

使用乘积核密度估计器描述联合概率密度函数 $p(\boldsymbol{x}, y)$：

$$\begin{aligned}\hat{p}(\boldsymbol{x}, y) &= \frac{1}{M} \sum_{m=1}^{M} \frac{1}{h_{\boldsymbol{x}}^N h_y} \kappa\left(\frac{\boldsymbol{x} - \boldsymbol{x}_m}{h_{\boldsymbol{x}}}\right) \kappa\left(\frac{y - y_m}{h_y}\right) \\ &= \frac{1}{M} \sum_{m=1}^{M} \kappa_{h_{\boldsymbol{x}}}(\boldsymbol{x} - \boldsymbol{x}_m) \kappa_{h_y}(y - y_m)\end{aligned} \tag{5.111}$$

式中，$\kappa_{h_{\boldsymbol{x}}}(\boldsymbol{x} - \boldsymbol{x}_m) = \dfrac{1}{h_{\boldsymbol{x}}^N} \kappa\left(\dfrac{\boldsymbol{x} - \boldsymbol{x}_m}{h_{\boldsymbol{x}}}\right)$，而 $\kappa_{h_y}(y - y_m) = \dfrac{1}{h_y} \kappa\left(\dfrac{y - y_m}{h_y}\right)$。

在将式（5.111）代入式（5.110）之前，应借助式（5.101）列举出核函数的两个性质：

$$\int_{\mathbb{R}} \kappa_{h_y}(y-y_m)\mathrm{d}y = 1 \text{和} \tag{5.112}$$

$$\int_{\mathbb{R}} y\kappa_{h_y}(y-y_m)\mathrm{d}y = \int_{\mathbb{R}} (z+y_m)\kappa_{h_y}(z)\mathrm{d}z = \underbrace{\int_{\mathbb{R}} z\kappa_{h_y}(z)\mathrm{d}z}_{0} + y_m \underbrace{\int_{\mathbb{R}} \kappa_{h_y}(z)\mathrm{d}z}_{1} = y_m \tag{5.113}$$

式（5.110）中的分子现在可以使用式（5.111）近似为：

$$\begin{aligned}\int_{\mathbb{R}} y\hat{p}(\boldsymbol{x},y)\mathrm{d}y &= \int_{\mathbb{R}} y\frac{1}{M}\sum_{m=1}^{M}\kappa_{h_x}(\boldsymbol{x}-\boldsymbol{x}_m)\kappa_{h_y}(y-y_m)\mathrm{d}y \\ &= \frac{1}{M}\sum_{m=1}^{M}\kappa_{h_x}(\boldsymbol{x}-\boldsymbol{x}_m)\underbrace{\int_{\mathbb{R}} y\kappa_{h_y}(y-y_m)\mathrm{d}y}_{y_m\text{根据式(5.113)}} = \frac{1}{M}\sum_{m=1}^{M}\kappa_{h_x}(\boldsymbol{x}-\boldsymbol{x}_m)y_m\end{aligned} \tag{5.114}$$

式（5.110）中的分母现在可以使用式（5.111）近似为：

$$\int_{\mathbb{R}} \hat{p}(\boldsymbol{x},y)\mathrm{d}y = \frac{1}{M}\sum_{m=1}^{M}\kappa_{h_x}(\boldsymbol{x}-\boldsymbol{x}_m)\underbrace{\int_{\mathbb{R}} \kappa_{h_y}(y-y_m)\mathrm{d}y}_{1\text{根据式(5.112)}} = \frac{1}{M}\sum_{m=1}^{M}\kappa_{h_x}(\boldsymbol{x}-\boldsymbol{x}_m) \tag{5.115}$$

现在将式（5.114）和式（5.115）代入式（5.110），则得到作为式（5.14）中贝叶斯回归估计器估计值的**核回归估计器**。

$$f_{\mathrm{NW}}(\boldsymbol{x}) = \frac{\sum_{m=1}^{M}\kappa_{h_x}(\boldsymbol{x}-\boldsymbol{x}_m)y_m}{\sum_{m=1}^{M}\kappa_{h_x}(\boldsymbol{x}-\boldsymbol{x}_m)} = \sum_{m=1}^{M}\left(\frac{\kappa_{h_x}(\boldsymbol{x}-\boldsymbol{x}_m)}{\sum_{n=1}^{M}\kappa_{h_x}(\boldsymbol{x}-\boldsymbol{x}_n)}\right)y_m \tag{5.116}$$

核回归估计器也称为 Nadaraya-Watson 估计器。式（5.116）表明，核回归估计器形成数据集 $\mathscr{D}$ 中目标值 y_m 的加权和，其中权重来自于输入 $\boldsymbol{x}$ 与 $\mathscr{D}$ 中数据点 $\boldsymbol{x}_m$ 的相似性。与 k 近邻分类器相似，这种回归估计器的缺点是必须处理整个数据集 $\mathscr{D}$ 以确定输入 $\boldsymbol{x}$ 的输出 $\hat{y}$，而对于大型的数据集这尤其需要大量的资源。

5.1.10 泛化与偏差 - 方差分解

当涉及对现有数据的**泛化**，即从数据中抽象知识以便能够将其转移到其他数据时，所谓的**没有免费午餐定理**在理论上起着重要作用[WM95]。它指出，在考虑所有问题和数据集时，没有通用的最优的方法。这是因为使得一类问题成功的假设并不适用于另一类问题。然而，在实践中并没有尝试解决所有的问题，而只是尝试解决例如受自然规律所限制的部分问题。因此，基于没有免费午餐定理，可以得出以下结论：对于实践而言，开发一些泛化能力良好的、适用于日常生活中所出现数据的方法和算法是有意义的。但也可以得出以下结论：使用有关数据源的任何先验知识来开发良好的机器学习方法是有意义的。

为了评估机器学习方法对分类或回归任务的适用性，式（5.4）或式（5.5）中所谓的风险偏差 - 方差分解起着核心作用。可以说，对于由机器学习所确定的数学函数，风险由两个可以影响的部分组成：偏差和方差。简而言之，偏差表明所选择的学习方法（例如，具有高斯基函数的逻辑斯谛回归、感知机、具有特定架构的神经网络、完全生长的决策树等）是否适合当前的问题，而方差表明针对当前问题的所选学习方法的不同实现方式，即产生的数学函数是如何分散的。图 5.11 以图形的方式描述了偏差和方差这两个术语。

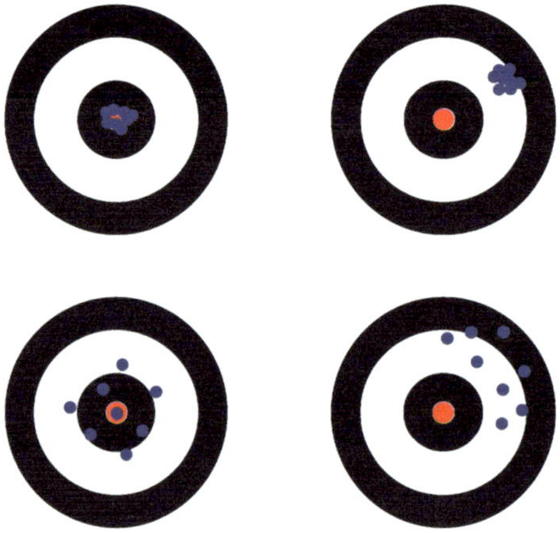

图 5.11　偏差 - 方差分解的可视化

如果决定使用某种学习方法，则选择数学函数 $f(\boldsymbol{x})$ 所属的函数族。如果所选函数族能实现复杂的映射，也就是说模型非常复杂，那么即使式（5.9）或式（5.5）中的风险非常大，也可能借助数据集 $\mathscr{D}$ 将式（5.9）中的经验风险降低到一个非常小的值。这被称为过拟合，并且所找到的函数 $f(\boldsymbol{x})$ 具有高方差。因为函数在很大程度上依赖于数据集 $\mathscr{D}$，所以在本小节中应用 $f(\boldsymbol{x}, \mathscr{D})$ 代替 $f(\boldsymbol{x})$ 来表示。过拟合或者高方差意味着，使用不同数据集确定的两个函数 $f(\boldsymbol{x}, \mathscr{D}_1)$ 和 $f(\boldsymbol{x}, \mathscr{D}_2)$ 之间存在着巨大的差异。图 5.12 定性地说明了风险是如何取决于模型复杂性的。避免过拟合的常用方法是正则化。为了确定函数 $f_{\boldsymbol{\theta}}$ 的参数 $\boldsymbol{\theta}$，在式（5.9）的经验风险中添加了一项，应在最小化问题中避免 $\boldsymbol{\theta}$ 中的值变大。因此，

代替 $R_{\text{emp}}(f, \mathscr{D})$ 被最小化的是例如：

$$\tilde{R}_{\text{emp}}(f_{\boldsymbol{\theta}}, \mathscr{D}) = \frac{1}{M}\sum_{m=1}^{M} \mathscr{L}(y_m, f_{\boldsymbol{\theta}}(\boldsymbol{x}_m)) + \lambda \|\boldsymbol{\theta}\|_2^2 \tag{5.117}$$

式中，λ 决定正则项的权重。

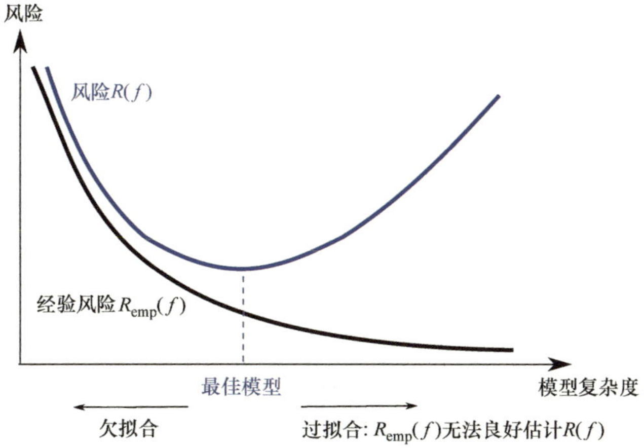

图 5.12　对于固定的数据集 $\mathscr{D}$，风险与模型复杂度的关系

另一方面，如果函数 $f(\boldsymbol{x}, \mathscr{D})$ 在数据集上的期望值 $E_D\{f(\boldsymbol{x}, \mathscr{D})\}$，与贝叶斯分类器或贝叶斯回归函数 $f_B(\boldsymbol{x})$ 相比有较大的差别，则导致有高偏差。这种情况也被称为**欠拟合**。例如，当函数所属的函数族不具备必要的“灵活性”，也就是模型复杂性太低，不能很好地近似 $f_B(\boldsymbol{x})$ 时，就会出现这类情况。习题 5.8、5.9 和 5.10 中没有基函数的线性回归便是对应的例子。

回归的偏差 - 方差分解

这里，我们考虑使用式（5.7）中的损失函数 $\mathscr{L}(y, f(\boldsymbol{x})) = (y - f(\boldsymbol{x}))^2$ 进行回归的偏差 - 变异分解。考虑到所求的回归函数 $f(\boldsymbol{x}, \mathscr{D})$ 是取决于当前的随机数据集 $\mathscr{D}$ 的，我们将式（5.4）中的风险函数围绕数据集的期望值展开，并分解成若干成分

$$\begin{aligned} E_{\boldsymbol{x},y,D}\{(y - f(\boldsymbol{x}, D))^2\} &= E_D\{E_{\boldsymbol{x},y|D}\{(y - f(\boldsymbol{x}, D))^2\}\} \\ &= E_D\{E_{\boldsymbol{x}|D}\{E_{y|\boldsymbol{x}}\{y^2\} - 2E_{y|\boldsymbol{x}}\{y\}f(\boldsymbol{x}, D) + f(\boldsymbol{x}, D)^2\}\} \\ &= E_D\{E_{\boldsymbol{x}|D}\{f(\boldsymbol{x}, D)^2 - 2E_{y|\boldsymbol{x}}\{y\}f(\boldsymbol{x}, D) + E_{y|\boldsymbol{x}}\{y\}^2 + \\ &\quad E_{y|\boldsymbol{x}}\{y^2\} - E_{y|\boldsymbol{x}}\{y\}^2\}\} \\ &= E_D\{E_{\boldsymbol{x}|D}\{(f(\boldsymbol{x}, D) - E_{y|\boldsymbol{x}}\{y\})^2\}\} + \underbrace{E_{\boldsymbol{x}}\{E_{y|\boldsymbol{x}}\{y^2\} - E_{y|\boldsymbol{x}}\{y\}^2\}}_{e_1} \end{aligned} \tag{5.118}$$

$$
\begin{aligned}
&= e_{\mathrm{i}} + E_D\{E_{\boldsymbol{x}|D}\{(f(\boldsymbol{x},D) - E_{D|\boldsymbol{x}}\{f(\boldsymbol{x},D)\} + E_{D|\boldsymbol{x}}\{f(\boldsymbol{x},D)\} - E_{y|\boldsymbol{x}}\{y\})^2\}\} \\
&= e_{\mathrm{i}} + E_{\boldsymbol{x}}\{E_{D|\boldsymbol{x}}\{(f(\boldsymbol{x},D) - E_{D|\boldsymbol{x}}\{f(\boldsymbol{x},D)\})^2\}\} \\
&\quad + E_{\boldsymbol{x}}\{E_{D|\boldsymbol{x}}\{(E_{D|\boldsymbol{x}}\{f(\boldsymbol{x},D)\} - E_{y|\boldsymbol{x}}\{y\})^2\}\} \\
&\quad + 2E_{\boldsymbol{x}}\{\underbrace{E_{D|\boldsymbol{x}}\{(f(\boldsymbol{x},D) - E_{D|\boldsymbol{x}}\{f(\boldsymbol{x},D)\})\}}_{0} \cdot (E_{D|\boldsymbol{x}}\{f(\boldsymbol{x},D)\} - E_{y|\boldsymbol{x}}\{y\})\} \\
&= e_{\mathrm{i}} + E_{\boldsymbol{x}}\{\underbrace{E_{D|\boldsymbol{x}}\{(f(\boldsymbol{x},D) - E_{D|\boldsymbol{x}}\{f(\boldsymbol{x},D)\})^2\}}_{\mathrm{Var}_{D|\boldsymbol{x}}\{\hat{y}\}}\} \\
&\quad + E_{\boldsymbol{x}}\{\underbrace{(E_{D|\boldsymbol{x}}\{(f(\boldsymbol{x},D)\} - E_{y|\boldsymbol{x}}\{y\})^2}_{(\mathrm{Bias}_{D|\boldsymbol{x}}\{\hat{y}\})^2}\} \\
&= e_{\mathrm{i}} + E_{\boldsymbol{x}}\{\mathrm{Var}_{D|\boldsymbol{x}}\{\hat{y}\}\} + E_{\boldsymbol{x}}\{(\mathrm{Bias}_{D|\boldsymbol{x}}\{\hat{y}\})^2\} = e_{\mathrm{i}} + e_{\mathrm{v}} + e_{\mathrm{b}}
\end{aligned}
\tag{5.119}
$$

式中的$\hat{y} = f(\boldsymbol{x}, D)$。

由式（5.118）可以看出，当回归函数$f(\boldsymbol{x}, \mathscr{D})$等于贝叶斯回归函数$f_B(\boldsymbol{x}) = E_{y|\boldsymbol{x}}\{y\}$，即它只由分量$e_{\mathrm{i}}$组成时，风险取得最小值，这一点已经在5.1.5小节中通过式（5.14）说明过。式（5.119）表明，风险可以分解为三个项e_{i}、e_{v}和e_{b}的和。第一个误差项e_{i}对应于贝叶斯回归函数本身的风险，其不能通过选择何种机器学习算法来减少；第二个误差项e_{v}对应于方差所引起的误差，其描述了回归函数$f(\boldsymbol{x}, \mathscr{D})$与数据集$\mathscr{D}$中独特样本的关联程度；第三个误差项$e_{\mathrm{b}}$则对应了拟合偏离所造成的误差，描述了最优回归函数$f_B(\boldsymbol{x})$和由数据集$\mathscr{D}$所得期望函数$E_{D|\boldsymbol{x}}\{f(\boldsymbol{x}, D)\}$之间的差距。从该分解可以看出，对于回归任务来说，选择一个使得由偏离引起的误差e_{b}和方差引起的误差e_{v}都尽可能小的学习算法来求回归函数是合理的。如果选择了一个非常灵活的，允许复杂映射的学习算法，那么由方差造成的误差通常会较高，而由偏差造成的误差会较低；如果反过来选择一个灵活性较低的学习算法，例如没有基函数的线性回归，通常由于方差造成的误差会较低，但由于偏差造成的误差则较高。一个适用于回归问题的学习算法可以在由偏差和方差造成的误差之间找到一个平衡点，从而尽可能降低风险。

分类的偏差 - 方差分解

存在很多种对分类进行偏差 - 方差分解的方法，这里我们将介绍一种基于 文献 [Fri97] 的方法，它有助于理解像是5.5节中的随机森林学习器这类集成学习法的良好分类性能。和对回归一样，我们将式（5.5）描述风险的期望函数围绕数据集的期望值展开，因为分类器$f(\boldsymbol{x}, \mathscr{D})$也和$\mathscr{D}$相关。如果我们使用式（5.8）中的0-1损失作为损失函数，则得到

$$
\begin{aligned}
E_{\boldsymbol{x},y,D}\{\mathscr{L}(y,f(\boldsymbol{x},D))\} &= E_{\boldsymbol{x},y}\{E_{D|\boldsymbol{x},y}\{1-\delta(y,f(\boldsymbol{x},D))\}\} \\
&= E_{\boldsymbol{x}}\{E_{y|\boldsymbol{x}}\{E_{D|\boldsymbol{x},y}\{1-\delta(y,f(\boldsymbol{x},D))\}\}\} \\
&= E_{\boldsymbol{x}}\left\{1-\sum_{k=1}^{K}E_{D|\boldsymbol{x}}\{\delta(c_k,f(\boldsymbol{x},D))\}P(y=c_k\mid\boldsymbol{x})\right\}
\end{aligned} \tag{5.120}
$$

式（5.120）中的期望值 $E_{D|\boldsymbol{x}}\{\delta(c_k,f(\boldsymbol{x},D))\}$ 是 D 的一个随机实现 $\mathscr{D}$ 使得 $f(\boldsymbol{x},\mathscr{D})=c_k$ 的概率，因为

$$
E_{D|\boldsymbol{x}}\{\delta(c_k,f(\boldsymbol{x},D))\}=\int\limits_{\mathscr{D}:f(\boldsymbol{x},\mathscr{D})=c_k}p(D=\mathscr{D}\mid\boldsymbol{x})\mathrm{d}\mathscr{D}=P_D(f(\boldsymbol{x},D)=c_k) \tag{5.121}
$$

在下文中我们假设 $K=2$，据此得到的结论也可以通过像是使用已经描述过的一对多或一对一方法，直接推广到多分类问题上。在二分类情况下，对于输入 $\boldsymbol{x}$，可能的选择之一是 $f_B(\boldsymbol{x})$。结合它与式（5.121），对于二分类器，式（5.120）就可以写作

$$
\begin{aligned}
E_{\boldsymbol{x},y,D}\{1-\delta(y,f(\boldsymbol{x},D))\} &= E_{\boldsymbol{x}}\{1-P_D(f(\boldsymbol{x},D)=f_B(\boldsymbol{x}))P(y=f_B(\boldsymbol{x})\mid\boldsymbol{x}) \\
&\quad -(1-P_D(f(\boldsymbol{x},D)=f_B(\boldsymbol{x})))(1-P(y=f_B(\boldsymbol{x})\mid\boldsymbol{x}))\} \\
&= E_{\boldsymbol{x}}\{P(y=f_B(\boldsymbol{x})\mid\boldsymbol{x})+P_D(f(\boldsymbol{x},D)=f_B(\boldsymbol{x})) \\
&\quad -2P_D(f(\boldsymbol{x},D)=f_B(\boldsymbol{x}))P(y=f_B(\boldsymbol{x})\mid\boldsymbol{x})\} \\
&= E_{\boldsymbol{x}}\{1-P(y=f_B(\boldsymbol{x})\mid\boldsymbol{x})+2P(y=f_B(\boldsymbol{x})\mid\boldsymbol{x})-1 \\
&\quad -2P_D(f(\boldsymbol{x},D)=f_B(\boldsymbol{x}))P(y=f_B(\boldsymbol{x})\mid\boldsymbol{x})+P_D(f(\boldsymbol{x},D)=f_B(\boldsymbol{x}))\} \\
&= E_{\boldsymbol{x}}\{1-P(y=f_B(\boldsymbol{x})\mid\boldsymbol{x}) \\
&\quad +(1-P_D(f(\boldsymbol{x},D)=f_B(\boldsymbol{x})))(2P(y=f_B(\boldsymbol{x})\mid\boldsymbol{x})-1)\}
\end{aligned} \tag{5.122}
$$

这里写出的式子是基于许多分类算法分别对两种类的后验概率 $P(c_\ell\mid\boldsymbol{x})$ 给出估计值 $\hat{P}(c_\ell|\boldsymbol{x},\mathscr{D})$，然后根据式（5.15）决定出 $\hat{P}(c_\ell|\boldsymbol{x},\mathscr{D})$ 最大的那一分类

$$
f(\boldsymbol{x},\mathscr{D})=\arg\max_{c_\ell}\{\hat{P}(c_\ell\mid\boldsymbol{x},\mathscr{D})\} \tag{5.123}
$$

$\hat{P}(c_\ell|\boldsymbol{x},\mathscr{D})$ 的值取决于当前的随机数据集 $\mathscr{D}$ 以及随机变量的实现值。相对于数据集 D 的随机变量 $\hat{P}(c_\ell|\boldsymbol{x},D)$ 的方差是

$$
\mathrm{Var}_{D|\boldsymbol{x}}\{\hat{P}(y=c_k\mid\boldsymbol{x},D)\}=E_{D|\boldsymbol{x}}\{(\hat{P}(y=c_k\mid\boldsymbol{x},D)-\mathrm{E}_{D|\boldsymbol{x}}\{\hat{P}(y=c_k\mid\boldsymbol{x},D)\})^2\} \tag{5.124}
$$

而 D 中的一个随机实现 $\mathscr{D}$ 使得其做出和贝叶斯分类器一样决定的概率为

$$
P_D(f(\boldsymbol{x},D)=f_B(\boldsymbol{x}))=P(\hat{P}(y=f_B(\boldsymbol{x})\mid\boldsymbol{x},D)>0.5) \tag{5.125}
$$

假设估计值 $\hat{P}(y=f_B(\boldsymbol{x})|\boldsymbol{x},D)$ 对应一个高斯概率密度函数，也就是说最终结论与该假设不相关，那么式（5.122）中的 $1-P_D(f(\boldsymbol{x},D)=f_B(\boldsymbol{x}))$ 项便可以借助式（5.125）被写作

$$1-P_D(f(\boldsymbol{x},D)=f_B(\boldsymbol{x}))=Q\left(\frac{E_{D|\boldsymbol{x}}\{\hat{P}(y=f_B(\boldsymbol{x})\mid\boldsymbol{x},D)\}-0.5}{\sqrt{\mathrm{Var}_{D|\boldsymbol{x}}\{\hat{P}(y=f_B(\boldsymbol{x})\mid\boldsymbol{x},D)\}}}\right) \tag{5.126}$$

$Q(\cdot)$ 在这里表示了期望值为 0、方差为 1 的标准高斯概率密度函数内，位于其参数右边的那一部分。这是由于对于具有期望值 μ 和方差 σ^2 的高斯随机变量 z 来说，$P(z>a)$ 的概率等于$P\left(\frac{z-\mu}{\sigma}>\frac{a-\mu}{\sigma}\right)$的概率。又因为$\frac{z-\mu}{\sigma}$是一个期望为 0、方差为 1 的随机变量，所以$P(z>a)=Q\left(\frac{a-\mu}{\sigma}\right)=1-Q\left(\frac{a-\mu}{\sigma}\right)$。将式（5.126）代入式（5.122），则得到

$$E_{\boldsymbol{x},y,D}\{1-\delta(y,f(\boldsymbol{x},D))\}=E_{\boldsymbol{x}}\{(1-P(y=f_B(\boldsymbol{x})\mid\boldsymbol{x}))+Q\left(\frac{E_{D|\boldsymbol{x}}\{\hat{P}(y=f_B(\boldsymbol{x})\mid\boldsymbol{x},D)\}-0.5}{\sqrt{\mathrm{Var}_{D|\boldsymbol{x}}\{\hat{P}(y=f_B(\boldsymbol{x})\mid\boldsymbol{x},D)\}}}\right)\cdot(2P(y=f_B(\boldsymbol{x})\mid\boldsymbol{x})-1)\} \tag{5.127}$$

式（5.127）中的 $(1-P(y=f_B(\boldsymbol{x})|\boldsymbol{x}))$ 项对应于式（5.119）中的误差项 e_{i}，因此代表贝叶斯分类器本身对于输入 $\boldsymbol{x}$ 的误差，与此同时，$Q(\cdot)$ 函数中的分子可以被认定为由偏移引起的误差，分母则被认定为由方差引起的误差。从式（5.127）的分解可以看出，对于$E_{D|\boldsymbol{x}}\{\hat{P}(y=f_B(\boldsymbol{x})\mid\boldsymbol{x},D)\}<0.5$，即在所有数据集的平均位上，分类器的决定与贝叶斯分类器不同的情况，较小的方差将导致较小的 $Q(\cdot)$ 函数的参数，从而导致整体风险较大。也就是说当偏差较大时，方差的减少会导致更高的风险。另一方面对于$E_{D|\boldsymbol{x}}\{\hat{P}(y=f_B(\boldsymbol{x})\mid\boldsymbol{x},D)\}>0.5$，即在所有数据集的平均位上，分类器的决定与贝叶斯分类器相同的情况，减小方差将导致 $Q(\cdot)$ 函数的参数增大，从而降低了整体风险。因为式（5.127）中的方差只出现在 $Q(\cdot)$ 函数的分母中，从分解中可以看出，我们甚至可能仅通过减少方差就可以将风险降低至最小值。这种认知可以说是理解分类中集成方法的关键。

5.1.11 机器学习模型选择与评估

模型选择

从上一小节可以看出，对于一个给定的数据集 $\mathcal{D}$，由机器学习所找到的

解 $f(\boldsymbol{x})$ 的质量，是由式（5.4）或式（5.5）中的风险 $R(f)$ 来表示的。解的质量取决于 f 所属的函数族，也就是说它取决于所选模型的复杂性（见图 5.12）。模型复杂度太高会导致方差增加，模型复杂度太低会导致偏差增加。这里就提出了一个核心问题：要如何寻得一个合适的模型以及如何去评估它。关于合适的**模型选择**，答案可以表述为：如果给定有函数族按复杂度递增排序为 $\mathscr{F}_1, \mathscr{F}_2, \mathscr{F}_3, \cdots$，即按照 $\mathscr{F}_1$ 比 $\mathscr{F}_2$ 复杂度低，$\mathscr{F}_2$ 比 $\mathscr{F}_3$ 复杂度低，如是这般来排列，则应该选取满足下列条件的函数族 $\mathscr{F}_j$

$$j = \min\{i\}, \quad \exists f \in \mathscr{F}_i : R(f) \leqslant R_{\max} \tag{5.128}$$

这里的 $R_{\max}$ 是所考虑的学习任务可接受的风险上限。例如，在使用多项式基函数的线性回归时，函数族就分别由次数递增的多项式组成，即 $\mathscr{F}_1$ 包含一次多项式，$\mathscr{F}_2$ 含有二次多项式，$\mathscr{F}_3$ 含有三次多项式，依此类推。对于该多项式基函数的情况，则应从使得风险低于给定上限 $R_{\max}$ 的多项式次数中选择最小的次数。在这方面经常提到的一个原则被称为“奥卡姆剃刀”，它指出：“在对同一事态的几种可能解释中，最简单的理论优于所有其他理论。”

为了能够从根本上对合适模型进行选择，根据式（5.128）有必要确定出 $R(f)$ 或一个良好的 $R(f)$ 估计值 $\hat{R}(f)$；换句话说，评估寻得的解决方案 f 是必要的。在下文中，我们将介绍四种方法来计算 $R(f)$ 的估计值 $\hat{R}(f)$。

$R(f)$ 的第一种估计

$R(f)$ 的第一种估计是最简单的，同时也是最糟糕的。整个数据集 $\mathscr{D}$ 都被用作**测试集**以估计 $R(f)$，该数据集同时也是被用来确定函数 $f(\boldsymbol{x})$ 的**训练集**。图 5.13 的图示说明了这点。于是在做以式（5.7）中平方误差为损失函数的回归时，可得到估计值

$$\hat{R}_{\mathscr{D}}(f) = \frac{1}{M}\sum_{m=1}^{M}(y_m - f(\boldsymbol{x}_m, \mathscr{D}))^2 \tag{5.129}$$

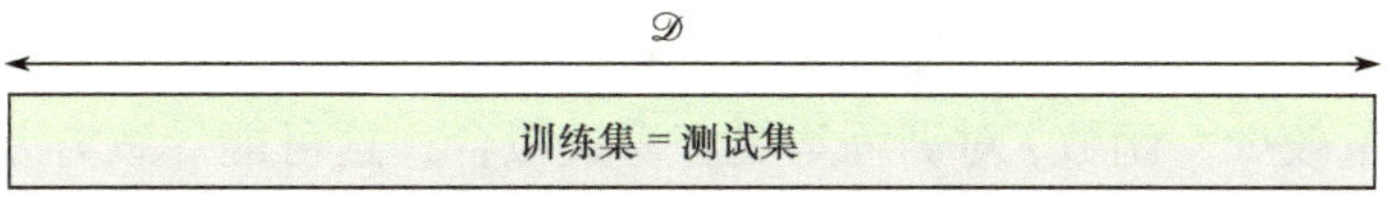

图 5.13　第一种 $R(f)$ 的估计中训练集和测试集都是 $\mathscr{D}$

在做带有式（5.8）中的 0-1 损失函数的分类时，估计值为

$$\hat{R}_{\mathscr{D}}(f) = \frac{1}{M}\sum_{m=1}^{M}(1 - \delta(y_m, f(\boldsymbol{x}_m, \mathscr{D}))) \tag{5.130}$$

估计值$\hat{R}_{\mathscr{D}}(f)$也就等于经验风险$R_{\text{emp}}(f,\mathscr{D})$，而这个值过于乐观，因为式（5.4）或式（5.5）中风险的预期值是用确定出函数f的数据来估计的。函数f对数据集$\mathscr{D}$可能过拟合，使得尽管$R(f)$可能很大，但$\hat{R}_{\mathscr{D}}(f)$的值还是非常小（见图5.12）。为了获得$R(f)$的良好估计，训练集和测试集应该是不同的。

R(*f*) 的第二种估计

$R(f)$的第二种估计是通过一个独立于训练集的测试集产生的。为此第一步是将现有的数据集$\mathscr{D}$随机分为两个数据集$\mathscr{D}_1$和$\mathscr{D}_2$，如图5.14所示。函数f是在$\mathscr{D}_1$的帮助下被计算出来的，即$\mathscr{D}_1$是训练集，而$R(f)$的估计值是用测试集$\mathscr{D}_2$来产生的。

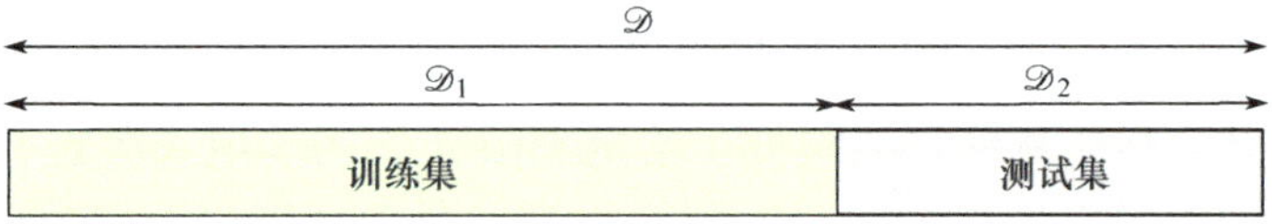

图 5.14　在 $R(f)$ 的第二种估计中，$\mathscr{D}$ 被随机地分为 $\mathscr{D}_1$ 和 $\mathscr{D}_2$

如果我们用M_1来表示$\mathscr{D}_1$中样本$(\boldsymbol{x}_m, y_m)$的数量，而用M_2来表示$\mathscr{D}_2$中样本$(\boldsymbol{x}_m, y_m)$的数量，则以式（5.7）中平方误差为损失函数的回归的$R(f)$的估计值算出来为

$$\hat{R}_{\mathscr{D}_2}(f)=\frac{1}{M_2}\sum_{(\boldsymbol{x}_m,y_m)\in\mathscr{D}_2}(y_m-f(\boldsymbol{x}_m,\mathscr{D}_1))^2 \tag{5.131}$$

而对于用到了式（5.8）中0-1损失函数的分类任务时，$R(f)$的估计值结果为

$$\hat{R}_{\mathscr{D}_2}(f)=\frac{1}{M_2}\sum_{(\boldsymbol{x}_m,y_m)\in\mathscr{D}_2}(1-\delta(y_m,f(\boldsymbol{x}_m,\mathscr{D}_1))) \tag{5.132}$$

将现有数据分成训练集和测试集的常见方式是$M_1=\frac{2}{3}M, M_2=\frac{1}{3}M$。这种方法的缺点是很大一部分可用数据不在训练集中，因此作为确定函数f的基础的经验风险$R_{\text{emp}}(f)$并不能很好地体现出将所有可用数据作为训练集时的风险$R(f)$。且由于数据量较少，函数f对训练集更容易过拟合，这可能导致方差增加，进而导致更高的整体风险$R(f)$。

R(*f*) 的第三种估计

$R(f)$的第三种估计可能是机器学习中最常用的估计，它由交叉验证这一术语来概括。在V折交叉验证法中，数据集$\mathscr{D}$被随机分为V个大小相似且互斥的数据集$\mathscr{D}_1$，$\mathscr{D}_2$，…，$\mathscr{D}_V$。基于这种划分，算出V个函数f_1，f_2，…，f_V，其种

函数 f_v 用到的训练集为 $\mathscr{D}\backslash\mathscr{D}_v$，用到的测试集为 $\mathscr{D}_v$。图 5.15 中显示了可用数据 $\mathscr{D}$ 在计算 V 个函数中的 f_v 时的分配方式。为了评估 f_1，f_2，…，f_V 所属的函数族是否适合当前任务，我们按下式计算出风险 $R(f)$ 的估计值

$$R_{\mathrm{Kv}}(f,V)=\frac{1}{V}\sum_{v=1}^{V}\hat{R}_{\mathscr{D}_v}(f_v) \tag{5.133}$$

式中 $\hat{R}_{\mathscr{D}_v}(f_v)$ 是通过测试集 $\mathscr{D}_v$ 得到的 $R(f_v)$ 的估计。当我们令 $V=M$ 时，就得到了 V 折交叉验证法的一个特例——留一法。针对估计值 $R_{\mathrm{Kv}}(f, V)$ 的偏差 - 方差考量（见图 5.11）对于 V 的取值是有帮助的：如果 V 的取值较大，在确定函数 f_v 时用到了较多的数据点，而在对其进行评估的数据点较少时，使得估计值 $R_{\mathrm{Kv}}(f,V)$ 偏差低，方差大；如果 V 的取值较小，则在确定函数 f_v 时用到的数据点较少，而对其进行评估的数据点较多，因此估计值 $R_{\mathrm{Kv}}(f, V)$ 偏差大，方差小。在实践中，常用的有 5 折或 10 折交叉验证法。

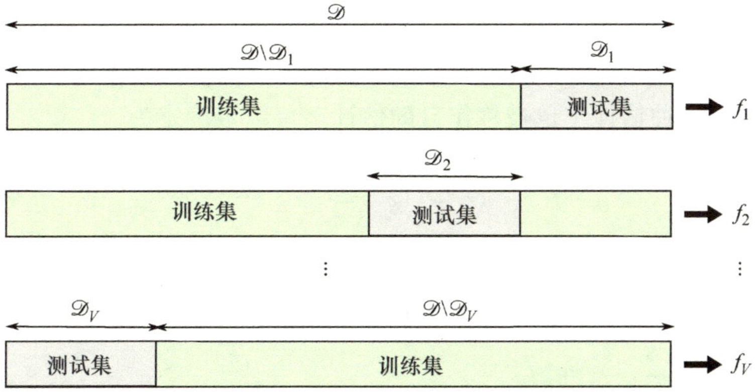

图 5.15 V 折交叉验证法中 $\mathscr{D}$ 的分割

将输入量 $\boldsymbol{x}$ 映射到输出 $\hat{y}$ 上的，且由式（5.133）能良好估计其风险的最终函数 f，是通过使用整个数据集 $\mathscr{D}$ 作为训练集，从 f_1，f_2，…，f_V 所属的同一函数族中确定出一个新的函数来获得，或是通过计算 f_1，f_2，…，f_V 输出的分类众数或输出的回归均值来获得。

将式（5.128）中的风险 $R(f)$ 换成 $R_{\mathrm{Kv}}(f, V)$ 后，式（5.133）也可以用于回答模型选择的问题。

$R(f)$ 的第四种估计

$R(f)$ 的第四种估计基于自助法。在自助法中，新的数据集是从由 M 个样本 $(\boldsymbol{x}_m, y_m)$ 组成的数据集 $\mathscr{D}$ 中通过“有放回采样”来生成的。一个自主采样集 $\mathscr{D}_{\mathrm{Bs},b}$ 是通过对原始数据集 $\mathscr{D}$ 执行 M 次的采样后放回而产生的，如此一来 $\mathscr{D}_{\mathrm{Bs},b}$ 也包

含了 M 个样本。如此，自助法共计生成了多达 B 个数据集 $\mathscr{D}_{\mathrm{Bs},b}$，图 5.16 直观地展示了这一过程。

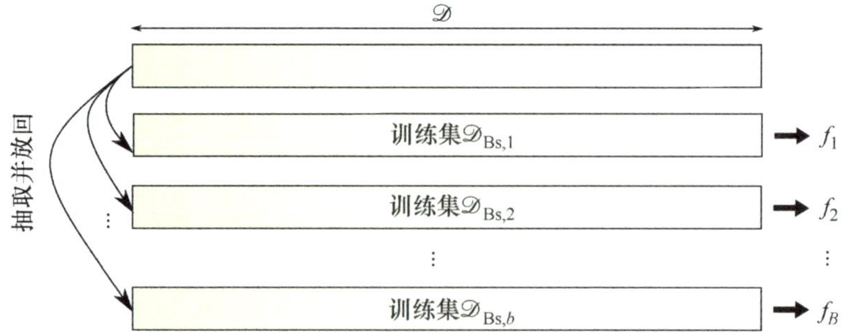

图 5.16　自助法

每个数据集 $\mathscr{D}_{\mathrm{Bs},b}$ 都只含有 $\mathscr{D}$ 中大约 63.2% 的样本，而剩下大约 36.8% 则是重复采样。这是因为在 M 很大的时候，某一样本 $(\boldsymbol{x}_m, y_m)$ 不在 $\mathscr{D}_{\mathrm{Bs},b}$ 之内的概率相当于 $(1-1/M)^M \approx \mathrm{e}^{-1} \approx 0.368$。不包含样本 $(\boldsymbol{x}_m, y_m)$ 的自主采样集 $\mathscr{D}_{\mathrm{Bs},b}$ 的索引都被放在集合 $\mathscr{B}_m$ 中。B 个数据集中的每一个都会被用作函数 f_b 的训练集。则 $R(f)$ 的第四种估计（也被称作自助估计）可以被确定为

$$\hat{R}_{\mathrm{Bs}}(f)=\frac{1}{M}\sum_{m=1}^{M}\frac{1}{|\mathscr{B}_m|}\sum_{b\in\mathscr{B}_m}\mathscr{L}(y_m, f_b(\boldsymbol{x}_m)) \tag{5.134}$$

式中 $|\mathscr{B}_m|$ 代表了集合 $\mathscr{B}_m$ 的势。在确定 f_b 的过程中，只用到了大约 63.2% 的可用样本，于是其估计 $\hat{R}_{\mathrm{Bs}}(f)$ 会得到与 3 折交叉验证法所做估计 $R_{\mathrm{Kv}}(f,3)$ 相近的值。

其他评估回归任务的量

除了之前介绍的 $R(f)$ 的估计，也有其他用来评估机器学习的回归函数好坏的量。这些量会通过一个测试集来评估，使其在交叉验证法或自助法中也能够作为 $R(f)$ 的替代。在下文中，M_{Test} 指的是测试集中的样本量。

一个用于评价函数 f 好坏的量可以由**均方根误差**来给出

$$RMSE=\sqrt{\frac{1}{M_{\mathrm{Test}}}\sum_{m=1}^{M_{\mathrm{Test}}}(f(\boldsymbol{x}_m)-y_m)^2} \tag{5.135}$$

评价函数 f 好坏的另一个量则可以通过**相对平方误差**来实现。如果 $\bar{y}$ 表示 M_{Test} 个目标值 y_m 的平均值，则 RSE 为

$$RSE=\frac{\sum_{m=1}^{M_{\mathrm{Test}}}(f(\boldsymbol{x}_m)-y_m)^2}{\sum_{m=1}^{M_{\mathrm{Test}}}(\bar{y}-y_m)^2} \tag{5.136}$$

均方根误差相比相对平方误差的一个优点是它也可以对输出含不同单位的回归函数进行比较。

除此之外，平均绝对误差和相对绝对误差也是评价量

$$MAE = \frac{1}{M_{\text{Test}}} \sum_{m=1}^{M_{\text{Test}}} |f(\boldsymbol{x}_m) - y_m|, \quad RAE = \frac{\sum_{m=1}^{M_{\text{Test}}} |f(\boldsymbol{x}_m) - y_m|}{\sum_{m=1}^{M_{\text{Test}}} |\bar{y} - y_m|} \tag{5.137}$$

相对绝对误差与平均绝对误差相比的一个优点是它也可以对输出含不同单位的回归函数进行比较。

决定系数是另一个适用于评估回归算法的量

$$R^2 = \frac{\sum_{m=1}^{M_{\text{Test}}} (f(\boldsymbol{x}_m) - \bar{y})^2}{\sum_{m=1}^{M_{\text{Test}}} (y_m - \bar{y})^2} \tag{5.138}$$

式中$\bar{y}$同样表示了 M_{Test} 个目标值 y_m 的平均值。

其他评估分类任务的量

除了上面提出的 $R(f)$ 的估计近似之外，这里还要介绍其他能够评估机器学习的分类函数对二分类问题好坏的途径。同样这里所有的量都会通过一个测试集来计算。表 5.2 中的混淆矩阵是一个用于计算定量的评价标准的依据。我们事先随意选择将 c_1 或 c_2 看作是“正类”或“负类”，它源于设有虚无假说和对立假说的假设检定的经典定义。在下文中，c_1 将被认为是正类，而 c_2 则是反类。分类函数 $f(\boldsymbol{x}) = \hat{y}$ 对于测试集中 M_{Test} 个样本所作决定被分成表 5.2 中 RP 所表示的“真正类”的数量，FP 表示的“假正类”的数量，FN 表示的“假负类”的数量，RN 表示的“真负类”的数量。由以下数值

表 5.2 混淆矩阵

	$y = c_1$	$y = c_2$
$\hat{y} = c_1$	真正类 (RP)	假正类 (FP)
$\hat{y} = c_2$	假负类 (FN)	真负类 (RN)

$$M_{c_1} = RP + FN, \quad M_{c_2} = FP + RN, \quad \hat{M}_{c_1} = RP + FP \tag{5.139}$$

可以为分类器的评估引入如下量

$$灵敏度=真正类率=\frac{RP}{M_{c_1}},\quad 假负类率=\frac{FN}{M_{c_1}} \tag{5.140}$$

$$特异度=真正类率=\frac{RN}{M_{c_2}},\quad 假负类率=\frac{FP}{M_{c_2}} \tag{5.141}$$

$$查准率=\frac{RP}{\hat{M}_{c_1}},\quad F1度量=\frac{2(灵敏度\cdot 查准率)}{灵敏度+查准率} \tag{5.142}$$

F1 度量通过加权的调和平均数将灵敏度（表示检出的正类在所有正类中的占比）与相关性（表示检出的正类在所有检测中的占比）结合起来。在假设检定领域，假负类率也被称为“Ⅱ型错误”，假正类率被称为“Ⅰ型错误”或假警报率。

还有一种评估分类器好坏的方法是所谓的**受试者工作特征**曲线。这里假设分类器均通过设置一个阈值 τ 来判断其决定是倾向于 c_1 类还是 c_2 类。如果设定 $\tau=0$，分类器总是决定选择 c_1 类，而如果 $\tau=1$，分类器总是决定选择 c_2 类。这也导致对于每一个阈值 τ，都能分别得出一对假正类率和敏感度。我们将假正类率代入到横轴上，将灵敏度代入纵轴，并使阈值 τ 不断变动，就可以得到 ROC 曲线。图 5.17 显示了三条 ROC 曲线，它们分别对应一种分类器。分类器效果越好，曲线就越靠近左上角，也就是几乎没有假正类的判断，同时灵敏度几乎为一。如果 ROC 曲线与对角线重合，那么它就是一个随机做决定的分类器。因此 ROC 曲线下的面积通常被选为评价指标，故这个评价标准也被称为 Area Under the Curve（AUC）。AUC 值为 1 对应于理想的分类器，这通常不存在，因为贝叶斯分类器也有一定的假正类率。随机做决定的分类器对应的 AUC 值为 0.5。

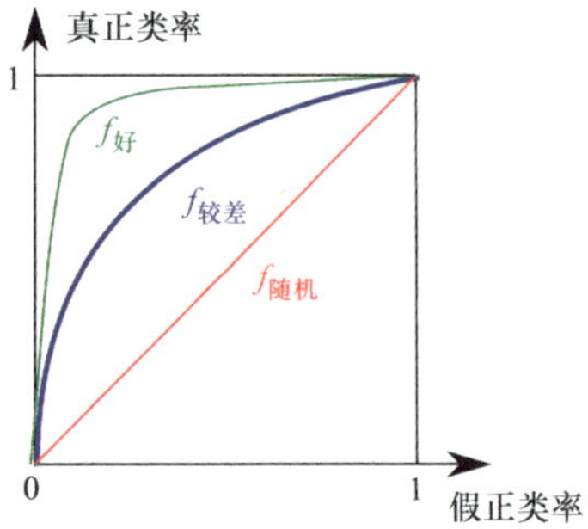

图 5.17　ROC 曲线

5.1.12　随机梯度下降法

当最小化经验风险或最大化对数可能性函数时，有必要完成找到一个合适的分类或回归函数的优化任务。由于任何最大化任务都可以通过改变待优化的成本函数的正负号，改写成最小化任务，所以本小节只考虑最小化任务。到目前为止，在 5.1.7 小节中介绍的回归和分类方法关于待定参数的成本函数均为凸函数，因此每个局部最小值也都是全局最小值。当一个函数的图形位于函数任意两点间的连线之下时，就称之为**凸函数**。

找到局部最小值的一个可能的尝试是根据参数向量 $\boldsymbol{\theta}$ 将经验风险的导数设置为零，从而计算出参数向量。然而，后者往往非常复杂，必须使用其他方法来寻找局部最小值。梯度下降法是一种可用于凸型和非凸型成本函数进行最小化的方法。这是一个数值优化程序，从初始值 $\boldsymbol{\theta}_{\text{init}}$ 开始，向负梯度方向小步前进，直到 $R_{\text{emp}}(f_{\boldsymbol{\theta}})$ 没有得到数值上的改进为止。

$$\boldsymbol{\theta}^{(\ell+1)} = \boldsymbol{\theta}^{(\ell)} - \alpha \frac{\partial R_{\text{emp}}(f_{\boldsymbol{\theta}})}{\partial \boldsymbol{\theta}}\bigg|_{\boldsymbol{\theta}=\boldsymbol{\theta}^{(\ell)}} \tag{5.143}$$

式中，ℓ 是迭代的索引，α 是步长。符号 $f_{\boldsymbol{\theta}}$ 表示函数 f 取决于参数向量 $\boldsymbol{\theta}$。图 5.18 显示了梯度下降法的原理，其中 $\boldsymbol{\theta}_{\text{init}}$ 表示参数向量 $\boldsymbol{\theta}$ 的初始值，$\boldsymbol{\theta}_{\text{gelernt}}$ 表示迭代停止后的最终值。该方法已经用于式（5.41）中的 LMS 算法和式（5.59）中的逻辑回归。如第 5.1.7 小节所述，可以使用训练数据集中的所有数据来确定一次迭代的梯度，这相当于批量梯度下降法，即每次迭代都用训练数据集中的所有 M 个数据计算成本函数及其导数。

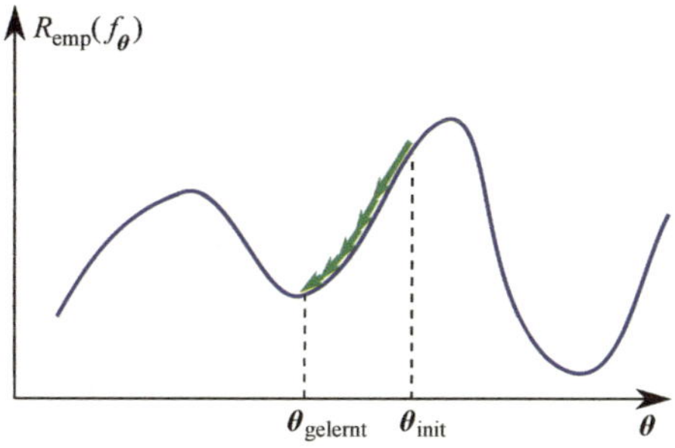

图 5.18　梯度下降法

$$R_{\text{emp}}(f_{\boldsymbol{\theta}^{(\ell)}}) = \frac{1}{M}\sum_{m=1}^{M}\mathscr{L}(f_{\boldsymbol{\theta}^{(\ell)}}(\boldsymbol{x}_m), y_m) \tag{5.144}$$

通常，式（5.143）中的优化步骤不是只对所有 M 个训练数据进行一次，而是进行多次。正如第 5.1.7 小节已经介绍的那样，一个包含所有 M 个训练数据的运行被称为一个纪元。图 5.19 直观地显示了该批量法。

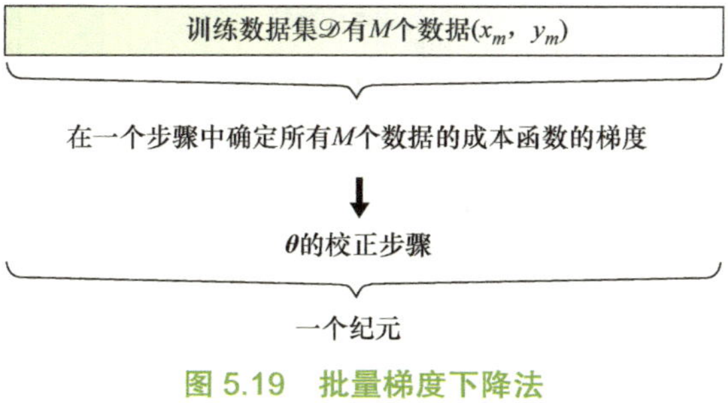

图 5.19　批量梯度下降法

在随机梯度下降法中，对于方程式中的优化步骤，式（5.143）不是所有的 M 个数据都被使用，而是训练数据集的随机子集，即来自训练数据集的具有 M_{MB} 个样本 (x_m, y_m) 的所谓小批量 $\mathscr{D}_q$。总共有 Q 个这样的小批量是随机生成的，

并且参数向量 $\boldsymbol{\theta}(l)$ 被每个小批量 $\mathscr{D}_q$ 连续校正。

如果我们用

$$R_{\mathrm{emp},q}(f_{\boldsymbol{\theta}})=\frac{1}{M_{\mathrm{MB}}}\sum_{\substack{m=1\\(\boldsymbol{x}_m,y_m)\in\mathscr{D}_q}}^{M_{\mathrm{MB}}}\mathscr{L}(f_{\boldsymbol{\theta}}(\boldsymbol{x}_m),y_m) \tag{5.145}$$

表示用第 q 个小批量估计的经验风险，随机梯度下降程序的修正步骤如下

$$\boldsymbol{\theta}^{(\ell+1)}=\boldsymbol{\theta}^{(\ell)}-\alpha\frac{\partial R_{\mathrm{emp},q}(f_{\boldsymbol{\theta}})}{\partial\boldsymbol{\theta}}\bigg|_{\boldsymbol{\theta}=\boldsymbol{\theta}^{(\ell)}}=\boldsymbol{\theta}^{(\ell)}-\alpha\frac{1}{M_{\mathrm{MB}}}\sum_{\substack{m=1\\(\boldsymbol{x}_m,y_m)\in\mathscr{D}_q}}^{M_{\mathrm{MB}}}\frac{\partial\mathscr{L}(f_{\theta}(\boldsymbol{x}_m),y_m)}{\partial\boldsymbol{\theta}}\bigg|_{\boldsymbol{\theta}=\boldsymbol{\theta}^{(\ell)}} \tag{5.146}$$

即真正的梯度是由 M_{MB} 随机抽取的样本的梯度平均值决定的。通常情况下，选择 $M_{\mathrm{MB}}=1$，因此一个修正步骤是

$$\boldsymbol{\theta}^{(\ell+1)}=\boldsymbol{\theta}^{(\ell)}-\alpha\frac{\mathscr{L}(f_{\boldsymbol{\theta}}(\boldsymbol{x}_m),y_m)}{\partial\boldsymbol{\theta}}\bigg|_{\boldsymbol{\theta}=\boldsymbol{\theta}^{(\ell)}} \tag{5.147}$$

一个纪元在大约 M/M_{MB} 个校正步骤后结束。图 5.20 直观地展示了这一过程。随机梯度下降法的优点在于部分梯度的计算非常快，而且算法通常收敛很快。

步长 α 的选择对收敛起着重要作用，无论是在批处理还是在随机梯度下降法中。如果 α 选得太小，方法的收敛速度会非常慢；如果 α 选得太大，参数向量可能会因为局部最小值被“跳过”而一步步恶化。

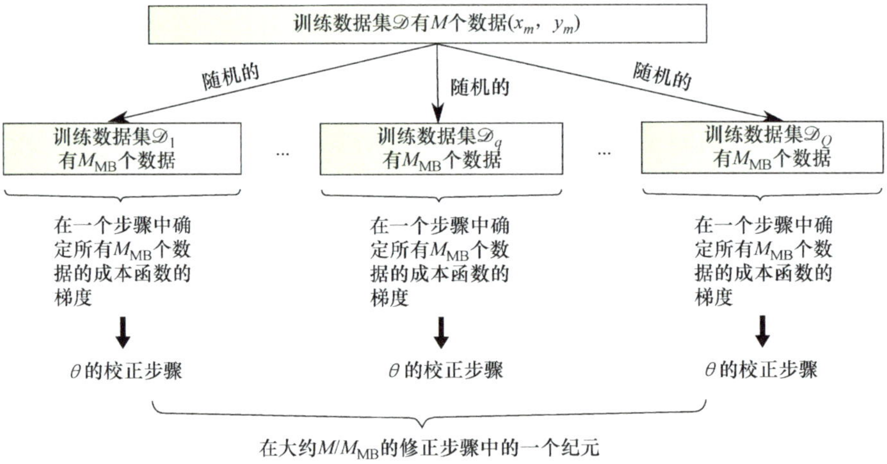

图 5.20　随机梯度下降法

通过随机选择小批量中的样本（x_m, y_m），即使是最小化 $R_{\mathrm{emp}}(f)$ 局部最小值的参数向量也会被改变，这就是为什么在随机梯度下降法中学习率取决于迭代 ℓ。一个常见的方法是让学习率在一定数量的迭代中线性下降，然后保持不变。学习率的选择取决于成本函数，有多种方法可以使学习率适应当前的问题和迭

代。这些方法的概述可以在文献 [GBC16] 中找到。

5.1.13 监督学习方法概述

对于监督学习，图 5.21 简要总结了第 5.1 节中介绍的参数化方法的程序。

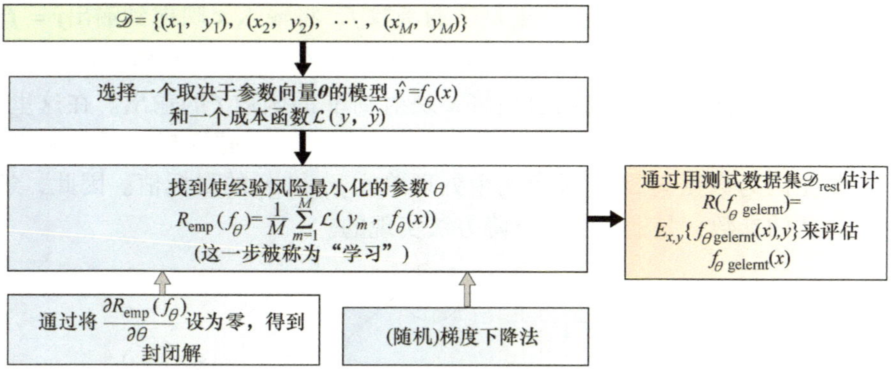

图 5.21 监督学习概览

5.2 人工神经网络和深度学习

人工神经网络一词指的是一大类机器学习方法，其特点是它们由一组相互连接的处理单元，即所谓的神经元组成。关于神经网络的补充内容可以在文献 [Bis95] 或 [GBC16] 中找到。

即使这些机器学习方法的某些组成部分显示出与生物神经网络的相似性，但它们之间仍有很大的不同，人工神经元在这里应被理解为有向图中的节点。对有向循环图和有向无环图进行了区分。其中有向循环图带出了所谓的递归人工神经网络，而下面的重点是前向人工神经网络，它可以用有向无环图来描述。

许多人工神经网络的基本单元是感知机，在第 5.1.7 小节和图 5.5 中已经介绍过。更一般地说，人工神经网络的一个组件 $\boldsymbol{g}$ 可以被示意性地表示为一个处理单元，它有数据 $\boldsymbol{e}$ 和参数 $\boldsymbol{\theta}$ 作为输入，并使用它们来计算输出 $\boldsymbol{a}$。人工神经网络的一个处理单元如图 5.22 所示。考虑到第 5.1.7 和 5.1.8 小节中介绍的分类和回归方法，它们可以用图形表示，如图 5.23 所示。

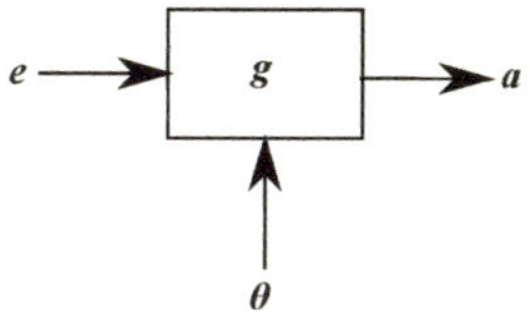

图 5.22 人工神经网络的处理单元

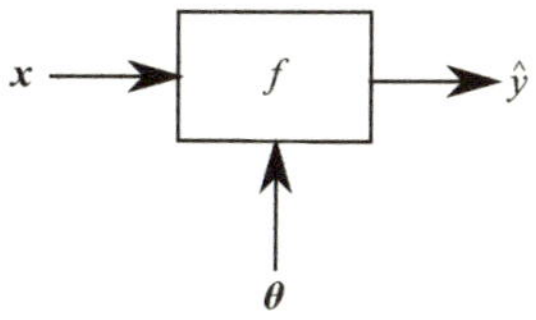

图 5.23 5.1.7 和 5.1.8 小节的学习程序

这里的输入 $\boldsymbol{x}$ 对应于数据输入 $\boldsymbol{e}$，而输出 $\hat{y}$，或是用 softmax 函数分类的情况下，输出 $\hat{\boldsymbol{y}} \in [0,1]^K$，对应于图 5.22 的输出 $\boldsymbol{a}$。人工神经网络的输出也可以是多元的，因此在下文中考虑的是目标值 $\boldsymbol{y}$ 是向量的一般情况，尽管在第 5.1 节中，目标值被介绍为标量。在人工神经网络中，几个处理单元 $\boldsymbol{g}_1$，$\boldsymbol{g}_2$，…被连接在一起，因此它们共同代表一个更复杂的函数 $\boldsymbol{f}$，将输入 $\boldsymbol{x}$ 映射到输出 $\hat{\boldsymbol{y}} = \boldsymbol{f}(\boldsymbol{x})$。图 5.24 展示了一个简单的例子，输入向量 x 是输入 g_1 和 g_2 的数据，g_1 和 g_2 的输出是 $\boldsymbol{g}_3$ 的数据输入，其输出也是将 $\boldsymbol{x}$ 映射到 $\hat{\boldsymbol{y}}$ 的函数 $\boldsymbol{f}$ 的输出。在这里，映射 $\boldsymbol{f}$ 不能通过分别训练三个处理单元来确定，例如三个感知机或三个逻辑回归模型。这是因为数据集 $\mathscr{D}$ 中没有两个处理单元 $\boldsymbol{g}_1$ 和 $\boldsymbol{g}_2$ 的目标值。因此，学习，即寻找合适的参数，是通过梯度下降方法实现的。

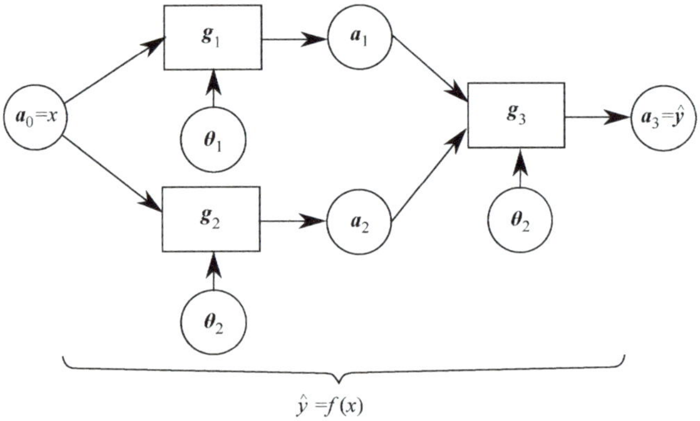

图 5.24　通过连接三个处理单元的简单人工神经网络，表示为一个有向无环图

与线性分类和回归方法相比，当几个基本单元相互连接时，经验风险 $R_{\mathrm{emp}}(\boldsymbol{f})$ 对于要确定的参数来说不再是凸的，因此在最小化经验风险时通常只能找到局部最小值。然而，正如已经提到的，这并不意味着找到的回归或分类函数 $\boldsymbol{f}$ 必然具有高风险 $R(\boldsymbol{f})$，因为毕竟最小化的不是 $R(\boldsymbol{f})$，而是 $R_{\mathrm{emp}}(\boldsymbol{f})$。

图 5.24 中的人工神经网络显示了一种结构，其中除了输入层和输出层之外，还有一个由处理单元 $\boldsymbol{g}_1$ 和 $\boldsymbol{g}_2$ 实现的隐藏层。如果一个人工神经网络的输入和输出之间有一个广泛的架构，有几层处理单元相互建立，这被称为深度学习。这个词有些误导，因为“深”的不是人工神经网络学到的知识，而是网络的架构。

如果函数或处理单元用矩形表示，变量和参数用圆形表示，那么前向人工神经网络必须满足以下条件，可以理解为一个有向无环图：

1）箭头总是从矩形到圆形或从圆形到矩形。

2）函数或处理单元可以有任何数量的输入和输出；在图 5.24 中，它们是 $\boldsymbol{g}_1$、$\boldsymbol{g}_2$ 和 $\boldsymbol{g}_3$。

3）参数可以有任何数量的输出，但它们没有输入；在图 5.24 中，它们是 $\boldsymbol{\theta}_1$、$\boldsymbol{\theta}_2$ 和 $\boldsymbol{\theta}_3$。

4）变量可以有任何数量的输出，但它们最多只有一个输入；在图 5.24 中，它们是 $\boldsymbol{a}_0$、$\boldsymbol{a}_1$、$\boldsymbol{a}_2$ 和 $\boldsymbol{a}_3$。

5）没有输入的变量不会进行计算，它们是人工神经网络的输入；在图 5.24 中，这是 $\boldsymbol{a}_0$。

6）没有输出的变量通常是人工神经网络的输出；在图 5.24 中这是 $\boldsymbol{a}_3$。

7）因为图是无环的，人工神经网络可以通过按拓扑顺序对函数进行排序，然后一个接一个地计算来评估；在图 5.24 中，顺序是 $\boldsymbol{g}_1$、$\boldsymbol{g}_2$、$\boldsymbol{g}_3$。

5.2.1 深度多层感知机

前馈神经网络中最突出的代表是**多层感知机**。它们是分层网络，其中各个处理单元与下一层的处理单元有定向连接。每个处理单元的输出是其输入的非线性映射。这不一定是式（5.64）中感知机的符号函数 Sign(·)。本小节后面将介绍在每个处理单元中实现这种非线性的更多的所谓激活函数。如果没有这些非线性因素，网络将是线性处理单元的线性连接，因此只不过是一个从输入到输出的线性函数，可以用一个矩阵来表示。

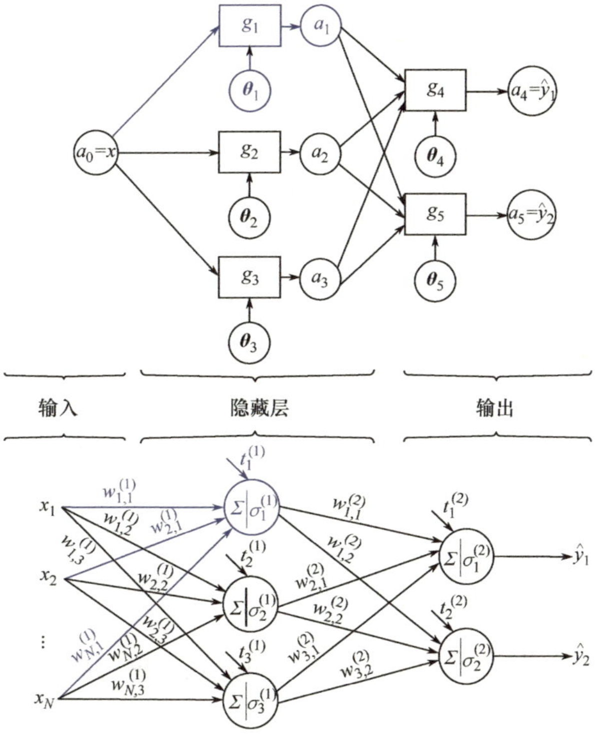

图 5.25 带有隐藏层的人工神经网络

图 5.25 和图 5.26 显示了这种网络的两种结构，除了介绍的有向无环图的表示方法外，还介绍了另一种常见的表示方法，即用圆圈勾勒出神经元，并在网络中的连接上标出各自的权重。例如，在所示的两个人工神经网络中，第一个处理单元标为蓝色，实现了非线性函数。

$$a_1 = g_1(\boldsymbol{x}) = \sigma_1^{(1)}\left(\boldsymbol{w}_1^{(1),\mathrm{T}}\boldsymbol{x} + t_1^{(1)}\right) = \sigma_1^{(1)}\left(\boldsymbol{\theta}_1^{\mathrm{T}}\tilde{\boldsymbol{x}}\right) \tag{5.148}$$

式中，$\sigma_1^{(1)}(\cdot)$是一个非线性函数，是第一层中的第一个神经元（右下角指数）的激活函数（右上角指数）。$\boldsymbol{w}_1^{(1)} = \left[w_{1,1}^{(1)}, w_{2,1}^{(1)}, w_{3,1}^{(1)}\right]^{\mathrm{T}}$和$t_1^{(1)}$第一层中第一个神经元的权重，是$\boldsymbol{\theta}_1 = \left[w_1^{(1),\mathrm{T}}, t_1^{(1)}\right]^{\mathrm{T}}$和$\tilde{\boldsymbol{x}} = [\boldsymbol{x}^{\mathrm{T}}, 1]^{\mathrm{T}}$。

隐藏层越多，人工神经网络就越“深”。

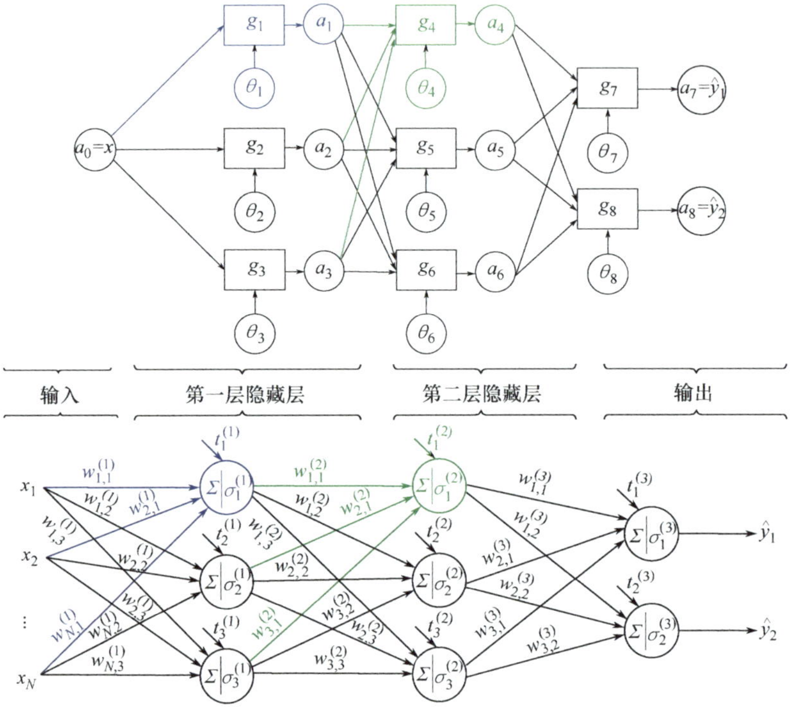

图 5.26　有两个隐藏层的多层感知机

如果有一个以上的隐藏层，如图 5.26 所示，就已经可以说是一个**深度人工神经网络**。

观察图 5.26 中的处理单元 g_4，我们看到输出 a_4 来自

$$a_4 = g_4(a_1, a_2, a_3) = \sigma_1^{(2)}\left(\boldsymbol{w}_1^{(2),\mathrm{T}} \cdot [a_1, a_2, a_3]^{\mathrm{T}} + t_1^{(2)}\right) = \sigma_1^{(2)}\left(\boldsymbol{\theta}_4^{\mathrm{T}} \cdot \underbrace{[a_1, a_2, a_3, 1]^{\mathrm{T}}}_{\text{式(5.37)中的}\tilde{\boldsymbol{\varphi}}(\boldsymbol{x})}\right) \tag{5.149}$$

通过对 5.1.7 小节的理解，很明显，g_4 中的输入，即 a_1、a_2 和 a_3，对应于线性分类和回归中式（5.36）的基函数 $\varphi_n(x)$，但相比之下，这里的基函数还没有事先确定。它们取决于参数 θ_1、θ_2 和 θ_3，因此也必须从数据中学习。

深度多层感知机的输出计算

将数学运算组合成前向人工神经网络中的处理单元，以有向无环图的方式表示，这种选择是自由的。例如，图 5.26 中的网络也可以用图 5.27 来表示。

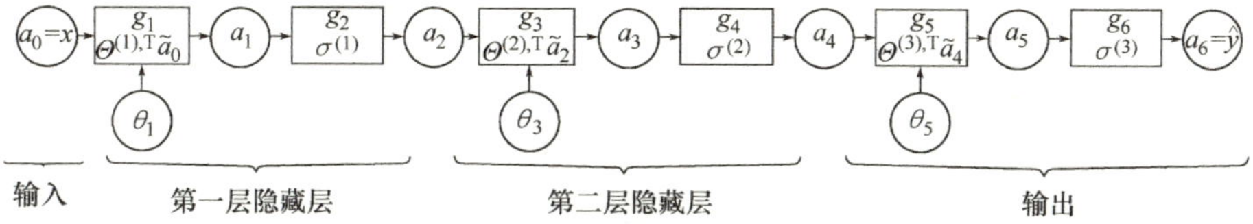

图 5.27　图 5.26 的神经网络，显示有更复杂的处理单元

如果我们用 $\boldsymbol{\Theta}^{(1)}\in\mathbb{R}^{(N+1)\times H_1}$ 表示第一隐藏层的所有权重，其中 $H_1=3$ 是该层的神经元数量，则第一隐藏层的输出为

$$\boldsymbol{a}_2=\begin{bmatrix}a_{2,1}\\a_{2,2}\\\vdots\\a_{2,H_1}\end{bmatrix}=\begin{bmatrix}\sigma_1^{(1)}(a_{1,1})\\\sigma_2^{(1)}(a_{1,2})\\\vdots\\\sigma_{H_1}^{(1)}(a_{1,H_1}^{(1)})\end{bmatrix}=\boldsymbol{\sigma}^{(1)}(\boldsymbol{a}_1),\text{其中}\boldsymbol{a}_1=\Theta^{(1),\mathrm{T}}\tilde{\boldsymbol{x}}=\begin{bmatrix}\boldsymbol{\theta}_{1,1}^{\mathrm{T}}\\\boldsymbol{\theta}_{1,2}^{\mathrm{T}}\\\vdots\\\boldsymbol{\theta}_{1,H_1}^{\mathrm{T}}\end{bmatrix}\begin{bmatrix}x_1\\x_2\\\vdots\\x_N\\1\end{bmatrix}\tag{5.150}$$

在图 5.27 中，对于现有的参数向量 $\boldsymbol{\theta}_1=\mathrm{vec}(\boldsymbol{\Theta}^{(1)})$，$\boldsymbol{\theta}_3=\mathrm{vec}(\boldsymbol{\Theta}^{(2)})$ 和 $\boldsymbol{\theta}_5=\mathrm{vec}(\boldsymbol{\Theta}^{(3)})$。比较图 5.27 和图 5.26 两个图中人工神经网络的表示方法，相同的是：$a_{2,1}=a_1,a_{2,2}=a_2,a_{2,3}=a_3,\boldsymbol{\theta}_{1,1}=\boldsymbol{\theta}_1,\boldsymbol{\theta}_{1,2}=\boldsymbol{\theta}_2$ 和 $\boldsymbol{\theta}_{1,3}=\boldsymbol{\theta}_3$。如果我们用 $\boldsymbol{\Theta}^{(2)}\in\mathbb{R}^{(H_1+1)\times H_2}$ 表示第二隐藏层的所有权重，其中 $H_2=3$ 是该层的神经元数量，第二隐藏层的输出为

$$\boldsymbol{a}_4=\begin{bmatrix}a_{4,1}\\a_{4,2}\\\vdots\\a_{4,H_2}\end{bmatrix}=\begin{bmatrix}\sigma_1^{(2)}(a_{3,1})\\\sigma_2^{(2)}(a_{3,2})\\\vdots\\\sigma_{H_2}^{(2)}(a_{3,H_2})\end{bmatrix}=\boldsymbol{\sigma}^{(2)}(\boldsymbol{a}_3),\text{其中}\boldsymbol{a}_3=\Theta^{(2),\mathrm{T}}\tilde{\boldsymbol{a}}_2=\begin{bmatrix}\boldsymbol{\theta}_{2,1}^{\mathrm{T}}\\\boldsymbol{\theta}_{2,2}^{\mathrm{T}}\\\vdots\\\boldsymbol{\theta}_{2,H_2}^{\mathrm{T}}\end{bmatrix}\begin{bmatrix}a_{2,1}\\a_{2,2}\\\vdots\\a_{2,H_1}\\1\end{bmatrix}\tag{5.151}$$

比较图 5.27 和图 5.26 中人工神经网络的表示，$a_{4,1}=a_4,a_{4,2}=a_5,a_{4,3}=a_6$，$\boldsymbol{\theta}_{2,1}=\boldsymbol{\theta}_4,\boldsymbol{\theta}_{2,2}=\boldsymbol{\theta}_5$ 和 $\boldsymbol{\theta}_{2,3}=\boldsymbol{\theta}_6$ 是一样的。如果人工神经网络有 $(L-1)$ 个隐藏层，我们可以用式（5.151）类比表达到第 $(L-1)$ 层的输出。人工神经网络的输出是由第 L 层实现的，可写为

$$\boldsymbol{y}=\begin{bmatrix} y_1 \\ y_2 \\ \vdots \\ y_{H_L} \end{bmatrix}=\begin{bmatrix} \sigma_1^{(L)}(a_{2(L-1)+1,1}) \\ \sigma_2^{(L)}(a_{2(L-1)+1,2}) \\ \vdots \\ \sigma_{H_L}^{(L)}(a_{2(L-1)+1,H_L}) \end{bmatrix}=\boldsymbol{\sigma}^{(L)}(\boldsymbol{a}_{2(L-1)+1}),\text{其中}$$

$$\boldsymbol{a}_{2(L-1)+1}=\boldsymbol{\Theta}^{(L),\mathrm{T}}\tilde{\boldsymbol{a}}_{2(L-1)}=\begin{bmatrix} \boldsymbol{\theta}_{L,1}^{\mathrm{T}} \\ \boldsymbol{\theta}_{L,2}^{\mathrm{T}} \\ \vdots \\ \boldsymbol{\theta}_{L,H_L}^{\mathrm{T}} \end{bmatrix}\begin{bmatrix} a_{2(L-1),1} \\ a_{2(L-1),2} \\ \vdots \\ a_{2(L-1),H_L} \\ 1 \end{bmatrix} \tag{5.152}$$

式中，$L=3$，$H_L=2$。比较图 5.27 和图 5.26 两个图中人工神经网络的表示，相同的是：$\boldsymbol{\theta}_{L,1}=\boldsymbol{\theta}_7$，$\boldsymbol{\theta}_{L,2}=\boldsymbol{\theta}_8$。

从式（5.150）~式（5.152）可以看出，深度前向神经网络的输出可以写为

$$\boldsymbol{y}=\boldsymbol{\sigma}^{(L)}\left(\boldsymbol{\Theta}^{(L),\mathrm{T}}\begin{bmatrix}\boldsymbol{\sigma}^{(L-1)}\left(\boldsymbol{\Theta}^{(L-1),\mathrm{T}}\begin{bmatrix}\ldots\boldsymbol{\sigma}^{(2)}\left(\boldsymbol{\Theta}^{(2),\mathrm{T}}\begin{bmatrix}\boldsymbol{\sigma}^{(1)}\left(\boldsymbol{\Theta}^{(1),\mathrm{T}}\tilde{\boldsymbol{x}}\right) \\ 1\end{bmatrix}\right) \\ 1\end{bmatrix}\right) \\ 1\end{bmatrix}\right) \tag{5.153}$$

激活函数

最常用的激活函数包括：

1）图 5.4 中的 logistic sigmoid 函数

$$\sigma(z)=\frac{1}{1+e^{-z}} \tag{5.154}$$

其导数为：

$$\frac{\mathrm{d}\sigma(z)}{\mathrm{d}z}=\frac{e^{-z}}{(1+e^{-z})^2}=\frac{1}{1+e^{-z}}\cdot\frac{e^{-z}}{1+e^{-z}}=\frac{1}{1+e^{-z}}\left(1-\frac{1}{1+e^{-z}}\right)=\sigma(z)(1-\sigma(z)) \tag{5.155}$$

2）切线双曲函数

$$\sigma(z)=\tanh(z)=\frac{e^{z}-e^{-z}}{e^{z}+e^{-z}} \tag{5.156}$$

其导数为

$$\frac{\mathrm{d}\sigma(z)}{\mathrm{d}z}=\frac{(e^z+e^{-z})(e^z+e^{-z})-(e^z-e^{-z})(e^z-e^{-z})}{(e^z+e^{-z})^2}=1-\frac{(e^z-e^{-z})^2}{(e^z+e^{-z})^2}=1-(\sigma(z))^2 \quad (5.157)$$

3）ReLU（整流线性单元）函数

$$\sigma(z)=\max\{0,z\} \quad (5.158)$$

其导数为

$$\frac{\mathrm{d}\sigma(z)}{\mathrm{d}z}=\begin{cases}1 & 当z>0\\ 0 & 其他\end{cases} \quad (5.159)$$

切线双曲函数和 ReLU 函数如图 5.28 和图 5.29 所示。在用于分类任务的人工神经网络的输出层，经常使用 softmax 函数。第 5.1.8 小节已经讨论了 softmax 函数和它的推导。

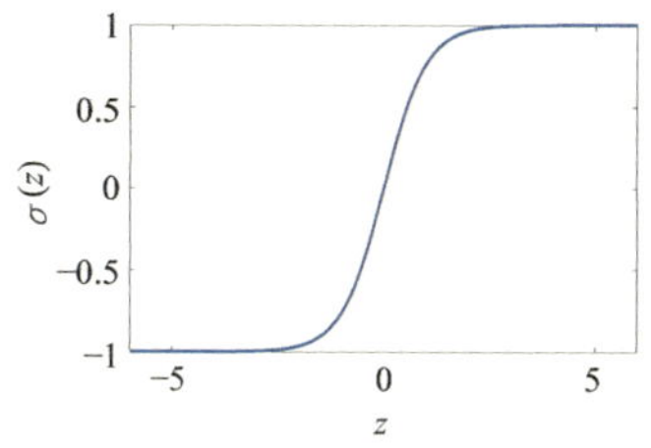

图 5.28　激活函数 $\sigma(z)=\tanh(z)$

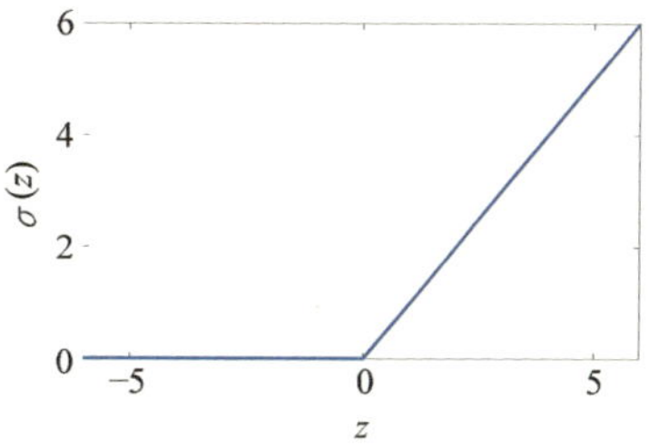

图 5.29　激活函数 ReLU$\sigma(z)=\max\{0,z\}$

模型选择

在回归或分类任务中出现的一个重要问题是层数和每层的神经元数量，即模型的选择问题，这在第 5.1.11 小节中已经谈到。虽然在文献 [Cyb89] 中表明，已经有一个隐藏层的前馈神经网络是一个通用的逼近器，因此可以表示任何连续函数，但深度前馈的人工神经网络越来越多地被用于实际任务。

5.2.2　反向传播

为了通过梯度下降法确定人工神经网络的参数 $\boldsymbol{\theta}$，需要计算梯度 $\frac{\partial\mathscr{L}(f_\theta(\boldsymbol{x}_m),\boldsymbol{y}_m)}{\partial\boldsymbol{\theta}}$，其中 $\mathscr{L}(\boldsymbol{f}_\theta(\boldsymbol{x}_m),y_m)$ 代表损失函数，如式（5.145）~式（5.147）所示。这里，网络的所有参数都包含在向量 $\boldsymbol{\theta}$ 中。

根据参数 $\boldsymbol{\theta}_j$，即$\frac{\partial\mathscr{L}(f_\theta(\boldsymbol{x}_m),y_m)}{\partial\boldsymbol{\theta}}$的第 j 个元素，进行推导的一种方法是用数字计算推导

$$\frac{\partial \mathscr{L}(f_{\boldsymbol{\theta}}(\boldsymbol{x}_m), y_m)}{\partial \boldsymbol{\theta}_j} = \frac{\mathscr{L}(f_{\boldsymbol{\theta}+\frac{1}{2}\varepsilon \boldsymbol{d}_j}(\boldsymbol{x}_m), y_m) - \mathscr{L}(f_{\boldsymbol{\theta}-\frac{1}{2}\varepsilon \boldsymbol{d}_j}(\boldsymbol{x}_m), y_m)}{\varepsilon} \tag{5.160}$$

式中，ε 必须选择得非常小，$\boldsymbol{d}_j$ 是一个由 0 和第 j 位的 1 组成的矢量。

虽然这种方法非常快，但它存在着数值不稳定和难以选择适当的 ε 值的问题。

另一种计算梯度的方法是通过符号微分。虽然该程序对于简单的网络架构来说很容易实现，但对于复杂的网络架构来说就变得非常困难和耗时了。由于低运行时间和高精度而用于人工神经网络计算的另一个选项是反向模式下的自动微分，也称为反向传播。理解反向传播方法的基础是链式规则，这一点将被简单地重复。例如有函数 $\boldsymbol{g}_1$ 和 $\boldsymbol{g}_2$ 有

$$\boldsymbol{a}_2 = \boldsymbol{g}_2(\boldsymbol{a}_1), \quad \text{和} \quad \boldsymbol{a}_1 = \boldsymbol{g}_1(\boldsymbol{a}_0), \quad \text{因此} \tag{5.161}$$

$$\frac{\partial(\text{vec}\{\boldsymbol{a}_2\})_j}{\partial(\text{vec}\{\boldsymbol{a}_0\})_k} = \sum_{i=1}^{N_{\boldsymbol{a}_1}} \frac{\partial(\text{vec}\{\boldsymbol{a}_2\})_j}{\partial(\text{vec}\{\boldsymbol{a}_1\})_i} \cdot \frac{\partial(\text{vec}\{\boldsymbol{a}_1\})_i}{\partial(\text{vec}\{\boldsymbol{a}_0\})_k} \tag{5.162}$$

式中 $N_{\boldsymbol{a}1}$ 是 $\text{vec}\{\boldsymbol{a}_1\}$ 的维度，$(\text{vec}\{\boldsymbol{a}_2\})_j$ 是 $\text{vec}\{\boldsymbol{a}_2\}$ 的第 j 个元素，$(\text{vec}\{\boldsymbol{a}_0\})_k$ 是 $\text{vec}\{\boldsymbol{a}_0\}$ 的第 k 个元素，$(\text{vec}\{\boldsymbol{a}_1\})_i$ 是 $\text{vec}\{\boldsymbol{a}_1\}$ 的第 i 个元素。变量 $\boldsymbol{a}_0, \boldsymbol{a}_1$ 和 $\boldsymbol{a}_2$ 也可以是张量。考虑到使用公式（2.71）的连锁规则，我们得到

$$\frac{\partial(\text{vec}\{\boldsymbol{a}_2\})}{\partial(\text{vec}\{\boldsymbol{a}_0\})^{\mathrm{T}}} = \frac{\partial(\text{vec}\{\boldsymbol{a}_2\})}{\partial(\text{vec}\{\boldsymbol{a}_1\})^{\mathrm{T}}} \cdot \frac{\partial(\text{vec}\{\boldsymbol{a}_1\})}{\partial(\text{vec}\{\boldsymbol{a}_0\})^{\mathrm{T}}} \tag{5.163}$$

后向模式下的自动区分是基于链式规则的重复应用。例如，如果有另一个函数 $\boldsymbol{g}_3$ 有 $\boldsymbol{a}_3 = \boldsymbol{g}_3(\boldsymbol{a}_2)$，因此适用

$$\frac{\partial(\text{vec}\{\boldsymbol{a}_3\})}{\partial(\text{vec}\{\boldsymbol{a}_0\})^{\mathrm{T}}} = \frac{\partial(\text{vec}\{\boldsymbol{a}_3\})}{\partial(\text{vec}\{\boldsymbol{a}_2\})^{\mathrm{T}}} \cdot \frac{\partial(\text{vec}\{\boldsymbol{a}_2\})}{\partial(\text{vec}\{\boldsymbol{a}_1\})^{\mathrm{T}}} \cdot \frac{\partial(\text{vec}\{\boldsymbol{a}_1\})}{\partial(\text{vec}\{\boldsymbol{a}_0\})^{\mathrm{T}}} \tag{5.164}$$

后向模式的自动分化需要将人工神经网络表示为一个有向无环图，包括两个步骤：

1）在第一步，对输入的 $\boldsymbol{x}_m$ 计算损失函数 $z = \mathscr{L}(\boldsymbol{f}_{\boldsymbol{\theta}}(\boldsymbol{x}_m), \boldsymbol{y}_m)$，并将部分结果进行缓冲：

① 计算规则表示为一个有向无环图。

② 各个变量 $\boldsymbol{a}_\ell$ 按拓扑顺序进行评估，并为第二步进行缓存。

2）在第二步中，有向无环图被逆向执行：

① 所有的偏导数 $\frac{\partial z}{\partial \mathrm{vec}\{\boldsymbol{a}_\ell\}^{\mathrm{T}}}$ 和 $\frac{\partial z}{\partial \mathrm{vec}\{\boldsymbol{\theta}_\ell\}^{\mathrm{T}}}$ 都初始化为 0，$\frac{\partial z}{\partial \mathrm{vec}\{\boldsymbol{a}_Q\}^{\mathrm{T}}}=1$，其中 $\boldsymbol{a}_Q$ 是最后一个变量，即 $\boldsymbol{a}_Q=z$。

② 所有的变量都按相反的拓扑顺序进行处理。

③ 对变量 $\boldsymbol{a}_\ell$ 实施以下步骤：

- 确定以 $\boldsymbol{a}_\ell$ 为输出的处理单元 $\boldsymbol{g}_{q\ell}$。如果没有这样的处理单元，$\boldsymbol{a}_\ell$ 是人工神经网络的输入，对 $\boldsymbol{a}_{\ell-1}$ 的处理继续。
- 确定处理单元 $\boldsymbol{g}_{q\ell}$ 的输入。让这些成为变量 $\boldsymbol{a}_1^{q_\ell},\cdots,\boldsymbol{a}_{Nq_\ell}^{q_\ell}$ 和参数集 $\boldsymbol{\theta}_1^{q_\ell},\cdots,\boldsymbol{\theta}_{Lq_\ell}^{q_\ell}$。因此，变量 $\boldsymbol{a}_{Nq_\ell}^{q_\ell}$ 是进入处理单元 $\boldsymbol{g}_{q_\ell}$ 的第 n 个输入变量，其输出为 $\boldsymbol{a}_\ell$。因此，参数集 $\boldsymbol{\theta}_j^{q_\ell}$ 是进入处理单元 $\boldsymbol{g}_{q_\ell}$ 的第 j 个参数集，其输出为 $\boldsymbol{a}_\ell$。
- 根据对先前处理的变量 $\boldsymbol{a}_{\ell+1},\cdots,\boldsymbol{a}_Q$ 的第二步程序的评估，偏导数 $\frac{\partial z}{\partial \mathrm{vec}\{\boldsymbol{a}_\ell\}^{\mathrm{T}}}$ 是已知的。
- 对于所有 $n=1,\cdots,N_{q\ell}\boldsymbol{g}_{q\ell}$ 中的输入变量和 $\boldsymbol{g}_{q\ell}$ 的所有 $j=1,\cdots,L_{q\ell}$ 参数，偏导数被更新。

$$\left(\frac{\partial z}{\partial \mathrm{vec}\{\boldsymbol{a}_n^{q_\ell}\}^{\mathrm{T}}}\right)_{\mathrm{neu}}=\left(\frac{\partial z}{\partial \mathrm{vec}\{\boldsymbol{a}_n^{q_\ell}\}^{\mathrm{T}}}\right)_{\mathrm{alt}}+\frac{\partial z}{\partial \mathrm{vec}\{\boldsymbol{a}_\ell\}^{\mathrm{T}}}\frac{\partial \mathrm{vec}\{\boldsymbol{a}_\ell\}}{\partial \mathrm{vec}\{\boldsymbol{a}_n^{q_\ell}\}^{\mathrm{T}}} \tag{5.165}$$

$$\left(\frac{\partial z}{\partial \mathrm{vec}\{\boldsymbol{\theta}_j^{q_\ell}\}^{\mathrm{T}}}\right)_{\mathrm{neu}}=\left(\frac{\partial z}{\partial \mathrm{vec}\{\boldsymbol{\theta}_j^{q_\ell}\}^{\mathrm{T}}}\right)_{\mathrm{alt}}+\frac{\partial z}{\partial \mathrm{vec}\{\boldsymbol{a}_\ell\}^{\mathrm{T}}}\frac{\partial \mathrm{vec}\{\boldsymbol{a}_\ell\}}{\partial \mathrm{vec}\{\boldsymbol{\theta}_j^{q_\ell}\}^{\mathrm{T}}} \tag{5.166}$$

理解反向传播程序的关键是，来自式（5.165）和式（5.166）的雅可比矩阵 $\frac{\partial \mathrm{vec}\{\boldsymbol{a}_\ell\}}{\partial \mathrm{vec}\{\boldsymbol{a}_n^{q_\ell}\}^{\mathrm{T}}}$ 和 $\frac{\partial \mathrm{vec}\{\boldsymbol{a}_\ell\}}{\partial \mathrm{vec}\{\boldsymbol{a}_j^{q_\ell}\}^{\mathrm{T}}}$ 不需要被存储。对于每个变量 $\boldsymbol{a}_\ell$ 或参数 $\boldsymbol{\theta}_\ell$，只需要存储低维向量 $\frac{\partial z}{\partial \mathrm{vec}\{\boldsymbol{a}_\ell\}^{\mathrm{T}}}$ 或 $\frac{\partial z}{\partial \mathrm{vec}\{\boldsymbol{\theta}_\ell\}^{\mathrm{T}}}$。为了计算式（5.165）和式（5.166）右手边的第二项，需要在第一步程序中临时存储的变量 $\boldsymbol{a}_\ell$ 的值。

如果在第一步的有向无环图的基础上，以相反的拓扑顺序建立另一个有向无环图，即**反向传播图**，那么第二步的程序就最容易实现。

反向传播图的步骤是：

1）对于每个处理单元 $\boldsymbol{g}_\ell$、变量 $\boldsymbol{a}_\ell$ 和参数 $\boldsymbol{\theta}_\ell$，都会创建一个相应的处理单元 ${}^{\mathrm{B}}\boldsymbol{g}_\ell$、变量 ${}^{\mathrm{B}}\boldsymbol{a}_\ell$ 和参数 ${}^{\mathrm{B}}\boldsymbol{\theta}_\ell$。

2）如果一个变量 $\boldsymbol{a}_i$ 或一个参数 $\boldsymbol{\theta}_j$ 是 $\boldsymbol{g}_\ell$ 的输入，那么这个变量或参数也是 ${}^{\mathrm{B}}\boldsymbol{g}_\ell$ 的输入。

3）如果一个变量 $\boldsymbol{a}_i$ 或一个参数 $\boldsymbol{\theta}_j$ 是 $\boldsymbol{g}_\ell$ 的输入，${}^{\mathrm{B}}\boldsymbol{a}_i$ 或 ${}^{\mathrm{B}}\boldsymbol{\theta}_j$ 就是 ${}^{\mathrm{B}}\boldsymbol{g}_\ell$ 的输出。

$$ {}^{\mathrm{B}}\boldsymbol{a}_i=\frac{\partial z}{\partial \mathrm{vec}\{\boldsymbol{a}_i\}} \text{和} {}^{\mathrm{B}}\boldsymbol{\theta}_j=\frac{\partial z}{\partial \mathrm{vec}\{\boldsymbol{\theta}_j\}} \tag{5.167} $$

4）${}^{\mathrm{B}}\boldsymbol{a}_i$ 和 ${}^{\mathrm{B}}\boldsymbol{\theta}_j$ 中的元素是可以以 $\boldsymbol{a}_i$ 和 $\boldsymbol{\theta}_j$ 的数据结构形式排列，如果它们是高阶张量。${}^{\mathrm{B}}\boldsymbol{a}_i$ 和 ${}^{\mathrm{B}}\boldsymbol{\theta}_j$ 的计算是在 ${}^{\mathrm{B}}\boldsymbol{g}_\ell$ 处理单元中进行的。

5）因为在有向无环图中，一个变量只有一个输入（见图 5.24 中对有向无环图的描述），如果该变量是几个处理单元 $\boldsymbol{g}_\ell$，$\boldsymbol{g}_q$，…的输入，那么前一步就会出现困难。这是因为反向传播图中的变量 ${}^{\mathrm{B}}\boldsymbol{a}_i$ 必须是几个处理单元 ${}^{\mathrm{B}}\boldsymbol{g}_\ell$，${}^{\mathrm{B}}\boldsymbol{g}_q$，…的输出，这是不允许的。这可以通过插入一个额外的求和单元来解决，该单元将各个处理单元 ${}^{\mathrm{B}}\boldsymbol{g}_\ell$，${}^{\mathrm{B}}\boldsymbol{g}_q$，…的贡献相加，这个和就是 ${}^{\mathrm{B}}\boldsymbol{a}_i$ 的输入。这一步由式（5.165）和式（5.166）中的求和来说明。

每个处理单元 $\boldsymbol{g}_{q_\ell}$ 可以代表一个复杂的函数，它只需要整合到人工神经网络的反向传播过程中，

1）第一步是根据输入和参数来计算输出（见图 5.30 左侧）。

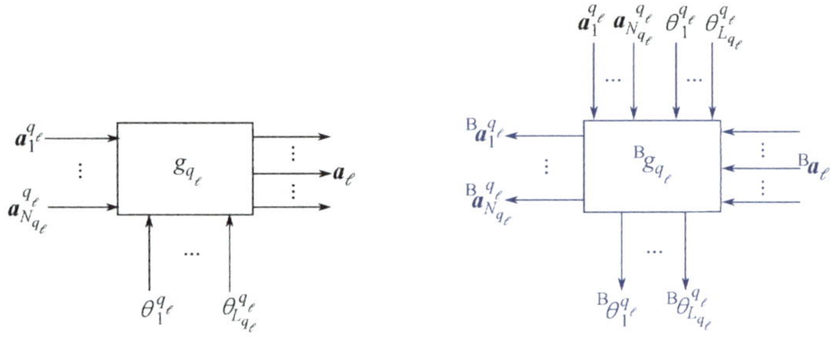

图 5.30　处理单元 $\boldsymbol{g}_{q_\ell}$ 的反向传播过程中的前进步骤（左）和后退步骤（右）

2）能够从式（5.165）和式（5.166）中计算出第二步的偏导 ${}^{\mathrm{B}}\boldsymbol{a}_n^{q_\ell}=\dfrac{\partial z}{\partial \mathrm{vec}\{\boldsymbol{a}_n^{q_\ell}\}}$ 和 ${}^{\mathrm{B}}\boldsymbol{\theta}_j^{q_\ell}=\dfrac{\partial z}{\partial \mathrm{vec}\{\boldsymbol{\theta}_i^{q_\ell}\}}$，基于已经知道的偏导 ${}^{\mathrm{B}}\boldsymbol{a}_\ell=\dfrac{\partial z}{\partial \mathrm{vec}\{\boldsymbol{a}_\ell\}}$ 和第一步的输入和参数（见图 5.30 右）。

对于图 5.24 中的神经网络，反向传播图在图 5.31 中以蓝色显示。如果对图 5.31 中的图形计算反向传播程序的第二步，则可以得到

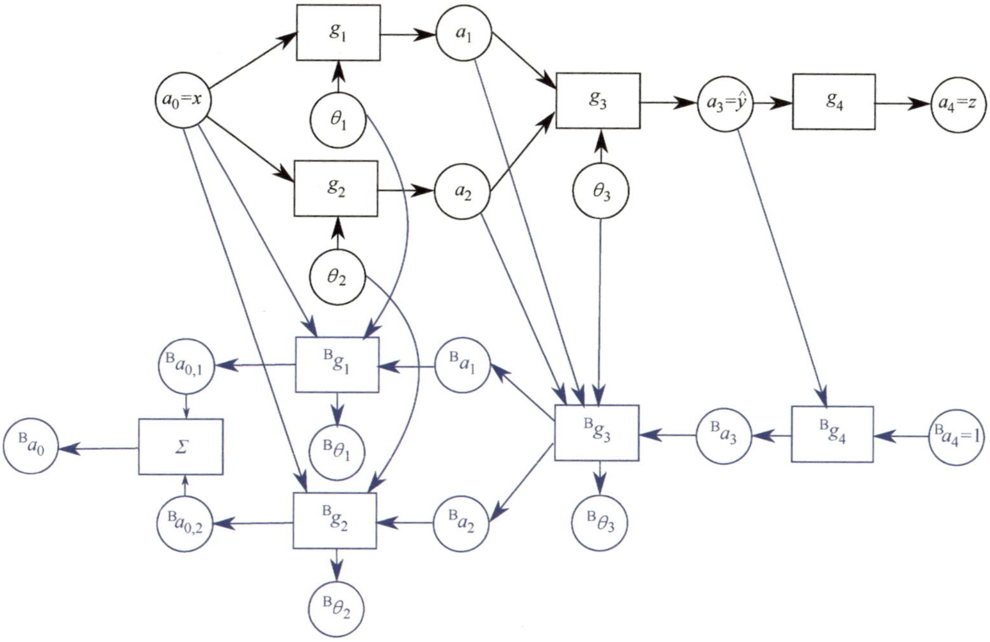

图 5.31　图 5.24 的人工神经网络的反向传播图

$$ {}^{\mathrm{B}}\boldsymbol{a}_4^{\mathrm{T}} = \frac{\partial z}{\mathrm{vec}\{a_4\}^{\mathrm{T}}} = 1 \tag{5.168} $$

$$ \mathrm{in}\,{}^{\mathrm{B}}g_4 : {}^{\mathrm{B}}\boldsymbol{a}_3^{\mathrm{T}} = \frac{\partial z}{\partial \mathrm{vec}\{\boldsymbol{a}_3\}^{\mathrm{T}}} = 0 + \underbrace{\frac{\partial z}{\partial \mathrm{vec}\{\boldsymbol{a}_4\}^{\mathrm{T}}}}_{\text{已知的}} \cdot \frac{\partial \mathrm{vec}\{a_4\}}{\partial \mathrm{vec}\{\boldsymbol{a}_3\}^{\mathrm{T}}},\ \text{其中}\boldsymbol{a}_4 = \boldsymbol{g}_4(\boldsymbol{a}_3) \tag{5.169} $$

$$ \mathrm{in}\,{}^{\mathrm{B}}g_3 : {}^{\mathrm{B}}\boldsymbol{\theta}_3^{\mathrm{T}} = \frac{\partial z}{\partial \mathrm{vec}\{\boldsymbol{\theta}_3\}^{\mathrm{T}}} = 0 + \underbrace{\frac{\partial z}{\partial \mathrm{vec}\{\boldsymbol{a}_3\}^{\mathrm{T}}}}_{\text{已知的}} \cdot \frac{\partial \mathrm{vec}\{\boldsymbol{a}_3\}}{\partial \mathrm{vec}\{\boldsymbol{\theta}_3\}^{\mathrm{T}}},\ \text{其中}\boldsymbol{a}_3 = \boldsymbol{g}_3(\boldsymbol{a}_1,\boldsymbol{a}_2,\boldsymbol{\theta}_3) \tag{5.170} $$

$$ \mathrm{in}\,{}^{\mathrm{B}}g_3 : {}^{\mathrm{B}}\boldsymbol{a}_2^{\mathrm{T}} = \frac{\partial z}{\partial \mathrm{vec}\{\boldsymbol{a}_2\}^{\mathrm{T}}} = 0 + \underbrace{\frac{\partial z}{\partial \mathrm{vec}\{\boldsymbol{a}_3\}^{\mathrm{T}}}}_{\text{已知的}} \cdot \frac{\partial \mathrm{vec}\{\boldsymbol{a}_3\}}{\partial \mathrm{vec}\{\boldsymbol{a}_2\}^{\mathrm{T}}},\ \text{其中}\boldsymbol{a}_3 = \boldsymbol{g}_3(\boldsymbol{a}_1,\boldsymbol{a}_2,\boldsymbol{\theta}_3) \tag{5.171} $$

$$ \mathrm{in}\,{}^{\mathrm{B}}g_3 : {}^{\mathrm{B}}\boldsymbol{a}_1^{\mathrm{T}} = \frac{\partial z}{\partial \mathrm{vec}\{\boldsymbol{a}_1\}^{\mathrm{T}}} = 0 + \underbrace{\frac{\partial z}{\partial \mathrm{vec}\{\boldsymbol{a}_3\}^{\mathrm{T}}}}_{\text{已知的}} \cdot \frac{\partial \mathrm{vec}\{\boldsymbol{a}_3\}}{\partial \mathrm{vec}\{\boldsymbol{a}_1\}^{\mathrm{T}}},\ \text{其中}\boldsymbol{a}_3 = \boldsymbol{g}_3(\boldsymbol{a}_1,\boldsymbol{a}_2,\boldsymbol{\theta}_3) \tag{5.172} $$

$$ \mathrm{in}\,{}^{\mathrm{B}}g_2 : {}^{\mathrm{B}}\boldsymbol{\theta}_2^{\mathrm{T}} = \frac{\partial z}{\partial \mathrm{vec}\{\boldsymbol{\theta}_2\}^{\mathrm{T}}} = 0 + \underbrace{\frac{\partial z}{\partial \mathrm{vec}\{\boldsymbol{a}_2\}^{\mathrm{T}}}}_{\text{已知的}} \cdot \frac{\partial \mathrm{vec}\{\boldsymbol{a}_2\}}{\partial \mathrm{vec}\{\boldsymbol{\theta}_2\}^{\mathrm{T}}},\ \text{其中}\boldsymbol{a}_2 = \boldsymbol{g}_2(\boldsymbol{a}_0,\boldsymbol{\theta}_2) \tag{5.173} $$

$$\text{in}\ {}^{\text{B}}g_2:{}^{\text{B}}\boldsymbol{a}_{02}^{\text{T}}=\frac{\partial z}{\partial \text{vec}\{\boldsymbol{a}_0\}^{\text{T}}}=0+\underbrace{\frac{\partial z}{\partial \text{vec}\{\boldsymbol{a}_2\}^{\text{T}}}}_{\text{已知的}}\cdot\frac{\partial \text{vec}\{\boldsymbol{a}_2\}}{\partial \text{vec}\{\boldsymbol{a}_0\}^{\text{T}}},\text{其中}\boldsymbol{a}_2=\boldsymbol{g}_2(\boldsymbol{a}_0,\boldsymbol{\theta}_2) \quad (5.174)$$

$$\text{in}\ {}^{\text{B}}g_1:{}^{\text{B}}\boldsymbol{\theta}_1^{\text{T}}=\frac{\partial z}{\partial \text{vec}\{\boldsymbol{\theta}_1\}^{\text{T}}}=0+\underbrace{\frac{\partial z}{\partial \text{vec}\{\boldsymbol{a}_1\}^{\text{T}}}}_{\text{已知的}}\cdot\frac{\partial \text{vec}\{\boldsymbol{a}_1\}}{\partial \text{vec}\{\boldsymbol{\theta}_1\}^{\text{T}}},\text{其中}\boldsymbol{a}_1=\boldsymbol{g}_1(\boldsymbol{a}_0,\boldsymbol{\theta}_1) \quad (5.175)$$

$$\text{in}\ {}^{\text{B}}g_1:{}^{\text{B}}\boldsymbol{a}_{01}^{\text{T}}=\frac{\partial z}{\partial \text{vec}\{\boldsymbol{a}_0\}^{\text{T}}}=0+\underbrace{\frac{\partial z}{\partial \text{vec}\{\boldsymbol{a}_1\}^{\text{T}}}}_{\text{已知的}}\cdot\frac{\partial \text{vec}\{\boldsymbol{a}_1\}}{\partial \text{vec}\{\boldsymbol{a}_0\}^{\text{T}}},\text{其中}\boldsymbol{a}_1=\boldsymbol{g}_1(\boldsymbol{a}_0,\boldsymbol{\theta}_1) \quad (5.176)$$

$$\text{在新加入的和中：}{}^{\text{B}}\boldsymbol{a}_0^{\text{T}}={}^{\text{B}}\boldsymbol{a}_{01}^{\text{T}}+{}^{\text{B}}\boldsymbol{a}_{02}^{\text{T}} \quad (5.177)$$

一旦这些计算完成，所需的梯度$\frac{\partial z}{\partial \theta_1},\frac{\partial z}{\partial \theta_2}$和$\frac{\partial z}{\partial \theta_3}$，与$z=\mathscr{L}(f_{\theta}(\boldsymbol{x}_m),y_m)$，可用于梯度下降程序。

5.2.3 径向基函数神经网络

径向基函数网络（Radial Basis Function Networks, RBF）是前向单层人工神经网络的一个特例，使用径向基函数作为激活函数。网络的输出是径向函数 φ_i 的线性组合。

$$\hat{y}=f(\boldsymbol{x})=\sum_{i=1}^{H}w_i\varphi_i(\|\boldsymbol{x}-\boldsymbol{c}_i\|) \quad (5.178)$$

式中 H 是径向基函数的数量，$\boldsymbol{x}$ 是网络的输入，$\boldsymbol{c}_i$ 和 w_i 是网络的参数。参数 $\boldsymbol{c}_i$ 可以理解为基函数的中心，因为输入 $\boldsymbol{x}$ 离 $\boldsymbol{c}_i$ 越远，$\varphi_i(\|\boldsymbol{x}-\boldsymbol{c}_i\|)$ 的值就越小。通常，H 参数 $\boldsymbol{c}_i$ 是事先确定的，而学习涉及权重 w_i 的计算。

参数 $\boldsymbol{c}_i$ 的确定可以实现，例如，通过从数据集 D 中随机选择 H 数据点。确定中心 $\boldsymbol{c}_i$ 的另一种方法是基于聚类方法，即无监督学习。在第一步中，从数据集 D 的数据点 $\boldsymbol{x}_m$，$m=1,\cdots,M$ 中找到 H 聚类，并确定每个聚类的代表性 $\boldsymbol{c}_i$。

如果参数 $\boldsymbol{c}_i$ 是固定的，权重 w_i 的计算可以用最小二乘法完成。类似于式（5.36）~式（5.39），权重 $\boldsymbol{w}=[w_i,\cdots,w_H]^{\text{T}}$ 来自于

$$\boldsymbol{w}=\left(\sum_{m=1}^{M}\boldsymbol{\varphi}(\boldsymbol{x}_m)\boldsymbol{\varphi}(\boldsymbol{x}_m)^{\text{T}}\right)^{-1}\left(\sum_{m=1}^{M}\boldsymbol{\varphi}(\boldsymbol{x}_m)y_m\right)=(\boldsymbol{\Phi}^{\text{T}}\boldsymbol{\Phi})^{-1}\boldsymbol{\Phi}^{\text{T}}\boldsymbol{y} \quad (5.179)$$

和

$$\boldsymbol{\varphi}(\boldsymbol{x})=\begin{bmatrix}\varphi_1(\|\boldsymbol{x}-\boldsymbol{c}_1\|)\\ \varphi_2(\|\boldsymbol{x}-\boldsymbol{c}_2\|)\\ \vdots\\ \varphi_H(\|\boldsymbol{x}-\boldsymbol{c}_H\|)\end{bmatrix},\boldsymbol{\Phi}=\begin{bmatrix}\boldsymbol{\varphi}(\boldsymbol{x}_1)^{\mathrm{T}}\\ \boldsymbol{\varphi}(\boldsymbol{x}_2)^{\mathrm{T}}\\ \vdots\\ \boldsymbol{\varphi}(\boldsymbol{x}_M)^{\mathrm{T}}\end{bmatrix}\text{和}\boldsymbol{y}=\begin{bmatrix}y_1\\ y_2\\ \vdots\\ y_M\end{bmatrix} \tag{5.180}$$

一些径向基函数 φ_i 的例子可以在表 5.3 中看到。这里 α 是一个额外的参数，用它可以控制函数值 $\varphi_i(x)$ 的大小。

表 5.3 径向基函数的例子

径向基函数	名称
$\varphi_i(\boldsymbol{x})=\mathrm{e}^{-(\alpha\|\boldsymbol{x}-\boldsymbol{c}_i\|)^2}$	高斯径向基函数
$\varphi_i(\boldsymbol{x})=\|\boldsymbol{x}-\boldsymbol{c}_i\|^n$, wobei n ungerade ist	分段多项式径向基函数
$\varphi_i(\boldsymbol{x})=\frac{1}{1+(\alpha\|\boldsymbol{x}-\boldsymbol{c}_i\|)^2}$	逆二次径向基函数
$\varphi_i(\boldsymbol{x})=\sqrt{1+(\alpha\|\boldsymbol{x}-\boldsymbol{c}_i\|)^2}$	多二次径向基函数
$\varphi_i(\boldsymbol{x})=\frac{1}{\sqrt{1+(\alpha\|\boldsymbol{x}-\boldsymbol{c}_i\|)^2}}$	逆多二次径向基函数

与 5.2.1 小节中的多层感知机不同，RBF 网络使用局部激活函数 φ_i，只有当输入 x 处于各自中心 $\boldsymbol{c}_i$ 的邻近区域时，才有大的输出值。这样，除了输出 $\hat{y}$ 之外，还可以很容易地计算出 RBF 网络的质量值。例如，如果输入 x 不在至少一个 H 中心 $\boldsymbol{c}_i$ 的附近，就可以确定一个低质量值。RBF 网络的另一个优点是使用最小二乘法简单计算权重 w_i。

设计 RBF 网络的挑战在于确定 H 的数量和中心 $\boldsymbol{c}_i$ 的位置。在这一步骤中经常使用交叉验证方法。关于 RBF 网络的更多细节，可以在文献 [Bis06] 中找到。

5.2.4 深度卷积神经网络

卷积网络（Convolutional Neural Networks，CNN）非常适用于处理时间序列或图像数据，因为它们能够找到数据中的局部特征并学习它们。CNN 与第 5.2.1 小节中的多层感知机有很大的相似之处。然而，它们与之不同的地方主要在于，同样数量的隐藏层需要的参数要少得多。这可以通过用另一种线性运算，即**卷积运算**或**确定性的互相关函数**，取代式（5.153）中至少一个与 $\boldsymbol{\Theta}^{(\ell),T}$ 的矩阵乘法来实现。深度 CNN 通常由几个卷积层、激励层和池化层的序列组成，最后由一个完全网络化的层终止。下面将讨论网络层在图像处理中的应用，但所提出的方法也可以类似地应用于时间序列。图 5.32 显示了深度 CNN 的典型结构。

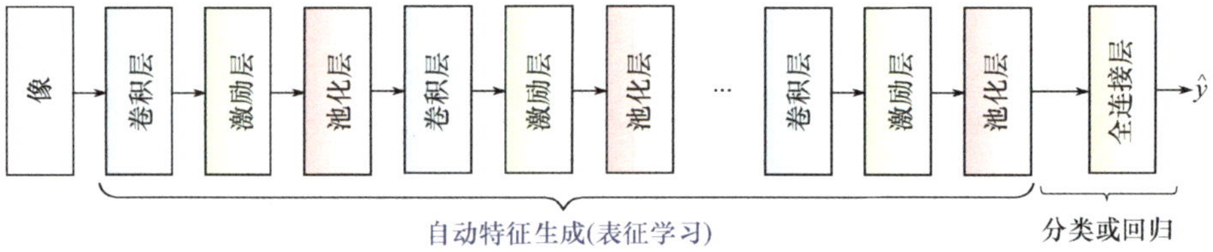

图 5.32　深度 CNN 的典型结构

CNN 中的卷积层

考虑到 D 维的离散信号，两个信号 $v[n_1,n_2,\cdots,n_D]$ 和 $w[n_1,n_2,\cdots,n_D]$ 的 D 维卷积是

$$\begin{aligned}x[n_1,n_2,\cdots,n_D]&=v[n_1,n_2,\cdots,n_D]\overset{D}{*\cdots*}w[n_1,n_2,\cdots,n_D]\\&=\sum_{k_1=-\infty}^{\infty}\sum_{k_2=-\infty}^{\infty}\cdots\sum_{k_D=-\infty}^{\infty}v[n_1-k_1,n_2-k_2,\cdots,n_D-k_D]w[k_1,k_2,\cdots,k_D]\end{aligned}\tag{5.181}$$

式中，* 是卷积算子。在机器学习领域，虽然使用了卷积一词，但通常是对有限确定的信号 v 和 w 进行交叉相关

$$x[n_1,n_2,\cdots,n_D]=\sum_{k_1}\sum_{k_2}\cdots\sum_{k_D}v[n_1+k_1,n_2+k_2,\cdots,n_D+k_D]w[k_1,k_2,\cdots,k_D]\tag{5.182}$$

即对于（$n_1,n_2,\cdots,n_D$）的第 1 个输出值 $x[n_1,n_2,\cdots,n_D]$，首先对 w 的所有元素与由 v 的移位（$n_1,n_2,\cdots,n_D$）产生的信号进行逐元乘法，然后对所有结果项相加。这里 w 被称为**内核**，而 $x[n_1,n_2,\cdots,n_D]$ 的值可以解释为内核 w 和位置（$n_1,n_2,\cdots,n_D$）的信号 v 之间的相似度。核大小的要选择比输入信号的大小小。从式（5.181）和式（5.182）中可以看出，交叉相关和卷积分别只在 $v[n_1+k_1,n_2+k_2,\cdots,n_D+k_D]$ 和 $v[n_1-k_1,n_2-k_2,\cdots,n_D-k_D]$ 中的符号不同，这对应于进行计算时内核的镜像。在这一章中，根据机器学习领域的通常命名法，我们说的是卷积，但在这里我们指的是交叉相关。

对于 $D=2$，数据结构可以理解为图像。用二维过滤器对图像进行卷积是图像处理中的一种常见方法。例如，边缘检测或模糊可以通过相应的内核来实现。与每个核的卷积导致一个所谓的**特征图**，它本身也可以被解释为一个图像。CNN 的特别之处在于，内核不是事先固定的，而是从数据中学习的。这在图 5.2 中由“特征自动生成”区块显示出来。卷积操作的优点是可以捕捉到图像的局部结构，因此，通过学习内核参数，可以学到图像的典型类型。

对于图像，人们通常使用每个像素的几个值（红、绿、蓝），因此数据结构是三维的，即有一个长度、一个宽度和一个深度。在这里，“卷积操作”是通过在图像上滑动内核并通过乘法和加法计算每个点的输出值来实现的。例如，如果我们把一个长度为 4 个像素、宽度为 4 个像素、每个像素有 3 个值（红、绿、蓝）的图像作为输入，再加上一个长度为 2、宽度为 2、深度为 3 像素的内核，卷积后的结果就是一个长度为 3、宽度为 3 的特征图，如图 5.33 所示。

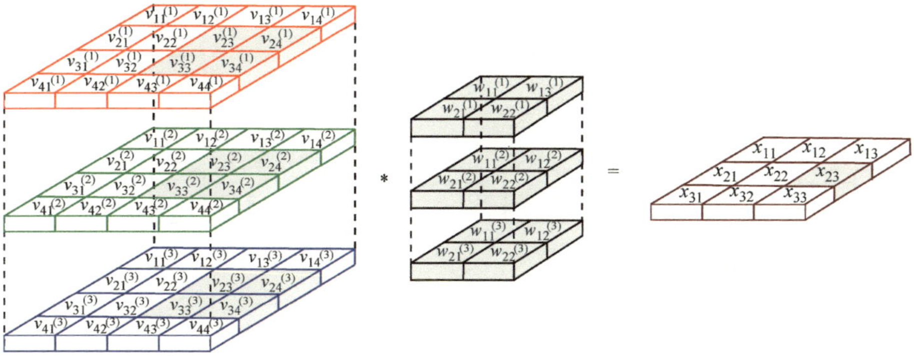

图 5.33　4 × 4 × 3 图像与 2 × 2 × 3 内核的卷积

值 $x_{11},\cdots,x_{33}$ 是 4 × 4 × 3 图像与 2 × 2 × 3 内核卷积的结果。如果在处理图像时为了简化符号，第 (i, j) 个像素用 v_{ij} 表示，而不是 $v[i, j]$，同样用 x_{ij} 表示，而不是 $x[i, j]$，等等，我们可以得到 x_{23} 的表达式：

$$x_{23}=v_{23}^{(1)}w_{11}^{(1)}+v_{24}^{(1)}w_{12}^{(1)}+v_{33}^{(1)}w_{21}^{(1)}+v_{34}^{(1)}w_{22}^{(1)}+v_{23}^{(2)}w_{11}^{(2)}+v_{24}^{(2)}w_{12}^{(2)}+v_{33}^{(2)}w_{21}^{(2)}+v_{34}^{(2)}w_{22}^{(2)}+ v_{23}^{(3)}w_{11}^{(3)}+v_{24}^{(3)}w_{12}^{(3)}+v_{33}^{(3)}w_{21}^{(3)}+v_{34}^{(3)}w_{22}^{(3)}+b \tag{5.183}$$

要确定 9 个值 $x_{11},\cdots,x_{33}$ 只有 $3 \times 4 + 1 = 13$ 个参数 $w_{11}^{(1)},\cdots,w_{22}^{3}$ 和 b 必须学习，而在将 4 × 4 × 3 输入映射到 3 × 3 输出的同一任务中，全连接感知机有 $16 \times 3 \times 9 + 9 = 441$ 个参数。我们也可以在多层感知机的表示中直观地看到卷积层，如图 5.26 所示，其中对于计算值 $x_{11},\cdots,x_{33}$ 的权重使用相同的值，所有权重的很大一部分是零。

在 CNN 领域，卷积的变化也被引入，例如，内核不再只是以一个像素的步长在图像上滑动，而是以更大的步长滑动。此步长越大，输出值就越少，这会降低生成的特征图的分辨率，并减少在具有多个卷积层的深度 CNN 中要学习的参数数量。从图 5.33 中的示例可以看出，步幅为 1 将导致总共 9 个值 $x_{11},\cdots,x_{33}$ 和 2 到 4 个值 $x_{11},\cdots,x_{22}$ 的步幅。这显示在图 5.34 和 5.35 中，与图 5.33 相比，卷积是“从上面”看的，所以在输入数据中只看到了上部（红色）矩阵。

如果卷积层的输入图像的深度为 T_E，所使用的第 k 个核具有相同的长度和宽度 L_k，那么所产生的第 k 个特征图的 (i, j) 个元素在步长值 S_F 上的计算方法一般为

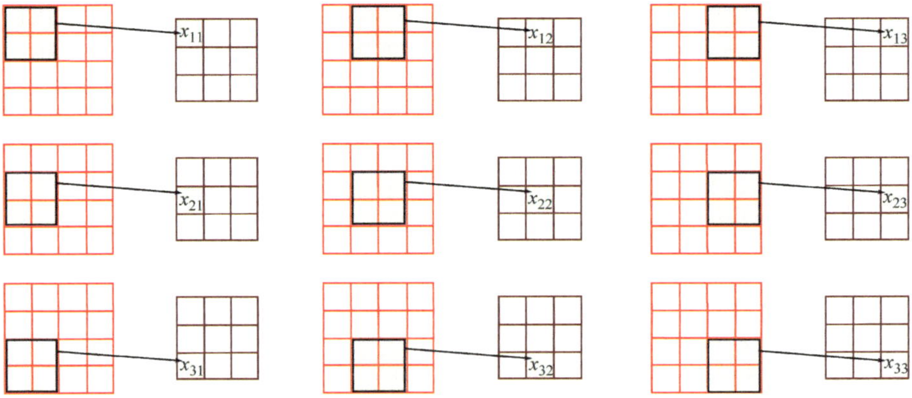

图 5.34　图 5.33 中步长等于 1 的示例

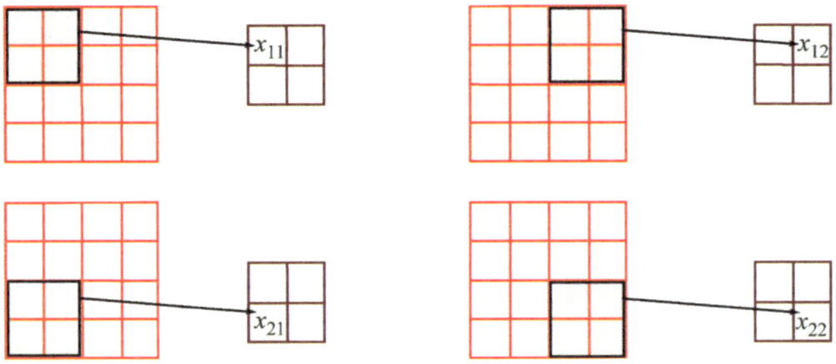

图 5.35　图 5.33 中步长等于 2 的示例

$$x_{ij}^{(k)} = {}^{(k)}b + \sum_{\ell=1}^{T_E}\sum_{m=1}^{L_k}\sum_{n=1}^{L_k} {}^{(k)}w_{mn}^{(\ell)} \cdot v_{pq}^{(\ell)}, \quad \text{其中} \quad p = S_F(i-1)+m, \quad q = S_F(j-1)+n \tag{5.184}$$

另一种影响卷积输出的方法是处理图像的边缘。使用输入图像边缘外的零值填充，可以在得到的特征图中得到输入图像的长度和宽度。图 5.36 显示了如何使用零填充来实现图 5.33 中例子的 4×4 特征图。通常情况下，在图像的每个边缘进行零填充。如果在图 5.33 的例子中，对输入图像的每条边都进行零填充，结果将是一个 5×5 的特征图。

通常，从图像不仅生成特征图。使用了 K_F 内核，因此 K_F 特征图也来自图像。使用具有相同长度和宽度 L_K 的内核，在输入图像的所有边缘使用 P_F 的零填充，一个步长 S_F 和具有长度 L_E、宽度 B_E 和深度 T_E 的输入图像，卷积层的输出是一个具有长度 L_A、宽度 B_A 和深度 T_A 的数据结构。其中

$$L_A = (L_E - L_K + 2P_F)/S_F + 1 \tag{5.185}$$

$$B_A = (B_E - L_K + 2P_F)/S_F + 1 \tag{5.186}$$

$$T_A = K_F \tag{5.187}$$

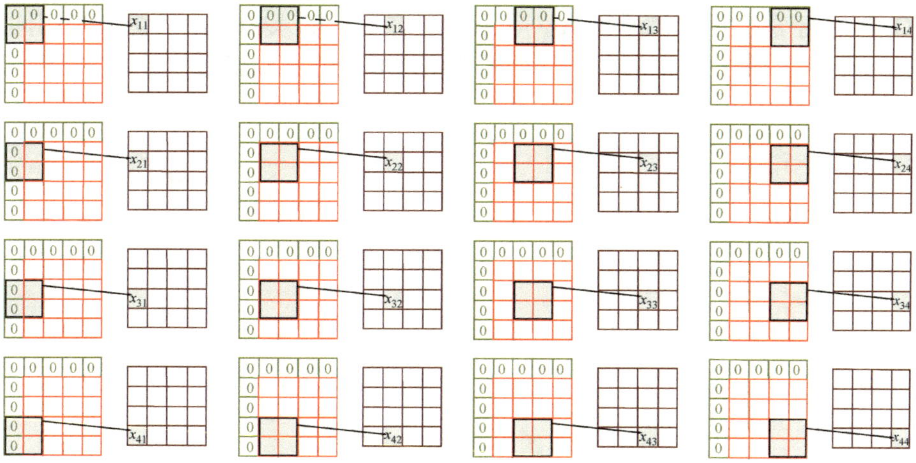

图 5.36　图 5.33 中示例的零填充

所有内核的深度 T_K 对应于输入图像的深度，即 T_E。

图 5.37 可视化了应用 $L_E=4$，$B_E=4$，$T_E=3$，$K_F=2$，$L_K=2$，$T_K=3$，$P_F=0$，$S_F=1$ 的卷积层。因此输出是一个 3×3×2 的数据结构。出现在图像中并且除了长度和宽度之外还有深度的数据结构不再可以用矩阵来描述。这些三维数据结构是张量。

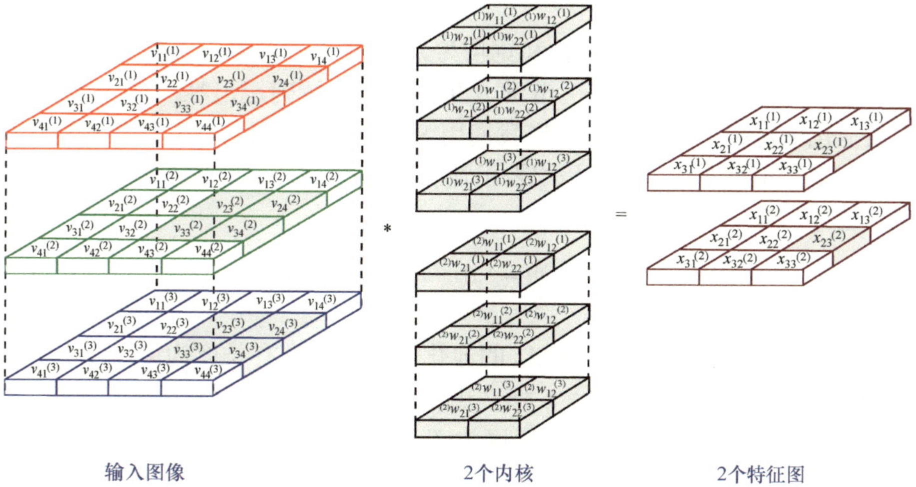

图 5.37　具有 2 个内核的卷积层

CNN 中的激励层

激励层将非线性引入 CNN，并且与多层感知机一样，通过激励函数实现。激励函数在特征图中逐个元素地起作用。在 5.2.1 小节中介绍的 ReLu 函数在 CNN 中经常被用作激励函数。在激励层之后，输入和输出的维度是相同的。图 5.38 显示了图 5.37 中的两个特征图如何被非线性激励函数 σ 处理并产生新的特征图。

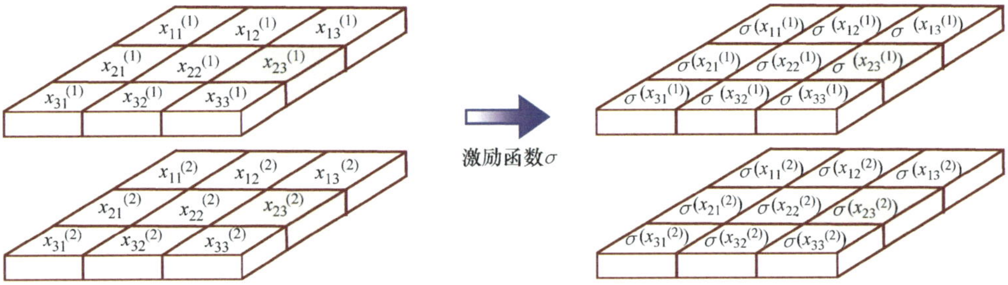

图 5.38　图 5.37 中特征图的激励层

CNN 中的池化层

池化层，通常也被称为下采样层，通过将特征图中区域的量替换成这些区域的统计量来降低特征图的分辨率。这使得输入在微小平移下保持不变（平移不变性），即如果输入数据的结构中发生了少量的局部平移，池化层的输出几乎保持不变。最大值池化是常用的池化层，它只保留特征图中某一区域的最大值，而舍弃掉其他数值。

一般来说，我们选择一个长和宽均为 L_P 的正方形区域，在特征图上以一个可选的步长（也被称作 Stride）滑动，并对覆盖区域确定出唯一的一个统计量，最大值池化确定的是最大值。如果我们用 S_P 表示池化步长，用 $e_{ij}^{(k)}$ 表示池化层处理的第 k 个特征图的元素，用 $a_{ij}^{(k)}$ 表示池化层输出的元素，则 $a_{ij}^{(k)}$ 在最大值池化时可以被计算为

$$a_{ij}^{(k)} = \max_{\substack{\ell=1,\cdots,L_P \\ q=1,\cdots,L_P}} \{e_{mn}^{(k)}\}, m = S_P(i-1)+\ell \text{ 且 } n = S_P(j-1)+q \tag{5.188}$$

假设在一个长度和宽度均为 L_P 的池化层中，我们有长度为 L_A，宽度为 B_A，厚度为 T_A 的数据结构作为输入，那么由使用步长为 S_P 的池化层的输出所得的，是一个长度为 $L_{A,P}$，宽度为 $B_{A,P}$，厚度为 $T_{A,P}$ 的数据结构

$$L_{A,P} = (L_A - L_P)/S_P + 1 \tag{5.189}$$

$$B_{A,P} = (B_A - L_P)/S_P + 1 \tag{5.190}$$

$$T_{A,P} = T_A \tag{5.191}$$

图 5.39 展示了 $S_P = 2$ 和 $S_P = 1$ 的最大值池化是如何从图 5.38 的两个特征图中生成两个新的 2×2 的特征图的。

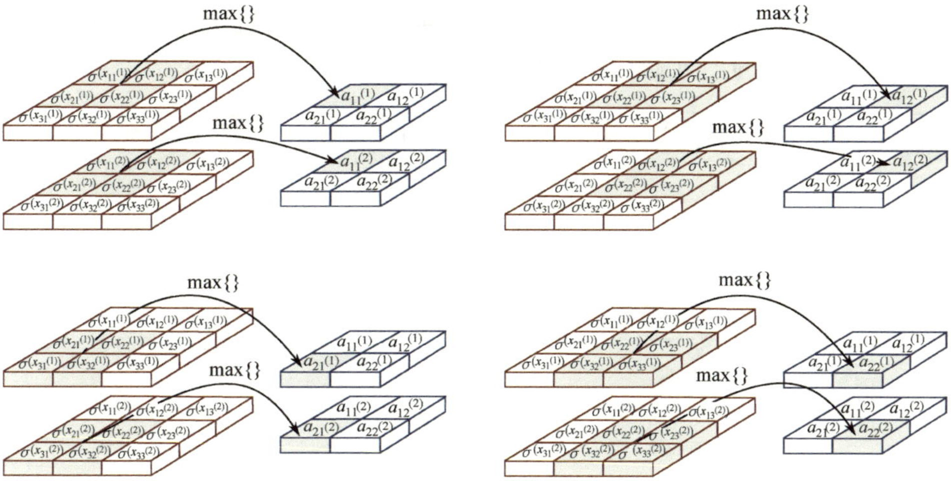

图 5.39 对图 5.38 中特征图进行 $S_P=2$ 和 $S_P=1$ 的最大值池化

CNN 中的全连接层

如图 5.32 所示，在一个深度卷积神经网络中，通常有多个卷积层、激励层和池化层列的排列顺序，直到出现在最后的一个全连接层。这个全连接层将最后一个特征图映射到网络的输出值$\hat{\boldsymbol{y}}$上。为此我们使用式（2.58）中的拉直算子 vec，将最后一个特征图的值重新排序在一个单一向量内。该向量随后像在多层感知机里一样，被用作全连接层的输入，全连接层之后会计算 CNN 的输出$\hat{\boldsymbol{y}}$。图 5.40 展示了由池化层生成的两个特征图是如何被先重整为一个向量，继而经由一个全连接层映射到输出$\hat{\boldsymbol{y}}$上的。

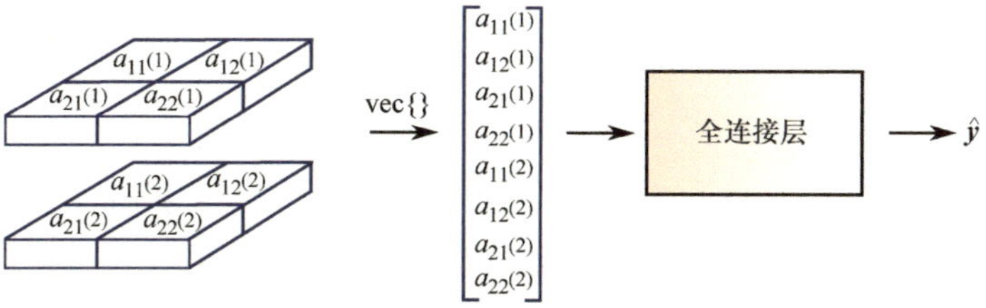

图 5.40 深度卷积神经网络的最后一层，其最后的特征图如图 5.39 所示

CNN 中的反向转播

如 5.2.2 小节所述，反向传播法也可以用于 CNN。接下来我们将在图 5.37~图 5.40 中简单 CNN 的基础上考虑各个层的贡献。然而，下面给出的最大值池化的反向传播、ReLU 激活函数和卷积对应的方程是通用的，而不仅仅是针对这里所考虑的例子。

我们来着手解决一个使用式（5.7）的平方误差作为损失函数的回归任务，得到了图 5.41 中的正向无环图和反向传播图。

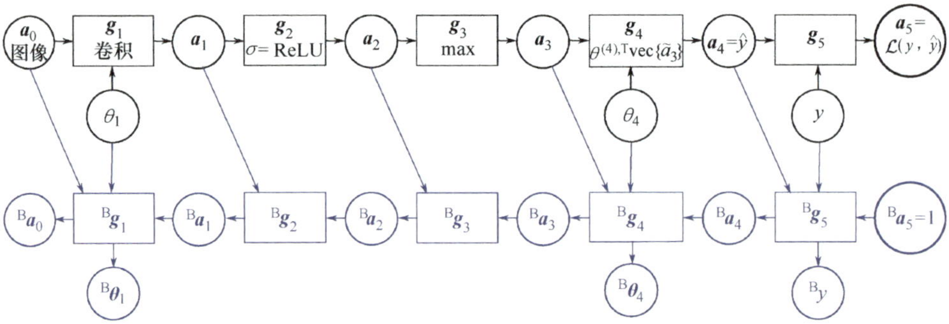

图 5.41　图 5.37~ 图 5.40 的 CNN 中的反向传播

用式（5.7）中的平方误差作为损失函数可得

$$a_5 = z = \mathcal{L}(y,\hat{y}) = (y-\hat{y})^2 = (y-a_4)^2 \tag{5.192}$$

由此得到

$$\begin{aligned} {}^{\mathrm{B}}a_5^{\mathrm{T}} &= \frac{\partial z}{\partial \mathrm{vec}\{a_5\}^{\mathrm{T}}} = 1 \\ {}^{\mathrm{B}}a_4^{\mathrm{T}} &= \frac{\partial z}{\partial \mathrm{vec}\{a_4\}^{\mathrm{T}}} = \underbrace{\frac{\partial z}{\partial \mathrm{vec}\{a_5\}^{\mathrm{T}}}}_{\text{已知}} \frac{\partial \mathrm{vec}\{a_5\}}{\partial \mathrm{vec}\{a_4\}^{\mathrm{T}}}, \end{aligned} \tag{5.193}$$

其中 $a_5 = g_5(a_4) = (y - a_4)^2$，即

$${}^{\mathrm{B}}a_4^{\mathrm{T}} = -2\,(y - a_4) \tag{5.194}$$

全连接层在此导出了

$$a_4 = \boldsymbol{\theta}^{(4),\mathrm{T}}\mathrm{vec}\{\tilde{\boldsymbol{a}}_3\} = \left[\theta_1^{(4)}, \theta_2^{(4)}, \cdots, \theta_8^{(4)}, \theta_9^{(4)}\right] \begin{bmatrix} a_{11}^{(1)} \\ a_{12}^{(1)} \\ \vdots \\ a_{22}^{(2)} \\ 1 \end{bmatrix} \tag{5.195}$$

并由此得到

$${}^{\mathrm{B}}\boldsymbol{a}_3^{\mathrm{T}} = \frac{\partial z}{\partial \mathrm{vec}\{\boldsymbol{a}_3\}^{\mathrm{T}}} = \underbrace{\frac{\partial z}{\partial \mathrm{vec}\{\boldsymbol{a}_4\}^{\mathrm{T}}}}_{\text{已知}} \frac{\partial \mathrm{vec}\{a_4\}}{\partial \mathrm{vec}\{\boldsymbol{a}_3\}^{\mathrm{T}}}, \text{其中} a_4 = g_4(\boldsymbol{a}_3, \boldsymbol{\theta}_4) = \boldsymbol{\theta}^{(4),\mathrm{T}}\mathrm{vec}\{\tilde{\boldsymbol{a}}_3\}, \text{即} \tag{5.196}$$

${}^{\mathrm{B}}\boldsymbol{a}_3^{\mathrm{T}} = {}^{\mathrm{B}}\boldsymbol{a}_4^{\mathrm{T}} \cdot \left[\theta_1^{(4)}, \theta_2^{(4)}, \cdots, \theta_8^{(4)}\right]$以及

$$ {}^{\mathrm{B}}\boldsymbol{\theta}_4^{\mathrm{T}} = \frac{\partial z}{\partial \mathrm{vec}\{\boldsymbol{\theta}^{(4)}\}^{\mathrm{T}}} = \underbrace{\frac{\partial z}{\partial \mathrm{vec}\{a_4\}^{\mathrm{T}}}}_{\text{已知}} \frac{\partial \mathrm{vec}\{a_4\}}{\partial \mathrm{vec}\{\boldsymbol{\theta}^{(4)}\}^{\mathrm{T}}} = {}^{\mathrm{B}}a_4^{\mathrm{T}} \cdot \left[a_{11}^{(1)}, a_{12}^{(1)}, \cdots, a_{22}^{(2)}, 1\right] \tag{5.197} $$

最大值函数 max 是不可微的，因此在这里必须特别留意反向传播中的最大值池化。其实对于最大值函数存在一种泛化的梯度，即**次梯度**，因为对函数 $\max\{p,q\}$ 存在

$$ \frac{\partial \max\{p,q\}}{\partial p} = \begin{cases} 1 & \text{当} p > q \\ 0 & \text{其余情况} \end{cases} \tag{5.198} $$

这意味着，在反向传播过程中，最大值函数的参数集合里只有一个元素的值为 1，其他元素的值为 0。我们来研究式（5.188）并在此考虑到式（5.165）或第 5.2.2 小节种反向传播步骤描述中的最后一个要点，就会得到

$$ \frac{\partial z}{\partial e_{mn}^{(k)}} = \sum_i \sum_j \underbrace{\frac{\partial z}{\partial a_{ij}^{(k)}}}_{\text{已知}} \cdot \underbrace{\frac{\partial a_{ij}^{(k)}}{\partial e_{mn}^{(k)}}}_{0\text{或}1} \tag{5.199} $$

对于这里所考虑的例子我们得到（见图 5.39）

$$ {}^{\mathrm{B}}\boldsymbol{a}_2^{\mathrm{T}} = \frac{\partial z}{\partial \mathrm{vec}\{\boldsymbol{a}_2\}^{\mathrm{T}}} = \underbrace{\frac{\partial z}{\partial \mathrm{vec}\{\boldsymbol{a}_3\}^{\mathrm{T}}}}_{\text{已知}} \frac{\partial \mathrm{vec}\{\boldsymbol{a}_3\}}{\partial \mathrm{vec}\{\boldsymbol{a}_2\}^{\mathrm{T}}}, \quad \text{其中} \quad \boldsymbol{a}_3 = \boldsymbol{g}_3(\boldsymbol{a}_2) \tag{5.200} $$

式中 $\boldsymbol{a}_2$ 表示了 ReLU 激活函数 σ 的 18 个输出 $e_{11}^{(1)} = \sigma\left(x_{11}^{(1)}\right)$，$e_{12}^{(1)} = \sigma\left(x_{12}^{(1)}\right)$，$\cdots$，$e_{33}^{(1)} = \sigma\left(x_{33}^{(1)}\right)$，$e_{11}^{(2)} = \sigma\left(x_{11}^{(2)}\right)$，$e_{12}^{(2)} = \sigma\left(x_{12}^{(2)}\right)$，$\cdots$，$e_{33}^{(2)} = \sigma\left(x_{33}^{(2)}\right)$，因此

$$ \mathrm{vec}\{\boldsymbol{a}_3\} = \begin{bmatrix} a_{11}^{(1)} \\ a_{12}^{(1)} \\ a_{21}^{(1)} \\ a_{22}^{(1)} \\ a_{11}^{(2)} \\ a_{12}^{(2)} \\ a_{21}^{(2)} \\ a_{22}^{(2)} \end{bmatrix} = \begin{bmatrix} \max\left\{e_{11}^{(1)} \quad e_{12}^{(1)} \quad e_{21}^{(1)} \quad e_{22}^{(1)}\right\} \\ \max\left\{e_{12}^{(1)} \quad e_{13}^{(1)} \quad e_{22}^{(1)} \quad e_{23}^{(1)}\right\} \\ \max\left\{e_{21}^{(1)} \quad e_{22}^{(1)} \quad e_{31}^{(1)} \quad e_{32}^{(1)}\right\} \\ \max\left\{e_{22}^{(1)} \quad e_{23}^{(1)} \quad e_{32}^{(1)} \quad e_{33}^{(1)}\right\} \\ \max\left\{e_{11}^{(2)} \quad e_{12}^{(2)} \quad e_{21}^{(2)} \quad e_{22}^{(2)}\right\} \\ \max\left\{e_{12}^{(2)} \quad e_{13}^{(2)} \quad e_{22}^{(2)} \quad e_{23}^{(2)}\right\} \\ \max\left\{e_{21}^{(2)} \quad e_{22}^{(2)} \quad e_{31}^{(2)} \quad e_{32}^{(2)}\right\} \\ \max\left\{e_{22}^{(2)} \quad e_{23}^{(2)} \quad e_{32}^{(2)} \quad e_{33}^{(2)}\right\} \end{bmatrix} \tag{5.201} $$

由此对于式（5.200）得到

$$
{}^{\mathrm{B}}\boldsymbol{a}_2^{\mathrm{T}}=\underbrace{\left[\frac{\partial z}{\partial a_{11}^{(1)}},\frac{\partial z}{\partial a_{12}^{(1)}},\cdots,\frac{\partial z}{\partial a_{22}^{(2)}}\right]}_{{}^{\mathrm{B}}\boldsymbol{a}_3^{\mathrm{T}}}\begin{bmatrix}\frac{\partial a_{11}^{(1)}}{\partial e_{11}^{(1)}} & \frac{\partial a_{11}^{(1)}}{\partial e_{21}^{(1)}} & \cdots & \frac{\partial a_{11}^{(1)}}{\partial e_{33}^{(2)}}\\ \frac{\partial a_{12}^{(1)}}{\partial e_{11}^{(1)}} & \frac{\partial a_{12}^{(1)}}{\partial e_{21}^{(1)}} & \cdots & \frac{\partial a_{12}^{(1)}}{\partial e_{33}^{(2)}}\\ \vdots & \vdots & \vdots & \vdots\\ \frac{\partial a_{22}^{(2)}}{\partial e_{11}^{(1)}} & \frac{\partial a_{22}^{(2)}}{\partial e_{21}^{(1)}} & \cdots & \frac{\partial a_{22}^{(2)}}{\partial e_{33}^{(2)}}\end{bmatrix} \tag{5.202}
$$

式中等号右边的向量由前序步骤已知，根据式（5.198），雅可比矩阵的每行由一个 1 和剩下的零组成，假定极大算子的参数中只存在一个最大值，比如说有 $e_{21}^{(1)}>e_{11}^{(1)},e_{21}^{(1)}>e_{12}^{(1)}$且$e_{21}^{(1)}>e_{22}^{(1)}$，则式（5.202）中的雅可比矩阵在其第一行只有第二项$\frac{\partial a_{11}^{(1)}}{\partial e_{21}^{(1)}}$的值为 1，其余项的值为 0。

图 5.41 中的处理单元 $\boldsymbol{g}_2$ 描述了式（5.158）中作用于元素上的激活函数 ReLU。因此，我们可以得到

$$
{}^{\mathrm{B}}\boldsymbol{a}_1^{\mathrm{T}}=\frac{\partial z}{\partial \mathrm{vec}\{\boldsymbol{a}_1\}^{\mathrm{T}}}=\underbrace{\frac{\partial z}{\partial \mathrm{vec}\{\boldsymbol{a}_2\}^{\mathrm{T}}}}_{\text{已知}}\frac{\partial \mathrm{vec}\{\boldsymbol{a}_2\}}{\partial \mathrm{vec}\{\boldsymbol{a}_1\}^{\mathrm{T}}},\quad \text{其中}\quad \boldsymbol{a}_2=\boldsymbol{g}_2(\boldsymbol{a}_1) \tag{5.203}
$$

式（5.203）中的 18×18 雅可比矩阵$\frac{\partial \mathrm{vec}\{\boldsymbol{a}_2\}}{\mathrm{vec}\{\boldsymbol{a}_1\}^{\mathrm{T}}}$可以通过式（5.159）逐个计算其元素，该式是一种次微分。这个雅可比矩阵也只由 1 和 0 组成。

卷积层是最后要考虑的层，也是导出核权重的层，式（5.184）是它的一般性描述。如果我们研究式（5.184），并考虑式（5.165）或第 5.2.2 小节种反向传播图的步骤描述中的最后一个要点，就会得到

$$
\frac{\partial z}{\partial b^{(k)}}=\sum_i\sum_j\underbrace{\frac{\partial z}{\partial x_{ij}^{(k)}}}_{\text{已知}}\cdot\underbrace{\frac{\partial x_{ij}^{(k)}}{\partial b^{(k)}}}_{1} \tag{5.204}
$$

$$
\frac{\partial z}{\partial^{(k)}w_{mn}^{(\ell)}}=\sum_i\sum_j\underbrace{\frac{\partial z}{\partial x_{ij}^{(k)}}}_{\text{已知}}\cdot\underbrace{\frac{\partial x_{ij}^{(k)}}{\partial^{(k)}w_{mn}^{(\ell)}}}_{v_{pq}^{(\ell)}},\quad \text{其中}\quad p=S_{\mathrm{F}}(i-1)+m,\quad q=S_{\mathrm{F}}(j-1)+n \tag{5.205}
$$

$$
\frac{\partial z}{\partial v_{pq}^{(\ell)}}=\sum_{k=1}^{K_{\mathrm{F}}}\sum_i\sum_j\underbrace{\frac{\partial z}{\partial x_{ij}^{(k)}}}_{\text{已知}}\cdot\underbrace{\frac{\partial x_{ij}^{(k)}}{\partial v_{pq}^{(\ell)}}}_{0\text{或者}\,{}^{(k)}w_{mn}^{(\ell)}} \tag{5.206}
$$

式（5.206）中因子$\frac{\partial x_{ij}^{(k)}}{\partial v_{pq}^{(\ell)}}$只有在$v_{pq}^{(\ell)}$对$x_{ij}^{(k)}$的值做出了贡献时才不等于0，它的值会是${}^{(k)}w_{mn}^{(\ell)}$，这里$m = p - S_F(i-1)$而$n = q - S_F(j-1)$。更准确地说，当$m$和$n$分别由$m = p - S_F(i-1)$和$n = q - S_F(j-1)$所得的值不位于1和$L_K$之间时，则该因子的值为零，否则就是${}^{(k)}w_{mn}^{(\ell)}$。从式（5.184）可以看出，第$k$个内核的每个元素都对第$k$个特征图的每个元素有贡献，但不是每个输入图像的元素都对第k个特征图的每个元素有贡献的。这一点反映在了式（5.204）~式（5.206）中。

在此处所考虑的例子中，处理单元$\boldsymbol{g}_1$是卷积层。我们得到

$$ {}^{\mathrm{B}}\boldsymbol{a}_0^{\mathrm{T}} = \frac{\partial z}{\partial \mathrm{vec}\{\boldsymbol{a}_0\}^{\mathrm{T}}} = \underbrace{\frac{\partial z}{\partial \mathrm{vec}\{\boldsymbol{a}_1\}^{\mathrm{T}}}}_{\text{已知}} \frac{\partial \mathrm{vec}\{\boldsymbol{a}_1\}}{\partial \mathrm{vec}\{\boldsymbol{a}_0\}^{\mathrm{T}}}, \quad \text{其中} \quad \boldsymbol{a}_1 = \boldsymbol{g}_1(\boldsymbol{a}_0, \boldsymbol{\theta}_1) \tag{5.207} $$

式中$\boldsymbol{a}_1$中的各个元素是$x_{11}^{(1)}, x_{12}^{(1)}, \cdots, x_{33}^{(2)}$这18个值（见图5.37）。$18 \times 48$的雅可比矩阵$\frac{\partial \mathrm{vec}\{\boldsymbol{a}_1\}}{\partial \mathrm{vec}\{\boldsymbol{a}_0\}^{\mathrm{T}}}$的各个元素是式（5.206）中的$\frac{\partial x_{ij}^{(k)}}{\partial v_{pq}^{(\ell)}}$项。

对于核权重的计算可得

$$ {}^{\mathrm{B}}\boldsymbol{\theta}_1^{\mathrm{T}} = \frac{\partial z}{\partial \mathrm{vec}\{\boldsymbol{\theta}^{(1)}\}^{\mathrm{T}}} = \underbrace{\frac{\partial z}{\partial \mathrm{vec}\{\boldsymbol{a}_1\}^{\mathrm{T}}}}_{\text{已知}} \frac{\partial \mathrm{vec}\{\boldsymbol{a}_1\}}{\partial \mathrm{vec}\{\boldsymbol{\theta}^{(1)}\}^{\mathrm{T}}} \tag{5.208} $$

18×26的雅可比矩阵$\frac{\partial \mathrm{vec}\{\boldsymbol{a}_1\}}{\partial \mathrm{vec}\{\boldsymbol{\theta}^{(1)}\}^{\mathrm{T}}}$的各个元素是式（5.205）中的$\frac{\partial x_{ij}^{(k)}}{\partial {}^{(k)}w_{mn}^{(\ell)}}$项和式（5.204）中的$\frac{\partial x_{ij}^{(k)}}{\partial b^{(k)}}$项。

成功的 CNN 架构

近年来在CNN的帮助下，图像识别领域取得了特别巨大的进步。在实际应用中，有许多网络架构被证明对**对象分类**任务非常成功有效。这些网络包括LeNet-5（1998年）、AlexNet（2012年）、VGG16（2014年）、GoogleLeNet（2014年）和ResNet（2015年）。所有这些网络基本上都是在图5.32中的基本结构上增加了一些成功应用各自理论的特点。在通常情况下，这些网络在训练中也会使用正则化措施。比如所谓的Dropout，即在训练时对网络的每一层都关闭其中一定量的神经元，并在下一计算步骤中不去考虑它们。

ResNet架构是目前表现最好的用于图像中物体分类的网络架构之一。这种方法的特点是所谓的**残差学习**。在这里，神经网络中某一层的输入信号被加到这一层的输出上。图5.42直观地展示了这一过程。通过所谓的跳跃连接，残差

学习在神经网络的第 i 层学习的是映射 ($f_i(\boldsymbol{x}_i) - \boldsymbol{x}_i$)，而不是映射 $f_i(\boldsymbol{x}_i)$，这里 $\boldsymbol{x}_i$ 是该层的输入。它的一个优点是，在学习的初始阶段，网络中的权值很小，因此网络最初近乎是一个恒等映射。如果对第 i 层合适的映射类似于一个恒等函数，而且这种情况也常常发生，那么训练就可以很快地完成。当许多这样的残差单元被建立在一个深度网络中时，就会多出另一个优点——网络的个别部分由于这些跳跃连接，得以在反向传播过程中能够更快地开始改变其权重。我们可以说，网络的这些个别部分已经可以开始了学习，而网络的其他部分还没有。值得一提的是，跳跃连接可以通过一个简单的卷积层来扩展，该卷积层带有一个 1×1 的核和对应的步长，该扩展可以调整第 i 层的输出和输入的维度，从而使元素的加法成为可能。

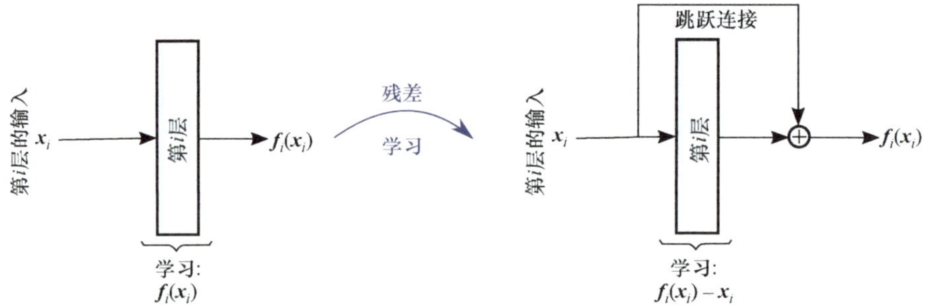

图 5.42　残差学习中学习的是第 i 层的 ($f_i(\boldsymbol{x}_i)-\boldsymbol{x}_i$) 映射，而非 $f_i(\boldsymbol{x}_i)$ 映射

对象检测是一项与图像理解中的对象分类有些不同的任务。任务不是要决定哪个物体该被看到，而是在每个物体周围标记一个框，这个框也叫边界框。不同的是，在物体检测中，输出的尺寸是不知道的。可能图像中有非常多的物体，也可能图像中只有一个物体。在每幅图像中定义非常多的可能区域，也称感兴趣区域（Regions Of Interest，ROI），并在这些区域中进行物体分类，这种天真的方法由于需要非常多的 ROI 而导致失败。为了规避这种复杂性，人们已经开发了一些在第一步找到少量可能的感兴趣区域，到第二步再在各个感兴趣区域内进行分类的网络，我们也称之为双级检测器。这些网络包括基于区域的卷积神经网络（2014 年），称为 R-CNN，它在第一步通过选择性搜索方法，也就是说结合分割和暴力方法，整体生成固定数量的 ROI，并使用支持向量机进行后续对象分类。在图像处理领域，分割意味着通过合并相邻的像素来生成内容相关的区域。R-CNN 网络通过搜索卷积后产生的特征图中的 ROI 而不是原始图像中的 ROI 进行了扩展，从而形成了 Fast-R-CNN（2015 年）。在 Fast-R-CNN 的进一步发展中，选择性搜索方法被另一个称为区域提议网络的神经网络所取代。区域建议网络的任务是解决一个回归任务，即寻找图像中感兴趣区域的位置。这个扩展被称为 Faster R-CNN（在 2015 年）。

另一种物体检测和分类的方法没有明确地将任务分为首先找到 ROI，然后进行分类这两步，而是使用了一个 CNN 来同时完成这两个步骤，它被称为单级检测器。这种方法最著名的代表包括 You Only Look Once 或 YOLO（2015 年）和 Single Shot Multibox Detector 或 SSD（2016 年）。在 YOLO 中，每个输入图像首先被一个预定义的网格给划分，并为每个单元格确定出固定数量的边界框。对于这里的每一个边界框，它都会学习各个类别的概率，以及各个边界框的位置和尺寸。SSD 则是要去学习一个同时解决分类和回归任务的 CNN。为了实现该目标，训练中我们定义要被尽量减少的风险，使得寻找边界框和分类这两项任务都被考虑到。

目前，用于图像理解的最先进架构之一是 Mask-R-CNN 网络（2017 年）。它解决了三个任务：对象检测、对象分类和分割。Mask-R-CNN 网络总共可以分为四个模块。第一个模块是一个所谓的骨干模块，也就是一个 CNN，它的任务是从输入图像中生成特征图，作为下面模块的输入。第二个模块是区域建议网络，它的任务是在骨干模型的特征图上评估大量的锚框是否存在物体并生成 ROI。第三个模块负责将区域建议网络提出的 ROI 进行分类，并通过解决回归任务来确定边界框。Mask-R-CNN 的特别之处在于最后一个模块，它使用分类出了有意义的物体的 ROI，并在每个物体周围放置一个分割遮罩，即为每个像素分配了一个归属类别。

截至 2018 年已知的使用深度学习方法进行物体检测的方法概述可以在文献 [ATJ18] 中找到。我们可以看出，通过新的神经网络架构，图像理解领域正快速取得巨大的进步，而这一趋势预计也将在未来几年继续保持下去。

5.3 支持向量机

支持向量机（Support Vector Machines）是一种机器学习方法，既可以用于分类也可以用于回归。这些方法的一个关键特征是，支持向量机的输出不是由所有的训练数据决定的，而只由训练数据的一个子集，即由所谓的“支持向量”来决定。此外，这种方法也允许处理非线性映射以及优化任务中找不到局部极小值的映射。最开始支持向量机是为二分类设计的，即 $K=2$ 的分类任务，但这些方法也可以扩展到多分类和回归任务上。关于支持向量机的补充内容可以在例如 [SS01] 的文献中找到。

5.3.1 用于分类的支持向量机以及核函数

首先，要介绍的是用于 $y\in\{-1, 1\}$ 二分法的支持向量机。最初的设想是设计一个线性分类器，要求该分类器将属于不同类别的输入分离开，使得边界到

划分面的距离有一个固定值，通常是 1。边界是指从划分面到离它最近的点的距离，这就要求

$$y_m(\boldsymbol{w}^{\mathrm{T}}\boldsymbol{x}_m+t)\geqslant 1,\ m=1,\cdots,M \tag{5.209}$$

我们来考虑两个样例 $(\boldsymbol{x}_i,+1)$，$(\boldsymbol{x}_j,-1)$，其中 $\boldsymbol{x}_i$ 和 $\boldsymbol{x}_j$ 在输入空间中分别位于面对面的边界上，那么有

$$\boldsymbol{w}^{\mathrm{T}}\boldsymbol{x}_i+t=+1,\ \boldsymbol{w}^{\mathrm{T}}\boldsymbol{x}_j+t=-1 \tag{5.210}$$

求这两个方程之间的差，我们得到

$$\boldsymbol{w}^{\mathrm{T}}(\boldsymbol{x}_i-\boldsymbol{x}_j)=2 \quad 或 \quad \frac{\boldsymbol{w}^{\mathrm{T}}}{\|\boldsymbol{w}\|_2}(\boldsymbol{x}_i-\boldsymbol{x}_j)=\frac{2}{\|\boldsymbol{w}\|_2} \tag{5.211}$$

如式（5.65）所示，$\frac{\boldsymbol{w}^{\mathrm{T}}}{\|\boldsymbol{w}\|}(\boldsymbol{x}_i-\boldsymbol{x}_j)$代表了矢量 $(\boldsymbol{x}_i-\boldsymbol{x}_j)$ 在划分面法向量$\boldsymbol{w}$上的投影。由此可见，边界间隔值为$\frac{1}{\|\boldsymbol{w}\|_2}$。图 5.43 用图示表示了这一点。因此，寻找分割面参数的优化任务可以如是制定，使得在满足式（5.209）的约束条件下使边界间隔最大化：

$$\min\left\{\frac{\|\boldsymbol{w}\|_2^2}{2}\right\}在满足 \quad y_m(\boldsymbol{w}^{\mathrm{T}}\boldsymbol{x}_m+t)\geqslant 1的条件下 \tag{5.212}$$

式中，$m=1$，…，M。对于标量，即 $x\in\mathbb{R}$ 时，可以轻松地将优化任务可视化。如图 5.44 所示，我们通过寻找斜率最小的角度 w，获得了最大边界间隔的解，即$\frac{x_i-x_j}{2}$。从图 5.44 可以看出，参数 w 只由这些点的一个很小的子集决定，此处它们是支持向量 $\boldsymbol{x}_i$ 和 $\boldsymbol{x}_j$。

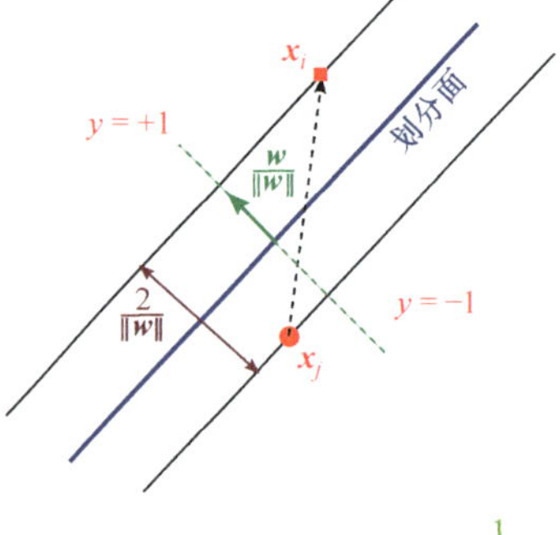

图 5.43　边界间隔的值为$\frac{1}{\|\boldsymbol{w}\|_2}$

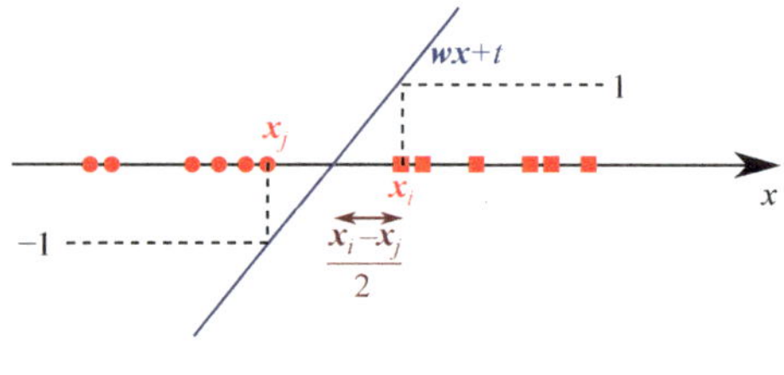

图 5.44　标量描述的情况：斜率 w 应最小化，且对于所有 m 有 $y_m(w^{\mathrm{T}}x_m+t)\geqslant 1$

为了解决式（5.212）中的优化问题，使用了 2.2.2 小节中的拉格朗日乘数法，得到的拉格朗日函数为

$$L(\boldsymbol{w},t,\boldsymbol{\lambda})=\frac{1}{2}\boldsymbol{w}^{\mathrm{T}}\boldsymbol{w}-\sum_{m=1}^{M}\lambda_m(y_m(\boldsymbol{w}^{\mathrm{T}}\boldsymbol{x}_m+t)-1) \tag{5.213}$$

式中 $\lambda=[\lambda_1,\cdots,\lambda_M]^{\mathrm{T}}$。我们借助拉格朗日函数 $L(\boldsymbol{w},t,\lambda)$ 和式（2.103）到式（2.105）的 KKT 条件来进行优化任务

$$\frac{\partial L(\boldsymbol{w},t,\boldsymbol{\lambda})}{\partial \boldsymbol{w}}=\boldsymbol{w}-\sum_{m=1}^{M}\lambda_m y_m\boldsymbol{x}_m \overset{!}{=}\boldsymbol{0}\text{于是有}\quad \boldsymbol{w}=\sum_{m=1}^{M}\lambda_m y_m\boldsymbol{x}_m \tag{5.214}$$

$$\frac{\partial L(\boldsymbol{w},t,\boldsymbol{\lambda})}{\partial t}=-\sum_{m=1}^{M}\lambda_m y_m \overset{!}{=}0\text{于是有}\quad \sum_{m=1}^{M}\lambda_m y_m=0 \tag{5.215}$$

$$y_m(\boldsymbol{w}^{\mathrm{T}}\boldsymbol{x}_m+t)-1\geqslant 0\quad\text{其中}\quad m=1,\cdots,M \tag{5.216}$$

$$\lambda_m\geqslant 0\quad\text{其中}\quad m=1,\cdots,M \tag{5.217}$$

$$\lambda_m(y_m(\boldsymbol{w}^{\mathrm{T}}\boldsymbol{x}_m+t)-1)=0\quad\text{其中}\quad m=1,\cdots,M \tag{5.218}$$

式（5.218）指出，在 $L(\boldsymbol{w},t,\lambda)$ 的驻点上，对于训练数据集中的每个样例 $(\boldsymbol{x}_m, y_m)$ 而言，要么 $\lambda_m=0$，要么 $y_m(\boldsymbol{w}^{\mathrm{T}}\boldsymbol{x}_m+t)=1$ 成立。然而由于式（5.214）的存在，意味着只有那些且 $\lambda_m>0$ 的训练数据集中的样例对于参数向量 $\boldsymbol{w}$ 来说是有影响的。而又由于式（5.218）的存在，使得这些输入向量必须直接位于边界上，即 $y_m(\boldsymbol{w}^{\mathrm{T}}\boldsymbol{x}_m+t)=1$。因此，只有这些 $\lambda_m>0$ 的输入 $\boldsymbol{x}_m$ 对于参数向量 $\boldsymbol{w}$ 的最优解是有贡献的，也因此这些输入被称为**“支持向量”**。

将式（5.214）和式（5.215）代入式（5.213）中的拉格朗日函数，则得到用于优化 $L(\boldsymbol{w},t,\lambda)$ 的对偶函数

$$\begin{aligned}L_{\mathrm{D}}(\boldsymbol{\lambda})&=\underbrace{\frac{1}{2}\sum_{m=1}^{M}\lambda_m y_m\boldsymbol{x}_m^{\mathrm{T}}\sum_{\ell=1}^{M}\lambda_\ell y_\ell\boldsymbol{x}_\ell-\sum_{m=1}^{M}\lambda_m y_m\sum_{\ell=1}^{M}\lambda_\ell y_\ell\boldsymbol{x}_\ell^{\mathrm{T}}\boldsymbol{x}_m}_{-\frac{1}{2}\sum_{m=1}^{M}\sum_{\ell=1}^{M}\lambda_m\lambda_\ell y_m y_\ell\boldsymbol{x}_m^{\mathrm{T}}\boldsymbol{x}_\ell}-\underbrace{\sum_{m=1}^{M}\lambda_m y_m t}_{\underbrace{t\sum_{m=1}^{M}\lambda_m y_m}_{\text{按式(5.215)得0}}}+\sum_{m=1}^{M}\lambda_m\\&=\sum_{m=1}^{M}\lambda_m-\frac{1}{2}\sum_{m=1}^{M}\sum_{\ell=1}^{M}\lambda_m\lambda_\ell y_m y_\ell\boldsymbol{x}_m^{\mathrm{T}}\boldsymbol{x}_\ell\end{aligned} \tag{5.219}$$

对偶优化问题现在就是

$$\max\{L_{\mathrm{D}}(\boldsymbol{\lambda})\}\quad \text{s.t.}\quad \sum_{m=1}^{M}\lambda_m y_m=0\quad\text{且}\quad \lambda_m\geqslant 0, m=1,\cdots,M \tag{5.220}$$

虽然式（5.212）中原本对 $\boldsymbol{x}_m \in \mathbb{R}^N$ 的优化问题是一个 $N+1$ 个参数的二次优化问题，带有 M 个约束条件；但式（5.220）中的对偶优化问题是一个 M 个参数的凸二次优化问题，带有 M 个等式约束条件和 M 个不等式约束条件。对偶优化问题是比原来的优化问题更简单，且可以用标准方法解决。将优化问题表述为对偶问题的一大优点在于事实上式（5.219）中的标量积 $\boldsymbol{x}_m^{\mathrm{T}}\boldsymbol{x}_\ell$ 可以被 $\boldsymbol{x}_m$ 和 $\boldsymbol{x}_\ell$ 经由非线性预处理所得的 $\boldsymbol{\varphi}(\boldsymbol{x}_m)$ 和 $\boldsymbol{\varphi}(\boldsymbol{x}_\ell)$ 的标量积所替代。这种考虑导向了本小节后面还会介绍的所谓“核技巧”。

在求解了式（5.220）中的优化问题后，我们知道了 $\lambda_m > 0$ 的拉格朗日乘数，因此也可以用式（5.214）确定最优参数向量。

$$\boldsymbol{w}_{\mathrm{SVM}} = \sum_{\substack{m=1 \\ m:\lambda_m>0}}^{M} \lambda_m y_m \boldsymbol{x}_m \tag{5.221}$$

通过在式（5.218）中选择 $\lambda_m > 0$ 的样例 $(\boldsymbol{x}_m, y_m)$，也就是选择输入 $\boldsymbol{x}_m$ 为支持向量的样例，可以得到参数 t

$$t_{\mathrm{SVM}} = y_m - \sum_{\ell=1}^{M} \lambda_\ell y_\ell \boldsymbol{x}_\ell^{\mathrm{T}} \boldsymbol{x}_m \tag{5.222}$$

然后，一个新的输入向量 $\boldsymbol{x}$ 便会根据

$$\hat{y} = \mathrm{sign}(\boldsymbol{w}_{\mathrm{SVM}}^{\mathrm{T}}\boldsymbol{x} + t_{\mathrm{SVM}}) \tag{5.223}$$

被分类。

非线性分类和核技巧

如式（5.36）所示，输入 $\boldsymbol{x} \in \mathbb{R}^N$ 的非线性预处理 $\boldsymbol{\varphi}(\boldsymbol{x})$ 可用于在 $\mathbb{R}^N$ 中实现非线性分类。由此产生的与式（5.219）和式（5.220）类似的对偶优化问题是：

$$\max\{L_{\mathrm{D}}(\boldsymbol{\lambda})\} \quad \text{在满足} \quad \sum_{m=1}^{M} \lambda_m y_m = 0 \quad \text{和} \quad \lambda_m \geqslant 0, m = 1, \cdots, M \text{的条件下} \tag{5.224}$$

其中

$$L_{\mathrm{D}}(\boldsymbol{\lambda}) = \sum_{m=1}^{M} \lambda_m - \frac{1}{2} \sum_{m=1}^{M} \sum_{\ell=1}^{M} \lambda_m \lambda_\ell y_m y_\ell \boldsymbol{\varphi}(\boldsymbol{x}_m)^{\mathrm{T}} \boldsymbol{\varphi}(\boldsymbol{x}_\ell) \tag{5.225}$$

映射 $\boldsymbol{\varphi}$ 可以理解为将输入向量 $\boldsymbol{x} \in \mathbb{R}^N$ 变换到进行线性分类的更高维的空间 $\mathbb{R}^{\tilde{N}}$ 中。图 5.45 将这个想法可视化。

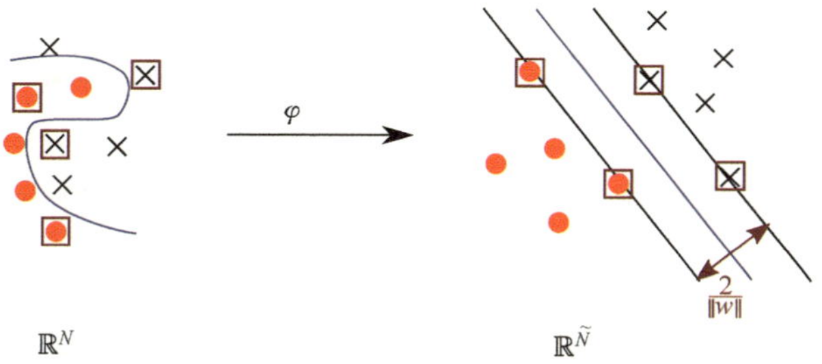

图 5.45 通过更高维空间$\mathbb{R}^{\tilde{N}}$中的线性分类在$\mathbb{R}^N$中进行的非线性分类：支持向量用正方形标记

所谓的"核技巧"利用了在式（5.225）中只需要 $\boldsymbol{\varphi}(\boldsymbol{x}_m)$ 和 $\boldsymbol{\varphi}(\boldsymbol{x}_\ell)$ 的内积的事实，通过这种方法不需要为了计算这个内积显式地进行到高维空间的变换。内积 $\boldsymbol{\varphi}(\boldsymbol{x}_m)^{\mathrm{T}}\boldsymbol{\varphi}(\boldsymbol{x}_\ell)$ 可以通过使用核函数 $K(\boldsymbol{x}_m, \boldsymbol{x}_\ell)$ 直接由向量 $\boldsymbol{x}_m$ 和 $\boldsymbol{x}_\ell$ 确定：

$$K(\boldsymbol{x}_m, \boldsymbol{x}_\ell) = \boldsymbol{\varphi}(\boldsymbol{x}_m)^{\mathrm{T}}\boldsymbol{\varphi}(\boldsymbol{x}_\ell) \tag{5.226}$$

要检查 $K(\boldsymbol{x}_m, \boldsymbol{x}_\ell)$ 是否是有效的核函数，可以使用两个定义。第一个定义是，如果 $K(\boldsymbol{x}_m, \boldsymbol{x}_\ell)$ 可以表示为映射 $\boldsymbol{\varphi}$ 的内积 $\boldsymbol{\varphi}(\boldsymbol{x}_m)^{\mathrm{T}}\boldsymbol{\varphi}(\boldsymbol{x}_\ell)$，则 $K(\boldsymbol{x}_m, \boldsymbol{x}_\ell)$ 是一个有效的核函数。第二个定义是，如果对于任意一组输入向量 $\boldsymbol{x}_1,\cdots,\boldsymbol{x}_M$，第 (i, j) 个元素为 $K(\boldsymbol{x}_i, \boldsymbol{x}_j)$ 的 $M\times M$ 矩阵是一个半正定矩阵，即它的所有特征值均大于等于零，则 $K(\boldsymbol{x}_m, \boldsymbol{x}_\ell)$ 是一个有效的核函数。

将优化问题表述为对偶问题的一大优点是在于不必去执行映射 $\boldsymbol{\varphi}$，并且式（5.224）中的成本函数可以写为：

$$L_{\mathrm{D}}(\boldsymbol{\lambda})=\sum_{m=1}^{M}\lambda_m-\frac{1}{2}\sum_{m=1}^{M}\sum_{\ell=1}^{M}\lambda_m\lambda_\ell y_m y_\ell K(\boldsymbol{x}_m,\boldsymbol{x}_\ell) \tag{5.227}$$

在式（5.212）中的原始优化问题中，必须在每个数据点 $\boldsymbol{x}_m$ 的约束条件 $y_m(\boldsymbol{w}^{\mathrm{T}}\boldsymbol{\varphi}(\boldsymbol{x}_m)+t)\geqslant 1$ 下显式地计算出映射 $\boldsymbol{\varphi}$。此外，使用原始优化问题的解来确定新输入点 $\boldsymbol{x}$ 的类别也需要来计算 $\boldsymbol{\varphi}(\boldsymbol{x})$，也就是说 $\boldsymbol{w}^{\mathrm{T}}\boldsymbol{\varphi}(\boldsymbol{x})+t$ 的符号代表类别。在使用有着式（5.227）中代价函数的对偶优化问题，可以在不明确计算 $\boldsymbol{\varphi}(\boldsymbol{x})$ 的情况下确定类别：

$$\hat{y}=\operatorname{sign}\left(\sum_{\substack{m=1\\ m:\lambda_m>0}}^{M}\lambda_m y_m K(\boldsymbol{x}_m,\boldsymbol{x})+t_{\mathrm{SVM}}\right) \tag{5.228}$$

式中，t_{SVM} 的计算类似于式（5.222）：

$$t_{\mathrm{SVM}}=y_m-\sum_{\ell=1}^{M}\lambda_\ell y_\ell K(\boldsymbol{x}_\ell,\boldsymbol{x}_m) \tag{5.229}$$

其中式（5.229）中的 $\boldsymbol{x}_m$ 必须为支持向量。在表 5.4 中列出了支持向量机中使用的典型的核函数。

表 5.4　核函数示例

核函数	名称
$K(\boldsymbol{x}_m,\boldsymbol{x})=\boldsymbol{x}_m^{\mathrm{T}}\boldsymbol{x}$	线性核
$K(\boldsymbol{x}_m,\boldsymbol{x})=(1+\boldsymbol{x}_m^{\mathrm{T}}\boldsymbol{x})^p$	p 次多项式核
$K(\boldsymbol{x}_m,\boldsymbol{x})=\tanh(\beta\boldsymbol{x}_m^{\mathrm{T}}\boldsymbol{x}+z),\beta>0,z>0$	Sigmoide 核
$K(\boldsymbol{x}_m,\boldsymbol{x})=\mathrm{e}^{-\frac{1}{2\sigma^2}\lVert\boldsymbol{x}_m-\boldsymbol{x}\rVert_2^2},\sigma^2>0$	径向核

复杂的核函数可以由更简单的核函数组合而成。例如，如果 $K_1(\boldsymbol{x}_m, \boldsymbol{x})$ 和 $K_2(\boldsymbol{x}_m, \boldsymbol{x})$ 是有效的核函数，则

$$K(\boldsymbol{x}_m, \boldsymbol{x}) = g(\boldsymbol{x}_m)K_1(\boldsymbol{x}_m, \boldsymbol{x})g(\boldsymbol{x}) \tag{5.230}$$

$$K(\boldsymbol{x}_m, \boldsymbol{x}) = K_1(\boldsymbol{x}_m, \boldsymbol{x}) + K_2(\boldsymbol{x}_m, \boldsymbol{x}) \tag{5.231}$$

$$K(\boldsymbol{x}_m, \boldsymbol{x}) = K_1(\boldsymbol{x}_m, \boldsymbol{x})\, K_2(\boldsymbol{x}_m, \boldsymbol{x}) \tag{5.232}$$

也是有效的核函数，其中式（5.230）中的 $g(\boldsymbol{x})$ 表示的是一个关于 $\boldsymbol{x}$ 的函数。式（5.230）、（5.231）以及（5.232）中的性质分别被称为核函数的缩放、总和以及乘积。

如果想在多分类中使用支持向量机，您可以使用第 5.1.7 小节中介绍的一对其余和一对一的方法。

线性不可分情况

考虑到即使在使用核函数时，一些分类任务在高维空间$\mathbb{R}^{\tilde{N}}$中也不是线性可分的，为此可以采用修改支持向量机的方法，以允许一些异常值。这是通过放宽条件 $y_m(\boldsymbol{w}^{\mathrm{T}}\boldsymbol{\varphi}(\boldsymbol{x}_m) + t) \geqslant 1$ 来实现的，即放宽对边界的要求：

$$y_m(\boldsymbol{w}^{\mathrm{T}}\boldsymbol{x}_m + t) \geqslant 1 - \zeta_m \tag{5.233}$$

同时通过引入一个额外的正则项 $C\zeta_m$ 来惩罚弱化。其中项 ζ_m 被称为松弛变量，并且 $C > 0$ 表示误差权重。对于正确分类的输入向量 $\boldsymbol{x}_m$，$\zeta_m = 0$，对于边界内输入向量 $\boldsymbol{x}_m$，$0<\zeta_m \leqslant 1$，而对于错误分类的输入向量 $\boldsymbol{x}_m$，$\zeta_m > 1$。图 5.46 将这种情况可视化。

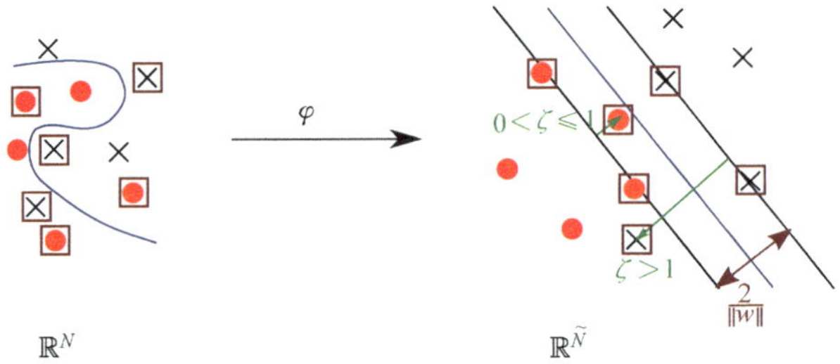

图 5.46　引入松弛变量 ζ 以允许和惩罚异常值：支持向量用正方形表示

所以原始优化问题为：

$$\min\left\{\frac{1}{2}\|\boldsymbol{w}\|_2^2+C\sum_{m=1}^{M}\zeta_m\right\}\text{在满足}y_m(\boldsymbol{w}^{\mathrm{T}}\boldsymbol{x}_m+t)\geqslant 1-\zeta_m,\quad \zeta_m\geqslant 0\text{的条件下} \tag{5.234}$$

其中 $m=1,\cdots,M$。得到的拉格朗日函数类似于方程（5.214）：

$$L(\boldsymbol{w},t,\boldsymbol{\lambda},\boldsymbol{\mu})=\frac{1}{2}\boldsymbol{w}^{\mathrm{T}}\boldsymbol{w}+C\sum_{m=1}^{M}\zeta_m-\sum_{m=1}^{M}\lambda_m(y_m(\boldsymbol{w}^{\mathrm{T}}\boldsymbol{x}_m+t)-(1-\zeta_m))-\sum_{m=1}^{M}\mu_m\zeta_m \tag{5.235}$$

其中 $\boldsymbol{\mu}=[\mu_1,\cdots,\mu_M]^{\mathrm{T}}$。通过 $L(\boldsymbol{w},t,\boldsymbol{\lambda},\boldsymbol{\mu})$ 对 $\boldsymbol{w}$，t 和 ζ_m 求导，可得：

$$\boldsymbol{w}=\sum_{m=1}^{M}\lambda_m y_m\boldsymbol{x}_m \tag{5.236}$$

$$\sum_{m=1}^{M}\lambda_m y_m=0 \tag{5.237}$$

$$\lambda_m=C-\mu_m\ \text{对于}\ m=1,\cdots,M \tag{5.238}$$

并且根据式（2.104）~式（2.106），对于 $m=1,\cdots,M$，KKT 条件为：

$$y_m(\boldsymbol{w}^{\mathrm{T}}\boldsymbol{x}_m+t)-(1-\zeta_m)\geqslant 0 \tag{5.239}$$

$$\lambda_m\geqslant 0 \tag{5.240}$$

$$\lambda_m(y_m(\boldsymbol{w}^{\mathrm{T}}\boldsymbol{x}_m+t)-(1-\zeta_m))=0 \tag{5.241}$$

$$\zeta_m\geqslant 0 \tag{5.242}$$

$$\mu_m\geqslant 0 \tag{5.243}$$

$$\mu_m\zeta_m=0 \tag{5.244}$$

将这些结果代入式（5.235），则可得到优化 $L(\boldsymbol{w},t,\boldsymbol{\lambda},\boldsymbol{\mu})$ 的对偶函数：

$$\begin{aligned}L_{\mathrm{D}}(\boldsymbol{\lambda})&=\frac{1}{2}\sum_{m=1}^{M}\lambda_m y_m\boldsymbol{x}_m^{\mathrm{T}}\sum_{\ell=1}^{M}\lambda_\ell y_\ell\boldsymbol{x}_\ell+\sum_{m=1}^{M}\underbrace{(\lambda_m+\mu_m)}_{C\,\text{lt.Gl.}(5.239)}\zeta_m-\sum_{m=1}^{M}\lambda_m y_m\sum_{\ell=1}^{M}\lambda_\ell y_\ell\boldsymbol{x}_\ell^{\mathrm{T}}\boldsymbol{x}_m-\\&\quad\underbrace{\sum_{m=1}^{M}\lambda_m y_m t}_{0\,\text{lt.Gl.}(5.238)}+\sum_{m=1}^{M}\lambda_m-\sum_{m=1}^{M}\lambda_m\zeta_m-\sum_{m=1}^{M}\mu_m\zeta_m \qquad (5.245)\\&=\sum_{m=1}^{M}\lambda_m-\frac{1}{2}\sum_{m=1}^{M}\sum_{\ell=1}^{M}\lambda_m\lambda_\ell y_m y_\ell\boldsymbol{x}_m^{\mathrm{T}}\boldsymbol{x}_\ell\end{aligned}$$

也可以使用核函数 $K(\boldsymbol{x}_m,\boldsymbol{x}_\ell)$ 代替内积 $\boldsymbol{x}_m^{\mathrm{T}}\boldsymbol{x}_\ell$，则对偶的优化问题为：

$$\max\{L_{\mathrm{D}}(\boldsymbol{\lambda})\}\text{在满足}\sum_{m=1}^{M}\lambda_m y_m=0\text{和}0\leqslant\lambda_m\leqslant C,m=1,\cdots,M\text{的条件下} \tag{5.246}$$

其中

$$L_{\mathrm{D}}(\boldsymbol{\lambda})=\sum_{m=1}^{M}\lambda_m-\frac{1}{2}\sum_{m=1}^{M}\sum_{\ell=1}^{M}\lambda_m\lambda_\ell y_m y_\ell K(\boldsymbol{x}_m,\boldsymbol{x}_\ell) \tag{5.247}$$

约束条件 $0 < \lambda_m \leqslant C$ 由式（5.238）、式（5.240）和式（5.243）得出。

考虑到式（5.239）~式（5.244）中的 KKT 条件，就会看到有两种类型的支持向量。一种是直接位于边界的支持向量。对于这些，$y_m(\boldsymbol{w}^{\mathrm{T}}\boldsymbol{x}_m+t)=1$，并且根据式（5.241）$\zeta_m=0$。由 $\zeta_m=0$ 通过式（5.244）可得 $\mu_m>0$，并且因此由式（5.238）可得 $0<\lambda_m<C$。另一方面，存在 $\zeta_m>0$ 的支持向量，它们位于它们的边界之外并受到 $\zeta_m>0$ 的惩罚。对于这些支持向量由式（5.244）可得 $\mu_m=0$，并且因此由式（5.238）可得 $\lambda_m=C>0$。

在通过求解式（5.246）中二次的凸优化问题确定参数 λ_m 后，t_{SVM} 和二分类的决策可以按照式（5.228）和式（5.229）计算。

5.3.2 用于回归的支持向量机

如果想将支持向量机用于回归问题，则优化问题是寻找一个函数 $f(\boldsymbol{x})$，该函数会使得来自训练数据集的输入 $\boldsymbol{x}_m$ 的输出 $f(\boldsymbol{x}_m)$ 相对于目标值 y_m 的误差小于或等于 ϵ。只要误差小于 ϵ，是可以容忍的，而更大的误差会受到松弛变量 ζ_m 的惩罚，就像上一小节中线性不可分的情况一样。

通过方程

$$\hat{y}=f(\boldsymbol{x})=\boldsymbol{w}^{\mathrm{T}}\boldsymbol{x}+t \tag{5.248}$$

可得以下优化问题：

$$\min\left\{\frac{1}{2}\|\boldsymbol{w}\|_2^2+C\sum_{m=1}^{M}(\zeta_m+\zeta_m^*)\right\}\text{且满足}\begin{array}{l}y_m-(\boldsymbol{w}^{\mathrm{T}}\boldsymbol{x}_m+t)\leqslant\epsilon+\zeta_m,\\(\boldsymbol{w}^{\mathrm{T}}\boldsymbol{x}_m+t)-y_m\leqslant\epsilon+\zeta_m^*,\\\zeta_m\geqslant0\text{和}\zeta_m^*\geqslant0\end{array} \tag{5.249}$$

松弛变量 ζ_m 和 ζ_m^* 指明，在目标值 y_m 周围的 ϵ 范围之外有多少输出 $f(\boldsymbol{x}_m)$。得到的拉格朗日函数类似于式（5.235）：

$$\begin{aligned}L(\boldsymbol{w},t,\boldsymbol{\lambda},\boldsymbol{\lambda}^*,\boldsymbol{\mu},\boldsymbol{\mu}^*)=&\frac{1}{2}\boldsymbol{w}^{\mathrm{T}}\boldsymbol{w}+C\sum_{m=1}^{M}(\zeta_m+\zeta_m^*)-\sum_{m=1}^{M}\lambda_m(\epsilon+\zeta_m-y_m+\boldsymbol{w}^{\mathrm{T}}\boldsymbol{x}_m+t)-\\&\sum_{m=1}^{M}\lambda_m^*(\epsilon+\zeta_m^*+y_m-\boldsymbol{w}^{\mathrm{T}}\boldsymbol{x}_m-t)-\sum_{m=1}^{M}(\mu_m\zeta_m+\mu_m^*\zeta_m^*)\end{aligned} \tag{5.250}$$

式中 $\boldsymbol{\lambda}=[\lambda_1,\cdots,\lambda_M]^{\mathrm{T}}$，$\boldsymbol{\lambda}^*=[\lambda_1^*,\cdots,\lambda_M^*]^{\mathrm{T}}$，$\boldsymbol{\mu}=[\mu_1,\cdots,\mu_M]^{\mathrm{T}}$ 和 $\boldsymbol{\mu}^*=[\mu_1^*,\cdots,\mu_M^*]^{\mathrm{T}}$。通过 $L(\boldsymbol{w},t,\boldsymbol{\lambda},\boldsymbol{\lambda}^*,\boldsymbol{\mu},\boldsymbol{\mu}^*)$ 对 $\boldsymbol{w}$，t，ζ_m 和 ζ_m^* 求导，可得：

$$\boldsymbol{w}=\sum_{m=1}^{M}(\lambda_m-\lambda_m^*)\boldsymbol{x}_m \tag{5.251}$$

$$\sum_{m=1}^{M}(\lambda_m^*-\lambda_m)=0 \tag{5.252}$$

$$\lambda_m=C-\mu_m \quad 其中 \quad m=1，\cdots，M \tag{5.253}$$

$$\lambda_m^*=C-\mu_m^* \quad 其中 \quad m=1，\cdots，M \tag{5.254}$$

并且根据式（2.104）~ 式（2.106），对于 $m=1，\cdots，M$，KKT 条件为：

$$\epsilon+\zeta_m-y_m+\boldsymbol{w}^{\mathrm{T}}\boldsymbol{x}_m+t\geqslant 0 \tag{5.255}$$

$$\epsilon+\zeta_m^*+y_m-\boldsymbol{w}^{\mathrm{T}}\boldsymbol{x}_m-t\geqslant 0 \tag{5.256}$$

$$\lambda_m\geqslant 0 \tag{5.257}$$

$$\lambda_m^*\geqslant 0 \tag{5.258}$$

$$\lambda_m\left(\epsilon+\zeta_m-y_m+\boldsymbol{w}^{\mathrm{T}}\boldsymbol{x}_m+t\right)=0 \tag{5.259}$$

$$\lambda_m^*\left(\epsilon+\zeta_m^*+y_m-\boldsymbol{w}^{\mathrm{T}}\boldsymbol{x}_m-t\right)=0 \tag{5.260}$$

$$\zeta_m\geqslant 0 \tag{5.261}$$

$$\zeta_m^*\geqslant 0 \tag{5.262}$$

$$\mu_m\geqslant 0 \tag{5.263}$$

$$\mu_m^*\geqslant 0 \tag{5.264}$$

$$\mu_m\zeta_m=0 \tag{5.265}$$

$$\mu_m^*\zeta_m^*=0 \tag{5.266}$$

将这些结果代入式（5.250），则得到优化问题的对偶函数：

$$
\begin{aligned}
L_{\mathrm{D}}(\boldsymbol{\lambda},\boldsymbol{\lambda}^*) = & \frac{1}{2}\sum_{m=1}^{M}\sum_{\ell=1}^{M}(\lambda_m-\lambda_m^*)(\lambda_\ell-\lambda_\ell^*)\boldsymbol{x}_m^{\mathrm{T}}\boldsymbol{x}_\ell+\sum_{m=1}^{M}\underbrace{(\lambda_m+\mu_m)}_{\text{见式(5.254)}}\zeta_m+\sum_{m=1}^{M}\underbrace{(\lambda_m^*+\mu_m^*)}_{\text{见式(5.255)}}\zeta_m^*- \\
& \sum_{m=1}^{M}\lambda_m\epsilon-\sum_{m=1}^{M}\lambda_m\zeta_m+\sum_{m=1}^{M}\lambda_m y_m-\sum_{m=1}^{M}\sum_{\ell=1}^{M}\lambda_m(\lambda_\ell-\lambda_\ell^*)\boldsymbol{x}_\ell^{\mathrm{T}}\boldsymbol{x}_m-\sum_{m=1}^{M}\lambda_m t- \\
& \sum_{m=1}^{M}\lambda_m^*\epsilon-\sum_{m=1}^{M}\lambda_m^*\zeta_m^*-\sum_{m=1}^{M}\lambda_m^* y_m+\sum_{m=1}^{M}\sum_{\ell=1}^{M}\lambda_m^*(\lambda_\ell-\lambda_\ell^*)\boldsymbol{x}_\ell^{\mathrm{T}}\boldsymbol{x}_m+\sum_{m=1}^{M}\lambda_m^* t- \\
& \sum_{m=1}^{M}\mu_m\zeta_m-\sum_{m=1}^{M}\mu_m^*\zeta_m^* \\
= & \frac{1}{2}\sum_{m=1}^{M}\sum_{\ell=1}^{M}(\lambda_m-\lambda_m^*)(\lambda_\ell-\lambda_\ell^*)\boldsymbol{x}_m^{\mathrm{T}}\boldsymbol{x}_\ell-\sum_{m=1}^{M}\sum_{\ell=1}^{M}(\lambda_m-\lambda_m^*)(\lambda_\ell-\lambda_\ell^*)\boldsymbol{x}_m^{\mathrm{T}}\boldsymbol{x}_\ell+ \\
& \sum_{m=1}^{M}\lambda_m\zeta_m-\sum_{m=1}^{M}\lambda_m\zeta_m+\sum_{m=1}^{M}\mu_m\zeta_m-\sum_{m=1}^{M}\mu_m\zeta_m+\sum_{m=1}^{M}\lambda_m^*\zeta_m^*-\sum_{m=1}^{M}\lambda_m^*\zeta_m^*+ \\
& \sum_{m=1}^{M}\mu_m^*\zeta_m^*-\sum_{m=1}^{M}\mu_m^*\zeta_m^*-\epsilon\sum_{m=1}^{M}(\lambda_m+\lambda_m^*)+\sum_{m=1}^{M}y_m(\lambda_m-\lambda_m^*)+\underbrace{t\sum_{m=1}^{M}(\lambda_m^*-\lambda_m)}_{\text{见式(5.253)}} \\
= & -\frac{1}{2}\sum_{m=1}^{M}\sum_{\ell=1}^{M}(\lambda_m-\lambda_m^*)(\lambda_\ell-\lambda_\ell^*)\boldsymbol{x}_m^{\mathrm{T}}\boldsymbol{x}_\ell-\epsilon\sum_{m=1}^{M}(\lambda_m+\lambda_m^*)+ \\
& \sum_{m=1}^{M}y_m(\lambda_m-\lambda_m^*)
\end{aligned}
\tag{5.267}
$$

可以使用核函数 $K(\boldsymbol{x}_m,\boldsymbol{x}_\ell)$ 代替内积 $\boldsymbol{x}_m^{\mathrm{T}}\boldsymbol{x}_\ell$，则对偶的优化问题为：

$$
\max\{L_{\mathrm{D}}(\boldsymbol{\lambda},\boldsymbol{\lambda}^*)\} \quad \text{满足约束：} \sum_{m=1}^{M}(\lambda_m^*-\lambda_m)=0,\quad 0\leqslant\lambda_m\leqslant C \quad \text{和} \quad 0\leqslant\lambda_m^*\leqslant C
\tag{5.268}
$$

其中 $m=1,\cdots,M$

$$
\begin{aligned}
L_{\mathrm{D}}(\boldsymbol{\lambda},\boldsymbol{\lambda}^*) = & -\frac{1}{2}\sum_{m=1}^{M}\sum_{\ell=1}^{M}(\lambda_m-\lambda_m^*)(\lambda_\ell-\lambda_\ell^*)K(\boldsymbol{x}_m,\boldsymbol{x}_\ell)-\epsilon\sum_{m=1}^{M}(\lambda_m+\lambda_m^*)+ \\
& \sum_{m=1}^{M}y_m(\lambda_m-\lambda_m^*)
\end{aligned}
\tag{5.269}
$$

约束条件 $0\leqslant\lambda_m$ 和 $\lambda_m^*\leqslant C$ 由式（5.253）、式（5.254）和式（5.263）~式（5.266）得出。

现在可以求解式（5.268）中的凸二次优化问题，并且使用得到的拉格朗日乘数 $\boldsymbol{\lambda}$ 和 $\boldsymbol{\lambda}^*$，根据式（5.248）和式（5.251）确定回归函数的输出为：

$$\hat{y}=f(\boldsymbol{x})=\sum_{m=1}^{M}(\lambda_m+\lambda_m^*)K(\boldsymbol{x}_m,\boldsymbol{x})+t_{\mathrm{SVM}} \tag{5.270}$$

式中，t_{SVM} 是借助支持向量 $\boldsymbol{x}_m$ 进行计算的，$0<\lambda_m<C$ 和式（5.259）适用于此。这是因为由于 $\lambda_m>0$ 和式（5.259），有 $\epsilon+\zeta_m-y_m+\boldsymbol{w}^{\mathrm{T}}\boldsymbol{x}_m+t=0$。另一方面，由于 $\lambda_m<C$ 和式（5.253），有 $\mu_m>0$，并且因此由式（5.266）可得 $\zeta_m=0$。这意味着，t_{SVM} 可以由式（5.259）计算得出：

$$t_{\mathrm{SVM}}=-\epsilon+y_m-\sum_{\ell=1}^{M}(\lambda_\ell-\lambda_\ell^*)K(\boldsymbol{x}_\ell,\boldsymbol{x}_m)\quad \text{对于 } \boldsymbol{x}_m \text{ 其中}\quad 0<\lambda_m<C \tag{5.271}$$

如果输入向量 $\boldsymbol{x}_m$ 位于 ϵ 范围之外，则 $\zeta_m>0$ 或 $\zeta_m^*>0$，并且因此根据式（5.265）和式（5.266）可得 $\mu_m=0$ 或者 $\mu_m^*=0$，这使得通过式（5.253）和式（5.254）可得 $\lambda_m=C$ 或 $\lambda_m^*=C$。因此 ϵ 范围之外的输入向量是支持向量。

如果输入向量 $\boldsymbol{x}_m$ 直接位于 ϵ 边界上，则 $\zeta_m=0$ 或 $\zeta_m^*=0$，并且因此根据式（5.265）和式（5.266）可得 $\mu_m>0$ 或者 $\mu_m^*>0$，这使得通过式（5.253）和式（5.254）可得 $\lambda_m<C$ 或 $\lambda_m^*<C$。如果输入向量 $\boldsymbol{x}_m$ 直接位于 ϵ 边界上，则根据式（5.259）和式（5.260）必须有 $\lambda_m>0$ 或 $\lambda_m^*>0$。因此，如果输入向量 $\boldsymbol{x}_m$ 直接位于 ϵ 边界上，则 $0<\lambda_m<C$ 或 $0<\lambda_m^*<C$，并且它是一个支持向量。

如果输入向量 $\boldsymbol{x}_m$ 位于 ϵ 范围之内，则 $\zeta_m=0$ 或 $\zeta_m^*=0$，并且根据式（5.259）和式（5.260）必须有 $\lambda_m=C$ 和 $\lambda_m^*=0$。这意味着，所有来自训练数据集的在 ϵ 范围之内的输入向量 $\boldsymbol{x}_m$ 对输出的计算都没有贡献，这是因为 $\lambda_m-\lambda_m^*=0$ 使得 $\boldsymbol{x}_m$ 在式（5.270）中没有贡献。ϵ 范围之内的输入向量不是支持向量。

图 5.47 用图展示了如何借助变换到更高维空间 $\mathbb{R}^{\tilde{N}}$ 来找到回归函数，这是通过核技巧实现的，以及 $\mathbb{R}^{\tilde{N}}$ 中的训练数据点应该位于 ϵ 范围内的方法。如果有训练数据点不在 ϵ 范围之内，它们将分别受到松弛变量 ζ 和 ζ^* 的惩罚。在 $\mathbb{R}^{\tilde{N}}$ 中，支持向量位于 ϵ 边界上或者 ϵ 范围之外。

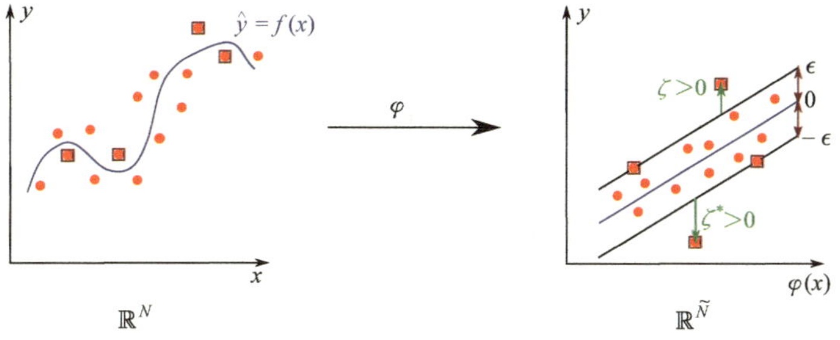

图 5.47　使用支持向量机进行回归的示意图

5.4 决策树和回归树

决策树和回归树是多阶段机器学习方法，在决策树和回归树中的每个阶段都会做出一个二元的“是 / 否”的决策。在这种情况下，从输入空间 $\mathbb{R}^N$ 开始，在每个阶段将其细分为两个子空间。树由边和节点组成。后者分为内部结点和终端节点（或叶节点）。内部节点有两个“子”节点，而叶节点没有子节点。因此，决策树或回归树将 $\mathbb{R}^N$ 细分为多个子空间，这些子空间的数量等于叶节点的数量。

有关决策树和回归树更深入的内容可以在文献 [BFOS84] 中找到。

5.4.1 决策树

在决策树中，每个终端节点都被分配一个类别 c_k。一个简单的二分类问题的决策树如图 5.48 所示。一个新的特征向量 $\boldsymbol{x}$ 从根节点开始，根据划分规则及其特征值“落下”树，直到它“降落”在叶节点中。分配给这个叶节点的类别也被分配给新的特征向量 $\boldsymbol{x}$。

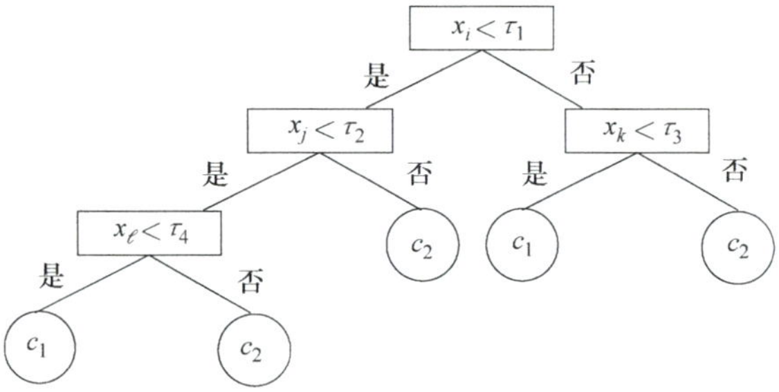

图 5.48　简单的二分类问题的决策树

为了从训练数据集 $\mathcal{D}$ 中构建决策树，必须解决三个子任务：

1）使用评价标准确定每个内部节点中的划分规则。

2）决定一个节点何时成为叶节点。

3）找到将类别分配给叶节点的规则。

对于第一个子任务，首先为节点 β 定义了局部风险 $r(\beta)$。因为对于决策树中的每个节点都有一个 $\mathbb{R}^N$ 中的子空间相对应，所以通过对各个子空间中“不纯度”的描述来理解局部风险。$r(\beta)$ 越小，节点越“纯”，即在 β 所描述的子空间中只有一个类别有极大的可能性，而其他所有类别的概率都不大。常用于不纯度的量为：

熵：
$$r(\beta) = -\sum_{k=1}^{K} P(y = c_k \mid \boldsymbol{x} \in \beta)\log_2(P(y = c_k \mid \boldsymbol{x} \in \beta)) \tag{5.272}$$

$$\text{基尼不纯度：} r(\beta)=\sum_{k=1}^{K}P(y=c_k\mid \boldsymbol{X}\in\beta)(1-P(y=c_k\mid \boldsymbol{X}\in\beta)) \tag{5.273}$$

$$\text{分类错误：} r(\beta)=1-\max_{c_k}\{P(y=c_k\mid \boldsymbol{X}\in\beta)\} \tag{5.274}$$

式中 $\boldsymbol{X}\in\beta$ 表示的是输入 $\boldsymbol{X}$ 是位于分配给节点 β 的子空间中的事件。例如，C4.5 算法 [Qui93] 使用熵，而 CART 算法 [BFOS84] 使用基尼不纯度。在“暴力搜索”方法中，第一个任务是寻找节点 β 到子节点 β_{L} 和 β_{R} 的划分 s，从而最大可能地降低相对风险：

$$\Delta r(s\mid\beta)=r(\beta)-r(\beta_{\mathrm{L}})P(\boldsymbol{X}\in\beta_{\mathrm{L}}\mid\boldsymbol{X}\in\beta)-r(\beta_{\mathrm{R}})P(\boldsymbol{X}\in\beta_{\mathrm{R}}\mid\boldsymbol{X}\in\beta) \tag{5.275}$$

由于确定相对风险降低的概率是未知的，因此借助由 M 个元组（$\boldsymbol{x}_m$，y_m）组成的方程（5.3）中的训练数据集 $\mathcal{D}$ 对它们进行近似计算。如果 $M(\beta)$ 表示训练数据集中位于节点 β 描述的子空间中的元组数，$M_k(\beta)$ 表示节点 β 中属于类别 c_k 的元组，则使用以下估计值：

$$\hat{P}(y=c_k\mid\boldsymbol{X}\in\beta)=\frac{M_k(\beta)}{M(\beta)} \tag{5.276}$$

$$\hat{P}(\boldsymbol{X}\in\beta)=\frac{M(\beta)}{M} \tag{5.277}$$

$$\hat{P}(\boldsymbol{X}\in\beta_{\mathrm{L}}\mid\boldsymbol{X}\in\beta)=\frac{\hat{P}(\boldsymbol{X}\in\beta_{\mathrm{L}})}{\hat{P}(\boldsymbol{X}\in\beta)} \quad \text{和} \tag{5.278}$$

$$\hat{P}(\boldsymbol{X}\in\beta_{\mathrm{R}}\mid\boldsymbol{X}\in\beta)=\frac{\hat{P}(\boldsymbol{X}\in\beta_{\mathrm{R}})}{\hat{P}(\boldsymbol{X}\in\beta)} \tag{5.279}$$

在“暴力搜索”方法中，基于训练数据集，在节点 β 中为每个单独的特征以及节点中出现特征的两个值之间的间隔生成一个候选划分规则 s。相应的相对风险降低借助式（5.275）和式（5.276）~式（5.279）中引入的估计值计算得出。图 5.49 展示了节点 β 中可能的划分规则 s。对于将 β 细分为左右子节点，选择近似风险降低最高的划分 s。

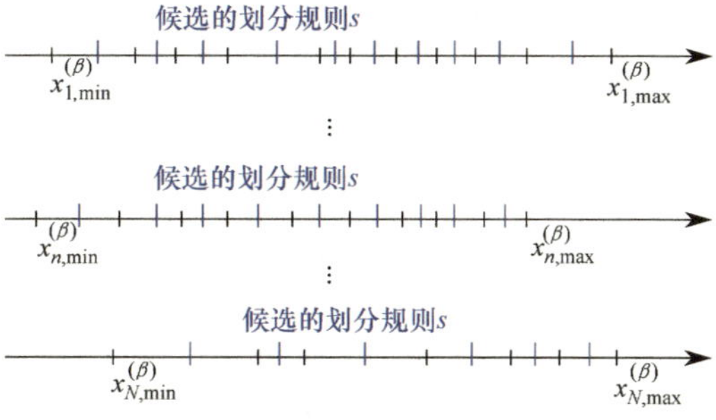

图 5.49　节点 β 中可能的划分规则 s

第二个子任务是估计任务，因为叶节点太多的树会“牢记”学习训练数据集，而叶节点太少的树不

能很好地逼近 $\mathbb{R}^N$ 中的贝叶斯最优分类面。已经在许多实际分类任务中得到验证的方法是，在该子任务中首先构建一颗“完全生长”的决策树，其叶子仅包含训练数据集中属于一个类别的元组。在随后的步骤中使用验证数据集将树进行剪枝。其中将从“完全生长”的决策树中剪除不会导致使用验证数据集进行估计的风险增加或仅小幅增加的子树。有关剪枝更详细的信息可以在 [BFOS84] 中找到。5.5 节中的随机森林算法不需要剪枝。

第三个子任务是最简单的，因为叶节点 β 被分配给该节点中具有最大后验概率估计 $\hat{P}(y=c_k \mid \boldsymbol{x} \in \beta)$ 的类别。如上所述，$\hat{P}(y=c_k \mid \boldsymbol{x} \in \beta)=M_k(\beta)/M(\beta)$，因此叶节点 β 被分配给该节点中训练数据集中出现频率最高的类别。

与其他分类算法相比，决策树有以下一些优势：

1）决策树是可解释的，因为它们由一系列的“如果 - 则”规则组成。

2）决策树的架构使它的计算非常高效。

3）分类前不必对特征进行规范化。

4）决策树可以处理数字和分类特征。对于分类特征，每个节点使用的询问是 $x_i \in \mathcal{S}$ 而不是 $x_i < \tau$，其中 $\mathcal{S}$ 表示的是 x_i 实现的集合。如果分类随机变量 x_i 在所考虑的节点中总共有 L_i 种不同的实现，则有（$2^{L_i-1}-1$）种可能的集合 $\mathcal{S}$。这个数字这样得到的：L_i-1 个值可以分配或不分配给和第一个值一样的同一个集合，从而产生 2^{L_i-1} 种可能性。随后，减去包含所有值的集合，从而得到分类特征 x_i 总共（$2^{L_i-1}-1$）种可能的划分规则。

5）决策树非常适合作为集成方法的重要组成部分。这将在下一段中更详细地讨论。

决策树的缺点包括类别之间的分界面总是平行于输入空间的轴，这可能导致某些分类任务中的分类性能降低。

通过决策树对规避动作进行分类

图 5.50 显示了一个场景——在距离发生碰撞前的大约 1.45s，驾驶员仍没有采取制动或转向操作。在所示情况下，驾驶员在发生碰撞前的大约 1.44s 开始执行规避动作，并以约为 5.5m/s^2 的最大横向加速度转向，成功避免了事故。

有的驾驶员就会像图 5.50 所示的那样采取非常极限的规避动作。如果希望主动安全功能面对这类驾驶员也不会错误触发，那么自动安全干预在这类驾驶员开始规避操作之前也不能够启动。另一方面，车辆中的预警功能只有在成功提醒驾驶员即将发生危险，并且驾驶员仍有机会做出反应时，才是有用的。因此，预警功能必须及早地提醒即将发生的碰撞。为了避免给乘员带来多余的干扰，这种警告一旦识别出驾驶员有采取规避动作的意图就可以中断。为此我们需要一个针对回避动作的分类器。

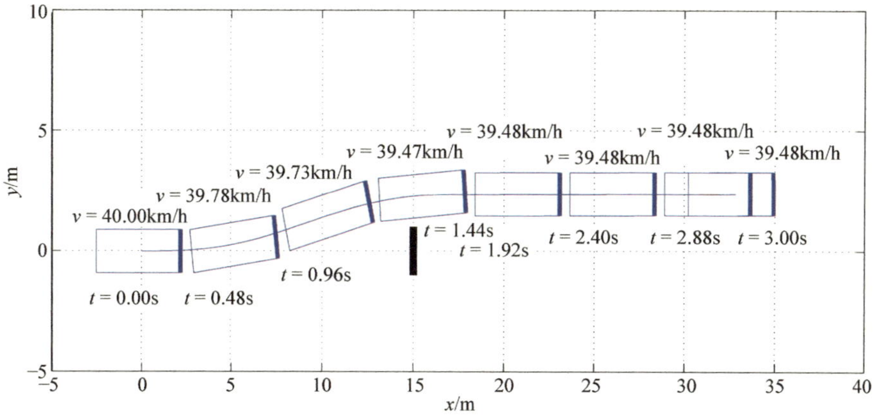

图 5.50　方向向左的规避动作

一个适用于分类规避动作的特征空间是由转向角 $\varphi[n]$ 和碰撞时间 $TTC[n]$ 这两个量来实现的。TTC 的值说明了，根据前提假设，碰撞是否会发生；以及如果会的话何时会发生。图 5.50 所示的场景是从 $TTC[1] \approx 1.45\text{s}$ 时开始的。一种可能的规避动作分类器可以由一棵简单的决策树来实现。图 5.51 显示了这种分类器的一个例子以及由此产生的对于输入空间 $\mathbb{R}^2$ 的分区。可以看出，该决策树由两组“IF-THEN”查询组成的。决策树内部节点的阈值可以如习题 5.33 使用训练集来确定。

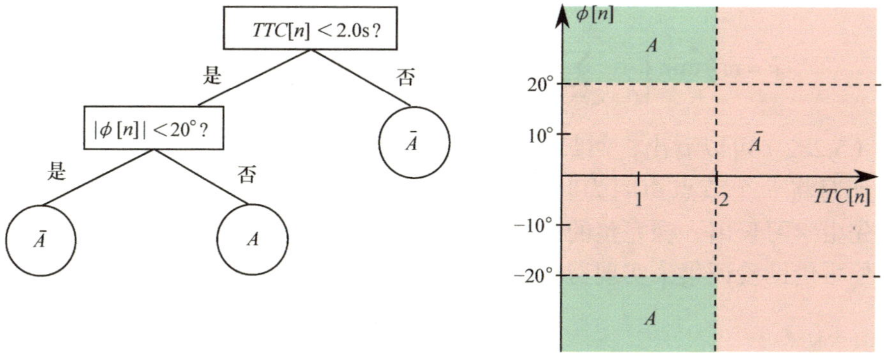

图 5.51　决策树以及 $\mathbb{R}^2$ 的分区

5.4.2　回归树

回归树与决策树非常相似，与之不同的是其叶节点中的输入向量并不映射到分类，而是映射到数值上。图 5.52 可视化了一棵回归树。回归树的训练同理于决策树，但每个节点的分类规则的确定是借助另一种“不纯度”来实现的。例如，我们可以考虑使用方差

$$r(\beta)=\int_{-\infty}^{\infty}(y-\mathrm{E}_{y|\boldsymbol{x}\in\beta}\{y\})^2\mathrm{p}(\boldsymbol{y}=y\mid\boldsymbol{x}\in\beta)\mathrm{d}y \tag{5.280}$$

它可以由训练集的平方误差来近似获得

$$\hat{r}(\beta)=\frac{1}{M(\beta)}\sum_{(\boldsymbol{x}_m,y_m):\boldsymbol{x}_m\in\beta}(y_m-\overline{y}_\beta)^2,\quad \overline{y}_\beta=\frac{1}{M(\beta)}\sum_{(\boldsymbol{x}_m,y_m):\boldsymbol{x}_m\in\beta}y_m \tag{5.281}$$

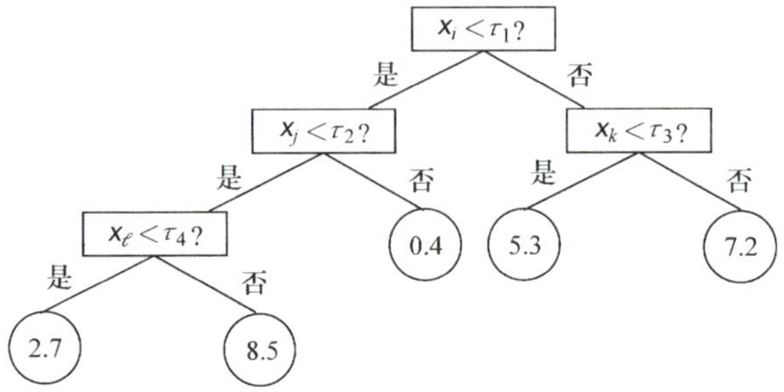

图 5.52　简易的回归树

类比与决策树，依靠每个节点的“不纯度”，就可以找到相对风险降幅最大的分类规则，如式（5.275）所示。

如果我们想在叶节点 β_{Blatt} 处确定出回归树的对应输出使得平方误差最小化，则得到

$$\hat{y}=\arg\min_{y}\left\{\sum_{(\boldsymbol{x}_m,y_m):\boldsymbol{x}_m\in\beta_{\text{Blatt}}}(y-y_m)^2\right\}=\frac{1}{M(\beta_{\text{Blatt}})}\sum_{(\boldsymbol{x}_m,y_m):\boldsymbol{x}_m\in\beta_{\text{Blatt}}}y_m \tag{5.282}$$

从式（5.282）可以看出，回归树是分段常数回归模型。

何时将一个节点声明为叶节点，这个问题可以像对待决策树那样来处理，即首先由学习长出一棵完整的回归树，其每个叶节点都只有一个样例（$\boldsymbol{x}_m$，y_m），然后便可借助验证集来实现剪枝操作。

模型树

基于回归树是分段常数回归模型的事实，我们得到回归树可能的推广。所谓模型树的基本思想是，在回归树的叶节点中，输出不是像式（5.282）那样，而是通过线性回归模型来实现的。这些在 5.1.7 小节中讨论过。一个简单的模型树的图形表示如图 5.53 所示。

还有其他一些模型树的变种，它们在树的每个节点中使用线性回归模型，而不是“IF-THEN”查询。这其中的一个著名方法是文献 [Qui92] 中介绍的 M5 算法。

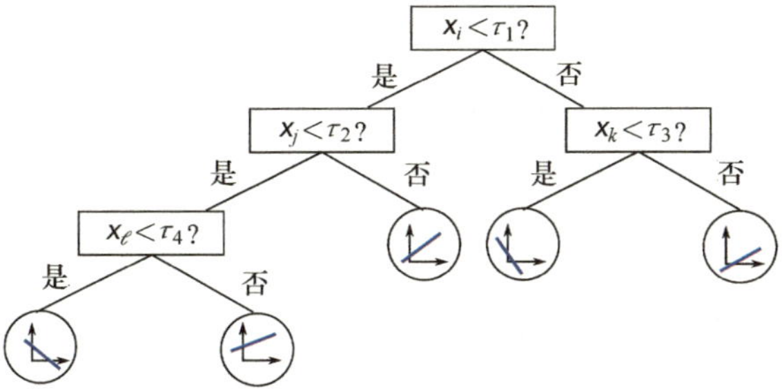

图 5.53 一个简易模型树的图形表示

5.5 随机森林

随机森林算法属于机器学习中的**集成方法**类型。集成方法结合了不同分类器或回归函数的结果，以达到比单一分类器或回归函数更好的性能。关于集合方法的补充内容可以在文献 [Bre01] 或 [Zho12] 中找到。

一个简单例子可以说明为何集成方法是非常成功的。假设有一个由 50 个分类器组成的集合，这些分类器相互独立，每个分类器的错误率为 $e=0.4$。在“少数服从多数”的情况下，集成学习的错误率，即至少有 26 个错误判断的概率，由于分类器的独立性可以很容易地计算出来

$$e_{\text{Ensemble}}=\sum_{b=26}^{50}\binom{50}{b}e^b(1-e)^{50-b}=0{,}0573\ll e \tag{5.283}$$

可以看出，集合学习的错误率要比单个分类器的错误率小很多。然而这些都是基于分类器相互独立的假设，而这种假设在实践中，仅仅因为这些分类器在训练中使用了相同的数据就几乎无法实现。

通过观察式（5.119）和式（5.127）中的偏差 - 方差分解，我们也可以很好地理解集成方法的成功性。式中出现了两种方差 $\text{Var}_{D|\boldsymbol{x}}\{\hat{y}\}$ 和 $\text{Var}_{D|\boldsymbol{x}}\{\hat{P}(y=f_{\text{B}}(\boldsymbol{x})\mid\boldsymbol{x},D)\}$，其中 $f_{\text{B}}(\boldsymbol{x})$ 是贝叶斯分类器所做的决定。如果我们用 z 来表示 $\hat{y}$ 或者 $\hat{P}(y=f_{\text{B}}(\boldsymbol{x})\mid\boldsymbol{x},D)$，并假设集成学习中 z 是 B 个算法的输出 z_b 的平均值所得

$$z=\frac{1}{B}\sum_{b=1}^{B}z_b \tag{5.284}$$

于是对于 z 的方差就有

$$\text{Var}\{z\}=\frac{1}{B^2}\left(\sum_{b=1}^{B}\text{Var}\{z_b\}+2\sum_{b=1}^{B}\sum_{\ell=b+1}^{B}\text{cov}\{z_b,z_\ell\}\right) \tag{5.285}$$

如果所有的随机变量 z_b 和 z_ℓ 在 $b \neq \ell$ 时相互独立，并且具有相同的概率密度函数，即独立同分布，则 $\mathrm{cov}\{z_b, z_\ell\} = 0$，可得

$$\mathrm{Var}\{z\} = \frac{1}{B^2}\sum_{b=1}^{B}\mathrm{Var}\{z_b\} = \frac{1}{B}\mathrm{Var}\{z_b\} \tag{5.286}$$

从式（5.286）可以看出，提高 B 就可以任意地减小集合方法的方差。在式（5.127）的后文中我们阐述过，在分类任务中光靠减少方差就可以将风险降至最小值，而这正是用于理解集成方法良好的分类性能的关键。关于集成方法的偏差 - 方差分解，更详细的描述可以在文献 [Bot09] 中找到。

从式（5.285）中能明显看出，即便在无法设计出 B 个相互独立的分类算法时，集成学习中的分类算法也应该尽可能地相互区别开来，以减小 $\mathrm{cov}(z_b, z_\ell)$ 项。随机森林算法同样也遵循了这个方法。

随机森林算法是由 Breinman[Bre01] 提出的一种使用决策树作为分类器的集合方法。它在各个决策树的训练中引入了两种随机机制，以使分类器尽可能地互相区别开。如果将这些随机机制用随机变量 $\boldsymbol{\theta}$ 来概括的话，则随机森林中的第 b 棵由 B 棵决策树集成得到的决策树可以用 $f(\boldsymbol{x}, \boldsymbol{\theta}_b)$ 来表示。在随机森林中，每棵决策树都是生长完全的，也就是说，在每个叶节点上都只有来自单一类别的样例。

在随机森林中训练任何决策树，所用到的两个随机机制之一是所谓的 Bagging（装袋算法）。Bagging 是由“bootstrap（引导）”和“aggregating（聚集）”这两个算法组成的。首先，引导算法使用 5.1.11 小节中介绍的自主采样法，对于随机森林中的 B 棵决策树 $f(\boldsymbol{x}, \boldsymbol{\theta}_b)$，通过“有放回采样”产生一个单独的训练数据集 $\mathscr{D}_b$，它具有与原始数据集 $\mathscr{D}$ 相同的样例数量 M。聚集算法是在说，随机森林的最终决定是由 B 个分类器的决定 $f(\boldsymbol{x}, \boldsymbol{\theta}_b)$ 通过“少数服从多数”的方法得出的。

所用到的第二个随机机制与随机森林中决策树节点中分类规则 $f(\boldsymbol{x}, \boldsymbol{\theta}_b)$ 的寻找方式有关。5.4.1 小节借图 5.49 中的关系说明过，在训练决策树时，我们会在每个节点上使用“暴力搜索”为 N 个特征中的每一个特征寻找最佳的分类规则。在随机森林的决策树中，我们在每个节点上并不针对所有 N 个特征寻找最佳的分类规则，而只对每个节点随机选择的 N_{RF} 个特征去寻找，这里

$$N_{\mathrm{RF}} < N \tag{5.287}$$

而 $N_{\mathrm{RF}} \approx N$ 是常见的选择。

虽然存在多种将随机要素纳入集合模块的各个分类器中的方法，但随机森林中使用的这两种机制具有许多优势。随机森林的优点包括：

1）即使是对于非常高维的输入空间，也有非常好的分类性能。因为一方面，每棵决策树在训练期间已经进行了特征选择，另一方面它也是一种集成方法。

2）训练速度非常快，因为其每个节点只检查少量的特征。

3）可以定量评估各个特征的重要性，从而实施特征选择。

4）无需额外的验证集或测试集，就可以算出风险的无偏估计。

5）可以识别数据中的异常值。

6）通过用回归树替代决策树，算法也可以用于回归任务。

7）在选择超参数时仍具有鲁棒性。唯一的超参数是式（5.287）中的参数 N_{RF} 和决策树数量 B。

这里还应该提到的是，增加随机森林中决策树的数量 B 并不会导致对于训练集的过拟合，而文献 [Bre01] 证明了这一点。

经过训练的随机森林通过对单个决策树的分类采取“少数服从多数”来做决定。这相当于估计所有 K 个类 c_k 的后验概率 $\hat{P}(\boldsymbol{y}=c_k \mid \boldsymbol{X}=\boldsymbol{x})$，并选择具有最大后验概率

$$\boldsymbol{f}(\boldsymbol{x})=\begin{bmatrix}\hat{P}(\boldsymbol{y}=c_1 \mid \boldsymbol{X}=\boldsymbol{x})\\ \hat{P}(\boldsymbol{y}=c_2 \mid \boldsymbol{X}=\boldsymbol{x})\\ \vdots \\ \hat{P}(\boldsymbol{y}=c_K \mid \boldsymbol{X}=\boldsymbol{x})\end{bmatrix}=\frac{1}{B}\sum_{b=1}^{B}\boldsymbol{f}(\boldsymbol{x},\boldsymbol{\theta}_b) \tag{5.288}$$

的那一类，其中 $\boldsymbol{f}(\boldsymbol{x},\boldsymbol{\theta}_b)$ 是第 b 个决策树所作决定的独热编码。

使用随机森林进行分类的例子

为了说明随机森林算法的优越性和鲁棒性，这里将介绍一个简单的例子。该例子由于其维度 $\boldsymbol{x}\in R^2$ 较小，所以也可以被可视化。图 5.54 显示了含有分类为 c_1 = “红” 和 c_2 = “绿” 这两类的训练集。图 5.55 通过着色显示了一棵完全生长的决策树，即在没有进行剪枝的情况下，在如图所示的 $\mathbb{R}^2$ 的子空间中做出了哪些分类决定。图 5.56 则显示了随机森林是如何做决定的。可以清楚地看到，尽管决策树正确地分配了训练集中的每一个点，但由于完全生长的决策树在偏差 - 方差分解中的方差非常大，所以它的泛化能力很差。相比之下，我们可以在图 5.56 中看出随机森林可以很好地学习得到我们所期望的螺旋形状。

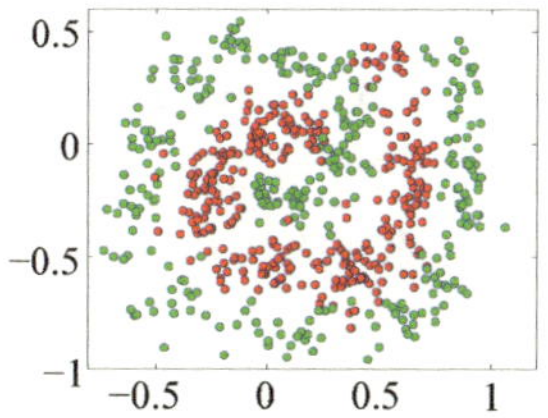

图 5.54　螺旋式的训练数据集

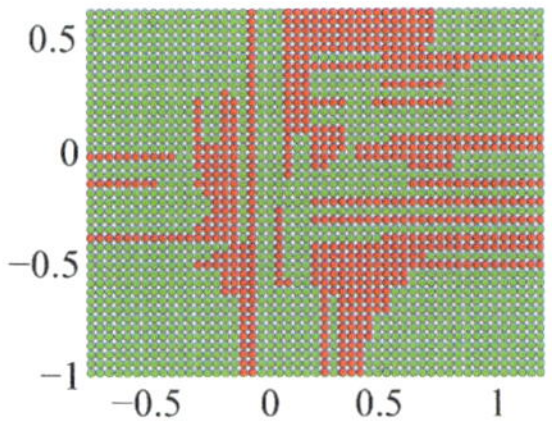

图 5.55　一棵决策树

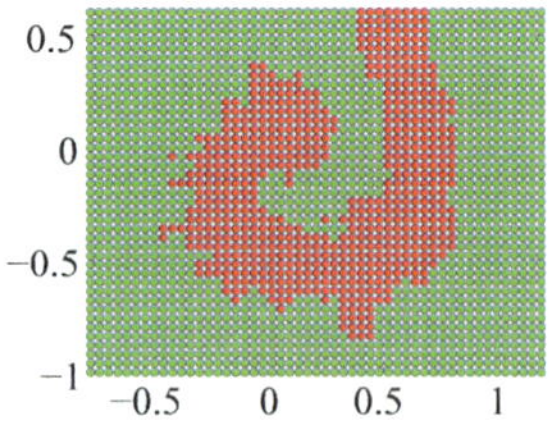

图 5.56　含有 100 棵决策树的随机森林

随机森林的一个巨大优势是，它对式（5.287）中的超参数 N_{RF} 和决策树的数量 B 的选择非常鲁棒。对于 B 的选择而言，如前所述，增加 B 不会降低其泛化能力。这种鲁棒性可见于图 5.56 ~ 图 5.59，其中的每种情况用的都是与图 5.54 中相同的训练集去训练新的随机森林分类器。这里可以看出，不同的随机森林分类器的分类决定几乎没有差别。这在使用其他机器学习算法时是不同的。比如说我们来看 5.2.1 小节中的深度多层感知机，超参数包括了隐含层的数量和每层的神经元数量。此外，在训练过程中，权重的初始化在使用梯度下降法解决优化任务中起着重要作用。这就导致对于我们所考虑的例子，当我们用图 5.54 所示的训练集去训练这类神经网络时，根据超参数的不同选择，其对 $\mathbb{R}^2$ 的子空间未知部分所做的分类决定也是不同的。这在图 5.60 ~ 图 5.65 中得到了体现。在图 5.60 ~ 图 5.62 中，带有 1 个隐含层以及 7 个神经元的全连接感知机网络，分别基于初始化不同的权重训练得到。图 5.63 ~ 图 5.65 中，完全连接的感知机网络由一个隐藏层以及 9 个神经元训练得到，训练时权重的初始化互不相同。正如预期的那样，从图中也可以看出，多层感知机的泛化特性可以非常好，但找出其所有需要的超参数，相较于随机森林来说显然要付出更多的努力。

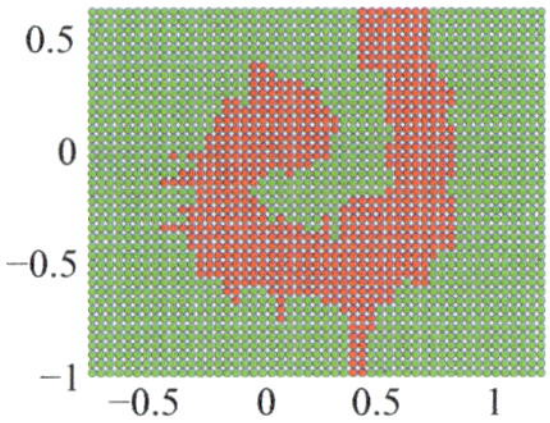

图 5.57　含有 100 棵决策树的随机森林

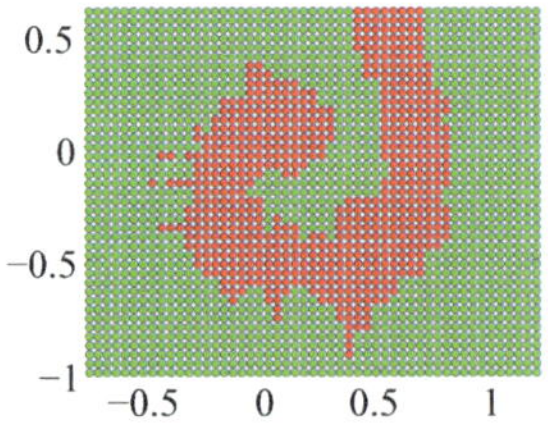

图 5.58　含有 100 棵决策树的随机森林

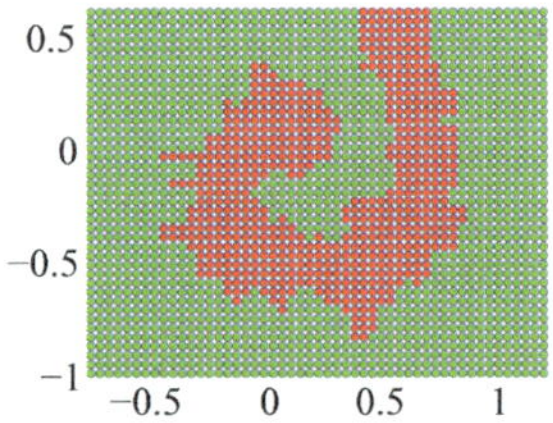

图 5.59　含有 300 棵决策树的随机森林

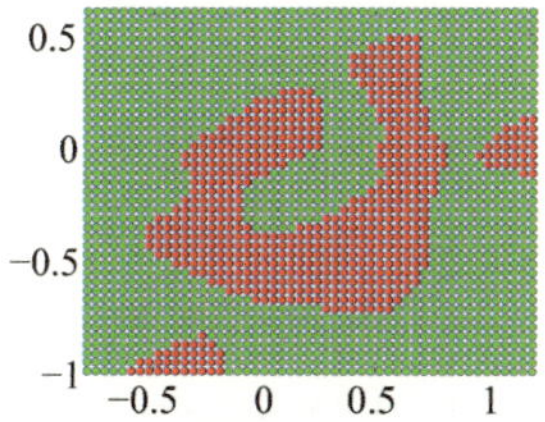

图 5.60　含有 7 个隐层神经元的神经网络

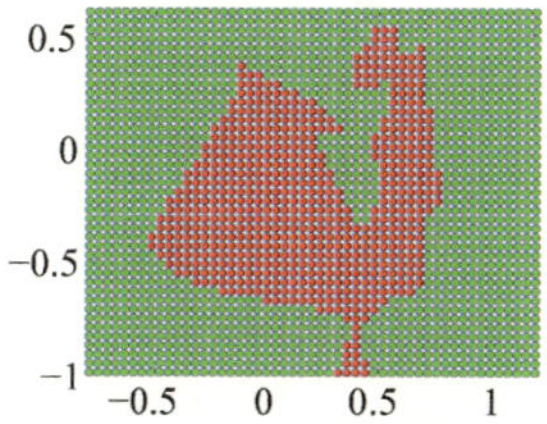

图 5.61　含有 7 个隐层神经元的神经网络

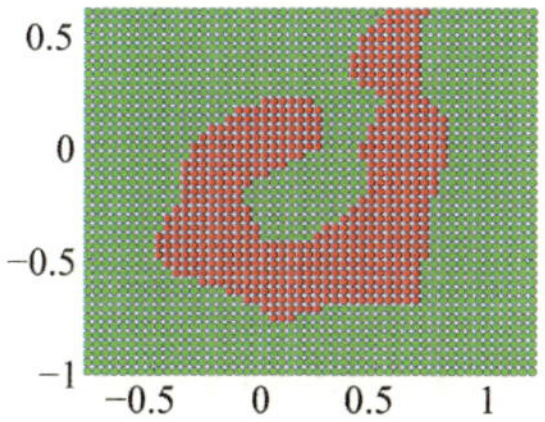

图 5.62　含有 7 个隐层神经元的神经网络

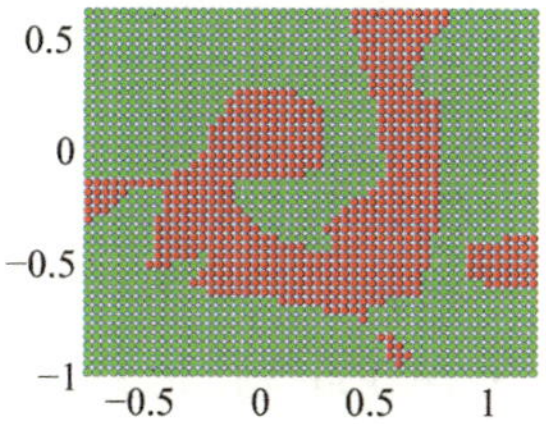

图 5.63　含有 9 个隐层神经元的神经网络

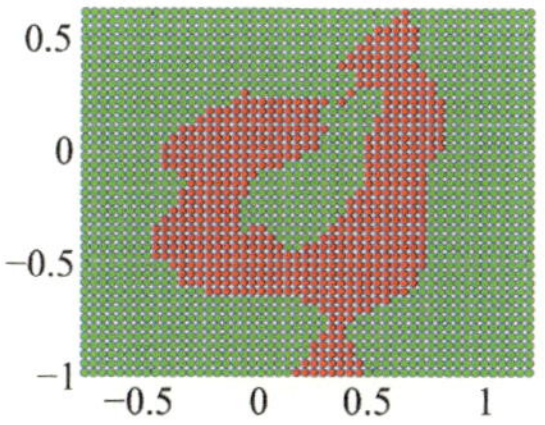

图 5.64　含有 9 个隐层神经元的神经网络

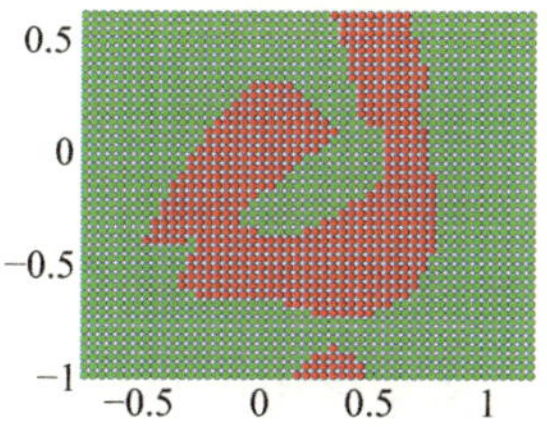

图 5.65　含有 9 个隐层神经元的神经网络

5.5.1　袋外误差

随机要素通过使用 Bagging 的方法被引入到了随机森林中，这为减少方差做出了显著地贡献。不仅如此，它还使得计算随机森林风险的无偏估计成为了一种可能。计算的方法被称为“out-of-bag”，意思是“袋外样本”。就如之前在 5.1.11 小节介绍的 $R(f)$ 的第四种估计所示，在通过自助法训练随机森林的每棵决策树时，在全部可用的训练数据集 $\mathscr{D}$ 中约有 37% 的数据点未被使用。这也就意味着 $\mathscr{D}$ 中的每个样例（$\boldsymbol{x}_m$，y_m）在大约 37% 的树的训练过程中没有被使用。这为估计随机森林的风险 $R(f)$ 提供了可能性。如果我们用 $\mathscr{B}_m$ 表示随机森林中所有没有用到样例（$\boldsymbol{x}_m$，y_m）进行训练的决策树的集合，则我们可以确定出

$$\boldsymbol{f}_{\text{oob}}(\boldsymbol{x}_m)=\frac{1}{|\mathscr{B}_m|}\sum_{b\in\mathscr{B}_m}\boldsymbol{f}(\boldsymbol{x},\boldsymbol{\theta}_b) \tag{5.289}$$

并将其作为 $P(y=c_k\mid \boldsymbol{X}=\boldsymbol{x})$ 的估计值。于是便可以去计算随机森林风险的袋外

估计

$$\hat{R}_{\text{oob}}(f)=\frac{1}{M}\sum_{m=1}^{M}\mathscr{L}(f_{\text{oob}}(\boldsymbol{x}_m),y_m) \tag{5.290}$$

这其中，M 是 $\mathscr{D}$ 中样例（$\boldsymbol{x}_m$，y_m）的数量，$\mathscr{L}(\cdot,\cdot)$ 是损失函数，$f_{\text{oob}}(\boldsymbol{x}_m)$ 是 $\boldsymbol{f}_{\text{oob}}(\boldsymbol{x}_m)$ 中数值最高的类别。文献 [Bre01] 表明，如果决策树的数量 B 很大，则 $\hat{R}_{\text{oob}}(f)$ 是风险 $R(f)$ 的无偏估计。数量足够大的意是，我们所选的 B 应使得估计 $\hat{R}_{\text{oob}}(f)$ 不会由于添加更多决策树而发生明显变化。

式（5.290）中的袋外误差起着重要的作用，因为它在不使用验证集或测试集的情况下就提供了对分类性能的良好估计，而且它还可以用来评估输入 $\boldsymbol{x}$ 中各个特征对分类任务的重要性。反过来讲，它也可以被用来移除对于解决分类任务贡献较小的那些特征，从而降低输入空间的维度。相关内容将在 5.5.2 小节得到解释。

5.5.2 通过随机森林进行特征选择

鉴于 5.1.2 小节曾描述的维数灾难，我们会希望将输入空间保持在尽可能低的维度上。然而，在不清楚哪些特征对解决分类任务有帮助的时候，我们通常还是会将许多特征纳入输入向量 $\boldsymbol{x}$ 中，以便在特征选择步骤中能确定出与之相关的特征。这一步用到的方法可分为以下三类：

1）过滤法：特征选择时不需要用机器学习算法，因为各个特征的重要性是通过相关性指标来确定的。例如，特征 x_i 和目标值 y 之间的相关系数就可以作为一个相关性指标来使用。

2）嵌入法：特征选择时需要用到机器学习算法，但每个特征的重要性是通过针对所选算法的特定的一个量来确定的。例如，在决策树中，可以计算一个特征在分类规则中总共出现多少次，而这个次数并不是由支持向量机计算得到的。

3）包裹法：机器学习算法被直接用作一个进行相关特征选择的“黑箱”。

下文将提出一种可能的方法，尽管它使用了式（5.290）中随机森林的袋外估计，但基于其一般的基本思路仍被分类成“包裹法”。文献 [Bot09] 也描述了将随机森林算法用于嵌入法来进行特征选择的可能。这之后所要探讨的方法所需要的只是一个在高维度输入下也有良好分类性能的分类器，以及一个评估该分类性能的方法。随机森林算法则满足了这些要求。一方面，它是一种集成方法。因此，即使对于输入维度很高的问题，随机森林也有良好的分类性能。这也是因为随机森林中每棵单独的决策树在训练时，在为每个节点选择分离规则时，就已经进行了特征选择。另一方面，我们可以用式（5.290）中的袋外程序得到对风险的一个良好估计，并在随机森林的训练中使用 $\mathscr{D}$ 中所有的数据。特征评估和特征选择的具体步骤是：

1）用训练数据集 $\mathscr{D}$ 训练一个随机森林 f，并从式（5.290）中计算出袋外估计值 $\hat{R}_{\text{oob}}(f)$。

2）通过去除第 i 个特征的信息，确定出第 i 个特征的分类相关性，并用已经训练好的随机森林计算出袋外估计值 $\hat{R}_{\text{oob}}^{(i)}(f)$。第 i 个特征的分类相关性 $\Delta^{(i)}$ 则是

$$\Delta^{(i)} = \hat{R}_{\text{oob}}^{(i)}(f) - \hat{R}_{\text{oob}}(f) \tag{5.291}$$

$\Delta^{(i)}$ 的值越高，第 i 个特征就越重要，因为由于第 i 个特征的“信息删除”导致了更高的风险。从第 i 个特征中进行“信息删除”的方式是：确定出每一棵决策树在训练中大约占 37% 的没有使用的样例，然后将输入向量中第 i 项随机置换成这些样例中的一项。

3）在计算出所有特征的 $\Delta^{(i)}$ 之后，不相关的特征可以被移除，从而降低输入空间的维度。在每次对输入空间进行降维之后，通常要评估在这个降维的输入空间中训练得到的新的随机森林 f_{red} 的分类性能 $\hat{R}_{\text{oob}}(f_{\text{red}})$ 是否仍然足够好。若是如此，则可以在降维过的输入空间中重复上述步骤，并去除更多的特征。这些步骤可以尽可能多地重复进行，直到分类性能变差。最终的分类器将保留分类性能尚可接受的前一步中的所有特征。

用随机森林做特征选择的例子

作为特征选择的一个例子，我们来考虑图 5.54 中的分类任务。不过我们将把输入空间的维数 $N = 2$ 增加到维数 $N = 5$，这是通过使用以下特征来实现的：

1）$\boldsymbol{x}_1$：图 5.54 中的特征 x_1。

2）$\boldsymbol{x}_2$：方差较低的零均值高斯噪声。

3）$\boldsymbol{x}_3$：图 5.54 中的特征 x_2。

4）$\boldsymbol{x}_4$：图 5.54 中的特征 x_1 加上额外的零均值高斯噪声。

5）$\boldsymbol{x}_5$：方差较高的零均值高斯噪声。

图 5.66 显示了在分类问题上各个特征的相关性评估。可以看出，通过之前所述的方法我们可以很容易地识别出解决分类问题只需要用到 $\boldsymbol{x}_1$ 和 $\boldsymbol{x}_3$，这两个分别对应于图 5.54 中 x 轴和 y 轴的特征。

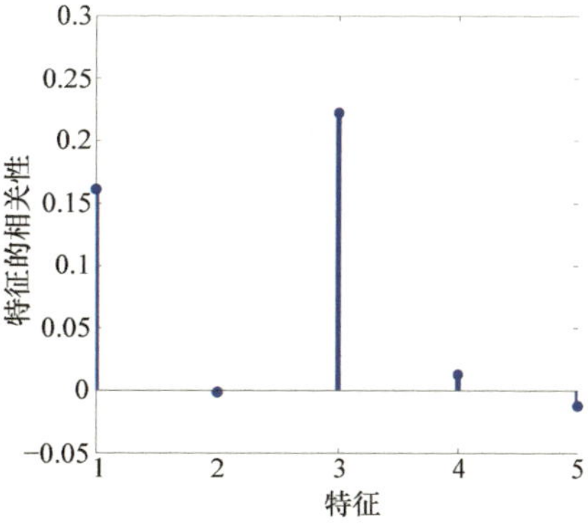

图 5.66 基于图 5.54 中分类任务的特征相关性评估

5.5.3 邻近性

使用决策树的一大优势在于可以计算输入空间中向量之间的相似性。这种相似性被称为邻近性。如前所述，随机森林中的决策树是完全生长的，也就是说，在决策树的每个叶节点上，都只能找到来自于训练集的样例，且这些样例属于单一类别。如果现在有两个输入向量 $\boldsymbol{x}_{m_1}$ 和 $\boldsymbol{x}_{m_2}$，我们可以在随机森林的第 b 个决策树上，评估这些输入是否位于同一个叶节点中。如果位于同一叶节点，则相似度就增加 1，否则就不增加。如果对随机森林的所有 B 棵树执行这一步骤，然后除以 B，就得到了邻近性：

$$prox(\boldsymbol{x}_{m_1},\boldsymbol{x}_{m_2})=\frac{1}{B}\sum_{b=1}^{B}\delta(t_b(\boldsymbol{x}_{m_1}),t_b(\boldsymbol{x}_{m_2})) \tag{5.292}$$

如果函数 $\delta(\cdot,\cdot)$ 的自变量相等，则其值为 1，否则为 0，$t_b(\boldsymbol{x}_m)$ 表示 $\boldsymbol{x}_m$ 在第 b 棵树中所在的叶。邻近性与欧几里得距离没有直接关系，它是数据和随机森林算法固有的相似性的度量。由于式（5.292）中对邻近性的定义，

$$d_{\mathrm{RF}}^2(\boldsymbol{x}_{m_1},\boldsymbol{x}_{m_2})=1-prox(\boldsymbol{x}_{m_1},\boldsymbol{x}_{m_2}) \tag{5.293}$$

可以解释为高维的欧几里得空间中 $\boldsymbol{x}_{m_1}$ 和 $\boldsymbol{x}_{m_2}$ 之间的平方距离 [Bre02]。例如，两个输入向量 $\boldsymbol{x}_{m_1}$ 和 $\boldsymbol{x}_{m_2}$ 的欧几里得距离可能很大，但当它们在许多决策树中位于同一叶中时，则 $d_{\mathrm{RF}}(\boldsymbol{x}_{m_1},\boldsymbol{x}_{m_2})$ 的值很小。也可能有两个输入向量 $\boldsymbol{x}_{m_1}$ 和 $\boldsymbol{x}_{m_2}$ 位于输入空间中两个类别之间的决策边界附近，并且具有较小的欧几里得距离，但它们有较大的 $d_{\mathrm{RF}}(\boldsymbol{x}_{m_1},\boldsymbol{x}_{m_2})$ 的值。

缺失特征值的邻近性

邻近性可用于查找输入向量 $\boldsymbol{x}_m$ 中的缺失项。在实践中，输入向量的第 i 个特征可能不存在，例如因为无法进行测量。在这种情况下，随机森林提供了一个很好的方法来确定 $\boldsymbol{x}_m$ 中缺失特征的替代值。在第一步中，从所有第 i 个特征可用的输入向量 $\boldsymbol{x}_k$ 中确定第 i 个特征的中位数，并用作 $\boldsymbol{x}_m$ 中第 i 个特征的第一个替代值。在第二步中计算调整后的输入向量 $\boldsymbol{x}_m$ 与所有第 i 个特征可用的输入向量 $\boldsymbol{x}_k$ 之间邻近性的值 $prox(\boldsymbol{x}_m,\boldsymbol{x}_k)$。现在 $\boldsymbol{x}_m$ 中缺失的特征被第 i 个特征可用的输入向量 $\boldsymbol{x}_k$ 中的第 i 个特征的加权平均值所替代。邻近性的值 $prox(\boldsymbol{x}_m,\boldsymbol{x}_k)$ 用作权重。第二步可以重复多次。

用于可视化的邻近性和度量多维缩放

邻近性也可用于在二维或三维空间中将训练数据集中的数据可视化。度量

多维缩放的方法适用于此。多维缩放的基本思想是找到数据的低维嵌入，从而尽可能地保留输入空间中数据点之间的距离 [Tor52]。为了实现这一点，输入空间中的两个向量 $\boldsymbol{x}_{m_1}$ 和 $\boldsymbol{x}_{m_2}$ 之间的距离被转换为等效的中心内积，该内积不仅取决于 $\boldsymbol{x}_{m_1}$ 和 $\boldsymbol{x}_{m_2}$，还取决于所有训练数据集中的其他点。为此在第一步中，所组成的 $M \times M$ 矩阵 $\boldsymbol{D}$ 的第（m_1，m_2）项为：

$$\boldsymbol{D}_{m_1m_2} = d_{\mathrm{RF}}^2(\boldsymbol{x}_{m_1}, \boldsymbol{x}_{m_2}) \tag{5.294}$$

式中，$d_{\mathrm{RF}}^2(\boldsymbol{x}_{m_1}, \boldsymbol{x}_{m_2})$ 的计算方法如式（5.293）所示。在第二步中计算以下矩阵：

$$\boldsymbol{B} = -\frac{1}{2}\boldsymbol{JDJ}, \quad \text{其中} \quad \boldsymbol{J} = \boldsymbol{I}_{M\times M} - \frac{1}{M}\mathbf{1}_{M\times M} \tag{5.295}$$

式中，$\boldsymbol{I}_{M\times M}$ 表示 $M \times M$ 的单位矩阵，$\mathbf{1}_{M\times M}$ 表示全为 1 的 $M \times M$ 矩阵。因此，$\boldsymbol{B}$ 中的第（m_1，m_2）项为：

$$\boldsymbol{B}_{m_1m_2} = -\frac{1}{2}\left(\boldsymbol{D}_{m_1m_2} - \frac{1}{M}\sum_{m'=1}^{M}\boldsymbol{D}_{m_1m'} - \frac{1}{M}\sum_{m'=1}^{M}\boldsymbol{D}_{m'm_2} + \frac{1}{M^2}\sum_{m'=1}^{M}\sum_{m''=1}^{M}\boldsymbol{D}_{m',m''}\right) \tag{5.296}$$

并且可以解释为由邻近性给出的 $\boldsymbol{x}_{m_1}$ 和 $\boldsymbol{x}_{m_2}$之间的中心内积。这里需记住的是，在习题 2.9 中讨论的主成分分析中使用的协方差矩阵，也可以解释为中心的内积矩阵。在第三步中对矩阵 $\boldsymbol{B}$ 进行特征值分解：

$$\boldsymbol{B} = \boldsymbol{V\Lambda V}^{\mathrm{T}} \tag{5.297}$$

如果想得到数据在 $\tilde{N} \leqslant 3$ 的空间 $\mathbb{R}^{\tilde{N}}$ 中的表达，则结果为：

$$\boldsymbol{X}_{\mathrm{red}} = \boldsymbol{\Lambda}_{\mathrm{red}}^{\frac{1}{2}}\boldsymbol{V}_{\mathrm{red}}^{\mathrm{T}}, \quad \boldsymbol{X}_{\mathrm{red}} \in \mathbb{R}^{\tilde{N}\times M}, \quad \boldsymbol{\Lambda}_{\mathrm{red}} \in \mathbb{R}^{\tilde{N}\times\tilde{N}}, \quad \boldsymbol{V}_{\mathrm{red}} \in \mathbb{R}^{M\times\tilde{N}} \tag{5.298}$$

式中，$\boldsymbol{\Lambda}_{\mathrm{red}}$ 是最大的 $\tilde{N}$ 个特征值的对角特征值矩阵，$\boldsymbol{V}_{\mathrm{red}}$ 是相对应的特征向量的矩阵。在这种表达方式中，第 m 个输入向量 $\boldsymbol{x}_m \in \mathbb{R}^N$ 现在是 $\boldsymbol{X}_{\mathrm{red}}$ 中的第 m 个列向量。

用于异常值识别的邻近性

邻近性也可用于查找可用数据中的异常值。异常值是与其他可用数据点几乎没有相似性的数据点 $\boldsymbol{x}_m$。在文献 [Bre02] 中，提出了按类别进行异常值识别，因为每个类别的输入向量的分散可能不同。在第一步中为样本（$\boldsymbol{x}_m$，y_m）引入量：

$$out(\boldsymbol{x}_{m_1}) = \frac{1}{\sum\limits_{\substack{m_2=1 \\ m_2\neq m_1;\, y_{m_2}=y_{m_1}}}^{M} (prox(\boldsymbol{x}_{m_1}, \boldsymbol{x}_{m_2}))^2} \tag{5.299}$$

在第二步中，计算同一类别所有输入向量 $\boldsymbol{x}_m$ 的中位数和与中位数的平均绝对偏差。从 $out(\boldsymbol{x}_m)$ 中减去中位数，然后将其除以中位数的平均绝对偏差，则得到 $\boldsymbol{x}_m$ 是否被视为异常值的规范化值。为此，首先将负的规范化值设置为零。大于 10 的规范化值表明，对应的输入向量应该算作异常值[Bre02]。

5.6 无监督学习

正如在 5.1 节中提到的，在无监督学习中只有没有相应目标值的输入数据，即未标记的数据。因此不同于式（5.3），训练数据集写作为：

$$\mathscr{D} = \{\boldsymbol{v}_1, \cdots, \boldsymbol{v}_M\} \tag{5.300}$$

任务是学习输入数据的结构并为其创建模型。无监督学习的主要任务包括**聚类分析**，也称为**自动分割**、**数据压缩**或**数据缩减**，以及生成与 $\mathscr{D}$ 中数据相似的新数据。在 5.6.1 和 5.6.2 小节中将讨论聚类分析，在 5.6.3 小节中将讨论数据压缩，在 5.6.4 小节中将讨论可以生成新数据的所谓**生成模型**。

有关无监督学习的其他内容可以在例如 [HTF01] 或 [GBC16] 中找到。

5.6.1 聚类分析

聚类分析的目标是将未标记的输入数据类型自动分割成相似数据点的组。这可用于：

1）以更清晰的方式呈现现有数据，从而更好地管理数据；

2）更好地理解现有数据；

3）为后续信号处理步骤简化现有数据。

根据输入数据 $\boldsymbol{v}_m \in \mathbb{R}^N$ 对聚类方法进行分类，则可以分为基于相似性的聚类和基于特征的聚类。在**基于相似性的聚类方法**中，出发点是一个 $M \times M$ 矩阵，其中存储了 $\mathscr{D}$ 中所有元素之间的相似性或相异性。在**基于特征的聚类方法**中，出发点是一个 $M \times N$ 矩阵，其中存储了 $\mathscr{D}$ 中 M 个维度 N 的元素。

根据进行聚类分析的方式对聚类方法进行分类，则可以分为以下重要方法：**划分聚类方法、基于模型的聚类方法、层次聚类方法、基于概率密度的聚类方法、基于网格的聚类方法**和**谱聚类**。

划分聚类方法

划分聚类方法是基于特征的方法。其中，$\mathscr{D}$ 中的数据点被分组到给定数量的 K 个簇 C_1，…，C_K 中，从而使成本函数最小化。$\mathscr{D}$ 中的每个点 $\boldsymbol{v}_m$ 都被明确地分配给一个簇。簇是不相交的，并且必须包含至少一个来自 $\mathscr{D}$ 的点。

簇 C_k 可以被解释为输入空间 R^N 的一个分区。然后，任务是确定 K 个簇和每个数据点从 $\mathscr{D}$ 到一个簇的分配。这个任务是通过为每个簇 C_k 找到一个代表 $\boldsymbol{c}_k$ 来解决的，这样 $\mathscr{D}$ 中的所有数据点都在它们各自的代表附近。如果 $d(\boldsymbol{v}_m,\boldsymbol{c}_k)$ 表述输入点 $\boldsymbol{v}_m$ 和簇的代表 $\boldsymbol{c}_k$ 之间的距离，则必须要解决的优化问题可以写为：

$$\{\boldsymbol{c}_1,\cdots,\boldsymbol{c}_K\}=\underset{\{\boldsymbol{c}_1',\cdots,\boldsymbol{c}_K'\}}{\arg\min}\left\{\sum_{m=1}^{M}\min_{k=1,\cdots,K}d(\boldsymbol{v}_m,\boldsymbol{c}_k')\right\} \tag{5.301}$$

为每个数据点 $\boldsymbol{v}_m$ 引入变量 $z_m\in\{1,\cdots,K\}$，用来表示将 $\boldsymbol{v}_m$ 分配到哪个簇，则优化问题也可以写为：

$$\{\boldsymbol{c}_1,\cdots,\boldsymbol{c}_K;z_1,\cdots,z_M\}=\underset{\{\boldsymbol{c}_1',\cdots,\boldsymbol{c}_K';z_1',\cdots,z_M'\}}{\arg\min}\left\{\sum_{m=1}^{M}d(\boldsymbol{v}_m,\boldsymbol{c}_{z_m'}')\right\} \tag{5.302}$$

此优化问题不是凸优化问题，并且是通过仅找到局部最优解的迭代方法来解决的。为了使 $d(\boldsymbol{v}_m,\boldsymbol{c}_k)$ 具有度量 $\boldsymbol{v}_m$ 和 $\boldsymbol{c}_k$ 之间距离的性质，必须满足式（2.51）~式（2.54）的条件。

K 均值算法

寻找式（5.302）中优化问题的解的最著名的方法之一是 K 均值算法。它使用块坐标下降法。对此，取决于参数向量 $\boldsymbol{\theta}_1$ 和 $\boldsymbol{\theta}_2$ 的成本函数 $R(\boldsymbol{\theta}_1,\boldsymbol{\theta}_2)$ 的最小化分为两个步骤。在第一步中，$\boldsymbol{\theta}_2$ 的当前值保持不变，并且使成本函数相对于 $\boldsymbol{\theta}_1$ 最小化。在第二步中，保持 $\boldsymbol{\theta}_1$ 的当前值不变，并使 $R(\boldsymbol{\theta}_1,\boldsymbol{\theta}_2)$ 相对于 $\boldsymbol{\theta}_2$ 最小化。依次重复进行这两个步骤，直到满足终止条件。将此方法应用于方程（5.302）中的优化问题则可得到 K 均值算法，总结如下：

1）设置簇的数量 K。

2）随机初始化 K 个聚类中心。

3）来自 $\mathscr{D}$ 的每个输入向量 $\boldsymbol{v}_m$ 都被分配到离它最近的中心：

$$\{z_1,\cdots,z_M\}=\underset{\{z_1',\cdots,z_M'\}}{\arg\min}\left\{\sum_{m=1}^{M}d(\boldsymbol{v}_m,\boldsymbol{c}_{z_m'})\right\} \tag{5.303}$$

在这一步中，聚类中心 $\{\boldsymbol{c}_1,\cdots,\boldsymbol{c}_K\}$ 保持不变。

4）计算新的聚类中心，其中数据点 $\boldsymbol{v}_m$ 到簇的分配，即 $\{z_1,\cdots,z_m\}$ 保持不变：

$$\{\boldsymbol{c}_1,\cdots,\boldsymbol{c}_K\}=\underset{\{\boldsymbol{c}_1',\cdots,\boldsymbol{c}_K'\}}{\arg\min}\left\{\sum_{m=1}^{M}d(\boldsymbol{v}_m,\boldsymbol{c}_{z_m}')\right\} \tag{5.304}$$

5）重复步骤 3 和 4，直到中心 $\boldsymbol{c}_1,\cdots,\boldsymbol{c}_K$ 稳定，即不再显著变化。

K 均值算法很简单，并且为式（5.302）中的优化问题提供了一个局部最小值，因此它也经常被用于聚类问题。该算法每次迭代的复杂度为 $O(KM)$。

如果在K均值算法中使用平方欧几里得范数作为距离度量，即 $d(\boldsymbol{v}_m,\boldsymbol{c}_k)=\|\boldsymbol{v}_m-\boldsymbol{c}_k\|_2^2$，则式（5.303）对应于 M 个优化问题：

$$z_m=\arg\min_k\{\|\boldsymbol{v}_m-\boldsymbol{c}_k\|_2^2\} \tag{5.305}$$

因此，数据点 $\boldsymbol{v}_m$ 根据 2- 范数分配给聚类中心最近的簇 C_k。在这种情况下，式（5.304）对应于 K 个优化问题：

$$\boldsymbol{c}_k=\arg\min_{\boldsymbol{c}'_k}\left\{\sum_{m:z_m=k}\|\boldsymbol{v}_m-\boldsymbol{c}'_k\|_2^2\right\} \tag{5.306}$$

式（5.306）的解可以通过将关于 $\boldsymbol{c}'_k$ 的导数设置为零来计算得到，因此可以将 $\boldsymbol{c}_k$ 确定为簇 C_k 中数据点的平均值。

K均值算法是最常用的划分聚类方法。该算法的缺点包括：必须预先确定簇的数量 K，聚类的结果取决于初始的、随机选择的聚类中心，并且由于用平均值来确定聚类中心，来自 $\mathscr{D}$ 的数据中的异常值对最终结果的影响很大。针对这些缺点的措施包括：

1）对于不同的 K 值进行算法计算，并选择质量度量最大的簇数。一种这样的质量度量是轮廓系数。通过计算数据点 $\boldsymbol{v}_m$ 到所分配的聚类中心的距离 $d(\boldsymbol{v}_m,\boldsymbol{c}_{z_m})$ 和 $\boldsymbol{v}_m$ 到第二最近的聚类中心 $\boldsymbol{c}_{q_m}$ 的距离 $d(\boldsymbol{v}_m,\boldsymbol{c}_{q_m})$ 来获得数据点 $\boldsymbol{v}_m$ 的轮廓 $s(\boldsymbol{v}_m)$：

$$s(\boldsymbol{v}_m)=\frac{d(\boldsymbol{v}_m,\boldsymbol{c}_{q_m})-d(\boldsymbol{v}_m,\boldsymbol{c}_{z_m})}{\max\{d(\boldsymbol{v}_m,\boldsymbol{c}_{q_m}),d(\boldsymbol{v}_m,\boldsymbol{c}_{z_m})\}}\in[-1,1] \tag{5.307}$$

轮廓值 $s(\boldsymbol{v}_m)$ 为 −1 表示数据点 $\boldsymbol{v}_m$ 分配错误，值为 +1 则表示分配良好。**轮廓系数**是 $\mathscr{D}$ 中所有 M 个数据点的平均轮廓值。轮廓系数反映的是通过聚类所发现的数据结构，即小于 0.25 的值表示不存在结构，介于 0.25 和 0.5 之间的值表示存在弱结构，介于 0.5 和 0.75 之间的值表示存在中等结构，大于 0.75 的值表示存在强结构。

2）对于不同的聚类中心初始值进行算法计算。可以使用质量度量（例如数据点与其聚类中心的平均距离）来决定保留哪些已执行的聚类。

3）可以扩展K均值算法，使其对异常值更加稳健。下文将介绍该扩展。

围绕中心点的划分（PAM）

除了选择簇的中心作为簇中数据点的代表，还可以使用所谓的**中心点**。中心点是来自 $\mathscr{D}$ 的数据点，其与同一簇中其余数据点的平均距离最小。中心点是簇中位于最中心的数据点。K中心点算法的优点是，对 $\mathscr{D}$ 中的异常值比通过平均获得的代表更稳健。最著名的K中心点算法的代表称为围绕中心点的划分，通常缩写为PAM。PAM算法的前三个步骤被称为“构建阶段”，后两个步骤则被称为“交换阶段”：

1）从 $\mathscr{D}$ 中选择 K 个中心点。

2）计算第（m，ℓ）项为 $d(\boldsymbol{v}_m,\boldsymbol{v}_\ell)$ 的 $M\times M$ 距离矩阵。

3）$\mathscr{D}$ 中的每个数据点都被分配到距其最近的中心点。

4）对于每个簇，对于簇中的每个单独数据点，检查将中心点换成该点是否会减少簇中所有的点与其中心点的平均距离。如果是，则选择导致最大减少的数据点作为簇的新中心点。

5）如果在第4步中更改了至少一个中心点，则继续第3步。否则，结束这个聚类方法。

PAM算法是一种贪婪算法，即在每次运行中，它都会选择在选择时提供最佳结果的数据点和当前中心点之间的更改。这导致了每次迭代值为 $O(K(M-K)^2)$ 的高复杂度。

大型应用中的聚类方法（CLARA）

用于对大量数据（即M值大）进行聚类的PAM算法的一个扩展是大型应用中的聚类方法算法，简称CLARA。处理大量数据的扩展是基于抽样方法。执行以下步骤：

1）从 $\mathscr{D}$ 中随机生成 Q 个大小为 M_{red} 的较小数据集。

2）将PAM算法应用于以这种方式生成的每个数据集，并为每个数据集确定 K 个中心点。这产生了由 K 个中心点组成的 Q 个集合。

3）使用来自 $\mathscr{D}$ 的所有数据点，为每个 K 个中心点的 Q 集合计算相应簇的质量度量。例如，可以使用所有的点到它们的中心点的平均距离。

4）在 K 个中心点的 Q 个集合中，只保留根据步骤3最好的集合。

CLARA算法利用了这样一个事实：在步骤1中随机选择来自 $\mathscr{D}$ 的数据点，则从步骤4中得到的 K 个中心点可以很好地近似为整个数据集 $\mathscr{D}$ 的 K 个中心点。CLARA算法的复杂度低于PAM，每次迭代的复杂度为 $O(KM_{\text{red}}^2+K(M-K))$。

其他划分聚类方法

其他划分聚类算法，例如CLARA聚类算法的拓展CLARANS聚类算法或模糊K均值聚类方法，可以在文献[XZY13]或文献[WK18]中找到。

基于模型的聚类方法

基于模型的聚类方法是一种基于特征的方法。其中尝试使统计模型适合 $\mathscr{D}$

中的数据点。基本思想是从混合分布中生成数据点。然后可以借助式（2.127）将数据点 $\boldsymbol{v}_m$ 的概率密度函数 $p(\boldsymbol{v}_m)$ 解释为概率密度函数 $p(\boldsymbol{v}_m|C_k)$ 的加权平均值，即混合分布：

$$p(\boldsymbol{v}_m)=\sum_{k=1}^{K}w_k p(\boldsymbol{v}_m|C_k),\quad 其中\quad w_k=P(C_k) \tag{5.308}$$

因此，每个簇 C_k 由概率密度函数 $p(\boldsymbol{v}|C_k)$ 表示，而任务是根据 $\mathscr{D}$ 中的数据估计权重 w_k 和概率密度函数 $p(\boldsymbol{v}|C_k)$。

现在假设概率密度函数 $p(\mathsf{v}=\boldsymbol{v}|\mathsf{y}=C_k)$ 与参数向量 $\boldsymbol{\theta}$ 有关，而概率 $P(y=C_k)$ 与参数向量 $\boldsymbol{\psi}$ 有关，那么随机变量 v 和 y 的联合概率密度函数为：

$$p(\boldsymbol{v},C_k;\boldsymbol{\theta},\boldsymbol{\psi})=P(C_k;\boldsymbol{\psi})p(\boldsymbol{v}|C_k;\boldsymbol{\theta}) \tag{5.309}$$

在边缘化联合概率密度函数之后，可以使用这种表示法将式（5.308）写为：

$$p(\boldsymbol{v};\boldsymbol{\theta},\boldsymbol{\psi})=\sum_{k=1}^{K}P(C_k;\boldsymbol{\psi})p(\boldsymbol{v}|C_k;\boldsymbol{\theta}) \tag{5.310}$$

对于给定的由 M 个数据点 $\boldsymbol{v}_m$ 组成的数据集 $\mathscr{D}$，可以根据式（5.19）由边缘对数似然函数的最大化获得参数向量 $\boldsymbol{\theta}_{\mathrm{ML}}$ 和 $\boldsymbol{\psi}_{\mathrm{ML}}$：

$$\begin{aligned}\{\boldsymbol{\theta}_{\mathrm{ML}},\boldsymbol{\psi}_{\mathrm{ML}}\}&=\arg\max_{\boldsymbol{\theta},\boldsymbol{\psi}}\left\{\sum_{m=1}^{M}\ln(p(\boldsymbol{v}_m;\boldsymbol{\theta},\boldsymbol{\psi}))\right\}\\&=\arg\max_{\boldsymbol{\theta},\boldsymbol{\psi}}\left\{\sum_{m=1}^{M}\ln\left(\sum_{k=1}^{K}(p(\boldsymbol{v}_m|C_k;\boldsymbol{\theta})P(C_k;\boldsymbol{\psi})\right)\right\}\end{aligned} \tag{5.311}$$

式（5.311）中的似然函数称为边缘似然，因为随机变量 $y=\{C_1,\cdots,C_K\}$ 被边缘化了。求解式（5.311）中的优化问题是困难的，因为通过 K 个簇的总和导致了式（5.311）中参数 $\boldsymbol{\theta}$ 和 $\boldsymbol{\psi}$ 的耦合。

与监督学习的联系：高斯判别分析

这里需要提一下，在监督学习的情况下，即如果在数据集 $\mathscr{D}$ 中还包含每个数据点 $\boldsymbol{v}_m$ 所属的类别 c_k，则参数 $\boldsymbol{\theta}_{\mathrm{ML}}^{(\mathrm{superv})}$ 和 $\boldsymbol{\psi}_{\mathrm{ML}}^{(\mathrm{superv})}$ 会从概率密度函数 $p(\boldsymbol{v},c_k;\boldsymbol{\theta},\boldsymbol{\psi})=p(\boldsymbol{v}|c_k;\boldsymbol{\theta})P(c_k;\boldsymbol{\psi})$ 中出现而没有边缘化。最大化对数似然函数：

$$\begin{aligned}\{\boldsymbol{\theta}_{\mathrm{ML}}^{(\mathrm{superv})},\boldsymbol{\psi}_{\mathrm{ML}}^{(\mathrm{superv})}\}&=\arg\max_{\boldsymbol{\theta},\boldsymbol{\psi}}\left\{\sum_{m=1}^{M}\ln(p(\boldsymbol{v}_m,c_{z_m};\boldsymbol{\theta},\boldsymbol{\psi}))\right\}\\&=\arg\max_{\boldsymbol{\theta},\boldsymbol{\psi}}\left\{\sum_{m=1}^{M}\ln\left(p(\boldsymbol{v}_m|c_{z_m};\boldsymbol{\theta})\right)+\ln\left(P(c_{z_m};\boldsymbol{\psi})\right)\right\}\end{aligned} \tag{5.312}$$

式中，z_m 表示输入 $\boldsymbol{v}_m$ 的类别的索引，在这种情况下导致了参数 $\boldsymbol{\theta}$ 和 $\boldsymbol{\psi}$ 的解耦：

$$\boldsymbol{\theta}_{\mathrm{ML}}^{(\mathrm{superv})}=\arg\max_{\boldsymbol{\theta}}\left\{\sum_{m=1}^{M}\ln\left(p(\boldsymbol{v}_m\mid c_{z_m};\boldsymbol{\theta})\right)\right\};\quad \boldsymbol{\psi}_{\mathrm{ML}}^{(\mathrm{superv})}=\arg\max_{\boldsymbol{\psi}}\left\{\sum_{m=1}^{M}\ln\left(P(c_{z_m};\boldsymbol{\psi})\right)\right\} \tag{5.313}$$

对于 $p(\boldsymbol{v}_m\mid c_k)$ 被建模为期望值为参数 $\hat{\boldsymbol{\mu}}_k$，协方差为 $\hat{\boldsymbol{C}}_k$ 的高斯概率密度函数的常用情况，式（5.312）中优化问题的解是通过和式（2.95）一样设置拉格朗日函数得到的。这里 $\boldsymbol{\theta}=\{\boldsymbol{\theta}_1,\cdots,\boldsymbol{\theta}_K\}$，其中 $\boldsymbol{\theta}_k=(\hat{\boldsymbol{\mu}}_k,\hat{\boldsymbol{C}}_k)$，而 $\boldsymbol{\psi}=\{w_1,\cdots,w_K\}$，其中 $w_k=P(c_k;\boldsymbol{\psi})$。当 $w_k\geqslant 0$ 时，优化问题的相等条件为：

$$\sum_{k=1}^{K}w_k=1 \tag{5.314}$$

式中，w_k，$\hat{\boldsymbol{\mu}}_k$ 和 $\hat{\boldsymbol{C}}_k$ 的值是通过将拉格朗日函数的导数设置为零而得到的。对于类别 c_k 可得：

$$w_k=\frac{1}{M}\sum_{m=1}^{M}\delta(z_m,k),\quad \hat{\boldsymbol{\mu}}_k=\frac{\sum_{m=1}^{M}\delta(z_m,k)\boldsymbol{v}_m}{\sum_{m=1}^{M}\delta(z_m,k)},\quad \hat{\boldsymbol{C}}_k=\frac{\sum_{m=1}^{M}\delta(z_m,k)(\boldsymbol{v}_m-\hat{\boldsymbol{\mu}}_k)(\boldsymbol{v}_m-\hat{\boldsymbol{\mu}}_k)^{\mathrm{T}}}{\sum_{m=1}^{M}\delta(z_m,k)} \tag{5.315}$$

式中，$\delta(\cdot,\cdot)$ 如式（5.8）中所介绍的，是一个如果其自变量相等则值为 1，否则值为 0 的函数。现在可以使用式（5.315）中的参数确定后验概率：

$$P(c_k\mid\boldsymbol{v})=\frac{p(c_k,\boldsymbol{v};w_k,\hat{\boldsymbol{\mu}}_k,\hat{\boldsymbol{C}}_k)}{\sum_{\ell=1}^{K}p(c_\ell,\boldsymbol{v};w_\ell,\hat{\boldsymbol{\mu}}_\ell,\hat{\boldsymbol{C}}_\ell)}=\frac{p(\boldsymbol{v}\mid c_k;\hat{\boldsymbol{\mu}}_k,\hat{\boldsymbol{C}}_k)w_k}{\sum_{\ell=1}^{K}p(\boldsymbol{v}\mid c_\ell;\hat{\boldsymbol{\mu}}_\ell,\hat{\boldsymbol{C}}_\ell)w_\ell}=\frac{\mathcal{N}(\hat{\boldsymbol{\mu}}_k,\hat{\boldsymbol{C}}_k)w_k}{\sum_{\ell=1}^{K}\mathcal{N}(\hat{\boldsymbol{\mu}}_\ell,\hat{\boldsymbol{C}}_k)w_\ell} \tag{5.316}$$

从而将数据点 $\boldsymbol{v}_m$ 分配给具有最大后验概率的类别。这种类型的分类称为**高斯判别分析**。

用于求解式（5.311）中优化问题的最大期望算法

在无监督学习中，输入向量 $\boldsymbol{v}_m$ 没有属于的类别。式（5.311）中的优化问题的解比在监督学习中的解要复杂得多，因为没有像在监督学习中式（5.313）中的情况一样存在参数解耦。用于解决此优化问题的一种方法是**最大期望算法**。这是一种寻找非凸成本函数的局部最优值的方法。这是一种在统计模型中寻找参数的最大似然值的迭代方法，其中模型与不可观测变量（也被称为**潜变量**）有关。出发点是式（5.311），其中参数 $\boldsymbol{\theta}$ 和 $\boldsymbol{\psi}$ 组合成参数向量 $\boldsymbol{\phi}$，而 C_1，$\cdots$，C_K 被解释为潜在变量：

$$\boldsymbol{\phi}_{\mathrm{ML}}=\arg\max_{\boldsymbol{\phi}}\left\{\sum_{m=1}^{M}\ln(p(\boldsymbol{v}_m;\boldsymbol{\phi}))\right\}=\arg\max_{\boldsymbol{\phi}}\left\{\sum_{m=1}^{M}\ln\left(\sum_{k=1}^{K}p(\boldsymbol{v}_m,C_k;\boldsymbol{\phi})\right)\right\} \quad (5.317)$$

为了求解优化问题利用了以下事实：可以引入所谓的 Q 函数作为 $\boldsymbol{\phi}$ 的函数，它表示式（5.317）中边缘对数似然函数的下界，并且其最大化使得 $\boldsymbol{\phi}$ 的值接近于 $\boldsymbol{\phi}_{\mathrm{ML}}$。选择完全对数似然函数的期望值 $\sum_{m-1}^{M}\ln(p(\boldsymbol{v}_m,C_{z_m};\boldsymbol{\phi}))$ 作为 Q 函数，其中 z_m 是属于数据点 $\boldsymbol{v}_m$ 的潜变量 C_{z_m} 的索引：

$$\begin{aligned}Q(\boldsymbol{\phi};\boldsymbol{\phi}^{(n)})&=\sum_{m=1}^{M}\mathrm{E}_{z|\boldsymbol{v}_m;\boldsymbol{\phi}^{(n)}}\{\ln(p(\boldsymbol{v}_m,C_{z_m};\boldsymbol{\phi}))\}\\&=\sum_{m=1}^{M}\sum_{k=1}^{K}P(z_m=k\mid\boldsymbol{v}_m;\boldsymbol{\phi}^{(n)})\ln(p(\boldsymbol{v}_m,C_k;\boldsymbol{\phi}))\end{aligned} \quad (5.318)$$

式（5.318）中的项 $P(z_m=k\mid\boldsymbol{v}_m;\boldsymbol{\phi}^{(n)})$ 可以解释为具有参数 $\boldsymbol{\phi}^{(n)}$ 的当前模型有多相信属于 $\boldsymbol{v}_m$ 的潜变量值为 C_k 的度量。当属于 $\boldsymbol{v}_m$ 的潜变量值为 C_k 时，式（5.318）中的项 $\ln(p(\boldsymbol{v}_m,C_{z_m};\boldsymbol{\phi}))$ 是对数似然函数。最大期望算法使用已经在 K 均值算法中引入的块坐标下降法来最大化 $Q(\boldsymbol{\phi};\boldsymbol{\phi}^{(n)})$。在第一步中，即所谓的“期望步骤”或“E 步骤”中，使用当前参数 $\boldsymbol{\phi}^{(n)}$ 从方程（5.318）中计算概率 $P(z_m=k\mid\boldsymbol{v}_m;\boldsymbol{\phi}^{(n)})$，并因此确定了 Q 函数 $Q(\boldsymbol{\phi};\boldsymbol{\phi}^{(n)})$。概率 $P(z_m=k\mid\boldsymbol{v}_m;\boldsymbol{\phi}^{(n)})$的计算如式（5.320）所示。在随后的“最大化步骤”或“M 步骤”中，通过最大化 E 步骤中所确定的 Q 函数来重新计算参数$\boldsymbol{\phi}$：

$$\boldsymbol{\phi}^{(n+1)}=\arg\max_{\boldsymbol{\phi}}\{Q(\boldsymbol{\phi};\boldsymbol{\phi}^{(n)})\} \quad (5.319)$$

在一个迭代方法中，在随机初始化参数向量 $\boldsymbol{\phi}$之后依次进行 E 步骤和 M 步骤，直到出现收敛，即参数向量 $\boldsymbol{\phi}^{(n+1)}$ 和 $\boldsymbol{\phi}^{(n)}$ 近似相同。

最大期望算法：将数据点分配给簇

在计算参数向量 $\boldsymbol{\phi}$（其中组合了来自式（5.309）的参数向量 $\boldsymbol{\theta}$ 和 $\boldsymbol{\psi}$）之后，可以借助贝叶斯定理计算数据点 $\boldsymbol{v}$ 与簇 C_k 的从属关系：

$$P(C_k\mid\boldsymbol{v})=\frac{p(\boldsymbol{v},C_k;\boldsymbol{\theta},\boldsymbol{\psi})}{p(\boldsymbol{v};\boldsymbol{\theta},\boldsymbol{\psi})}=\frac{P(C_k;\boldsymbol{\psi})p(\boldsymbol{v}\mid C_k;\boldsymbol{\theta})}{\sum_{\ell=1}^{K}P(C_\ell;\boldsymbol{\psi})p(\boldsymbol{v}\mid C_\ell;\boldsymbol{\theta})} \quad (5.320)$$

为了进行聚类，现在将来自 $\mathscr{D}$ 的每个点 $\boldsymbol{v}_m$ 分配给概率 $P(C_k\mid\boldsymbol{v}_m)$ 最高的簇 C_k。

最大期望算法特例：高斯混合模型

在高斯混合模型中考虑的是特殊情况，其中 K 个期望值为 $\boldsymbol{\mu}_k$ 和协方差矩阵 $\boldsymbol{C}_k$ 为的概率密度函数 $p(\boldsymbol{v}\,|\,C_k)$ 是高斯概率密度函数：

$$p(\boldsymbol{v}\,|\,C_k;\boldsymbol{\theta}) \sim \mathcal{N}(\boldsymbol{\mu}_k,\boldsymbol{C}_k) \tag{5.321}$$

需要注意的是，C_k 表示的是第 k 个簇，$\boldsymbol{C}_k$ 表示的是 $p(\boldsymbol{v}\,|\,C_k)$ 的协方差矩阵。要确定的参数是 $\boldsymbol{\theta}=\{\boldsymbol{\theta}_1,\cdots,\boldsymbol{\theta}_K\}$，其中 $\boldsymbol{\theta}_k=(\boldsymbol{\mu}_k,\boldsymbol{C}_k)$，而 $\boldsymbol{\psi}=\{w_1,\cdots,w_K\}$，其中 $w_k=P(C_k;\boldsymbol{\psi})$。因此，参数向量 $\boldsymbol{\phi}$ 包含参数 $\boldsymbol{\mu}_1,\cdots,\boldsymbol{\mu}_k,\boldsymbol{C}_1,\cdots,\boldsymbol{C}_k$ 和 $w_1,\cdots,w_K$。

在 E 步骤中，如方程（5.320）所示，首先计算后验概率 $P(z_m=k\,|\,\boldsymbol{v}_m;\boldsymbol{\phi}^{(n)})$ 以便能够计算 Q 函数：

$$\begin{aligned}P(z_m=k\,|\,\boldsymbol{v}_m;\boldsymbol{\phi}^{(n)}) &= \frac{p(z_m=k,\boldsymbol{v}_m;\boldsymbol{\phi}^{(n)})}{\sum_{\ell=1}^{K}p(z_m=\ell,\boldsymbol{v}_m;\boldsymbol{\phi}^{(n)})} = \frac{p(\boldsymbol{v}_m\,|\,z_m=k;\boldsymbol{\phi}^{(n)})P(z_m=k;\boldsymbol{\phi}^{(n)})}{\sum_{\ell=1}^{K}p(\boldsymbol{v}_m\,|\,z_m=\ell;\boldsymbol{\phi}^{(n)})P(z_m=\ell;\boldsymbol{\phi}^{(n)})}\\ &= \frac{p(\boldsymbol{v}_m\,|\,C_k;\boldsymbol{\mu}_k^{(n)},\boldsymbol{C}_k^{(n)})P(C_k;\boldsymbol{\psi}^{(n)})}{\sum_{\ell=1}^{K}p(\boldsymbol{v}_m\,|\,C_\ell;\boldsymbol{\mu}_\ell^{(n)},\boldsymbol{C}_\ell^{(n)})P(C_\ell;\boldsymbol{\psi}^{(n)})} = \frac{p(\boldsymbol{v}_m\,|\,C_k;\boldsymbol{\mu}_k^{(n)},\boldsymbol{C}_k^{(n)})w_k^{(n)}}{\sum_{\ell=1}^{K}p(\boldsymbol{v}_m\,|\,C_\ell;\boldsymbol{\mu}_\ell^{(n)},\boldsymbol{C}_\ell^{(n)})w_\ell^{(n)}}\end{aligned} \tag{5.322}$$

Q 函数为：

$$\begin{aligned}Q(\boldsymbol{\phi};\boldsymbol{\phi}^{(n)}) &= \sum_{m=1}^{M}\sum_{k=1}^{K}P(z_m=k\,|\,\boldsymbol{v}_m;\boldsymbol{\phi}^{(n)})\ln(p(\boldsymbol{v}_m,C_k;\boldsymbol{\phi}))\\ &= \sum_{m=1}^{M}\sum_{k=1}^{K}P(z_m=k\,|\,\boldsymbol{v}_m;\boldsymbol{\phi}^{(n)})\ln(P(z_m=k;\boldsymbol{\phi})p(\boldsymbol{v}_m\,|\,z_m=k;\boldsymbol{\phi}))\\ &= \sum_{m=1}^{M}\sum_{k=1}^{K}P(z_m=k\,|\,\boldsymbol{v}_m;\boldsymbol{\phi}^{(n)})\ln(P(C_k;\boldsymbol{\psi})p(\boldsymbol{v}_m\,|\,C_k;\boldsymbol{\mu}_k,\boldsymbol{C}_k))\\ &= \sum_{m=1}^{M}\sum_{k=1}^{K}P(z_m=k\,|\,\boldsymbol{v}_m;\boldsymbol{\phi}^{(n)})\ln\left(w_k\frac{1}{(\det\{2\pi\boldsymbol{C}_k\})^{\frac{1}{2}}}\mathrm{e}^{-\frac{1}{2}(\boldsymbol{v}_m-\boldsymbol{\mu}_k)^{\mathrm{T}}\boldsymbol{C}_k^{-1}(\boldsymbol{v}_m-\boldsymbol{\mu}_k)}\right)\end{aligned} \tag{5.323}$$

在 M 步骤中，应相对于 $\boldsymbol{\phi}$，即 $\boldsymbol{\mu}_1,\ldots,\boldsymbol{\mu}_k$，$\boldsymbol{C}_1,\ldots,\boldsymbol{C}_k$ 和 $w_1,\ldots,w_K$，最大化 Q 函数。类似于习题 5.3，使得 $Q(\boldsymbol{\phi};\boldsymbol{\phi}^{(n)})$ 最大化的参数 $\boldsymbol{\mu}_k^{(n+1)}$ 是通过将导数设置为零而得到的：

$$\frac{\partial Q(\boldsymbol{\phi};\boldsymbol{\phi}^{(n)})}{\partial\boldsymbol{\mu}_k}\overset{!}{=}\mathbf{0}，\text{结果可得}\quad \boldsymbol{\mu}_k^{(n+1)}=\frac{\sum_{m=1}^{M}P(z_m=k\,|\,\boldsymbol{v}_m;\boldsymbol{\phi}^{(n)})\boldsymbol{v}_m}{\sum_{m=1}^{M}P(z_m=k\,|\,\boldsymbol{v}_m;\boldsymbol{\phi}^{(n)})} \tag{5.324}$$

其中使用了式（5.322）中的值 $P(z_m = k \mid \boldsymbol{v}_m; \boldsymbol{\phi}^{(n)})$。值 $\boldsymbol{\mu}_k^{(n+1)}$ 可以解释为 $\mathscr{D}$ 中所有的数据点的加权平均值，其中每个数据点 $\boldsymbol{v}_m$ 的相应权重表示的是其根据当前模型源来自第 k 个高斯概率密度函数的比例。类似于习题 5.3，可得最大化 $Q(\boldsymbol{\phi};\boldsymbol{\phi}^{(n)})$ 的参数 $\boldsymbol{\mu}_k^{(n+1)}$：

$$\boldsymbol{C}_k^{(n+1)} = \frac{\sum_{m=1}^{M} P(z_m = k \mid \boldsymbol{v}_m; \boldsymbol{\phi}^{(n)})(\boldsymbol{v}_m - \boldsymbol{\mu}_k^{(n+1)})(\boldsymbol{v}_m - \boldsymbol{\mu}_k^{(n+1)})^{\mathrm{T}}}{\sum_{m=1}^{M} P(z_m = k \mid \boldsymbol{v}_m; \boldsymbol{\phi}^{(n)})} \tag{5.325}$$

其中在这里也使用了式（5.322）中的值 $P(z_m = k \mid \boldsymbol{v}_m; \boldsymbol{\phi}^{(n)})$。最后，还必须计算使得 $Q(\boldsymbol{\phi};\boldsymbol{\phi}^{(n)})$ 最大化的参数 w_k，为此必须考虑到等式条件

$$\sum_{k=1}^{K} w_k = 1, \quad \text{其中} \quad w_k \geqslant 0 \tag{5.326}$$

因为 $w_k = P(C_k;\boldsymbol{\psi})$，可以使用第 2.2 章的拉格朗日方法进行优化。拉格朗日函数为

$$L(\boldsymbol{\phi},\lambda) = Q(\boldsymbol{\phi};\boldsymbol{\phi}^{(n)}) + \lambda\left(\sum_{k=1}^{K} w_k\right) \tag{5.327}$$

$w_k^{(n+1)}$ 是通过将拉格朗日函数的导数设置为 w_k 为零来确定的

$$\frac{\partial L(\boldsymbol{\phi},\lambda)}{\partial w_k} = \sum_{m=1}^{M} P(z_m = k \mid \boldsymbol{v}_m; \boldsymbol{\phi}^{(n)}) \frac{1}{w_k} + \lambda \stackrel{!}{=} 0 \tag{5.328}$$

因此我们可以得到 $w_k^{(n+1)}$ 的表达式

$$w_k^{(n+1)} = -\frac{1}{\lambda} \sum_{m=1}^{M} P(z_m = k \mid \boldsymbol{v}_m; \boldsymbol{\phi}^{(n)}) \tag{5.329}$$

考虑到式（5.326），即所有 K 个参数 $w_k^{(n+1)}$ 的和的值为 1，式（5.329）导致

$$-\lambda = \sum_{k=1}^{K}\sum_{m=1}^{M} P(z_m = k \mid \boldsymbol{v}_m; \boldsymbol{\phi}^{(n)}) = \sum_{m=1}^{M}\sum_{k=1}^{K} P(z_m = k \mid \boldsymbol{v}_m; \boldsymbol{\phi}^{(n)}) = \sum_{m=1}^{M} 1 = M \tag{5.330}$$

将 λ 的这一数值代入式（5.329），可以得到

$$w_k^{(n+1)} = \frac{1}{M} \sum_{m=1}^{M} P(z_m = k \mid \boldsymbol{v}_m; \boldsymbol{\phi}^{(n)}) \tag{5.331}$$

式（5.324）、式（5.325）和式（5.331）表示高斯混合模型的式（5.319）的 M 步骤。

在高斯混合模型中，通常使用K均值算法进行初始化，并将得到的聚类中心作为预期值 $\boldsymbol{\mu}_k^{(0)}$ 的初始值。请注意，在K均值算法中，每个数据点 v 都被分配到一个聚类中，而在高斯混合模型中，则需计算每个数据点 v 属于 K 个聚类的概率 $\mathrm{P}(C_k \mid v)$。

高斯混合模型和K均值算法之间的联系

如果选择所有 K 个集群的协方差 $\boldsymbol{C}_k = \sigma^2 \boldsymbol{I}$ 和所有 $w_k = 1/K$，高斯混合模型中会出现一个有趣的特例。式（5.322）变为

$$\mathrm{P}(z_m = k \mid \boldsymbol{v}_m; \boldsymbol{\phi}^{(n)}) = \frac{\mathrm{e}^{-\frac{1}{2\sigma^2}\left\|\boldsymbol{v}_m - \boldsymbol{\mu}_k^{(n)}\right\|_2^2}}{\sum_{\ell=1}^{K} \mathrm{e}^{-\frac{1}{2\sigma^2}\left\|\boldsymbol{v}_m - \boldsymbol{\mu}_\ell^{(n)}\right\|_2^2}} \tag{5.332}$$

如果在这种情况下，σ^2接近零，式（5.333）导致

$$\mathrm{P}(z_m = k \mid \boldsymbol{v}_m; \boldsymbol{\phi}^{(n)}) = \begin{cases} 1 & \text{当} k = \arg\min\limits_{\ell} \left\{\left\|\boldsymbol{v}_m - \boldsymbol{\mu}_\ell^{(n)}\right\|_2^2\right\} \\ 0 & \text{其他} \end{cases} \tag{5.333}$$

用式（5.324）和式（5.333）计算聚类中心，作为各聚类中数据点 $\boldsymbol{v}_m$ 的平均值。因此，$\sigma^2 \to 0$ 的高斯混合模型是一种以欧氏规范为距离测量的K均值算法。

高斯混合模型的应用

高斯混合模型被用于各种应用中。在车辆安全和自动驾驶领域，在跟踪多个物体时，它们经常被用于环境传感器的信号处理。聚类的数量 K 和它们的期望值 $\boldsymbol{\mu}_k$ 代表车辆环境中的物体和它们的位置。

其他基于模型的集群方法

COBWEB[Fis87]、CLASSIT[GLF89] 和 Self-Organising Maps[Koh82] 等算法也被算作基于模型的聚类方法。

分层集群方法

层次聚类方法是基于相似性的方法。每个聚类包含的数据点都比其他聚类的数据点更接近。其目的是将聚类结构构建为一棵树，始终以最小的距离合并聚类。这种树状结构被称为**树状图**，代表了 D 中的数据被层层分解为越来越小的子集。在树状图中，根代表 D 中的所有数据点，叶子代表单个数据点 v_m，内部节点各代表一个由下面子树的所有数据点组成的簇。分层聚类有两种方法：

聚拢式聚类和分裂式聚类。在聚拢式聚类中，我们从树的叶子开始，一直到树根，而在分裂式聚类中，我们从树根开始，一直到树叶。因此，聚拢式聚类是一个自下而上的程序，而分裂式聚类是一个自上而下的程序。

分层聚类方法的一个主要优点是，与 K 均值或高斯混合模型相比，聚类的数量不需要事先确定。在建立了树状结构后，可以确定有多少个集群要用于各自的任务。这是通过在适当的高度切断树状结构来完成的。通常，当两个集群合并时，人们会寻找距离大幅跳跃的地方。层次聚类方法的一个缺点是构建树结构时可能出现的错误分配不能在以后纠正。

凝聚聚类方法

凝聚聚类方法的基本算法，也称为 AGNES，包括以下步骤：

1）最初，在树的叶子中，来自 D 的所有数据点 $\boldsymbol{v}_m$ 都是簇，并计算所有对之间的距离（或相似度）。

2）具有最小距离（或最大相似性）的两个集群合并为一个新集群。

3）计算新集群与所有其他集群的距离（或相似度）。

4）重复步骤 2）和 3），直到只剩下一个簇，即树的根。

我们定义聚类之间的最小距离，不同的距离会导致不同的聚类结果。最常用的簇间距离是单联动距离和完全联动距离。如果我们用 $d(\boldsymbol{v}_m,\boldsymbol{v}_\ell)$ 表示数据点 $\boldsymbol{v}_m$ 和 $\boldsymbol{v}_\ell$ 在 D 中的距离（或异同），那么两个聚类 C_i 和 C_j 之间的单链路距离为

$$d_{\mathrm{SL}}(C_i,C_j)=\min_{\boldsymbol{v}_m\in C_i,\boldsymbol{v}_\ell\in C_j}\{d(\boldsymbol{v}_m,\boldsymbol{v}_\ell)\} \tag{5.334}$$

两个群集 C_i 和 C_j 之间的完全联动距离为

$$d_{\mathrm{CL}}(C_i,C_j)=\max_{\boldsymbol{v}_m\in C_i,\boldsymbol{v}_\ell\in C_j}\{d(\boldsymbol{v}_m,\boldsymbol{v}_\ell)\} \tag{5.335}$$

使用单链路距离会导致具有较大分散性的集群，使用完全链路距离则会导致紧凑的集群。

如果 D 总共有 M 个数据点，那么在聚类方法中，每次迭代都有 $O(M^2)$ 种分组的可能性，这就导致了 $O(M^3)$ 的复杂性。然而，如果使用单链路距离或完全链路距离作为距离函数，有一些有效的算法，如 SLINK 或 CLINK，它们的复杂度只有 $O(M^2)$。

分裂聚类法

分裂聚类的基本算法，也称为 DIANA，是：

1）从包含所有数据点的集群开始。

2）计算所有簇的直径。直径是集群内所有数据点的最大距离（或相异度）。

3）直径最大的簇被分成两个簇。为此，确定集群中与所有其他对象具有最大平均距离或相异性的数据点。它构成了新集群的核心。

4）比剩余数据点更接近新集群的每个数据点都被分配给新集群。

5）重复步骤2）~4），直到所有集群只包含一个数据点。

由于将一个有 M 个元素的集合分成两部分总共有 2^{M-1} 种方法，所以分裂式聚类方法需要一种启发式的划分方法。在DIANA算法中，通过步骤2）~4）实现了启发式算法。

其他层次聚类方法

分层聚类算法的其他例子有BIRCH[ZRL96]、CURE[GRS98]、Cameleon[KHK99]、ROCK[GRS99]、MONA[Kau05]或HDBSCAN[CMS13]。

基于概率的聚类方法

基于概率的聚类方法是基于特征的方法。聚类被理解为 N 维空间中数据点相近的区域。聚类是由数据点不太靠近的区域分开的。引入了局部点密度的概念，对于集群中的每个数据点，局部点密度必须高于一个阈值。此外，还要求分配给一个聚类的数据点集合在空间上是连续的。著名的基于概率的聚类方法有DBSCAN[EKSX96]、DENCLUE[HK98]和OP-TICS[ABKS99]。

基于网格的聚类方法

基于网格的聚类方法是基于特征的方法。基本算法是：

1）网格跨越 N 维空间。

2）D 中的每个数据点都分配给一个网格单元，并计算每个网格单元中的点密度。

3）点密度低于某个阈值的网格单元被删除。

4）集群由具有高点密度的网格单元的连接组形成，此步骤通常通过最小化成本函数来实现。

知名的基于网格的聚类方法包括STING[WYM97]、WaveClus-ter[SCZ98]或CLIQUE[AGGR98]。

谱聚类

与迄今为止所介绍的方法不同的聚类方法是通过所谓的光谱聚类来实现的。这是一种基于相似性的方法，是基于图像的。要聚类的 D 的 M 个数据点 $\boldsymbol{v}_m \in \mathbb{R}^N$ 被看作是一个图的节点。节点之间的边是用各自数据点之间的距离（或

差异）来加权的。图的拉普拉斯矩阵 $\boldsymbol{L}$ 描述了图的节点和边的关系，因此可以计算出

$$\boldsymbol{L}=\boldsymbol{D}-\boldsymbol{W} \tag{5.336}$$

式中，$\boldsymbol{D}$ 是 $M\times M$ 的度数矩阵，$\boldsymbol{W}$ 是 $M\times M$ 的权重矩阵。程度矩阵是一个对角线矩阵，其对角线条目表示与每个节点相邻的边的数量。权重矩阵是加权邻接矩阵，表示边上的权重，即节点之间的距离（或不相似性）。拉普拉斯矩阵是一个对称的半正定矩阵，所有的特征值都是实值，并且大于或等于零。谱系聚类的步骤是：

1）图被缩小，也就是说，对应于各自数据点 $\boldsymbol{v}_m$ 和 $\boldsymbol{v}_\ell$ 的距离的权重过大的边被移除，以获得一个稀疏的权重矩阵 $\boldsymbol{W}$。

2）拉普拉斯矩阵按照式（5.336）的描述进行计算，并对其进行特征值分解。

3）特征向量 $\boldsymbol{u}_1$，…，$\boldsymbol{u}_K$，其中 $\boldsymbol{u}_k\in\mathbb{R}^M$ 到 K 最大的特征值被选择并排列在矩阵 $\boldsymbol{U}^{M\times K}$ 中。

4）矩阵 $\boldsymbol{U}$ 的 M 行被解释为空间 $\mathbb{R}^K$ 中的新数据点 q_m。

5）M 个点 q_m 用一个分区程序进行聚类。数据点 v_m 在所产生的聚类中的分配是由指数给出的。

谱系聚类的名称基于特征值分解是该算法的核心步骤，矩阵的特征值也被称为谱系。我们可以把矩阵 $\boldsymbol{L}$ 的生成理解为一个预处理步骤，从而把 $\boldsymbol{L}$ 的第 m 列解释为 $\boldsymbol{D}$ 的第 m 个数据点 $v_m\in\mathbb{R}^N$ 在 M 维空间中的表示。在这种解释中，$\boldsymbol{D}$ 中第 m 个数据点的新特征是 $\boldsymbol{L}$ 中第 m 个列向量的元素。基于这种理解，光谱聚类可以被看作是一种投影方法。$\boldsymbol{D}$ 中的每个数据点都从其 M 维表示投射到一个较低维的空间，即只有 K 维的谱域，在这个空间中，更容易进行分区聚类。利用这种投影，可以用分区方法（如 K 均值算法），找到原始空间中具有非凸边界的聚类。关于光谱聚类的进一步细节和方法的变种可以在文献 [WK18] 中找到。

5.6.2 随机森林的无监督学习

随机森林算法也适用于无监督学习方法。这方面的基本思路在文献 [Bre02] 中提出。如第 5.4.1 小节所示，每个节点中的不纯度数量需要用于训练决策树，并且需要将输入数据映射到类以计算不纯度。这种分配在无监督学习中不存在，因此寻求一种替代方法来应用随机森林算法。D 中的所有 M 个数据点 $\boldsymbol{v}_m$ 都被分配到 c_1 类，人工生成 M 个新的数据点，被分配到 c_2 类。文献 [Bre02] 的提议设想以这样一种方式生成人工生成的数据点：对于 N 个特征中的每一个，独立于其他特征，从一维边际概率密度函数 $p(v_n)$ 中对 M 个实现进行采样完成了。最简

单的方法是从 D 中的第一个特征的 M 个可能值中随机抽取 M 次用于第一个特征。第 2 个特征是从 D 中第 2 个特征的 M 个可能值中随机采样 M 次。这个过程是针对 N 个特征中的每一个实现的，结果是 M 个新的数据向量 $\boldsymbol{v}_\ell$，与 D 中的 M 个数据向量 $\boldsymbol{v}_m$ 相比，每个数据向量的单个 N 个特征之间没有统计耦合。因此，M 个人工生成的数据向量可以理解为 M 个独立多元随机变量的实现，该多元随机变量的第 n 个元素的概率密度函数等于数据集 D 中存在的第 n 个随机变量的单变量概率密度函数。使用该方法生成了具有 $2M$ 个数据点的数据集 D'，其中 M 个数据点源自原始数据集 D，并带有标签 c_1。剩下的 M 个人工生成的数据点被分配给 c_2 类，因此现在可以训练用于 2 类问题的随机森林分类器，如第 5.5 小节所述。图 5.67 可视化了数据集 $\mathscr{D}'$ 的创建，用于训练随机森林分类器。如果我们现在从第 5.5.1 小节计算训练后的随机森林的袋外误差，您可以使用此估计来查看原始数据集 D 中的数据点中是否存在可用于聚类的统计关系。如果袋外误差有一个很大的值（在文献 [Bre02] 中阈值是 40%），我们可以得出结论，D 中的数据与人工数据集中的数据具有类似的分布，即由 N 个独立的单变量随机变量组成。然而，如果袋外误差较小，学习到的随机森林分类器可以用来计算 D 中所有数据向量对（$\boldsymbol{v}_{m_1}$，$\boldsymbol{v}_{m_2}$）的 5.5.3 小节中的接近度，这将产生一个 $M\times M$ 的对称相似性矩阵，或者，如果使用式（5.293），则产生一个异质性矩阵，它可以作为 5.6.1 小节中介绍的基于相似性的聚类方法的起点。这个 $M\times M$ 的相似性或差异性矩阵的最大优点是，D 的各个 M 个数据点之间的邻接关系是由随机森林算法产生的，因此是数据自适应的。

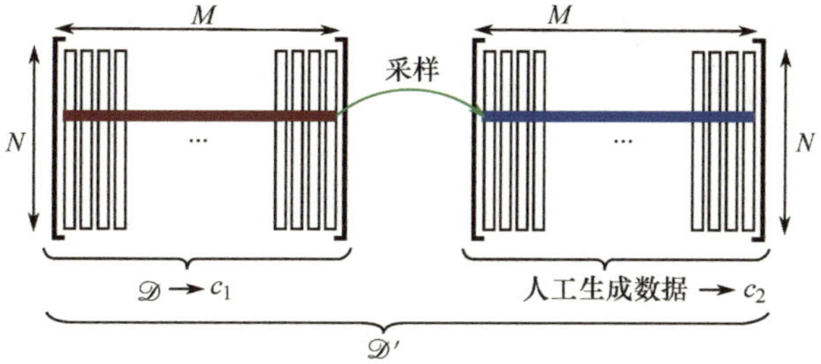

图 5.67　通过添加人工数据集，将无监督学习任务转化为有监督学习任务

使用决策树进行无监督学习的进一步方法和随机森林方法的扩展可以在文献 [LXY00]、[CSK12]、[PKZ13] 和 [KWB18] 中找到。在文献 [LXY00] 和文献 [KWB18] 的方法中，有一种变体，即不明确地生成人工数据集，但在每个决策树的每个节点中，只需确定一个区间内给定的概率密度函数（例如均匀分布）的点的数量，只要该节点中来自 D 的数据点总数与 c_2 类的代表一样多即可。

文献 [Bre02] 提出的方法的另一个有趣的扩展可以在文献 [KWM+19] 中找到。两个数据点（$\boldsymbol{v}_{m_1}$，$\boldsymbol{v}_{m_2}$）的相似度不是选择为接近度，而是作为路径接近度。

路径接近度是随机森林中所有决策树在遍历决策树时对两个输入点的公共路径长度归一化后的平均值。这种相似性度量的优点是，两个数据点$\boldsymbol{v}_{m_1}$和$\boldsymbol{v}_{m_2}$的相似性不仅在它们最终出现在决策树的同一片叶子上时被递增，而且在穿越决策树时两个路径的一部分是相同的。共同部分越大，相似性的增量就越大。通过这种方式，得到了一个稳健的相似性度量，可用于基于相似性的聚类。

5.6.3 自编码器

自编码器是用于无监督学习的人工神经网络，用于实现对数据集 $\mathscr{D}$ 的有效编码或压缩、寻找数据中的代表性特征或产生生成式模型。在无监督学习的背景下，后者意味着训练出的模型能够生成与 $\mathscr{D}$ 的数据非常相似的新数据。关于自编码器的早期工作可以在文献 [LeC87]、[GLTFS87] 和 [HZ94] 中找到。

自编码器的学习任务是将输入 $\boldsymbol{v}\in\mathbb{R}^N$ 映射到一个潜在的，即不可观察的表示空间内，$z\in\mathbb{R}^{N_{\text{red}}}$，然后从这个空间返回到 $\mathbb{R}^N$ 中的原始空间。因此，对于自编码器来说，输出应该等于输入，但所进行的映射是通过输入的潜变量导致的。因为要使输出等于输入，这是无监督学习，即不需要 D 的数据向量 $\boldsymbol{v}_m$ 的目标值 y_m，目标值是数据向量 $\boldsymbol{v}_m$ 本身。训练可以用第 5.2 章中提出的方法来实现，即用梯度下降法。图 5.68 显示了自编码器的架构。

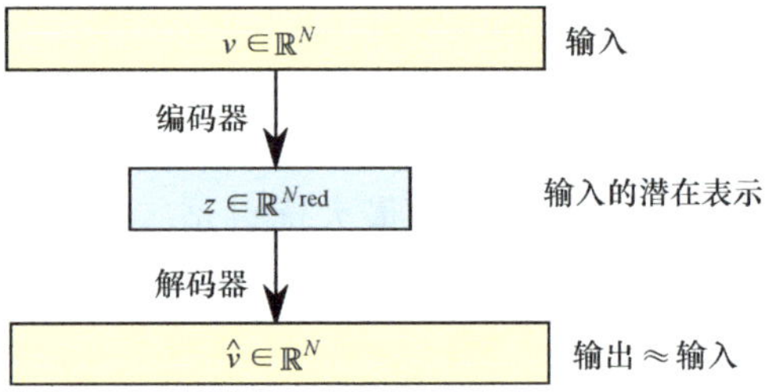

图 5.68 自编码器的架构

从 $\boldsymbol{v}$ 到 $\boldsymbol{z}$ 的映射由所谓的编码器实现，从 $\boldsymbol{z}$ 到 $\hat{\boldsymbol{v}}$ 的映射由所谓的解码器实现。

潜变量一词已经在第 5.6.1 小节中与基于模型的聚类方法中的混合分布联系起来介绍过。那里是一个离散潜变量 C_1，…，C_K，而在自编码器中，表示 $\boldsymbol{z}$ 通常是一个连续的潜变量。$\boldsymbol{z}$ 的维度 N_{red} 被选择为小于 $\boldsymbol{v}$ 的维度 N，这样编码器就能学会从 $\boldsymbol{v}$ 中提取最重要的特征。这句话背后的假设是，降维迫使自编码器只保留输入数据的相关方面，因为它还必须从这些方面重建原始数据。因此，我们可以把 $\boldsymbol{z}$ 解释为输入 $\boldsymbol{v}$ 的压缩编码。

如果我们用 f 表示编码器的映射，用 g 表示解码器的映射，自编码器的学习过程可以被表述为 $\boldsymbol{v}$ 和 $g(f(\boldsymbol{v}))$ 之间损失函数的最小化

$$\{f,g\}=\underset{f',g'}{\arg\min}\{E_{\boldsymbol{v}}\{\mathscr{L}(\boldsymbol{v},g'(f'(\boldsymbol{v})))\}\}\quad 其中\ \boldsymbol{z}=f'(\boldsymbol{v}),\quad 和\quad \hat{\boldsymbol{v}}=g'(\boldsymbol{z}) \tag{5.337}$$

通常，选择二次误差作为损失函数 $\mathscr{L}(\boldsymbol{v},\hat{\boldsymbol{v}})$

$$\mathscr{L}(\boldsymbol{v},\hat{\boldsymbol{v}}) = \|\boldsymbol{v}-\hat{\boldsymbol{v}}\|_2^2 \tag{5.338}$$

类似于监督学习的程序，在这里使用式（5.9）中的经验风险 $R_{\text{emp}}(f,D)$ 而不是风险 $R(f)$，损失函数的期望值是在 D 的数据点的平均值的帮助下近似的。为了避免对 D 的数据点过度拟合，还必须注意自编码器限制映射 f 和 g 的复杂性。这方面在 5.1.10 小节中讨论过，并在图 5.12 中得到了直观的体现。如果映射 f 取决于参数 $\boldsymbol{\theta}_E$，映射 g 取决于参数 $\boldsymbol{\theta}_D$，训练自编码器就相当于找到参数 $\boldsymbol{\theta}_E$ 和 $\boldsymbol{\theta}_D$，目的是解决式（5.337）的优化任务。这通常与人工神经网络的梯度下降法的实现方式相同。

图 5.69 显示了一个带有隐藏层的自编码器。

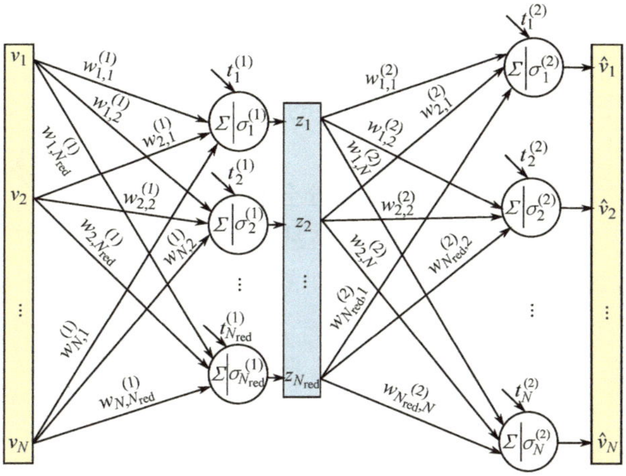

图 5.69　具有一个隐藏层的自编码器：编码器由 $f(\boldsymbol{v})=\boldsymbol{\sigma}(\boldsymbol{W}^{(1)}\boldsymbol{v}+\boldsymbol{t}^{(1)})=\boldsymbol{z}$ 实现，解码器由 $g(\boldsymbol{z})=\boldsymbol{\sigma}(\boldsymbol{W}^{(2)}\boldsymbol{z}+\boldsymbol{t}^{(2)})=\hat{\boldsymbol{v}}$实现

编码器在这里通过映射 $f(\boldsymbol{v})=\boldsymbol{\sigma}(\boldsymbol{W}^{(1)}\boldsymbol{v}+\boldsymbol{t}^{(1)})=\boldsymbol{z}$ 实现，解码器通过映射 $g(\boldsymbol{z})=\boldsymbol{\sigma}(\boldsymbol{W}^{(2)}\boldsymbol{z}+\boldsymbol{t}^{(2)})=\hat{\boldsymbol{v}}$ 实现。因此，$\boldsymbol{\sigma}(\bullet)$，如第 5.2.1 小节，通常为非线性函数。因此参数 $\boldsymbol{\theta}_E$ 包括矩阵 $\boldsymbol{W}^{(1)}$ 和向量 $\boldsymbol{t}^{(1)}$。在这种情况下，参数 $\boldsymbol{\theta}_D$ 包括矩阵 $\boldsymbol{W}^{(2)}$ 和矢量 $\boldsymbol{t}^{(2)}$。如果选择 $\boldsymbol{\theta}_D=\boldsymbol{\theta}_E$，则称之为权重绑定。如果自编码器有一个以上的隐藏层，它们通常被称为堆叠自编码器。

线性自编码器和主成分分析

在最简单的情况下，编码器可以通过线性映射实现，即一个矩阵 $\boldsymbol{F}\in\mathbb{R}^{N_{\text{red}}\times N}$，解码器也可以通过线性映射实现，即一个矩阵 $\boldsymbol{G}\in\mathbb{R}^{N\times N_{\text{red}}}$，其中 $N_{\text{red}}<N$。对于这种情况满足

$$z = Fv,\quad \hat{v} = Gz \quad 因此 \quad \hat{v} = GFv \tag{5.339}$$

输出 $\hat{\boldsymbol{v}}$ 位于矩阵 $\boldsymbol{G}$ 的列空间中，即位于 $\mathbb{R}^N$ 的 N_{red} 维子空间 $\mathcal{R}$ 中。为了使输出 $\hat{\boldsymbol{v}}$ 与输入 v 尽可能相似，选择式（5.338）的平方误差作为确定编码器 $\boldsymbol{F}$ 和解码器 $\boldsymbol{G}$ 的成本函数。对于 D 的所有 M 个数据点 $\boldsymbol{v}_m$ 来说，这个成本函数的最小化对应于数据点投射到 $\mathbb{R}^N$ 的 N_{red} 维子空间 $\mathcal{R}$ 后的方差最大化。这可以借助于正交原理或从图 5.70 中的毕达哥拉斯定理看出

$$\underbrace{\frac{1}{M}\sum_{m=1}^{M}\|\boldsymbol{v}_m - \hat{\boldsymbol{v}}_m\|_2^2}_{估计平方误差} = \underbrace{\frac{1}{M}\sum_{m=1}^{M}\|\boldsymbol{v}_m - \boldsymbol{\mu}\|_2^2}_{不变的} - \underbrace{\frac{1}{M}\sum_{m=1}^{M}\|\hat{\boldsymbol{v}}_m - \boldsymbol{\mu}\|_2^2}_{数据点投影到R子空间后的估计方差} \tag{5.340}$$

式中，$\boldsymbol{\mu}$ 是预测数据点的期望值。在习题 2.9 中介绍的主成分分析是一个找到线性投影的程序，其中投影的数据具有最高的方差。

这意味着一个自编码器学习主成分分析的子空间 $\mathcal{R}$，其中编码器和解码器都是线性映射，其参数通过最小化输入和输出之间的平方差来确定。如果我们用 $\boldsymbol{U} \in \mathbb{R}^{N_{\text{red}}\times N}$ 表示有 N_{red} 个特征向量的矩阵，这些特征向量属于来自 D 的数据点 $\boldsymbol{v}_m$ 的估计协方差矩阵的 N_{red} 个最大特征值，那么编码器矩阵 $\boldsymbol{F}$ 对应于矩阵 $\boldsymbol{U}^{\text{T}}$，解码器矩阵 $\boldsymbol{G}$ 对应于矩阵 $\boldsymbol{U}$。$\boldsymbol{G}$ 和 $\boldsymbol{U}$ 的区别在于，$\boldsymbol{G}$ 中的列向量不一定构成子空间 $\mathcal{R}$ 的正态基，就像特征向量矩阵 $\boldsymbol{U}$ 一样。$\boldsymbol{G}$ 的图像面积等于 $\boldsymbol{U}$ 的图像面积，即 image($\boldsymbol{G}$)=image($\boldsymbol{U}$)。类似地，这也适用于 $\boldsymbol{F}$ 的行向量和 $\boldsymbol{U}^{\text{T}}$ 的行向量。因为对来自 D 的数据点 $\boldsymbol{v}_m$ 的估计协方差矩阵进行特征值分解比用梯度下降法训练自编码器要容易，所以通常用主成分分析来代替线性自编码器，并按习题 2.9 的方法将数据点 v 编码或压缩成数据点 z。

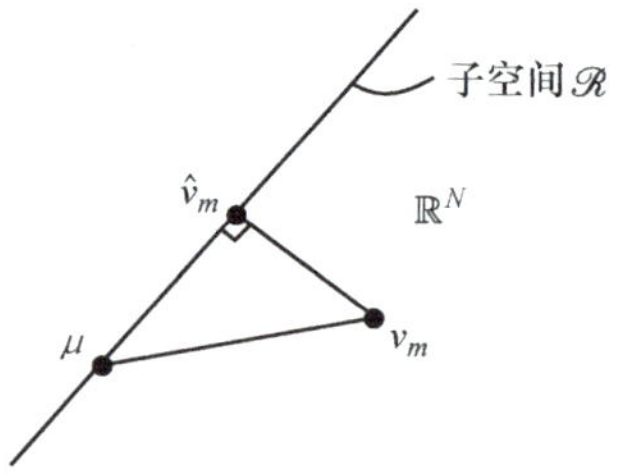

图 5.70　$\mathbb{R}^N$ 中的数据点 v_m，其在 N_{red} 维子空间 R 中的投影 $\hat{v}_m$ 以及投影数据点 μ 的期望值

非线性自编码器的编码器和解码器都由几个隐藏层组成，学习将 $\mathbb{R}^N$ 的数据点不仅投射到一个子空间，而且投射到一个非线性流形，即一个只在局部类似于欧氏空间的空间。在这种情况下，编码器实现的映射对应于非线性降维。

稀疏自编码器

为了避免自编码器对数据集 D 过度拟合，可以将式（5.337）中的损失函数设计成不仅要惩罚 $\boldsymbol{v}$ 和 $\hat{\boldsymbol{v}}$ 之间的偏差，还要抑制或放大映射 f 和 g 的其他属性。这种方法在机器学习中被称为正则化。在稀疏自编码器中，目的是使取决于编

码器 f 的潜伏表征 z 尽可能稀疏。因此，输入 v 的潜在表示 z 应该有尽可能多的条目等于零。在这种情况下，需要最小化其期望值的损失函数如下：

$$\mathscr{L}_{\text{sparse}}(\boldsymbol{v},\hat{\boldsymbol{v}})=\mathscr{L}(\boldsymbol{v},g(f(\boldsymbol{v})))+\Omega(\boldsymbol{z}),\quad 其中\quad \boldsymbol{z}=f(\boldsymbol{v}) \tag{5.341}$$

式中，我们试图通过 $\mathscr{L}(\boldsymbol{v},g(f(\boldsymbol{v})))$ 使输出 $\hat{\boldsymbol{v}}=g(f(\boldsymbol{v}))$ 尽可能等于输入 $\boldsymbol{v}$，并通过 $\Omega(\boldsymbol{z})$ 使潜变量 $\boldsymbol{z}$ 尽可能稀疏。通常，$\mathscr{L}(\boldsymbol{v},g(f(\boldsymbol{v})))$ 从方程（5.339）中选择。图 5.71 显示了一个带有隐藏层的稀疏自编码器，在潜伏变量 $\boldsymbol{z}$ 中，通过颜色标记可以看出，对于输入 $\boldsymbol{v}$，$\boldsymbol{z}$ 中的大部分条目都是零。

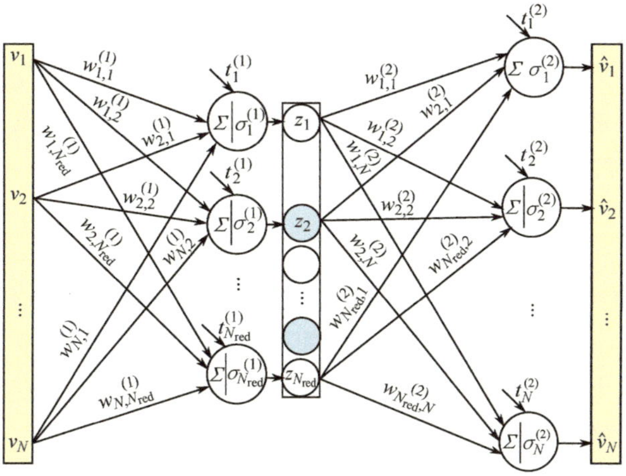

图 5.71　具有一个隐藏层的稀疏自编码器

$\Omega(\boldsymbol{z})$ 的一个可能选择涉及式（2.90）中引入的向量 $\boldsymbol{z}$ 的 1 范数，

$$\Omega(\boldsymbol{z})=\lambda\sum_{n=1}^{N_{\text{red}}}|z_n| \tag{5.342}$$

式中，λ 可以被解释为一个超参数，通常是手动设置的。在优化步骤中最小化 $\Omega(\boldsymbol{z})$ 的同时，我们要确保 $\boldsymbol{z}$ 的元素 z_n 对于 D 中的大多数数据点 v_m 的值等于或接近于零。

另一种经常使用的使 $\boldsymbol{z}$ 变得稀疏的方法是选择 $\Omega(\boldsymbol{z})$ 作为

$$\Omega(\boldsymbol{z})=\lambda\sum_{n=1}^{N_{\text{red}}}\text{KL}(\rho\,\|\,\overline{z}_n) \tag{5.343}$$

式中，$\text{KL}(\rho\,\|\,\overline{z}_n)$ 在此表示来自式（2.129）的 Kullback-Leibler 扩散度，两个伯努利随机变量的平均值分别为 ρ 和 $\overline{z}_n$。

$$\text{KL}(\rho\,\|\,\overline{z}_n)=\rho\ln\left(\frac{\rho}{\overline{z}_n}\right)+(1-\rho)\ln\left(\frac{1-\rho}{1-\overline{z}_n}\right) \tag{5.344}$$

这里ρ被选为一个接近零的小值，而$\bar{z}_n$是Z中第n个条目在D的数据点上的平均值。

$$\bar{z}_n = \frac{1}{M}\sum_{m=1}^{M}(\boldsymbol{z}_m)_n = \frac{1}{M}\sum_{m=1}^{M}(f(\boldsymbol{v}_m))_n \tag{5.345}$$

式（5.343）中的 Kullback-Leibler 扩散度确保$\bar{z}_n$调整为ρ，因此变得非常小，即对于给定的输入$\boldsymbol{v}$，$\boldsymbol{z}$的许多元素趋向于零。

稀疏自编码器经常被用来为其他任务（如分类任务）寻找相关特征。解码器被移除，输入$\boldsymbol{v}$的潜在表征$\boldsymbol{z}$可以被用作分类器的输入。一个经常使用的方法是将编码器作为深度神经网络的第一部分，这样当这个网络被训练时，自编码器的权重已经被适当地初始化，只有在监督学习中通过梯度下降程序来对网络的整体配置进行微调。

去噪自编码器

与稀疏自编码器一样，去噪自编码器也用于正则化，但其方式略有不同。这是通过向输入v添加噪声来实现的，但自编码器将没有噪声的输入作为其学习目标。在梯度下降程序中的每个纪元，都会将其他噪声值添加到输入中，这可以防止对训练数据集的过度拟合。损失函数为

$$\mathcal{L}_{\text{Denoise}}(\boldsymbol{v},\hat{\boldsymbol{v}}) = \mathcal{L}(\boldsymbol{v}, g(f(\boldsymbol{v}+\boldsymbol{\eta}))) \tag{5.346}$$

式中，$\boldsymbol{\eta}$代表噪声，可以选择零均值的高斯噪声。通常从式（5.338）中选择$\mathcal{L}(\boldsymbol{v}, g(f(\boldsymbol{v})))$。图 5.72 显示了一个带有隐藏层的去噪自编码器。

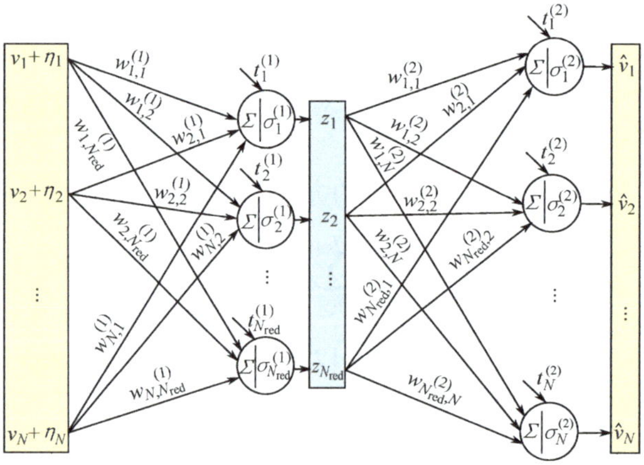

图 5.72　带有隐藏层的去噪自编码器

卷积自编码器

卷积自编码器与5.2.4小节中介绍的CNN非常相似，通常用于图像数据。它们由编码器中的卷积层、激励层和池化层的序列以及解码器中的相关操作序列组成。必须考虑到，由于编码器中的卷积和池化，已经发生了降采样。这必须在解码器中反过来，以便输出与输入具有相同的尺寸。这通常是通过一个被称为**上采样**的操作完成的。首先，解码层输入的每个像素值与一个内核逐元相乘，内核的权重在训练期间得到调整。然后以这样的方式组成结果，获得与相关编码器层的输入相同的尺寸。在这里，重叠是在构成中以加法方式实现的。对上采样操作的另一种解释是基于以下事实：卷积是一种线性操作，可以表示为矩阵 - 向量乘法。在编码器中，卷积矩阵将矢量化的输入图像映射到一个较小尺寸的图像，而上采样操作则使用该矩阵的转置。

正如CNN可以被认为是多层感知机的一个特例一样，自编码器也是如此。参数共享和稀疏互动意味着需要的参数比完全网联化的自编码器少得多，这反过来又有一个正则化的效果。

自编码器的概率观点

一种有趣的自编码器方法，其目标是在输出端尽可能地重建输入，该方法源于信息理论的考虑，在文献[VLL+10]中提出。这里的方法是要求输入的潜在表示 $\boldsymbol{z}$ 保留来自输入 $\boldsymbol{v}$ 的尽可能多的信息。这可以使用第2.3.3小节中介绍的互信息来表示，要求互信息 $I(\boldsymbol{v};\boldsymbol{z})$ 最大化。

假设从 $\boldsymbol{v}$ 到 $\boldsymbol{z}$ 不一定存在确定性映射 $z=f(\boldsymbol{v};\varphi)$，其参数 $\boldsymbol{\varphi}$ 要学习。因为输入 $\boldsymbol{v}$ 的概率密度函数 $p(\boldsymbol{v})$ 不依赖于 $\boldsymbol{\varphi}$，所以 $H(\boldsymbol{v})$ 在最大化传输信息方面没有任何作用。

使用式（2.137）和式（2.138），互信息的最大化可以写成：

$$\begin{aligned}\underset{\phi}{\operatorname{argmax}}\{I(\boldsymbol{v};\boldsymbol{z})\}&=\underset{\phi}{\operatorname{argmax}}\{H(\boldsymbol{v})-H(\boldsymbol{v}\mid\boldsymbol{z})\}=\underset{\phi}{\operatorname{argmax}}\{-H(\boldsymbol{v}\mid\boldsymbol{z})\}\\&=\underset{\phi}{\operatorname{argmax}}\{\mathrm{E}_{p(\boldsymbol{v},\boldsymbol{z})}\{\log_2(p(\boldsymbol{v}\mid\boldsymbol{z}))\}\}\end{aligned} \tag{5.347}$$

式中，$\boldsymbol{z}=f(\boldsymbol{v};\varphi)$，$\mathrm{E}_{p(\boldsymbol{v},\boldsymbol{z})}\{\log_2(p(\boldsymbol{v}\mid\boldsymbol{z}))\}$ 被用来表示为：

$$\mathrm{E}_{p(\boldsymbol{v},\boldsymbol{z})}\{\log_2(p(\boldsymbol{v}\mid\boldsymbol{z}))\}=\int_{\mathbb{R}^N}\int_{\mathbb{R}^{N_{\mathrm{red}}}}\log_2(p(\boldsymbol{v}\mid\boldsymbol{z}))p(\boldsymbol{v},\boldsymbol{z})\mathrm{d}\boldsymbol{z}\mathrm{d}\boldsymbol{v} \tag{5.348}$$

因为 $p(\boldsymbol{v}|\boldsymbol{z})$ 不知道，所以考虑不同的概率密度函数 $q(\boldsymbol{v}|\boldsymbol{z})$，考虑到Kullback-Leibler散度总是大于或等于零，我们得到，

$$\begin{aligned}\mathrm{KL}(p(\boldsymbol{v}\mid\boldsymbol{z})\parallel q(\boldsymbol{v}\mid\boldsymbol{z}))&=\int_{\mathbb{R}^N}p(\boldsymbol{v}\mid\boldsymbol{z})\ln\left(\frac{p(\boldsymbol{v}\mid\boldsymbol{z})}{q(\boldsymbol{v}\mid\boldsymbol{z})}\right)\mathrm{d}\boldsymbol{v}\\&=\int_{\mathbb{R}^N}p(\boldsymbol{v}\mid\boldsymbol{z})\ln(p(\boldsymbol{v}\mid\boldsymbol{z}))-p(\boldsymbol{v}\mid\boldsymbol{z})\ln(q(\boldsymbol{v}\mid\boldsymbol{z}))\mathrm{d}\boldsymbol{v}\geqslant 0\end{aligned}\tag{5.349}$$

乘以 $p(\boldsymbol{z})$ 并在 $\mathbb{R}^N$ 上进行额外的积分后，不等式为

$$\mathrm{E}_{p(\boldsymbol{v},\boldsymbol{z})}\{\log_2(p(\boldsymbol{v}\mid\boldsymbol{z}))\}\geqslant\mathrm{E}_{p(\boldsymbol{v},\boldsymbol{z})}\{\log_2(q(\boldsymbol{v}\mid\boldsymbol{z}))\}\tag{5.350}$$

如果概率密度函数 $q(\boldsymbol{v}|\boldsymbol{z})$ 取决于参数 θ，即必须写成 $q(\boldsymbol{v}|\boldsymbol{z};\theta)$，那么从式（5.347）和式（5.350）可以看出，$\mathrm{E}_{p(\boldsymbol{v},\boldsymbol{z})}\{\log_2(q(\boldsymbol{v}\mid\boldsymbol{z};\boldsymbol{\theta}))\}$ 的最大化 $\boldsymbol{z}=f(\boldsymbol{v};\varphi)$，相对于 φ 和 θ 的最大化对应于互信息 $I(\boldsymbol{v};\boldsymbol{z})$ 的下界。如果我们现在假设映射 $\boldsymbol{z}=f(\boldsymbol{v};\varphi)$ 是确定性的，那么 $p(\boldsymbol{v},\boldsymbol{z})=p(\boldsymbol{v})$，$\boldsymbol{z}$ 可以写成 $\boldsymbol{z}=f_\varphi(\boldsymbol{v})$，$\boldsymbol{v}$ 和 $\boldsymbol{z}$ 之间的互信息的下限通过参数选择得到最大化

$$\{\hat{\boldsymbol{\phi}},\hat{\boldsymbol{\theta}}\}=\underset{\phi,\theta}{\arg\max}\{\mathrm{E}_{p(\boldsymbol{v})}\{\log_2(q(\boldsymbol{v}\mid\boldsymbol{z};\boldsymbol{\phi},\boldsymbol{\theta}))\}\}=\underset{\phi,\theta}{\arg\max}\{\mathrm{E}_{p(\boldsymbol{v})}\{\log_2(q(\boldsymbol{v}\mid f_\phi(\boldsymbol{v});\boldsymbol{\phi},\boldsymbol{\theta}))\}\}\tag{5.351}$$

如果我们现在考虑自编码器，输出 $\hat{\boldsymbol{v}}$ 可以被理解为概率密度函数 $q(\boldsymbol{v}\mid\hat{\boldsymbol{v}})$ 的一个参数，对于它来说，$q(\boldsymbol{v}\mid\hat{\boldsymbol{v}})$ 采取高值。因此，如果 $\hat{\boldsymbol{v}}$ 是已知的，$\boldsymbol{v}$ 就有很高的概率密度函数。通常，概率密度函数 $q(\boldsymbol{v}\mid\hat{\boldsymbol{v}})$ 的这个参数是期望值。有了确定性的一对一映射 $\boldsymbol{z}=f_\varphi(\boldsymbol{v})$ 和确定性的一对一映射 $\hat{\boldsymbol{v}}=g_\theta(\boldsymbol{z})$，式（5.351）中的概率密度函数 $q(\boldsymbol{v}\mid\boldsymbol{z};\boldsymbol{\phi},\boldsymbol{\theta})$ 等同于概率密度函数 $q(\boldsymbol{v}\mid\hat{\boldsymbol{v}}=g_\theta(\boldsymbol{z});\boldsymbol{\phi},\boldsymbol{\theta})$

$$q(\boldsymbol{v}\mid\boldsymbol{z};\boldsymbol{\phi},\boldsymbol{\theta})=q(\boldsymbol{v}\mid\hat{\boldsymbol{v}}=g_\theta(\boldsymbol{z});\boldsymbol{\phi},\boldsymbol{\theta})\tag{5.352}$$

在训练自编码器时，应该找到这样的参数：当 $\hat{\boldsymbol{v}}$ 已知时，$\boldsymbol{v}$ 具有较高的概率密度函数，即 $q(\boldsymbol{v}\mid\hat{\boldsymbol{v}})$ 最大或 $-\ln(q(\boldsymbol{v}\mid\hat{\boldsymbol{v}}))$ 最小。这对应于损失函数的最小化

$$\mathscr{L}(\boldsymbol{v}\mid\hat{\boldsymbol{v}})=-\ln(q(\boldsymbol{v}\mid\hat{\boldsymbol{v}}))\tag{5.353}$$

在 $\hat{\boldsymbol{v}}=g_\theta(\boldsymbol{z})$ 和 $\boldsymbol{z}=f_\varphi(\boldsymbol{v})$ 的情况下，在训练自编码器时，寻找使 $-\ln(q(\boldsymbol{v}\mid\hat{\boldsymbol{v}}))$ 在 $\boldsymbol{v}$ 上平均最大化的参数 φ 和 θ：

$$\{\hat{\boldsymbol{\phi}},\hat{\boldsymbol{\theta}}\}=\underset{\phi,\theta}{\arg\max}\{\mathrm{E}_{p(\boldsymbol{v})}\{\ln(q(\boldsymbol{v}\mid g_\theta(f_\phi(\boldsymbol{v}));\boldsymbol{\phi},\boldsymbol{\theta}))\}\}=\underset{\phi,\theta}{\arg\max}\{\mathrm{E}_{p(\boldsymbol{v})}\{\ln(q(\boldsymbol{v}\mid f_\phi(\boldsymbol{v});\boldsymbol{\phi},\boldsymbol{\theta}))\}\}\tag{5.354}$$

从式（5.351）和式（5.354）的比较中可以看出，用式（5.353）中的损失函数训练自编码器，相当于使输入的 $\boldsymbol{v}$ 和其潜在的低维表示 $\boldsymbol{z}$ 之间的互信息的下限最大化。

最后应该提到，式（5.338）中的损失函数是式（5.353）中损失函数的一个特例。如果条件随机变量 $\boldsymbol{v}|\hat{\boldsymbol{v}}$ 是高斯分布，$\boldsymbol{v}|\hat{\boldsymbol{v}}\sim\mathcal{N}(\hat{\boldsymbol{v}},\sigma^2\boldsymbol{I})$，那么式（5.353）中损失函数的最小化相当于 $\boldsymbol{v}$ 和 $\hat{\boldsymbol{v}}$ 之间平方差 $\|\boldsymbol{v}-\hat{\boldsymbol{v}}\|_2^2$ 的最小化。

5.6.4 变量自编码器和生成式串行网络

在无监督学习的背景下，生成模型是机器学习方法，旨在生成与 D 中数据点的原始分布相对应的新的实现方式。这类模型中最著名的代表是变异自编码器和生成对抗网络。

在这两种方法中，为了随后从它产生新的数据点，密度 $p(\boldsymbol{v})$ 不是直接估计的，例如在第 5.1.9 小节的核概率密度函数估计器中。对于 $\boldsymbol{v}$ 的高维度 N，由于高维度的局限，$p(\boldsymbol{v})$ 的估计是非常不准确的，即使在 D 中拥有大量的数据点。

变异自编码器

与之前介绍的第 5.6.3 节的自编码器不同，变异自编码器（VAE）的目的不是使输出尽可能等于输入，而是从概率密度函数 $p(v)$ 中生成新的数据点，数据集 D 中的数据点也来源于此。VAE 的方法是引入另一个具有概率密度函数 $p(\boldsymbol{z})$ 的随机变量$z\in\mathbb{R}^{N_{\text{red}}}$，从中可以很容易地生成 $\boldsymbol{z}$ 的现实化。在这里，$\boldsymbol{z}$ 被模拟为一个潜在的，即“隐藏的”或不可观察的变量，因此，一个实现 $\boldsymbol{v}$ 的生成被描述为两个步骤：在第一步中，$\boldsymbol{z}$ 是由概率密度函数 $p(\boldsymbol{z};\boldsymbol{\theta}_1)$产生的，在第二步中，$v$ 是由概率密度函数 $p(\boldsymbol{v}|\boldsymbol{z};\boldsymbol{\theta}_2)$产生。VAE 的一个基本思想是通过神经网络$E_{v|z}\{\boldsymbol{v}\}=g_{\boldsymbol{\theta}_2}(\boldsymbol{z})$ 来确定概率密度函数的一个参数 $p(\boldsymbol{v}|\boldsymbol{z};\boldsymbol{\theta}_2)$，例如预期值，而 $p(\boldsymbol{z};\boldsymbol{\theta}_1)$ 是可自由选择的。通常人们选择 $p(\boldsymbol{z};\boldsymbol{\theta}_1)$ 为高斯概率密度函数，其期望值为零，协方差矩阵等于单位矩阵 $\boldsymbol{I}_{N_{\text{red}}}$。

如果希望调整模型中的参数，使观察到的数据 D 的可能性最大化，可以用式（5.19）中的对数可能性函数最大化来表述

$$\boldsymbol{\theta}_{\text{ML}}=\arg\max_{\boldsymbol{\theta}}\left\{\sum_{m=1}^{M}\ln(p(\boldsymbol{v}_m;\boldsymbol{\theta}))\right\} \tag{5.355}$$

其中概率密度函数 $p(\boldsymbol{v}_m;\boldsymbol{\theta})$ 可以用边际化表示，如式（2.127）所示

$$p(\boldsymbol{v}_m;\boldsymbol{\theta})=\int_{\mathbb{R}^{N_{\text{red}}}}p(\boldsymbol{v}_m|\boldsymbol{z};\boldsymbol{\theta}_2)p(\boldsymbol{z};\boldsymbol{\theta}_1)\mathrm{d}\boldsymbol{z} \tag{5.356}$$

将参数 $\boldsymbol{\theta}_1$ 和 $\boldsymbol{\theta}_2$ 合并为参数 $\boldsymbol{\theta}$。对于式（5.355）中的优化任务，通常不能通过对 $p(z;\boldsymbol{\theta}_1)$ 的多次抽样和对

$$\ln(p(\boldsymbol{v}_m;\boldsymbol{\theta})) \approx \ln\left(\frac{1}{L}\sum_{\ell=1}^{L} p(\boldsymbol{v}_m \mid \boldsymbol{z}_\ell;\boldsymbol{\theta}_2)\right) \tag{5.357}$$

的近似找到 $\ln(p(\boldsymbol{v}_m;\boldsymbol{\theta}))$ 的估计值。因为对于许多现实化的 z_ℓ 来说，概率密度函数 $p(\boldsymbol{v}_m \mid \boldsymbol{z}_\ell;\boldsymbol{\theta}_2)$ 大约是零。因此，我们采取不同的方法，根据式（5.356）将 $\ln(p(\boldsymbol{v}_m;\boldsymbol{\theta}))$ 写为

$$\begin{aligned}\ln(p(\boldsymbol{v}_m;\boldsymbol{\theta})) &= \ln\left(\int_{\mathbb{R}^{N_{\text{red}}}} p(\boldsymbol{v}_m \mid \boldsymbol{z};\boldsymbol{\theta}_2)p(\boldsymbol{z};\boldsymbol{\theta}_1)\mathrm{d}\boldsymbol{z}\right) = \ln\left(\int_{\mathbb{R}^{N_{\text{red}}}} p(\boldsymbol{v}_m \mid \boldsymbol{z};\boldsymbol{\theta}_2)\frac{p(\boldsymbol{z};\boldsymbol{\theta}_1)}{q(\boldsymbol{z})}q(\boldsymbol{z})\mathrm{d}\boldsymbol{z}\right) \\ &= \ln\left(\int_{\mathbb{R}^{N_{\text{red}}}} q(\boldsymbol{z})p(\boldsymbol{v}_m \mid \boldsymbol{z};\boldsymbol{\theta}_2)\frac{p(\boldsymbol{z};\boldsymbol{\theta}_1)}{q(\boldsymbol{z})}\mathrm{d}\boldsymbol{z}\right)\end{aligned} \tag{5.358}$$

这里引入了概率密度函数 $q(\boldsymbol{z})$，它被称为“提议分布”，与变异自编码器名称中的“变异”一词一样，源于贝叶斯变异推理。变量推理的目的是在给定观测值 v 的情况下，对潜伏随机变量 z 的条件概率密度函数 $p(\boldsymbol{z} \mid v)$ 进行近似计算，这项任务是通过数学优化的方式来解决的。我们考虑了潜伏随机变量的概率密度函数系列，通过“变异参数”对其进行参数化。优化找到了概率密度函数家族的成员 $q(z)$，在 Kullback-Leibler 扩散度的意义上，它最接近于所寻求的条件概率密度函数 $p(z \mid \boldsymbol{v})$。对 $q(\boldsymbol{z})$ 有如下要求。

- 你应该能够很容易地从 $q(\boldsymbol{z})$ 中取样。
- 概率密度函数 $q(\boldsymbol{z})$ 应该很容易对其参数进行微分。
- 给定一个实现 $\boldsymbol{v}_m$，$q(\boldsymbol{z})$ 的采样值 z 最好有一个非零的概率密度函数 $p(\boldsymbol{v}_m \mid \boldsymbol{z};\boldsymbol{\theta}_2)$。

对于式（5.358）应用詹森不等式，它指出对于两个概率密度函数 $p_1(\boldsymbol{x})$ 和 $p_2(\boldsymbol{x})$ 来说

$$\ln\left(\int p_1(\boldsymbol{x})p_2(\boldsymbol{x})\mathrm{d}\boldsymbol{x}\right) \geqslant \int p_1(\boldsymbol{x})\ln(p_2(\boldsymbol{x}))\mathrm{d}\boldsymbol{x} \tag{5.359}$$

适用。我们得到

$$\begin{aligned}\ln(p(\boldsymbol{v}_m;\boldsymbol{\theta})) &\geqslant \int_{\mathbb{R}^{N_{\text{red}}}} q(\boldsymbol{z})\ln\left(p(\boldsymbol{v}_m \mid \boldsymbol{z};\boldsymbol{\theta}_2)\frac{p(\boldsymbol{z};\boldsymbol{\theta}_1)}{q(\boldsymbol{z})}\right)\mathrm{d}\boldsymbol{z} \\ \ln(p(\boldsymbol{v}_m;\boldsymbol{\theta})) &\geqslant \int_{\mathbb{R}^{N_{\text{red}}}} q(\boldsymbol{z})\ln(p(\boldsymbol{v}_m \mid \boldsymbol{z};\boldsymbol{\theta}_2))\mathrm{d}\boldsymbol{z} - \int_{\mathbb{R}^{N_{\text{red}}}} q(\boldsymbol{z})\ln\left(\frac{q(\boldsymbol{z})}{p(\boldsymbol{z};\boldsymbol{\theta}_1)}\right)\mathrm{d}\boldsymbol{z} \\ \ln(p(\boldsymbol{v}_m;\boldsymbol{\theta})) &\geqslant \mathrm{E}_{q(\boldsymbol{z})}\{\ln(p(\boldsymbol{v}_m \mid \boldsymbol{z};\boldsymbol{\theta}_2))\} - \mathrm{KL}(q(\boldsymbol{z}) \parallel p(\boldsymbol{z};\boldsymbol{\theta}_1))\end{aligned} \tag{5.360}$$

式中，$\mathrm{KL}q(z) \parallel p(\boldsymbol{z};\boldsymbol{\theta}_1)$ 表示两个概率密度函数 ss $q(\boldsymbol{z})$ 和 $p(\boldsymbol{z};\boldsymbol{\theta}_1)$ 的 Kullback-

Leibler 扩散度。不等式（5.360）的右边被称为证据下界（ELBO）。如果我们找到模型的参数，使这个下限达到最大，那么这些参数也有望使 $\ln(p(\boldsymbol{v}_m;\boldsymbol{\theta}))$ 达到最大，从而得到式（5.355）中优化问题的理想解。VAE 的另一个核心特征是在变异推理方面确定最初可自由选择的提议分布 $q(\boldsymbol{z})$，作为不可访问的概率密度函数 $p(z\,|\,\boldsymbol{v})$ 的近似值，同时通过神经网络来实现它。为此，下面用 $q(\boldsymbol{z}\,|\,\boldsymbol{v};\boldsymbol{\varphi})$ 表示 $q(\boldsymbol{z}\,|\,\boldsymbol{v};\boldsymbol{\varphi})$，参数为 $\boldsymbol{\varphi}$，并假定 $q(\boldsymbol{z}\,|\,\boldsymbol{v};\boldsymbol{\varphi})$ 是高斯概率密度函数。概率密度函数 $q(\boldsymbol{z}\,|\,\boldsymbol{v};\boldsymbol{\varphi})$ 的特征，如期望值或协方差，是用神经网络 $f_{\varphi}(\boldsymbol{v})$ 实现的。有了这些中间结果，VAE 的生成模型就可以用图形来表示。基于文献 [KW14] 的图形模型，可以在图 5.73 中看到。

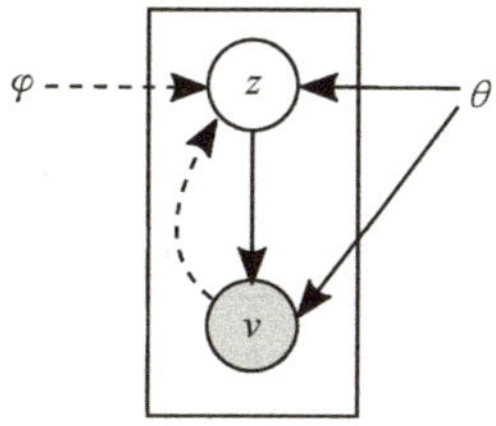

图 5.73　根据文献 [KW14] 的 VAE 模型：实线表示生成模型 $p(z;\theta_1)$ 和 $p(v_m\,|\,z;\theta_2)$，而虚线表示不可访问的概率密度函数 $p(z|v)$ 的变分近似 $q(z|v;\varphi)$；变化参数 φ 与生成模型的参数 θ 一起学习

用 $q(\boldsymbol{z}\,|\,\boldsymbol{v}_m;\boldsymbol{\varphi})$ 作为不可访问的概率密度函数 $p(\boldsymbol{z}\,|\,\boldsymbol{v}_m)$ 的变异近似，不等式（5.360）现在可以写成

$$\ln(p(\boldsymbol{v}_m;\boldsymbol{\theta}))\geqslant \mathrm{E}_{q(z|\boldsymbol{v}_m;\boldsymbol{\phi})}\{\ln(p(\boldsymbol{v}_m\,|\,\boldsymbol{z};\boldsymbol{\theta}_2))\}-\mathrm{KL}(q(z\,|\,\boldsymbol{v}_m;\boldsymbol{\phi})\,\|\,p(\boldsymbol{z};\boldsymbol{\theta}_1)) \tag{5.361}$$

右边第一项的最大化满足了训练数据集 D 中的数据点 $\boldsymbol{v}_m$ 根据生成模型具有较高的概率密度函数的要求，而第二项的最大化，即负的 Kullback-Leibler 扩散度，导致不可访问的概率密度函数 $p(\boldsymbol{z}\,|\,\boldsymbol{v};\boldsymbol{\varphi})$ 的变异近似值 $q(\boldsymbol{z}\,|\,\boldsymbol{v})$ 尽可能地接近 $p(\boldsymbol{z};\boldsymbol{\theta}_1)$。通常对 VAE 进行如下选择：

1）概率密度函数 $p(\boldsymbol{z};\boldsymbol{\theta}_1)$ 被选为高斯概率密度函数，期望值为 0，协方差为 1。

2）概率密度函数 $p(\boldsymbol{v}_m\,|\,\boldsymbol{z};\boldsymbol{\theta}_2)$ 被选为条件高斯概率密度函数，期望值为 $g_{\theta_2}(\boldsymbol{z})$，协方差为 $\sigma^2 I$。因为 $g_{\theta_2}(\boldsymbol{z})$ 是一个由神经网络实现的确定性映射，所以以下情况适用

$$p(\boldsymbol{v}_m\,|\,\boldsymbol{z};\boldsymbol{\theta}_2)=p(\boldsymbol{v}_m\,|\,g_{\theta_2}(\boldsymbol{z});\boldsymbol{\theta}_2) \tag{5.362}$$

式中，$\boldsymbol{z}$ 是根据不等式（5.361）从概率密度函数 $q(\boldsymbol{z}\,|\,\boldsymbol{v}_m;\boldsymbol{\varphi})$ 中采样的。选择 $p(\boldsymbol{v}_m\,|\,g_{\theta_2}(\boldsymbol{z}))$ 作为具有期望值 $g_{\theta_2}(\boldsymbol{z})$ 和协方差 $\sigma^2 I$ 的高斯概率密度函数，最大化不等式（5.361）右侧第一项中的 $\ln(p(\boldsymbol{v}_m\,|\,\boldsymbol{z};\boldsymbol{\theta}_2))$，使得 $\|\boldsymbol{v}_m-g_{\theta_2}(\boldsymbol{z})\|_2^2$ 最小化。

有了这些假设，我们可以从不等式（5.361），变分自编码器要最小化的成本函数由两个相加的部分组成。一方面，重建误差 $\|\boldsymbol{v}_m-g_{\theta_2}(\boldsymbol{z})\|_2^2$，这里的 $\boldsymbol{z}$ 是

从 $q(\boldsymbol{z}|\boldsymbol{v}_m;\boldsymbol{\varphi})$ 中采样的，另一方面，概率密度函数 $q(\boldsymbol{z}|\boldsymbol{v}_m;\boldsymbol{\varphi})$ 与高斯随机变量 z - $\mathcal{N}(0,I)$ 之间的 Kullback-Leibler 扩散度，其期望值和协方差是由神经网络 $f_{\varphi}(\boldsymbol{v}_m)$ 实现的。对于 Kullback-Leibler 扩散度 $\mathrm{KL}(q(\boldsymbol{z}|\boldsymbol{v}_m;\boldsymbol{\varphi})\|\mathcal{N}(0,\boldsymbol{I}))$，由于它是高斯概率密度函数，可以使用以下高斯概率密度函数的一般结果：

$$\mathrm{KL}(\mathcal{N}(\boldsymbol{\mu}_0,\boldsymbol{C}_0)\|\mathcal{N}(\boldsymbol{\mu}_1,\boldsymbol{C}_1))=\frac{1}{2}\left(\mathrm{tr}\{\boldsymbol{C}_1^{-1}\boldsymbol{C}_0\}+(\boldsymbol{\mu}_1-\boldsymbol{\mu}_0)^{\mathrm{T}}\boldsymbol{C}_1^{-1}(\boldsymbol{\mu}_1-\boldsymbol{\mu}_0)-k+\ln\left(\frac{\det(\boldsymbol{C}_1)}{\det(\boldsymbol{C}_0)}\right)\right) \tag{5.363}$$

式中，k 是多变量高斯随机变量的维度，所以这里 $k=N_{\mathrm{red}}$。因此，最大化不等式（5.361）中的右边部分有一个用于训练神经网络 $f_{\boldsymbol{\varphi}}(\boldsymbol{v})$ 的第二项的分析表达。

基于文献 [Doe16]，图 5.74 总结了 VAE 的模型。参考整个模型的结果，$f_{\boldsymbol{\varphi}}(\boldsymbol{v})$ 可以解释为编码器，而 $g_{\theta_2}(\boldsymbol{z})$ 可以解释为解码器，这导致该过程被命名为自编码器。在图 5.74 中可以看出，使用反向传播训练 VAE 的 $\boldsymbol{z}$ 实现的生成不是通过从 $\mathcal{N}(\boldsymbol{\mu}_m,\boldsymbol{C}_m)$ 直接采样来实现的，而是通过所谓的"重新参数化技巧"来实现的。首先，从 $\mathcal{N}(\boldsymbol{0},\mathcal{I})$ 中生成一个实现的 ϵ，然后通过以下方法映射到 z 上。

$$\boldsymbol{z}=\boldsymbol{C}_m^{1/2}\epsilon+\boldsymbol{\mu}_m \tag{5.364}$$

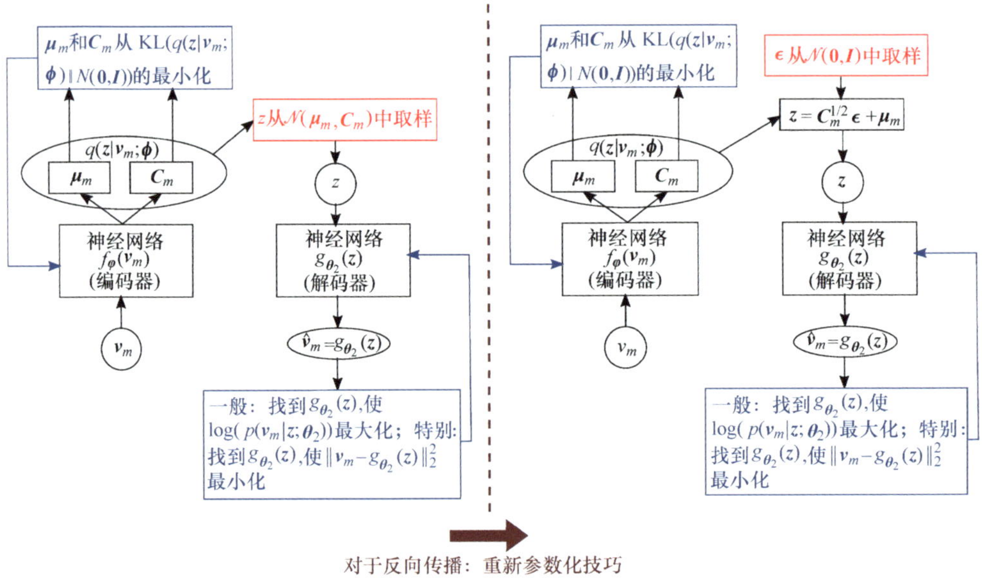

图 5.74　基于文献 [Doe16] 中表示的 VAE 模型

这相当于一个高斯随机变量的实现，其期望值为 $\boldsymbol{\mu}_m$，协方差矩阵为 $\boldsymbol{C}_m$。重新参数化技巧避免了在反向传播程序中对误差的采样步骤。因此，根据不等式（5.361），$\ln(p(\boldsymbol{v};\boldsymbol{\theta}))$ 的下限最大化可以用反向传播方法实现。这里，在每个前向步骤中，必须为后向步骤缓冲 ε 的采样值。最后，应该提到的是，如上所述，$p(\boldsymbol{v}\,|\,\boldsymbol{z};\boldsymbol{\theta}_2)$ 通常被建模为一个高斯概率密度函数，其期望值为 $\boldsymbol{\mu}_{v|z}$，协方差矩阵为 $\sigma^2 I$。神经网络 $g_{\theta_2}(\boldsymbol{z})$ 只采用 $p(\boldsymbol{v}\,|\,\boldsymbol{z};\boldsymbol{\theta}_2)$ 的预期值 $\boldsymbol{\mu}_{v|z}$ 的估计值作为输出 $\hat{\boldsymbol{v}}$。特别是对于图像数据，这种关于概率密度函数 $p(\boldsymbol{v}\,|\,\boldsymbol{z};\boldsymbol{\theta}_2)$ 的假设可能意味着来自生成模型的新图像看起来有点褪色。

一个办法是将概率密度函数 $p(\boldsymbol{v}\,|\,\boldsymbol{z};\boldsymbol{\theta}_2)$ 建模为一个高斯分布，其期望值为 $\boldsymbol{\mu}_{v|z}$，协方差矩阵为 $\boldsymbol{C}_{v|z}$。那么，神经网络 $g_{\theta_2}(\boldsymbol{z})$ 的任务就是要从一个单一的值 $\boldsymbol{z}$ 计算出 $\boldsymbol{\mu}_{v|z}$ 和 $\boldsymbol{C}_{v|z}$。然后，一个输出 $\hat{\boldsymbol{v}}$ 可以像在重构技巧中一样，使用 $N(\boldsymbol{0},\boldsymbol{I})$ 中的一个实现以及 $\boldsymbol{\mu}_{v|z}$ 和 $\boldsymbol{C}_{v|z}$ 的值来生成。

生成对抗网络

生成对抗网络（GAN），像变异自编码器一样，是无监督学习的生成方法，即目标是从一个未知的、复杂的、高维的概率密度函数中生成实现。GAN 也遵循这样的路径：首先从一个简单的概率密度函数采样，然后在训练数据集的帮助下学习向未知概率密度函数的转化。采用的是类似于双人游戏的程序。它由一个生成器网络 f_G 和一个判别器网络 f_D 组成。生成器网络试图超越判别器网络，从未知的概率密度函数中生成最真实的现实。判别器网络试图区分来自训练数据集的真实现实 $\boldsymbol{v}$ 和由生成器网络生成的现实 $\hat{\boldsymbol{v}}$。

图 5.75 显示了 GAN 的基本架构。生成器网络使用潜伏变量 $\boldsymbol{z}$ 作为输入，它通常被选为高斯随机变量。生成器网络的结构通常与 CNN 的结构反向对应，即高维矢量 $\hat{\boldsymbol{v}}$ 是由低维矢量 $\boldsymbol{z}$ 通过几个卷积层生成。生成器网络的参数为 $\boldsymbol{\theta}_G$。判别器网络使用高维向量 $\boldsymbol{v}'$ 作为输入，必须决定它是一个“真正的”数据点还是一个假的，也就是生成器网络的实现。

概率 $P(c_2\,|\,\boldsymbol{v}')$ 被估计出来。判别器网络的结构对应于参数为 $\boldsymbol{\theta}_D$ 的分类器 CNN 的结构。

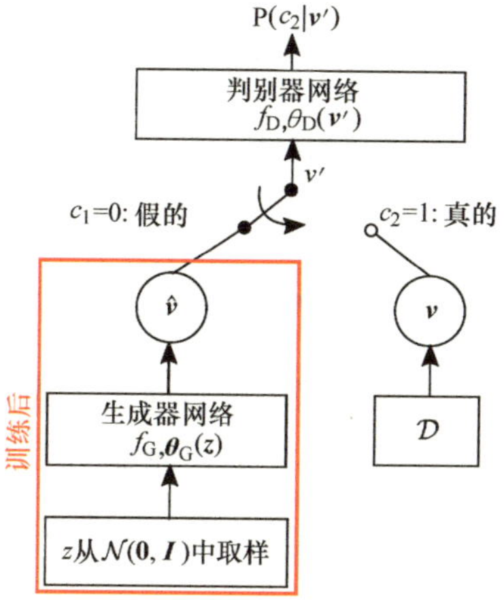

图 5.75　GAN 架构

如果 $\boldsymbol{v}'$ 是来自训练数据集 $\mathscr{D}$ 的数据点，那么判别器网络应该学习 $f_{\mathrm{D},\boldsymbol{\theta}_\mathrm{D}}(\boldsymbol{v}')=P(c_2\,|\,\boldsymbol{v}')=1$。如果 $\boldsymbol{v}'$ 是生成器网络生成的数据点，判别器网络应该学习 $f_{\mathrm{D},\boldsymbol{\theta}_\mathrm{D}}(\boldsymbol{v}')=P(c_2\,|\,\boldsymbol{v}')=0$。在训练过程中，判别器网络应该以这种方式学习“真实”数据点的特征。

生成器网络应该生成尽可能真实的数据点 $\hat{\boldsymbol{v}}$，即 $f_{\mathrm{D},\boldsymbol{\theta}_\mathrm{D}}(\hat{\boldsymbol{v}})=1$的数据点 $\hat{\boldsymbol{v}}$。因此，在生成器网络的学习过程中，值 1 被选为生成的数据点$\hat{\boldsymbol{v}}$ 的判别器网络输出的目标值。这样，生成器网络被训练要生成判别器网络认为是“真实”的数据点。

这两个网络以交替的步骤进行训练，因此它们相互竞争，因此得名“对抗性”。判别器网络试图在其训练阶段找到真实数据点和虚假数据点之间的差异。在其训练阶段，生成器网络尝试生成判别器网络认为“真实”的数据点。图 5.76 直观地显示了训练过程，其中通过调整 $\boldsymbol{\theta}_\mathrm{D}$ 交替训练判别器网络，通过调整 $\boldsymbol{\theta}_\mathrm{G}$ 训练生成器网络。对于判别器网络，通常使用式（5.86）中的交叉熵作为分类任务的损失函数。对于来自 $\mathscr{D}$ 的“真实”数据点 $\boldsymbol{v}$ 要最小化的风险，因此导致

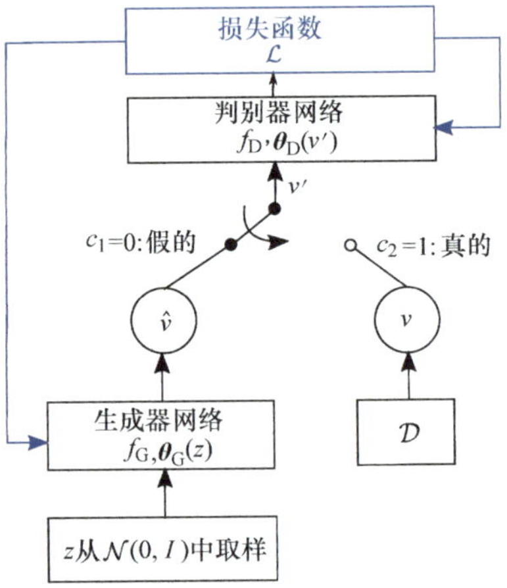

图 5.76　GAN 训练

$$\mathrm{E}_{p(\boldsymbol{v})}\{-0-1\cdot\ln(f_{\mathrm{D},\boldsymbol{\theta}_\mathrm{D}}(\boldsymbol{v}))\}=-\mathrm{E}_{p(\boldsymbol{v})}\{\ln(f_{\mathrm{D},\boldsymbol{\theta}_\mathrm{D}}(\boldsymbol{v}))\} \tag{5.365}$$

而对于由生成器网络产生的“假”数据点 $\hat{\boldsymbol{v}}$，需要最小化的风险如下所示

$$\mathrm{E}_{p(\boldsymbol{z})}\{-1\cdot\ln(1-f_{\mathrm{D},\boldsymbol{\theta}_\mathrm{D}}(f_{\mathrm{G},\boldsymbol{\theta}_\mathrm{G}}(\boldsymbol{z}))-0\}=-\mathrm{E}_{p(\boldsymbol{z})}\{\ln(1-f_{\mathrm{D},\boldsymbol{\theta}_\mathrm{D}}(f_{\mathrm{G},\boldsymbol{\theta}_\mathrm{G}}(\boldsymbol{z})))\} \tag{5.366}$$

从式（5.365）和式（5.366）中我们可以看出，判别器网络的参数可以从最大化任务中确定出来

$$\boldsymbol{\theta}_\mathrm{D}=\arg\max_{\boldsymbol{\theta}'_\mathrm{D}}\left\{\mathrm{E}_{p(\boldsymbol{v})}\{\ln(f_{\mathrm{D},\boldsymbol{\theta}'_\mathrm{D}}(\boldsymbol{v})\}+\mathrm{E}_{p(\boldsymbol{z})}\{\ln(1-f_{\mathrm{D},\boldsymbol{\theta}'_\mathrm{D}}(f_{\mathrm{G},\boldsymbol{\theta}_\mathrm{G}}(\boldsymbol{z})))\}\right\} \tag{5.367}$$

生成器网络试图通过生成其输出 $\hat{\boldsymbol{v}}$ 的方式来超越判别器网络，如果可能的话，判别器网络的相应输出值为 1。也就是说，参数 $\boldsymbol{\theta}_\mathrm{G}$ 的确定方式是使成本函数 $\mathrm{E}_{p(\boldsymbol{z})}\{\ln(1-f_{\mathrm{D},\boldsymbol{\theta}_\mathrm{D}}(f_{\mathrm{G},\boldsymbol{\theta}_\mathrm{G}}(\boldsymbol{z})))\}$ 达到最小。

$$\boldsymbol{\theta}_\mathrm{G}=\arg\min_{\boldsymbol{\theta}'_\mathrm{G}}\left\{\mathrm{E}_{p(\boldsymbol{z})}\{\ln(1-f_{\mathrm{D},\boldsymbol{\theta}_\mathrm{D}}(f_{\mathrm{G},\boldsymbol{\theta}'_\mathrm{G}}(\boldsymbol{z}))\}\right\} \tag{5.368}$$

式（5.367）和式（5.368）中的优化任务是通过交替梯度下降程序共同解决的。在第一步中，生成器网络的参数 $\boldsymbol{\theta}_{\mathrm{G}}$ 被固定，对判别器网络进行梯度下降程序的迭代循环，使用来自训练数据集的 M 个数据点 $\boldsymbol{v}_m$ 和由生成器网络生成的 M 个数据点 $f_{\mathrm{G},\boldsymbol{\theta}_{\mathrm{G}}}(\boldsymbol{z}_m)$。整个训练过程总是以最初从 $N(\mathbf{0},\boldsymbol{I})$ 中随机抽取的相同的 M 个点 $\boldsymbol{z}_m$ 进行。使用 5.1.12 小节中描述的梯度法，对式（5.367）中最大化任务的参数 $\boldsymbol{\theta}_{\mathrm{D}}$ 进行调整。

$$\boldsymbol{\theta}_{\mathrm{D}}^{(\ell+1)}=\boldsymbol{\theta}_{\mathrm{D}}^{(\ell)}+\alpha\frac{\partial}{\partial\boldsymbol{\theta}_{\mathrm{D}}}\left(\frac{1}{M}\sum_{m=1}^{M}\ln(f_{\mathrm{D},\boldsymbol{\theta}_{\mathrm{D}}}(\boldsymbol{v}_m))+\ln(1-f_{\mathrm{D},\boldsymbol{\theta}_{\mathrm{D}}}(f_{\mathrm{G},\boldsymbol{\theta}_{\mathrm{G}}}(\boldsymbol{z}_m)))\right) \quad (5.369)$$

式中，α 是学习率。

这第一步在图 5.76 中由右侧的蓝色箭头显示，从成本函数到判别器网络。在第二步中，判别器网络的参数保持固定，使用梯度下降技术改变生成器网络的参数 $\boldsymbol{\theta}_{\mathrm{G}}$。用梯度下降法调整式（5.368）中最小化任务的参数 $\boldsymbol{\theta}_{\mathrm{G}}$。

$$\boldsymbol{\theta}_{\mathrm{G}}^{(\ell+1)}=\boldsymbol{\theta}_{\mathrm{G}}^{(\ell)}-\alpha\frac{\partial}{\partial\boldsymbol{\theta}_{\mathrm{G}}}\left(\frac{1}{M}\sum_{m=1}^{M}\ln(1-f_{\mathrm{D},\boldsymbol{\theta}_{\mathrm{D}}}(f_{\mathrm{G},\boldsymbol{\theta}_{\mathrm{G}}}(\boldsymbol{z}_m)))\right) \quad (5.370)$$

式中，α 也是学习率。使用式（5.370）训练生成器网络的缺点是梯度很快就接近零，也就是说，判别器网络在训练中很早就胜过了生成器网络。为了避免这种情况，式（5.368）中的优化任务被改变为

$$\boldsymbol{\theta}_{\mathrm{G}}=\arg\max_{\boldsymbol{\theta}'_{\mathrm{G}}}\left\{\mathrm{E}_{p(\boldsymbol{z})}\{\ln(f_{\mathrm{D},\boldsymbol{\theta}_{\mathrm{D}}}(f_{\mathrm{G},\boldsymbol{\theta}'_{\mathrm{G}}}(\boldsymbol{z}))\}\right\} \quad (5.371)$$

而这个的梯度方法是

$$\boldsymbol{\theta}_{\mathrm{G}}^{(\ell+1)}=\boldsymbol{\theta}_{\mathrm{G}}^{(\ell)}+\alpha\frac{\partial}{\partial\boldsymbol{\theta}_{\mathrm{G}}}\left(\frac{1}{M}\sum_{m=1}^{M}\ln(f_{\mathrm{D},\boldsymbol{\theta}_{\mathrm{D}}}(f_{\mathrm{G},\boldsymbol{\theta}_{\mathrm{G}}}(\boldsymbol{z}_m)))\right) \quad (5.372)$$

使用 GAN 可以实现各种应用。这些应用大多针对图像或视频数据，但其他数据结构如文本、语音或音乐也可以用 GAN 生成。在自动驾驶领域，GAN 可用于生成交通场景的高分辨率图像数据，或用于改善图像中例如交通标志的小物体的分类。

5.7 安全自动驾驶的应用

在介绍机器学习在安全自动驾驶领域的一些应用之前，我们将简要地阐明什么时候应用这种方法是有用的，以及应用涉及了哪些挑战。

因为有许多的机器学习工具可供使用，并且这些方法往往可以简单上手，

所以即使有现成的良好的、经过验证的物理模型，纯粹基于数据的方法仍有很大的诱惑力。其原因通常是熟悉物理模型这一过程较为烦琐，而一眼看去显得更加轻松的机器学习之路自然更受青睐。这里人们低估了机器学习中生成特征、将算法嵌入应用程序、评估和解释结果这些过程也都要用到基础数据和相关领域的知识这一事实。图 5.77 介绍了使用机器学习的一些原因。

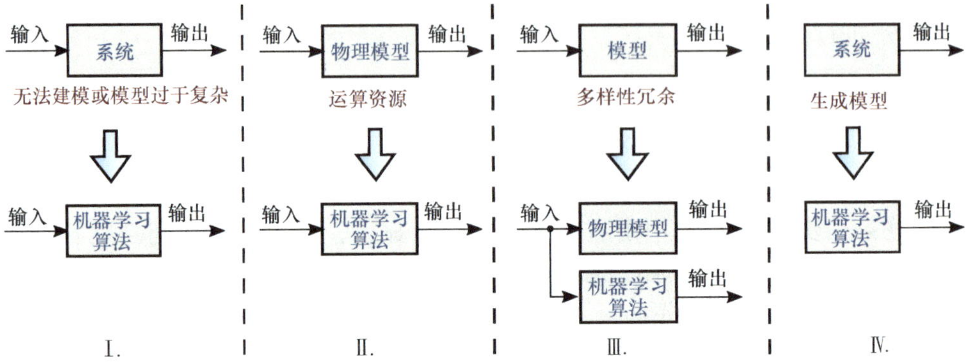

图 5.77　使用机器学习的一些原因

第一个原因是，在许多情况下，执行了从输入到输出量的映射系统是未知的。在这种情况下，物理关系是无法从现有数据中获得的，抑或是过于复杂，以至于无法进行物理建模。在这里，机器学习方法为实现从输入到输出信号的映射提供了良好的可能性。这方面的一个例子是环境传感器的原始数据处理，特别是在从相机数据中进行物体检测和分类的时候。

第二个原因是，机器学习算法可以在那些物理模型计算对运算资源要求过高，无法实时应用时使用。这方面的一个例子是用有限元方法计算碰撞的严重程度：在预测碰撞时使用有限元方法计算碰撞的严重程度可能要持续很多个小时，而用学习了足够多数据的机器学习算法却能在几毫秒内预测出碰撞的严重程度。

第三个使用机器学习算法的原因是多样性冗余。它的基本思想是同时使用物理模型和机器学习算法来确定一个输出量，因为这两种方法从根本上是不同的，如果这两种处理方式的结果相一致，该结果就比只使用物理模型具有更高的置信度。这种方法的一个例子是关乎安全的应用，在这种应用中多样冗余的途径能提高输出信号的质量。

第四个使用机器学习算法的原因是要使用生成模型为应用生成数据，它的一个例子是自动生成的用于验证自动驾驶算法的交通场景。

挑战：实时性和可解释性

将机器学习算法用于实际应用的主要挑战包括**计算实时性**和**可解释性**。实时计算高度依赖于所使用的硬件，特别是在深层神经网络中，一个输入信号的通过需要进行数百万次的乘加运算。由于全连接神经网络或CNN中含有大量乘加运算，且显卡设计使得这些运算可以非常快速地被完成，因而我们通常将这些网络在显卡中运行。即便如此也可能发生一项任务所需的深度神经网络需要过多的计算步骤，以至于它们对某些应用来说仍然过慢的情况，比如在高帧率的相机上进行图像理解。

可解释性通常被认为是批准该方法进入实际生产的前提，因此在机器学习的应用中特别值得关注。我们要求机器学习应具有可解释性，大多数情况下是指人类能够完全理解这个由学习算法确定出结果的流程。这不是说要去了解每一步执行了什么样的计算规则，因为这在几乎所有的机器学习程序中都是清晰透明且好理解的。我们很容易理解神经网络中的一个神经元是如何工作的，但为什么这个神经元在算法架构中就是要处于它所处的这个位置上，这个神经元的意义又是什么，就相当难回答了。可解释性的重点不是关心输入数据“如何”映射到输出数据上，而是关心“为什么”要将输入数据要这样映射到输出数据上。我们突出讨论“为什么”，是因为可解释性是高度依赖于专业领域知识的。通常情况下要明白计算输出的这一过程是否合理，极大程度上是要由相关应用的专家来评估的。

有一些在结构设计上具备可解释性的机器学习方法，也就是说专家可以理解其生成输出的推导过程。这里我们假设输入是可解释的，比如说输入代表了物理量。下面列出的机器学习方法就属于这一类：

1）基于规则的模型：

① 例如5.4.1小节中的决策树或回归树；

② 由IF-THEN-ELSE和AND或OR语句组成的规则集，其中的参数，比如阈值，是由训练数据集决定的。

2）基于模板的模型：k近邻分类器，例如在5.1.9中，也使用了其他相似性测量，并且可以生成类似“因为输入与模板相似……，所以输出是……”的说法。

3）输入到输出的映射具有特殊性质的模型：

① 如5.1.7小节的线性模型，输入端的一个特征变化所产生的影响可以独立于其他特征值来解释。

② 神经网络，其权重是由带有约束条件的优化问题算出的，这么做的目的可以是为了确保单调性，或者是为了确保有文献[BN08]中的特定分类的邻接关系。

然而，许多机器学习方法在设计层面上是不可解释的，训练后的行为取决于方法所选择的架构，比如说神经网络中的层数、神经元数，取决于训练数据集、参数初始化以及采用的学习方法的其他元参数，如学习率。这类机器学习方法包括了在训练阶段不施加任何约束以实现可解释性的神经网络，也可以说几乎所有现今使用的深度神经网络都属于此类。如果想让这些学习算法进一步接近“可解释性”，有两种如文献 [SMM17] 中所示的方法：

1）我们将重点放在模型上，并试图更好地理解模型的内部工作原理。在此可以用到的方法包括：

① **激活最大化**：对于一个已经学习过的神经网络，去找其对于一个给定的类别，最可能的输入是什么。

② **生成模型**：为一个类别生成一系列典型输入。

③ **鹦鹉学舌法**：用不可解释的模型生成一个新的数据集，数据集由大量的输入数据和不可解释的模型生成的相关输出组成。然后，这个数据集被用来训练一个可解释的模型，例如决策树。由此产生的可解释模型反映了不可解释模型的推导过程。我们可以说，可解释的模型之于不可解释的模型就像是“鹦鹉学舌”，这也是该方法名称的由来。

2）我们将重点放在数据上，并试图解释神经网络的个别决定。对此可以用到的方法包括：

① **敏感度分析**：对于一个输入 $\boldsymbol{x}=[x_1,x_2,\cdots,x_n]^{\mathrm{T}}$ 和神经网络实现的映射 $f(\boldsymbol{x})$ 而言，关于各个特征 x_n 的网络敏感度是如下计算的：

$$S_n=\left(\left.\frac{\partial f(\boldsymbol{x})}{\partial \boldsymbol{x}_n}\right|_{\boldsymbol{x}=x}\right)^2 \tag{5.373}$$

利用 S_n 可以说明，对于给定的输入 $\boldsymbol{x}$，计算出的输出对于特征 x_n 微小变化的鲁棒程度是多少。因此敏感度更像是对鲁棒性的一种量测，并不能解释算得的输出。

② **逐层相关性传播**：对于一个输入 $\boldsymbol{x}=[x_1,x_2,\cdots,x_n]^{\mathrm{T}}$ 和神经网络实现的映射 $f(\boldsymbol{x})$ 而言，确定出各个特征 x_n 与计算输出的相关性。与泰勒级数展开相类似，输出 $f(\boldsymbol{x})$ 被展开成各个特征的相关性之和，从而能够说明输入中的哪些特征导致了算出来的输出结果

$$f(\boldsymbol{x})=\sum_{n=1}^{N}R_n \tag{5.374}$$

式中，R_n 是输入的第 n 个元素的相关性。

文献 [BBM+15] 介绍了一种计算 R_n 的方法。如果把输入向量中 x_n 的值替换成与之相对应的 R_n 的值，那么各个特征对这一特定决策的重要程度就会直观地显示出来。这就是为什么这种可视化也被称为**热图**。专家现在可以通过分析这个热图，来验证网络计算的输出结果是否合理。这种方法为从可解释的人工智

能的角度来进行阐释提供了一种可能性，阐释可以包括诸如“输出……的原因可以通过特征……的值较大而特征……的值较小来解释”这种在某些应用中足以让人理解的说明。

③ 可视化：通过习题2.9中的主成分分析（PCA）、t-SNE[MH08]或UMAP[MHM18]的投影方法，可以将输入数据投影到一个二维或三维空间。在这个低维空间中，不可解释的机器学习模型做出的决定可以通过颜色来标记。这种表示形式可以让人类专家能够验证不可解释的机器学习模型决定的正确性。

特别是在车辆安全或安全自动驾驶中使用机器学习算法时，最好能由人来验证算法的输出，以确保其正确运转。并以此为基础，在出现错误情况时也能够找到担责对象。

接下来的几个小节将介绍机器学习在安全自动驾驶领域的一些可能应用。这些例子本书作者都有所参与。然而，机器学习在这一领域的应用远远超出了这些例子的范围，特别是在处理原始传感器数据进行物体检测和分类的方面，机器学习算法可谓是最先进的。如图1.10所示，5.7.1小节～5.7.4小节侧重于功能算法，而5.7.5小节和5.7.6小节则描述了为安全自动驾驶的开发和测试寻找和生成相关测试场景的方法。

5.7.1 道路交通中的危急程度估计

危急程度估计是车辆安全的核心任务，因为根据交通场景的危急程度，自车可以启动不同的执行器。它可以是对驾驶员的警告，可以是执行自主转向或制动动作来避免碰撞，甚至可以触发不可逆执行器，例如安全气囊。

在发生可能的碰撞之前，越早做出可靠的危急程度评估，就有越多的时间来避免事故的发生。考虑到在干燥的道路上1s的制动时间内速度可以减少约35km/h，就可以说通过制动来避免事故通常需要一个预测范围为2s或更长的可靠的危急程度估计。这里介绍的危急程度估计方法假定在每次调用危急程度估计方法算法时，车辆状态和由基础设施、静止和动态物体组成的环境模型是已知的。这些信息通常由环境传感器、带有对应地图的本地化模块和捕捉车辆动态的传感器在车辆内部生成。

基于预测可能发生的碰撞进行危急程度估计

文献[BL10]提出了一种方法，通过预测自车和其他物体在交通场景中将要进行的运动来估计危急程度。该方法的基础是使用3.2中介绍的运动模型和差分方程，对每个物体的轨迹基于多种假设进行数值计算。根据所产生的碰撞和它们对应的概率估计，确定交通情景的危急程度。文献[BL10]主要研究的是不可避免性，也就是要识别从何时起，必然不存在能够规避事故的轨迹组合。例如，图 5.78 显示了车辆位置的多种预测假设，预测时间为 600ms 之后；当前时间 t_0 下，车辆前缘中点位于 $[X(t_0),Y(t_0)]^{\mathrm{T}}=[0\mathrm{m},0\mathrm{m}]^{\mathrm{T}}$ 的位置，车辆以 $[v_X(t_0),v_Y(t_0)]^{\mathrm{T}}=[40\mathrm{km/h},0\mathrm{km/h}]^{\mathrm{T}}$ 的速度直线向前行驶。图 5.79 则显示了预测时间为 800ms 时的车辆前缘中点位置，车辆的初始状态与图 5.78 中的相同。图 5.79 还显示了另一对象的车辆前缘中点的预测。该对象在当前时间 t_0 下，前缘中点位于 $[X(t_0),Y(t_0)]^{\mathrm{T}}=[10\mathrm{m},5\mathrm{m}]^{\mathrm{T}}$ 位置，并以 $[v_X(t_0),v_Y(t_0)]^{\mathrm{T}}=[-10\mathrm{km/h},-20\mathrm{km/h}]^{\mathrm{T}}$ 的速度运动。

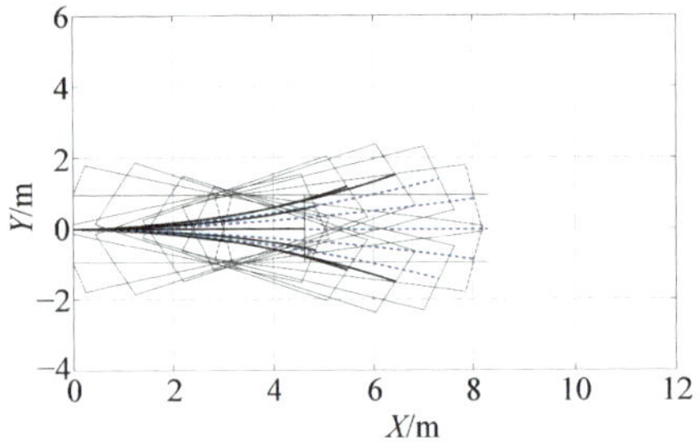

图 5.78　$v(t_0)$ = 40km/h 的车辆在 600ms 时可能的位置

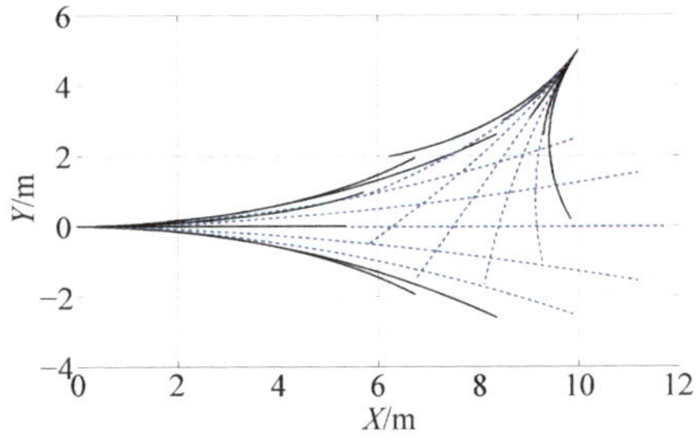

图 5.79　800ms 时的轨迹估计 [BL10]

由于这种基于模型的方法需要通过数值求解差分方程来实现对每个单独物体的运动预测，文献 [BL10] 展示了如何通过使用机器学习对相关物体进行预选择来大大减少该方法所要用到的运算资源，这之后就只需对较少数量的物体进行轨迹预测。这种预选是通过 5.5 节中的随机森林分类器进行的。该分类器的输出是对象与计算交通情况危急程度相关的 0/1 评估。由于这只是一个预选，所以随机森林算法应被训练成具有高度的真正类率（见表 5.2）。此处对于预选任务，我们也可以接受假正类率稍高的情况，因为基于模型的方法之后还会更准确地去估计危急程度。此外，选择的随机森林分类器的输入空间只有四维，这样就可以可视化地进行决策验证。在可视化时，输入向量中的一个或两个值被固定，危急程度则作为关于剩下输入的函数被绘制出来。

因此，在这个应用上使用机器学习算法的原因在于在对象相关性分类上有计算效率高的方法，这在图 5.77 上可以归入到其中的第二类——“运算资源”中去。

基于规避加速度的危急程度估计

文献 [HUBK15] 提出了一个稍微不同的危急程度确定方法。这种方法基于对于车辆计算其刚好能够规避事故所需要的纵向和横向加速度。如果这些**规避加速度**很高，则危急程度也很高。寻找车辆在某交通情况下能够避免事故的轨迹，这一问题首先可以被表达成一个 MinMax 优化任务。其基本思想是在所有规避轨迹中找出在整个过程内最大加速度值最小的那一条轨迹。这个问题的数学表述可以在文献 [HUBK15] 中找到，解决该优化任务需要一个非线性规划的求解器。图 5.80 可视化了这样的一条规避轨迹，这里车辆计划通过左转弯来改变线路，以避免事故发生且自己不离开行车道。

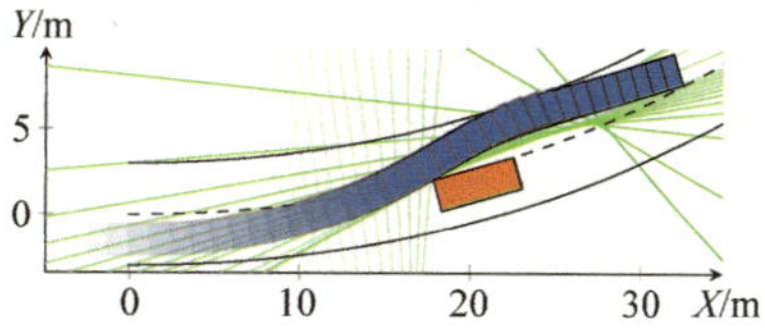

图 5.80　避让加速度的确定 [HUBK15]

由于 MinMax 优化任务的解决需要一个求解器，因而并不适用于汽车微控制器上，文献 [HUBK15] 还提出了一种方法，使得这类通过规避加速度估计危急程度的方法在计算上更有效率。这种方法基于 5.5 节中的随机森林分类器对危急程度的计算。为此，我们在具备足够运算能力的计算机上生成许多个危急场景，并使用 MinMax 优化法计算每种场景下的避让加速度。基于这些避让加速度，危急程度被分为 4 类，并被用作训练随机森林分类器的标记。文献 [HUBK15] 显示，随机森林分类器具备学习各个交通场景危急程度的能力。因此，在这个场景中使用机器学习算法的原因主要在于有一种计算效率高的方法来对交通场景的危急程度进行分类，这在图 5.77 上可以归入到其中的第二类——“运算资源”中去。该方法其实也可以和基于模型的危急程度计算方法同时使用，因此，它也可以归入图 5.77 中的第三类——“多样性”。

占据图预测

占据图预测或**占据栅格预测**是一种交通情景的表示法，它不仅有助于对危急程度进行估计，也有助于车辆规划出安全的轨迹。它将车辆移动的平面划分为网格元素，并估计每个网格元素在预测时间内的占用概率。这种位置离散化的好处是，预测占据栅格可以被解释为具有固定数量“像素”的图像，因此网格也可以作为其他用于危急程度估计或轨迹规划的机器学习算法的输入。文献 [NB16]、[NBS17] 和 [NBS18] 提出了一种方法，该方法可以通过机器学习技术来高效计算得到占据栅格预测。

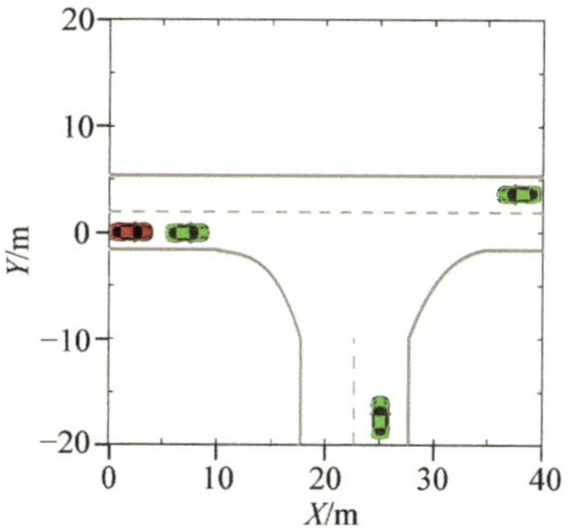

图 5.81　用于计算占据图预测的 t_0 时刻的交通情景

为了说明这个预测占用栅格的方法，图 5.81 显示了一个交通场景。预测时间 2.0s 时所得到的占据栅格预测如图 5.82 所示。网格元素越亮，则它就越有可能被占据。图 5.82 左边显示的是用基于模型的方法计算得到的占据栅格预测，图 5.82 右边显示的是机器学习算法所得的占据栅格预测。基于模型的方法使用 3.2 小节中提出的运动模型和差分方程对每个物体的轨迹进行了数值计算，这就导致了非常高的运算资源需求。当前时间 t_0 下的场景表示相当于输入进机器学习算法的“增强占据栅格”，意思是对于每个网格元素都有对应一个矢量，其中存储了对应网格元素所属的对象类型、对应对象的速度等信息。详细情况可以在 [NB16] 中找到。机器学习算法的目标是从增强占据栅格中生成一个占据栅格预测。我们可以在图 5.83 中看到实现这一目标的两种架构。在位于上方的架构中，一个堆叠去噪自编码器和一套随机森林算法被用于回归。

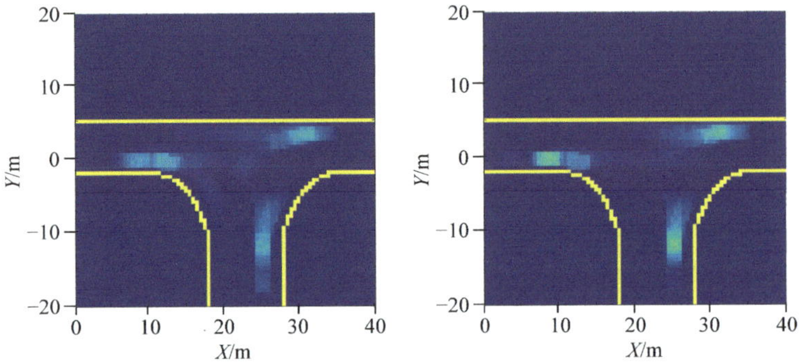

图 5.82　对图 5.81 中交通情景的占用图预测：基于模型（左）和通过机器学习（右）的预测时间均为 2s

此前我们在 5.6.3 小节介绍过堆叠去噪自编码器，在 5.5 小节介绍过随机森林算法。在该应用中，自编码器由增强占据栅格进行训练，之后丢弃解码器而只使用编码器。这种方法的缺点是需要用到非常多的随机森林算法，即便当随机森林可以很好地并行化时仍是如此，因为预测占据栅格的每个“像素”都需要用到一个随机森林。位于图 5.83 下方的架构则显示了一种通过使用两个堆叠去噪自编码器来大大减少随机森林算法数量的方法。第一个自编码器是用增强占据栅格训练的，第二个是用预测占据栅格训练的。第一种自编码器只保留编码器，而第二种自编码器只保留解码器。这两个组分之间还有一套随机森林回归算法，它将增强占用栅格的低维表示映射到预测占用栅格的低维表示上。这种结构使占据栅格预测的整体计算效率得到提高。该方法的另一个优点是，在计算预测占据栅格时不费功夫就能够将交通参与者之间的交互和反应也考虑进来。如果训练数据中包括交通参与者相互间的交互和反应，这些也都会被学习。

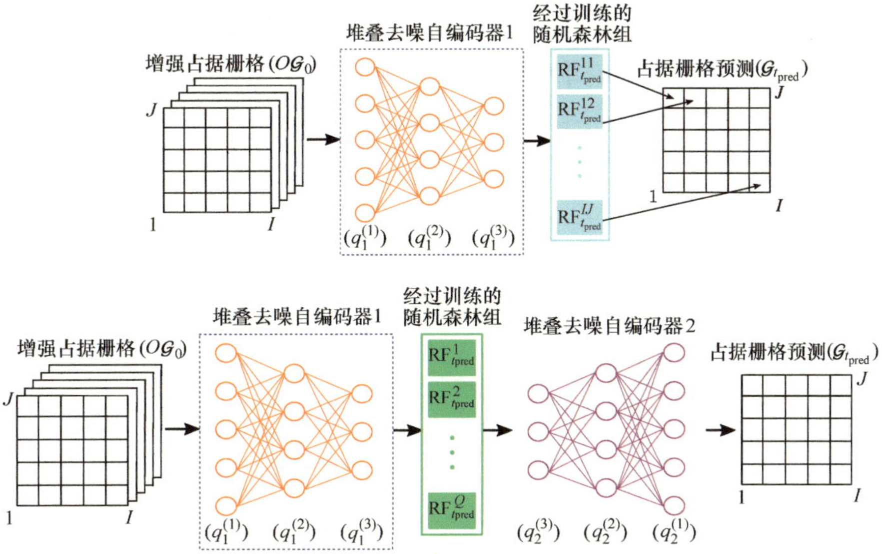

图 5.83 预测占用图的机器学习方法

因此，在这个应用上使用机器学习算法的原因在于拥有高效计算出占据栅格预测的方法，这在图 5.77 上可以归入到其中的第二类——“运算资源”中。

5.7.2 碰撞严重程度的预测

除了预测碰撞是否将要发生，还存在第二个对车辆安全具有核心意义的量，即碰撞严重程度，也就是式（1.1）中的损害程度。在 3.1.1 小节中我们已经解释了碰撞严重程度的概念。文献 [MNB+16] 和 [MLB+18] 提出了一种包含了机器学习部分内容的方法，该方法实现了在汽车微控制器上对**碰撞严重程度估计**进行预测。图 5.84 中的框图直观地显示了该方法。该算法的切入点是碰撞的不可避免性。为了确定两辆车之间的不可避免性，我们根据它们碰撞前的情况，检查是否存在两辆车通过制动“和 / 或”转向动作的组合能避免事故的情况。这和图 5.79 所描述的 [BL10] 采用的方法类似。如果事故是不可避免的，可以确定出含有可能的碰撞位置的列表。为此，我们在 3.2.5 小节介绍的双轨模型的帮助下，计算了不同的组合。这一步是至关重要的，因为不同的操作会导致不同的碰撞位置，进而导致不同的碰撞严重程度。实际的碰撞严重程度往往只有在碰撞发生前的瞬间甚至是碰撞开始时才能确定，而预测时要求考虑的是一个根据不同撞击位置得到的碰撞严重程度的概率分布。借助 3.1.2 小节介绍的有限元计算或是实际的碰撞测试，我们可以很好地对每个撞击位置预测出相应的碰撞严重程度。然而，由于这种类型的计算不能在汽车微控制器上实现，它只能以另外两种不同的方式来进行：一种是借助基于有限元数据和实际碰撞测试数据训练的机器学习算法，另一种则是借助二维弹簧 - 质量 - 阻尼器模型。后者是 3.1.1 小节介绍的模型的延伸。二维弹簧 - 质量 - 阻尼器模型如图 5.85 所示，其参数也是根据有限元数据和实际碰撞试验的数据确定的。相关的数学说明和细节可以在文献 [MLB+18] 中找到。

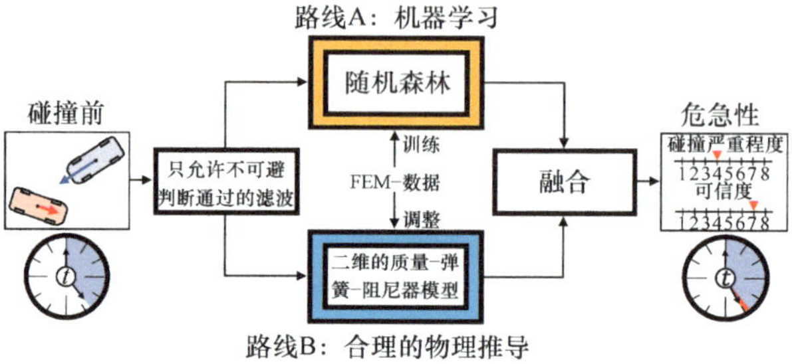

图 5.84　预测碰撞严重程度估计的架构 [MLB+18]

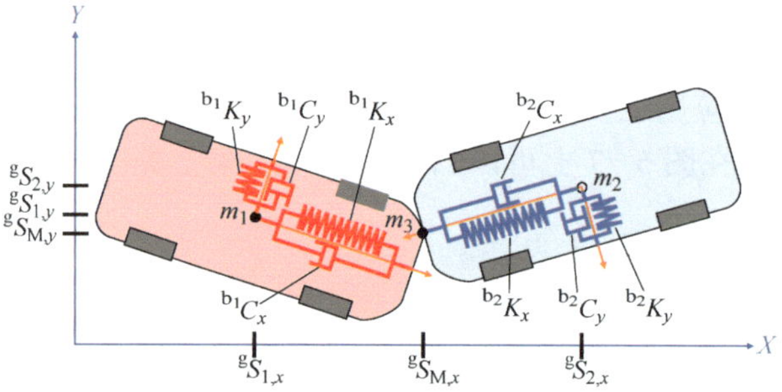

图 5.85　基于模型的碰撞严重程度计算方法中的二维弹簧 - 质量 - 阻尼器系统

在计算二维弹簧 - 质量 - 阻尼器模型的同时，还通过事先用事故数据训练的机器学习模型对碰撞严重程度进行了预测。这种方法为基于碰撞严重程度的离散程度来评估预测的置信度提供了可能。由于使用双轨模型和弹簧 - 质量 - 阻尼器模型必须求解微分方程，其计算相对复杂，因此，在事故发生前的短时间内，只能去检查最为至关重要的车辆轨迹。相较之下，机器学习方法中的计算密集型步骤都是提前在车外进行，也没有时间限制。这就允许我们对所考虑的事故情景进行更精确的分析，这种精确反映在大量的车辆轨迹模拟、撞击位置模拟以及由此可以得到的碰撞严重程度预测之上。使用的机器学习方法是 5.5 节中介绍过的随机森林。我们使用了五个随机森林模型，它们相互独立地预测了不同的涉及碰撞严重程度的参数。它们是碰撞严重程度的最小值、下四分位数、中位数、上四分位数和最大值。这些特性值与碰撞严重程度分布有关，当从碰撞前开始计算针对不同碰撞位置的不同驾驶操作和相关的碰撞严重程度在时间上的发展，就会形成这种分布。因此，该分布包括了碰撞前可能发生的整个碰撞严重程度的范围。图 5.86 显示了在碰撞前不同时间点的分布，其中碰撞严重程度被归一化。从图中可以看出，碰撞严重程度的分散度随着碰撞时间的临近而减小。

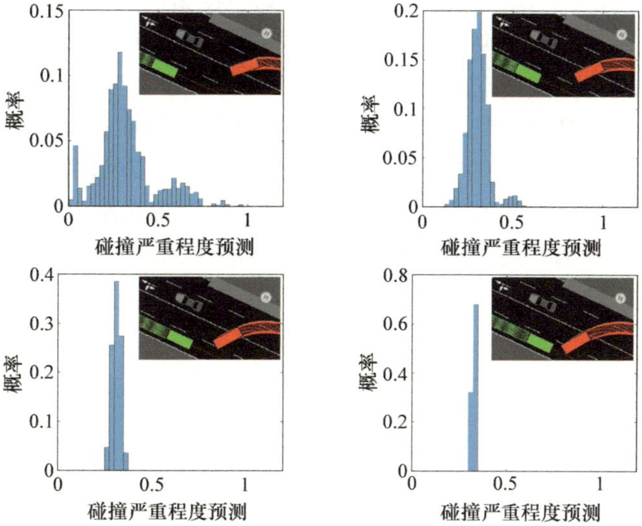

图 5.86　在碰撞前大约 512ms、357ms、185ms 和 69ms 的交通场景中碰撞严重程度的概率密度估计 [MNB+16]

通过两条路径的多样性冗余、2D 弹簧 - 质量 - 阻尼器模型和机器学习，可以提高整个系统对不正确预测的鲁棒性。只有当两条路径一致时，才应考虑进一步的步骤，例如不可逆执行器的启动。

在这种碰撞严重程度估计应用中使用机器学习算法的动机一方面在于图 5.77 中的类别Ⅱ“运算资源”，另一方面在于类别Ⅲ“多样性冗余”。

5.7.3　避免碰撞的轨迹规划

在具有多个静态和动态对象的关键交通场景中规划安全（即无碰撞）的轨迹是实现自动驾驶的最重要任务之一。这项任务所面临的挑战在于，对象是动态的，车辆所处的导航环境在预测期间内不断发生着非确定性变化。例如，半秒后仍可通过的位置可能会在一秒钟内被车辆或其他交通参与者覆盖，因此不可再通过。最著名的轨迹规划算法之一是快速搜索随机树（RRT）算法。它是一种基于树形结构并且通过随机采样尝试寻找无碰撞路径的搜索算法。由于随机采样，RRT 算法是一种概率完备的算法，即随着时间的推移，找到解决方案的概率（如果存在）接近于 1。该算法的吸引力在于，它对于许多轨迹规划任务而言是一种非常有效的方法。此外，RRT 算法还提供了在规划中考虑对象运动模型的可能性，并且在连续空间中进行规划，即不需要对位置或状态变量进行离散化。在安全自动驾驶中，目前用于轨迹规划任务的该算法的变体是在文献 [CBKM16] 和 [CBU17] 中介绍的增强闭环 RRT（ARRT）和增强闭环 RRT+（ARRT+）两种方法。这两种算法通过在空间中搜索时对车辆的纵向和横向加速度进行采样，在关键交通场景中规划安全的轨迹。这种方法的优点是产生了包含着同时进行的转向和制动操作的轨迹。然而，由于要使用第 3.2.5 小节中介绍的双轨模型来描述 RRT 算法中车辆的动力学参数，从而找到可行驶的轨迹，并且由于要通过第 3.2.2 小节中介绍的差分方程的数值解来预测其他交通参与者的运动，这些方法的计算量非常大。出于这个原因，在文献 [CBU16] 中引入了一种混合机器学习算法，这使得搜索安全轨迹的速度明显加快。图 5.87 展示了该过程。

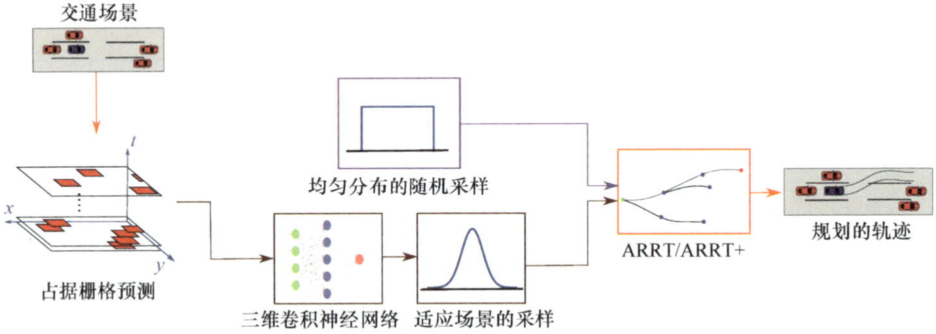

图 5.87　使用机器学习方法快速找到安全的轨迹

上面的路径显示的是纯粹基于模型的方法，它在 ARRT/ARRT+ 中使用随机采样。混合的方法由图 5.87 中下面的路径表示。占据栅格预测已经在 5.7.1 小节中做了介绍，由于其输入由一堆类似于视频数据结构的占据栅格预测组成，卷积神经网络（CNN）被称为三维卷积神经网络。在第 5.2.4 小节中已经对卷积神经网络进行了讨论。通过使用神经网络进行了适应于场景的采样，显著提高了 ARRT/ARRT+ 的收敛速度。该方法被称为混合方法，因为它将部分机器学习和 ARRT/ARRT+ 的基于模型的方法结合在一起。显示了混合机器学习方法优势的关于所需运算资源的更多细节和测量值可以在文献 [CBU16] 和 [CBU17] 中找到。

为了阐明正在研究的问题，图 5.88 展示了一个交通场景，其中借助混合机器学习方法找到了车辆的安全轨迹。这是一条两车道道路上的右弯道，车辆和其他四辆车正在其中行驶，而在自车前方有行人走上道路。最终的可行驶轨迹在图中显示为一条始于车辆自身的实线。

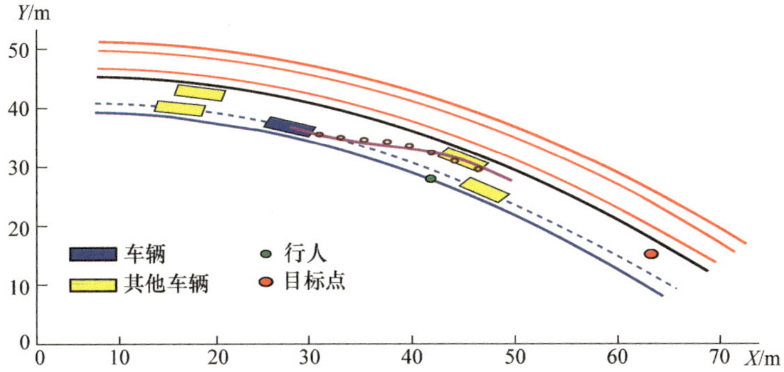

图 5.88　在有其他四辆车和一个横穿的行人的右转弯中找到安全轨迹 [CBU17]

如果找到安全轨迹，则通常不必在下一个传感器周期（即当存在有关车辆环境的新数据时）进行全新的轨迹规划，因为对于 ARRT/ARRT+，已经计算出的轨迹可以作为采样的基础。因此，每次调用 ARRT/ARRT+ 时只调整检测到关键场景时所规划的轨迹。但是，如果在经过所规划的轨迹时场景发生了较大的变化，例如新的相关物体或者与原先假设完全不同的交通使用者的运动，则必须使用混合机器学习方法重新进行轨迹规划。

在这种应用中使用机器学习算法的动机在于有一种计算效率高的轨迹规划方法，并且可以归类于来自图 5.77 中的类别Ⅱ“运算资源”。这里所介绍方法的特别之处在于使用机器学习方法来加速基于模型算法的收敛。由此产生的轨迹由纯粹基于模型且易于验证的方法确定。

5.7.4　约束系统的触发

在文献 [Bot09] 中介绍了机器学习算法有助于触发安全气囊等约束系统的几种方法。所描述任务的出发点是在碰撞中由传感器测量的加速度信号。图 5.89 举例展示了 4 个加速度传感器在两次碰撞中记录的信号。红色虚线表示的信号来自于速度为 27km/h 的正面碰撞，其中应触发爆燃式安全带张紧器以及安全气囊的第一级，蓝色曲线表示的信号来自于速度为 56km/h 的正面碰撞，其中安全气囊的第二级也必须被启动。在图中，对于两种碰撞也用背景颜色标记了必须触发约束装置的时间窗口。对于正面碰撞，在 3.1.1 小节中介绍了 5in–30ms 标准，用于粗略确定合适的安全气囊触发时间。

因此，目前的任务包括两部分：一方面应确定正确的触发时间，另一方面还应根据碰撞的严重程度激活正确的约束系统。

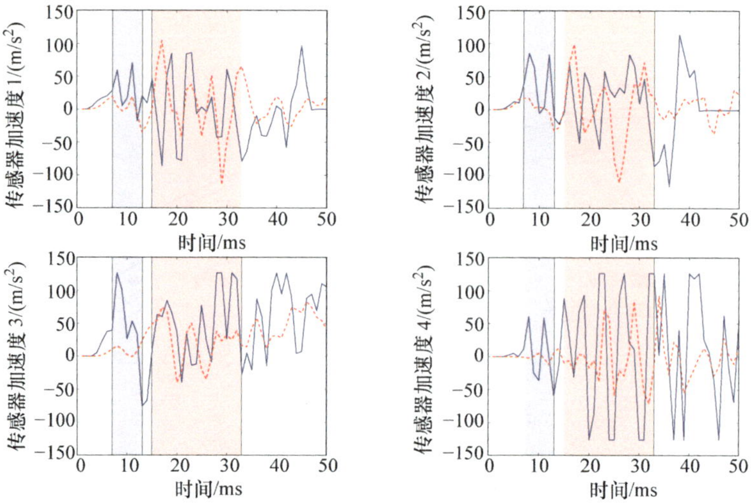

图 5.89　在速度为 27km/h（红色，虚线）和 56km/h（蓝色）的碰撞下 4 个加速度传感器的信号和触发的时间间隔 [Bot09]

使用基于场景的随机森林进行分类

解决该任务的一种方法是，首先从 4 个传感器在任何时间点的当前和过去测量值中计算出合适的特征，然后将这些特征用作分类器的输入，该分类器必须为每个约束系统做出“启动 / 不启动”的决定。在文献 [Bot09] 中介绍了从多元时间序列生成特征的方法以及基于机器学习方法选择最重要特征的方法。在特征选择和分类中，将第 5.5 节中的随机森林扩展到基于场景的随机森林起着核心作用。基于场景的随机森林的基本思路如图 5.90 所示：在随机森林中自助法的采样是在场景级别进行的，因此一个场景要么完全属于决策树的训练数据集，要么完全属于测试数据集。此外，在基于场景的随机森林中更改了成本函数，以考虑到在时间序列中的某些区域中，相比其他时间区域，错误分类具有更大的权重。

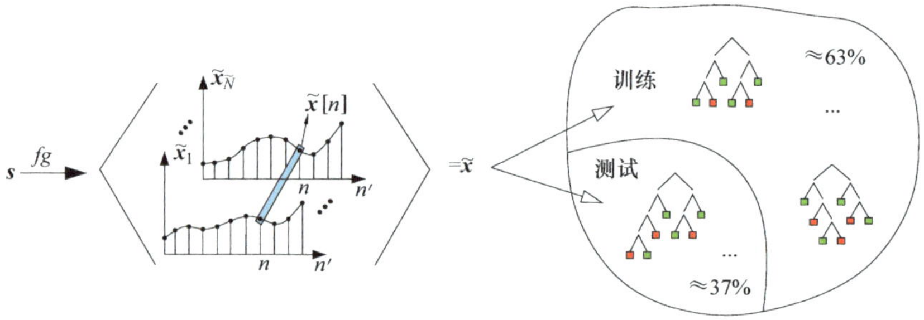

图 5.90　基于场景的随机森林 [Bot09]

“分段和标签”- 使用可解释径向基函数网络的方法

另一种方法将任务分为两部分。在第一步中，使用多个分类器确定可能的激活约束装置的时间点。在第二步中，基于从第一步中得到的传感器信号片段，由其他分类器决定是否以及应该激活哪个约束装置。图 5.91 展示了该方法的框图。可以看出，第一步的分类器“分段分类器”可以使用与第二步的分类器“标签分类器”不同的特征。这种架构在文献 [Bot09] 中有详细的描述。适合特征空间中的线性分类器被用作“分段分类器”，可解释的径向基函数网络被用作“标签分类器”。径向基函数网络已在 5.2.3 小节中作了介绍。可解释的径向基函数网络的设计是基于通过解决具有约束条件的优化问题来找到网络中的权重。其中，首先借助随机森林在输入空间中找到各个类别合适的代表，然后，通过选择网络中的权重可以得到诸如“入口靠近类别 A 的代表而远离其他类别的代表，因此出口是 A”的结论。所介绍的方法为“标签分类器”提供了确定决策质量度量的机会。该方法的描述也可以在文献 [BN08] 中找到。

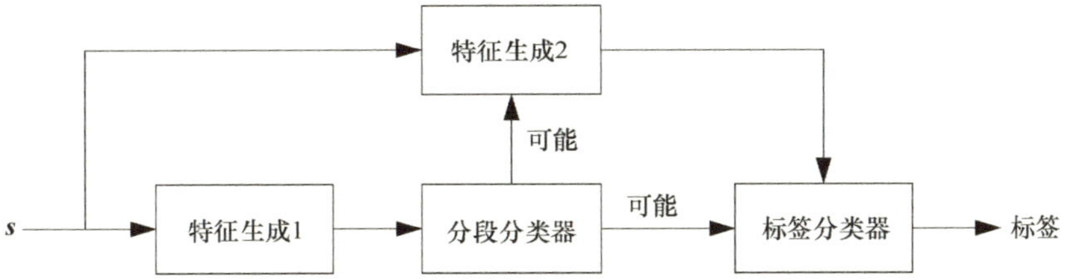

图 5.91　分段和标签方法[Bot09]

所介绍的方法非常适合与传统的约束装置触发算法并联使用。如果这两种方法都提供了适当的质量度量，则可以通过决策逻辑来使用这两种方法的优势。由于加速度信号中的随机比重，在许多情况下分类任务极其困难，因此机器学习算法可以对最终决策做出有价值的贡献。

在此种应用中使用机器学习算法的动机在于，这是触发约束系统的另一种方法，并且可以归类于图 5.77 中的类别 Ⅰ“无法建模或模型过于复杂”和类别 Ⅲ“多样性冗余”。

5.7.5　交通场景聚类

自动驾驶的一个核心方面是验证，即必须回答诸如“系统是否真的提供了预期的好处？”或“系统在实际使用中是否显示出意想不到的反应？”之类的问题。这里的一个重要组成部分是所谓的现场测试，即在实际道路交通中对车辆进行测试。为了更有针对性地控制测试，在文献 [KWB18] 中介绍了一种基于 5.6.2 小节中介绍的用于无监督学习的随机森林的方法，其重点是交通场景的自动识别。这是一种无监督的机器学习方法，因此不需要对场景进行手动分类。

交通场景的识别是进一步分析和评估的基石，在文献 [KWB18] 的方法中，场景由一组特征描述，该特征除了记录车辆的数据外，还记录了环境及其按时间顺序的变化。图 5.92 可视化了所提出的场景聚类的方法。随机森林将该数据集用于无监督学习，以确定数据自适应的相似性度量。然后，这种相似性度量被层次聚类方法（如第 5.6.1 小节中所介绍的方法）使用，以形成相似交通场景的组。在得到的邻近性矩阵 $\boldsymbol{P}_o$ 中，每个元素都反映了两种交通场景之间的比较。矩阵元素的排列方式使得相似的点可以被可视化为簇。一旦这种结构可用，就可以在下一步中通过为每个簇选择代表来推导出测试用例。

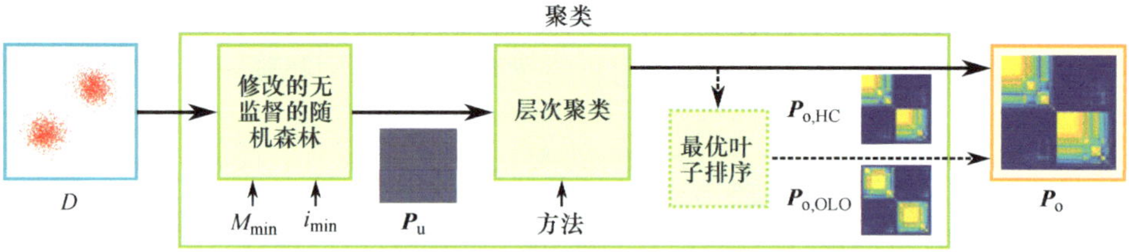

图 5.92　在 [KWB18] 中用于交通场景聚类的架构

自动驾驶系统最好在有代表性的交通场景中进行测试。在下一步骤中，可以基于学到的分类算法，在行驶中将场景分配给其中一个簇。从而得到记录的或新的交通场景的概况，并且可以对为验证自动驾驶系统已经做出的贡献做出定量的陈述。已经确定的测试用例也可用于进一步开发这些系统。

该聚类方法在文献 [KWB18] 中有详细描述。在对场景进行初始分类后，它提供了对簇重复该方法并像使用放大镜一样在该簇中找到更多类别的可能性。例如，最初由 22519 个交通场景组成的数据集会产生如图 5.93 所示的仅包含城市交通场景的邻近矩阵。在该邻近矩阵中，可以找到其交通场景已经有很多共同点的簇。框 3A 和 3B 仅包含交叉路口场景，框 3C 仅包含环岛场景。在框 3A 的场景中，车辆继续直行，在框 3B 的场景中，车辆右转。值得注意的是，这是一种纯粹的无监督机器学习方法，并且没有进行任何事先的分类，这表明该方法非常适合当前的问题。在文献 [KWM+19] 中，该方法通过所谓的“路径邻近”得到进一步改进，并被扩展到包括后面的分类器，以便可以在行驶中将场景分配到其中一个簇或识别为新场景。

在这种应用中使用机器学习算法的动机在于，这是一种可以自动查找相似的交通场景组的方法，并且可以归类于图 5.77 中的类别 I “无法建模或模型过于复杂”。

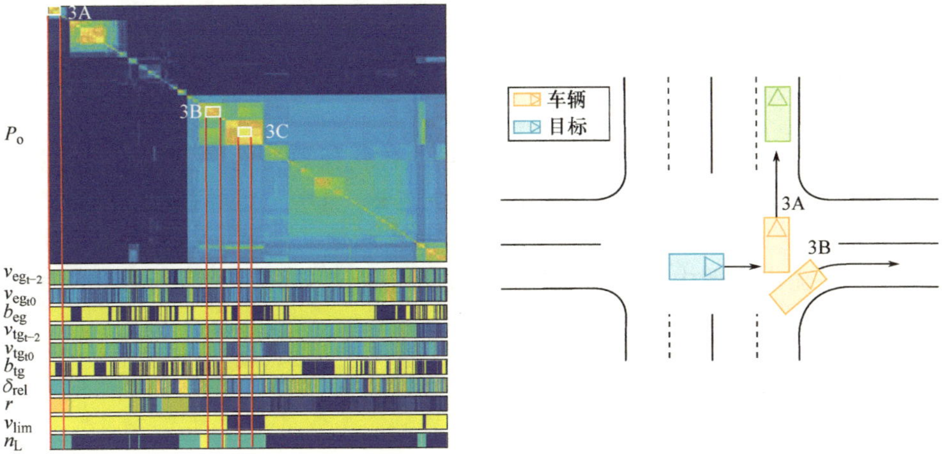

图 5.93 城市交通场景的邻近矩阵和所使用的特征（左图）；导致两个簇的交叉路口场景的可视化（右图）[KWB18]

5.7.6 使用变异自编码器生成场景

5.6.4 小节中介绍的变异自编码器（VAE）可用于生成交通场景，因此可用于安全自动驾驶领域中的不同应用。

使用 VAE 生成场景用于轨迹规划

在文献 [CBU18] 中介绍了一种将变异自编码器（VAE）用于轨迹规划的方法。它使用第 5.7.3 小节中提到的 ARRT+ 算法在第一步中生成具有安全轨迹的训练数据集。该步骤如图 5.94 所示，其中一个时间点的交通场景由一组如图 5.87 所示的预测占据图 $\boldsymbol{M}$ 和车辆的动力学数据 $\boldsymbol{\eta}$ 描述。对此，借助 ARRT+ 算法确定安全轨迹 $\boldsymbol{\pi}^*$。变异自编码器（VAE）将基于由安全轨迹 $\boldsymbol{\pi}^*$ 组成的训练数据集进行训练。编码器将轨迹 $\boldsymbol{\pi}^*$ 映射到潜变量 $\boldsymbol{z}_\mu$。在第二步中训练一个在 5.7.3 小节中称为三维卷积神经网络的卷积神经网络将 $\{\boldsymbol{M},\boldsymbol{\eta}\}$ 直接映射到潜变量 $\hat{\boldsymbol{z}}_\mu$ 上。这一步如图 5.95 所示。在该图中还表明，在 VAE 解码器的帮助下，可以将潜变量 $\hat{\boldsymbol{z}}_\mu$ 映射到轨迹 $\hat{\boldsymbol{\pi}}$ 上。通过这两个步骤，已经达到了中间目标，即可以在不使用 ARRT+ 算法的情况下从交通场景的表示 $\{\boldsymbol{M},\boldsymbol{\eta}\}$ 中生成安全轨迹 $\hat{\boldsymbol{\pi}}$ 的建议。

$$\{\boldsymbol{M},\boldsymbol{\eta}\} \xrightarrow{\text{ARRT+}} \boldsymbol{\pi}^* \xrightarrow{Q_\phi(z|\pi)} \boldsymbol{z}_\mu$$

图 5.94 使用 ARRT+ 算法生成用于训练变异自编码器的安全轨迹 [CBU18]

$$\{\boldsymbol{M},\boldsymbol{\eta}\}\xrightarrow{\text{3D-ConvNet}}\hat{z}_{\mu}\xrightarrow{P_{\theta}(\pi|z)}\hat{\boldsymbol{\pi}}$$

图 5.95　用于将交通场景的表示 $\{\boldsymbol{M},\boldsymbol{\eta}\}$ 映射到潜变量 $\hat{z}_{\mu}$ 的卷积神经网络 [CBU18]

轨迹探索的生成算法（GATE）通过解决优化任务搜索潜变量 $\tilde{z}$，使用 VAE 解码器可以生成使得成本函数 J 最小化的轨迹 $\tilde{\boldsymbol{\pi}}$。其中三维卷积神经网络的输出被用作为优化方法中的初始值。可以设计成本函数 J 来寻求安全和尽可能舒适的轨迹。在优化步骤中，VAE 生成轨迹的可能性起着核心作用。GATE 算法的架构可以在图 5.96 中看到，更多细节可以在 [CBU18] 中找到。那里还介绍了 GATE 算法的扩展，即所谓的 GATE-ARRT+ 算法（图 5.97）。这样做的动机在于 GATE 算法强烈依赖于 VAE 的训练数据集，这可能导致在潜变量空间中搜索的初始值不能使优化过程收敛。这时可能会发生这样的情况：虽然在交通场景中存在安全轨迹，但 GATE 算法没有找到它。因此，GATE-ARRT+ 算法以 GATE 计算出的轨迹作为起点用于在 ARRT+(一种概率完备的算法）中的搜索。在 [CBU18] 中，使用由 6000 多个交通场景组成的数据集，根据寻找解决方案的能力和所需的运算资源来评估各种轨迹规划算法。这证明了，特别是在超过 5 个物体的复杂交通场景中，GATE-ARRT+ 算法有其优势。当 GATE-ARRT+ 算法与纯粹基于模型的 ARRT+ 算法具有相同的性能时，GATE-ARRT+ 算法平均只需要 1/5 的时间来找到安全轨迹。

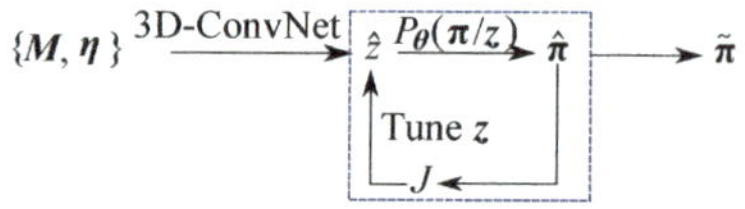

图 5.96　GATE 算法的架构 [CBU18]

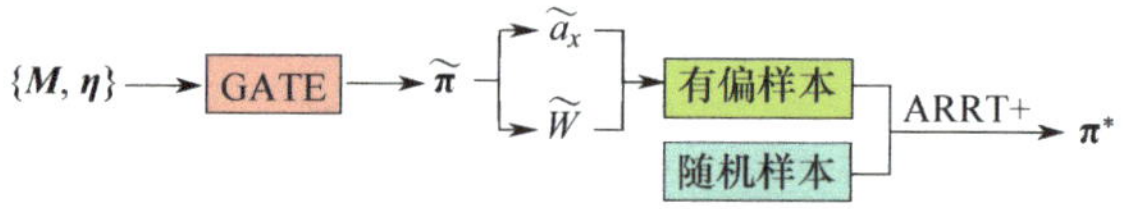

图 5.97　GATE-ARRT+ 算法的架构 [CBU18]

在这种应用中使用机器学习算法的动机在于，这是一种高效的轨迹规划方法，并且可以归类于图 5.77 中的类别 Ⅱ “运算资源”。

通过 VAE 得到预测占据图精细的时间分辨率

在第 5.7.1 小节中介绍了一种使用机器学习算法计算预测占据栅格的方法。那里使用第 5.6.3 节中介绍的堆叠去噪自编码器被用于降维。在文献 [NKBS20] 中，堆叠去噪自编码器被 VAE 所取代，因为它们提供了在连续预测时间点的占据栅格预测之间进行插值的可能性，从而实现更高的时间分辨率。特别是当交通参与者高速移动，并且只计算了未来几个时间点的占据栅格预测时。图 5.98

可视化了该方法的整体架构。与第 5.7.1 小节一样，增强占据栅格被用作为第一个 VAE 的输入。一组随机森林回归算法将第一个 VAE 的潜变量空间映射到第二个 VAE 的潜变量空间。使用第二个 VAE 的解码器生成占据栅格预测。如果在时刻 t_0 确定时刻 $t_0+\tau_1$ 和 $t_0+\tau_2$ 的占据栅格预测，其中 $\tau_2>\tau_1$，则在解码器输入的潜变量空间中，得到了两个不同的点 z_1 和 z_2。现在，在 z_1 和 z_2 之间的连接线上选择一个点并将其输入给第二个 VAE 的解码器，则会为 $t_0+\tau_1$ 和 $t_0+\tau_2$ 之间的时间段生成一个占据栅格预测。因此可以说，VAE 使得占据栅格预测之间的插值成为可能，这意味着预测的时间分辨率更高。可以在 [NKBS20] 中可以找到实现这种方法的细节及其在减少运算资源方面的优势。

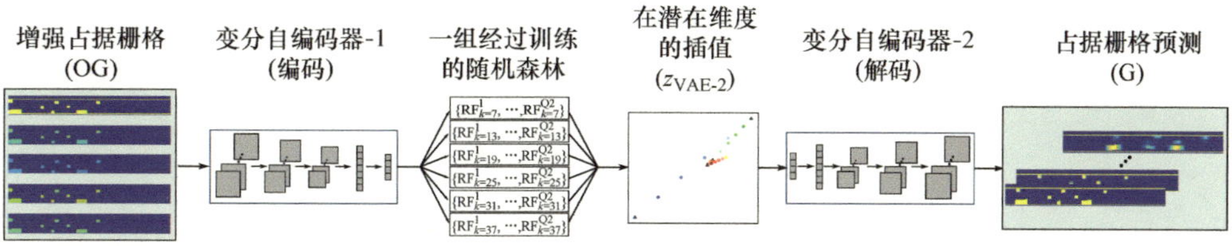

图 5.98　变分自编码器能够对预测占据图进行插值，从而实现精细的时间分辨率 [NKBS20]

在这种场景使用机器学习算法的动机在于，这是一种能够用来计算具有高时间分辨率的占据栅格预测且高效的方法，并且可以归类于图 5.77 中的类别 Ⅱ “运算资源”。

5.7.7　静止状态识别

具有差分 GPS 校正数据的惯性测量系统是目前用于测试自动驾驶车辆和车辆主动安全系统的一种先进传感器。为了能够按照最高精度的要求测量车辆状况，这些参考系统需要定期接收来自于 GPS 的校正数据。而在封闭环境中驾驶时，例如在停车楼或隧道中，这是不可能的。

在文献 [MBHH19] 中提出了一种方法，该方法使用红外标记和激光雷达（LiDAR）传感器实现封闭环境驾驶的数据校正。事实证明，在该应用中车辆的静止状态识别起着重要作用，因为加速度信号非常容易导致错误的定位。因此开发了一种仅使用惯性测量系统所提供加速度和角速度信号的静止状态分类器。并且无法访问其他变量，例如车轮的转速。借助合适的特征（其中一部分是通过离散傅里叶变换生成的）和第 5.5 节中介绍的随机森林分类器，可以实现稳健的静止状态分类器。特征和分类器的细节可以在文献 [MBHH19] 中找到。目前还无法找到能和随机森林一样很好地识别静止状态的基于模型或规则的方法。

在这种应用中使用机器学习算法的动机在于可以可靠地识别静止状态，并且可以归类于图 5.77 中的类别 I “无法建模或模型过于复杂”。

5.8 习题

【习题 5.1】 请看式（5.14）并假设输入 x 是标量。对于两个输入值 $x_1 = x_2 = 3$，已知条件概率密度函数为 $p(y|x=1) \sim \mathcal{N}(2,1)$ 和 $p(y|x=3) \sim \mathcal{N}(1,2)$。请绘制一个草图，其中横坐标为 x，纵坐标上为 y。在草图中，请绘制出两个已知的条件概率密度函数并在草图中标记出 $f_B(x_1)$ 和 $f_B(x_2)$。

【习题 5.2】 假设需要区分行人 FG 和非行人 $\overline{FG}$，并且拥有的唯一信息是必须分类的对象高度为 h。必须分类的对象高度范围为 0 ~ 2.7m。借助数据集估计后验概率 $P(y=FG|h)$ 和 $P(y=\overline{FG}|h)$，估计的结果如图 5.99 所示。请根据式（5.15），在图 5.99 中绘制出最优决策边界。

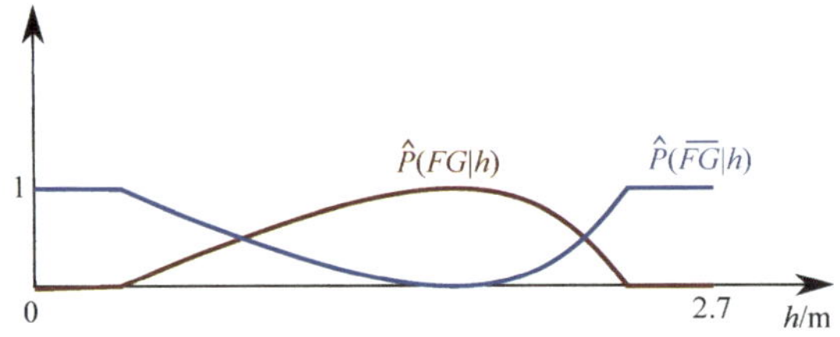

图 5.99 后验概率密度的估计是高度 h 的函数

【习题 5.3】 已知数据 $\boldsymbol{x}_1, \boldsymbol{x}_2, \cdots, \boldsymbol{x}_M$ 来源于高斯分布的独立同分布的随机变量，但概率密度的均值 $\boldsymbol{\mu}_x$ 以及协方差矩阵 $\boldsymbol{C}_{xx}$ 都是未知的。请计算 $\boldsymbol{\mu}_x$ 的最大似然估计 $\hat{\boldsymbol{\mu}}_{x,\mathrm{ML}}$ 以及 $\boldsymbol{C}_{xx}$ 的最大似然估计 $\hat{\boldsymbol{C}}_{xx,\mathrm{ML}}$。

【习题 5.4】 式（5.34）中矩阵 $\tilde{\boldsymbol{X}} \in \mathbb{R}^{M\times N}$ 的列向量，以及式（5.39）中矩阵 $\tilde{\boldsymbol{\Phi}} \in \mathbb{R}^{M\times N}$ 的列向量均为 $\mathbb{R}^M$ 中的向量，M 是数据集 $\mathscr{D}$ 中样例的数量，而 N 是输入向量中特征的数量，且有 $M > N$ 成立。这些列向量张成了一个 M 维空间 $\mathbb{R}^M$ 的 N 维子空间。同样，拥有目标值的向量 $\boldsymbol{y}$ 是 $\mathbb{R}^M$ 中的一个向量。线性回归的任务是在 $\tilde{\boldsymbol{X}}$ 或者 $\tilde{\boldsymbol{\Phi}} \in \mathbb{R}^{M\times N}$ 的列向量的像域（见习题 2.4）中找到一个尽可能近似向量 $\boldsymbol{y}$ 的向量 $\tilde{\boldsymbol{y}} \in \mathbb{R}^M$。因此，也就须要有

$$\hat{\boldsymbol{y}} = \tilde{\boldsymbol{X}}\boldsymbol{\theta} \quad \text{或是} \quad \hat{\boldsymbol{y}} = \tilde{\boldsymbol{\Phi}}\boldsymbol{\theta}$$

成立，其中 $\boldsymbol{\theta} \in \mathbb{R}^N$ 中的各项是 $\tilde{\boldsymbol{X}}$ 或者 $\tilde{\boldsymbol{\Phi}}$ 的各个列向量线性组合的权重。如果误差向量 $(\boldsymbol{y} - \hat{\boldsymbol{y}})$ 与 $\tilde{\boldsymbol{X}}$ 或者 $\tilde{\boldsymbol{\Phi}}$ 的列向量所张成的子空间正交，则就 2- 范数而言，（平方）误差是最小的。基于这些几何学考虑，请计算出最优参数向量 $\boldsymbol{\theta}_{\mathrm{LS}}$ 和相应的输出向量 $\hat{\boldsymbol{y}}$。请画出 $M=3$ 和 $N=2$ 时的一个草图，并表示出 $\tilde{\boldsymbol{X}}$ 的列向量以及向量 $\boldsymbol{y}$、$\hat{\boldsymbol{y}}$ 和 $(\boldsymbol{y} - \hat{\boldsymbol{y}})$。

【习题 5.5】 衡量一个交通事件危险性的方法是所谓的碰撞时间（TTC）。

TTC越短，当前的交通事件就越严峻。在追尾碰撞的情况下，TTC可以通过到前方车辆的距离 d 除以相对速度 $v_{x,\mathrm{rel}}$ 的绝对值来计算

$$\mathrm{TTC}=\begin{cases}\dfrac{d}{|v_{x,\mathrm{rel}}|} & v_{x,\mathrm{rel}}<0\\ \tau & v_{x,\mathrm{rel}}\geqslant 0\end{cases}$$

式中，τ 是一个较大值，表明当前交通状况并不危险。

1）请在MATLAB中生成一个数据集 $\mathscr{D}$，数据集当中的输入量包括了相对于前方车辆的距离和相对速度，以及它们相对应的碰撞时间量的目标值

$$\boldsymbol{x}=[d,v_{x,\mathrm{rel}}]^{\mathrm{T}}\in\mathbb{R}^2 \quad 和 \quad y=\mathrm{TTC}\in\mathbb{R}^+$$

在生成数据集时，距离 d 应以1m为间隔在1～30m的区间内给出，相对速度应以5km/h为间隔在−60～−5km/h的区间内给出，$\tau=60\mathrm{s}$。

2）请在MATLAB中生成一个数据集 $\mathscr{D}_{\mathrm{Test}}$。在生成数据集时，距离 d 应以0.5m为间隔在1～40m的区间内给出，相对速度应以3km/h为间隔在−70～−7km/h的区间内给出。

3）请将数据集 $\mathscr{D}$ 和 $\mathscr{D}_{\mathrm{Test}}$ 保存下来。

【习题5.6】 如果速度的绝对值 v 和车轮转向角 δ_v 和 δ_h 是已知的，则借助式（3.335）可以算出侧滑角的解析解。接下来请将习题3.22和习题3.21中的车辆动力学模型应用于一辆无后轴转向的车上。

1）请在MATLAB中生成一个数据集 $\mathscr{D}$，其中侧滑角 β 作为目标值，v 和 δ_v 则作为输入矢量中的特征。速度的绝对值应以5km/h为间隔，在5～120km/h的区间内给出。车轮转向角则从以3°为间隔在−36°～36°的区间内给出。这里请注意不要考虑可以导致横向加速度大于 $10\mathrm{m/s^2}$ 的 v 和 δ_v 和的组合。

2）请在MATLAB中生成一个数据集 $\mathscr{D}_{\mathrm{Test}}$，其中侧滑角 β 作为目标值，v 和 δ_v 则作为输入矢量中的特征。速度的绝对值应从5km/h到125km/h以3km/h为单位选出，车轮转向角应从−45°～45°以1°为单位选出。这里请注意不要考虑可以导致横向加速度大于 $10\mathrm{m/s^2}$ 的 v 和 δ_v 和的组合。

3）请将数据集 $\mathscr{D}$ 和 $\mathscr{D}_{\mathrm{Test}}$ 保存下来。

【习题5.7】 在该习题中请使用习题3.19中的模型。

1）请由直线行驶开始，针对不同的速度和转向角，计算1s的时间间隔内车辆重心的横向位移。这里设转向角速度的大小为180°/s，速度的大小设在5～120km/h的区间内并以5km/h为间隔，并请考虑如下转向角角度

$$\delta_{\mathrm{L}}\in\{-180°,-90°,-45°,-30°,-15°,-7°,0°,7°,15°,30°,45°,90°,180°\}$$

这里请忽略所有使得侧滑角大于15°的速度和转向角组合，因为车辆在相

应的机动过程中将发生漂移。请将速度和横向偏移作为输入量，所需的转向角作为目标值，以此生成一个数据集 $\mathcal{D}_{1s}$。

2）请由直线行驶开始，针对不同的速度和转向角，计算车辆重心在 2s 的时间间隔内的横向位移。对此请使用与 1）小题中相同的速度和转向角度。请忽略所有使得侧滑角大于 15° 的速度和转向角组合，因为车辆在相应的运动过程中将发生漂移。请将速度和横向偏移作为输入量，所需的转向角作为目标值，以此生成一个数据集 $\mathcal{D}_{2s}$。

3）请将数据集 $\mathcal{D}_{1s}$ 和 $\mathcal{D}_{2s}$ 保存下来。

【习题 5.8】 在该习题中请使用习题 5.5 中的模型。

1）编写一个 MATLAB 脚本，借助数据集 $\mathcal{D}$ 和式（5.35）来计算线性回归的参数向量。在计算参数向量之前，请先对输入数据进行归一化处理。请使用计算出的参数向量来计算测试数据集 $\mathcal{D}_{\text{Test}}$ 中每个输入的对应输出 $\hat{y}$。通过数据集 $\mathcal{D}_{\text{Test}}$，将从 d 和 $v_{x,\text{rel}}$ 到该小题线性回归所得输出 $\hat{y}$ 上的映射关系可视化。请在同一个图上，一并可视化 $\mathcal{D}_{\text{Test}}$ 数据集中的所有数据点。

2）扩展 MATLAB 脚本，以借助数据集 $\mathcal{D}$ 和式（5.38）来计算带多项式基函数的线性回归的参数向量。这里请使用

$$\boldsymbol{\varphi}(\boldsymbol{x})=[\varphi_1(\boldsymbol{x}),\varphi_2(\boldsymbol{x}),\varphi_3(\boldsymbol{x}),\varphi_4(\boldsymbol{x}),\varphi_5(\boldsymbol{x}),\varphi_6(\boldsymbol{x}),\varphi_7(\boldsymbol{x}),\varphi_8(\boldsymbol{x}),\varphi_9(\boldsymbol{x})]^{\mathrm{T}}$$

其中多项式基函数为

$$\varphi_1(\boldsymbol{x})=x_1,\quad \varphi_2(\boldsymbol{x})=x_2,\quad \varphi_3(\boldsymbol{x})=x_1^2,\quad \varphi_4(\boldsymbol{x})=x_2^2,\quad \varphi_5(\boldsymbol{x})=x_1x_2,\quad \varphi_6(\boldsymbol{x})=x_1^3,$$
$$\varphi_7(\boldsymbol{x})=x_2^3,\quad \varphi_8(\boldsymbol{x})=x_1^2x_2,\quad \varphi_9(\boldsymbol{x})=x_1x_2^2$$

在计算参数向量之前，请先对输入数据进行归一化处理。请使用计算出的参数向量来计算测试数据集 $\mathcal{D}_{\text{Test}}$ 中每个输入的对应输出 $\hat{y}$。通过数据集 $\mathcal{D}_{\text{Test}}$，将从 d 和 $v_{x,\text{rel}}$ 到该小题使用多项式基函数的线性回归所得的输出 $\hat{y}$ 的映射关系可视化。请在同一个图上，一并可视化 $\mathcal{D}_{\text{Test}}$ 数据集中的所有数据点。

3）扩展 MATLAB 脚本，以借助数据集 $\mathcal{D}$ 和式（5.38）来计算带高斯基函数的线性回归的参数向量。这里请使用

$$\boldsymbol{\varphi}(\boldsymbol{x})=[\varphi_1(\boldsymbol{x}),\varphi_2(\boldsymbol{x}),\varphi_3(\boldsymbol{x}),\varphi_4(\boldsymbol{x}),\varphi_5(\boldsymbol{x}),\varphi_6(\boldsymbol{x}),\varphi_7(\boldsymbol{x}),\varphi_8(\boldsymbol{x}),\varphi_9(\boldsymbol{x})]^{\mathrm{T}}$$

其中高斯基函数为

$$\varphi_n(\boldsymbol{x})=\mathrm{e}^{-\frac{(\boldsymbol{x}-\boldsymbol{\mu}_n)^2}{2\sigma^2}}$$

这里请选择 $\sigma^2=0.05$，且有

$$\boldsymbol{\mu}_1=\begin{bmatrix}0\\1\end{bmatrix},\ \boldsymbol{\mu}_2=\begin{bmatrix}0.5\\1\end{bmatrix},\ \boldsymbol{\mu}_3=\begin{bmatrix}1\\1\end{bmatrix},\ \boldsymbol{\mu}_4=\begin{bmatrix}0\\0.5\end{bmatrix},\ \boldsymbol{\mu}_5=\begin{bmatrix}0.5\\0.5\end{bmatrix},\ \boldsymbol{\mu}_6=\begin{bmatrix}1\\0.5\end{bmatrix},$$
$$\boldsymbol{\mu}_7=\begin{bmatrix}0\\0\end{bmatrix},\ \boldsymbol{\mu}_8=\begin{bmatrix}0.5\\0\end{bmatrix},\ \boldsymbol{\mu}_9=\begin{bmatrix}1\\0\end{bmatrix}$$

在计算参数向量之前，请先对输入数据进行归一化处理。请使用计算出的参数向量来计算测试数据集 $\mathscr{D}_{\text{Test}}$ 中每个输入的对应输出 $\hat{y}$。通过数据集 $\mathscr{D}_{\text{Test}}$，将从 d 和 $v_{x,\text{rel}}$ 到该小题采用高斯基函数的线性回归所得输出 $\hat{y}$ 的映射关系可视化。请在同一个图上，一并可视化 $\mathscr{D}_{\text{Test}}$ 数据集中的所有数据点。

4）请借助之前实现的可视化图像，评估小题 1）~ 3）中进行回归任务的方法，并将这三个方法与上边 TTC 的解析计算方程进行比较。

5）请生成一个带有更多数据点的新数据集，其中距离 d 应以 0.5m 为间隔覆盖 1 ~ 30m 的区间，相对速度应以 2km/h 为间隔覆盖 −60 ~ −6km/h 的区间。将小题 1）~ 3）套用到该数据集上。借助做出的可视化图像，评估 TTC 的估计质量是否会随着数据集内含有更多的点而发生哪般变化。

【习题 5.9】 在该习题中请使用习题 5.6 中的模型。

1）编写一个 MATLAB 脚本，借助数据集 $\mathscr{D}$ 和公式（5.35）来计算线性回归的参数向量。在计算参数向量之前，请先对输入数据进行归一化处理。请使用计算出的参数向量来计算测试数据集 $\mathscr{D}_{\text{Test}}$ 中每个输入的对应输出 $\hat{y}$。并将线性回归所得到的速度和车轮转向角到输出 $\hat{y}$（转向角的估计）的映射关系可视化。请在同一个图上，一并可视化 $\mathscr{D}_{\text{Test}}$ 数据集中的所有数据点。

2）扩展 MATLAB 脚本，以借助数据集 $\mathscr{D}$ 和式（5.38）来计算带多项式基函数的线性回归的参数向量。请使用与习题 5.8 相同的多项式基函数，并在计算参数向量之前，先对输入数据进行归一化处理。请使用计算出的参数向量来计算测试数据集 $\mathscr{D}_{\text{Test}}$ 中每个输入的对应输出 $\hat{y}$。并将采用多项式基函数的线性回归所得到的速度和车轮转向角到输出 $\hat{y}$（侧滑角的估计）的映射关系可视化。请在同一个图上，一并可视化 $\mathscr{D}_{\text{Test}}$ 数据集中的所有数据点。

3）扩展 MATLAB 脚本，以借助数据集 $\mathscr{D}$ 和式（5.38）来计算带高斯基函数的线性回归的参数向量。请使用与习题 5.8 相同的高斯基函数，只不过这里 $\sigma^2=0.1$。请在计算参数向量之前，先对输入数据进行归一化处理。请使用计算出的参数向量来计算测试数据集 $\mathscr{D}_{\text{Test}}$ 中每个输入的对应输出 $\hat{y}$。并将采用高斯基函数的线性回归所得到的速度和车轮转向角到输出 $\hat{y}$（侧滑角的估计）的映射关系可视化。请在同一个图上，一并可视化 $\mathscr{D}_{\text{Test}}$ 数据集中的所有数据点。

4）请借助之前实现的可视化图像，评估小题 1）~ 3）中进行回归任务的方法，并比较这三个程序。

【习题 5.10】 在该习题中请使用习题 5.7 中的模型。

1）请确定数据集 $\mathscr{D}_{1s}$ 中速度的最小值和最大值，并在这两个值之间，以 5km/h 为间隔生成新的值，并将其存进一个速度矢量中。接着确定出数据集 $\mathscr{D}_{1s}$ 中横向偏移的最小和最大值，并这两个值之间，以 0.5m 为间隔生成新的值，并存在一个矢量中。对于两个向量所有数值的组合，像之前对 $\mathscr{D}_{1s}$ 一样确定出一个含有输入向量的数据集。

2）编写一个 MATLAB 脚本，借助数据集 $\mathscr{D}_{1s}$ 和公式（5.35）来计算线性回归的参数向量。在计算参数向量之前，请先对输入数据进行归一化处理。请使用计算出的参数向量来计算 1）小题中各个输入向量的对应输出 $\hat{y}$。并将线性回归所得到的速度和侧向滑移率到输出 $\hat{y}$（必要的转向角）的映射关系可视化。请在同一个图上，一并可视化 $\mathscr{D}_{1s}$ 数据集中的所有数据点。

3）扩展 MATLAB 脚本，以借助数据集 $\mathscr{D}$ 和式（5.38）来计算带多项式基函数的线性回归的参数向量。请使用与习题 5.8 相同的多项式基函数，并在计算参数向量之前，先对输入数据进行归一化处理。请使用计算出的参数向量来计算 1）小题中各个输入向量的对应输出 $\hat{y}$。并将采用多项式基函数的线性回归所得到的速度和侧向滑移率到输出 $\hat{y}$（必要的转向角）的映射关系可视化。请在同一个图上，一并可视化 $\mathscr{D}_{1s}$ 数据集中的所有数据点。

4）扩展 MATLAB 脚本，以借助数据集 $\mathscr{D}$ 和式（5.38）来计算带高斯基函数的线性回归的参数向量。请使用与习题 5.8 相同的高斯基函数，只不过这里 $\sigma^2 = 0.1$。请在计算参数向量之前，先对输入数据进行归一化处理。请使用计算出的参数向量来计算 1）小题中各个输入向量的对应输出 $\hat{y}$。并将采用高斯基函数的线性回归所得到的速度和侧向滑移率到输出 $\hat{y}$（必要的转向角）的映射关系可视化。请在同一个图上，一并可视化 $\mathscr{D}_{1s}$ 数据集中的所有数据点。

5）请使用数据集 $\mathscr{D}_{2s}$ 重做 1）~ 4）小题。

6）请借助之前实现的可视化图像，评估小题 2）~ 4）中进行回归任务的方法，并比较这三个程序。

7）为了在危急的交通场景中完成避让，应用 2）~ 4）小题中的线性回归算法来确定出所需的转向角。请假设车辆以 77km/h 的速度行驶，并且要在 2s 内实现 3.1m 的重心偏移。使用三种方法计算所需的转向角，并分别用习题 3.19 的模型模拟这几个规避动作。

【习题 5.11】 请用最小均方算法计算习题 5.8、5.9 和 5.10 中的参数向量，并用它生成相应习题所需要的可视化效果。

【习题 5.12】 习题 5.5、5.6 和 5.7 中的数据集是用物理模型生成的，它们不包含任何噪声。因此它们并不是典型的机器学习任务，且由于输入空间的低维度（$N = 2$），我们还能在习题 5.8、5.9 和 5.10 中使用数学插值的方法。尽管如此，在有物理模型可供使用时，使用机器学习方法处理高维输入空间上的复杂映射也并不罕见。对此请给出一个可能的原因。

【习题 5.13】 编写一个用于逻辑回归的 MATLAB 脚本，其任务是判断一个交通场景是否存在追尾的风险。其中，到前车的距离 d 和相对速度 $v_{x,\text{rel}}$ 将被用作输入特征。请使用习题 5.5 中的数据集，并确定出分类的目标值，使得如果 TTC 小于 1.0s，则判断该场景是危险的（$y=+1$），否则判断为不危险（$y=-1$）。请在 MATLAB 脚本中使用式（5.50）和式（5.56）。请将适配了分类任务的数据集 $\mathcal{D}_{\text{Test}}$ 与后验概率估计 $p(y=+1|\boldsymbol{x})$ 表示在图像上。

【习题 5.14】 编写一个用于逻辑回归的 MATLAB 脚本，其任务是根据速度大小 v 和前轮转向角 δ_v，对得出的侧滑角 β 进行分类，判断其是大于 5° 还是小于 5°。请使用习题 5.6 中的数据集，并确定分类的目标值，使得侧滑角大于 5° 时，目标值为 $y=+1$，而侧滑角更小时，目标值为 $y=-1$。

1）请在 MATLAB 脚本中使用式（5.50）和式（5.56），将适配了分类任务的数据集 $\mathcal{D}_{\text{Test}}$ 与后验概率估计 $p(y=+1|\boldsymbol{x})$ 表示在图像上。利用经过适配的数据集 $\mathcal{D}_{\text{Test}}$ 确定出错误分类率。

2）请在 MATLAB 脚本中使用式（5.50）和式（5.59），使用习题 5.8 中 2）小题的多项式基函数。将适配了分类任务的数据集 $\mathcal{D}_{\text{Test}}$ 与后验概率估计 $p(y=+1|\boldsymbol{x})$ 表示在图像上。利用经过适配的数据集 $\mathcal{D}_{\text{Test}}$ 确定出错误分类率。

【习题 5.15】 请在该习题中使用来自习题 5.13 的数据集 $\mathcal{D}$ 和 $\mathcal{D}_{\text{Test}}$，用感知机算法对即将发生的追尾碰撞的严重性进行分类。

1）使用式（5.70）~ 式（5.72）编写一个 MATLAB 脚本来进行临界状态的分类。

2）扩展 MATLAB 脚本，使用式（5.35）计算感知机的参数 $\boldsymbol{w}$ 和 t。

3）小题 1）和小题 2）的解是否有区别？

4）可视化由 $\boldsymbol{w}$ 和 t 所定义的两个分类间的分类面。

【习题 5.16】 我们想要借助多项式基函数并使用感知机算法解决习题 5.14 中的分类问题。

1）编写一个 MATLAB 脚本，使用式（5.74）和式（5.75）确定参数 $\boldsymbol{w}$ 和 t，并在其中使用习题 5.8 中 2）小题的多项式基函数作为基函数。

2）扩展 MATLAB 脚本，使用式（5.38）计算感知机的参数 $\boldsymbol{w}$ 和 t。

3）小题 1）和小题 2）的解是否有区别？

4）分类错误率有多高？请用数据集 $\mathcal{D}_{\text{Test}}$ 来测定。

5）可视化由 $\boldsymbol{w}$ 和 t 所定义的两个分类间的分类面。

【习题 5.17】 请编写一个 MATLAB 脚本，使用式（5.78）生成图 5.7 和图 5.8。

请使用高斯概率密度函数 $\mathcal{N}\left(\begin{bmatrix}0\\0\end{bmatrix},\begin{bmatrix}1&0\\0&1\end{bmatrix}\right)$、$\mathcal{N}\left(\begin{bmatrix}4\\0\end{bmatrix},\begin{bmatrix}1&0\\0&1\end{bmatrix}\right)$、$\mathcal{N}\left(\begin{bmatrix}2\\-2\end{bmatrix},\begin{bmatrix}1&0\\0&1\end{bmatrix}\right)$、$\mathcal{N}\left(\begin{bmatrix}2\\2\end{bmatrix},\begin{bmatrix}1&0\\0&1\end{bmatrix}\right)$ 来创建数据集 $\mathcal{D}$，并使用 5.1.7 小节关于这两张图像的说明。

【习题 5.18】 编写一个调用习题 5.17 中的数据的 MATLAB 脚本。脚本使用 5.1.8 小节曾介绍过的方法，即式（5.90）中的梯度下降法，来解决多类问题。

【习题 5.19】 编写一个实现 k 近邻分类器的 MATLAB 脚本，并使用习题 5.17 中的数据集，生成图 5.9 和图 5.10 中的可视化效果。

【习题 5.20】 在 MATLAB 中，用式（5.102）中的高斯核，代替线性回归算法来实现式（5.116）中的核回归估计器，并用它完成习题 5.10 的 7）小题。在此也请使用经过归一化的输入向量，并选择 $h=0.005$ 作为平滑参数。

【习题 5.21】 请测定出习题 5.14 和习题 5.16 中分类器的灵敏度和特异度。

【习题 5.22】 对于图 5.26 中的人工神经网络，请写出输出 $\hat{\boldsymbol{y}}$ 关于输入 $\boldsymbol{x}$ 的函数，其形如式（5.153），但其中使用的是权重 $w_{i,j}^{(\ell)}$ 和 $t^{(\ell)}$ 而非权重矩阵 $\boldsymbol{\Theta}^{(\ell)}$。

【习题 5.23】 用反向模式下的自动微分法来计算

$$y=f(x_1,x_2)=\mathrm{e}^{\sin(x_1)+\cos(x_1x_2)}+\frac{x_2}{\ln(x_1x_2)}$$

按 $\dfrac{\partial y}{\partial x_1}$ 和 $\dfrac{\partial y}{\partial x_2}$ 求导所得的结果。

1）为此生成一个有向无环图以及与其相对应的反向传播图。

2）当 $x_1=1$，$x_2=2$ 时，按 $\dfrac{\partial y}{\partial x_1}$ 和 $\dfrac{\partial y}{\partial x_2}$ 求导的值是多少？在反向模式下用自动微分法计算这些导数。

3）用符号微分法验证该结果。

【习题 5.24】 请拓展图 5.27 中的有向无环图，增加一个额外的处理单元 g_7 用于由输出 $\hat{\boldsymbol{y}}$ 去计算损失函数 $a_7=z=\mathcal{L}(\hat{\boldsymbol{y}},\boldsymbol{y})$。这里第一和第二隐含层中的所有激活函数应当相等，即 $\boldsymbol{\sigma}^{(1)}=\boldsymbol{\sigma}$，$\boldsymbol{\sigma}^{(2)}=\boldsymbol{\sigma}$，而对于输出结果的非线性处理单元令 $\boldsymbol{\sigma}^{(3)}=\boldsymbol{h}$。画出与其相对应的反向传播图。

【习题 5.25】 要解决一个含二维输入向量的四分类任务，如图 5.7 和图 5.8 所示，需要使用一个带有两个隐含层和一个 softmax 输出的人工神经网络。交叉熵将被用作损失函数。第一和第二隐含层都应分别含有三个使用 sigmoid 逻辑函数作为激活函数的神经元。图 5.100 展示了该人工神经网络的两种表达。

1）请绘出第二种表达所对应的反向传播图。

2）请借助1）小题中的反向传播图，写出反向传播法的第二步，形如式（5.168）到式（5.177）。

3）编写一个MATLAB脚本，实现图5.100中多层感知机的反向传播法的第一和第二步骤。

4）请使用习题5.17中的数据集和3）小题中的MATLAB脚本来解决习题5.17中的分类任务。请将结果可视化，如图5.8所示。

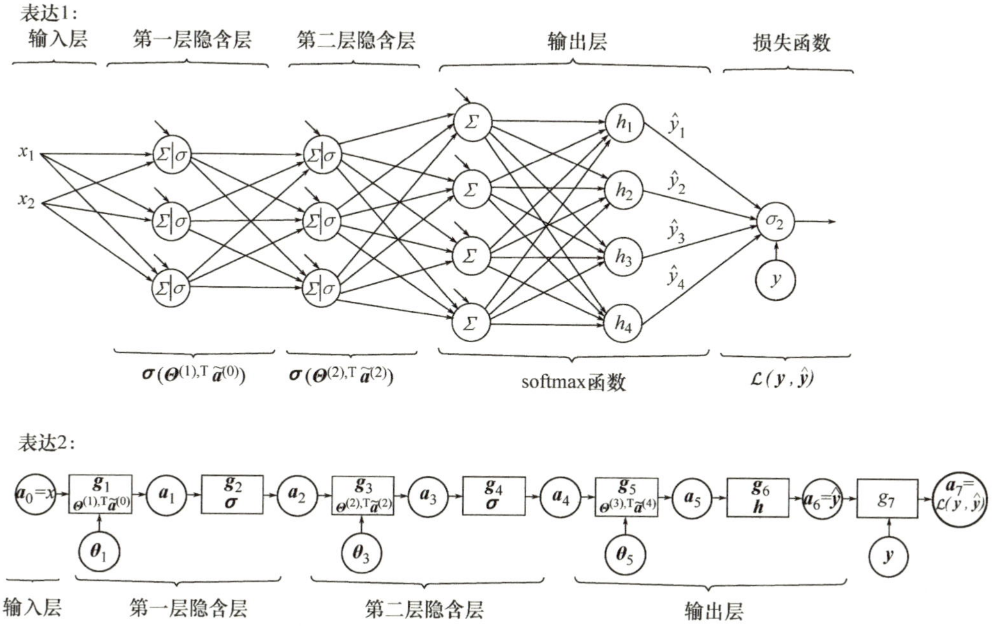

图 5.100 本习题中人工神经网络的两种表达方式

【习题 5.26】 1）考虑习题5.8的3）小题部分，并证明此部分所找到的解是一个径向基函数网络。

2）用表5.3中的反平方径向基函数来代替高斯基函数，并用它们解决习题5.8的3）小题。在此请使用 $\alpha=4.0$，并令中心 $\boldsymbol{c}_i$ 为习题5.8中的向量 $\boldsymbol{\mu}_i$。

【习题 5.27】 如图5.101所示，车辆前方的区域被量化为16个单元格。这里我们观察一位在任意时间点都处于这16个单元格之一的行人，其位于车辆的前方。自车在 t_0 时刻已知行人在 $t_0-2\tau$、$t_0-\tau$ 以及 t_0 时刻所处的单元格，其中

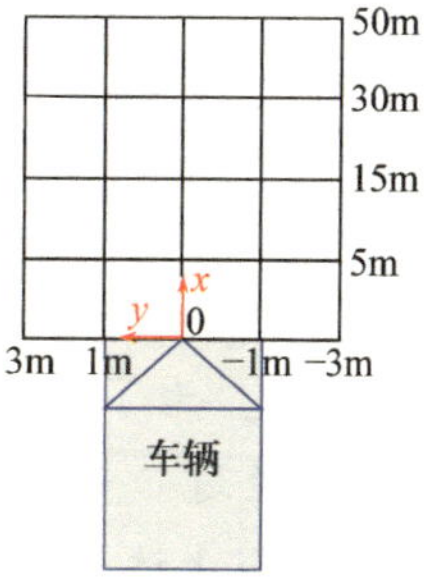

图 5.101 量化车辆前方的区域

选择 $\tau = 0.5\text{s}$。如果车辆以例如 50km/h 的速度直行，而行人以 6km/h 的速度从右向左移动，则我们可以得到如下相对位置 $x(t_0 - 1\text{s}) = 40\text{m}$，$y(t_0 - 1\text{s}) = -2.5\text{m}$；$x(t_0 - 0.5\text{s}) = 33.06\text{m}$，$y(t_0 - 0.5\text{s}) = -1.67\text{m}$；$x(t_0) = 26.11\text{m}$，$y(t_0) = -0.83\text{m}$。图 5.102 显示了这个例子中网格单元的占有情况。在这个习题中，网格单元在三个时间点上的占用情况将被用于如图 5.37 ~ 图 5.40 所示的卷积神经网络的输入层中，以预测各个时刻的交通情况是否危急，即某种事故的风险很高。为此，首先要生成一个训练数据集，然后用训练数据集设计和训练一个卷积神经网络。

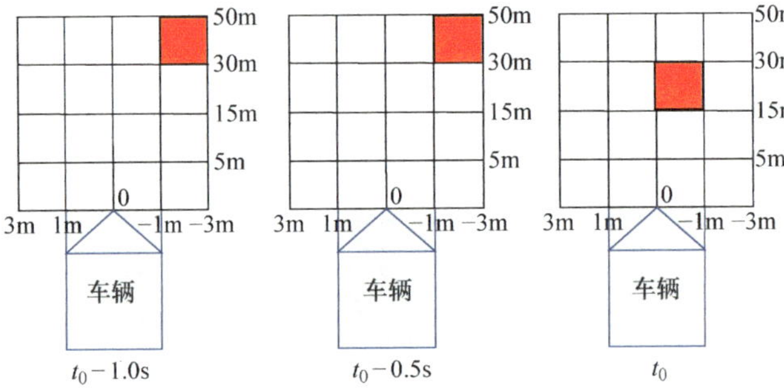

图 5.102　行人从右侧过马路时占用的网格元素的示例

1）为了生成训练数据集，应该对车辆应用式（3.344）~ 式（3.351）中的模型，对行人应用式（3.89）中的模型。对于车辆的运动模型，请使用以下单轨模型参数：质量 $m = 2000\text{kg}$、重心到前轴的距离 $l_v = 1.3\text{m}$，重心到后轴的距离 $l_h = 1.7\text{m}$，转向比 $i_L = 16$，Z 轴转动惯量 $I_z = 2700\text{kg}\cdot\text{m}^2$，前轴横向力的侧偏刚度 $C_{Qv} = 80000\text{N}$，后轴横向力的侧偏刚度 $C_{Qh} = 130000\text{N}$。自车将被建模成一个长 5m、宽 2m 的矩形，其中前轴到矩形前缘的距离为 1m，后轴到矩形后缘的距离也为 1m。生成训练数据集时如下量要有变化：

- 行人在 $t_0 - 2\tau$ 时刻的位置：有 16 个单元格，即 16 种可能性；
- 行人的运动方向：从 0° ~ 360° 分档，间隔为 45°，即 8 种可能性；
- 行人的运动速度：4km/h 以及 8km/h，即 2 种可能性；
- 车辆的运动速度：从 20 ~ 60km/h 分档，间隔为 10km/h，即 5 种可能性；
- 车辆的转向角：从 −15° ~ +15° 分档，间隔为 5°，即 7 种可能性。

目标值 $y \in -1,+1$ 中的 $y = -1$ 表示不危急的交通场景，$y = +1$ 表示危急的交通场景。为了确定目标值，我们要模拟各个 $t_0 - 2\tau$ 时的交通场景在接下来的 4s 内的经过。如果在 $[t_0 - 1\text{s}, t_0 + 3\text{s}]$ 时段内车辆和行人发生了碰撞，则有 $y = +1$。按照上述的说明，则会产生一个含有 8960 个样例（$\boldsymbol{x}_m, y_m$）的训练数据集。然而这些样例中，只有那些行人在 t_0 时刻仍处于自车前面而不是后面的样例应被纳入训练数据集。模拟中是否发生事故可以在 MATLAB 中借助“inpolygon”函数来检查，检查时行人将被建模成一个边长为50cm的正方形。请编写出一个用于生成训练数据集的 MATLAB 脚本。

2）使用生成的数据集和 5.2.4 小节卷积神经网络中的反向传播公式，编写一个 MATLAB 脚本来训练卷积神经网络。训练要解决的是一个回归任务，使得通过 CNN 输出的正负号能够确定其分类。

3）借助导数的定义

$$\frac{\partial \mathscr{L}(y, f_\theta(\boldsymbol{x}))}{\partial \theta} = \lim_{\mathrm{d}\theta \to 0} \frac{\mathscr{L}(y, f_{\theta+\mathrm{d}\theta}(\boldsymbol{x})) - \mathscr{L}(y, f_\theta(\boldsymbol{x}))}{\mathrm{d}\theta}$$

在 MATLAB 中进行数值检查之前是否正确地实现了用于反向传播的卷积神经网络中核参数的梯度。

4）为什么 CNN 的训练会导致相当高比例的场景没有被正确分类？

【习题 5.28】 给出的训练数据集如下：

$$\begin{aligned}\mathscr{D} = \{&([1,2]^{\mathrm{T}},-1),([1,5,3]^{\mathrm{T}},-1),([2,1]^{\mathrm{T}},-1),([2,2]^{\mathrm{T}},-1),([3,1,5]^{\mathrm{T}},-1),\\&([4,3]^{\mathrm{T}},+1),([4,4]^{\mathrm{T}},+1),([4,5,3,5]^{\mathrm{T}},+1),([5,1,5]^{\mathrm{T}},+1),([5,3,5]^{\mathrm{T}},+1)\}\end{aligned}$$

1）画出训练输入向量，并为各自的类 $y=-1$ 和 $y=+1$ 做不同的标记。

2）对于这个数据集，用式（5.219）和式（5.220）编写优化任务来确定支持向量机解决方案。

3）为了解决 2）中的优化问题，你要使用 MATLAB 求解器“quadprog”。要做到这一点，必须把优化任务改写成这样，即它可以表示为

$$在约束条件 \begin{matrix}\boldsymbol{A}\boldsymbol{\lambda} \leqslant \boldsymbol{b} \\ \tilde{\boldsymbol{A}}\boldsymbol{\lambda} = \tilde{\boldsymbol{b}}\end{matrix} 下 \quad 最小化 \left\{\frac{1}{2}\boldsymbol{\lambda}^{\mathrm{T}}\boldsymbol{H}\boldsymbol{\lambda} + \boldsymbol{f}^{\mathrm{T}}\boldsymbol{\lambda}\right\}$$

这个优化任务的矩阵和向量 $\boldsymbol{H}$、$\boldsymbol{A}$、$\boldsymbol{b}$、$\tilde{\boldsymbol{A}}$ 和 $\tilde{\boldsymbol{b}}$ 是什么？

4）用 MATLAB 求解器“quadprog”解决优化任务，并指出训练数据集中的哪些输入向量是支持向量。

5）什么是参数 w_{SVM} 和 t_{SVM}？在 1）的草图中画出两个类的分界线，并标出支持向量。

【习题 5.29】 给出了以下训练数据集：

$$\begin{aligned}\mathscr{D} = \{&([1,1]^{\mathrm{T}},-1),([2,2]^{\mathrm{T}},-1),([4,4]^{\mathrm{T}},-1),([5,5]^{\mathrm{T}},-1),\\&([1,5]^{\mathrm{T}},+1),([2,4]^{\mathrm{T}},+1),([4,2]^{\mathrm{T}},+1),([5,1]^{\mathrm{T}},+1)\}\end{aligned}$$

1）画出训练输入向量，并为各自的类 $y=-1$ 和 $y=+1$ 做不同的标记。

2）对于这个数据集，用式（5.224）和式（5.227）编写优化任务以确定支

持向量机的解决方案。使用 $p=2$ 的多项式核函数，即 $K(\boldsymbol{x}_m,\boldsymbol{x})=(1+\boldsymbol{x}_m^{\mathrm{T}}\boldsymbol{x})^2$。

3）如同习题 5.29 中的 3）子任务，你要使用 MATLAB 求解器“quadprog”。这里的优化任务的矩阵和向量 $\boldsymbol{H}$，$\boldsymbol{A}$，$\boldsymbol{b}$，$\tilde{\boldsymbol{A}}$ 和 $\tilde{\boldsymbol{b}}$ 是什么？

4）用 MATLAB 求解器“quadprog”解决优化问题，并指出训练数据集中的哪些输入向量是支持向量。同时计算 t_{SVM}。

5）在 MATLAB 中解决这个子任务。通过在 0.25 步内从 0 ~ 6 取样生成输入矢量，即 x_1，以及在 0 ~ 6 取样生成序数，即 x_2。对于这些生成的输入向量，计算训练好的支持向量机的决策，并做一个草图，显示两类 $y=-1$ 和 $y=+1$ 的不同决策。同时在草图中标出支持向量。

【习题 5.30】 习题 5.14 中的分类任务要用支持向量机来解决。

1）在 MATLAB 中，使用命令“fitcsvm”和习题 5.6 中的训练数据集 $\mathscr{D}$ 来训练一个支持向量机的径向核分类，并使用测试数据集 $\mathscr{D}_{\mathrm{Test}}$ 来可视化决策。使用测试数据集确定错误率。

2）用支持向量机解决子任务 1），用多项式核（$p=3$）进行分类。

3）在训练数据集 $\mathscr{D}$ 中，只考虑了横向加速度 a_y 小于 $10\mathrm{m/s^2}$ 的机动动作。现在要对转向角度 $\beta>5°$ 或侧向加速度 $a_y>10\mathrm{m/s^2}$ 的动作进行分类。修改这个任务的训练数据集，用这个新的训练数据集处理子任务 1）和 2）。

【习题 5.31】 使用习题 5.7 中的数据集。

1）确定数据集 $\mathscr{D}_{2s}$ 中速度的最小值和最大值。在这两个值之间，要以 5km/h 为单位产生新的值，并存储在速度矢量中。然后确定数据集 $\mathscr{D}_{2s}$ 中横向偏移的最小和最大数值。在这两个值之间，要以 0.5m 为单位产生新的值，并储存在一个矢量中。从两个向量的所有值的组合中，确定一个输入向量的数据集，如 $\mathscr{D}_{2s}$。

注意：这个分任务与习题 5.10 中的分任务 5）的第一部分相同。

2）在 MATLAB 中，使用命令“fitrsvm”和训练数据集 $\mathscr{D}_{2s}$ 来训练一个支持向量机，用于径向核的回归。使用训练好的支持向量机进行径向核回归，为子任务 1）的每个输入向量计算输出 $\hat{y}$。使用支持向量机的径向核回归法，将速度和横向偏移直观地映射到输出 $\hat{y}$（必要的转向角）。在同一图像中，将数据集 $\mathscr{D}_{2s}$ 的数据点可视化。

3）在子任务 2）中，使用度数为 $p=3$ 的多项式核而不是径向核。

【习题 5.32】 考虑使用决策树解决一个有 2 个类 c_1 和 c_2 的分类问题。画出式（5.272）到式（5.274）中给出的节点 β 中的“杂质”数量的风险 $r(\beta)$，作为 p 的函数 $p(y=c_1\,|\,\boldsymbol{x}\in\beta)$。

【习题 5.33】 对于对象分类，你决定使用以下特征：

- x_1 = 高度（单位为 m）
- x_2 = 宽度（单位为 m）
- x_3 = 物体的速度（单位为 km/h）

你想用决策树将车辆（FZ）和行人（FG）两个类别分开，并有以下训练数据集，其中还包括传感器的噪声影响：

$$\mathscr{D}=\{([1,5,1,6,40]^{\mathrm{T}},FZ),([1,7,1,8,30]^{\mathrm{T}},FZ),([1,7,1,8,10]^{\mathrm{T}},FZ),\\([1,8,0,5,15]^{\mathrm{T}},FG),([1,6,1,2,6]^{\mathrm{T}},FG),([0,9,0,4,8]^{\mathrm{T}},FG)\}$$

如果这里的决策规则是“$x_3 < 12.5\mathrm{km/h}$”，计算根节点的相对风险降低。为此要使用基尼不纯度。

【习题 5.34】 在这个习题中，要考虑驾驶动作，开始时是直行，然后转向角经过一个正弦周期 $\delta_{\mathrm{L}}(t)=A_{\delta_{\mathrm{L}}}\sin(2\pi f_{\delta_{\mathrm{L}}}t)$。车辆的速度 v 和正弦周期的振幅和频率将被视为输入值，以便对其是否是一个舒适的操纵进行分类。

1）生成一个数据集 $\mathscr{D}$，包含以下速度、转向角振幅和转向角频率的组合值

$$v\in\{15\mathrm{km/h},30\mathrm{km/h},45\mathrm{km/h},60\mathrm{km/h},75\mathrm{km/h},90\mathrm{km/h},105\mathrm{km/h}\}$$
$$A_{\delta_{\mathrm{L}}}\in\{5°,20°,40°,60°,80°,100°,120°\}$$
$$f_{\delta_{\mathrm{L}}}\in\{0.1\mathrm{Hz},0.4\mathrm{Hz},0.8\mathrm{Hz},1.2\mathrm{Hz},1.6\mathrm{Hz},2.0\mathrm{Hz},2.4\mathrm{Hz}\}$$

使用习题 3.19 中的模型，将 v、$A_{\delta_{\mathrm{L}}}$ 和 $f_{\delta_{\mathrm{L}}}$ 的组合标记为“舒适”，否则标记为“不舒适”，其中产生的侧向加速度小于 $3\mathrm{m/s^2}$ 的值。

2）使用数据集 $\mathscr{D}$，用 MATLAB 中的现有实现训练随机森林。

3）计算袋外误差。

4）计算 $\mathscr{D}$ 中所有数据点的接近度，用它在二维空间中用多维缩放法对数据进行可视化，并根据它们的类属关系用颜色编码。

符号标记

为我们介绍的各种各样的模型和方法找到一套一致的符号标记并不容易。即便在同一个学科领域内，专业文献中的符号使用习惯也各不相同。尽管如此我们还是试着让这些符号表达尽可能地保持一致性。

本书只使用列向量表达，而行向量是借助列向量来表达。矩阵在全书中写作粗体大写字母，向量则写作粗体小写字母。标量通常写作小写字母，除非它们是已经拥有了特定符号表达的量，例如表示力的大写字母 F。本书使用无衬线字体来表示随机变量。

公式中的符号和标记的含义可从上下文中可以看出，并且在其所在的章节中都有对应解释。下文列出了经常使用的符号标记，并附上简短的解释。

第 1 章中最为重要的公式符号与标记

$K(\mathscr{H}_i)$	事件 $\mathscr{H}_i$ 的危害程度
$P(\mathscr{H}_i)$	事件 $\mathscr{H}_i$ 的发生概率
$R(\mathscr{H}_i)$	事件 $\mathscr{H}_i$ 的风险
R_{Sys}	整体风险
R_{tol}	可容忍风险

第 2 章中最为重要的公式符号与标记

a_{ij} 和 $(\boldsymbol{A})_{ij}$	矩阵 $\boldsymbol{A}$ 的第（i，j）个元素
$\mathrm{adj}\{\boldsymbol{A}\}$	矩阵 $\boldsymbol{A}$ 的伴随矩阵
$\arg(z)$	复数 z 在极坐标表示时的辅角
$\boldsymbol{A}$	- 矩阵，其维度由上下文得到 - 状态空间表示下的系统或转移矩阵
$\boldsymbol{B}$	- 矩阵，其维度由上下文得到 - 状态空间表示下的输入矩阵
$\boldsymbol{C}$	- 矩阵，其维度由上下文得到 - 状态空间表示下的输出或测量矩阵
$\boldsymbol{C}_{xy}$	随机变量 $\boldsymbol{x}$ 和 $\boldsymbol{y}$ 的互协方差矩阵

$\hat{\boldsymbol{C}}_{xy}$	互协方差矩阵 $\boldsymbol{C}_{xy}$ 的估计
$\mathbb{C}$	复数集
$\det\{\boldsymbol{A}\}$	括号中矩阵 $\boldsymbol{A}$ 的行列式
$\boldsymbol{D}$	- 矩阵，其维度由上下文得到
	- 状态空间表示下的前馈矩阵
$\mathrm{E}_x\{\boldsymbol{x}\}$	随机变量 $\boldsymbol{x}$ 的期望值
$\mathrm{E}_x\{f(\boldsymbol{x})\}$	关于随机变量 $\boldsymbol{x}$ 的函数 f 的期望值
f	- 表示频率的变量
	- 表示一个函数 $f(\cdot)$ 的符号
$\mathscr{f}(s)$	- 函数 $f(t)$ 的拉普拉斯变换
f_s	采样率，$f_s=\frac{1}{T}$
$\mathscr{h}(s)$	带有一个输入和一个输出的线性时不变系统的传递函数
$\boldsymbol{H}$	黑森矩阵
$\boldsymbol{H}(s)$	线性时不变系统的传递函数
$\boldsymbol{H}(j\omega)$	时间连续的线性时不变系统的频率响应
$\boldsymbol{H}(\mathrm{e}^{j\omega})$	时间离散的线性时不变系统的频率响应
$\boldsymbol{H}(\boldsymbol{x})$	随机变量 $\boldsymbol{x}$ 的熵，即平均信息含量
$\boldsymbol{I}_N$	大小为 $N\times N$ 的单位矩阵
$\boldsymbol{I}(\boldsymbol{x};\boldsymbol{y})$	$\boldsymbol{x}$ 和 $\boldsymbol{y}$ 两个随机变量的互信息
j	- 索引、控制变量
	- 虚数单位 $j=\sqrt{-1}$
$\boldsymbol{J}$	雅可比矩阵
$\mathrm{KL}(p\Vert q)$	概率密度函数 p 和 q 的相对熵
$L(\cdot)$	拉格朗日函数
$\max\{\cdot\}$	极大算子
$\min\{\cdot\}$	极小算子
n	离散时间信号的时间变量
n_i	- 向量 $\boldsymbol{n}$ 的第 i 个元素
	- 离散时间信号的第 i 个时刻
$\mathbb{N}_0$	非负整数集
$\mathcal{N}(\boldsymbol{\mu},\boldsymbol{C})$	期望为 $\boldsymbol{\mu}$，协方差矩阵为 $\boldsymbol{C}$ 的高斯概率密度函数
$p(\boldsymbol{x})$	随机变量 $\boldsymbol{x}$ 的概率密度函数
$p(\boldsymbol{x}\vert\boldsymbol{y})$	已知随机变量 $\boldsymbol{y}$ 的实现为 $\boldsymbol{y}$ 时，随机变量 $\boldsymbol{x}$ 的条件概率密度函数

$p(\boldsymbol{x}, \boldsymbol{y})$	$\boldsymbol{x}$ 和 $\boldsymbol{y}$ 两个随机变量的联合概率密度函数
P	概率
$\boldsymbol{Q}$	系统噪声的协方差矩阵
$\mathbb{R}$	所有实数的集合
$\mathbb{R}_+$	正实数集
$\mathrm{Re}\{z\}$	复数 z 的虚部
s	拉普拉斯变换下频域内的变量；它是一个复频率变量 $s=\sigma+j(2\pi f)$
$\mathrm{tr}\{\boldsymbol{A}\}$	矩阵 $\boldsymbol{A}$ 的迹
T	采样周期 $T=t_{n+1}-t_n$
$\boldsymbol{u}$	- 结果为矢量的随机变量
	- 状态空间表示下的输入向量
$\boldsymbol{u}$	- 奇异向量
	- 随机变量 $\boldsymbol{u}$ 的实现值
	- 状态空间表示下的输入向量
$\mathrm{Var}_x(\boldsymbol{x})$	随机变量 $\boldsymbol{x}$ 的方差
$\mathrm{vec}\{(\cdot)\}$	拉直算子作用在括号内的表达式 $(\cdot)$ 上
$\boldsymbol{x}$	- 结果为矢量的随机变量
	- 状态空间表示下的状态向量
$\boldsymbol{x}(\vartheta,\omega)$	结果为矢量的随机过程
$\boldsymbol{x}(t)$	在 t 时刻，时间连续的随机过程 $\boldsymbol{x}(\vartheta,\omega)$ 中的随机变量
$\boldsymbol{x}$	- 向量，其尺寸由上下文得到
	- 随机变量 $\boldsymbol{x}$ 的实现值
	- 状态空间表示下的状态向量
$\boldsymbol{x}(z)$	离散时间信号 $\boldsymbol{x}[n]$ 的 z 变换
$\boldsymbol{x}[n]$	在时刻 n，时间离散的随机过程 $\boldsymbol{x}(m,\omega)$ 中的随机变量
$\boldsymbol{y}$	- 向量，其尺寸由上下文得到
	- 随机变量 $\boldsymbol{y}$ 的实现值
	- 状态空间表示下的输出或测量向量
δ	狄拉克 δ 函数
δ_{ij}	克罗内克 δ
$\boldsymbol{\eta}_{\mathrm{M}}$	测量噪声
$\boldsymbol{\eta}_{\mathrm{S}}$	系统噪声
λ	- 特征值
	- 拉格朗日乘数

	- 特征多项式的参数
μ_x	标量随机变量 x 的期望
$\boldsymbol{\mu}_x$	矢量随机变量 $\boldsymbol{x}$ 的期望
$\nabla_{(\cdot)}$	梯度算子，作用在括号内的表达式 $(\cdot)$ 上
ω	- 随机试验（$\omega \in \Omega$）的结果
	- 角频率
σ	拉普拉斯变换时 s 的实数部分
$\Vert(\cdot)\Vert$	括号内表达式 $(\cdot)$ 的范数
$\dot{(\cdot)}$	括号内表达式 $(\cdot)$ 对时间的导数
$(\cdot)^{\mathrm{T}}$	括号内表达式 $(\cdot)$ 的转置
$(\cdot)^{-1}$	括号内矩阵 $(\cdot)$ 的逆
$*$	卷积算子
$\otimes$	克罗内克积
$\cup$	两个集合的并集
$\cap$	两个集合的交集
$\varnothing$	空集
○—●	从时域到频域的变换
●—○	从频域到时域的变换

第 3 章中最为重要的公式符号与标记

a_x, a_y, a_z	车辆坐标系中加速度矢量 $\boldsymbol{a}$ 的分量
a_X, a_Y, a_Z	地面坐标系中加速度矢量 $\boldsymbol{a}$ 的分量
${}^{E}\boldsymbol{a}_S$	S 点相对于地面坐标系 E 原点的加速度，在地面坐标系 E 上表示
${}^{F}_{E}\boldsymbol{a}_Q$	Q 点的绝对加速度，即 Q 点相对于地面坐标系 E 原点的加速度，它被表示在车辆坐标系 F 中。
${}^{F}_{E}\boldsymbol{a}_{SQ}$	在车辆坐标系 F 中表示的 Q 点相对于地面坐标系 E 的原点的加速度，与在车辆坐标系 F 中表示的 S 点相对于地面坐标系 E 的原点的加速度之差；另一符号表示为 ${}^{F}_{E}\dot{\boldsymbol{v}}_{SQ}$（$Q$ 相对于 S 的地面相对加速度）
b	轮距
c	质量 - 弹簧 - 阻尼器模型的阻尼常数
$c(\cdot)$	$\cos(\cdot)$ 的缩写
C	侧滑刚度

$\boldsymbol{e}_x,\boldsymbol{e}_y,\boldsymbol{e}_z$	车辆坐标系中的单位向量
$\boldsymbol{e}_X,\boldsymbol{e}_Y,\boldsymbol{e}_Z$	地面坐标系中的单位向量
E	对地球这个惯性坐标系的标识，即地面坐标系
E_{kin}	动能
EG	特征不足转向梯度
f_{eig}	特征频率
F	- 车辆坐标系的标识 - 力
F_{A}	驱动力
F_{B}	制动力
F_c	阻尼力
F_k	弹簧力
F_{L}	纵向力
F_{Luft}	空气阻力
F_{Q}	横向力
h_{S}	重心相对车道的高度
i_{L}	转向比
i_{BV}	制动力放大倍率
i_{G}	变速器传动比
i_{A}	主传动传动比
I_z	绕 z 轴的主转动惯量
k	质量 - 弹簧 - 阻尼器模型中的弹性刚度
ℓ	轴距
ℓ_{v}	中心到前轴的距离
ℓ_{h}	中心到后轴的距离
m	质量
M_{A}	驱动力矩
M_{B}	制动力矩
M_{M}	发动机转矩
M_z	绕 z 轴的转矩
MP	速度瞬心
n_{M}	发动机转速
n_{A}	驱动轮速度
p_{G}	加速器踏板位置
p_{M}	发动机功率

$\boldsymbol{r}_x,\boldsymbol{r}_y,\boldsymbol{r}_z$	车辆坐标系中矢量 $\boldsymbol{r}$ 的组成部分
$\boldsymbol{r}_X,\boldsymbol{r}_Y,\boldsymbol{r}_Z$	地面坐标系中的矢量 $\boldsymbol{r}$ 的组成部分
${}^E\boldsymbol{r}$	地面坐标系 E 中的位置矢量 $\boldsymbol{r}$ 并在地面坐标系 E 中表示
${}^F\boldsymbol{r}$	车辆坐标系 F 中的位置矢量 $\boldsymbol{r}$ 并在车辆坐标系 F 中表示
${}^E\boldsymbol{r}_S$	点 S 相对于地面坐标系 E 原点的位置矢量，并在地面坐标系 E 中表示
${}^F_E\boldsymbol{r}_S$	点 S 相对于地面坐标系 E 原点的位置矢量，并在车辆坐标系 F 中表示
${}^F_E\boldsymbol{r}_{SQ}$	点 Q 的位置向量与地面坐标系 E 的原点相比并在车辆坐标系 F 中表示的位置向量与点 S 的位置向量与地面坐标系 E 的原点相比并在车辆坐标系中表示的差值 F
${}^F_E\dot{\boldsymbol{r}}$	由矢量 ${}^E\boldsymbol{r}$ 在地面坐标系 E 中的时间推导和随后旋转到 F 所产生的速度矢量
${}^E\dot{\boldsymbol{r}}_{SQ}$	点 Q 与地面坐标系 E 的原点并在地面坐标系 E 中表示的速度差和点 S 与地面坐标系 E 的原点并在地面坐标系 E 中表示的速度差
${}^F_E\dot{\boldsymbol{r}}_{SQ}$	点 Q 相对于地面坐标系 E 原点并以车辆坐标系 F 表示的速度与点 S 相对于地面坐标系 E 原点并以车辆坐标系 F 表示的速度差；它也被记为 ${}^F_E v_{SQ}$（Q 相对于地面 S 的“相对速度”）
R_h	在单轨模型上，虚拟车轮在后轴中心移动的圆的半径
$\boldsymbol{R}_x,\boldsymbol{R}_y,\boldsymbol{R}_z$	围绕 x、y 和 z 轴旋转的旋转矩阵
${}^E\boldsymbol{R}_F$	旋转矩阵执行从 F 到 E 的旋转
${}^F\boldsymbol{R}_E$	旋转矩阵执行从 E 到 F 的旋转
s(·)	sin(·) 的缩写
s_A	驱动滑移
s_B	制动滑移
S	车辆重心
$\boldsymbol{S}(\boldsymbol{\omega})$	具有来自角速度向量 $\boldsymbol{\omega}$ 的条目的反称矩阵
$\boldsymbol{u}$	状态空间表示中的输入向量
T	积分步长
v	速度值
$\boldsymbol{v}_\mathrm{red}$	相对速度值
v_x,v_y,v_z	车辆坐标系中速度矢量 $\boldsymbol{v}$ 的分量
v_X,v_Y,v_Z	地面坐标系中速度矢量 $\boldsymbol{v}$ 的分量

${}^{E}\boldsymbol{v}_{S}$	点 S 相对于地面坐标系 E 原点的速度，并在地面坐标系 E 中表示
${}^{F}_{E}\boldsymbol{v}_{Q}$	Q 点的绝对速度，即 H。点 Q 相对于地面坐标系 E 原点的速度，并在车辆坐标系 F 中表示
${}^{F}_{E}\boldsymbol{v}_{S}$	车辆的绝对速度，即点 S 相对于地面坐标系 E 原点的速度，并在车辆坐标系 F 中表示
${}^{F}_{E}\boldsymbol{v}_{SQ}$	点 Q 相对于地面坐标系 E 原点并以车辆坐标系 F 表示的速度与点 S 相对于地面坐标系 E 原点并以车辆坐标系表示的速度差 F；${}^{F}_{E}\dot{\boldsymbol{r}}_{SQ}$ 的不同表示法（Q 相对于 S“在地面上”的相对速度）
${}^{E}\dot{\boldsymbol{v}}_{SQ}$	点 Q 到地面坐标系 E 的原点并在地面坐标系 E 中表示的加速度与点 S 从地面坐标系 E 的原点并在地面坐标系 E 中表示的加速度差
${}^{F}_{E}\dot{\boldsymbol{v}}_{SQ}$	点 Q 相对于地面坐标系 E 原点并以车辆坐标系 F 表示的加速度与点 S 相对于地面坐标系 E 原点并以车辆坐标系表示的加速度的差值 F；还注意到 ${}^{F}_{E}a_{SQ}$（Q 相对于 S“在地面上”的相对加速度）
x,y,z	车辆坐标系中的轴名称
$x(t)$	质量 - 弹簧 - 阻尼器模型中两个质量随时间的相对位置
$\boldsymbol{x}$	状态空间表示中的状态向量
X,Y,Z	地球惯性坐标系中轴的名称
α	侧偏角
β	侧滑角
δ_{L}	方向盘转角
δ_{v}	车轮转向角
μ_{L}	纵向黏合系数
μ_{Q}	横向黏附系数
$\boldsymbol{\omega}$	角速度矢量
ω_{M}	发动机速度
Φ	侧倾角
$\dot{\Phi}$	滚动率
Ψ	横摆角
$\dot{\Psi}$	横摆角速度
Θ	俯仰角
$\dot{\Theta}$	俯仰角速度

第 4 章中最为重要的公式符号与标记

第 2 章介绍的信号处理的一般数学符号也用于第 4 章。

$\boldsymbol{K}$	卡尔曼增益
$\boldsymbol{P}[n\|n]$	高斯概率密度函数 $p(\boldsymbol{x}[n]\|\boldsymbol{y}_{1:n},\boldsymbol{u}_{0:n-1})$ 的协方差矩阵
$\boldsymbol{P}[n\|n-1]$	高斯概率密度函数 $p(\boldsymbol{x}[n]\|\boldsymbol{y}_{1:n-1},\boldsymbol{u}_{0:n-1})$ 的协方差矩阵
$\boldsymbol{S}$	新息残差的协方差
$\boldsymbol{u}_{0:n-1}$	所有从 $\boldsymbol{u}[0]$ 开始到 $\boldsymbol{u}[n-1]$ 的输入都合并为一个列向量
$\hat{\boldsymbol{x}}_{\text{lin}}$	状态向量 $\boldsymbol{x}$ 的最佳线性估计
$\hat{\boldsymbol{x}}_{\text{MAP}}$	状态向量 $\boldsymbol{x}$ 的最大后验估计（MAP）
$\hat{\boldsymbol{x}}_{\text{ML}}$	传感器数据融合中 $\boldsymbol{x}$ 的最大似然估计
$\hat{\boldsymbol{x}}_{\text{MMSE}}$	使均方误差最小的状态向量 $\boldsymbol{x}$ 的估计值
$\hat{\boldsymbol{x}}_{\text{TT}}$	轨迹对轨迹传感器数据融合中的 $\boldsymbol{x}$ 的估计值
$\boldsymbol{x}[n\|n]$	高斯概率密度函数 $p(\boldsymbol{x}[n]\|\boldsymbol{y}_{1:n},\boldsymbol{u}_{0:n-1})$ 的期望值
$\boldsymbol{x}[n\|n-1]$	高斯概率密度函数 $p(\boldsymbol{x}[n]\|\boldsymbol{y}_{1:n-1},\boldsymbol{u}_{0:n-1})$ 的期望值
$\boldsymbol{y}_{1:n}$	所有从 $\boldsymbol{y}[1]$ 开始到 $\boldsymbol{y}[n]$ 的测量值合并为一个列向量
$\boldsymbol{\gamma}$	新息残差

第 5 章中最重要的公式符号和标志

第 2 章中介绍的信号处理的一般数学符号在第 5 章中也有使用。

$\arg\max_{x}\{f(\boldsymbol{x})\}$	使 $f(\boldsymbol{x})$ 最大化的 $\boldsymbol{x}$ 的值
$\boldsymbol{a}_i$	神经网络的第 1 个处理单元的输出结果
c_k	分类任务中的第 k 类
$\boldsymbol{c}_k$	无监督学习中的第 k 个集群
$\mathscr{D}$	机器学习数据集
$\boldsymbol{e}_i$	对神经网络的第 i 个处理单元的输入
$\mathrm{E}_{p(x)}\{f(\boldsymbol{x})\}$	函数 $f(\boldsymbol{x})$ 的期望值，其中概率密度函数 $p(\boldsymbol{x})$ 用于计算；对于 $\mathrm{E}_{q(x)}\{f(\boldsymbol{x})\}$，概率密度函数 $q(\boldsymbol{x})$ 用于计算
f	由机器学习算法实现的功能
$f_{\boldsymbol{\theta}}$	函数 f 取决于参数向量 $\boldsymbol{\theta}$
f_{B}	贝叶斯分类器或贝叶斯回归函数
$\boldsymbol{g}_i$	神经网络中的第 i 个处理单元
K	分类任务中的类的数量和无监督学习中的群组数量

$L_{\mathrm{D}}(\cdot)$	双重拉格朗日函数
$\mathscr{L}(y,\hat{y})$	描述输出 $\hat{y}$ 和目标值 y 之间差异的损失函数
M	数据集 $\mathscr{D}$ 中的数据点数量
$r(\beta)$	决策树的节点 β 中的局部风险
R	风险
R_{emp}	经验性的风险
$t_i^{(\ell)}$	神经网络第 ℓ 层中第 i 个神经元的偏差
$\boldsymbol{v}$	特征向量或输入向量进入机器学习算法的 N' 或 N 个元素
$w_{i,j}^{(\ell)}$	从第 i 层神经元（ℓ-1）到第 j 层神经元的神经网络的权重 ℓ
$\boldsymbol{w}$	带权重的向量
$\boldsymbol{W}$	带权重的矩阵
$x_{i,j}^{(k)}$	(i,j)- 卷积网络中第 k 个特征图的元素
$\boldsymbol{x}$	特征向量或输入向量进入机器学习算法的 N 个元素
y	机器学习算法的输出
$\boldsymbol{y}$	机器学习算法的输出向量
z_m	数据点 v_m 的变量，表明 v_m 被分配到哪个群集
z	潜在的，即不可观察的变量
$\kappa(\boldsymbol{x})$	应用于向量 $\boldsymbol{x}$ 的核函数
$\boldsymbol{\varphi}(\boldsymbol{x})$	输入向量 $\boldsymbol{x}$ 的非线性预处理函数
$\boldsymbol{\psi}$	参数向量
$\sigma(\cdot)$	神经网络中一个神经元的激活功能
$\boldsymbol{\theta}$	参数向量
$\boldsymbol{\theta}^{(\ell)}$	第 ℓ 次迭代后的参数向量 $\boldsymbol{\theta}$
$\boldsymbol{\theta}_{\mathrm{LS}}$	参数向量 $\boldsymbol{\theta}$ 的最小二乘法估计
$\boldsymbol{\theta}_{\mathrm{MAP}}$	参数向量 $\boldsymbol{\theta}$ 的最大后验估计
$\boldsymbol{\theta}_{\mathrm{ML}}$	参数向量 $\boldsymbol{\theta}$ 的最大似然估计

参考文献

[ABKS99] Ankerst, M.; Breunig, M.; Kriegel, H.-P.; Sander, J.: OPTICS: Ordering Points To Identify the Clustering Structure. In: Press, ACM (Hrsg.): *ACM SIGMOD International Conference on Management of Data*, 1999, S. 49–60

[AGGR98] Agrawal, R.; Gehrke, J.; Gunopulos, D.; Raghavan, P.: Automatic Subspace Clustering of High Dimensional Data for Data Mining Applications. In: *Management of Data*, 1998, S. 94–105

[ATJ18] Agarwal, S.; Terrail, J. O. D.; Jurie, F.: *Recent Advances in Object Detection in the Age of Deep Convolutional Neural Networks.* arXiv: 1809.03193v1, September 2018

[Aud17a] Audi AG: *AI Staupilot: Vernetzung der Aktuatoren.* 2017. – *https://www.audi-mediacenter.com*, [abgerufen am 28. Oktober 2017]

[Aud17b] Audi AG: *Audi AI – Die Technologien.* 2017. – *https://www.audi-mediacenter.com*, [abgerufen am 28. Oktober 2017]

[Aud17c] Audi AG: *Vernetzung der Sensoren und Kameras.* 2017. – *https://www.audi-mediacenter.com*, [abgerufen am 28. Oktober 2017]

[Aut08] Auto-Motor-Sport: *Fahrzeugsicherheit: Meilensteine der Geschichte.* 11/2008. – *https://www.auto-motor-und-sport.de/news/meilensteine-der-fahrzeugsicherheit-1105503.html*, [abgerufen am 19. Nobember 2008]

[BB01] Banko, M.; Brill, E.: Scaling to Very Very Large Corpora for Natural Language Disambiguation. In: *Proceedings of the 39th Annual Meeting on Association for Computational Linguistics.* Stroudsburg, PA, USA : Association for Computational Linguistics, 2001 (ACL '01), 26–33

[BBM+15] Bach, S.; Binder, A.; Montavon, G.; Klauschen, F.; Müller, K.-R.; Samek, W.: On Pixel-wise Explanations for Non-Linear Classifier Decisions by Layer-wise Relevance Propagation. In: *PLoS ONE* 10 (2015), May, Nr. 7

[BFOS84] Breiman, L.; Friedman, J. H.; Olshen, R. A.; Stone, C. J.: *Classification and Regression Trees.* Wadsworth, 1984 (The Wadsworth & Brooks/Cole Statistics/Probability Series)

[Bis95] Bishop, C. M.: *Neural Networks for Pattern Recognition.* Oxford University Press, 1995

[Bis06] Bishop, C. M.: *Pattern Recognition and Machine Learning.* Springer Science+Business Media, LLC, 2006

[BK88] Bourlard, H.; Kamp, Y.: Auto-Association by Multilayer Perceptrons and Singular Value Decomposition. In: *Biological Cybernetics*, Bd. 59, 1988, S. 291–294

[BL10] Botsch, M.; Lauer, C.: Complexity Reduction Using the Random Forest Classifier in a Collision Detection Algorithm. In: *Intelligent Vehicles Symposium (IV), 2010 IEEE*, 2010

[BM17] Burg, H.; Moser, A.: *Handbuch Verkehrsunfallrekonstruktion.* Springer Vieweg, 2017

[BN08] Botsch, M.; Nossek, J. A.: Construction of Interpretable Radial Basis Function Classifiers Based on the Random Forest Kernel. In: *IEEE International Joint Conference on Neural Networks.* Hongkong, 2008

[Bot09] Botsch, M.: *Machine Learning Techniques for Time Series Classification.* Cuvillier Verlag, 2009

[Bre01] Breiman, L.: Random Forests. In: *Machine Learning* 45 (2001), Nr. 1, S. 5–32. – *https://doi.org/10.1023/A:1010933404324*, [abgerufen am 15. Juli 2019]

[Bre02] Breiman, L.: Wald Lectures, 2002

[BSL01] Bar-Shalom, Y.; Li, X.-R.: *Estimation with Applications to Tracking and Navigation.* John Wiley & Sons Inc., 2001

[BSS13] Bazaraa, M. S.; Sherali, H. D.; Shetty, C. M.: *Nonlinear Programming: Theory and Algorithms.* Wiley, 2013

[BTV12] Belin, M.-Å.; Tillgren, P.; Vedung, E.: Vision Zero – A Road Safety Policy Innovation. In: *International Journal of Injury Control and Safety Promotion* 19 (2012), 06, Nr. 2, S. 171–179. – *http://dx.doi.org/10.1080/17457300.2011.635213*, [abgerufen am 15. Juli 2019]

[Bun15] Bundesministerium für Verkehr und Digitale Infrastruktur: *Strategie Automatisiertes und Vernetztes Fahren; Leitanbieter Bleiben, Leitmarkt Werden, Regelbetrieb Einleiten.* 2015. – *https://www.bmvi.de/SharedDocs/DE/Publikationen/DG/broschuere-strategie-automatisiertes-vernetztes-fahren.pdf*, [abgerufen am 4. Januar 2020]

[Bun17] Bundesministerium für Verkehr und Digitale Infrastruktur: *Bericht der Ethik-Kommission Automatisiertes und Vernetztes Fahren.* Juni 2017. – *https://www.bmvi.de/SharedDocs/DE/Publikationen/DG/bericht-der-ethik-kommission.html*, [abgerufen am 17. April 2020]

[Bun19] Bundesanstalt für Strassenwesen: *Volkswirtschaftliche Kosten von Straßenverkehrsunfällen in Deutschland.* Februar 2019. – *https://www.bast.de/BASt_2017/DE/Statistik/Unfaelle/volkswirtschaftliche_kosten.pdf?__blob=publicationFile&v=13*, [abgerufen am 4. Januar 2020]

[BV04] Boyd, S.; Vandenberghe, L.: *Convex Optimization.* Cambridge University Press, 2004

[Cal15] California Department of Motor Vehicles: *Draft Deployment Regulations Released December 2015.* Dezember 2015. – *https://www.dmv.ca.gov/portal/dmv/detail/vr/autonomous/auto*, [abgerufen am 3. Oktober 2017]

[Cal17] California Department of Motor Vehicles: *Proposed Driverless Testing and Deployment Regulations.* April 2017. – *https://www.dmv.ca.gov/portal/dmv/detail/vr/autonomous/auto*, [abgerufen am 3. Oktober 2017]

[Cal18] California Public Utilities Commission: *Autonomous Vehicle Passenger Service Pilot Programs.* May 2018. – *https://www.cpuc.ca.gov/avcpilotinfo/*, [abgerufen am 15. September 2019]

[CBKM16] CHAULWAR, A.; BOTSCH, M.; KRUEGER, T.; MIEHLING, T.: Planning of safe trajectories in dynamic multi-object traffic-scenarios. In: *Journal of Traffic and Logistics Engineering* 4 (2016), Nr. 2

[CBU16] CHAULWAR, A.; BOTSCH, M.; UTSCHICK, W.: A Hybrid Machine Learning Approach for Planning Safe Trajectories in Complex Traffic-Scenarios. In: *IEEE International Conference on Machine Learning and Applications*, 2016

[CBU17] CHAULWAR, A.; BOTSCH, M.; UTSCHICK, W.: A Machine Learning based Biased-Sampling Approach for Planning Safe Trajectories in Complex, Dynamic Traffic-Scenarios. In: *IEEE Intelligent Vehicles Symposium*, 2017

[CBU18] CHAULWAR, A.; BOTSCH, M.; UTSCHICK, W.: Generation of Reference Trajectories for Safe Trajectory Planning. In: *Artificial Neural Networks and Machine Learning - ICANN 2018*, 2018

[CMS13] CAMPELLO, R.; MOULAVI, D.; SANDER, J.: Density-Based Clustering Based on Hierarchical Density Estimates. In: *Advances in Knowledge Discovery and Data Mining*, 2013

[Cor17] CORKE, P.: *Robotics, Vision and Control.* Springer, 2017

[CSK12] CRIMINISI, A.; SHOTTON, J.; KONUKOGLU, K.: Decision Forests: A Unified Framework for Classification, Regression, Density Estimation, Manifold Learning and Semi-Supervised Learning. In: *Foundations and Trends in Computer Graphics and Vision*, 2012

[Cyb89] CYBENKO, G.: Approximation by superpositions of a sigmoidal function. In: *Mathematics of Control, Signals, and Systems (MCSS)* 2 (1989), Nr. 4, S. 303–314. – ISSN 0932–4194

[DCF+04] DU BOIS, P.; CHOU, C.; FILETA, B.; KHALIL, T.; KING, A.; MAHMOOD, H.; MERTZ, H.; WISMANS, J.; PRASAD, P. (Hrsg.); BELWAFA, J. (Hrsg.): *Vehicle Crashworthiness and Occupant Protection.* American Iron and Steel Institute, 2004

[DES16] DESTATIS: *Polizeilich erfasste Unfälle.* 2016. – *https://www.destatis.de*, [abgerufen am 1. Oktober 2017]

[Deu17] DEUTSCHER BUNDESTAG: *Gesetz zur Änderung des Straßenverkehrsgesetzes.* März 2017. – *http://dip21.bundestag.de/dip21/btd/18/113/1811300.pdf*, [abgerufen am 15. Juli 2019]

[Deu19a] DEUTSCHES STATISTISCHES BUNDESAMT: *Verkehrsunfälle.* 2019. – *https://www.destatis.de/DE/Themen/Gesellschaft-Umwelt/Verkehrsunfaelle/_inhalt.html*, [abgerufen am 16. September 2019]

[Deu19b] DEUTSCHES STATISTISCHES BUNDESAMT: *Verkehrsunfälle – Fachserie 8 Reihe 7 – 2018.* Juli 2019

[DHS01] DUDA, R. O.; HART, P. E.; STORK, D. G.: *Pattern Classification.* Wiley-Interscience, 2001

[Doe16] DOERSCH, C.: *Tutorial on Variational Autoencoders.* arXiv:1606.05908, 2016

[EKSX96] ESTER, M.; KRIEGEL, H.-P.; SANDER, J.; XU, X.: A density-based algorithm for discovering clusters in large spatial databases with noise. In: PRESS, AAAI (Hrsg.): *Knowledge Discovery and Data Mining*, 1996, S. 226–231

[ESB+99] EPPINGER, R.; SUN, E.; BANDAK, F.; HAFFNER, M.; KHAEWPONG, N.; MALTESE, M.; KUPPA, S.; NGUYEN, T.; TAKHOUNTS, E.; TANNOUS, R.; ZHANG, A.; SAUL, R.:

Development of Improved Injury Criteria for the Assessment of Advanced Automotive Restraint Systems - II / NHTSA. 1999. – Forschungsbericht

[Eur11] EUROPEAN COMMISSION: *White Paper on Transport.* 2011. – *https://ec.europa.eu/transport/themes/strategies/2011_white_paper_en*, [abgerufen am 16. Oktober 2017]

[Fis87] FISHER, D. H.: Knowledge Acquisition Via Incremental Conceptual Clustering. In: *Machine Learning*, Springer, 1987

[FKB+15] FILDES, B.; KEALL, M.; BOS, N.; PAGE, Y.; PASTOR, C.; PENNISI, L.; M.RIZZI; THOMAS, P.; TINGVALL, C.: Effectiveness of Low Speed Autonomous Emergency Braking in Real-World Rear-End Crashes. In: *Accident Analysis and Prevention* (2015)

[Fri97] FRIEDMAN, J. H.: On Bias, Variance, 0/1-Loss and the Curse of Dimensionality. In: *Data Mining and Knowledge Discovery*, 1 (1997), S. 55–77

[GA14] GREWAL, M. S.; ANDREWS, A. P.: *Kalman Filtering: Theory and Practice with MATLAB.* Wiley-IEEE Press, 2014

[GBC16] GOODFELLOW, I.; BENGIO, Y.; COURVILLE, A.: *Deep Learning.* MIT Press, 2016. – *http://www.deeplearningbook.org*

[GLF89] GENNARI, J.; LANGLEY, P.; FISHER, D.: Models of incremental concept formation. In: *Artificial Intelligence*, Bd. 40, 1989, S. 11–61

[GLTFS87] GALLINARI, P.; LECUN, Y.; THIRIA, S.; FOGELMAN-SOULIE, F.: Memoires associatives distribuees. In: *COGNITIVA 87*, 1987

[GRS98] GUHA, S.; RASTOGI, R.; SHIM, K.: CURE: An Efficient Clustering Algorithm for Large Databases. In: *Information Systems*, Bd. 26, 1998, S. 35–58

[GRS99] GUHA, S.; RASTOGI, R.; SHIM, K.: ROCK: A Robust Clustering Algorithm for Categorical Attributes. In: *Data Engineering*, 1999

[Gus13] GUSTAFSSON, F.: *Statistical Sensor Fusion.* Studentenliteratur, 2013

[Hak18] HAKEN, K.-L.: *Grundlagen der Kraftfahrzeugtechnik.* Carl Hanser Verlag, 2018

[HEG13] HEISSING, B.; ERSOY, M.; GIES, S.: *Fahrwerkhandbuch.* Springer Vieweg, 2013

[Hes18] HESPANHA, J. P.: *Linear Systems Theory.* Princeton University Press, 2018

[HK98] HINNEBURG, A.; KEIM, D. A.: An Efficient Approach to Clustering in Large Multimedia Databases with Noise. In: PRESS, AAAI (Hrsg.): *Knowledge Discovery and Data Mining*, 1998

[How13] HOWARD, B.: *2014 Mercedes S-Class review: The best, most technologically advanced car you will ever drive.* 2013. – [Online; abgerufen am 28. Februar 2015]

[HTF01] HASTIE, T.; TIBSHIRANI, R.; FRIEDMAN, J.: *The Elements of Statistical Learning.* Springer-Verlag, 2001

[Hua02] HUANG, M.: *Vehicle Crash Mechanics.* CRC Press, 2002

[HUBK15] HERRMANN, S.; UTSCHICK, W.; BOTSCH, M.; KECK, F.: Supervised Learning via Optimal Control Labeling for Criticality Classification in Vehicle Active Safety. In: *IEEE International Conference on Intelligent Transportation Systems*, 2015

[HZ94] HINTON, G. E.; ZEMEL, R. S.: Autoencoders, Minimum Description Length, and Helmholtz Free Energy. In: *Advances in Neural Information Processing Systems*, 1994

[Jaz12] JAZAR, R. N.: *Vehicle Dynamics*. Springer, 2012

[Kau05] KAUFMAN, L.: *Finding Groups in Data: An Introduction to Cluster Analysis*. Wiley-Interscience, 2005

[Kay17] KAY, S. M.: *Fundamentals of Statistical Signal Processing*. Prentice Hall, 2017

[KFL+13] KRAMER, F.; FRANZ, U.; LORENZ, B.; REMFREY, J.; SCHÖNEBURG, R.: *Integrale Sicherheit von Kraftfahrzeugen: Biomechanik - Simulation - Sicherheit im Entwicklungsprozess*. Springer Vieweg, 2013

[KGE09] KÜBLER, L.; GARGALLO, S.; ELSÄSSER, K.: Bewertungskriterien zur Auslegung von Insassenschutzsystemen. In: *ATZ - Automobiltechnische Zeitschrift* (2009)

[KHK99] KARYPIS, G.; HAN, E.; KUMAR, V.: Chameleon: Hierarchical Clustering Using Dynamic Modeling. In: *Computer*, Bd. 32, 1999, S. 68–75

[Koh82] KOHONEN, T.: Self-Organized Formation of Topologically Correct Feature Maps. In: *Biological Cybernetics*, Bd. 43, 1982, S. 59–69

[Kom19] KOMMISSION, Europäische: *Pressemitteilung*. 2019. – *https://europa.eu/rapid/press-release_IP-19-1951_de.htm*, [abgerufen am 4. Januar 2020]

[Kra88] KRAMER, F.: Zur Quantifizierung der Straßenverkehrssicherheit / Technische Universität Berlin. 1988 (323/88). – Forschungsbericht

[KW14] KINGMA, D. P.; WELLING, M.: *Auto-Encoding Variational Bayes*. arXiv: 1312.6114, 2014

[KW17] KNOTHE, K.; WESSELS, H.: *Finite Elemente - Eine Einführung für Ingenieure*. Springer Vieweg, 2017

[KWB18] KRUBER, F.; WURST, J.; BOTSCH, M.: An Unsupervised Random Forest Clustering Technique for Automatic Traffic Scenario Categorization. In: *IEEE International Conference on Intelligent Transportation Systems*, 2018

[KWM+19] KRUBER, F.; WURST, J.; MORALES, E. S.; CHAKRABORTY, S.; BOTSCH, M.: Unsupervised and Supervised Learning with the Random Forest Algorithm for Traffic Scenario Clustering and Classification. In: *IEEE Intelligent Vehicles Symposium*, 2019

[LeC87] LECUN, Y.: *Modeles connexionistes de l'apprentissage*, Universite de Paris VI, Diss., 1987

[Leh] LEHMANN, J.: *Die Auswirkungen von Unfällen mit dem Auto auf Menschen und Fahrzeug*. – *http://didaktik.physik.uni-bremen.de/niedderer/rrl/material/verkehr/verkehr.pdf*, [abgerufen am 4. Januar 2020]

[LPP10] LÖW, P.; PABST, R.; PETRY, E.: *Funktionale Sicherheit in der Praxis*. dpunkt.verlag, 2010. – ISBN 3898645703

[LXY00] LIU, B.; XIA, Y.; YU, P. S.: Clustering Through Decision Tree Construction. In: *Conference on Information And Knowledge Management*, 2000

[MBBU18] MÜLLER, M.; BOTSCH, M.; BÖHMLÄNDER, D.; UTSCHICK, W.: Machine Learning Based Prediction of Crash Severity Distributions for Mitigation Strategies. In: *Journal of Advances in Information Technology* 9 (2018), Februar, Nr. 1, S. 15–24

[MBHH19] MORALES, E. S.; BOTSCH, M.; HUBER, B.; HIGUERA, A. G.: High Precision Indoor Navigation for Autonomous Vehicles. In: *International Conference on Indoor Positioning and Indoor Navigation*, 2019

[MGLW15] MAURER, M.; GERDES, J. C.; LENZ, B.; WINNER, H.: *Autonomes Fahren.* Springer, 2015

[MH08] MAATEN, L. J. P. d.; HINTON, G. E.: Visualizing Data Using t-SNE. In: *Journal of Machine Learning Research* (2008), November, S. 2579–2605

[MHM18] MCINNES, L.; HEALY, J.; MELVILLE, J.: *UMAP: Uniform Manifold Approximation and Projection for Dimension Reduction.* arXiv:1802.03426, February 2018

[Mit97] MITCHELL, T.: *Machine Learning.* McGraw-Hill, 1997

[MLB+18] MÜLLER, M.; LONG, X.; BOTSCH, M.; BÖHMLÄNDER, D.; UTSCHICK, W.: Real-Time Crash Severity Estimation with Machine Learning and 2D Mass-Spring-Damper Model. In: *IEEE International Conference on Intelligent Transportation Systems*, 2018

[MNB+16] MÜLLER, M.; NADARAJAN, P.; BOTSCH, M.; UTSCHICK, W.; BÖHMLÄNDER, D.; KATZENBOGEN, S.: A Statistical Learning Approach for Estimating the Reliability of Crash Severity Predictions. In: *IEEE Intelligent Transportation Systems Society Conference*, 2016

[MW15] MITSCHKE, M.; WALLENTOWITZ, H.: *Dynamik der Kraftfahrzeuge.* Springer Vieweg, 2015

[Nat17] NATIONAL HIGHWAY TRAFFIC SAFETY ADMINISTRATION: *Automatic vehicle control systems.* Investigation: PE 16-007, 2017

[NB16] NADARAJAN, P.; BOTSCH, M.: Probability Estimation for Predicted-Occupancy Grids in Vehicle Safety Applications Based on Machine Learning. In: *IEEE Intelligent Vehicles Symposium*, 2016

[NBS17] NADARAJAN, P.; BOTSCH, M.; SARDINA, S.: Predicted-Occupancy Grids for Vehicle Safety Applications based on Autoencoders and the Random Forest Algorithm. In: *International Joint Conference on Neural Networks*, 2017

[NBS18] NADARAJAN, P.; BOTSCH, M.; SARDINA, S.: Machine Learning Architectures for the Estimation of Predicted Occupancy Grids in Road Traffic. In: *Journal of Advances in Information Technology* 9 (2018), Nr. 1, S. 1–9

[NKBS20] NADARAJAN, P.; KRUBER, F.; BOTSCH, M.; SARDINA, S.: Prediction of Traffic Scenarios Using Random Forests and Variational Autoencoders. In: *IEEE Intelligent Vehicles Symposium. Submitted*, 2020

[OS13] OPPENHEIM, A. V.; SCHAFER, R. W.: *Discrete-Time Signal Processing.* Pearson Education Limited, 2013

[Pac12] PACEJKA, H.: *Tyre and Vehicle Dynamics.* Butterworth Heinemann, 2012

[PKZ13] PEI, Y.; KIM, T. K.; ZHA, H.: Unsupervised Random Forest Manifold Alignment for Lipreading. In: *IEEE International Conference on Computer Vision*, 2013

[PP02] PAPOULIS, A.; PILLAI, U.: *Probablilty, Random Variables and Stochastic Processes.* McGraw-Hill Education Ltd, 2002

[PS16] PISCHINGER, S.; SEIFFERT, U.: *Vieweg Handbuch Kraftfahrzeugtechnik.* Springer Vieweg, 2016

[Qui92] QUINLAN, J. R.: Learning With Continuous Classes, World Scientific, 1992, S. 343–348

[Qui93] QUINLAN, J. R.: *C4.5: Programs for Machine Learning.* Morgan Kaufmann Publishers, 1993

[Rei13] REIF, K.: *Fahrerassistenzsysteme.* Springer Vieweg, 2013

[Ric09] RICHTER, H.: Elektronik und Datenkommunikation im Automobil / TU Clausthal. 2009. – Forschungsbericht

[Ril07] RILL, G.: *Simulation von Kraftfahrzeugen.* vom Vieweg-Verlag genehmigter Nachdruck, 2007

[RN16] RUSSELL, S.; NORVIG, P.: *Artificial Intelligence: A Modern Approach.* Addison Wesley, 2016

[SAE14] SAE INTERNATIONAL: *SAE International standard J3016.* 2014. – *https://www.sae.org/standards/content/j3016_201401*, [abgerufen am 1. Oktober 2017]

[Sch07] SCHINDLER, E.: *Fahrdynamik.* expert verlag, 2007

[SCZ98] SHEIKHOLESLAMI, G.; CHATTERJEE, S.; ZHANG, A.: WaveCluster: A Multi-Resolution Clustering Approach for Very Large Spatial Databases. In: *Very Large Data Bases*, 1998, S. 428–439

[SHB13] SCHRAMM, D.; HILLER, M.; BARDINI, R.: *Modellbildung und Simulation der Dynamik von Kraftfahrzeugen.* Springer Berlin Heidelberg, 2013

[Sil86] SILVERMAN, B. W.: *Density Estimation for Statistics and Data Analysis.* Chapman and Hall, London, 1986

[Sim06] SIMON, D.: *Optimal State Estimation: Kalman, H Infinity, and Nonlinear Approaches.* Wiley-Interscience, 2006

[SMM17] SAMEK, W.; MONTAVON, G.; MÜLLER, K.-R.: Tutorial on Methods for Interpreting and Understanding Deep Neural Networks. In: *IEEE International Conference on Acoustics, Speech and Signal Processing.* New Orleans, USA, 2017

[SRW08] SCHUBERT, R.; RICHTER, E.; WANIELIK, G.: Comparison and evaluation of advanced motion models for vehicle tracking. In: *11th International Conference on Information Fusion* (2008)

[SS01] SCHÖLKOPF, B.; SMOLA, A. J.: *Learning with Kernels: Support Vector Machines, Regularization, Optimization, and Beyond.* MIT Press Ltd, 2001

[Sta17] STATISTA, DAS STATISTIK PORTAL: *Anzahl der gemeldeten Pkw in Deutschland.* 2017. – *https://de.statista.com/statistik/daten/studie/12131/umfrage/pkw-bestand-in-deutschland/*, [abgerufen am 15. Juli 2019]

[SV04] STRAMPP, W.; VOROZHTSOV, E. V.: *Mathematische Methoden der Signalverarbeitung.* Oldenbourg, 2004

[SW11] STARK, H.; WOODS, J. W.: *Probability, Statistics, and Random Processes for Engineers.* Addison Wesley Pub Co Inc, 2011

[TB97] TREFETHEN, L. N.; BAU, D.: *Numerical Linear Algebra.* SIAM: Society for Industrial and Applied Mathematics, 1997. – ISBN 0898713617

[Tor52] TORGERSON, W. S.: Multidimensional Scaling: I. Theory and Method. In: *Psychometrika* 17 (1952), Nr. 401-419

[TP13] TINGWALL, E.; POROSTOCKY, T.: *Sensory Overload: How the New Mercedes S-class Sees All.* 2013. – [Online; abgerufen am 28. Februar 2015]

[TSG12] TIETZE, U.; SCHENK, C.; GAMM, E.: *Halbleiter Schaltungstechnik.* Springer, 2012. – ISBN 978-3-642-31025-6

[Uni68] UNITED NATIONS: Convention on road traffic. In: *Treaty Series*, Bd. 1042, 1968, S. 17

[Uni14] UNITED NATIONS, WORKING PARTY ON ROAD TRAFFIC SAFETY: Report of the sixty-eighth session of the Working Party on Road Traffic Safety. In: *ECE/TRANS/WP.1/145 V.A.21*, 2014

[Uni18] UNITED NATIONS: UN Regulation No. 79 Revision 3 – Amendment 2. In: *ECE/TRANS/505/Rev.1/Add.78/Rev.3/Amend.2*, 2018

[VBW17] VBW: *Zukunft automatisiertes Fahren – Rechtliche Hürden beseitigen.* 2017. – *http://www.vbw-bayern.de*, [abgerufen am 15. Juli 2019]

[VDI04] *VDI Nachrichten.* August 2004

[VLL+10] VINCENT, P.; LAROCHELLE, H.; LAJOIE, I.; BENGIO, Y.; MANZAGOL, P.-A.: Stacked Denoising Autoencoders: Learning Useful Representations in a Deep Network with a Local Denoising Criterion. In: *Journal of Machine Learning Research*, Bd. 11, 2010, S. 3371–3408

[WHO18] WHO WORLD HEALTH ORGANISATION: *Global status report on road safety 2018.* – *https://apps.who.int/iris/bitstream/handle/10665/276462/9789241565684-eng.pdf?ua=1*, [abgerufen am 16. September 2019]

[Wik19] WIKIPEDIA: *Straßenverkehrssicherheit – Wikipedia, The Free Encyclopedia.* 2019. – *https://de.wikipedia.org/wiki/Strassenverkehrssicherheit*, [abgerufen am 15. September 2019]

[WK18] WIERZCHON, S.; KLOPOTEK, M.: *Modern Algorithms of Cluster Analysis.* Springer, 2018

[WM95] WOLPERT, D. H.; MACREADY, W. G.: No free lunch theorems for search / Santa Fe Institute. 1995 (10). – Technical Report SFI-TR-95-02-010

[WMN02] WALZ, F.; MUSER, M.; NIEDERER, P.: Aktive und Passive Fahrzeugsicherheit. In: *Teilprojekt zu den Grundlagen für eine Straßenverkehrssicherheitspolitik des Bundes* (2002)

[WYM97] WANG, W.; YANG, J.; MUNTZ, R.: STING: A Statistical Information Grid Approach to Spatial Data Mining. In: *Very Large Data Bases*, 1997, S. 186–195

[XZY13] XU, G.; ZONG, Y.; YANG, Z.: *Applied Data Mining.* CRC Press, 2013

[Zho12] ZHOU, Z.-H.: *Ensemble Methods: Foundations and Algorithms.* Taylor & Francis, 2012

[ZRL96] ZHANG, T.; RAMAKRISHNAN, R.; LIVNY, M.: IRCH: an efficient data clustering method for very large databases. In: *ACM SIGMOD Record*, Bd. 25, 1996, S. 103–114